ERICH FRANZ
SOMMER

GEBOREN IN MOSKAU

ERICH FRANZ

SOMMER

GEBOREN IN MOSKAU

ERINNERUNGEN EINES BALTENDEUTSCHEN DIPLOMATEN 1912–1955

Mit 37 Abbildungen

LANGEN MÜLLER

Bildnachweis:

Archiv des Verfassers 1–11, 19, 22, 23, 27–32, 34–37
Archiv Dr. Herbert Bauer, München 24–26
ATP-Bilderdienst, Zürich 33
Auswärtiges Amt, Polit. Archiv, Bonn 12, 17, 18, 20, 21
Bilderdienst Süddeutscher Verlag, München 14–16

Schutzumschlag: Marianne Hartkopf, München,
unter Verwendung eines Fotos von AKG, Berlin
Herstellung und Satz: VerlagsService Dr. Helmut Neuberger
& Karl Schaumann GmbH, Heimstetten
Gesetzt aus der 10,8/12,3 Punkt Minion
Druck : Druckerei Jos. C. Huber, Dießen
Binden: Großbuchbinderei Monheim
Printed in Germany
ISBN 3-7844-2614-X

Dem Gedächtnis meiner Eltern
und aller anderen schuldlosen Opfer
von Gewaltherrschaft, Krieg
und Vertreibung

Wer spricht von Siegen –
Überstehen ist alles

R. M. Rilke

Inhalt

II

Diplomatischer Dienst und Kriegsdienst (1939–1945) 117

III

Gefängnis und Gulag (1945–1955) 273

Ich schreibe nicht Geschichte, sondern zeichne Lebensbilder. Hervorragende Tüchtigkeit oder Verworfenheit offenbart sich nicht in den aufsehenerregenden Taten; oft vielmehr wirft ein Wort oder ein Scherz ein bezeichnendes Licht auf einen Charakter … So möge man mir gestatten, mich mehr auf die Merkmale des Seelischen einzulassen und nach ihnen das Lebensbild eines jeden zu entwerfen, die großen Dinge und die Kämpfe aber anderen zu überlassen.

Plutarch

Vorwort

Erich Franz Sommer, promovierter Historiker und Diplomat, hat die Veröffentlichung seiner »Erinnerungen« zu Lebzeiten nicht mehr erlebt.

Ihre Bedeutung liegt vor allem darin, daß es sich bei ihnen um die Erfahrungen und Erlebnisse eines Zeitzeugen handelt, der als Baltendeutscher aus Riga zugleich dem städtischen Rußlanddeutschtum in Moskau angehörte und ein ausgezeichneter Kenner russischer Kultur, insbesondere der Literatur, des Theaters, der Musik und der russischen Lebensart war. Er war zugleich unmittelbar mit der Entwicklung der deutsch-sowjetischen Beziehungen vor dem Zweiten Weltkrieg verbunden.

Das vorliegende Buch ist daher für jeden, der sich mit Rußland und den deutsch-sowjetischen Beziehungen beschäftigt oder sich für sie interessiert, von besonderem Wert.

Die einzelnen Teile der Erinnerungen, die sich insgesamt auf die Zeit von 1918 bis 1955 beziehen, folgen in ihrer Darstellung in den einzelnen Abschnitten dem ungewöhnlichen Lebenslauf des Verfassers. Die Familie Sommer ist 1908 vom Baltikum nach Moskau übergesiedelt, wo der Vater, der als Ingenieur das Polytechnikum in Riga absolviert hatte, eine metallurgische Fabrik betrieb. Sie arbeitete später den Junkerswerken zu.

Erich Sommer wurde 1912, kurz vor dem Ersten Weltkrieg, geboren. Der erste Hauptteil seiner Erinnerungen behandelt die Kindheit und Jugend (1912–1939). Er enthält Erlebnisse aus dem vorrevolutionären zaristischen Rußland und aus der ersten Periode des Sowjetsystems, die seit 1921 durch die Neue Ökonomische Politik gekennzeichnet war. Mit einem Zitat von Plutarch hat der Verfasser bereits eingangs betont, daß er nicht beabsichtige, eine Geschichte zu schreiben, sondern Lebensbilder aufzuzeigen. Dies ist ihm, dessen schriftstellerisches Talent bereits Boris Pilnjak festgestellt hatte, im ersten Hauptteil und auch später in literarischer Hinsicht voll gelungen.

Nach Beendigung des in eine »Deutsche Arbeitsschule«

umgewandelten bekannten Peter-Paul-Gymnasiums studierte Sommer am Moskauer Fremdspracheninstitut von 1930 bis 1934 Deutsch und Englisch. Der Stalinismus, dem der Vater zum Opfer fiel, veranlaßte seine Mutter, die für Lettland optiert hatte, 1934 mit ihm nach Riga zurückzukehren.

Sommer studierte an dem »Herder-Institut« der privaten deutschen Hochschule zunächst Germanistik. Er setzte sein Studium in Königsberg und Berlin, diesmal mit osteuropäischer Geschichte und Slavistik fort. Er promovierte im Juni 1939 mit einer Arbeit über »Die Einigungsbestrebungen der Deutschen im Vorkriegs-Rußland (1908-14)«, die gedruckt wurde. Sie stellt auch heute einen wichtigen Beitrag zur Forschung über die Rußlanddeutschen dar. Der sich ihm eröffnenden Möglichkeit einer wissenschaftlichen Laufbahn als Assistent von Professor Hans Koch in Wien zog Sommer auf Anraten des ihm seit Moskau bekannten Botschaftsrats Twardowsky die diplomatische Karriere vor. Zu diesem Entschluß trug die Umsiedlung der Baltendeutschen nach dem »Hitler-Stalin-Pakt«, der zur Besetzung der baltischen Staaten durch die Sowjetunion führte, bei.

Über die Entscheidung zur Umsiedlung der Baltendeutschen und ihren Verlauf hat er einige bisher nicht bekannte Informationen beigetragen.

Der zweite Hauptteil behandelt die Tätigkeit Sommers im diplomatischen Dienst (1939–1945). Aus diesem Teil gehen teilweise die Gründe hervor, die eine Verschärfung der deutsch-sowjetischen Beziehungen und den späteren Kriegsausbruch zur Folge hatten.

Wesentlich hat dazu der Verlauf des Besuchs vom sowjetischen Außenminister Molotow in Berlin, den Sommer miterlebt hat, beigetragen. Informativ sind seine Mitteilungen über die wenig bekannten deutsch-sowjetischen Gespräche über den Bevölkerungsaustausch in Lemberg und Wolodymir Wolynskij nach der Besetzung Polens durch die beiden Diktaturen sowie über die Verhandlungen in Moskau im Juni 1940 über die Umsiedlung der Deutschen aus Bessarabien und der Nord-Bukowina.

Als Dolmetscher war Sommer Zeuge bei der Verkündung der Kriegserklärung durch Außenminister Ribbentrop an den sowjetischen Botschafter Dekanosow. In seinem 1981 erschienen Buch: »Das Memorandum – Wie der Sowjetunion der Krieg erklärt wurde« ist er bereits früher ausführlich darauf eingegangen. Ihm fiel anschließend die undankbare Aufgabe zu, die Angehörigen der sowjetischen Botschaft, mit Dekanosow an der Spitze, zwecks gegenseitigen Austausches des Botschaftspersonals, bis zur bulgarisch-türkischen Grenze zu begleiten.

Nach zeitweiliger Beschäftigung mit den von Ribbentrop geplanten Neubauten der diplomatischen Auslandsvertretungen im Berliner Tiergarten widmete sich Sommer der Betreuung der internierten Diplomaten feindlicher Staaten in den Ausweichquartieren im schlesischen Riesengebirge.

Erschüttert erlebte er die Verhaftung des Botschafters von Schulenburg und anderer diplomatischer Kollegen nach dem 20. Juli 1944.

Der dritte Hauptteil (Gefängnis und Gulag 1945–1955) behandelt den Leidensweg Sommers, der ihn nach seiner Verhaftung durch die sowjetische Siegermacht nach Moskau in das Butyrka-Gefängnis und später in Zwangsarbeitslager führte. Ähnlich wie anderen deutschen Diplomaten wurde Sommer vorgeworfen, Spionage betrieben zu haben, da die sowjetischen Sicherheitsorgane eine diplomatische Tätigkeit mit Spionage gleichzusetzen pflegten.

Im Gefängnis überwogen die Kriminellen, die unterschiedlich organisierten Gruppen angehörten und daher teilweise als die Vorläufer der heutigen russischen Mafia anzusehen sind.

Drangsalierungen entzog sich Sommer, indem er ihnen hauptsächlich Geschichten über das sie besonders interessierende westliche Ausland erzählte und sich damit gleichsam wie eine »Scheherezade« betätigte. Hinzu kam seine große Kenntnis der russischen Geschichte und Kultur, die beeindruckte. Daß er Deutscher war, erwies sich für ihn niemals als Nachteil.

Sommer hätte jedoch kaum die anschließende Zeit in wechselnden Zwangsarbeitslagern gesundheitlich überstanden, wenn ihm nicht jüdische Ärzte, die mit ihm das gleiche Schicksal teilten, geholfen hätten. Einige von ihnen waren unter der unsinnigen Anklage, Maxim Gorkij umgebracht zu haben, verurteilt worden.

Der Verfasser gehörte zu den deutschen Kriegsgefangenen, die aufgrund der erfolgreichen Verhandlungen der bundesdeutschen Delegation unter Adenauer im September 1955 in Moskau die Freiheit wiedererlangten.

Nach seiner Rückkehr im November 1955 war er zuerst in der

Kulturabteilung des Auswärtigen Amtes und später im Ausland als Diplomat tätig.

Ein wichtiger Bestandteil der Erinnerungen ist die Erwähnung der vielen Personen, die Sommer während der einzelnen Lebensabschnitte kennengelernt oder denen er unter tragischen Umständen in der Gefangenschaft begegnet ist. Abgesehen von seinen Professoren in Riga, Königsberg und Berlin sowie seinen diplomatischen Kollegen wären in offizieller Funktion Botschafter Graf Rantzau, der sowjetische Außenminister Tschitscherin, Botschafter Graf Schulenburg, Außenminister Ribbentrop, der sowjetische Botschafter Dekanosow, der als Vertrauter Berijas später hingerichtet wurde, Claus Graf Stauffenberg und eine Reihe weiterer Persönlichkeiten zu nennen. Ergänzt werden sie durch Personen aus dem kulturellen Leben, wie beispielsweise der Schriftsteller Boris Pilnjak und Olga Tschechowa.

Die Erinnerungen lassen erkennen, daß Sommer in seiner grundsätzlichen Einstellung durch den Dichter Stefan George stark beeinflußt war. Mehrere Mitglieder des Kreises um George waren seine persönlichen Freunde.

Juli 1997 Boris Meissner

I

Kindheit und Jugend in Moskau und Riga (1912–1939)

In Moskau geboren, in Riga zu Hause

Hundert Jahre vor meiner Geburt, am 19. Juli 1812, befand sich Napoleon im Anmarsch auf Moskau, das Mitte September in Rauch und Flammen aufging. Dieses Ereignisses habe ich in meinem späteren Leben immer wieder gedenken müssen, insbesondere 1941. Die Romanow-Dynastie feierte 1913 ihre dreihundertjährige Alleinherrschaft in Rußland mit pompösen Veranstaltungen, aber schon ein Jahr danach begann der selbstmörderische Erste Weltkrieg, der den Untergang der alten Gesellschaftssysteme in Europa zur Folge hatte.

Bei der Kriegserklärung von 1914 wäre ich als Zweijähriger um ein Haar eines der ersten Opfer geworden. In den Sommermonaten entfloh nämlich meine Mutter, wie sie zu sagen pflegte, dem ihr abweisend und fremdartig gebliebenen Moskau nach Riga, an den Strand und auf die Gutshöfe ihrer Verwandten. Am 1. August bemächtigte sich der Strandbewohner eine Panik, die Züge nach Riga wurden gestürmt, und meiner Mutter gelang es nur unter äußerster Anstrengung, in Majorenhof Plätze im Abteil zu erobern. Das lettische Kindermädchen reichte ihr das Gepäck und danach auch mich selbst durch das Abteilfenster hinein, ich entglitt aber den ausgestreckten Händen und fiel auf das Gleis. Ungeachtet des Abfahrtsignals holte das beherzte Kindermädchen den zappelnden »Jaunkungs« (Jungherrn) unter dem Waggon hervor und erhielt mir das Leben für künftige Erkundungen.

Mein frühester Eindruck, wie auf ein Erinnerungsfoto gebannt, war nicht minder dramatisch. Schwarze Rauchwolken ziehen über einen feuererhellten Himmel, aber ich fühle mich in den Armen meiner Mutter wohl und geborgen. Viel später erfuhr ich, daß es sich bei meinem ersten visuellen Eindruck um den Feuerschein des »deutschen Pogroms« gehandelt habe. Als die russischen Truppen 1915 empfindliche Verluste an der Front erlitten, wurden in russischen Städten Geschäftshäuser, Läden und Fabriken deutscher und österreichischer Firmen geplündert und angezündet. Ich wurde auf diese Weise Augenzeuge der Brandschatzung des auf dem Nachbargrundstück gelegenen Industrieunternehmens des reichsdeutschen Onkels meines Vaters, Johannes Schäfer.

Dessen ältester Sohn Georg, ein Jugendfreund meines Vaters, war bereits am Tag der Kriegserklärung mit anderen jungen Leuten auf einem Ball des Reichsdeutschen Vereins verhaftet und im Frack in das Butyrka-Gefängnis eingeliefert worden. Erst nach einigen Wochen durften die Ballgäste Alltagskleider empfangen und danach die Fahrt in den Verbannungsort Ufa antreten. Bruno, der jüngere Bruder, hatte in aller Eile eine Russin geheiratet und nahm als orthodoxer Konvertit den Namen Porfirij an. Georg Schäfer, der erst 1918 nach Moskau zurückkehrte, belegte ihn mit dem Namen »Prochwost« (Schurke) und vermied jeden Umgang mit ihm und seiner Familie. Das Elternpaar Schäfer durfte zwar Rußland über Schweden verlassen, war aber materiell und körperlich ruiniert und verstarb alsbald in der hessischen Heimat des Auswanderers von 1860.

Die Kunstgießerei meines Vaters wurde vor der Brandschatzung von seinen Arbeitern geschützt, die ihn als »unseren Deutschen« deklarierten und die Plünderer nicht in den Fabrikhof ließen. Noch im selben Jahr zogen meine Eltern aus dem Butyrka-Bezirk, unweit des berüchtigten Gefängnisses, das meinen Vater 1935 und mich zehn Jahre später aufnehmen sollte, in die georgische Vorstadt, in der 1801 der entthronte König von Georgien mit seinem Hofstaat zwangsangesiedelt worden war. In einer Nebengasse der Kleinen Grusinischen Straße übernahm mein Vater Wohn- und Fabrikgebäude eines befreundeten sächsischen Besitzers, der wegen seines fortgeschrittenen Alters über Schweden nach Deutschland ausreisen durfte.

In dem geräumigen Acht-Zimmer-Mansarden-Haus (»Ossobnjak« genannt) verbrachte ich meine Kindheit und frühen Jugendjahre. Jedes Zimmer, jeder Winkel bis unters Dach, der im Frühjahr mit dem Jahresbedarf randvoll gefüllte Eiskeller, aber auch die Backstube im gemauerten Erdgeschoß, das von dem Hausmeister (Dwornik) und seiner Familie bewohnte Erdgeschoß wurde von mir erschlossen und genauestens registriert. Bis zu meinem zwölften Lebensjahr habe ich nämlich Haus und Hof nur in Begleitung verlassen dürfen. Meistens war es meine russische Njanja, eine Nichte des Hausmeisters (dessen Frau das

Kochen besorgte), die mich zum Georg-Square, einer Grünanlage gegenüber den deutschen Botschaftsgebäuden, zu einem Teich oder zu dem nahegelegenen Zoo brachte. Im Winter war ich vermummt wie ein Eskimo, in dem obligaten »Baschlyk«, einer verlängerten Kapuze, die Kopf und Oberkörper umschlang, hohen Filzstiefeln und Fäustlingen.

Meine glaubenseifrige Njanja benutzte die Spaziergänge, um in der orthodoxen Kirche am Square zu beten. Damit ich ihr nicht weglief, hielt sie einen meiner Fäustlinge selbst beim Niederknien fest in der Hand. Um die Umgebung auf eigene Faust kennenzulernen, bewaffnete ich mich eines Tages mit einer Nagelschere, schnitt unbemerkt das Fäustlingsband durch und trieb mich stundenlang zur Erkundung der Nachbarschaft in den Straßen umher. Als ich frohen Mutes, aber froststarr und hungrig die häusliche Glocke zog, fand ich das ganze Haus in Aufruhr und meine Njanja in Tränen aufgelöst. Sie bat aber trotzdem, von meiner Bestrafung abzusehen. Ich versprach meinerseits, keinen weiteren Fluchtversuch zu unternehmen. In der winterlichen Vermummung war ich auf den Straßen nicht weiter aufgefallen, obwohl ich nicht ohne Schaudern beobachtet hatte, wie Knaben meines Alters barfuß und im Nachthemd, aber mit einer Pelzmütze auf dem Kopf im Schnee herumtollten.

In der warmen Jahreszeit fiel ich wiederum durch meine kurze Hose und Baskenmütze auf. Die Straßenjugend setzte mir johlend nach, und nicht selten flogen Steine. »Nemzy won« (»Deutsche raus«) bekam ich zu hören, während meine Njanja mit einer Schimpfkanonade antwortete. Auf diese Weise bereicherte ich meinen russischen Wortschatz durch manchen deftigen Ausdruck, den ich aber wohlweislich nur auf der Straße anwandte, in Abwehrstellung.

Mit meinen Eltern und der Verwandtschaft (nach baltischer Sitte wohnten ständig oder vorübergehend unverheiratete Tanten und Cousinen im Hause, aber auch Heimatvertriebene aus dem Baltikum) wurde ausschließlich Deutsch gesprochen. Meine Mutter, die, früh verwaist, während der Russifizierung Anfang des Jahrhunderts in einem Rigaer Internat aufgewachsen war, sprach Französisch besser als Russisch und brachte mir die ersten Französischkenntnisse bei. Was nicht für meine Ohren bestimmt war im Gespräch meiner Eltern, erfolgte zu meinem Ärger in lettischer Sprache, die ich nicht verstand. In späteren Jahren fielen mir ihre mißverständliche Aussprache und ihr falscher Wortgebrauch oftmals peinlich auf, aber meine Mutter berief sich auf Katharina die Große, die zwar Russisch perfekt beherrschte, ihre deutsche Aussprache jedoch nie verbergen konnte. Beim Dienstpersonal verschaffte sich die »Barynja« (Gnädige Frau) mit ihrer kräftigen Altstimme jederzeit Respekt. Wenn sie als Mann geboren wäre, gestand sie mir als Erwachsenem, wäre sie bestimmt Offizier geworden.

Ihre Internatserziehung hatte sicherlich nicht wenig dazu beigetragen, aber in meiner Erziehung übte sie Nachsicht. In meinem Kinderzimmer hing allerdings in der »Strafecke« ein Rutenbündel zur Abschreckung. Von diesem wurde jedoch höchst selten Gebrauch gemacht. Ich erinnere mich lediglich, daß ich nach einer Missetat – ich zerriß den mir geschenkten »Struwwelpeter« in kleine Stücke – von meiner Mutter mit Schlägen auf den blanken Po traktiert wurde. Zu ihrem nicht geringen Erstaunen gab ich keinen Laut von mir. Auf ihre berechtigte Frage, ob es denn nicht weh täte, entwaffnete ich meine gestrenge Mama mit der Erklärung, die Gäste im nahegelegenen Salon dürften doch keine Schmerzlaute von mir hören.

Mit knapp vier Jahren machte ich meine erste Bekanntschaft mit einem russischem Gefängnis. Im Juni 1916 verbrachte ich nämlich einige »Arreststunden« in polizeilichem Gewahrsam. Meine Patentante Elsa und ihre Rigaer Freundin Laura, die nach Moskau »evakuiert« worden waren, beobachteten unweit des später berüchtigten Lubjanka-Platzes den Vorbeimarsch österreichischer Kriegsgefangener. Die abgehärmten Gestalten der Kriegsgefangenen erregten bei den beiden jungen Damen, in deren Obhut ich mich befand, tiefes Mitgefühl. Eilends besorgten sie in einer Bäckerei belegte Semmeln und verteilten diese unter den Gefangenen. Ein patriotischer russischer Offizier sah dies als einen verräterischen Akt an und sorgte für unsere Einlieferung in das nächstgelegene Polizeirevier. Es dauerte einige Stunden, bis der Polizeidirektor erschien, den »subversiven Akt« in einen »humanitären« verwandelte und uns mit einer Verwarnung entließ. Auch diese erste Bekanntschaft mit dem Lubjanka-Bezirk blieb mir unvergeßlich.

Im Unterbewußtsein trug dieses Erlebnis möglicherweise dazu bei, daß mir von Stund an die österreichischen »Tschakos« als Symbole einer gewissen Lebensart sympathischer waren als die preußischen »Spitzhelme« und mich zum »Austrophilen« im deutschen Geschichtsunterricht prädestinierten. Da ich als »Plappermaul« galt und auf der Straße, in der Tram- und Eisenbahn nicht Deutsch zu reden aufhörte, wurde meine russische Ammensprache mit dem ersten sozusagen offiziellen Satz »Ja nemez, no russkij poddannyj» (»Ich bin Deutscher, aber russischer Untertan«) bereichert.

Das Jahr 1916 brachte mir auch die erste Bekanntschaft mit dem Landleben auf einem Gutshof. Auf Einladung einer Internatsfreundin, die mit dem Gutsverwalter des Großfürsten Michail Alexandrowitsch verheiratet war, verbrachte meine Mutter zwei Monate auf dessen Gut Brassowo im Kursker Gebiet. Erinnerlich blieben mir Kutschenfahrten durch wogende Kornfelder, Pony- und Pferderitte im Vordersitz der jeweiligen erwachsenen Reiter, Wälder mit Kuckucks- und Eulenrufen, Picknicks am Waldrand und meine Verirrung im Walde, die ein russischer Muschik beendete, der für meine »Rettung« reichlich belohnt wurde.

Die großfürstliche Familie war nicht anwesend, wegen seiner nicht standesgemäßen Heirat war der jüngste Bruder des Zaren vom Hofe verbannt und befand sich an der Front. Seine eingeschworene Gegnerin war die regierende Zarin Alexandra Fjodorowna (Alix von Hessen), die meiner Mutter zum Verwechseln ähnlich sah. Bei Ausfahrten in der Equipage knieten daher die Bauern am Wegrand nieder und winkten mit ihren Mützen. Meiner Mutter und ihrer Freundin blieb nichts anderes übrig, als huldvoll zu lächeln und ihrerseits zu winken, während ich aufsprang und »Hurra!« schrie. Die Ähnlichkeit mit der Zarin brachte meiner Mutter in Moskau das Angebot der französischen Filmgesellschaft Pathé, die mein Vater mit Ersatzteilen belieferte, als »Double« der kamerascheuen Zarin in Wochenschauen aufzutreten. Meine Mutter war nicht abgeneigt, denn sie hatte seinerzeit an eine Opernkarriere gedacht und Rollen einstudiert, aber mein ansonsten äußerst nachgiebiger Vater legte in diesem Fall ein entschiedenes Veto ein.

In der Nachbarschaft hieß unser Haus Nr. 6 in der zur Kleinen Grusinischen Straße aufsteigenden Gasse »die deutsche Festung«. Nach Arbeitsschluß wurde nämlich das Fabriktor von innen durch einen massiven Querbalken verriegelt und die Eingangspforte vom Hausmeister überwacht. Das Wohnhaus mit einer zehnstufigen Innenstiege war vom Fabrikgelände durch einen Ziergarten mit Kirsch- und Apfelbäumen sowie Beerensträuchern und einer efeuumrankten Gartenlaube getrennt. In dem kleinen Garten, meinem bevorzugten Spielplatz, waren Bronzeabgüsse antiker Statuen aufgestellt, die nach der Revolution keine Liebhaber mehr fanden, mich aber seither stets beschäftigten. Ich wuchs demzufolge gewissermaßen auf dem Olymp auf, insbesondere seitdem ich an meinem zehnten Geburtstag Gustav Schwabs Götter- und Heldensagen geschenkt bekommen hatte und mich unter den olympischen Göttern alsbald besser auskannte als unter den biblischen Gestalten.

Nicht genug mit den Gartenfiguren, im Stiegenaufgang begrüßten die Eintretenden ein schwebender Merkur und ein Vulkan, im Speisezimmer schauten die Büsten von Zeus und Hera den Tafelfreuden zu, im Salon waren es Aphrodite und Terpsichore, die zu Tanz und Gesang anfeuerten, und auf Regalen und dem Klavier brachten mich beim Üben Mozart, Bach, Beethoven, Liszt und Tschaikowskij in Verlegenheit. Es fehlten aber auch nicht Statuetten von Goethe, Schiller, Puschkin, Gogol und Tolstoj, die vor der Revolution ebenso erfolgreich wie die Komponisten verkauft worden waren. In meine Kinderstube verirrten sich Apoll und der »betende Knabe von Sanssouci«, den ich als Vorbild beim Beten nahm und damit Pastoren in Verlegenheit brachte. Das Ausstrecken der Arme sahen sie als das ihnen allein zustehende Privileg an, konzedierten mir aber auf eine entsprechende Anfrage meiner Mutter diese Abweichung, sofern dies nicht in der Öffentlichkeit geschehe.

Für die orthodoxe Nachbarschaft galten wir ohnehin als »Ketzer«. Sooft aber ein segenspendender kirchlicher Umzug von Haus zu Haus stattfand, wurde von unserer Gastfreundschaft gern Gebrauch gemacht. Während Katzen als reine Tiere galten und selbst im Ikonenwinkel geduldet wurden, durfte bei der Hausbegehung kein Hund zugegen sein. An solchen kirchlichen Festtagen nahm unser Hausmeister oftmals ein Dutzend und mehr fremde Hunde in seine Obhut, achtete aber darauf, daß diese mit unserem eigenen »Zoo« nicht in Berührung kamen. Zu unseren Haustieren zählten neben einer Tigerkatze und einem redegewandten grauen Papagei zwei Rassehunde und ein scharfer Hofhund, der nachts von der Kette gelassen wurde und Einbrecher fernhielt. Eigene Pferde besaßen wir nicht, aber auf telefonischen Anruf standen uns stets eine Droschke oder ein Schlitten zur Verfügung.

Ich wuchs ohne Spielgefährten auf, da es im Freundeskreis meiner Eltern an Kindern meines Alters fehlte. Die beiden Söhne unseres Hausmeisters waren dagegen wesentlich jünger und teilten keines meiner Interessen. Zu der mir feindlich erscheinenden »Außenwelt« bestand überhaupt kein Kontakt. Mein Spitzname in der Familie war »Raschelchen«, da ich mich am liebsten in irgendeinem stillen Winkel aufhielt und mit dem Papier raschelte. Stundenlang blätterte ich in Bildbänden und illustrierten Zeitschriften. Mir standen ganze Vorkriegsjahrgänge von »Gartenlaube«, »Über Land und Meer« und »Velhagen und Klasings Monatshefte« zur Verfügung.

Frühzeitig befiel mich eine bis heute anhaltende Theater- und Zirkusleidenschaft. Meine Mutter besaß ein Opern-und-Ballett-Abonnement; mein Vater, ein passionierter Sportler, mietete bei jedem neuen Programm eine Loge im Zirkus, in der auch das gesamte Hauspersonal Platz fand. Mit fünf Jahren begann ich regelmäßig Matineevorstellungen im Bolschojtheater zu besuchen, und gleichviel, ob es sich um ein Ballett oder eine Märchenoper handelte, nach dem Schluß der Vorstellung klammerte ich mich an die Logenbrüstung und verlangte lauthals nach einer Fortsetzung. Als ich älter wurde, begann mich das Künstlertheater Stanislawskijs zu faszinieren; mindestens einmal im Jahr sah ich mir Maeterlincks »Blauen Vogel« an. Mit neun Jahren »gründete« ich ein eigenes Marionettentheater, nach Shakespeares Bühne »Fortuna« genannt.

Im Alleingang fertigte ich die Dekorationen an, schnitt aus Karton die Figurinen aus, bemalte sie, bewegte sie an Drähten und sprach dazu improvisierte Texte, frei nach griechischen Sagen, Shakespeare oder anderen Theaterstücken, die ich auf den Bühnen gesehen hatte. In Ermangelung eines interessierten Auditoriums mußten unsere Haustiere meine Vorstellungen über sich ergehen lassen.

Zu einem wahren Sturm auf »die deutsche Festung« kam es während der Revolutionstage im November 1917. Bei meinen Eltern verkehrten und übernachteten auf der Durchreise zahlreiche baltendeutsche Offiziere der Zarenarmee, die zum größten Teil als »unsichere Kantonisten« nicht an der Front, sondern in der Etappe Verwendung gefunden hatten, nun aber vor den

Straßenkämpfen in Moskau Zuflucht in meinem Elternhaus fanden. Ich durfte auf ihren Knien reiten und mit ihren Säbeln spielen. An Schlafen war nicht zu denken, denn man hörte aus der Ferne Maschinengewehre feuern, vereinzelt auch Kanonenschüsse. Im Fabrikgebäude hielten sich einige Lehrlinge auf, die nicht rechtzeitig in ihre Dörfer zurückgekehrt waren. Die Neugierde trieb sie in die Dachluken des zweigeschossigen ziegelroten Fabrikgebäudes, von wo aus sie die Brände in der Stadt besser beobachten konnten.

In der Nachbarschaft verbreitete sich dann das Gerücht, in der »deutschen Festung« hielten sich Offiziere versteckt, die Maschinengewehre in Stellung gebracht hätten. In den Morgenstunden tobte der Straßenmob vor dem verschlossenen Fabriktor und verlangte Einlaß. Als dieser ihm verwehrt wurde, gelang es einigen jungen Männern, das Tor zu entriegeln. Im Handumdrehen ergoß sich die Menschenmenge in den Hof und versuchte sich Einlaß in die Fabrik zu verschaffen. Unerschrocken wie immer trat meine Mutter vor die aufgeregte wogende Menge, ließ drei Mann vortreten und stieg mit diesen in das obere Stockwerk, die Metallbearbeitungswerkstatt nebst Fabrikbüro (»Kontor« genannt) und zwei Schlafräume, in denen sich die Lehrlinge aufhielten. Zitternd und bebend wurden diese in den Hof gebracht, da keine Offiziere (diese hielten sich in Zivilkleidung im Wohnhaus auf) aufgespürt worden waren. Ich sah vom Garten aus meine Mutter mit gebieterischer Geste auf die vermeintlichen Konterrevolutionäre hinweisen und die Eindringlinge mit »Domoi, domoi!« (»nach Hause!«) zum Verlassen der eroberten »Festung« zu bewegen.

Als mein Vater und der Hausmeister das Tor eilends mit dem Querbalken verschlossen hatten, sank meine Mutter ohnmächtig zu Boden. In diesem Fall war der Ohnmachtsanfall echt, denn oft genug – es war damals wohl eine Modeerscheinung – sanken Damen der Gesellschaft mit einem kurzen Aufschrei in malerischen Posen in vorgetäuschte Ohnmacht, um Männer zum Nachgeben zu veranlassen.

Nachdem die Sowjetregierung sich etabliert und mit der Reichsregierung den Friedensvertrag von Brest-Litowsk geschlossen hatte, bildete sich in Moskau ein »Baltisches Komitee« unter dem Vorsitz des Chefarztes des ehemaligen deutschen Krankenhauses, Dr. Schiemenn, das die Baltendeutschen zur

Rückkehr in die Heimat und die Verlegung von Handels- und Industrieunternehmen aufforderte. Meine Eltern optierten für Deutschland, und Ende Oktober 1918 wurde ein Teil der Fabrikausrüstung auf dem Moskauer Westbahnhof zum Abtransport eingelagert. Die Novemberrevolution in Deutschland und der Abzug der deutschen Truppen aus dem Baltikum vereitelte die beabsichtigte Heimkehr. Meine Eltern optierten nunmehr für den neuen Freistaat Lettland. Als ausländischer Besitz wurde der Betrieb meines Vaters selbst in den schlimmsten Jahren des russischen Bürgerkrieges und des Kriegskommunismus respektiert, dies um so mehr, als es an Staatsaufträgen zur Herstellung von Maschinenersatzteilen nicht fehlte. Verbunden damit war auch die Zuteilung von knappen Lebensmitteln.

Mit dem Beginn der »Neuen Ökonomischen Politik« Lenins erreichte mein Erinnerungsvermögen einen höheren Stand und erlaubt es mir nicht nur, Bruchstücke durch Erzählungen von Erwachsenen zu ergänzen und zu einem Ganzen zusammenzufügen. Etwa von 1922 an kann ich eine Chronik meines Lebens aus eigenen Beobachtungen und Erfahrungen zusammensetzen.

Zum Leidwesen meines Vaters, eines passionierten Metallurgen, der im Labor mit Legierungen experimentierte und wie ein Alchimist insgeheim in die Praxis umsetzte, zeigte ich nicht das geringste Interesse an der Technik. Meine Abneigung ging sogar so weit, daß ich Pferdedroschken dem Auto vorzog, Briefe mit einem Gänsekiel schrieb und mit dem Mädchennamen meiner Mutter, »de Lambert«, unterzeichnete. Napoleons Moskaufeldzug von 1812 begleitete meine frühe Jugend wie ein Leitmotiv und ließ mich nicht einmal vor einer »Brandstiftung« zurückschrecken. Ich baute unbeobachtet von den Erwachsenen auf einem Sandhaufen im Fabrikhof eine ganze Stadt aus Karton und Holzspänen, gekrönt mit dem Kreml aus einem Modellbaukasten, und zündete zunächst die Vorstädte an. Da das Feuer nur vereinzelt züngelte und wieder erlosch, holte ich Benzin, übergoß den ganzen Hügel und entfaltete meterhoch aufsteigende Stichflammen. Diese alarmierten den Hausmeister, der mir half, das brennende Moskau mit Sand zu löschen, und meinen Eltern den Brandanschlag verschwieg.

Meine Aktivitäten verlegte ich daraufhin ins Innere des Hauses und wechselte schließlich vom Marionettentheater zur

Selbstdarstellung. Mir kam zugute, daß meine sehr viel ältere Moskauer Cousine Nina dem Bolschojballett angehörte und in unserem »Salon« ihren jeweiligen Auftritt auch außerhalb des Tanzstudios einübte. Meine Mutter bestand ihrerseits darauf, daß ich zur »Lockerung der Glieder« ihren Partner spielte. Dies führte dazu, daß wir bei festlichen Anlässen Tänze vorführten. Das jeweilige Konzertprogramm wurde durch den Sologesang meiner Mutter und ihrer Opernfreunde ergänzt, während ich die mangelhafte Stimme durch Melodeklamation ersetzte. Meinem Vater fehlte wiederum jede musische Begabung und Ausbildung, aber er schätzte Klaviermusik. Unser Stutzflügel wurde durch einen Pianola-Anbau ergänzt und von meinem Vater bearbeitet. Wenn ihn niemand beobachtete, spielte er Liszt-Paraphrasen, trat vehement auf die Pedale und ließ seine Hände über die auf- und niederhüpfenden Tasten rasen.

Die Fabrik betrat ich selten. Ein echtes ästhetisches Vergnügen bereitete mir allerdings die Herstellung von Abgüssen. Voller Spannung beobachtete ich, wie aus dem glühenden Schmelzofen die Tiegel mit dem flüssigen Metall in die Formkästen entleert wurden und Stichflammen in allen Regenbogenfarben hochschlugen. Mein Vater erschien mir in einem solchen Augenblick wie Gott Vulkan persönlich, vor allem dann, wenn er seinen Gesellen und Lehrlingen sachkundige Anweisungen gab und etwaige Fehlleistungen durch rasches Zupacken korrigierte.

Weniger spektakulär waren gelegentliche Besuche in seinem »Kontor«, wo die Geschäftsabschlüsse getätigt wurden. Die eigentliche Geschäftsführung, die Überwachung der Kontoeingänge, lag dagegen in den Händen meiner Mutter und des Buchhalters, eines Deutsch-Böhmen, der als Kriegsgefangener in Moskau ansässig wurde und das uneingeschränkte Vertrauen meiner Eltern genoß. Über die jeweiligen Aufträge als solche verhandelte mein Vater persönlich. Außer staatlichen Beauftragten fanden sich in den zwanziger Jahren auch noch private Kunden ein.

Unter diesen imponierten mir am meisten die letzten Vertreter des russischen Kaufmannsstandes, jene bärtigen »Kupzy« in langem Kaftan und hohen Schaftstiefeln, denen unser Dienstmädchen den heißen Tee aus dem gemütlich summenden Samowar in hohen Gläsern servierte. Ich staunte jedesmal, wie ruhig sie, ohne das geringste Zucken, diese Gläser in der derben, wie ledergegerbten Hand hielten und wie genüßlich sie, zwischen den Zähnen ein Stück Zucker eingeklemmt, den Tee tranken. Als ich einen dieser Kaufleute meine Bewunderung bekundete, strich er mir lachend über den Kopf und verkündete mit tiefer Baßstimme: »Was den Deutschen den Tod, verschafft den Russen Gesundheit.« Quasi als Entschuldigung für diese russische Redensart fügte er hinzu, daß die Russen ohne die Deutschen nicht leben könnten. Kaum ein arbeitsfreudiger russischer Unternehmer hat die Stalinzeit überstanden, und ohne sie ist Rußland ein Paralytiker.

Aber es ist an der Zeit, daß ich etwas über meine schulische Ausbildung sage. Welche Möglichkeiten hatte der Sohn einer deutschen Familie in Moskau, der kurz nach Beginn der Revolution das schulpflichtige Alter erreichte, sich das für sein späteres Leben notwendige Wissen anzueignen? Und wie weit wurde er Objekt der zahlreichen Veränderungen, die die neuen Herren auch im pädagogischen Bereich einführten? Die aus den Kirchenschulen der »deutschen Vorstadt« Moskaus im 17. Jahrhundert hervorgegangenen deutschen Lehranstalten hatten vor dem Ersten Weltkrieg den Höhepunkt ihrer mehrhundertjährigen Entwicklung erreicht. Die lutherische Michaelis- und die Reformierte Realschule nahmen insgesamt etwa tausend Schüler auf; das renommierte Petri-Pauli-Gymnasium nicht weniger als fünfzehnhundert Schüler. Davon waren dreißig Prozent Reichsdeutsche (überwiegend Lutheraner), ansonsten waren es Kinder jüdischen und russisch-orthodoxen Glaubens. Auf diese drei Schulen und mehrere Privatschulen mit vorwiegend russischem Lehrprogramm verteilten sich die Kinder von mehr als dreißigtausend Deutschstämmigen in Moskau.

Unter den Absolventen fanden sich Namen führender Männer des russischen Staates und der russischen Bildungsschicht. Begründet war der Ruf deutscher Pädagogik durch einen vielseitigen, strengen, aber geordneten Unterricht. Wurde von den Russen auch über Pedanterie, »Akkuratesse« und langatmige Gründlichkeit ein wenig gespöttelt, so niemals um etwa die Verdienste und die Bedeutung der deutschen Schulen zu verleugnen. Ihre vierhundertjährige Tradition war im russischen Bewußtsein tief verwurzelt. Für den Neubau eines imposanten fünfstöckigen Gebäudekomplexes des Petri-Pauli-Knabengymnasiums gegenüber der gleichnamigen neugotischen Gemeindekirche in einer Nebengasse der Marossejka, die in die ehemalige »deutsche Vorstadt« führte, hatte Kaiser Wilhelm II. bei einem Moskaubesuch kurz nach der Jahrhundertwende tief in seine Privatschatulle gegriffen. Auch an offiziellen Zuschüssen und privaten Spenden deutscherseits hat es nicht gefehlt.

Meine Eltern waren 1908 von Riga nach Moskau übergesiedelt, wo mein Vater eine Bronzekunstgießerei eröffnete. Alexander Sommer, ein Moskauer Vetter meines Vaters, der das Petri-Pauli-Gymnasium mit Goldmedaille absolviert hatte, meldete mich vorsorglich schon im Säuglingsalter bei der Schuldirektion an. Als Prokurist bei der Junckers-Bank bekleidete er einen Vertrauensposten und war für die Solvenz verschuldeter Gutsbesitzer zuständig, die ihrerseits auf die Kulanz einer deutschen Bank vertrauten. Da er unverheiratet blieb, setzte er mich zum Alleinerben ein. Sein Aktienkapital war nicht unbeträchtlich und vermehrte sich durch geschickte Börsenspekulationen. Während eines Banküberfalls im Revolutionsjahr 1917 kam er jedoch ums Leben, und die Aktien verloren nach dem bolschewistischen Putsch jeden Wert.

Nicht viel anders erging es dem deutschen Bildungswesen bereits nach dem Kriegsbeginn von 1914. Der Russifizierung des Unterrichts folgte 1918 eine Verstaatlichung der kirchlichen Gemeindeschulen. Die Zahl der »Deutschsprachigen« war ohnehin auf knapp achttausend gesunken. In das großzügige, mit Turnhalle und »Rekreationsräumen« ausgestattete Knabengymnasium (das bescheidenere Mädchengymnasium befand sich neben dem Pastorat im Innenhof der Kirche) zog die sogenannte Universität für internationale Auslandsschulung ein, das heißt die Kominternschule. Die hochqualifizierte Lehrerschaft fand im besten Fall schlechtbezahlte Planstellen an sowjetischen Einheitsschulen.

Die Notwendigkeit einer deutschsprachigen Schulerziehung für die im nachrevolutionären Moskau heranwachsende Jugend stand indes den in Moskau verbliebenen Deutschen mahnend vor den Augen. Angesichts der maßlosen Verwahrlosung in den sowjetrussischen Schulen erschienen ihnen eine, wenn auch noch so beschränkte, überwachte deutsche Schulbildung als vordringliche Aufgabe. Im Rahmen der Minderheitengesetzgebung boten sich zu Beginn der Leninschen »Neuen Ökonomischen Politik« die erforderlichen Voraussetzungen.

1923 wurde ein Rundschreiben in Umlauf gebracht, gezeichnet von namhaften Vertretern des Moskauer Deutschtums, Universitätsprofessoren, Ärzten, Rechtsanwälten, Künstlern und freien Unternehmern (zu denen mein Vater zählte), das die Deutschen in Moskau zur Mitarbeit an einer Schulgründung aufrief. Ich selbst kannte bis dahin nur den Hausunterricht, da meine Eltern als lettländische Staatsangehörige der Pflichteinschulung nicht oblagen. Die Initiative der Eltern wurde alsbald von der ideologisch mißtrauischen » Deutschen Sektion des Volkskommissariats für nationale Minderheiten«, an deren Spitze Stalin stand, gelähmt. Die weniger Einsichtigen wandten sich daher von dem Schulprojekt ab, diejenigen aber, denen die Sache als solche am Herzen lag, stellten sich bescheiden und unauffällig in den Dienst der neuen Schulorganisation, die sich zwangsläufig dem sowjetischen Einheitsmuster unterwerfen mußte.

Im März 1924 wurde die Moskauer »Deutsche Arbeitsschule erster und zweiter Stufe« eröffnet. Zunächst besaß sie nur mehr vier Gruppen (Klassen), doch sollte jährlich eine neue Klasse hinzukommen und die zweite Stufe mit der zehnten Gruppe ihren Abschluß finden. Bei der unterschiedlichen Zahl der Anmeldungen von Schülern mit ungleicher Vorbereitung waren einzelne Klassen überbelegt, andere dagegen nur von fünfzehn bis zwanzig Schülern besucht. Mein vielseitiger und intensiver Privatunterricht befähigte mich, am Unterricht in einer solchen Gruppe teilzunehmen. Zum Ausgleich des Bildungsniveaus und zur Überbrückung der unvermeidlichen Lücken gehörten viel Zähigkeit, Ausdauer und Energie, die von dem aus den Wolgakolonien stammenden jungen Schulleiter Karl Schnur trotz aller Behinderungen, die seiner Schulleitung in den Weg gelegt wurden, immer wieder aufgebracht wurden.

Seine größte Sorge blieb für lange Zeit die Raumfrage. Die deutschen Schüler mußten sich nämlich mit einer »zweiten Schicht« in einer russischen Schule begnügen. Als die Unterrichtsbedingungen sich bereits nach einem Monat als unhaltbar erwiesen, wanderten die Schüler eines Tages samt dem Lehrpersonal, Hand in Hand und deutsche Volkslieder singend, respektiert von der Trambahn, den Pferdedroschken und Autos, durch Moskaus Straßen zu einer geräumigen russischen Schule. Es blieb aber bei der »zweiten Schicht«, die immerhin den Vorzug hatte, daß man nicht früh aufzustehen brauchte.

Bis zum Herbst 1925 beherbergte ein düsteres verwinkeltes Schulgebäude in der 1. Meschanskaja, hinter dem barocken Sucharew-Turm, in den Nachmittagsstunden die muntere Schülerschar. Vor Schulbeginn wurden zunächst Meinungsverschiedenheiten mit russischen Nachzüglern auf handfeste Weise bereinigt. Als gröbste Beleidigung der »Nemzy« (Deutschen) galt »Trussy w Trussikach« (»Feiglinge in Badehosen«), gemeint waren damit unsere kurzen Hosen. Kratz- und Platzwunden oder gar ein blaues Auge galten als Auszeichnung im Kräftemessen.

Das Unterrichtssystem glich äußerlich in allem dem damaligen sowjetischen Standard, mit Selbstverwaltung in den Klassen, Gruppenkomitees, Vertrauensschülern im Schulrat und anderen Neuschöpfungen. Im kommunistischen »Deutschen Klub« gab es zwar eine Pionierorganisation, aber dieser gehörten nur wenige Schüler an; selbst die Kinder prominenter Parteifunktionäre drückten sich von der »zusätzlichen Belastung«. Das »Selbstbestimmungsrecht« der Schüler ging dagegen so weit, daß unliebsame Lehrer aus der Klasse getrieben oder den eintretenden »die Tür vor der Nase« zugeschlagen wurde. Durch Vermittlung des Schulleiters wurde aber der Status quo in den meisten Fällen wiederhergestellt. Was er allerdings nicht verhindern konnte, war der ständige Wechsel experimenteller Unterrichtssysteme (Dalton-Methode, Gruppentests u. a. m.), der erst in der Stalinzeit durch eine autoritäre Klassenordnung mit Uniformierung der Schüler beendet wurde.

Die NEP-Zeit mit der Liberalisierung der Einfuhrbestimmungen für ausländische Bücher, Zeitschriften und Zeitungen – soweit diese von der Zensurbehörde freigegeben waren – brachte es mit sich, daß auch Lehrmittel der deutschen »Hindenburg-Spende« im Unterricht Verwendung fanden. Es handelte sich dabei ausschließlich um »nichtideologische« Lehrfächer wie Mathematik, Geographie, Naturwissenschaften. Geschichtsunterricht wurde durch »Gesellschaftskunde« ersetzt. In der Literatur hielt man sich an die klassischen Texte, nur gelegentlich wurden Stücke von Brecht, Wolf oder Toller gelesen und interpretiert.

Im Herbst 1925 bezog die deutsche Schule in der Malaja Spasskaja, einer stillen Straße, die von dem turbulenten Sucharew-

Markt abzweigte, eigene Räumlichkeiten, und zwar in einer ehemaligen privaten Zehnzimmerwohnung im fünften Stock eines Mietshauses. Die lang angestrebte Eigenständigkeit war erlangt, wegen der wachsenden Schülerzahl in den unteren Klassen blieb es aber bei dem Unterricht in zwei Schichten. Von den früheren Gymnasiallehrern wurde kein einziger übernommen, dagegen stellten sich einige hochqualifizierte Lehrer (Dozenten und Lektoren der Moskauer Hochschulen) aus reinem Idealismus, trotz miserabler Bezahlung, für den Unterricht zur Verfügung. Einige junge Kommunisten kamen aus Hamburg, Berlin und Wien als zuverlässige Interpreten der »ideologischen« Fächer hinzu.

Die Zusammensetzung der Schülerschaft war nach deren Meinung in ideologischer Hinsicht keinesfalls einwandfrei. Die Moskauer Deutschen kamen aus bürgerlichen Familien, die durch die »proletarische Revolution« entrechtet und benachteiligt waren. Erst in der NEP-Zeit gewannen diese mühsam einen gewissen Wohlstand zurück. Die wenigen »Kolonistenkinder« entstammten ebenfalls dem bäuerlich-konservativen Elternhaus, und da sie in der Großstadt fremd blieben, schwiegen sie in sich hinein, ohne Stellung zu beziehen. Am ehesten wäre eine »ideologische Aufgeschlossenheit« von den Kindern sowjetischer Funktionäre zu erwarten gewesen. Aber gerade diese verhöhnten und verspotteten am meisten die allzu eifrigen »Missionare«.

In meiner Klasse bildeten drei Funktionärssöhne eine »Troika«, die das Verhalten gegenüber den Lehrern bestimmte und auch sonst den Ton angab. Sie wurde jedoch weder in der Pionierorganisation noch im Schülerrat aktiv. Ansehen verschaffte sich die »Troika« allein durch Prügeleien und »Diversionsakte«. Die Raufereien endeten gewöhnlich mit dem Reiten auf dem Rücken des niedergezwungenen »Schwächlings«. Obwohl ich von Natur keinesfalls aggressiv war, entbrannte bei mir, wenn ich angegriffen wurde, eine blindwütige Kraft, die selbst Boris Perlow, der blonde Kraftprotz der »Troika«, Sohn einer deutschen Mutter, zu fürchten bekam.

Damit gewann ich aber Respekt und sogar Freundschaft, auch der beiden anderen, die sich weniger durch physische Stärke als durch Intelligenz und Einfallsreichtum auszeichneten. Waldemar Maasel und Jascha Liebermann waren Söhne sowjetischer

Auslandhandelsvertreter. Etwa fünfundzwanzig Prozent der Schulkinder, darunter viele der begabtesten, entstammten jüdischen Familien, für die Deutsch als Zweitsprache geradezu obligatorisch war. Liebermann schuf sich später einen Namen als angesehener Wirtschaftstheoretiker, Maasel folgte seinem Vater nach Berlin, wo dieser an der sowjetischen Handelsvertretung als Experte tätig war. Unser Briefwechsel setzte 1933 aus, als sich die gesamte Familie in die USA absetzte, um nicht nach Moskau zurückkehren zu müssen.

Unter den Mädchen zeichnete sich Raja Spektor aus, die Tochter eines jüdischen Kleinunternehmers, die in den meisten Fächern die besten Noten erhielt. Da die deutsche Literatur zu ihren Lieblingsfächern gehörte, fanden wir stets gemeinsamen Gesprächsstoff. Kurz vor dem Verlassen der Schule kommentierte sie die Lektüre von Lessings »Nathan« mit der resignierten Feststellung, daß sich seit den Kreuzzügen im Verhältnis zwischen Christen und Juden nicht allzuviel geändert hätte. In der Jugend sei man zwar noch befreundet, aber die Distanz wüchse mit zunehmendem Alter. Ich widersprach vehement, erfuhr aber 1934 vor meiner Abreise aus der Sowjetunion, daß sie und ihre Familie als Opfer des Stalinterrors in ein ostsibirisches Dorf verbannt seien.

Zu meinen intimsten Freunden gehörte Arnold Steinbrecher, der Sohn eines Kaukasusdeutschen und einer armenischen Mutter, die 1915 als einziges Familienmitglied den Armeniermord in Ani durch die Türken überlebt hatte. Meine persönliche Freundschaft übertrug ich damals auf das gesamte verfolgte armenische Volk. Arnold fiel schon durch seine äußere Erscheinung auf. Er war schlank, von ebenmäßigem Körperbau und hatte einen weißblonden Haarschopf und dunkelbraune mediterrane Augen. Seine Eltern gehörten den »Herrnhutern« an und standen im Briefwechsel mit Glaubensfreunden in der Schweiz. Dies wurde ihnen 1933 zum Verhängnis; sie wurden verhaftet und als »Spione« zu langjähriger Lagerhaft verurteilt. Einige Monate danach wurden auch die beiden ältesten Söhne, Arnold und Walter, verhaftet und deren beiden jüngster Brüder in ein Erziehungsheim eingewiesen.

Erst nach meiner eigenen Entlassung aus dem Gulag erfuhr ich 1956, daß Arnold im Kriege aus dem Straflager in ein sowjetisches Strafbataillon »überstellt« und bei einer günstigen

Gelegenheit die Front gewechselt habe. Auf deutscher Seite trat er als Dolmetscher einer SS-Division bei, bei Kriegsende gelang es ihm, sich in die Schweiz »abzusetzen« und von dort als »Holzfäller« nach Kanada auszuwandern. In einem Abschiedsbrief aus »tiefster Waldeinsamkeit« hätte er seinen Schweizer Verwandten versichert, alle Brücken nach Europa abzubrechen und seinen Namen zu ändern, um nie wieder erreichbar zu sein.

Im ersten und zweiten Schuljahr wurden die Lehrer noch mit »Herr« oder »Frau« angeredet. Auf Intervention des »kommunistischen Blocks«, das heißt der Lehrer aus Deutschland und Österreich, forderte uns eines Tages der Schuldirektor Schnur auf, die Lehrer fortan als »Genosse« anzusprechen. Der schlagfertige Liebermann war der erste, der daraufhin die Anrede »Herr Genosse Lehrer« in Umlauf bracht. Die antiautoritäre Erziehungsreform führte schließlich zu einer antiautoritären Schüleraktion.

Der Geschichtsunterricht war, wie berichtet, durch »Gesellschaftskunde« ersetzt und ideologisch linientreuen Junglehrern anvertraut worden. Das aus dem Russischen übersetzte Lehrbuch des »Historikers« Pokrowskij galt als das einzig zuverlässige und mußte auswendig gelernt werden. Einem im Unterricht unerfahrenen Jungkommunisten aus Hamburg fiel die undankbare Aufgabe zu, im besonderen gegen die »Troika« und deren Anhänger, zu denen auch ich zählte, anzukämpfen. Abweichende Meinungen wurden von dem »Genossen« Naumann mit einem drastischen »ungenügend« quittiert, was schließlich dazu führte, daß die ganze Klasse sich solidarisch zu der Note »ungenügend« bekannte. Naumann wurde daraufhin in »Noman« umgetauft.

Nicht genug damit, die »Troika« beschloß, ein »Attentat« auf ihn zu verüben. Statt sich auf den Stuhl hinter dem Lehrertisch zu setzen, hatte Naumann die seltsame Gewohnheit, sich auf den Tischrand zu setzen und mit den Beinen zu baumeln. Die Tischplatte wurde demzufolge aus der Vernagelung gelöst, darunter wurde eine Ladung Platzpatronen untergebracht. Aufmerksam verfolgte die Klasse, wie der Hamburger »Missionar« sich dem Tisch näherte, mit Schwung darauf setzte und einen ohrenbetäubenden Knall auslöste. Mit gellendem Schrei, in eine beißende Rauchwolke gehüllt, verschwand er aus dem Klassenzimmer und weigerte sich fortan, die »Hooligan«-Klasse zu unterrichten. Er wurde durch einen Wiener Emigranten ersetzt, der seinen ideologischen Erziehungsauftrag nicht übermäßig ernst nahm, sich gelegentlich sogar in »Geschichten aus dem Wiener Wald« verirrte, das heißt anschaulich und kenntnisreich aus Wiens Vergangenheit erzählte.

Der nächste Anschlag galt Wassilij Leontjewitsch, dem Russischlehrer, einem rotbärtigen untersetzten Mann mittleren Alters, der zum Unterricht stets in einer abgetragenen Rotarmistenuniform erschien und »Muschik« genannt wurde. Die »Troika« beschloß, vom Schülerrat nicht gutgeheißen, aber geduldet, den »roten« Lehrer noch röter zu machen. Über der halb geöffneten Klassenzimmertür wurde ein Fläschchen mit roter Tinte so geschickt angebracht, daß der arme Muschik beim Betreten der Klasse unfehlbar »rot getauft« wurde. Der arglose und gutmütige Bauernsohn ließ sich nach dem »Attentat« jammernd auf seinem Stuhl nieder und schluchzte so herzergreifend, daß die Missetäter nicht nur die Reinigung der Uniform versprachen, sondern sogar die Anschaffung eines zivilen Anzugs.

Bei derartigen Streichen verhielten sich die Mädchen zurückhaltend, denn auch sie wurden in Ermangelung männlicher Opfer, die sich nicht zur Wehr setzten, oft genug schikaniert. Sie zeigten aber »Klassensolidarität« und zeigten keinen der »Spaßmacher« an. Einen Mitverschworenen unter den Lehrern besaßen diese in der Gestalt von Dr. Feldmann, einem jungen Hochschuldozenten aus den Odessa-Kolonien, dessen Unterrichtsfächer Biologie, Physik und Chemie waren. Im Labor experimentierte er gern mit Mäusen und Fröschen, um den Unterricht anschaulicher zu gestalten. Kontraktionen von Froschschenkeln durch elektrischen Strom hielt er für besonders einprägsam, und als ihm die »Troika« vorschlug, einen »Besprisornik«, einen der vielen elternlosen Buben, die sich in den Straßen umhertrieben, als »Versuchskaninchen« herbeizuschaffen, willigte er ein, ohne die Sache ernst zu nehmen. Wer beschreibt aber unser aller Entsetzen, als die »Troika« zur nächsten Unterrichtsstunde in Biologie tatsächlich einen achtjährigen Buben heranschleppte, den sie am Sucharew-Markt in einem Asphaltkessel entdeckt hatten. Grinsend wurde der verrußte kleine »Neger« für eine Elektroschocktherapie angeboten. Der Unwillen war allgemein. Der verängstigte »Besprisornik« wurde mit üppigen Schulrationen reichlich entlohnt.

Unangreifbare Respektperson blieb für alle Schüler der Mathematik- und Deutschlehrer Dr. Friedrich Schaal, der ebenfalls aus den Odessa-Kolonien stammte. Als ausgesprochen schlechter Mathematikschüler hatte ich ihm viel Nachsicht und zusätzliche Unterweisung zu verdanken. Meine frühzeitige Zuwendung zur Literatur wußte er zu schätzen und zu fördern. Ihm verdanke ich die allererste Einführung in Goethes »Faust« sowie durch das Auswendiglernen von Gedichten ein Gedächtnistraining, das mir in späteren Jahren zugute kam.

Nicht weniger respektiert, ja sogar verehrt wurde Schaals Vorgänger als Deutschlehrer, der Zürcher Otto Volkart, obwohl oder gerade weil er als Sonderling auffiel. Er war 1925 in die Sowjetunion gekommen, mit der Absicht, an der Verwirklichung eines christlichen Kommunismus mitzuwirken. Als exaltierter Dichter in der Nachfolge Schillers rezitierte er pathetische Gedichte mit verklärtem Glanz in seinen enzianblauen Augen und warf im Gehen gern seine blondlockige Mähne zurück. Der begeisterungsfähige Eidgenosse vermittelte uns dementsprechend einen eher emotionalen Zugang zum Phänomen der Dichtung. Wir lasen und interpretierten vor allem Schillers Dramen und lernten daraus ganze Passagen auswendig. Persönlich war aber Volkart in Kürze maßlos von der sowjetischen Wirklichkeit enttäuscht, wie er mir in späteren Jahren gestand. Und da er in Moskau alles andere als ein »neues Jerusalem« gefunden hatte, kehrte er schon nach zwei Jahren reumütig nach Zürich zurück, ohne ein Wort Russisch gelernt zu haben. Er hatte nämlich die ihm von der Komintern im Hotel »Lux« beigegebene Dolmetscherin geheiratet, die einer russischen Adelsfamilie enstammte. In ihr hatte er seine Muse entdeckt, ihr widmete er einen ganzen Band von Huldigungsgedichten und rechnete sich noch Jahre danach »Barbaras Rettung« als Sühnetat für die eigene Verstrickung in die sowjetische »Teufelslüge« an.

Als »Klassendame« alten Stils galt Fräulein Freyfeldt, die hochgewachsene hagere Englischlehrerin mit einer Lorgnette vor den kurzsichtigen Augen, die nicht einmal von engagierten Kommunisten mit »Genossin« angesprochen wurde. Sie beschwerte sich bei jeder Gelegenheit über den Sittenverfall. bezeichnet Hosen stets als »die Unaussprechlichen« und entzog sich bei Ausflügen dem Anblick der nackt badenden Schüler hinter ihrem aufgespannten Schirm. Dies provozierte die »schamlosen Knaben«, wilde Indianertänze um sie aufzuführen und es an lasziven Körperbewegungen nicht fehlen zu lassen. Andererseits war man ihr dafür dankbar, daß sie auf perfektem »british accent« und Konversationspraxis bestand.

Abgesehen von Schulfesten, die im »Deutschen Klub« veranstaltet wurden, fanden dort alljährlich Schulaufführungen statt. Als erstes Stück wurde »Der Planetentanz« einstudiert, in welchem rotgekleidete Planeten Giordano Bruno umtanzten und der Großinquisitor zum Schluß die rote Bühnendrapierung herunterriß und den Ketzer dem Flammentod übergab, der aber danach in einem strahlendweißen glitzernden Gewande wieder auferstand. Im darauffolgenden Jahr ließ Otto Volkart das von seinem Lieblingsdichter Schiller aus dem Französischen übersetzte Lustspiel »Der Neffe als Onkel« aufführen. Ich erbat mir die Rolle des Valcour, der öfter auftrat, aber wenig zu sagen hatte. Auch war ich der einzige, der in einem eigenen Rokokokostüm mit Zopfperücke und Degen auftreten konnte. Meine Mutter hatte mich und eine Cousine entsprechend eingekleidet, um rund um den Weihnachtsbaum Menuett zu tanzen. Der Spaß an dem Lustspiel war aber nur von kurzer Dauer. Die Aufführung im Klub wurde abgesagt, da in der deutschsprachigen »Moskauer Rundschau« und in der »Krasnaja gazeta« gehässige Artikel gegen die Schule und deren Direktor erschienen. In der Einstudierung eines Stücks aus dem »Ancien régime« wurden konterrevolutionäre Umtriebe gewittert, ferner wurde über »kaiserliche Schulbücher« (Schmeils Botanik, Philippsons Geographie und andere naturwissenschaftliche Fachbücher der »Hindenburg-Spende«), ja sogar von einer Erziehung im »preußischen Geist« (Fritzchen steht stramm hinter der Schulbank und ruft: »Es lebe Hindenburg!«) und ähnliches berichtet. Diese Lügengespinste waren böswillige Verleumdungen, denn irgendwelche Kritik am Sowjetsystem war verständlicherweise mit einem Tabu belegt. Nur die »Troika« machte von der Narrenfreiheit der Funktionärskinder weiterhin Gebrauch, indem sie Hakenkreuze an die Tafel oder an die Türen malte.

Die Folgen der Zeitungskampagne trafen vor allem den Schuldirektor Schnur. Er wurde zunächst abgesetzt und kehrte an die Wolga zurück, fiel aber nach einigen Jahren der Säuberungsaktion zum Opfer und verschwand für immer in Sibirien. An seine Stelle trat eine zuverlässige Kommunistin, die sofort eine Säuberung des Unterrichtsmaterials verordnete. Die in Druck und Ausstattung hochwertigen deutschen Fachbücher wurden durch die für den Schuldienst in Engels an der Wolga auf minderwertigem Papier und in mangelhaften Übersetzungen gedruckten Lehrbücher ersetzt. Die meisten Schüler entzogen jedoch die Bücher der diffamierten »Hindenburg-Spende« dem Zugriff der neuen Schulleiterin und bereiteten sich mit ihnen zu Hause für die Klassenarbeiten vor.

Was den Theaterbesuch anbelangt, so boten die Moskauer Bühnen am häufigsten Schiller und Hauptmann, aber auch Brecht, Wolf, Toller und andere ideologisch konforme Bühnenautoren. Gastspiele deutscher Theaterensembles sowie einzelner berühmter Schauspieler und Sänger fanden vor der Revolution regelmäßig statt. Die Meininger und Max Reinhardt beeinflußten im hohen Maße das russische Theaterleben und wirkten stilprägend. In meiner Schulzeit gastierten gelegentlich Berliner und Wiener »Arbeiterensembles« mit Agitpropstücken sowie Alexander Moissi mit »Hamlet«, »Ödipus« und Tolstojs »Lebendigem Leichnam«, wobei – wie bei ausländischen Opernstars – der Gast Deutsch sprach, während das übrige Ensemble Russisch replizierte. In Ermangelung eines ständigen deutschen Theaters besuchten wir in organisierten Gruppen die Vorstellungen des »Jüdischen Theaters«. Jiddisch betrachtete man als alten deutschen Dialekt, was bei manchen zur Folge hatte, daß jiddische Wörter in ihre Sprache eingingen.

Bis 1930 bestand übrigens der deutsche Männergesangsverein »Crescendo« mit angeschlossenem Kammerorchester unter Leitung meines Klavierlehrers Felix Sternberg, der aus dem Kurländischen Libau stammte und mit Bach, Mozart, Beethoven und Schubert sowohl in der St.-Petri-Pauli-Kirche – einem echten deutschen Kulturzentrum – wie in angemieteten Konzertsälen auftrat. Im Chor und Orchester waren oftmals ganze deutschstämmige Generationen vertreten, von den Großvätern bis zu den Enkeln.

Ende der zwanziger Jahre zeigten die politisch-meteorologischen Zeichen Sturm an. Mit dem Ende des wirtschaftlichen »Atemholens« der Leninschen NEP-Periode setzte Stalins Terror ein. Ganze Familien verschwanden über Nacht, und niemand wagte, nach ihrem Schicksal zu fragen. Private Unternehmen wurden verstaatlicht, deren Besitzer konnten von Glück reden, wenn sie als Fachkräfte Beschäftigung fanden. Auch in der deutschen Schule wurden die Zügel angezogen. Die neue Schulleitung setzte es sich nunmehr zum Ziel, in sämtlichen Klassen eine hundertprozentige Zugehörigkeit zur kommunistischen Jugendorganisation zu erreichen. Unter Anwendung aller ihr zur Verfügung stehenden Druckmittel und Gewährung von Vergünstigungen gelang es ihr zumindest, die Zahl der Beitritte zu vergrößern. Zugleich wurde eine hemmungslose antireligiöse Propaganda entfaltet, Denunziationen gefördert und die Kinder über die Gesinnung ihrer Eltern ausgeforscht. Zu Weihnachten stellte die Pionierorganisation Posten vor der St.-Petri-Pauli-Kirche auf, um festzustellen, ob Schüler mit ihren Eltern den Gottesdienst besuchten. Was im Anfangsstadium der Schulneugründung mißlang, wurde nunmehr eifrig nachgeholt. Zwietracht, Unsicherheit, Angeberei vergifteten die Schulatmosphäre und verringerten die Leistungen in zunehmendem Maße.

Die in Moskau zahlreich vertretenen deutschen »Spezialisten«, die zur Forcierung der Industrialisierung aus Deutschland und Österreich angelockt waren, schickten nur ungern ihre Kinder auf die sowjetisierte Schule. Dank der Initiative der ehemaligen Diakonieschwester Marga Lüttgen, die mit einem »Chemie«-Spezialisten verheiratet war, entstand nach zähen Verhandlungen der Botschaft mit den Moskauer Behörden eine »Reichsdeutsche Schule«, deren Schüler, etwa fünfundzwanzig bis dreißig, vom ersten Schuljahr bis zur Quarta von dem engagierten Lehrer Angerbach täglich jeweils zwei bis drei Stunden in einzelnen Gruppen unterrichtet wurden. Religionsunterricht firmierte – eine Konzession gegenüber den Sowjetbehörden – als »Gesinnungsunterricht«, aber bis zur Kirchenschließung von 1934 besuchten die reichsdeutschen Schüler die St.-Petri-Pauli-Kirche. Zu Weihnachten und an anderen Festtagen beteiligten sie sich auf der Kirchenempore auch am Chorgesang. Diese Schule bestand bis zum Kriegsbeginn 1941.

Die sowjetisierte Schule zog 1930 in ein eigenes zweistöckiges, für den Schulunterricht wenig geeignetes Gebäude um, die enteignete Villa eines Industriellen, die ebenfalls im Bereich des Sucharew-Turmes und Marktes lag. Sie nannte sich fortan »Deutsche Polytechnische Schule Karl Liebknecht«. Die Zahl der Schüler erreichte um 1930 die beachtliche Zahl von etwa fünfhundert. Wegen der starken Verringerung der ortsansässigen Deutschen und »Kolonistenkinder« dominierten jedoch alsbald Russen, nach 1933 Kinder deutscher und jüdischer Emigranten aus Deutschland und Österreich.

Über diese Schule »neuen Typs« und deren »wilden Haufen« haben zwei ihrer prominentesten Absolventen berichtet, nämlich Wolfgang Leonhardt (»Die Revolution entläßt ihre Kinder«) und Markus Wolf (»Die Troika«). Zu ihrer Zeit studierte ich aber bereits in der Heimat meiner Eltern und meiner Vorfahren, am Herder-Institut zu Riga, nachdem ich als Externer am dortigen deutschen Klassischen Gymnasium das »kleine Latinum« nachgeholt hatte. Direktor Walter, ein Jugendfreund meiner Mutter, versicherte mir nach der bestandenen Prüfung, daß er allergrößte Nachsicht geübt hätte, da ich eine sehr viel schwierigere Prüfung, die eines unversehrten Ganges durch die sowjetische Feuerhölle, bestanden habe. Mein Vater war in dieser zugrunde gegangen.

1930 verließ ich die Deutsche Schule und studierte bis 1934 am Moskauer Fremdspracheninstitut deutsche und englische Sprache und Literatur. Mein Vater, der sich politisch niemals engagierte und oft genug meine temperamentvolle Mutter vor unbedachten Reaktionen und Äußerungen warnte, wurde dessenungeachtet ein Opfer des Stalinistischen Terrors. 1929 hat er gewissermaßen sein eigenes Todesurteil unterzeichnet, indem er sowjetrussischer Staatsangehöriger wurde. Sein Betrieb befand sich zu diesem Zeitpunkt auf absoluter Produktionshöhe, denn er belieferte die Junkers-Konzessionsfirma in Moskau-Fili nicht nur mit Ersatzteilen für die sowjetische Flugzeugproduktion, sondern auch für die deutsche Luftwaffe, die aufgrund einer Geheimklausel zum Rapallo-Vertrag von 1922 in der Sowjetunion im Entstehen begriffen war.

Beim Ultimatum des Moskauer Sowjets, entweder die sowjetische Staatsangehörigkeit anzunehmen oder Moskau innerhalb von vierzehn Tagen zu verlassen, hat er in Abwesenheit meiner gegenüber der politischen Entwicklung in der Sowjetunion äußerst kritischen Mutter (sie verbrachte mit mir die Schulferien im Kaukasus) seinen lettländischen Paß gegen einen sowjetrussischen eingetauscht. Dies wurde ihm auch seitens der deutschen Botschaft empfohlen, die verständlicherweise an einer unbehinderten Herstellung von Militärflugzeugen interessiert war. Meine Mutter und ich blieben dagegen lettländische Staatsangehörige.

Bereits im Februar 1930 wurde das Unternehmen meines Vaters und sein gesamter Besitz enteignet und das Junkers-Werk in Fili in einen sowjetischen Rüstungsbetrieb umgewandelt. Nur dank dem Umstand, daß mein Vater über die modernsten Produktionserfahrungen verfügte, wurde er, nachdem ihm die erst kürzlich erworbenen sowjetischen Bürgerrechte wieder abgesprochen waren, nicht in ein Konzentrationslager oder nach Sibirien verbracht, sondern mit der Leitung einer neu eingerichteten Gießereiabteilung des ehemaligen Junkers-Werks beauftragt. Ich erlebte noch auf dem Krankenbett (im Januar 1930 trug mir eine obligatorische Teilnahme an einem Schülerumzug eine Lungenentzündung ein), wie in unserem Garten die Kirsch- und Äpfelbäume gefällt, die gesamte Parkanlage zerstört und die Götterstatuen als Metallschrott abtransportiert wurden. Die Beschwerde meiner Mutter über diese sinnlose Zerstörung wurde vom Mossowjet mit einem kaltschnäuzigem »Wo Wald gefällt wird, gibt es Späne« erwidert. Nicht genug damit, die wertvollen Maschinen für Metallbearbeitung wurden mit Lastautos an den Stadtrand gefahren und dort als herrenloses Gut am Feldrain in den Schnee gekippt.

In der Kutusow-Sloboda bei Fili, jener Ausfallstraße gen Westen, auf der 1812 die Grande Armee nach Moskau einrückte und wieder abzog, konnten meine Eltern ein halbes Haus mieten. In Gehweite befanden sich die Junkers-Werke, der neue Arbeitsplatz meines Vater. Dank der Umsicht meiner Mutter, die das gesamte Mobiliar und Hausgerät auf ihren Namen eingetragen hatte, wurde dieses nicht enteignet, es blieb ausländischer Besitz. Aus einem Haus mit acht Zimmern und Nebengelassen zogen wir in drei Stuben eines russischen Blockhauses mit Vorgarten und Wirtschaftsgebäuden im Hof ein.

Nach dem Zweiten Weltkrieg entstanden an Stelle dieses Dorfes exklusive Wohnblocks für die sowjetische Prominenz. Anfang der dreißiger Jahre war der Dorfcharakter noch völlig erhalten. Der Verkehr war dürftig, es überwogen noch Pferdegespanne. Nur Stalin wurde in rasendem Tempo in einer von drei gleich aussehenden Limousinen von oder nach Kunzewo, seinem bevorzugten Aufenthaltsort, unerkannt befördert. Das Sirenengeheul lockte mich oft ans Fenster, aber mehr als einen Blick durch die Gardine riskierte ich nicht. Nicht selten überkam mich ein visionär zu nennendes Gefühl, als sähe ich hinter den Autos Kolonnen von Soldaten marschieren. War es eine angelesene Rückerinnerung an Napoleons Grande Armee? Oder eine Vorausahnung des 1941 zwanzig Kilometer weiter westwärts gestoppten deutschen Vormarsches?

Unweit der Moschaisker Chaussee befand sich eine Gedenkkapelle neben der als Museum wiederaufgebauten Bauernhütte, in der unter dem Vorsitz von Kutusow der Kriegsrat stattfand, auf dem beschlossen wurde, Moskau kampflos zu räumen. Am Dorfende stieg das Gelände zu einem Hügelrücken an, dem »Kniefallberg« (Poklonnaja Gora), von wo aus sich das Panorama von Moskau überblicken ließ. Seit Jahrhunderten knieten hier russische Reisende nieder und dankten ihrem Herrgott, daß er sie die angeblich 365 goldenen Türme der heiligen Stadt zu sehen für würdig befunden hatte. Napoleon aber bestieg dort sein Roß (wegen einer Erkältung benutzte er bis dahin eine Kutsche), um in Siegerpose das Eintreffen einer russischen Delegation zu erwarten. Die erhoffte Übergabe der Stadt erfolgte aber nicht. Erst gegen Sonnenuntergang ritt der enttäuschte Kaiser zum Dorogomilowo-Tor am Flußufer und übernachtete in einer schlichten Bauernhütte.

Diese geschichtlichen Ereignisse konnten zwischen 1930 und 1934 noch mühelos nachvollzogen werden. Sie beschäftigten mich in ähnlicher Weise wie meine Erkundungsgänge auf dem Gebiet der ehemaligen »deutschen Sloboda«, der Ausländersiedlung des 16. und 17. Jahrhunderts am südöstlichen Ende der Stadt. Ein Freund meines Vater, Rechtsanwalt Paul Althausen aus Mitau, Kirchenvorstand der St.-Michaelis-Kirche, übernahm oftmals die Führung und ermahnte mich zu gegebener Zeit, seine Publikationen über die »Nemezkaja Sloboda« fortzusetzen. Wie mein Vater beendete auch er sein Leben in einem Stalinistischen Konzentrationlager.

Zum Besuch des Fremdspracheninstituts im Stadtzentrum benutzte ich die Straßenbahn, die bis zum jüdischen Friedhof führte, der ähnlich wie der deutsche von den orthodoxen Russen nur außerhalb der Bannmeile der Stadt geduldet wurde. Stieg man aus der Tram, so versank man im Frühjahr und im Herbst im Schlamm der aufgeweichten Trampelpfade, die längs der asphaltierten Moschaisker Chaussee zu den einzelnen Gehöften führten. In der Kutusowskaja Sloboda gab es keine Kanalisation, sondern lediglich Klogruben im Anbau der Häuser. Das Trinkwasser wurde vom Pferdegespann ins Haus geliefert, denn das brackige Brunnenwasser konnte nur mehr in der »Banja« (Sauna) benutzt werden, die sich in jedem Hof befand. Die Öfen wurden – wie größtenteils auch in Moskau selbst – mit Holz oder Kohle geheizt, aber die Holzhäuser waren bekannt für ihre vorzügliche Wärmeakkumulation.

Ungeachtet der beengten Lage hat es bei meinen Eltern auch in der »Verbannung« an Gästen nie gefehlt. Abgesehen von Moskau- und Auslandsdeutschen verkehrten nach wie vor viele reichsdeutsche Freunde und auch Angehörige der deutschen Botschaft bei meinen Eltern. Viele Ingenieure und Chemiker wurden von der Sowjetregierung während der Wirtschaftskrise in Deutschland und Österreich angeworben und von den TORGSIN-Läden (Handel mit Ausländern) versorgt. Gelegentlich kauften sie auch Mangelwaren für unseren Haushalt ein. Bis 1933 wurde man mit deutschen Zeitungen und Illustrierten versorgt, so daß man über die politischen und kulturellen Ereignisse im Westen auf dem laufenden war. In einer zweckentfremdeten Kirche am Moskauer Rathausplatz (am Mossowjet) befand sich die Bibliothek ausländischer Literatur, die es mir ermöglichte, deutsche und englische Klassiker auszuleihen. Nie wieder habe ich Goethe und Schiller, Storm und Conrad Ferdinand Meyer, Raabe, Thomas Mann und Stefan Zweig, aber auch Shakespeare, Dickens, Galsworthy und andere so gründlich und aufnahmefreudig gelesen wie damals. Dasselbe kann ich von Tolstoj und Dostojewskij, Gogol und Turgenjew behaupten. Diese Erfahrung lehrte mich: Was man im jugendlichen Alter an Lektüre versäumt hat, kann man im späteren Leben nie wieder nachholen. Es fällt dabei überhaupt nicht ins Gewicht, ob man alles »richtig verstanden« hat, denn eigene Lebenserfahrungen korrigieren ohne weiteres mögliche Fehlinterpretationen.

»Selbstbildung ist immer noch die beste Bildung«, entkräftete meine Mutter in jenen Jahren der Stagnation (als Sohn eines »Klassenfeindes« war ich zum Universitätsstudium nicht zugelassen) die aufkommenden Zweifel an meiner Zukunft. Trotz allen Einschränkungen und Entbehrungen war es für mich, wie sich alsbald herausstellte, keine verlorene Zeit, die ich damals in

Moskau verbrachte. Meine intensive Beschäftigung mit Geschichte und Literatur im Selbstunterricht erlaubte es mir nach der Übersiedlung nach Riga, den Anschluß an die dortigen Abiturienten zu finden; ich mußte mich nur mehr dem Lateinstudium widmen.

Im März 1934 wurde nämlich meiner Mutter und mir das gleiche Ultimatum wie meinem Vater vor vier Jahren gestellt. Wir entschieden uns aber anders. Wir verließen Moskau auf dem schnellsten Wege. Von Riga aus stellte meine Mutter dreimal dem sowjetischen »Intourist«-Büro das für die Ausreise meines Vaters erforderliche »Lösegeld« in Höhe von 500 Goldrubeln zur Verfügung. Meinem Vater wurde jedoch als einem angeblich »unentbehrlichen Spezialisten« die Ausreise verweigert. Selbst eine Intervention der lettländischen Gesandtschaft, ihm diese zur Fertigstellung der bronzenen Freiheitsstatue in Riga zu gestatten, blieb erfolglos. Im Juni 1935 wurde mein Vater als angeblicher deutscher Spion verhaftet und trat seinen Leidensweg durch Stalins Staatsgefängnisse und Lager an: Lubjanka, Butyrka und nach seiner Verurteilung durch ein anonymes Dreierkollegium zu zehn Jahren »Arbeitserziehungslager« (ausgerechnet eines Mannes, der in der Arbeitsleistung den eigentlichen Sinn seines Lebens sah) die Etappenreise durch die Konzentrationslager bis nach Taschkent, wo er im August 1939 an tropischer Malaria verstarb.

In Anerkennung dieses Opfertodes erhielten meine Mutter und ich 1935 die deutsche Staatsangehörigkeit, als Student des Herder-Instituts zu Riga wurde mir gleichzeitig die »Reichsförderung« zuerkannt, ein Stipendium, das mir das weitere Studium in Königsberg und die Promotion in Berlin ermöglichte.

Brassowo und Brassowa

Ein Gut des jüngsten Zarenbruders, des Großfürsten Michail Alexandrowitsch, im Gouvernement Kursk, hieß Brassowo, und diesen Namen erhielt seine morganatische Ehegattin Natalja, wie es in solchen Fällen üblich war. Die beantragte Nobilitierung wurde ihr jedoch auf Betreiben der regierenden Zarin Alexandra Fjodorowna versagt. Genauso verweigert wurde dem Ehepaar eine Rückkehr nach Rußland aus Italien, wohin die Hochzeitsreise die Jungvermählten geführt hatte. Erst 1914, nach dem Kriegsausbruch, erreichte die Zarin-Mutter Maria Fjodorowna, daß ihr Lieblingssohn zurückkehren und dessen Ehefrau sich nunmehr Gräfin Brassowa nennen durfte.

Der Krieg und die Evakuierung vieler baltendeutscher Familien, die russischerseits prodeutscher Sympathien und eventueller Spionagetätigkeit verdächtigt wurden, wie auch ganzer kriegswichtiger Industrieunternehmen nach dem Inneren Rußlands, verhinderten den alljährlichen Rigaer Strandaufenthalt meiner Eltern. In meinem Elternhaus häuften sich dagegen die Besuche befreundeter Familien, die sich auf der Durchreise zu den ihnen zugewiesenen Verbannungsorten befanden. Den im Umgang mit russischen Behörden Erfahrenen gelang es oftmals durch Bestechung eine Verlängerung ihres Aufenthalts zu erreichen, und einige leerstehende Büroräume im Obergeschoß der Fabrik meines Vaters blieben auf diese Weise wochen-, wenn nicht gar monatelang, von den Exilanten bewohnt. Gelegentlich trafen aber auch baltendeutsche Offiziere und Soldaten ein, die sich während eines Urlaubs mit ihren Familienangehörigen trafen. Zum Fronteinsatz gelangten sie ohnehin meistens an der türkischen Front im Kaukasus, denn wer würde schon nach russischer Ansicht zu den Türken überlaufen.

Im Sommer 1916 reiste meine Mutter mit mir nach Kursk, wo wir von Friedrich Wanag, dem Verwalter des großfürstlichen Gutes Brassowo, mit einem Zweispänner abgeholt wurden. Verheiratet war er mit Anna Jakobson, einer Rigaer Internatsfreundin meiner Mutter. Als ich als Erwachsener 1934 Wanag, den inzwischen geschiedenen hochangesehenen Experten des Rigaer Landwirtschaftsministeriums, näher kennenlernte, erschien er mir wie das Modell einer geglückten deutsch-lettischen Symbiose. Einer kurländischen Großbauernfamilie entstammend, absolvierte er ein Mitauer Gymnasium und die dortige landwirtschaftliche Akademie mit Auszeichnung, verwaltete zunächst einen deutschbaltischen Großgrundbesitz und festigte seinen Ruf als kenntnisreicher, umsichtiger und im Umgang mit den Bauern und dem Gutsbesitzer nach der Revolution von 1905 besonders geschickter Vermittler. Äußerlich und im persönlichen Umgang unterschied sich der soignierte Friedrich Wanag nicht im geringsten von den Vertretern alter kurländischer Adelsfamilien. Im Gegenteil. Der hochgewachsene, elegante und selbstbewußte Mann mit seinen markanten, fein geschnittenen Gesichtszügen, sparsamen, aber energischen Gesten übertraf an »Schliff« so manchen nachlässigen Standesherrn. Im übrigen hieß es von ihm, er sei ein illegitimer Sproß eines auf die Ordensritter zurückgehenden Geschlechts. Deutsch, Russisch und Französisch beherrschte er perfekt, und da unter dem Zaren Nikolaus II. Englisch zur Modesprache wurde, lernte er als Erwachsener auch diese. Als es zu einem Streit zwischen Gutsverwalter und einem kurländischen Majoratsherrn kam, übernahm er Verwaltungsposten auf russischen Gütern, wo er durch seine Fähigkeiten von einer hochdotierten Stellung zur nächsthöheren aufrückte. Schließlich erwarb er sich Wohlwollen und Vertrauen bei dem jüngsten Zarenbruder Michail Alexandrowitsch. In Brassowo stand ihm eine exklusive Villa am Parkende mit geschultem Personal zur Verfügung.

Erinnern kann ich mich vor allem an die Ausritte mit Wanags halberwachsener Tochter Herta, die, mich auf einem Orloff-Zuchtpferd vor sich haltend, in beängstigendem Tempo über duftende Wiesen ritt und gerne über Hecken und Zäune sprengte. Das Gefühl ungezähmter Freiheit habe ich auch in späteren Jahren mit diesem frühen Mitreiten verbunden. Der liberal gesinnte Großfürst hatte für die Bauern ein Gemeindehaus erbauen lassen; auf der Dorfbühne übte der Schullehrer mit seinen begabtesten Bauernkindern Märchenspiele ein, in denen Herta mit ihrem knielangen, blonden Haar stets die Rolle von Prinzessinnen zustand. Als solche hatte ich sie als Vierjähriger in

Erinnerung behalten. Wie erstaunt war ich, als mir 1934 in einem Rigaer Cafe eine mondäne Dame mit schwarzgefärbten Bubikopf gegenübersaß, Zigarettenqualm aus einem Bernsteinhalter aufstiegen ließ und mir über eine in Buenos Aires geschlossene Ehe mit einem Siebenbürger Apothekersohn berichtete, die auf Drängen seiner Eltern in Kronstadt wieder geschieden wurde. Auch Hertas Eltern waren längst geschieden, was zur Folge hatte, daß sie mit ihrer Mutter nach Südamerika ausgewandert war. In Riga hielt sich Herta nur besuchsweise auf. Nach Kriegsbeginn und der Umsiedlung von 1939 brach die Korrespondenz meiner Mutter mit Buenos Aires endgültig ab. Friedrich Wanag gehörte jedoch zu jenen Tausenden lettländischer Staatsbeamten und Intellektuellen, die von den sowjetischen Besatzungsbehörden nach dem Einmarsch der Sowjetarmee von 1940 nach Sibirien deportiert worden sind. Von einer solchen unfreiwilligen Reise nach Sibirien gab es für einen Mann der älteren Generation keine Wiederkehr.

Als Vierjähriger war ich 1916 verständlicherweise weit davon entfernt, mich mit einer Personengeschichte und -analyse zu befassen. Das kindliche unbelastete Gedächtnis fixierte aber, oft zusammenhanglos, Episoden und Alltagsdetails, die sich von den städtischen Lebensverhältnissen unterschieden. Zum erstenmal fuhr ich in einem Landauer in einer Wald- und Wiesenlandschaft, sah Bäche unter den Brücken schimmern, hörte ungewöhnliches Vogelgeschrei, Roßgewieher und das Blöken der Schafe. Und das erregende Gefühl, ein Prinz wie im Märchen zu sein, stieg in mir auf, als die uns begegnenden Bauern sich tief verneigten und mit einem lässigen Winken der Hand belohnt wurden. Der Unterschied zu dem Moskauer Dienstpersonal bestand darin, daß bei jeder Begegnung völlig unbekannte Menschen nicht nur devot grüßten, sondern nach meiner kindlichen Hand griffen und dieselbe geradezu inbrünstig küßten. So bestand denn auch dieser erste Landaufenthalt in meinem Leben aus einer Serie von ungewöhnlichen Begegnungen und Vergnügungen. Ein Foto aus dieser Zeit hat mich im weissen Piqué-Anzug mit großem Kragen und seidenem Schlips festgehalten. Die Bauern hielten mich, wie es hieß, für Georg, den leiblichen Sohn des Großfürsten, und verwechselten dessen Stieftochter mit Herta, der Tochter unserer Gastgeber. Die großfürstliche Familie lebte seit Kriegsbeginn in St. Petersburg oder Gatschina und besuchte Brassowo in Abwesenheit von Michail Alexandrowitsch, der an der Front eine Kosaken-Division führte, nicht allzu oft. So konnte es passieren, daß mir von den Bauern die Rolle eines Großfürstensohnes aufgedrängt wurde.

Meine kindlichen Erinnerungen an Brassowo enthalten nichts Bedrohliches oder Gefahrvolles. Einen nicht unangenehmen Angstkitzel erregten bei einem Großstadtkind gerade noch das gellende nächtliche Käuzchenjammern im nahegelegenen Walde oder die wechselnden Schatten der Feuertänze beim Passieren eines Zigeunerlagers am Waldrand.

Wanags bewohnten die weitläufige Villa im Brassowschen Park, wo es Spielwiesen und Tennisplätze gab, versteckte Pavillons und vor allem Stallungen, in denen ich mit Herta nicht nur Pferde füttern und streicheln durfte, sondern, vor ihr im Sattel kauernd, heimlich auch ausgeritten bin. Weit mehr Vergnügen bereiteten mir jedoch die ausgedehnten Wälder mit ihrem Pilz- und Beerenreichtum. Nur beim Picknick durfte ich mich allerdings dem Walde nähern und nur mit einem russischen Kindermädchen am Waldrand auf Pilz- und Beerensuche gehen. Dunja warnte mich vor einem Alleingang und erzählte schauerliche Geschichten von der Baba-Jaga, der listenreichen Hexe, die kleine Kinder verspeiste, und von dem Waldschrat »leschij«, vor Wolf und Bär, aber auch von Zigeunern, die Kinder entführten. Wie nicht anders zu erwarten, fühlte ich mich indes herausgefordert, der Sache nachzugehen. In einem unbewachten Augenblick gelang es mir, bei einem Picknick am Waldrand in den schweigsamen Fichten- und Tannendom zu fliehen. Ich bahnte mir einen beschwerlichen Weg durch das Gebüsch, stolperte, blieb am Gestrüpp hängen; meine bloßen Beine und Arme waren bald blutig zerkratzt. Aber die Abenteuerlust blieb noch ungebrochen. Erst als ich auf einer Waldwiese eines Zigeunerwagens und emsiger zerlumpter Gestalten rund um Feuer gewahr wurde, floh ich in die Weglosigkeit des Waldes zurück. Es begann ein Herumirren, und aus dem Zweifel an dem rechten Weg zurück wuchs allmählich die Verzweiflung. Die Füße versagten ihren Dienst, und ich ließ mich auf einem Baumstamm nieder. Erst jetzt kamen mir die Tränen, denn ich sah meinen Eigensinn bestraft. Erst ein mitleidvoller Zuruf ließ mich aufblicken. Über eine Waldlichtung näherte sich mir ein vollbärtiger blonder Riese im blauen Bauernkittel, einen Riesenpilz vor sich haltend, der seinem Wuchs entsprach. Ich unternahm keinen Fluchtversuch, und als er mir versicherte, man suche im ganzen Walde nach mir, ließ ich mich zum Picknickplatz führen. Der Bauer wurde reich belohnt. Ein Dienstmädchen nahm den Pilz für die Abendmahlzeit entgegen. Ich widerstand fortan den Verlockungen des Waldes, horchte nachts im Halbschlaf, wie Uhus und Käuzchen im Walde klagten, und glaubte erst recht dem Ammenmärchen, es seien die Seelen entführter Kinder, die keine Ruhe fänden.

Erst sehr viel später wurde mir bewußt, daß ich damals, im letzten Jahr vor der russischen Revolution, gerade noch den allerletzten Zipfel einer Epoche hermelinverbrämter Alleinherrschaft in Rußland miterlebt hatte. Die Devotion, die Verehrung des gottgleichen Zarenhauses, die glaubensstarke Gesinnung der russischen Bauernmassen verdichtete sich in meinem kindlichen Gedächtnis durch die häufige Verwechslung mit den Angehörigen des regierenden Zarenhauses, die nurmehr auf dem Lande möglich war. Von meiner Mutter erfuhr ich in späteren Jahren, daß die morganatische Gattin des Großfürsten Natalja Alexandrowna unsagbar unter der Herabwürdigung ihres Gatten gelitten habe. Während ihres Aufenthalts in Brassowo mit Sohn und Tochter hätte sie sich nur äußerst selten außerhalb des Gutsparkes gezeigt, niemals in einer offenen Pferdekutsche, sondern stets in einer geschlossenen Autolimousine. 1916 sei sie mit ihrem Ehemann und den Kindern erst vor Neujahrsbeginn eingetroffen. Albträume hätten sie vor einem grauenerregenden Ende der Romanow-Dynastie gewarnt. Michail Alexandrowitsch hätte jedoch ihre »Angstträume und Halluzinationen«, wie er sie nannte, einer überhitzten Phantasie zugeschrieben und keinen Schritt unternommen, um ins neutrale Ausland zu fliehen. Damit hätte er allerdings sein eigenes Schicksal besiegelt. Einen Tag lang war er 1917 allrussischer Imperator – nicht von Gottes, sondern von Volkes Gnaden –, und nach seinem Thronverzicht ein Opfer bolschewistischer Willkür. Als Lieblingssohn und Benjamin seiner Zarin-Mutter Maria Fjodorowna aus dem Hause Schleswig-Holstein-Sonderburg-Glücksburg wuchs er am Zarenhof in St. Petersburg auf. Als Jüngster in der Thronfolge fühlte er sich der Dynastie gegenüber niemals in besonderen Maße verpflichtet. Er studierte Militärwissenschaften, vor allem Strategie, und konnte reiten »wie ein Kosake«. Als er 1909 auf einem Hofball der um einige Jahre älteren, attraktiven Natalja von Wolfert begegnete, war er spontan fasziniert und ersuchte seinen Zarenbruder Nikolaus um Heiratserlaubnis. Dieser stand aber nicht allein der bürgerlichen Herkunft der »Russalka« (Nixe) befremdet gegenüber; zu allem Überfluß war Natalja bereits zweimal geschieden und besaß eine Tochter aus ihrer ersten Ehe.

Dreißig Jahre danach erzählte mir Friedrich Wanag in allen Einzelheiten die ungewöhnliche und tragische Geschichte der Gräfin Brassowa, und was er nicht wissen konnte, entnahm ich den Erinnerungen des Grafen Valentin Zubow sowie dokumentarischen Berichten. Geboren wurde Natalja 1860 in der reichen Moskauer Kaufmannsfamilie Alexandrowitsch, in der sie eine ungetrübte Kindheit verbrachte. Schon 1875, so wird von ihr berichtet, hätte sie mit 15 Jahren wie eine reife Frau ausgesehen, »mit goldblondem üppigen Haar und faszinierenden Augen«, nach der sich auf der Straße die meisten Männer umgeschaut hätten. Mit 17 heiratete sie einen Sohn aus der Industriellenfamilie Mamontow. Wochen und Monate verbrachte sie mit ihm auf Reisen in internationalen Hotels, »in denen Oberkellner wie Botschafter gekleidet sind, und auf Kreuzfahrten im Mittelmeer, umgeben von jedem erdenklichen Luxus«. 1901 wird ihre Tochter Olga geboren, aber Natalja ist in ihrer Ehe nicht glücklich; ihr ergeht es nicht anders als Anna Karenina, Madame Bovary oder Effi Briest.

Nach zwei Ehejahren begegnet sie 1903 auf einem Ball dem jungen Kürassieroffizier von Wolfert. Für beide ist es Liebe auf den ersten Blick, und der Scheidung folgen sechs Jahre in »überschwenglicher Leidenschaft«. 1909, wieder auf einem Ball, wird sie dem jüngsten Kaiserbruder Michail vorgestellt, der so gut wie keine Liebeserfahrungen besitzt und hilflos Nataljas Faszination erliegt. Berechnung war ihrerseits zweifelsohne im Spiel. Die Ehe mit einem Großfürsten, der infolge der Bluterkrankheit des Zarensohnes Alexej zur Thronfolge prädestiniert schien, versprach der ehrgeizigen Kaufmannstochter einen Aufstieg in schwindelerregende Höhen. Sie ließ sich zum zweitenmal scheiden und fesselte Michail dadurch noch stärker an sich. Wie einem Ritter des Minnesanges überließ sie ihm die Verantwortung für ihr eigenes Tun. Nikolaus II. konnte seinem Bruder die Heiratserlaubnis verweigern. Wohl unter dem Einfluß der Zarin Alexandra Fjodorowna wies der Zar dieses Ansinnen schroff zurück und verbannte das Liebespaar aus Rußland. Anfang Oktober 1912 findet in der Wiener serbisch-orthodoxen Kirche die Trauung statt. Natalja erhielt keinen Titel, wie es in ähnlichen Fällen beim Hofe sonst üblich war, sondern hieß fortan Madame Brassowa. Die nächsten zwei Jahre verbrachte das neuvermählte Paar in Italien und an der französischen Riviera. Erst nach Ausbruch des Krieges von 1914 erwirkte die Zarin-Mutter Maria Fjodorowna für ihren Lieblingssohn Michail, dessen morganatische Ehefrau und Kinder die Rückkehrerlaubnis nach Rußland, wo er das Kommando über die kaukasische »Dikaja«- (wilde) Division erhielt. An der Front wurden ihm persönlicher Mut und Unerschrockenheit bestätigt. Geschildert wird er als ein »auffallend schöner, schlanker Mann, mit äußerst lebhaften, ein wenig verschmitzt lächelnden Augen«. Er fand aber auch Verwendung im Hauptquartier von Baranow-Witschi. Der Name der nahegelegenen Eisenbahnstation »Dno« (Boden) sollte für die Romanow-Dynastie alsbald eine symbolische Bedeutung erhalten, nämlich das Versinken ins Bodenlose.

Als Zar Nikolaus II. im März 1917 für sich und seinen dreizehnjährigen Sohn Alexej zur Abdankung gezwungen wird, fiel es dem neuen Justizminister Kerenskij nicht schwer, auch dessen Bruder zum Thronverzicht zu bewegen. Besonders hart traf Michails erzwungener Thronverzicht Maria Fjodrowna, die Zarin-Mutter, deren Lieblingssohn er stets gewesen war und dem sie als Thronfolger vor ihrem Enkel Alexej den Vorzug gab. Ihr wurde in Hofkreisen sogar nachgesagt, sie hätte wiederholt nach dessen Leben getrachtet und sie sei von der regierenden Zarin in Zarskoje Selo dabei ertappt worden, den Säugling in der Wiege mit einem Kissen ersticken zu wollen. Im Petersburger Winterpalais, wo er verboten hatte, in die Menschenmenge zu schießen, erbat Michail nur kurze Bedenkzeit, da er nicht die Möglichkeit hatte, mit seiner in Gatschina verbliebenen Gattin Rücksprache zu nehmen, auf deren Meinung er großen Wert zu legen pflegte, und gab schließlich nach, um seiner Pflicht dem Volke gegenüber zu genügen.

Wie Graf Zubow ferner berichtet, war der Großfürst entschlossen, »jeder möglichen Regierung gegenüber loyal zu sein«. Mit einer Loyalitätserklärung schickte er demzufolge seinen englischen Privatsekretär Johnson zu den Bolschewiken nach Petersburg, die infolge des Versagens der bürgerlichen Parteien inzwischen die Macht an sich gerissen hatten.

Michails Loyalität kann selbstmörderisch genannt werden. Als unter bolschewistischer Herrschaft seine und seiner Familie Freiheit und Leben eindeutig gefährdet waren, lehnte er es kategorisch ab, die nahe Frontlinie zu überschreiten und bei den Deutschen Zuflucht zu suchen. Selbst im bolschewistischen Umsturz glaubte er den Willen des Volkes zu erkennen und zeigte sich bereit, sich der Diktatur zu unterwerfen. Er und seine Gattin ignorierten das nahende Verhängnis. Sie hielten sich nach wie vor in Gatschina auf, in dem kleinen Palais, das ihnen nach dem Verlust des sonstigen Besitzes neben der Petersburger Wohnung verblieben war.

Ende Februar 1918 wurde die Atmosphäre in Gatschina immer gespannter. Die Friedenverhandlungen mit Deutschland in Brest-Litowsk standen vor dem Abbruch, und es war mit einem deutschen Vormarsch auf Petersburg zu rechnen. Graf Zubow, der anfangs auch unter bolschewistischer Herrschaft als Museumsdirektor sämtliche Kunstschätze in und um Petersburg verwaltete und beschützte, gab dem Großfürsten durch Johnson den Rat, Gatschina sofort zu verlassen, und falls der Großfürst aus moralischen Gründen nicht bereit sei, die Demarkationslinie zu überschreiten, und sich unter »den Schutz seines deutschen Vetters« zu stellen, so doch zumindest nach Petersburg zu ziehen. Im Falle des Einzuges der deutschen Truppen könnte er dann in offizieller Eigenschaft ins Schloß seiner Vorfahren zurückkehren. Der Großfürst lehnte auch diese Alternative ab und erklärte, daß er das Winterpalais lange vor der Revolution anläßlich seiner morganatischen Eheschließung freiwillig verlassen habe und nicht durch einen Staatsstreich vertrieben worden sei.

Anfang März 1918 wurde »Michail«, wie der Großfürst von den Bolschewiken jetzt kurz und bündig genannt wurde, in Gatschina verhaftet. Gleichzeitig wurde auch Graf Zubow als angeblicher Fluchthelfer festgenommen. Am Bahnhof von Gatschina traf er den Großfürsten, die Gräfin Brassowa und Johnson und trat mit ihnen die Fahrt nach Petersburg an. Zubow bewunderte die Gelassenheit, Würde und Bescheidenheit des Zarenbruders. Und als dieser während der Bahnfahrt einen Blick in Richtung auf die deutsche Frontlinie warf, bemerkte er: »Wie leicht wäre es gewesen, ein Schurke (podlez) zu sein und dorthin hinüberzuwechseln«.

In Petersburg wurde Gräfin Brassowa nach Hause entlassen, während die Verhafteten, der Großfürst, Johnson und Zubow, ins Smolnyj-Institut, den Generalstab der bolschewistischen Revolution, verbracht wurden. Nach mehreren Verhören durch den Petrograder »Tscheka«-Chef (Sonderkommision zur Bekämpfung der Konterrevolution) Urizkij wurde Zubow entlassen, während Michail Alexandrowitsch und Johnson nach Perm im Ural verbannt wurden. Etwa einen Monat wohnten die beiden in einem Hotel in relativer Freiheit, wenn auch unter ständiger Aufsicht. Sie durften sogar unter Bewachung in der Stadt herumgehen und auf dem Markt einkaufen.

Eines Abends erschienen im Hotel in Perm Uniformierte mit der Aufforderung, der Großfürst und Johnson sollten ihnen folgen. Die beiden schöpften Verdacht und verlangten einen schriftlichen Befehl. Daraufhin wurde ihnen geheimnisvoll ins Ohr geflüstert, sie seien »weiße Fluchthelfer«, die sich als Kommunisten tarnten. Nach einer anderen Version hätten in dieser verhängnisvollen Nacht zum 13. Juni 1918 Anarchisten und nicht die etablierten Sowjets auf eigene Faust gehandelt. Der Großfürst soll bei der Festnahme Widerstand geleistet haben und gewaltsam auf die Straße geschleift worden sein. Johnson folgte ihm freiwillig. Beide wurden getrennt in zwei Droschken gesetzt und in einen nahen Wald gefahren. Als Johnson ausstieg, wurde er durch einen Schuß in die Schläfe getötet, während Michail Alexandrowitsch nur verwundet wurde. Als er zu Johnson stürzte, um sich von ihm zu verabschieden, wurde auch er erschossen. Zur Begründung des Mordes wurde das Gerücht verbreitet, die Mordopfer hätten einen Fluchtversuch unternommen. Die Leichen der beiden verschwanden spurlos, und es hieß daher in vielen Berichten, daß die beiden in die nahegelegenen Motowilicha-Werke gebracht und dort bei lebendigen Leibe in einem Hochofen verbrannt worden seien. Ob der örtliche Sowjet von Perm die Ermordung auf Befehl von Moskau oder von sich aus durchgeführt hat, wurde niemals geklärt. Wohl mit Rücksicht auf Johnsons britische Staatsangehörigkeit wurde von der Sowjetregierung in der Presse die Nachricht verbreitet, der Großfürst befände sich in Siam als Gast des Königs. Erst später wurde die Hinrichtung einer Gruppe von Anarchisten zugeschrieben, die nach der endgültigen Etablierung der Sowjetmacht rücksichtslos als Staatsfeinde verfolgt wurden.

Natalja gelang mit ihren beiden Kindern und einem Bündel voll Juwelen die Flucht aus dem revolutionären Rußland. Über Dänemark, der Heimat der Zarin-Mutter, wo sie aber keine Bleibe fand, kam sie nach London. Von den englischen Verwandten des Zarenhauses wurde sie jedoch nicht unterstützt. In Paris fristete sie mit ihren Kindern ein kümmerliches Emigrantendasein. Stück für Stück verkaufte sie ihren Juwelenbesitz, um ihrem Sohn Georgij eine angemessene Erziehung zu ermöglichen. Mit zwanzig Jahren verunglückte dieser tödlich bei einem Autounfall in der Nähe von Paris. Ohne jegliche Hoffnung und mit gebrochenen Lebensmut blieb Natalja zurück, ihre Tochter Olga übersiedelte nach London, wo sie bis 1950 ein ähnliches Dasein in einem Londoner Vorort fristete. Natalja überlebte die Jahre des zweiten Weltkrieges in Paris, und stand eines Tages als Bettlerin vor der Tür des Armenhauses Bagnolet um einen Teller Suppe an. Als sie auf der Straße besinnungslos zusammenbrach, lieferte man die Greisin in das Pariser Necker-Hospital ein. Dort wurde ihre Identität als Natalja Brassowa geb. Alexandrowitsch festgestellt. Fast 93jährig starb sie im Sommer 1953, auf dem Operationstisch des Hospitals.

Der glücklose Felix

Nicht ohne pflichtschuldiges Dankesgefühl und eine gewisse Verklärung aus der Distanz weit zurückliegender Kindheitsjahre gedachten Tolstoj und Turgenjew der Deutschlehrer in russischen Adelsfamilien. Je länger diese seit Jahrzehnten entwurzelten und ihrem Heimatlande seit einigen Generationen entfremdeten Erzieher zur Hausgemeinschaft der Gutsherren gehörten, je mehr Familiennachwuchs von ihnen erzogen und in den pädagogischen Grundkenntnissen belehrt wurden, um so mehr Vertrauen und Anhänglichkeit wurde ihnen entgegengebracht. In späteren Lebensjahren gewann sogar die in der Kindheit als lästig empfundene deutsche Akkuratesse und Pedanterie, wie auch die strenge Ermahnung an Pflichterfüllung eine gewisse Anerkennung. Karl Iwanowitsch aus Tolstojs »Kindheit« oder Friedrich Petrowitsch Lemm aus Turgenjews »Adelsnest«, die ihren Schülern die ersten Wissens- und Weltkenntnisse vermittelten, aber auch deren frühes Leid zu teilen und Trost zu geben wußten, verewigen stellvertretend Tausende und Abertausende von jenen deutschen Hauslehrern, die sich vor allem der Landadel leisten konnte. Die viel anspruchsvolleren und höher bezahlten französischen Erzieher blieben der Hofgesellschaft und dem Hochadel vorbehalten. Gegen Ende des vorigen Jahrhunderts wurden diese deutschen Junggesellen, die durch die allgemeine Schulbildung in deutschen Landen nicht mehr zur Auswanderung gezwungen wurden, durch schlechter bezahlte Junggesellinnen – Kinderfräulein – ersetzt; noch preiswerter waren aber deutsch erzogene Lettinnen und Estinnen aus den sog. »deutschen Ostseeprovinzen«, die sich auch wohlhabende Kaufmannsfamilien bis zum Ausbruch der Revolution und der verarmte Adel selbst in Sibirien, im Kaukasus oder in Mittelasien zulegen konnten. Durch Deutsch- und oft Musikunterricht verdienten sich all diese ehemaligen Erzieher des Adels und des Bürgertums einen mehr als kärglichen Lebensunterhalt durch Privatstunden oder Unterricht an den sowjetischen Einheitsschulen, soweit sie nicht nach den Revolutionswirren in ihre Heimatländer zurückgekehrt waren. Die kurzlebige NEP-Zeit brachte auch ihnen ein verbessertes Einkommen. Klavierunterricht gehörte zu den bestbezahlten und meist begehrten Unterrichtsfächern. Wer ein Klavier besaß, konnte sogar eine »Werkstatt des Klavierspiels« einrichten und selbst der Gewerkschaft beitreten.

Nachdem mich meine Mutter, eine hervorragende Mezzosopranistin, der der Klavierunterricht ihres Sohnes mehr Ärger als Genugtuung bereitete, in die Grundvoraussetzungen eingeführt hatte, übertrug sie meine weitere Ausbildung ihrer bewährten Klavierbegleiterin. Ludmilla Alexandrowna war eine resolute, brünette Dame mit Kneifer und korsettumspanntem wallenden Busen, die mich durch ihre weitausgreifenden Korrekturen oftmals vom Klavierschemel stieß. Ich nannte sie insgeheim »tschortowa kukla«, Teufelspuppe. Sie war die natürliche Tochter – wie man sich damals noch ausdrückte – eines deutschen Kindermädchens und eines frühverstorbenen russischen Grafen, die zunächst in einem Mädchenpensionat erzogen wurde. Die Revolution hatte sie aller Zukunftsaussichten beraubt, und sie bewohnte mit ihrer gräflichen Großmutter den Bedienstetentrakt im ehemaligen Palais ihres Erzeugers. Zum eigenen Schutz hatte sie den bürgerlichen Namen ihrer deutschen Mutter angenommen. Die vollendeten Umgangsformen einer »Institutka«, eines Zöglings des Adelsinternats, hatte sie beibehalten, und sie kleidete sich aus den alten Garderobebeständen der gräflichen Residenz, deren sie sich bei deren Plünderung als angebliches »Proletarierkind« zu bemächtigen verstand. Ihre gräfliche Großmutter erinnerte mich an Puschkins »Pique Dame«. Zierlich, wie ein Backapfel verschrumpft, mit zahnlosem Mund und einem männlichen Moustache, saß sie nicht wie in Tschaikowskijs Oper in einem Ruhesessel ihres Palais, sondern vor dessen Tor, in Tücher gehüllt bei Schnee und unter einem Schirm bei Regen. Die Achtzigjährige verkaufte glasweise Sonnenblumenkerne aus einem Bastelkorb und »tjanutschki« (Karamelkonfekt). Sie schien geistig gestört zu sein, aber mein kindliches Gemüt konnte nicht mit der sich ihm aufdrängenden Frage fertig werden, die sich meine Eltern stellten: War es die späte Rache einer illegitimen Enkelin oder, wie es Ludmilla Alexandrowa behauptete, eine selbstgewollte Demütigung, eine Buße Gottes, der sie sich nach der Meinung ihrer illegalen Schwiegertochter unterzog. Sie überhörte die Neckereien der Gassenbuben: »staraja Wedma« (alte Hexe); und konnte sich kaum wehren, wenn ihr das Konfekt gestohlen oder die Sonnenblumenkerne verschüttet wurden. Man sah ihr nur verhaltenen Zorn an, der in ihren immer noch schönen dunkelblauen Augen aufblitzte. Und ich glaubte mich ritterlich zu benehmen, wenn ich ihren Widersachern, den frechen Gassenbuben – ohne sie jemals einzuholen – nachsetzte und ihr danach einige Rubel zukommen ließ. Aber ihr war leider nicht mehr zu helfen. Eines eiskalten Tages fand man die Gräfin tot am Tor ihres enteigneten Palais. Ludmilla Alexandrowna, die inzwischen einen Schuldirektor umgarnt hatte, heiratete und zog in ein weitentferntes Stadtviertel.

Zu ihrem Nachfolger im Klavierunterricht war ein Absolvent des Moskauer Konservatoriums in der Klasse des berühmten Virtuosen und Pädagogen Igumnow auserkoren, der nicht weniger als zwei Flügel und zwei Klaviere besaß. Gleb Koschanskij hatte den Klavierunterricht völlig kommerziell aufgezogen und unterrichtete gleichzeitig vier Schüler. An seiner Wohnungstür befand sich daher auch ein entsprechendes Schild »Werkstatt des Klavierspiels«. Er wohnte in einem der damals wenigen Moskauer sechsstöckigen Mietshäuser der vorrevolutionären Zeit, gegenüber jener Nikitskaja-Kirche, in der der russische Nationalpoet Alexander Puschkin 1832 getraut wurde; ein Anlaß für mich, in dem klassizistischen Gotteshaus im Vorübergehen den Messechor anzuhören und statt der kirchenslavischen Gebete halblaut des Dichters Verse herzusagen. Der Simultanunterricht des betriebsamen »Werkstatt«-Pädagogen war meinem Musikverständnis nicht förderlich. Jeder seiner Schüler klimperte sein einstudiertes Klavierstück so gut er es konnte, wurde korrigiert und gleichzeitig irritiert durch die Tonleiter und Czerny-Etüden seiner Mitschüler. Da sich bei dieser Unterrichtsmethode keine hörbaren Fortschritte einstellten, beschlossen meine Eltern, den Klavierlehrer abermals auszuwechseln.

Mein dritter Klavierlehrer wurde ein Freund meines Vaters, Felix Sternberg, unter den Deutschen in Moskau allgemein »Sternchen« genannt. Damit meinte man eher seine Größenordnung am musikalischen Himmel als etwa seine Gestalt oder sein Auftreten. Als ich ihm gegenüberstand, glaubte ich zunächst dem leibhaftigen »Felix dem Kater« aus einer damals populären

Kinderserie einer deutschen Illustrierten gegenüberzustehen. Alles schien an ihm geschniegelt und gebügelt zu sein. Unter seinem – wie es mir schien – geschleckten graumelierten Mittelscheitel erkannte ich buschige Augenbrauen, darunter dunkelbraune, wache und funkelnde Augen. Um die dünnen Lippen sträubte sich bei jedem dezidiert gesprochenen Wort ein stachelig abstehender Schnurrbart. Mir schien, daß diesem Schnauzer die Aufgabe zufiel, jedes ausgesprochene Wort einzufangen und aufzuspießen. Die lässigen, aber eleganten Bewegungen vervollständigten das Bild, das nicht nur an Felix den Kater der deutschen Illustrierten, sondern auch an den Kater aus Maeterlincks »Blauen Vogel« erinnerte, jenes Märchenspiel, das ich jahraus, jahrein in der kongenialen Inszenierung des Moskauer Künstler-Theaters nicht müde wurde zu beklatschen. Die stark abgetragenen, aber peinlich gepflegten Nadelstreifenanzüge, die mit dem Schnurrbart irgendwie ins Leere stoßenden »Krawattenfliegen« über dem gestärkten Hemd vollendeten das Bild eines mir keineswegs unsympathischen »gestiefelten Katers«. Unter meinen Hausgenossen waren Katzen mir seit frühester Kindheit die allerliebsten, aber ich kannte daher auch nur zu genau deren Tücken und die Gefahr ihrer versteckten Krallen.

Die allerersten Stunden schienen meine Befürchtung, einem mäusefangenden oder nach Vögeln schnappenden Kater ausgeliefert zu sein, zu bestätigen. Ich schaute ängstlich auf die überschlanken Finger meines Klavierlehrers und glaubte versteckte Krallen zu entdecken. Vollends eingeschüchtert wurde ich durch ein Bambusstäbchen, das Maestro Felix aus einer Innentasche hervorzauberte und mit dem er sowohl den jeweiligen Takt wie bei wiederholten Fehlgriffen auf der Tastatur schmerzhaft auf meine ungeschickten Finger einschlug. Elterlicher Schutz wurde mir bei Beschwerden nicht gewehrt. »Wer nicht hören will, muß fühlen«, wurde mir entgegengehalten.

Vor den Krallen meines musiklehrenden Katers Felix gab es kein Entrinnen. Ich war ihm ausgeliefert, und er konnte mit mir ungestraft sein Katz-und-Maus-Spiel treiben. Durch die schmerzhafte Erfahrung fand ich alsbald heraus, daß mir die Taktik des passiven Widerstandes am ehesten nutzte. Ich zog die Schultern ein, pustete auf meine rotangelaufenen Hände und griff beim nächsten Anschlag absichtlich daneben. Das Fauchen meines Zuchtmeisters belustigte mich. Auch überzeugte er sich alsbald von der Unwirksamkeit seiner Bambuszüchtigung, die, wie er mir später erzählte, die von ihm in China beobachtete Strafmethode gewesen sei. Um so eifriger setzte er sich mit der Lehrmethode seiner Vorgänger auseinander, die seiner Meinung nach meinen Anschlag und die Stellung der Hände völlig versaut hätten. Er griff daher auf das altbewährte Unterrichtswerk von Gustav Damm und die Czerny-Etüden zurück. Nach dem Unterricht blieb er regelmäßig zum Abendessen, trank im Übermaß Wodka und andere Schnäpse, die er nach einer Courths-Maler-Kreation mit genüßlich rollendem baltischen Akzent »Krranabiter« nannte. Innerhalb von wenigen Wochen wurde »Sternchen«, wie er in Abwesenheit genannt wurde, zum unentbehrlichen Freund des Hauses, der meine Mutter beim Singen am Klavier begleitete, Variationen über Schubert-Themen improvisierte und uns mit baltischen Geschichten amüsierte. Vertrauen und Anerkennung wuchs auch meinerseits, nachdem ich meinen eigenen Willen mehr oder weniger durchgesetzt hatte. Weniger durch Musiktheorie als durch Erzählungen aus dem Leben großer Komponisten verstand er meine Zuneigung zu wecken. Schließlich ließ ich mir sogar eine, wie er sich ausdrückte, »Erziehung zum Gentleman« gefallen, seine sarkastischen Bemerkungen und süffisante Kritik an meinem Äußeren, die sich von tintenbefleckten Fingern bis zum »offenen Pferdestall« erstreckte. In mein Stammbuch schrieb er allerdings: »Nimm nie einen Rat an, auch nicht diesen.«

Zum Gespött aller »Proleten«, wie er sich geringschätzig ausdrückte, ging er niemals ohne ein Kavalierstöckchen aus Bambus oder einen Schirm und niemals ohne Hut auf die Straße. Sobald in dem Vorgarten seiner »Datschen«-Wohnung Blumen sprießten, steckte er stets eine Blüte ins Knopfloch. In der Trambahn fiel er bei jeder Fahrt völlig aus dem sowjetischen Rahmen. Manchmal wurde er von Mißgünstigen als »nedoresannyj burschuj« (ein Bourgeois, dem man die Kehle durchzuschneiden versäumt habe) bezeichnet. Sobald er aber den Mund auftat, hieß es dann entschuldigend »inostranez« (Ausländer).

Sternberg wohnte bei seiner verwitweten Schwester in einer »Datscha«, einem Holzbau mit der dazu gehörenden Glasveranda und Garten, am Rande eines Kiefernwaldes an der Moskau-Kasaner Eisenbahn. In seinem Zimmer herrschte eine penible Ordnung und Sauberkeit; zu einer teppichüberzogenen

Couch gesellten sich einige antike Möbelstücke und Regale mit Notenmaterial und Büchern. Ein Klavier besaß er nicht mehr, und dessen Verlust war der eigentliche Schlüssel zu seiner Familientragödie, die seine letzten Lebensjahre überschattete.

Vielversprechend hatte sein Leben 1870 in der eisfreien kurländischen Hafenstadt Libau begonnen. Von der auch in der eigenen Familie unnachsichtigen Strenge seines Vaters, des Vorsitzenden des Kreisgerichts, wußte Sternberg wunderliche Dinge zu erzählen. Bis zu seinem zwölften Lebensjahr, in welchem sein Vater verstarb, gehörte es zum Samstagsritual, daß er sich zu einer bestimmten Stunde auf dem Dachboden seines elterlichen Hauses einzufinden hatte, und zwar mit einem Rutenbündel unter dem Arm. Dort ließ er die Hose knietief fallen und legte sich quer über einen alten ledernen Diwan. Gleichviel, ob er gute oder schlechte Schulzeugnisse nach Hause gebracht hatte – sein Vater Christoph verabfolgte ihm regelmäßig zehn Rutenschläge bei schlechten und fünf bei guten Noten. Ohne Zucht und Züchtigung könne man kein ordentlicher Mensch werden, pflegte er zu sagen und berief sich oftmals auf Gerichtsverhandlungen, in denen er Missetäter, denen es in jungen Jahren an Zucht gefehlt habe, zu hohen Strafen verurteilt habe. Bei einer Schiffsvisitation im Hafen verunglückte der gestrenge Richter. Es konnte nie geklärt werden, ob er nicht einem Anschlag erlegen war. Das Unglück war an einem Samstagvormittag geschehen. Nichtsahnend, vom Gymnasium zurückkehrend, erklomm Felix die zum Dachboden führende Stiege, schnallte den Ranzen ab und betrat mit dem Rutenbündel die kaum erhellte Dachkammer. Dort zog er die Schüleruniform aus und legte sich, wie gewohnt, quer über den Diwan – auf den naßkalten Leichnam seines Vaters. Die Schockwirkung dieses Kindheitserlebnisses konnte man seinen Gesichtszügen auch noch nach sechzig Jahren ablesen, obwohl ihm die Alterseinsicht, wie er sich ausdrückte, zu einem milderen Urteil über die Erziehungsmethode seines Vaters veranlaßte. Als Kenner der Antike berief er sich auf das Vorbild spartanischer Erziehung, während ich ihm das Beispiel der musischen Athener entgegenhielt.

Sein überdurchschnittliches Klavierspiel brachte Felix schon in den Libauer Gymnasialjahren aufs Konzertpodium. Die ortsansässigen Musikpädagogen erklärten übereinstimmend, daß sie ihm nichts mehr beibringen könnten, er gehöre aufs Konservatorium. Als dem Sohn eines kaiserlichen Beamten stand ihm ein Stipendium zu, und nach dem Abitur bestand er mit Auszeichnung die Aufnahmeprüfung am St. Petersburger Konservatorium. Dort gehörte er zu den letzten Schülern von Anton Rubinstein, von dem er die Technik des romantischen Klavierspiels und des Komponierens der »Leipziger Schule« erlernte. Mit zweiundzwanzig Jahren absolvierte Sternberg die Klavier- und Dirigentenklasse des Konservatoriums und fand sein erstes Engagement als Leiter des Stadtorchesters in Wladiwostok am Stillen Ozean. Der in seinem Namen enthaltene »Stern«, pflegte er zu sagen, hätte sich ihm im jugendlichen Alter zugewandt, und zwar durch einen glücklichen Zufall.

Als er eines Abends im Hafenviertel von Wladiwostok seinen Alkoholrausch von dem scharfen pazifischen Ozeanhauch vertreiben zu lassen bemüht war, sah er einen Marineoffizier in leuchtend weißer Uniform vor sich hertorkeln. Ganz plötzlich war jedoch die schwankende Gestalt von der Mole verschwunden. Sternberg glaubte zunächst an eine Sinnestäuschung und rieb sich instinktiv die Augen. Als er jedoch einige Schritte über die Holzbohlen weitergegangen war, stand er plötzlich vor einer offenen Luke und als er sich über diese beugte, hörte er im Wasser ein Gurgeln, Prusten und Schnaufen. Sich über die Öffnung werfend, erspähte er einen blonden Haarschopf und verzweifelt nach Halt suchende Arme. Er griff nach dem Uniformkragen des Offiziers; den Ertrinkenden herauszuziehen überstieg jedoch seine Kräfte. Er verkrallte daher seine Rechte in den Kragen und rief laut um Hilfe. Diese blieb nicht aus, und einige kräftige Matrosenarme zogen den schnaufenden Bewußtlosen aus der Luke der Mole. Der hinzugeeilte Polizist schrieb den Namen des Retters auf, und der halbwegs ernüchterte Felix ließ sich ins Hotel fahren, um die Rückstände seines Rausches restlos zu beseitigen. Am nächsten Morgen war er noch längst nicht ausgeschlafen, als ihn ein Telephonanruf weckte und der Chef der Gouverneurskanzlei ihn für den späten Nachmittag in das Amtsgebäude bestellte. Zur angegebenen Stunde wurde Felix zu seinem nicht geringen Erstaunen im Audienzsaal von dem Gouverneur in überschwenglicher Freude umarmt und nach russischer Sitte dreimal geküßt. Danach wurde er dem hinter dem Gouverneur stehendem jugendlich schlanken Marineoffizier mit lebhaften, schalkhaften Augen vorgestellt, in welchem er den vom Seemannstod Geretteten wiedererkannte. »Feliks Christoforowitsch, mein Engel, wissen Sie auch, daß Sie seiner kaiserlichen Hoheit, Großfürst Kirill Wladimirowitsch, das Leben gerettet haben?« Auch der etwa gleichaltrige Großfürst umarmte und küßte seinen Retter auf beide Backen und erkundigte sich, welchen Wunsch er ihm erfüllen könne. Felix glaubte, er könne sich nichts Besseres wünschen, als seine Sehnsucht nach fernen exotischen Ländern zu befriedigen. »Kaiserliche Hoheit, ich habe nur einen Wunsch, möglichst viel von der Welt kennenzulernen. Mein Freund, der Geiger Wimmer, und ich planen schon seit langem eine Konzerttournee nach Indien zu unternehmen, die uns von einem Agenten angeboten worden ist. Darf ich daher Sie um ein Empfehlungsschreiben an den Vizekönig von Indien bitten?«.

»Das Schreiben sollen Sie haben, und darüber hinaus übernehme ich ihre Reisekosten«. Belohnt mit einem Brillantring, einer kostbaren Taschenuhr, und versehen mit dem Empfehlungsschreiben, begab sich das Duo Sternberg/Wimmer auf die mehrwöchige Schiffsreise über Japan in das asiatische Märchenland Indien.

Über den Großfürsten Kirill wäre nachzutragen, daß er sowohl den Ersten Weltkrieg wie die Russische Revolution überlebt hat. Nicht zuletzt vielleicht deshalb, weil er der regierenden Zarin Alexandra Fjodorowna seit deren erster Begegnung verhaßt war und sich erst nach Kriegsbeginn von 1914 bei Hofe wieder sehen lassen konnte. Nach dem Sturz des Zarenregimes im März 1917 erschien der Großfürst an der Spitze seiner Marinegarde und schwor der Provisorischen Regierung Treue und patriotische Pflichterfüllung. Alsbald konnte man ihn im schlichten Zivil mit einer roten Kokarde im Knopfloch in den Straßen von Petrograd sehen. Als einzige Mitglieder der Zarenfamilie gewährten die Großfürsten Kirill Wladimirowitsch und Nikolaus Michailowitsch den Zeitungen Interviews, in denen der abgedankte Zar, vor allem aber die Zarin angegriffen wurden. Die Unfähigkeit, die verfahrene Situation zu ändern und einen neuen Regierungskurs einzuschlagen, wurde dem Zarenehepaar aber auch von den meisten anderen Familienmitgliedern nachgesagt.

Mit seiner hessischen Gattin Viktoria und seiner ältesten Tochter Kira gelang dem Großfürsten nach dem bolschewistischen Umsturz die Flucht nach Finnland, wo sein Sohn Wladimir zur Welt kam. Als Enkel des Zaren Alexanders II. ließ er sich

1924 als legitimster Prätendent auf den russischen Thron proklamieren. Kurz vor seinem Tode im Jahre 1938 heiratete seine älteste Tochter Kira Louis Ferdinand, den ältesten Sohn des deutschen Kronprinzen; ein Ereignis, das von deutschen und russischen Monarchisten als ein zukunftsträchtiges, die Wiedereinführung dynastischer Regierungen in beiden Ländern vorwegnehmendes Geschehnis freudig gefeiert wurde. Für Genealogen ergab sich dabei ein rein deutsches Familienfest, denn Zar Alexander II., ein Sohn der preußischen Prinzessin Charlotte, war mit Marie von Hessen-Darmstadt verheiratet gewesen, sein jüngerer Sohn Wladimir mit einer Prinzessin von Mecklenburg-Schwerin, und sein Enkel Kirill erneut mit einer Hessin, Viktoria Melitta. Bis in die Gegenwart bewahrte daher deren Sohn Wladimir, zumindest in den Köpfen und Herzen eines kleinen Häufleins von Kaisertreuen, den Anspruch auf den verlorenen Zarenthron.

Kehren wir nach diesem Abstecher über den aus dem Pazifik geretteten Zarensprößling zu seinem Lebensretter Felix zurück. Das Empfehlungsschreiben des Großfürsten an den Vizekönig von Indien bewirkte Wunder. Europäische Musik, besonders Kammermusik, war bei den Maharadschas und Nabobs noch wenig bekannt. Dem Einführungskonzert mit bewußt ausgewähltem »leichten Repertoire« folgte eine ununterbrochene Kette von Einladungen bei den zahlreichen indischen Fürstenhöfen. Das jugendliche Duo nahm nicht nur fürstliche Honorare und Geschenke entgegen; es gab Einladungen zu Elefanten- oder Tigerjagden, aber auch amouröse Abenteuer mit Haremsdamen und immer wieder Reisen mit livrierten Dienern in Equipagen oder Luxuszügen kreuz und quer durch den indischen Subkontinent, von einem Fürstenhof zum anderen. Im ersten Teil eines jeden Konzerts wurden wohldosiert eingängige Melodien von Schubert, Mendelssohn, Schumann, Brahms und Rubinstein dem höflich Beifall klatschenden höfischen Publikum angeboten, im zweiten erweckte jedoch die leichte Muse, Walzer, Polkas von Strauss, Suppé, Waldteufel, die von der Klassik leicht gelangweilten Gemüter zu Beifallsstürmen ohnegleichen. Die steigende Erfolgskurve führte alsbald zur Gründung eines Salonorchesters, mit Sternberg als Dirigenten und seinem Violinpartner als Konzertmeister, das bei den orientalisch glanzvollen Bällen zum Tanz aufspielte und Abend für Abend engagiert war. Einige erfolgreiche Jahre vergingen im Fluge, die Bankkonten stiegen von Monat zu Monat, und man dachte am allerwenigsten an eine Rückkehr nach Europa. Das Verhängnis nahte jedoch dem überglücklichen Felix in der Gestalt einer verführerischen jungen Engländerin. Er beschrieb sie als atlashäutig, gertenschlank, mit üppigem feuerroten Haar und leuchtenden grünen Katzenaugen, jenem »Idealtyp eines Weibes« entsprechend, den Gustav Klimt für ihn gemalt zu haben schien. Elinor war die Tochter eines Tuchfabrikanten aus Manchester und Gast am Hofe eines Maharadschas, den der Vater seit Jahren mit Stoffen belieferte. Sie wünschte spontan ihren durch den Aufenthalt in Indien unterbrochenen Klavierunterricht fortzusetzen und beschloß ebenso spontan, ihren Klavierlehrer zum Ehemann zu machen. Sofort nach Eintreffen des Manchester-Clans wurde die Hochzeit mit fürstlichem Prunk gefeiert. Nach längerer Unterbrechung wurden danach die Konzerttourneen wieder aufgenommen. Es dauerte aber nicht lange, und der von weiblichen Schmeicheleien verwöhnte Maestro Felix begann »die verborgen gebliebenen Katzenkrallen« seiner Elinor zu spüren. Ihre Eifersucht kannte kein Maß und keine Grenze. Kaum ein Tag verging ohne hysterische Weinkrämpfe, laute oder zischende Vorwürfe. Felix gewöhnte sich allmählich an Kratzwunden und blaue Flecken; in günstigeren Fällen kam er mit zerrissener Hemdbrust oder whiskyüberschüttetem Frack davon. Hochgespannte Erwartungen verband er mit einem Konzert beim Vizekönig zu Ehren des Herzogs von Kent. Er versprach sich davon zumindestens ein Engagement nach England, wenn nicht gar eine solistische Tournee in europäischen Großstädten. Dem Konzertprogramm widmete er daher ganz besondere Sorgfalt, übte bis in die Nächte hinein und hoffte dem hohen Besuch durch Lisztsche Virtuosität zu imponieren. Am Abend vor dem Galakonzert wollte er sich Entspannung gönnen und lud Elinor zu einem Gala-Souper ein. Unglücklicherweise saß am Nebentisch die attraktive Tochter eines hohen Kolonialbeamten mit ihrem Bruder, die nach Elinors vorgefaßter Meinung ihrem Mann ungebührend viel Aufmerksamkeit geschenkt hätte. Felix kam nicht allein um seine wohlverdiente Nachtruhe, die Spannung hielt den ganzen nächsten Tag über an. Wenige Stunden vor seinem Auftreten am Hofe des Vizekönigs gaben, wie er sich ausdrückte, seine »angefeilten Nervenstränge« nach, Weinkrämpfe bemächtigten sich seiner, und das vielversprechende Konzert mußte in letzter Minute abgesagt werden. Die einmalige Chance war verpaßt, unwiderruflich.

Mit der hochschwangeren Elinor reiste Sternberg nach Manchester, denn seine Ehefrau bestand darauf, daß ihr Kind in England und nicht unter den »Halbwilden« zur Welt kommen solle. Die Künstlerkarriere ihres Mannes schien ihr gleichgültig zu sein. Unumwunden erklärte sie ihm, daß es ihr völlig genüge, wenn er für den Hausgebrauch oder noch präziser ausgedrückt für sie allein spielen würde und seine musikalische Passion ausschließlich auf das Komponieren verlegen würde. In der rußgeschwärzten englischen Industriestadt, die zu betreten Felix nach Möglichkeit vermied, bot ihm die Villa der Schwiegereltern mit ihrem gepflegten Tennis-court eine Oase, in der er sich auf ärztliches Anraten entspannen sollte, was für ihn aber die erwünschte Muße zum Komponieren bedeutete. Er vertonte für Elinor Gedichte von Keats und Heine, die sie in Wohltätigkeitskonzerten zu Gehör brachte. Es entstanden aber auch Walzer, Polkas, Märsche, wie sie seit Strauß und Waldteufel komponiert und gerne getanzt wurden, sowie andere Gelegenheits- und Auftragskompositionen. Diese wurden in England und Deutschland verlegt, durch Tanzkapellen publik gemacht und ebenso schnell vergessen. Der Walzer blieb für Sternberg der vollkommenste Tanz, der jemals von Menschen erdacht worden sei; alles was danach kam, sah er als eine Entartung, oder amerikanischen Humbug an, und nur allzu gerne parodierte er am Klavier in kakophonischen Rhythmen Foxtrott, Black bottom und andere »Modetorheiten«.

Nach dem zweiten Geburtstag seiner Tochter Liz hielt ihn in England nichts mehr, und im Sommer 1914 ging er mit seiner englischen Frau und dem Kind in Libau an Land. Von seinen baltischen Landsleuten wurde er als weltweit bekannter Sohn der Stadt gefeiert, und er konzertierte am Flügel und dirigierte Strandkonzerte bis zum Überdruß. Bei Kriegsausbruch begann eine Auslagerung kriegswichtiger Betriebe, denn auf der Höhe von Libau tauchten alsbald deutsche Kriegsschiffe auf, die von Zeit zu Zeit Geschützsalven auf die russischen Küstenbatterien abgaben. Den durch ihre Auslandsbeziehungen potentiell verdächtigen Baltendeutschen wurde nahegelegt, ins Innere Rußlands überzusiedeln. Einige im Libauer Hafen gesichtete deutsche U-Boote versetzten die russischen Behörden vollends in

Panik. Gerüchte über angebliche Lichtsignale aus küstennahen Strandhäusern wurden von der Polizei als Rechtfertigung für ein rücksichtsloses Durchgreifen benutzt.

Polizeilichen Maßnahmen zuvorkommend, folgte Sternberg einer schon seit langem von seiner Schwester ausgesprochenen Einladung, auf das ihrem russischen Ehemann gehörende Landgut an der oberen Wolga überzusiedeln. Der gemächliche, noch ganz patriarchaliche Lebensrhythmus war dort noch in keiner Weise gestört. Im Gegenteil, der Schwager machte durch Getreidelieferungen, Holzabbau sowie die Erzeugnisse seiner Wodkafabrik Geschäftsabschlüsse, die besser waren als je zuvor. Die Bauern profitierten ebenfalls von der Umsatzsteigerung, zusehends wuchs deren Wohlstand, was man von Jahr zu Jahr an dem wachsenden Viehbestand, am Neubau der Bauernhöfe, an der Anschaffung von städtischem Hausgerät und landwirtschaftlichen Maschinen beobachten konnte. Im Scherz pflegte der Gutsbesitzer seinem Schwager gegenüber zu sagen, dies verdanke er eigentlich der Kriegserklärung durch Kaiser Wilhelm. Wenn der Krieg lange andauere, würde man den Wohlstand amerikanischer Farmer erreichen.

In dem weiträumigen Gutshaus mit seiner klassizistischen Säulenfront, dessen Haushalt Sternbergs Schwester mit baltischem Ordnungssinn und östlicher Großzügigkeit führte, fühlten sich alle Hausbewohner und Gäste in hohem Maße wohl, mit Ausnahme von »Miss Elinor«, wie Sternbergs Ehefrau sich gerne ansprechen ließ. Ihr zuliebe veranstaltete die Schwägerin »Soirée musicale«, und nachdem der erste Kriegsschock überwunden war, wurde in der Säulenrotunde des Gutshauses mehr denn je getanzt. Elinor ließ sich von Zeit zu Zeit zum Singen überreden, in englischer oder auch deutscher Sprache, denn den »Vetternkrieg«, wie sie es nannte, fand sie unsinnig und abscheulich. Sie machte keinen Hehl daraus, daß sie die russischen Verbündeten Englands als Emporkömmlinge ansehe, die sich die familiären Streitigkeiten unter den germanischen Vettern zunutze gemacht hätten, um neue Eroberungen zu machen. Russisch zu erlernen verabscheute sie, und falls sie sich zu einem Gespräch mit einem Russen, der weder Englisch noch Französisch oder Deutsch sprach, bereit fand, stand ihr Felix mit seinem keineswegs einwandfreien Russisch als Dolmetscher zur Verfügung. Im Winter verließ sie nur selten das Haus, las im Bett englische Romane und beschwerte sich über die Begriffsstutzigkeit der russischen Bedienung: Tee mit dem Wasser aus dem Samowar aufzubrühen, den Sud mit Wasser zu vermengen und dazu eingemachte Früchte (»Warenje«) von winzigen Schälchen im Munde zergehen zu lassen, bezeichnete sie als orientalische Perversion. Am Ausreiten oder Jagen, ihren Lieblingsvergnügungen in Indien und England, fand sie kaum noch Vergnügen. Kaum ein Russe, möge er ein Graf oder Fürst gewesen sein, entsprach ihren Vorstellungen vom Gentleman. Die russischen Birken- oder Fichtenwälder, Wiesen und Felder fand sie trostlos und langweilig wie die Russen selbst. Felix blieb ihr einziger Partner im Tennisspiel, Konversation und Musizieren. Aber auch in dem ständigen Umgang mit ihm, ohne Abwechslung und Anregungen »from the outside«, das für sie nur England sein konnte, machten sich allmählich Überdruß und Übersättigung bemerkbar. Ausgiebig und geheimtuerisch korrespondierte sie über die britische Botschaft in Petrograd mit ihrer Verwandtschaft. Sie kannte nurmehr einen Festtag, den Tag, an welchem ihr Briefe oder Pakete mit englischen Zeitschriften und Büchern ausgehändigt wurden. Russischen Zeitungsmeldungen schenkte sie nicht das geringste Vertrauen. Mit längst überholten oder nicht bestätigten britischen Siegesmeldungen entnervte sie jedoch bald die Tafelrunden nach einer intensiven Lektüre, bei der sie nicht das geringste Detail ausließ.

Im Herbst 1916 fand in Elinors Verhalten ein auffallender Wandel statt. Die Erziehung ihrer Tochter hatte sie bis dahin hauptsächlich ihrer Schwägerin und einer Baltin überlassen. Nur den englischen Unterricht, vielmehr das Vorlesen englischer Kinderbücher, hatte sie sich vorbehalten. Nachdem aber die herbstlichen Abende länger wurden und die Petroleumlampen und Kerzen ein wohltuend gedämpftes Licht verbreiteten, ließ Elinor ihre Tochter nicht mehr von ihrer Seite. Stundenlang erzählte sie ihr Märchen, las vor, sang Kinderlieder oder spielte auf dem Klavier. Der Groll über die »Rabenmutter«, den die alte Njanja (Amme) des Hausherrn ihr gegenüber hegte, wich dem Eingeständnis, daß das kalte Herz der Engländerin allmählich aufzutauen beginne. Die inbrünstigen Gebete und Fürsprachen in der Dorfkirche, die zahllosen Kerzen, die die Njanja vor den Ikonen abgebrannt hatte, schienen ihr nunmehr nicht ohne Heilswirkung gewesen zu sein.

Da geschah eines Nachts das Nicht-mehr-Erwartete, wenn auch insgeheim Befürchtete. An einem regnerischen Oktobersonntag regte Elinor ein »Supper in english stile« mit dem unvermeidlichen Lammbraten an, aber auch Kaviar und Sekt durften nicht fehlen, desgleichen Kerzen in sämtlichen Räumen und Blumenschmuck aus den Gewächshäusern. Smoking und Abendkleid gehörten zur Kleidervorschrift. Nicht nur die Bedienung war irritiert und überfordert, aber das improvisierte Fest wurde zum vollen Erfolg. Elinor war heiter, gesprächig, nicht ohne Witz (obwohl den nur die wenigsten verstanden), ihre rotblonde Elfenschönheit leuchtete im Kerzenschimmer am Klavier, an welchem sie den »Schwanengesang« ihres Mannes vortrug, nicht weniger aber auch am Kamin, vor dem sie nach englischer Sitte Tee servierte und nicht zuletzt in der Rotunde, in der sie mit Felix einen englischen Walzer mit katzenhafter Eleganz und Geschmeidigkeit vorführte. Sie hätte bei einem Tanzturnier nicht besser sein können. Allen Anwesenden gab sie einen Gute-Nacht-Kuß, ihrem Mann den letzten und sinnlichsten. Als sie sich in ihr Schlafzimmer zurückgezogen hatte, tranken die Zurückgebliebenen noch mehr als eine Flasche Champagner, um den auffallenden Wandel in Elinors Verhalten zu feiern. »Sie hat es endlich geschafft«, meinte der Hausherr, »meine alte Njanja hatte recht: Rußlands Herzlichkeit hat sie aufgetaut. Ihr werdet sehen, sie wird uns und unsere Lebensweise zu guter Letzt doch akzeptieren«.

Im ganzen Haus schlief man länger als sonst. Felix wurde erst gegen Mittag geweckt, als ihm die Njanja einen Brief übergab, den sie auf dem Frühstückstisch auf seinem Teller vorgefunden hatte. Es war ein Abschiedsbrief. Elinor teilte mit, daß sie seit langem ihre Abreise nach England geplant und vorbereitet hätte. Sie sei in den frühen Morgenstunden nach Petrograd abgereist, von wo sie über Schweden nach England weiterreisen würde. Sie zu verfolgen hätte keinen Sinn, da sie ihren Vorsprung genau einkalkuliert hätte. Sie versprach, nach dem Kriege zurückzukehren, um Felix und die Tochter abzuholen. In Rußland zu leben, sei für sie ein Greuel, und sterben möge sie nicht.

Der Krieg endete für Rußland mit einer Revolution, die Felix, seine Schwester und seinen Schwager von dem Gut vertrieb. Im Bürgerkrieg fiel der Schwager als Offizier der Wrangel-Armee, seine Witwe ließ sich unter ihrem deutschen Mädchennamen als

Lehrerin in einem Vorort von Moskau nieder, während Felix für sich und seine heranwachsende Tochter eine bescheidene Zweizimmerwohnung in Moskau mietete und Klavierunterricht erteilte. Aus England erreichte ihn nach einigen Jahren die Nachricht, daß er von Elinor wegen notorischer Trennung geschieden worden und daß sie eine neue Ehe eingegangen sei. Die Erziehung seiner Tochter überließ der glücklose Felix seiner Schwester, die seine geschiedene Ehefrau nur noch als die »perfide Engländerin« bezeichnete und entsprechend deren Tochter beeinflußte. Liz verriet jedoch ähnliche Charakterzüge wie ihre Mutter.

Sie blieb völlig egozentrisch, unbeeinflußbar und unabhängig in ihren Entschlüssen und unbekümmert in ihren Zukunftsplanungen. Sie studierte Deutsch und Englisch und wurde Assistentin in einem wissenschaftlichen Institut. Und auch sie stellte ihren Vater vor vollendete Tatsachen. Zu seinem nicht geringem Entsetzen heiratete sie einen jungen Wissenschaftler aus dem gleichen Institut, einen Jungkommunisten aus der Provinz, der in die Wohnung des Schwiegervaters zog und mit Liz das zweite Zimmer bewohnte.

Kurz bevor Sternberg mein Lehrer geworden war, benutzte der unerwünschte Schwiegersohn dessen Abwesenheit und verkaufte dessen Flügel, da er angeblich das Geld für die Pflege des erkrankten Enkelsohnes benötigt hätte. Felix fühlte sich als Klavierlehrer ruiniert, seiner einzigen Einnahmequelle beraubt. Von nun an konnte er nur mehr Hausunterricht erteilen, dem Pianisten fehlte das Übungsinstrument. In stiller Verzweiflung zog Sternberg zu seiner Schwester in den Vorort von Moskau und stellte jeden Verkehr mit der »Vatermörderin«, wie er seine Tochter bezeichnete, ein.

Nach dem Klavierunterricht spielte er mir oftmals – sotto voce mitsingend – die klagenden Weisen der »Winterreise« von Schubert vor. Und ausklingen ließ er seine Klage gewöhnlich mit den Müllerschen Strophen: »Jeder Strom wird's Meer erreichen. Jedes Leiden auch sein Grab«. Der deutsche Musikverein »Crescendo«, dessen Leiter Sternberg war, wechselte um 1930 seinen Namen und hieß fortan »Ippolitow-Iwanow-Musikzirkel«; nur noch wenige seiner ehemaligen deutschen Gründer und Förderer gehörten ihm an. Zum allerletzten Mal dirigierte Sternberg unter den veränderten Verhältnissen Schuberts »Unvollendete«

und erklärte danach, sein Werk sei unvollendet vollendet und zog sich – nachdem ihm der neue russische Vorstand die Aufführung eigener Werke versagt hatte – von einer Mitwirkung völlig zurück. Damit fand das spezifisch Deutsche – seit dem 16. Jahrhundert in Moskau gepflegte – Musikwesen sein Ende. Es gab weder einen Kirchenchor mehr, der Bachs Kantaten sang, noch ein Ensemble oder Solisten, die deutsche Musik zu Gehör brachten.

1930 wurde der Fabrikbetrieb meines Vaters verstaatlicht, und auch das Wohnhaus mußte von meinen Eltern geräumt werden. In Moskaus westlichem Vorort Fili, in dessen Bürgermeisterhaus 1812 der Kriegsrat unter Kutusows Vorsitz die kampflose Räumung Moskaus beschlossen hatte, bezogen wir ein Notquartier, in welchem für den Flügel kein Platz war. Sternberg hatte ihn ebensowenig, und so wurde der Bechstein verkauft. Aber nach wie vor besuchte uns Sternberg mindestens einmal in der Woche, obwohl die Fahrt für ihn jedesmal mindestens drei Stunden dauerte. Aber daran war er seit langem gewöhnt. Er fühlte sich mir gegenüber pädagogisch verpflichtet und setzte zumindestens seinen musiktheoretischen und historischen Unterricht fort. Und als ich Moskau im März 1934 mit meiner Mutter endgültig verließ, widmete er mir eine seiner unveröffentlichten Kompositionen, einen Schubert nachempfundenen Militärmarsch.

Sechs Jahre danach hielt ich mich als Dolmetscher einer deutschen Regierungsdelegation einige Verhandlungswochen in Moskau auf. Am Grabe meines 1911 verstorbenen Bruders traf ich auf dem deutschen Friedhof die letzte überlebende Verwandte, die mich an das Grab meines ehemaligen Musiklehrers führte. Von Tante Lucie erfuhr ich unter anderem, daß er während des Klavierunterrichts einem Herzversagen erlegen sei. Auf dem schlichten schwarzen Holzkreuz war in kyrillischen Lettern »Felix Christoforowitsch Sternberg« zu lesen. Die russische Inschrift am Grabe eines deutschen Patrioten bedeutete für mich eine Herausforderung und Auftrag. Als ich nach Berlin zurückgekehrt war, suchte ich im Haus des Rundfunks einen baltischen Landsmann, nämlich Georg Westermann, den Intendanten, auf, und übergab ihm das Manuskript des Sternbergschen Militärmarsches. Westermann versprach denselben baldmöglichst aufzuführen. Kurz danach begann der Rußlandfeldzug mit

Les Préludes von Franz Liszt. Wenige Tage danach rief mich Westermann an und erklärte, jetzt sei es an der Zeit, den von Sternberg komponierten Marsch bei den Sendungen aus dem Osten zu Gehör zu bringen. Der Krieg hatte inzwischen auch Berlin zum Angriffsziel alliierter Bomber gemacht. Eines Nachts erschien mir im Traume Felix Sternberg mit vorwurfsvoll zornigem Gesicht, schlug mir mit seinem Bambusstäbchen auf die Finger und forderte mich auf, das leichtfertigerweise, ohne seine ausdrückliche Genehmigung weitergegebene Notenmanuskript zurückzuholen. Am folgenden Tag, bevor ich Westermann telephonisch erreichen konnte, fielen am Reichskanzlerplatz einige britische Bomben auf das Haus des Rundfunks und trafen das Büro des Intendanten, das vollständig ausbrannte.

Das Manuskript seines »Schwanengesangs« hatte Sternberg seiner »letzten großen Liebe«, die er mit Goethes Ulrike verglich, gewidmet. Es war Lotte Stephan, die Gattin eines deutschen Ingenieurs, der in der Zeit der großen Arbeitslosigkeit in Deutschland 1931 nach Moskau gekommen war und sich mit meinem Vater angefreundet hatte. Sternberg lernte bei meinen Eltern die aparte, schlagfertige und scharfzüngige junge Berlinerin kennen und »legte sich ihr zu Füßen«, wie er es gegenüber ihrem Ehemann auszudrücken pflegte. Der harmlose Flirt des »alten Herrn« fand bei dem Ehemann, der darin eine Huldigung seiner Ehewahl erblickte und dem jede Eifersucht fern lag, eine eher wohlwollende Anerkennung. Als Stephans Moskau verließen, übergab Sternberg, wie ein Minnesänger seiner angebeteten »holden Frau«, seine Komposition. Aber auch dieses Manuskript ging verloren, als die Familie Stephan nach Errichtung der Berliner Mauer Rangsdorf fluchtartig und mit geringer Habe verlassen mußte.

»Le beau Basil« und Tschitscherin

In der enteigneten elterlichen Etagenwohnung im einst vornehmen Arbat-Viertel bewohnte er noch immer den größten Raum, den ehemaligen Empfangssalon mit einigen Empire-Möbelstücken, einem Blüthner-Flügel sowie einer Nischenwand mit einem kaukasischen Schlafdiwan. Die Wände waren mit alten Stichen, klassischen Landschaften und Ahnenporträts dicht behängt. Unter den letzteren fiel insbesondere das Bildnis eines blonden Husarenoffiziers mit »klassischen« Hermes-Zügen auf, die durchaus denen seines Urenkels entsprachen. Dieser war der Meinung, daß sein Vorfahre in der sowjetischen Gegenwart durchaus zum Vorzeigen geeignet sei, denn er kehrte aus den napoleonischen Feldzügen als ein zum Liberalismus Bekehrter zurück, nahm 1825 an dem Offiziersputsch in Petersburg teil und verbrachte daraufhin viele Jahre in Sibirien.

Wassilij Michailowitsch Schaternikow war 1928, als ich ihn kennenlernte, Anfang dreißig. Schlank, hochgewachsen, mit einem blonden Haarschopf, leuchtend blauen Augen und einer einschmeichelnden Stimme. Von seinen nächsten Freunden wurde er »le beau Basil« genannt, und am Konservatorium, an dem er unterrichtete, drängten sich die Schüler in seine Klasse. Kennengelernt habe ich ihn seltsamerweise bei der Beisetzung meines damaligen Klavierlehrers Gleb Koschanskij, der wie Lew Oborin, ein auch in Westeuropa bekannt gewordener russischer Pianist, und Schaternikow seine Ausbildung in der Klasse des vielgerühmten Musikpädagogen Igumnow erhalten hatte. Gleb-Koschanskij erteilte in der NEP-Zeit ausschließlich Privatunterricht, und auch er nannte sein Studio »Werkstatt des Klavierspiels«. In seiner engen Drei-Zimmer-Wohnung unterrichtete er nämlich gleichzeitig an einem Flügel und zwei Klavieren, während seine Frau und zwei Kinder mit der Küche vorliebnehmen mußten. Mit der provozierenden Bezeichnung »Werkstatt« wollte man betonen, daß man zu den »Werktätigen« der Sowjetunion gehörte. Sein plötzlicher Tod durch Herzinfarkt wurde allerdings von mißgünstigen Kollegen als Ergebnis seiner »kapitalistischen Gewinnsucht« gedeutet. Die Schar seiner Schüler und Freunde, die nach der Seelenmesse dem offenen Sarg, von zwei Pferden mit Federkronen gezogen, in dichten Reihen folgten, lichtete sich an jeder der damals noch zahlreichen Kirchen, an denen der Leichenwagen hielt und an denen der ihm als erster folgende orthodoxe Priester weihrauchschwenkend seine Gebete sprach. Die meisten Männer benutzten die Gelegenheit in Anbetracht des kalten Wetters, um in einer nahegelegenen Kneipe Wodka und heißen Tee zu trinken. Da der Friedhof sich am Stadtrand von Moskau befand, nahm die Trauerprozession mindestens vier Stunden in Anspruch. Auch ich begann zu frieren, schlug den Kragen hoch und zog die Pelzmütze tiefer ins Gesicht. Schaternikow, der sich mir unterwegs zugesellt hatte, lud mich immer wieder zu einem Umtrunk ein, und bald gehörten auch wir zu den immer lauter und heiterer werdenden Trauergästen. Basil wurde immer gesprächiger, und als er erfuhr, daß ich Deutscher sei, zählte er mir eine ganze Reihe deutschstämmiger Vorfahren auf. Andererseits war er nicht weniger stolz, daß sein Familienname von »Schatjor« (Zelt) abgeleitet und auf einen getauften Tatarenherrscher zurückzuführen sei. Spontan glaubte ich nunmehr in ihm einen idealen Musikerzieher gefunden zu haben, der mich individuell und nicht als »Werkangehörigen« unterrichten würde. Meine musikerfahrene Mutter wäre nicht abgeneigt gewesen, mich einem Pianisten und Lehrer am Konservatorium anzuvertrauen. Mein Vater dagegen, der so gut wie nie ein Veto einlegte, hatte sich bereits für seinen Freund und Landsmann, den Kurländer Felix Sternberg, entschieden, und widersetzte sich hartnäckig. Bei aller Wertschätzung des »glücklosen Felix« habe ich mich mit seiner strengen Disziplin, die bei mißglückten Passagen in schmerzhaftes Klopfen auf die Finger ausartete, nicht abfinden wollen. Ich revanchierte mich durch »Sabotage«, durch angebliches Unvermögen seine Forderungen zu erfüllen. Um so öfter besuchte ich meinen neuerworbenen Freund, der sich mehr um meine musiktheoretische Erziehung kümmerte und mich zu seinem häufigen Konzertbegleiter bestimmt hatte. Er fand schließlich auch Anerkennung in meinem Elternhaus durch sein Klavierspiel und sein umgängliches Wesen. Er unterrichtete ausschließlich am Konservatorium, trat aber auch des öfteren als Solist auf. Zu seinem Repertoire gehörten vor allem Liszt, Chopin und Skrjabin; privat spielte er aber ebenso gerne Rachmaninow, der als Emigrant auf der schwarzen Liste der Behörden stand. Seine bravouröse Technik schuf ihm einen Namen; neben Sofronizkij zählte er zu den bevorzugten Skrjabin-Interpreten, und da er dem 1916 verstorbenen Komponisten als Schüler noch persönlich vorgespielt hatte, gehörte er zu den wenigen, die von dessen Witwe und Schwester die Erlaubnis erhielten, in der in ein Museum umgewandelten Wohnung jeweils auf einem Bechstein oder einem Blüthner die Meisterwerke zu spielen. Bei solchen Gelegenheiten stellte er mich als seinen Schüler vor, und ich war im stillen froh, daß man mich nicht zum Vorspielen aufforderte. Seinem Spiel folgte eine obligate Einladung zum Tee mit Fruchtgelee und Gebäck sowie zu Gesprächen über den Verstorbenen und Erläuterungen zu den sogenannten »musealen Exponaten«, zu denen u. a. eine nach Skrjabins eigenen Angaben konstruierte Lichtorgel gehörte, die der Anthroposoph in seinen Zukunftsvisionen bei Freilichtkonzerten anzuwenden gedachte. Das Rauschen einer überdimensionalen Lichtorgel sollte unter freiem Himmel in wechselnden Farben Raumvorstellungen von kosmischen Ausmaßen erzeugen. Seine Pläne hat der Frühvollendete nicht ausführen können, als ich aber 1936 bei der Generalprobe zu den Olympischen Spielen im Berliner Stadion des Lichtdomes mit seinen wechselnden Farbeffekten und Paluccas Massentänzen gewahr wurde, bedauerte ich vor allem, daß Skrjabin dies nicht miterleben konnte. Wie bereits erwähnt, hörte der Klavierunterricht 1930 auf, als wir nach der Enteignung in ein Notquartier im Moskauer Vorort Fili umzogen, wo für einen Flügel kein Platz war. Um so häufiger besuchte ich Schaternikow.

In der Nähe seines Wohnhauses im Arbat-Viertel begegnete ich wiederholt einem älteren Herren in korrekter, altmodisch wirkender Kleidung, der sich auf einen verzierten Gehstock stützte und sein Gesicht unter einem breitkrempigen Hut und seine Augen hinter einer dunklen Brille verbarg. Ich nahm an, daß er halbblind sein müsse, denn eine dunkle Brille trugen damals in Moskau nur Augenkranke. Als ich mich bei Schaternikow nach dem Unbekannten aus seiner unmittelbaren Nachbarschaft erkundigte, bekam ich zu hören, daß es sich um einen entfernten Verwandten handele, und zwar um keinen Geringeren als den sowjetischen Außenkommissar Georgi Wassilijewitsch Tschitscherin, dem es nach 1918 gelungen war, den Sowjetstaat und die russischen Bolschewiken in der Welt »hoffähig« zu machen. Seinem Vorgänger im Amt, Leo Trotzkij, dem Berufsrevolutionär ohne diplomatische Erfahrung, wollte dies nicht gelingen. Er verließ die Friedensverhandlungen mit Deutschland und Österreich in Brest-Litowsk und wurde von Lenin durch den Berufsdiplomaten Tschitscherin ersetzt. Mir war aber auch bekannt, daß er von Stalin angeblich aus Gesundheitsgründen 1930 in den Ruhestand versetzt und durch Maxim Litwinow ersetzt worden war. Es hieß damals in Moskau, daß an seiner »Beseitigung« sein ständiger Vertreter, nämlich Litwinow, mitgewirkt habe. Als engster Mitarbeiter und Berater Lenins zählte Tschitscherin zu jener alten Garde der Bolschewiken, die der listenreiche Georgier Zug um Zug zum Schweigen brachte und entmachtete. Er galt ohnehin als ein eingeschworener Befürworter deutsch-sowjetischer Zusammenarbeit und widersprach dem von Litwinow angestrebten prowestlichen Kurs. In kürzester Zeit war Tschitscherin eine Unperson geworden; kaum einer seiner früheren Mitarbeiter wagte es, zu ihm Kontakt aufzunehmen. Er behielt seine Rente und eine bescheidene Wohnung im Arbat-Viertel; in der Öffentlichkeit wurde er aber nie wieder gesehen. Seine Betreuung übernahm Serjoscha, der Heizer des Hauses, der auch die Telefongespräche überwachte und vermittelte.

Was an Tschitscherins Person mein besonderes Interesse erweckte, war seine persönliche Freundschaft und jahrelange Zusammenarbeit mit dem kurz vorher verstorbenen deutschen Botschafter Graf Brockdorff-Rantzau, dem ich als Heranwachsender 1926 vorgestellt worden bin.

Schaternikow wußte zu berichten, daß der »Volkskommissar« vor seiner Absetzung jahrzehntelang jeden Kontakt mit seinen ehemaligen Standesgenossen gemieden hatte, danach aber hätte er sich immer häufiger telefonisch gemeldet, um sich hauptsächlich Mozart vorspielen zu lassen oder gelegentlich selbst zu spielen und zu improvisieren. Für Schaternikow war er einerseits ein typischer Konvertit, der unter Beweis stellen mußte, daß er in seinem neuen Glaubensbekenntnis dessen offiziellen Träger zu übertreffen verstand. Andererseits erklärte er dessen Zuwendung zu Marx und Lenin als einen Racheakt an jener bürgerlichen Gesellschaft, die ihn, einen millionenschweren Erben und erfolgreichen Zögling der Persburger Diplomatenschule, wegen seiner Bevorzugung des männlichen Geschlechts in seinen Liebesbeziehungen zur Auswanderung gezwungen hatte. In Berlin schloß er sich zunächst den Sozialdemokraten an. Als Ausländer wurde er aber von der preußischen Polizei ausgewiesen, vertiefte in Paris und London seine Marxismus-Studien und ließ sich nach der Revolution von 1917 zum Bolschewismus bekehren. Schaternikow verglich ihn mit einem anderen ehemaligen Aristokraten, einem Fürsten Obolenskij, der ebenfalls zu den Alt-Bolschewiken zählte und als studierter Nationalökonom unter dem Namen Ossinskij das Statistische Hauptamt in Moskau leitete. Schaternikows einzige Schwester, eine außergewöhnliche Schönheit in ihrer Lyzeumszeit, sei Ossinskijs Geliebte gewesen, die er in kommunistische Untergrundorganisationen eingeführt habe. Als er ihrer in späteren Jahren überdrüssig geworden sei, hätte er sie für geisteskrank erklärt und in einer psychiatrischen Anstalt verschwinden lassen. Als der Bruder über Tschitscherin Erkundungen einziehen ließ, war zu erfahren, daß die psychiatrische Behandlung zum vollen Erfolg, d. h. zu unumkehrbarer Schizophrenie, geführt habe.

Durch wiederholte Anfragen erreichte ich es bei meinem Musikerzieher, daß er mich telefonisch über einen bevorstehenden Besuch des Ex-Kommissars unterrichtete. Einen Zufall vortäuschend, klingelte ich eines Tages an der Wohnungstür, hinter der Mozart gespielt wurde. Ich trat zögernd ein, wurde vorgestellt, und allem Anschein nach fand der menschenscheue Tschitscherin an dem »deutschen Jüngling«, wie er sich ausdrückte, Gefallen. Er versicherte mir, nunmehr selten Gelegenheit zu deutscher Konversation zu haben. Sein akzentfreies Deutsch, ein wenig näselnd, wie übrigens auch sein Russisch und Französisch, verrieten nach wie vor seine aristokratische Herkunft. Mehr als einmal durfte ich auch seinen Mozart-Interpretationen zuhören, da er gerade an einem Mozartbuch arbeitete. Sein »Cousin« Schaternikow bevorzugte allerdings Liszt, Chopin, Skrjabin und spielte Mozart nur nach Noten.

Tschitscherin war dagegen einseitig und ausschließlich, wie er sich ausdrückte, in »Mozart verliebt« und erläuterte am Flügel jedes Opus des Köchel-Verzeichnisses. Er enthielt sich jeglicher politischen Äußerung, bestätigte allerdings, daß es in der Politik und Diplomatie ein ungewöhnliches Glück bedeute, einem gleichgesinnten Gegenspieler zu begegnen, der jederzeit zu einer Verständigung aufgrund eines Kompromisses bereit sei. Erwähnt wurde von Tschitscherin, daß es Schwierigkeiten mit der Drucklegung seines Mozartbuches gäbe. Als ich im März 1934 Moskau verließ, flüsterte mir Schaternikow auf dem Westbahnhof zu, daß ihm die Druckgenehmigung entzogen worden sei.

Schaternikow und mein Vater waren die letzten Begleiter des abfahrenden Zuges, die mir und meiner Mutter bis ans Ende des Bahnsteiges folgten und nachwinkten. Ich sollte weder den einen noch den anderen wiedersehen. Erst in den sechziger Jahren erfuhr ich von Lew Oborin, der in San Franzisco konzertierte, daß sein Studienfreund Schaternikow mehr als fünf Jahre im sowjetischen Gulag verbracht habe und nicht mehr als Pianist auftrete. Rodion Schtschedrin ergänzte erst Anfang der neunziger Jahre, daß Schaternikow seit 1944 drei Jahre lang sein Klavierlehrer an dem Knabeninternat der Chorakademie in Moskau gewesen sei.

Erst 1970 kam es in der damaligen Sowjetunion zu einer Erstveröffentlichung des Mozartbuches von Tschitscherin und 1975 in deutscher Übersetzung in Leipzig. Über das einander ausschließende Phänomen »Revolution und Mozart« habe ich nicht wenig gestaunt. Denn in Tschitscherins Mozartbuch las ich, daß der Dualismus zu Mozarts wichtigsten Wesenszügen gehöre: »Wo die Romantiker, sieht man einmal von Hoffmann und Musset ab, Ungebrochenheit und Optimismus ohne Anfechtung sahen, dort verbirgt sich in Wahrheit eine ursprüngliche Zwiespältigkeit, ein Doppelleben, eine prinzipielle Ambivalenz, eine pythische Erdspalte ...«

Dieses Buch habe ich spät genug kennengelernt und über »die pythische Erdspalte«, die ihn seinerzeit verschlang, mußte ich des öfteren nachdenken. Seines Doppellebens war er durchaus bewußt gewesen, seine »prinzipielle Ambivalenz« ließ jedoch keine Reue aufkommen, und er starb sicherlich ohne Gewissensbisse. Es sei denn, die pythische Schlange hätte ihn in ihrem Erdspalt das Fürchten gelehrt. Oder hat ihm Apollon Mozarts wegen verziehen?

Das Studium am »Herder-Institut zu Riga«

Als ich im März 1934 in Riga eintraf, gehörte ich zu denjenigen, denen die Umstellung auf »westliche« Lebensart keineswegs schwerfiel. Ich hatte bereits 1927 Riga und Berlin kennengelernt, auch gab es in der NEP-Zeit in Moskau ausreichend Gelegenheit, nicht nur deutsche Waren, sondern auch zensierte Zeitungen und Bücher einzukaufen. Nach 1930 wurden meine Eltern zumindest mit gelegentlichen Kleider- und Lebensmittelsendungen versorgt.

Bei einer von Mutters Jugendfreundinnen fanden wir eine Unterkunft; die Sommermonate verbrachten wir am Rigaer Strand, in dem idyllischen Assern II. in einem Holzhäuschen mit Terrasse im Kiefernwald am Meeresufer. Wie sich alsbald herausstellen sollte, bevölkerten auch viele Dozenten des Herder-Instituts das ehemalige Fischerdorf. Noch vor dem Semesterschluß meldete ich mich bei Prof. Wilhelm Klumberg, dem Rektor des Herder-Institus. Er überprüfte meine Moskauer Schulzeugnisse und akzeptierte sie unter der Voraussetzung, daß ich das kleine Latinum nachholen würde. Glücklicherweise war Roderich Walter, ein Jugendfreund meiner Mutter, nicht nur Dozent am Herderinstitut, sondern auch stellvertretender Direktor am Klassischen Gymnasium. Er erreichte bei dem damaligen Direktor Woldemar Wulffius, daß ich als Hospitant an dem Lateinunterricht für Anfänger teilnehmen durfte und gab mir auch noch unentgeltlich Privatunterricht. Am Rigaer Strande verbrachte ich viele Stunden in den hohen Sanddünen und büffelte Latein. Als ich im Herbst die Prüfung ablegte, erklärte Walter augenzwinkernd, er hätte zwar die Augen schließen und die Ohren zuhalten müssen, da ich aber aus einem barbarischen Lande ohne Latein und Griechisch käme, würde er Gnade walten lassen. Er sorgte auch dafür, daß mir die Studiengebühren erlassen wurden. Diese Vergünstigung war aber gleichzeitig damit verbunden, daß ich bei Semesterende drei bis vier Fleißprüfungen abzulegen hatte.

Als Studienfächer hatte ich deutsche Geschichte und Germanistik gewählt, und bei der ersten Seminarübung bemühte ich mich, Wulfilas gothische Bibelübersetzung zu entziffern. Mir kam zugute, daß an meiner Seite ein gleichaltriger Schwede, Gösta Andersson, saß, der als Erzieher der Söhne des Militärattachés nach Riga gekommen war und sein in Uppsala unterbrochenes Studium fortzusetzen gedachte. Daraus sollte eine lebenslange Freundschaft werden, obwohl wir später andere Studienfächer wählten.

Die Gründung der ersten Universität im Baltikum ging auf Gustav Adolf, den König von Schweden, zurück. 1632 wurde in Dorpat/Estland die »Academia Gustaviense« eröffnet, die bis zur russischen Besetzung von 1710 bestand. Erst ein Jahrhundert danach (1802) wurde die Landesuniversität Dorpat unter Zar Alexander I. neu gegründet, die bis zur Russifizierung namhafte deutsche Gelehrte hervorgebracht hat. Der theologischen Fakultät fiel – wie im Mittelalter – insofern eine dominierende Stellung zu, weil an dieser lutherische Pastoren für ganz Rußland ausgebildet wurden, und dieselbe auch nach der Russifizierung anderer Fakultäten Deutsch als Vorlesungssprache beibehielt.

In Riga bestand seit 1862 ein Polytechnikum, dessen baltendeutsche Dozenten zu einem Drittel durch Kollegen aus Deutschland und Österreich ergänzt wurden. 1896 wurde auch hier der Vorlesungsbetrieb auf Russisch umgestellt. Da aber im Russischen viele technischen Ausdrücke fehlten, entstand – wie mein Vater berichtete – ein seltsames Kauderwelsch, in welchem jedoch das deutsche Element dominierte. Nach der Staatswerdung Lettlands wurde das Polytechnikum in eine Staatsuniversität umgewandelt, in welcher der Sprachwirrwarr von nunmehr drei Sprachen zunächst seine Fortsetzung fand. Für die Baltendeutschen wurden Fortbildungskurse in der St. Mariengilde eingerichtet und 1921 zur Pflege der Beziehungen und zum Wiederaufbau des deutschen Bildungswesens außerhalb des Schulbetriebs die Herder-Gesellschaft gegründet.

1927 wurde durch ein Staatsgesetz das Recht der Deutschen auf eine eigene private Hochschule anerkannt. Voll ausgebaut wurde die theologische Abteilung, deren Professoren und Dozenten sich aus Balten und Reichsdeutschen zusammensetzte. Die juristisch-staatswissenschaftliche Abteilung vermittelte die Kenntnis des deutschen und internationalen Rechts, aber nurmehr in Ergänzung zu dem Jurastudium an der Staatsuniversität. Nicht anders verhielt es sich mit der philosophischen Abteilung, die sich aus einer historisch-philosophischen und einer naturwissenschaftlich-mathematischen Unterabteilung zusammensetzte. Ebenfalls in Ergänzung des Studiums an der Staatsuniversität wurde für eine möglichst vielseitige Ausbildung der künftigen Lehrer an deutschen Grund- und Mittelschulen gesorgt. Durch ein Kartellverhältnis mit reichsdeutschen und österreichischen Studierenden wurde den Baltendeutschen die Anerkennung ihres Studiums in Riga und umgekehrt gewährleistet.

Das Studium an einer privaten deutschen Hochschule, das an sämtlichen deutschsprachigen Universitäten anerkannt wurde – mit Ausnahme des Theologiestudiums – wurde in Lettland nicht akzeptiert. Da ich Lettisch nicht beherrschte, bestand für mich ohnehin keine Aussicht, im Baltikum beruflich Fuß zu fassen. Schon sehr früh stellte sich für mich die Frage eines Einsatzes meiner russischen Sprach- und Geschichtskenntnisse. In den historischen Seminaren der Gastprofessoren Wilhelm Schüssler (1934-35) und Kurt von Raumer (1936-37) beschäftigte ich mich mit jenen Themen, die Rußland im Zusammenhang mit der deutschen Geschichte betrafen. Das Gleiche galt auch für die literaturgeschichtlichen Seminare von Lutz Mackensen und von Petersen. Einige meiner Referate wurden sogar in entsprechender Bearbeitung, zum Ärger mancher Kommilitonen, in den »Baltischen Monatsheften« publiziert. Mir wurde daher die Karriere eines Journalisten oder Verlagslektors und nicht die eines seriösen Historikers prophezeit. Schüssler sowie von Raumer legten mir aber nahe, meine Studienfächer sobald als möglich gegen Slawistik und Osteuropäische Geschichte einzutauschen.

Von Reinhard Wittram und Otto von Petersen wurde ich in die baltische Landes-Literaturgeschichte eingeführt und ebenfalls zu einem Brückenschlag nach Rußland ermutigt. Besonders nahe stand ich dem Germanisten von Petersen, der Präsident der Goethe-Gesellschaft zu Riga war und Vorträge durchreisender prominenter Wissenschaftler und Künstler im Schwarzhäupterhaus veranstaltete. Als ehrenamtlicher Sekretär war ich ihm bei den Veranstaltungen behilflich und entlastete ihn vor allem als Begleiter der Gäste bei deren Ausflügen in die Umgebung von Riga. So fuhr ich mit Hanns Blunck, der gerade an seinem Roman über Wolter von Plettenberg arbeitete, nach Wenden, wo wir in den Ruinen der Ordensburg herumkletterten, in der 1577 die letzten Ritter und Stadtbewohner sich in die Luft sprengten, um nicht von der Soldateska Iwans des Schrecklichen viehisch ermordet zu werden.

Die Vorträge im Schwarzhäupterhaus hatten bereits Tradition, denn auf ihren Vortragsreisen nach Dorpat und Reval besuchten seit Herbst 1925 die bedeutendsten Vertreter des deutsch-österreichischen Geisteslebens auch Riga. Neben Oswald Spengler, Eduard Spranger, Max Scheler, Frobenius, Karl Haushofer, den Balten Johannes Haller, Leo Bruhns, Jakob von Üexküll, auch Heinrich Ritter von Sřbik, Strygowski u. a. m.

Mein Wissensdurst war bei Beginn meines Studiums so unermeßlich, daß ich täglich sechs bis acht Stunden in den Hör- und Übungssälen verbrachte und zuhause bis in die Nacht hinein an Übungen und Referaten arbeitete. Ich ließ es mir auch nicht nehmen »fremdzugehen«, und zwar bei dem Göttinger Völkerrechtler Prof. Wolff und bei dem Greifswalder Vorgeschichtler Karl Engel, dessen Fach damals eine nie dagewesene Anerkennung fand. Die Objekte der Ausgrabungen in den Rigaer Museen boten die bestmögliche Einführung in die Siedlungsgeschichte jener finnisch-ugrischen und baltisch-slawischen Stämme, die vor Ankunft der Dänen und der Deutschen zwischen Finnland und Preußen siedelten. Was aber die Esten und vor allem die Letten am allerwenigsten hören wollten, war die unbestreitbare Tatsache, daß die Entstehung Großlivlands Ende des 12. Jahrhunderts und die Gründung der späteren Hansestädte Riga und Reval durch deutsche Kaufleute und Ordensritter deren Vorfahren vor einer Russifizierung durch die zur Ostseeküste vordringenden ostslawischen Stämme bewahrt haben. Deren Germanisierung wurde andererseits dadurch verhindert, daß im Gegensatz zu Preußen, das auf dem Landweg ungehindert zu erreichen war, keine deutschen Bauern eine Schiffsreise über die Ostsee wagten. Diese blieb ausschließlich den Kaufleuten, Missionaren und Rittern vorbehalten. Ständische Abgrenzung bestand zu Beginn dieser »Kolonisierung« noch nicht. Der Stammbaum so mancher baltischer Adelsgeschlechter begann mit livischen oder estnischen christianisierten Häuptlingen, wie die Üexkülls, Kosskuls, Cubes u. a. m. In den Seminaren wurde aber auch über die von Bischof F. Walter 1864 ausgelöste Debatte über die von Heinrich von Treitschke den baltischen Ritterschaften vorgeworfene »versäumte Germanisierung« gesprochen, die er nicht aus nationalistischen Gründen, sondern als nationale und soziale Gleichstellung mit ihren Herren forderte. Im Rahmen dieser Debatten kam es zu heftigen Auseinandersetzungen zwischen den Slawophilen und der baltischen Presse, die Carl Schirren 1869 zu seiner berühmt gewordenen Streitschrift »Livländische Antwort an Herrn Juri Samarin« veranlaßten. Die Kontroverse fand ihre Fortsetzung 1917, als der baltische, in Tübingen wirkende Historiker Johannes Haller eine heftige Attacke gegen »die russische Gefahr im deutschen Hause« startete. Die Russifizierungspolitik hatte ihn zur Auswanderung gezwungen und in dem konservativen Reichstagsabgeordneten Otto Hötsch, der bereits 1913 vor einem Krieg mit dem wichtigsten und größten Nachbarn im Osten gewarnt hatte, einen potentiellen Gegner bekämpfen lassen. Mit der Staatswerdung der baltischen Anrainervölker schien aber noch keine endgültige Entscheidung gefallen zu sein, und ich bemühte mich in meinen Referaten, nicht etwa einen einseitigen prorussischen Standpunkt zu vertreten, wohl aber der Bekämpfung des Bolschewismus aus eigener leidvoller Erfahrung den Vorrang zu geben.

Zu den überregionalen und vielseitigsten Dozenten gehörte vor allem der Pro-Rektor, Pastor Dr. Viktor Grüner. Als Oberpastor der St. Jakobi-Kirche, die 1923 an die katholische Gemeinde übergeben wurde, verlor er sein Amt und übernahm die Ausbildung von Theologen am Herder-Institut. Als profunder Kenner und Interpret der Musik von Bach, Beethoven und Wagner hielt er aber auch regelmäßig Einführungskurse ab, und zwar im ehemaligen Pastoratshaus von St. Jakobi, das ihm als Wohnsitz verblieben war. Ich gehörte zu den eifrigsten Besuchern dieser am Flügel abgehaltenen Kurse und verdankte ihnen einen unmittelbaren Zugang zu Bach.

Von weit größerer Bedeutung war für mich allerdings der baltische Philosoph Kurt Stavenhagen, dessen Vorlesungen über griechische Philosophie, vor allem über den auch von mir verehrten Platon, aber auch Leibniz, Kant u. a. m. Er zeigte aber auch volles Verständnis für meinen Bildungsgang, denn auch er erhielt infolge der Russifizierung der baltischen Schulen Privatunterricht in Mitau und Riga, bevor er in Deutschland maturierte und in Göttingen promoviert wurde.

er Vater Oskar Eduard Sommer
9–1939).

2 Die Mutter Elisabeth Anna Sommer, 1912 in Moskau.

rich Franz Sommer, 1916 als Vierjähri-
n Moskau.

4 Erich Franz Sommer zwölfjährig am Puschkin-Denkmal mit Haushund Tobby.

5 Winter 1927 in Moskau.

6 Erich Franz Sommer im Nordkaukasus (Kislowodsk) am sogen. Lermontow-Felsen in Tscherkessen-Uniform.

7 Oskar Eduard, Erich Franz und Elisab Anna Sommer in der »Sommerfrische« Arthur und Emmy Kiessling in Mamon-towskaja, September 1928.

Moskauer Exil: Fili im Hof von Kutusowskaja Sloboda (Moschaisker Chaussee) am
September 1930. Vorne (auf dem Rasen) Erich Franz Sommer.

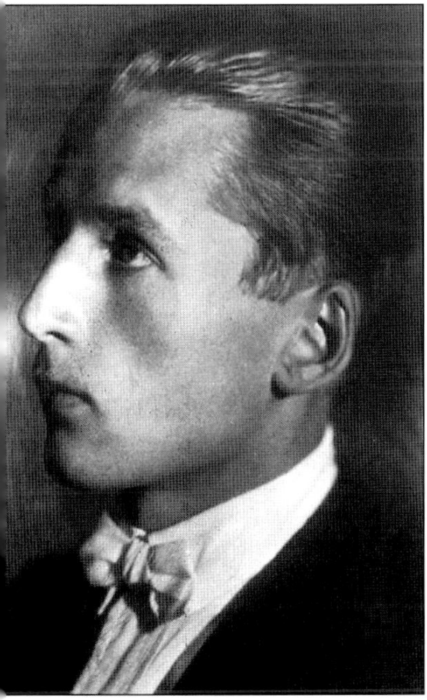

Erich Franz Sommer als Konfirmand
: Moskauer evang.-luth. St.-Petri-Pauli-
-che, Ostern 1930.

10 Erich Franz Sommer, Berlin 1939, nach der Promotion.

11 Am Rigaschen Strand Assern II., Dünenstraße, Sommer 1939.

Schon seine äußere Erscheinung – er war untersetzt, behäbig im Auftreten, wie in sich versunken, seine Augen blinzelten unter den schweren Lidern, und er hatte eine platte, gerötete Nase – erinnerte an Sokrates. Er hatte die Gewohnheit, in den Morgenstunden im Café Schwarz zum aufmunternden »Schwatzen« Cognac zu trinken und Zeitungen zu lesen. Wenn man ihn dabei ansprach, schien er froh zu sein, den lästigen Tagesnachrichten ausweichen zu können und brachte das Gespräch auf eine »philosophische Ebene«. Dies war auch mir bekannt, und da ich als Stipendien-Empfänger Fleißprüfungen abzulegen hatte, nutzte ich diese Gelegenheit, von ihm gute Noten zu erhalten. Und wenn Stavenhagen mit verständnisvollem Lächeln ein »sehr gut« bestätigte, war ich seiner sokratischen Weisheit gewiß. Ein- bis zweimal im Monat lud er am Wochenende zu einem Symposium in seine Wohnung nach Hagensberg ein. Die von ihm eingeladenen Studenten trafen sich am frühen Abend am Düna-Kai und überquerten mit dem Fährschiff wild diskutierend über das vorgegebene philosophische Thema die Düna. In Hagensberg wohnte die Familie in einem mehrstöckigen komfortablen Jugendstil-Haus Tür an Tür mit dem Germanisten Lutz Mackensen, der am nächstfolgenden Wochenende ebenfalls zu Diskussionen einlud. Das einmalige dabei war, daß Dozenten und Studenten in einer Familiengemeinschaft einander näherkamen. Während bei Mackensens auch die promovierte Ehefrau an den Gesprächen teilnahm, herrschte bei Stavenhagen – wie im antiken Hellas – eine patriarchalische Ordnung. Man setzte sich rund um den Tisch, auf dem ein Samowar stand, man knabberte an Brezeln (baranki) und ließ sich den Tee von Clara Redlich, der einzigen Philosophiestudentin in der Männerrunde, einschenken. Den Diskussionen war eine äußerste Grenze gesetzt, das heißt, bis zur Abfahrt des letzten Fährschiffes, und oft genug lief der Schnellste unter uns zum Hagensberger Kai, um die Abfahrt um einige Minuten zu verzögern. Man revanchierte sich dann gerne bei dem Kapitän mit Zigaretten deutscher Provenienz.

Nur wenige Symposiumsteilnehmer haben den Zweiten Weltkrieg überlebt. Stavenhagen selbst fiel nach der Umsiedlung die Ehre zu, den Lehrstuhl Kants in Königsberg zu besetzen. Nach dem Kriege kehrte er als Lehrstuhlinhaber an seinen Promotionsort Göttingen zurück.

Noch intensiver war der »Familienkontakt« von Lutz Mackensen zu seinen Studenten, was sich auch daraus erklären läßt, daß er kaum mehr als zehn Jahre älter war und wie kaum ein anderer der Dozenten begeistert und wortgewaltig die »große Wende im Schicksal des deutschen Volkes« begrüßte. Als Reichsdeutscher äußerte er sich eindeutig und unumwunden zu den sich überstürzenden politischen Ereignissen und integrierte die altgermanischen Sagen, das Alt- und Mittelhochdeutsche mühelos sowohl in das Tagesgeschehen wie in das dichterisch überhöhte Erlebnis der Volksgemeinschaft. In seinen sieben Rigaer Jahren hatte er, wie so viele andere Reichsdeutsche, vor allem durch seine zweite Ehe mit Eva von Hollander, im Baltikum so tief und unumkehrbar Wurzeln geschlagen, daß er selbst nach dem Kriege als Herausgeber des mit seinem Namen verbundenen Wörterbuches zumindest der baltischen Vergangenheit treu geblieben ist. Es dürfte ihm, »dem Wanderer zwischen der Welt der Dichtung und der der Wissenschaft«, allerdings schwergefallen sein, auf den Vorlesungsbetrieb zu verzichten und die deutsche Sprache nurmehr Wort für Wort zu deuten und einzuordnen. Wie einer seiner Schüler, der Danziger Karl-Heinz Gehrmann, es in seinem Nachruf von 1992 ausdrückte: »Er war ein begnadeter Lehrer, der Distanz und Freundschaft miteinander zu verbinden wußte.«

Unvergeßlich für jeden Herderianer war Mackensens Seminar »Minnesangs Frühling« von 1936, als eine Gruppe Wiener Studenten in Riga eintraf. Wegen der von Hitler verhängten »Tausend-Mark-Sperre« war ein offizieller Studentenaustausch mit Österreich nicht mehr möglich. Die Studentengruppe reiste daher auf dem Umweg über Prag – wo sich auch Sudetendeutsche anschlossen – und Warschau nach Lettland ein und fand Unterkunft bei baltendeutschen Familien. Die Reise und die Aufenthaltskosten wurden allerdings vom Deutschen Akademischen Austauschdienst ersetzt. In den Semesterferien erhielten die Österreicher unter Hinterlassung ihrer Pässe auf der deutschen Gesandtschaft einen provisorischen reichsdeutschen Ausweis und folgten den Einladungen prominenter NS-Politiker und »Kulturschaffender« nach Deutschland. Die meisten Wiener Studenten waren Germanisten und Historiker und als solche Schüler von Josef Nadler und Ritter von Sřbik, die das Baltikum von Vortragsreisen her kannten und ein Studium in Riga nahelegten.

Vom Rhein, von der Elbe und Memel verlagerte sich unser Interesse spontan an die Donau, wo sowohl die Minnesänger als auch das Nibelungenlied heimisch waren. Wenig Beachtung fand in der Geschichtsschreibung die Tatsache, daß die Baltendeutschen Süddeutschland (Bayern) wie dem Südosten (Österreich) wesensgleicher und verwandter waren als dem benachbarten Ostpreußen, wo man der räumlichen Nachbarschaft zufolge in Königsberg studierte oder bis nach Thüringen (Jena) vordrang. Nicht zuletzt war es auch die »multikulturelle« Umwelt Österreichs, die sich in Riga in noch höherem Maße zeigte. In welcher anderen Stadt gab es neben dem staatlichen lettischen Schauspiel und der Opern- und Ballettbühne eine deutsche, eine russische und eine jiddische Privatbühne? Und wo gab es Markthallen und Kaufläden, in denen man in vier bis fünf Sprachen angesprochen wurde?

Nicht anders als die baltischen und reichsdeutschen Studenten erwartete die Wiener Gruppe einen baldigen Anschluß Österreichs. Damit sollte eine historische Ungerechtigkeit beseitigt werden, die seit der Reformation und den von ihr ausgelösten Glaubenskriegen, seit Napoleon, dem Ringen um die Vorherrschaft in Deutschland zwischen Preußen und Österreich, Bismarcks kleindeutscher Lösung und der Zerschlagung der Habsburger Monarchie eine Wiedervereinigung verweigerte. Daß Hitler fast jede seiner Reden mit einem Hinweis auf Versailles begann, bestätigte in unseren Augen das den deutschen Ländern versagte Recht auf eine Reichseinheit.

Unter den Wienern gab es nur eine Ausnahmeerscheinung, den fachlich am allerbesten »beschlagenen« und an Fleiß und Forschungseifer unerreichten Fritz Heer. Man nannte ihn ein wenig spöttisch einen »Trotz-Österreicher«, erbat bei ihm aber immer wieder Auskünfte, um ein langwieriges Suchen in Lexika zu vermeiden. Ein näherer Kontakt wurde aber von den meisten Studenten vermieden, da Heer verdächtigt wurde, ein »Aufpasser« zu sein, der sich der Studentengruppe im Auftrag der Wiener Regierung angeschlossen habe. Er selbst ließ sich in keiner Weise ausforschen oder in strittigen Fragen festlegen. Außerhalb des Lehrbetriebes interessierte ihn vor allem das Theater, und er besuchte auch Vorstellungen fremdsprachiger Truppen. Da ich selbst im besonderen Maße das russische Theater, an dem ich Michail Tschechow, aber auch andere Regisseure kennengelernt hatte, zu schätzen wußte, vermittelte ich Fritz Heer Gespräche und Informationen.

Erst 1959 sollten wir uns in Wien wiedersehen. Er war gerade Chefdramaturg des Burgtheater geworden, nachdem Carl Zuckmayer und der Balte Frank Thiess auf das Amt verzichtet hatten. Inzwischen hatte er dank seiner unvergleichlichen Arbeitswut nicht nur zahllose Aufsätze, sondern auch Bücher über religionsphilosophische und zeitkritische Themen publiziert. In hohem Maße war seine Publikationsfreudigkeit durch die Versorgung seiner Familie motiviert, denn an der Wiener Universität war es ihm nicht gelungen, einen gutdotierten Lehrstuhl zu besetzen. Er besaß dort nurmehr ein mit Büchern vollgestopftes »Dachstüberl«, gleichzeitig aber auch ein »Kabinett« im Burgtheater, das ihn nicht beengte. Ernst Haeusserman, den ich von Linz aus häufig besuchte, veranlaßte dies zu der Äußerung »Wenn er bei uns auf der Burg ist, schreibt er für die Universität, und ist er drüben, dann befaßt er sich mit dem Theater. Es will mir aber scheinen, er schreibt nur für Zeitschriften und Verleger.« Man warf Heer darüber hinaus vor, daß er zu oft sich selbst zitiere und bei seiner Massenproduktion vergesse, wann und wo er etwas schon vorher zu Papier gebracht habe. Nach einem der ihn abwertenden Angriffe meinte Heer in unserem Gespräch: »Man wird doch noch sich selbst zitieren dürfen? Oder ist das schon Diebstahl?« Seine persönliche Integrität beinhaltete jedoch eine gewisse Naivität im Tagesgeschehen. Als er im Krieg einen Kommilitonen mit einem Hakenkreuz im Knopfloch überraschte, deckte er dieses mit der Hand zu und murmelte: »Dies ist mein G'wissenswurm«. Weitergehende Kompromisse ging er nicht ein und begnügte sich bis zur Einberufung zum Heeresdienst mit einer bescheidenen Stellung am »Institut für Österreichische Geschichte«.

1974 besuchte er mich in Bern in völliger Verzweiflung. Es war das erste Mal, daß er mich zum Mitwisser seiner zutiefst persönlichen Erlebnisse machte. Da er keinen eigenen Sohn besaß, adoptierte er einen elternlosen Buben und war glücklich über dessen Zuneigung und geistige Entwicklung. Mit vierzehn Jahren hatte Leukämie diesem hoffnungsfreudigen Leben ein Ende bereitet. Bei einem Spaziergang am Seeufer versuchte ich ihm vergebens Trost einzuflößen. Wie es seiner Natur entsprach, vergrub er sich nach diesem Verlust in seine unermüdliche Forschungsarbeit, von der ihn erst der eigene Tod trennte.

Die baltisch-österreichische Freundschaft festigte sich in Riga in noch höherem Maße durch die von Lutz Mackensen veranstalteten Studienreisen. Am denkwürdigsten war die Fahrt mit dem »Ostpreußen-Seedienst« von Riga nach Pillau, mit anschließenden Wanderungen an der Kurischen und Frischen Nehrung bis nach Danzig und Zoppot. Nicht weniger beeindruckend war der Besuch der malerischen Kopernikus-Stadt Frauenburg, die Fahrt auf den »schiefen Ebenen« des Schleusenkanals von Elbing nach Osterode. Die Masurischen Seen begeisterten selbst die Kenner südlicher Landschaften. Nicht zuletzt war es die Stille der Seen und dichten Wälder, die leise Lebensweise der unaufdringlichen Bewohner, die nicht einmal den Balten vertraut war. Als Herderianer wurden wir in Mohrungen, dem Geburtsort J. G. Herders, vom Bürgermeister und dem Stadtrat wie Ehrengäste empfangen und im Geburtshaus des größten Sohnes der Stadt zu einem Festessen mit Wein und Sekt eingeladen. Lutz Mackensen hatte aus Riga die Publikationen der Herder-Gesellschaft als Freundschaftsgabe mitgebracht, und da es ansonsten keine Gedächtnisstätte gab, wurden auf dem Friedhof am Elterngrab Herders Kränze niedergelegt. Aufsehen erregte auch der Besuch eines Philipponen-Dorfes, das von russischen Sektierern Anfang des 19. Jahrhunderts gegründet wurde und in dem sich ein orthodoxes Nonnenkloster befand. Die Dorfbewohner waren längst integriert und germanisiert, aber es gab noch einige russisch sprechende Nonnen, für die es eine Sensation war, daß sie mit mir in ihrer Muttersprache reden konnten. Über das Schicksal der Philipponen war nach Kriegsende nichts Näheres zu erfahren.

1937 wurde mir das Reichsstipendium (nach dem Krieg »Studienstiftung des deutschen Volkes«) zuerkannt, das damals an nicht mehr und nicht weniger als 311 Studenten im gesamten Reichsgebiet vergeben wurde. Zu dieser außergewöhnlichen Förderung gelangte ich, nachdem mein Vater ein Opfer des Stalinismus geworden war und die von mir angestrebten Studienfächer Osteuropäische Geschichte und Slawistik hießen. Für diese Fachrichtungen gab es nur wenige Lehrstühle in Deutschland. Zu den bekanntesten zählten Königsberg und Berlin. In dem Königsberger Frühjahrs-Semester vollzog sich meine Umstellung auf die neuen Studienfächer, und zwar in den Seminaren des Slawisten K. Meyer und des russischen Geschichtsphilosophen Nikolai von Arsenjew sowie in den Vorlesungen von Hans Koch, aber auch des Kunsthistorikers Wilhelm Worringer, die allerdings das Fassungsvermögen eines Anfängers überforderten.

Die Wiener Studentengruppe kehrte Ende 1937, z. T. überstürzt im Februar 1938 an ihre Alma Mater zurück, um zu promovieren und sich politisch und beruflich zu engagieren. Am allernächsten stand mir seit dem ersten Tag unserer Begegnung der aus dem Sudetenland stammende Robert Müller-Sternberg, der nach seiner Rückkehr aus Riga bei Nadler promovierte und Studentenführer in Wien wurde. Mit den Wiener Studenten reiste auch ich bis Narva, dem Endpunkt baltendeutschen Vordringens. Aber wir gedachten weniger der militärischen Aktionen als der Leistung der Hanse, deren kluge und weitsichtige Handelspolitik tragfähige Brücken nicht nur nach den skandinavischen Ländern, sondern vor allem nach Rußland – über Reval und Riga – errichtet hatte. Dieses Thema ließ Müller-Sternberg auch in späteren Jahren nie wieder los. Neben Fritz Heer war er der vielseitig Begabteste, der schon während seines Studiums eine überzeugende sprachliche Ausdruckskraft besaß und kompliziertes Geschehen wie auch gesellschaftliche Zusammenhänge und Kontroversen überzeugend zu formulieren verstand. Auch zeichnete ihn eine intellektuelle Unruhe aus. Nur für wenige seiner Generation traf der biedermeierliche Begriff von einer Lauterkeit des Wesens zu; auch besaß er die Fähigkeit, als Pionieroffizier seine Begeisterung auf Freunde seiner Kompanie zu übertragen. In einer seiner ergreifenden Erzählungen aus den Kriegsjahren hat er dies mit den Worten zum Ausdruck gebracht: »Wenn wir keine Freunde haben, dann haben wir auch keine Zukunft.«

Im Schützengraben, beim Angriff oder bei der Abwehr, hat er sich wie wenige bewährt und so manches junge Leben gerettet. Dem Drängen der Eltern folgend, die sich für den Fall seines Todes im Felde Enkelkinder wünschten, heiratete er eine entfernte Verwandte und fristete nach Kriegsende als Englischlehrer ein karges, gedemütigtes Leben mit zwei Töchtern und einem Sohn im Dachgeschoß der Hitzinger Villa seiner Eltern. Die Berufung als Studienleiter an die Ost-Akademie in Lüneburg brachte zumindestens die Lösung finanzieller Probleme. Auch befand er sich wieder in einer »baltischen Ecke« mit Max Hildebert Böhm, dem Präsidenten der Akademie, Karl Heinz Gehrmann, dem einstigen Danziger Kommilitonen am Herder-Institut, und Lutz Mackensen, der sich wie ein »Galeeren-Sträfling« mit seiner »Arche Noah«, dem Wörterbuch, über Wasser hielt.

»Robbie«, so hieß er unter Freunden, erwies sich ungeachtet seiner beengten Verhältnisse erneut als Wohltäter im wahren Sinne des Wortes, weil er einem sechzehnjährigen Selbstmordkandidaten nicht nur das Leben rettete, sondern ihn gegen den Willen seiner Familie adoptierte und für seine Ausbildung sorgte. Dieser erwies sich in späteren Jahren als der einzige, der sich um die Großeltern in Wien und seine Adoptiveltern kümmerte und diese betreute. Familiäre Rücksichten verhinderten es, daß er in den sechziger Jahren nicht Leiter der Filiale des Goethe-Instituts in San Francisco geworden ist, dessen Einrichtung ich in Bonn und München durchgesetzt hatte. Nach meiner Versetzung nach Bern und schließlich nach Rom habe ich ihn zumindest als Vortragenden empfehlen können.

Inzwischen waren sein Kriegsroman »Feuer vom Himmel« sowie sein Buch über die »Dämonen« (Wesen und Wirkung eines Urphänomens) erschienen, die aber unverständlicherweise nur wenig Beachtung fanden. Als 1978 seine Gedichtsammlung »Um uns ist Dämmerung« erschien, widmete er mir das Buch mit folgender Eintragung: »Du weißt, daß mir Rilke und Weinheber viel näher stehen als Stefan George, dessen Sprachgewalt mir durch seine egozentrischen Posen verleidet wird ... mein Mimikry kam später ... Proust und Gide haben schon gewußt, warum sie ihre Freunde als Mädchen Literatur werden ließen. Sie wollten damit, wie ich meine, weniger sich als den Geliebten schützen. An mir ist übrigens auch nichts mehr zu schützen. Und Versteckspiel? ... Mein Strand der Griechen und mein Andreas werden wohl nie erscheinen, weil ich ihre Liebe nicht versteckt, nicht ›neutralisiert‹ habe. Altersresignation?« –

Den Schlüssel zu seinem dichterischen Werk hat Müller-Sternberg den Lesern nicht ausgehändigt, auch nicht in seinen Geschichten und Betrachtungen, die er 1986 unter dem Titel »Im Prisma der Zeit« veröffentlichte. Ich gehöre zu den wenigen, denen er sich zeit seines Lebens anvertrauen konnte und der bedauern muß, daß sein Erlebnis und Bekenntnis nicht »deckungsgleich« geworden sind, wie der Herausgeber seines Confessio-

Buches meinte. Aber er sollte mit seiner Schlußfolgerung Recht behalten: »Nicht was uns zerstört, sondern wie wir es tragen, macht unser eigentliches Schicksal aus.«

An das Herder-Institut in Riga bin ich nach meiner Berliner Promotion im Herbst 1939 nur zum Abschiednehmen zurückgekehrt. Nach Abschluß des Hitler-Stalin-Pakts im August 1939, unter Preisgabe der baltischen Freistaaten an den neu gewonnenen Bündnisgenossen, war auch dessen Schicksal besiegelt. Rektor Wilhelm Klumberg versuchte zwar, die Umwandlung in ein deutsches Kulturinstitut durchzusetzen, aber dessen Schließung war in Berlin bereits eine beschlossene Sache.

Alma Mater Berolinensis

Wilhelm Schüsslers programmatische Studie »Österreich und das deutsche Schicksal«, die er 1925 als Professor der Rostocker Universität herausgab, war mir als Studenten ebenso gut bekannt wie Sřbiks »Deutsche Einheit«. Beide waren auch persönlich befreundet, und kurz vor Kriegsbeginn bestand die Absicht, die Lehrstuhlinhaber in Berlin und Wien gegeneinander auszutauschen. Für mich stand fest, daß ich in deutscher Geschichte bei Schüssler, in russischer bei Hans Uebersberger promovieren würde.

In Berlin erlebte ich 1937 eine höchst seltene Ehrung Heinrich Ritters von Sřbik. Zwei Jahre zuvor waren die beiden ersten Bände seiner »Deutschen Einheit« erschienen und in Seminaren gründlich gelesen und diskutiert worden. Der Erfolgsautor kam nach Berlin, um einen Vortrag über »Österreich in der deutschen Geschichte« zu halten, und da mit einem Massenandrang zu rechnen war, hatte man dafür die »Kommode« vorgesehen, jenes Aulagebäude, das einer solchen Anforderung genügen würde. Aber auch darin gab es alsbald kaum noch Stehplätze. Und als Sřbik den letzten Satz beendet hatte, drangen unter ohrenbetäubendem Jubel des Auditoriums Studenten zum Podium, hoben ihn hoch und trugen ihn wie einen römischen Triumphator zu dem wartenden Auto auf dem Vorplatz. Wäre es ein Pferdegespann gewesen, hätten sich die begeisterten Studenten wohl eingespannt, wie es im 19. Jahrhundert noch üblich war. Ein Jahr danach, am 10. April 1938, habe ich mit nicht geringerer Begeisterung für den Anschluß Österreichs gestimmt und bin einige Tage danach mit meiner Berliner Cousine Jenny, die mit dem jungen Schlagerkomponisten Edmund Kötscher verheiratet war, sowie dem Musikverleger Seitz mit dem Auto über Linz nach Wien gereist. Von der ehemaligen Grenze an wurde unser Wagen in jedem Ort und selbst auf den Landstraßen wie bei der Heimkehr von einem siegreichen Feldzug begrüßt und mit Blumen geschmückt. Kötscher hielt an jeder Gastwirtschaft, in der musiziert wurde, und verteilte das Notenmaterial seiner populärsten Schlager »Lichtensteiner Polka«, »Wenn die Sonja russisch tanzt« u. a. m. Einen ähnlichen Empfang habe ich erst bei meiner Heimkehr aus sowjetischer Gefangenschaft im Oktober 1955 auf der Fahrt nach Friedland erlebt. Die Hochstimmung in Linz und Wien, einen Monat nach dem Einmarsch der Truppen, übertraf alles, was man als triumphal bezeichnen kann, was allein durch das Wahlergebnis von 99,7% der abgegebenen Stimmen zum Ausdruck kam.

Schüsslers Vorlesungen behandelten durchaus kritisch und angereichert nicht nur mit biographischem, sondern auch mit anekdotischem Quellenmaterial die Regierungszeit Wilhelms II. Der Zulauf zu seinen auch für »Hörer aller Fakultäten« zugänglichen Vorlesungen war so groß, daß auch er wie sein Freund Sřbik während seines Berliner Aufenthalts oftmals auch in der »Kommode« las. Seine nordische Herkunft aus einer alten Bremer Familie verrieten sowohl seine Haltung, seine profilierten Gesichtszüge und ein kaum wahrnehmbares Lächeln, wenn er dem Auditorium über das seltsame Benehmen und Auftreten »Wilhelms des Letzten«, wie er von Studenten häufig genannt wurde, berichtete. Promoviert hatte Schüssler allerdings über das Thema »Die Österreicher im Frankfurter Parlament von 1848«, und Österreich blieb er zeitlebens treu verbunden.

Als Rigaer »Herderianer« besaß ich den Vorzug, oftmals nach Potsdam eingeladen zu werden, wo die Familie Schüssler – seine Gattin stammte aus einem deutsch-schweizerischen Geschlecht – am Rande des neuen Gartens ein »Chalet« bewohnte. Hier besprachen wir auch das Thema meiner Dissertation. Da mich in der Geschichte der deutsch-russischen Beziehungen insbesondere die Gestalt des Vize-Kanzlers, Außenministers und Admirals Heinrich Ostermann (1687–1747) faszinierte, begann ich alsbald mit den Voruntersuchungen. Eines Tages überraschte mich aber Prof. Uebersberger, der vorgesehene Ko-Referent, mit der Mitteilung, daß über Ostermann bereits ein baltendeutscher Student arbeitete. Es war ein Nachkomme jenes von J. J. Winckelmann leidenschaftlich verehrten Livländers Friedrich von Berg. Ich habe mich daher nach einem anderen Thema umsehen müssen, erfuhr aber während des Krieges zu meinem großen Bedauern, daß jener Doktorand von Berg an der Ostfront gefallen und seine Ostermann-Biographie ein Bruchstück geblieben sei.

Von baltendeutscher Seite kam aber auch die Anregung zum Themawechsel. Zu meinen Studienfreunden gehörte nämlich der Sohn Carlo von Kügelgens, der in Berlin Zeitungswissenschaft bei Prof. Dovifat studierte. Ich war häufiger Gast im Hause des Herausgebers der 1928 von Adolf Eichler gegründeten Monatsschrift des Verbandes der Rußlanddeutschen »Deutsche Post aus dem Osten«. Auch meinerseits wurden einige Beiträge geliefert. An Carlo von Kügelgen bewunderte ich den ungebrochenen Lebensmut und die immense Arbeitskraft eines Mannes, der als Jüngling bei einer Jagd in Estland ein Bein verloren hatte, aber schon 1904 mit seinem Bruder Paul die Leitung der traditionsreichen »St. Petersburger Zeitung«, der ältesten auf russischem Boden (1727), vom Vater übernahm. Nach Kriegsende und Revolution war er als Journalist in Berlin tätig, übernahm 1929 die Redaktion des »Bukarester Tageblatts« und schlug somit eine Brücke von den Deutschen im Nordosten zu denen im Südosten. Nach der russischen Revolution von 1905, die zu einem ersten parlamentarischen Regierungssystem (Duma) führte, war von Kügelgen Zeuge und journalistischer Mitstreiter für die Einigungsbestrebungen der Deutschen im Russischen Reich und nicht nur der Stadtbewohner, sondern der verstreuten deutschen Bauernsiedlungen. Aus den Gesprächen mit ihm, aber auch mit anderen Vertretern der Rußlanddeutschen, entstand vor meinen Augen ein bis dahin kaum beachteter Abschnitt in deren Geschichte, der meiner Dissertation den Titel »Die Einigungsbestrebungen der Deutschen im Vorkriegs-Rußland (1905-14)« einbrachte. Bei meinen Recherchen begnügte ich mich nicht mit den in Riga und Berlin vorhandenen Bibliotheks- und Archivbeständen, sondern verbrachte Ferienwochen an der »Deutschen Bibliothek Leipzig«, wo mich der Estländer Dr. Arthur Luther beriet, sowie am »Deutschen Auslandsinstitut« in Stuttgart. Mir gelang es damals Einsicht in Bestände zu nehmen, die z. T. durch Kriegseinwirkung verloren gegangen sind.

Das Studium deutscher Geschichte schuf keine Probleme, wohl aber das der russischen. Lehrstuhlinhaber war Prof. Hans Uebersberger. Kein anderer beschäftigte in Gesprächen und im internen Klatsch die Gemüter der Kollegen, der Assisenten und der älteren »Semester« in so hohem Maße wie dieser Vertreter der sogenannten »Wiener Schule« in der Ostforschung. In Klagenfurt 1877 geboren, galt er als illigetimer Sohn des Fürsten von

Liechtenstein und einer steyerischen Zofe, der beide zeitlebens großzügig versorgt habe. Sein Geschichtsstudium führte Uebersberger 1902 nach Moskau, wo er die Vorlesungen des damals bedeutendsten russischen Historikers Wassilij Kljutschewskij hörte. Dessen vierbändige »Geschichte Rußlands« verführte Uebersberger dazu, in seinen eigenen Vorlesungen dessen Darstellung und Thesen zu übernehmen und nur gelegentlich zu ergänzen oder zu revidieren. Da ich Kljutschweskij lieber im Original las und Uebersberger mit seiner Vorlesung um 8.30 Uhr morgens begann, »schwänzte« ich diese meist, war aber um so aktiver in den Seminarübungen. Dies sollte aber nicht ohne Folgen bei der Bewertung meiner mündlichen Prüfungen bleiben.

1906 hatte sich Uebersberger an der Wiener Universität habilitiert. Um Privatdozent zu werden, bedurfte es aber väterlicherseits noch einer großzügigen Stiftung für den Ankauf der einzigartigen Bibliothek aus dem Nachlaß des aus Rußland verbannten Historikers Bilbassow. Dieser Ankauf ermöglichte es Uebersberger schon 1907 in Wien ein »Seminar für Osteuropäische Geschichte« zu gründen, aus dem zahlreiche namhafte Historiker hervorgegangen sind. 1915 wurde er zum ordentlichen Professor ernannt. Schon als Student gehörte Uebersberger zu den Großdeutschen und hat seine Ansichten und Standort niemals gewechselt. Er gehörte auch zu den frühesten Mitgliedern der NSDAP und war Träger des Goldenen Parteiabzeichens. In den Kriegsjahren 1916-18 hat er von Stockholm aus die russische Presse beobachtet und seine Berichte gleichlautend nach Wien und Berlin weitergeleitet. Dies führte auch dazu, daß er 1919 als Sachverständiger an den Friedensverhandlungen in Brest-Litowsk teilnahm. In der Nachkriegszeit hat er sich bis Ende 1929 mit der österreichischen Aktenpublikation befaßt. Unter seinen Buch- und Zeitschriftenpublikationen dominieren die über Südosteuropa sowie über Rußland und Österreich seit dem Ende des 15. Jahrhunderts. In Königsberg hielt er schon 1918 Vorträge über die russische Revolution »Vom Zarismus zur Diktatur des Proletariats«. Ein Musterbeispiel von Verbindung aktueller Politik mit der Geschichtsforschung. Konsequenterweise beschäftigte sich Uebersberger auch weiterhin mit aktuellen Themen, vor allem mit der Kriegsschuldlüge u. a. ähnlichen Themen, die in Zeitschriften und als Broschüren erschienen. In den »Jahrbüchern für auswärtige Politik« erschien

1942 sein letzter, verfrühter Aufsatz über das »Ende des Bolschewismus«.

Uebersbergers großdeutsches Denken und Fühlen machte ihn bei den österreichischen Regierungs- und Universitätsorganen verdächtig, und 1934 folgte er einer Berufung an das Osteuropa-Institut und die Universität in Breslau. Sein dortiger Assistent war der georgische Emigrant Michael Achmeteli. Aus einer fürstlichen Familie mit großem Land- und Weingutbesitz bei Borschomi, dem in ganz Rußland bekannten Mineralwasser-Quellenort, stammend, blieb er nach dem Einfall der Sowjettruppen von 1921 zunächst im Lande. Er studierte an russischen Universitäten, danach in Berlin und Jena, wo er zum Dr. rer. pol. promovierte, 1925–1930 in Breslau, wo er zusätzlich den Dr. phil. erwarb und gleichzeitig am Osteuropa-Institut tätig war. Seit 1933 hat Achmeteli durch seine antisowjetische Überzeugung und die in Vorlesungen vertretene Lehrmeinung engere Kontakte zum Himmler-Kreis, Schickedanz u. a. geknüpft. Er war Mitbegründer einer von der SS in Berlin eingerichteten Forschungsstelle und überraschte Uebersberger eines Tages damit, daß er mit einem »Rollkommando« in Breslau eintraf und die dortige Osteuropa-Bibliothek ausräumte. Uebersberger war bereits 1935 als Nachfolger des in vorzeitigen Ruhestand versetzten Prof. Otto Hoetzsch auf dessen Berliner Lehrstuhl für Osteuropäische Geschichte berufen worden. Er war allerdings nurmehr für die russische Geschichte bis 1918 zuständig. Für Achmeteli wurde 1936 ein Lehrstuhl für Volks- und Landeskunde der Sowjetunion geschaffen und ihm selbst die Leitung des Rußland-Instituts übertragen. Er las jahrein, jahraus vornehmlich über zwei aktuelle Themen: »Die Kollektivierung« und »Die Industrialisierung der Sowjetunion.« Dies bedeutet, daß jeder Student verpflichtet war, sich bei beiden Lehrstuhlinhabern einzuschreiben. Nicht genug damit, daß Uebersberger ohnehin Differenzen mit Fritz Hartung und Albert Brackmann auszutragen hatte, Achmeteli zeigte sich auch im Hinblick auf die NS-Ideologie päpstlicher als der Papst. Seit 1941 gehörte er zu Himmlers Beratern hinsichtlich der Kaukasus-Politik, und er trug seinerseits nicht wenig zu einer Verschärfung der Behandlung slawischer Völker bei. Abgesehen von den Belastungen und Enttäuschungen beruflicher Art kamen bei Uebersberger noch rein persönliche Schwierigkeiten hinzu, die durch mißgünstige

Kollegen gerüchteweise an der Universität verbreitet wurden. Von seiner ersten Ehefrau lebte er bereits seit Jahren getrennt. In eine Scheidung willigte sie jedoch nicht ein, und erst als Dr. Hedwick Fleischhacker, seine langjährige Wiener Mitarbeiterin und renommierte Kennerin der russischen Geschichte, einem Sohn das Leben schenkte, der jünger als sein Enkel aus der Ehe seines ältesten Sohnes war, kam es zur offiziellen Scheidung. Für mich war es nicht wenig erstaunlich, daß ausgerechnet in akademischen Kreisen dem Klatsch und Tratsch die Türen weit offen standen. Ungeachtet meiner loyalen Einstellung hat mir der äußerst selbstbewußte, aber auch verletzliche Uebersberger verübelt, daß ich den Besuch seiner Vorlesungen vernachlässigte, aber gezwungenerweise die von Achmeteli nicht versäumte. Als Hauptreferent sah Schüssler meine Dissertation gewissermaßen als »Pionierleistung« an, da es sich um die erste zusammenfassende Darstellung eines bis dahin kaum beachteten Kapitels in der Geschichte der Deutschen in Rußland (1905-14) handelte. Er schlug daher als Gesamtbewertung »summa cum laude« vor und erklärte mir gegenüber voller Ärger, Uebersberger hätte auf einem bloßen »magna cum laude« bestanden. Meiner Beziehung zu Uebersberger und Fleischhacker hat dies keinen Abbruch getan, denn für den Druck meiner Dissertation erhielt ich einen Zuschuß von der Stiftung der Philosophischen Fakultät. Im Buchhandel erschien sie 1940, gedruckt im Leipziger S. Hirzel-Verlag, und die erforderlichen dreihundert Pflichtexemplare wurden kostenfrei mitgeliefert.

Nach meiner Rückkehr aus dem sowjetischen Gulag besuchte ich das Ehepaar Uebersberger Anfang Februar 1956 in München. Da im Nachkriegs-Wien die »Umerziehung« in der Vertilgung aller deutschen Gemeinsamkeiten und Überlieferungen bestand, mußte der verdienstvolle Emeritus die ehemalige Habsburger-Metropole verlassen. Für Uebersberger bedeutete jedoch seine Übersiedlung nach Bayern, wie er meinte, eine Rückkehr zu den Ursprüngen österreichischer Staatswerdung. Nach meinem Besuch übersandte er mir ein Fotoporträt mit der vielsagenden Widmung: »Selten habe ich in meinem Leben jemanden nach so vielen Jahren mit so großer Freude begrüßt wie Sie. Dazu kam noch, daß ich trotz vieler Leiden feststellen konnte, daß mein Schüler in den schweren Jahren soviel gelernt hatte, daß aus ihm ein Kenner Rußlands wurde, wie sie in unseren Tagen mehr als selten geworden sind. Mögen Ihre Kenntnisse zum Heile des Deutschen Vaterlandes werden.« Ein Jahr danach steuerte ich zu einer Festschrift aus Anlaß seines 80. Geburtstages einen größeren Beitrag über »Der junge Zar Peter in der Moskauer Deutschen Sloboda« bei und pflegte mit dem Ehepaar Uebersberger Kontakte bis zu deren Lebensenden.

Geistig geprägt und ausgerichtet hat mich aber unter allen meinen akademischen Lehren am meisten Walter Elze. Sein Schüler gewesen zu sein, erfüllte mich mit Stolz und vermittelte mir unmittelbaren Zugang zu Mitgliedern des Stefan-George-Kreises. Im Herbstsemester 1937 belegte ich bei ihm Vorlesungen und Seminarübungen. Als ich mich mit dem Testier-Buch bei ihm meldete, gab ich mich als Freund meines baltischen Landsmannes Achim von Akerman zu erkennen. Dieser gehörte zwar dem jüngeren George-Kreis um Wolfgang Frommel an, und mir war bekannt, daß Elze die jüngeren Jahrgänge des damals noch weit verzweigten George-Kreises nicht als ebenbürtig ansah. Ich wurde von Elze mit festem Händedruck und einem prüfenden Blick begrüßt und zur Teilnahme an den Seminarübungen im Turm der »Kommode«, dem Aulagebäude der Universität an der St. Hedwigskirche, eingeladen. Als Hauptthema seiner Vorlesungen behandelte Elze seit Jahren »Die deutsche Geschichte im Spiegel ihrer Entscheidungsschlachten«. Einbezogen waren auch die germanischen Stämme der Frühzeit. Als ich 1939 mein Studium beendete, war Elze gerade bei Ludwig dem Kind angelangt. Ähnlich wie in seinem bedeutendsten Werk »Friedrich der Große« verherrlichte er folgerichtig nicht – wie sonst üblich – dessen militärische Siege, wohl aber dessen Weisheit und geistige Welt. Seine Vorlesungen zeichneten sich durch eine faszinierende Darstellungsweise aus. Unter seinen Kollegen an der Berliner Universität war er gewissermaßen ein Einzelgänger, denn er wiederholte nicht – wie üblich – mit gewissem Abstand und in kaum veränderter Weise bereits vorgetragene Inhalte. In seinem Potsdamer Refugium, im »Roten Haus« am Heiligensee, entstand der Text jeder einzelnen Vorlesung anhand des quellenmäßig belegten Materials erst ein bis zwei Tage vor dem Vortragstermin. Seine eigene Ergriffenheit, seine »taufrische« Darstellungsweise übertrug sich auch auf die Hörer. Da ich unter seinen zahlreichen Studenten, aber auch Doktoranden, der einzige war, der sich zu Stefan Georges Werk vorbehaltlos bekannte und dessen Geisteshaltung als eigenen Lebensinhalt ansah, wurde ich von Elze wiederholt am Wochenende nach Potsdam eingeladen.

Das »Rote Haus«, ein schlichter Mansardenbau unweit des Marmorpalais, lag direkt am See. Von einem Landungssteg konnte man zu einem Holzfloß schwimmen und sich dort nach Herzenslust sonnen. Wenn man mit Elze im weit ausgedehnten »Neuen Garten« spazierenging, drückte er jedem Besucher einen Spazierstock in die Hand. Bei einer solchen Gelegenheit wurde auch Georges gedacht, von dem Elze aus dem Nachlaß von Wolters einen Ebenholzstock mit silbernem Griff besaß.

Das Gästezimmer befand sich in der Mansarde, von deren Balkon man über den ganzen See und dessen bebaute Ufer schauen konnte. Das Frühstück wurde von dem »Kammerdiener« Hans aufs Zimmer gebracht. Der starkgliedrige, gutmütige Bayer war in der Umgebung als der »nackte Mann« bekannt. Diesen Namen gaben ihm jene uralten Hofdamen, die am Garteneingang ihr Domizil hatten. Auch sonst interessierten sich Berliner Studentinnen, von denen keine einzige Elzes Kolleg besuchte, für das Männerhaus, das sie oftmals aus gebotener Ferne oder aus dem Gebüsch mit einem Opernglas beobachteten. Elzes Haus barg jedoch keine Geheimnisse. Man las stehend die von Elze ausgewählten George-Verse zu zweit oder zu dritt. Gelegentlich kamen der mit mir befreundete und dem jüngeren Kreis angehörige Medizinstudent Hans Jürgen Brandt oder der Jurist Hermann Kleinow hinzu. Das Lesen der Gedichte vollzog sich vor einer Marmorsäule mit einer silbernen Ölschale, in der eine Flamme entzündet wurde.

An der Wand hinter der Säule befand sich eine ebenfalls von dem Hallenser Juwelier Andreas Moritz geschaffene dunkelblaue Keramiktafel, auf der in goldenen Lettern der Schlußchor aus dem »Stern des Bundes« zu lesen war. Die in überlieferter feierlicher Weise gesprochenen Gedichte wurden danach in einer Bibliotheksecke von Elze kommentiert und gemeinsam besprochen. Dieses Ritual wurde in den ersten Kriegsjahren von Hans Jürgen und von mir in unseren Berliner Elternwohnungen durchgeführt. Eingeladen wurden zuverlässige Freunde, nicht mehr als sieben und auch diese betraten die Berliner Westendhäuser aus verschiedenen Richtungen und einzeln. Bei eventuellen Denunzianten sollte dadurch nicht der Eindruck entstehen, als handele es sich um »verdächtige Zusammenkünfte junger Männer, die nicht am Krieg teilnahmen«. So etwa formulierte es Hans Jürgens systemfeindliche Mutter, die sich ihrerseits mit dessen älterem Bruder und dem eigenen Ehemann, die »systemhörig« waren, auseinandersetzen mußte.

Nicht unerwähnt bleiben darf die großzügige Unterstützung, die Walter Elze mir in meinen beiden letzten Studienjahren zukommen ließ. Er erwirkte für mich eine zusätzliche nominelle Assistentenstelle, die mir als Empfänger des Reichsstipendiums in den Universitätsferien Archivstudien zur Vorbereitung meiner Dissertation am Deutschen Auslandsinstitut in Stuttgart und anderswo ermöglichte.

Im Frühjahr 1939 lud Elze etwa zwei Dutzend seiner Seminarteilnehmer und Assistenten zu einem Stehempfang im »Roten Haus« ein und eröffnete uns, daß er von seinem Junggesellenstand Abschied nähme und am darauffolgenden Tage die Ehe schließen würde. Nicht weniger überrascht war ich zu erfahren, daß er mit der Tochter des vorletzten deutschen Gesandten in Riga, des Historikers Friedrich Stieve, verlobt sei. Ich kannte den Gesandten und seine schwedische Gattin und Tochter seit meinem Studium am Rigaer Herder-Institut und verdankte nicht zuletzt seiner Befürwortung das begehrte Reichsstipendium. Auch bei meinem Eintritt in den auswärtigen Dienst setzte er sich für mich ein. Nach der Eheschließung veränderte sich in den Repräsentationsräumen des »Roten Hauses« nur wenig, den »Kammerdiener« ersetzte zwar eine Hausgehilfin, und im »Salon« machte sich ein Bechstein-Flügel breit. Bei Einladungen von Freunden und Schülern trat die Hausherrin aber nicht in Erscheinung. Aus Anlaß des 50. Geburtstages von Walter Elze (1941) widmete ich ihm einen umfangreichen Aufsatz über »Die Anfänge der Moskauer Deutschen Sloboda.« An dem Empfang der zahlreichen Gäste nahm diesmal auch die Hausherrin teil.

Zu meinen Studienfächern in Berlin gehörte an zweiter Stelle die Slawistik, und ich hatte den Vorzug, daß ein baltischer Landsmann, nämlich Prof. Max Vasmer, mein Lehrer war. Von einem Vorlesungskursus aus den USA zurückgekehrt, erklärte er auf Befragen kopfschüttelnd und mürrisch, er zöge den dortigen »unvorhergesehenen Unmöglichkeiten« nicht nur Berlin, sondern vor allem seine geliebte Dorpater Universität vor. Am meisten hätte ihn das respektlose und undisziplinierte Verhalten der dortigen Studenten empört, die während seines Vortrages ein- und aus gingen, die Türen zuschlugen und beim Sitzen die Beine im Auditorium über die Vordersitze legten. Die technischen und naturwissenschaftlichen Errungenschaften mögen noch so bedeutend sein, in den Geisteswissenschaften hätte man von Amerika keine neuen Einsichten und Erkenntnisse zu gewinnen. Nicht zuletzt daraus erklärt es sich, daß Vasmer nach der Teilung Deutschlands durch die Siegermächte in Ost-Berlin verblieben ist. Unter den Slawisten gab es weder in Rußland noch sonstwo in der Welt einen vergleichbaren Forscher und Interpreten kompliziertester linguistischer Zusammenhänge. Vasmers Deutungen prägten auch mein Verständnis ostslawischer Geschichtszusammenhänge, insbesondere im Spannungsfeld von finnisch-ugrischen und germanischen Stämmen. Außerhalb seiner Vor-lesungen und Seminarübungen war Vasmer kaum zu treffen. Denn sein ungemeiner Forschungsdrang nahm ihn völlig in Anspruch. Für mich ergab sich aber ein weiterer Vorzug daraus, daß ich das Vertrauen und die Zuneigung seiner Assistentin Dr. Margarete Woltner erwarb, die einer angesehenen Rigaer Bürgerfamilie entstammte, sowie Uebersbergers Assistenten Dr. Werner Philipp. Beide stimmten in vehementer Kritik und in der Verurteilung des NS-Regimes überein. Überraschend war jedoch, daß an manchen Gesprächen – insbesondere bei meinen Besuchen im slawistischen Seminar nach Beginn des Rußlandfeldzuges – Dr. Georg Leibbrandt teilnahm, der aus einer 1805 gegründeten schwäbischen Kolonie Groß-Liebental bei Odessa stammte, der Herzog Richelieu, der damalige Gouverneur, den Namen wegen der »schönen und herrlichen Lage« gab. Leibbrandt promovierte 1928 mit einer Dissertation über die »Auswanderung aus Schwaben nach Rußland 1816-23« und schuf im Laufe der Jahre eine beachtliche Sammlung von Büchern und Archivmaterialien, die seinen Namen trugen. Er gehörte zu den wenigen erfolgreichen Rußlanddeutschen, die bereits vor Kriegsbeginn zu hohen Parteiämtern (Reichsamtsleiter) aufgestiegen waren und 1941 in das für Alfred Rosenberg geschaffene »Ost-Ministerium« hinüberwechselten. Ähnlich wie Rosenberg verurteilte Leibbrand in seinen vertraulichen Gesprächen die »Wahnsinnspolitik« des Reichskommissars in der Ukraine Erich Koch, in dem er einen eingeschleusten Sowjetagenten zu erkennen glaubte, der dazu bestimmt wäre, die Bevölkerung gegen die deutsche Besatzung aufzuhetzen und zu verhindern, daß eine gemeinsame Frontstellung gegen den Bolschewismus entstünde.

An der Universität Berlin gehörte neben Friedrich Baethgen und Fritz Rörig noch ein weiterer Baltendeutscher zu den herausragendsten Vertretern ihres Faches, nämlich der Philosoph Nikolai Hartmann, dessen onthologische Kollegs ich allerdings nur sporadisch besuchte. Da er in seiner Frühzeit über das Seins-Problem vor und bei Platon geforscht und publiziert hatte, nahm er 1939 »gesprächsweise« die für eine Promotion noch erforderliche philosophische Prüfung ab. In Riga geboren, hatte er das deutsche Gymnasium in St. Petersburg absolviert und mit dem Studium an der dortigen Universität begonnen. Er hielt mir scherzweise zugute, daß ich in Rußland kein Bolschewik, sondern in Riga bei seinem dortigen Kollegen Kurt Stavenhagen ein »Platoniker« geworden sei. Er entließ mich mit der Mahnung, mich als Baltendeutscher sowohl gegenüber den Russen wie den »Reichsgermanen« durchzusetzen und den geistigen Besitz höher als den materiellen zu schätzen.

Ich verließ Berlin nach den bestandenen Prüfungen Ende Juli 1939 voller Zuversicht und ohne Zukunftssorgen, denn berufliche Chancen boten sich mir in Stuttgart an, wo ich am Deutschen Auslandsinstitut eine Sektion zur Erforschung der Geschichte der Deutschen in Rußland einrichten oder in Wien eine Assistentenstelle bei meinem ehemaligen Königsberger Lehrer Prof. Hans Koch übernehmen sollte. Niemand konnte es damals auch nur ahnen, daß schon im August der sonnenklare Himmel sich verdüstern und Anfang September der blutigste Krieg des Jahrhunderts ausbrechen und dem wiedervereinigten Deutschen Reich ein vorzeitiges Ende bereiten würde.

1939: Heim ins Reich – Letzter Sommer im Baltikum

Nach Abschluß meiner Geschichts- und Slawistikstudien wurde ich im Juni 1939 an der Berliner Universität zum Dr. phil. promoviert. Ich hätte eine wissenschaftliche Laufbahn einschlagen können, denn mein ehemaliger Königsberger Lehrer, Prof. Hans Koch, bot mir eine Assistentenstelle in Wien an, während das Deutsche Auslandsinstitut in Stuttgart mir die Leitung eines neu zu schaffenden rußlanddeutschen Forschungsreferats in Aussicht stellte. Nach einem Gespräch mit Botschaftsrat von Twardowsky, der meinen Vater und mich als Heranwachsenden von Moskau her kannte, erschien mir eine diplomatische Karriere nicht weniger erstrebenswert. Nachdem ich für meine Dissertation über die Deutschen in Rußland bei S. Hirzel in Leipzig einen Verleger fand, der nicht nur die obligaten 300 Pflichtexemplare zu drucken bereit war, sondern dieselbe in Buchform erscheinen und selbst ein bescheidenes Honorar zu zahlen gewillt war, reiste ich Ende Juni beglückt und sorgenfrei nach Riga.

Meine Mutter befand sich bereits an dem vertrauten heimatlichen Rigaer Strand. Das Strandhaus mit seinem von pseudoklassischen Säulen getragenen Balkon und verglaster Terrasse war aus jenem Kiefernholz gezimmert, das die Stämme des Dünenwaldstreifens hergaben. Bis zu den Sanddünen waren es nur hundert Schritte zwischen den Strandkiefern. Im Vorgarten zur Straßenseite verblühten bereits die Heckenrosen, von Bienen und Insekten umschwirrt; in der opalisierenden Glaskugel inmitten der Blumenrabatte spiegelten sich das Haus, seine Bewohner und die zahlreichen Gäste in einer seltsamen Verzerrung. Der befreundete Hausarzt, ein Jugendfreund meiner Mutter, blieb nach jedem Besuch an der Kugel stehen und empfahl mir, so oft wie möglich hineinzuschauen. »Am farbigen Abglanz erkennet ihr das Leben«, zitierte er einmal Goethe und belehrte mich: »Laß dich nicht durch Verzerrungen der Wirklichkeit in deinem Leben beirren. Die Kugel zeigt dir, daß auch du den anderen als ein anderer erscheinen kannst. Über deine Zukunft wird nicht dein Studium entscheiden. Der kommende Krieg wird es tun, wie ich es selbst schon einmal erlebt habe.« Meine Mutter widersprach energisch: »Wir haben in den letzten Jahren schon so viele Krisen überstanden. Es muß nicht wegen Danzig zum Kriege kommen, nachdem Österreich und das Sudetenland wieder zum Reich gehören.«

In den Nachbarhäusern, ob sie von Deutschen oder Letten bewohnt waren, war das Radio auf volle Lautstärke eingestellt. Man hörte ausschließlich Sendungen des Großdeutschen Rundfunks und nahm das Schmettern der Märsche und Wagner-Musik der Nachrichten wegen in Kauf. Nur der lettische Komponist Kalninsch, der gerade an seiner neuen Oper »Hamlet« arbeitete, bat um Nachsicht. Ein Nachbar gab ihm den Rat, sich kriegerischen Mut anzueignen, um die Oper mit dem Triumph des Fortimbras siegreich abzuschließen. Alle politisch denkenden Letten machten aus ihrer Besorgnis, vom Strudel der Ereignisse erfaßt zu werden, keinen Hehl. Ein Parlamentsabgeordneter bedauerte am meisten, daß Schweden keine Großmacht mehr sei und eine »nordische Neutralität« sich nicht mehr verwirklichen ließe. »Beim nächsten Krieg werden wir mit Haut und Haaren aufgefressen, entweder von den Russen oder von den Deutschen«. Ich kannte den dürren, weißmähnigen, spitzbärtigen Junggesellen als »Faust«-Kenner, den er stundenlang auswendig rezitierte, so oft wir uns beim Nacktbaden in den »Herrenstunden«, von acht bis zehn Uhr morgens, am Strande trafen. Ich fühlte mich jedesmal beschämt, daß ich nur vereinzelte Strophen aus dem »Faust« zitieren und nicht rezitieren konnte. Als ich ihn auf seine »germanische Gestalt« und seine Goethe-Devotion ansprach, meinte er ironisch, dafür hätten wohl seinerzeit die deutschen und schwedischen Grundherren mit ihrem jus primae noctis gesorgt. Als er aber seine resignierende Feststellung betreffend die Russen und die Deutschen traf, fragte ich ihn, was ihm denn lieber sei, von Russen oder von Deutschen beherrscht zu sein. Er hielt im Gehen inne und sah mich mit strafendem Blick an. »Welch eine Frage? Ich würde selbstverständlich die Deutschen vorziehen, aber ohne den Abenteurer Hitler, der nicht zur Ruhe kommen wird, bis er alles verloren hat. Die Westmächte haben uns niemals schützen oder beistehen wollen. Es wäre vernünftiger gewesen, sie hätten uns 1918 dem Deutschen Reich als Freistaat angegliedert. Unsere kulturelle Autonomie hätten wir bewahren können, denn schließlich waren es die deutschen Pastoren, die unsere Sprache bewahrt und schriftlich festgehalten haben. Die Deutschen haben uns bereits vor siebenhundert Jahren vor einer Russifizierung bewahrt. Wer auch immer uns den Russen ausliefert, ist ein Volksverräter.«

Das Schicksal der drei baltischen Freistaaten lag nicht allein den Baltendeutschen am Herzen. Die Freunde aus dem Reich, Professoren und Studenten des Herder-Instituts, zeigten sich nicht weniger besorgt. Der baltische Historiker Leonid Arbusow und der Philosoph Kurt Stavenhagen äußerten am lautesten ihre Bedenken; für ein skrupelloses Vorgehen zeigten sie kein Verständnis, resignierten aber in der Erkenntnis, daß der Stärkere immer Recht behalten wird, auch wenn es kein moralisches sei. Man berief sich immer wieder auf Carl Schirrens »Livländische Antwort«, die dem ausufernden Machtwillen zwar ethische Grenzen setzte, eine Minderheit jedoch nicht zu schützen vermochte. Unter den Dozenten und Gastprofessoren gab es nur einige wenige überzeugte Nationalsozialisten, aber auch diese waren ausnahmslos junge Idealisten, die in der Weimarer Republik den Glauben an demokratische Ideen eingebüßt hatten und in einer diktatorischen Staatsführung die einzige Rettung vor sittlichem Verfall und vor einer kommunistischen Machtergreifung sahen. Ideologisch waren sie fast alle von Spengler, Moeller van den Bruck und Othmar Spann geprägt, und keiner von ihnen bestand darauf, daß die Studenten sich ernsthaft mit Chamberlain, Rosenberg oder mit Hitlers »Mein Kampf« beschäftigen sollten. Der Reichs- und Volksgedanke standen im Mittelpunkt ihres Denkens und als Historiker und Philologe fand man in ihrer Geschichtssicht jeweils die richtige Antwort auf alle Zeiterscheinungen. Unter den reichsdeutschen Austauschstudenten gab es dagegen eine »Kampfgruppe« von Aktivisten, die zumeist aus Berliner, Danziger, Hamburger oder Wiener Arbeiterfamilien stammten und die für sich das Recht in Anspruch nahmen, den unverfälschten Nationalsozialismus zu vertreten. Einige von ihnen waren »bekehrte« Jungkommunisten, die dialektisch geschult waren und die älteren Professoren durch Zwischenrufe oder hämische Fragen provozierten, um ihnen »das Konzept zu verderben«. Gesinnungsgenossen fanden sich bei einer kleinen, aber stimmgewaltigen Gruppe baltendeutscher Extremisten, die ihre »Bewegung« in die deutsch-baltischen Jugendorganisationen und traditionsreichen Verbindungen hineinzutragen bemüht waren. Auf einem der letzten Hausbälle des »Frauenvereins von 1763« in dem spiegel- und parkettglänzenden Saal der »Muße« erschienen sie in Schaftstiefeln, schwarzen Hosen und weißen Hemden, mischten sich unter die Walzer oder Lancier Tanzenden und nahmen den »Korporierten« die Mädchen weg. Der deutsche Gesandte von Schack, der wegen der »Papen-Affaire« nach 1917 mehrere Jahre im US-Zuchthaus Sing-Sing einsaß und der kurz vor der Pensionierung stand, zog sich grollend mit seiner Begleiterin, einer gefeierten »Actrice« des Deutschen Schauspiels in den Speisesaal zurück, in den bereits die meisten der schockierten älteren Damen und Herren geflüchtet waren. Nur Professor Arbusow, ein leidenschaftlicher Tänzer und Hüter der Tradition, ereiferte sich und bedrängte die Eindringlinge die Tanzfläche zu verlassen. »Ihre Zeit ist um, Herr Professor«, rief ihm einer zu. »Sie haben ausgetanzt.« »Und Ihre Zeit ist noch nicht gekommen«, parierte Arbusow.

1939 war eine gewisse »Gleichschaltung« nicht mehr zu verkennen. Die außenpolitischen Erfolge Hitlers bestätigten seine engagierten Anhänger und lähmten jeden Widerstandswillen. Die »Rigasche Rundschau«, die angesehenste Zeitung des Baltikums, hatte ihren verdienstvollen Chefredakteur Paul Schiemann als »demokratischen Ballast« längst abgestoßen und hielt sich an die Weisungen und den Informationsdienst der Reichspressekammer.

Nurmehr Hans von Rimschas »Baltische Post«, eine vom »Reich« nicht subventionierte Sonntagszeitung, bemühte sich um eine objektive Berichterstattung. Von der »Bewegung« wurde sie spöttisch die »Baltische Pest« genannt und verlor immer mehr Abonnenten. In Rigas deutschen Buchhandlungen wurde, insbesondere nach der Errichtung des Protektorats Böhmen-Mähren, immer häufiger nach NS-Informationsmaterial verlangt, und als in der zweiten Augusthälfte der Hitler-Stalin-Pakt abgeschlossen wurde, der das ohnehin labile Gleichgewicht in der Weltpolitik endgültig verschoben hatte, bestand kein Zweifel mehr daran, daß das Baltikum nicht länger in einem stillen Wetterwinkel lag.

Unvergeßlich blieben mir die Abschiedsmonate am Rigaer Strand.

In Assern II. besuchte mich am häufigsten Achim von Akerman, der vielversprechendste junge baltische Dichter, durch den ich mich dem Stefan-George-Kreis verpflichtet fühlte, und ein gemeinsamer Berliner Freund, Hermann Kleinow, verbrachte die Ferien als Erzieher mit bei den drei Söhnen der Familie von Bentheim, die ein nahegelegenes Strandhaus bewohnte. Beide waren Zöglinge des Knabeninternats des baltischen Pädagogen von Heyking in Wertheim a. M. gewesen, wo ihr Deutschlehrer der aus dem Elsaß stammende Dichter Hans Boeglin gewesen war, der dem jüngeren George-Kreis um Wolfgang Frommel angehörte.

Die spontane und intensive Freundschaft mit Akerman begann erst 1937, als er aus Deutschland nach Riga zurückgekehrt war, um sich am Lettländischen Lehrerseminar auf eine staatliche Lehrerprüfung vorzubereiten. Seine frühe dichterische Reife beweisen Gedichte aus seiner Schulzeit, die im Verlag »Die Runde« in dem Sammelband »Huldigung« (von Stefan George) 1931 erschienen war. Der 1938 im Insel-Verlag erschienene Gedichtband »Stunde vor Tag« veranlaßte Werner Bergengruen, des kurz vor Kriegsende gefallenen Dichters mit den Worten zu gedenken, mit ihm sei die allergrößte und allerletzte Hoffnung baltischen Dichtertums zu Grabe getragen worden.

Zur Einführung in das Werk Stefan Georges, das ich nurmehr höchst unzulänglich kannte, gab mir Achim kurz nach unserer ersten Begegnung sowohl das Buch von Ernst Morwitz wie die Publikationen der »Runde« zu lesen und ermutigte mich, in den einsamen Dünen des Rigaer Strandes mit ihm abwechselnd Gedichte laut zu lesen. In den Sommerferien 1937 und 1938 sonnten wir uns und schwammen weit ins Meer hinaus, hüteten in den »Herrenstunden« zwei Reitpferde eines Nachbarn, ritten kilometerweit nackt am Strande entlang und wuschen dieselben als »Pferdeknechte« im Meerwasser. Am heimatlichen Ostseestrand wähnten wir uns in klassischer Antike eingedenk des George-Wortes »Hellas ewig unsere Liebe« und der Griechenland-Visionen Hölderlins. Im gewissen Sinne war es für uns ein Abschied von der Jugend.

Ein endgültiger sollte es 1939 werden. Durch die beiden Internatsfreunde Achim und Hermann wurde das Strandhaus der

Bentheims zum Mittelpunkt freundschaftlicher Begegnungen. Dem Jurastudenten Hermann Kleinow, einem Sohn des Polizeipräsidenten in Klein-Machnow bei Berlin, oblag der Unterricht und die Betreuung der drei heranwachsenden Bentheim-Söhne im »Epheben«-Alter von 15 bis 18 Jahren. In den »Symposien«-Gesprächen, Lesungen von Platon, Goethe, Hölderlin, vor allem aber bei Gedichtinterpretationen von George am Lagerfeuer im Walde, in den Stranddünen oder bei Ausritten, Bootsfahrten und Wanderungen bildete sich ein wahrer platonischer Freundeskreis von jeweils drei Älteren und drei Jüngeren, der zu meinen unvergeßlichsten Vorkriegserinnerungen gehört. Gemeinsam erlebten wir auch die Nervenzerreißprobe der Augusttage von 1939. Als ausgebildeter Unteroffizier der Wehrmacht erhielt Hermann über die deutsche Gesandtschaft in Riga bereits Anfang August den Gestellungsbefehl und verließ Riga überstürzt noch vor Ausbruch der Kriegshandlungen auf dem Schiffswege.

Achim, die jungen Bentheims und ich erfuhren erst nach Wochen quälender Ungewißheit die Nachricht, daß er den Polenfeldzug unversehrt überstanden hatte, doch die Sorge um ihn verließ uns nicht mehr. Bentheims kehrten nach Berlin zurück, wo das Familienoberhaupt im Vorstand der »Lufthansa« tätig war; als angeblicher Mitwisser wurde er nach dem 20. Juli 1944 hingerichtet; zwei seiner Söhne kehrten aus dem Krieg nicht mehr zurück. Achim und ich selbst, wie auch die allermeisten Baltendeutschen, teilten den Stolz, einem wiedererstarkten Deutschen Reich auch außerhalb seiner Grenzen anzugehören – insbesondere nach dem Anschluß Österreichs. Das Unrecht von Versailles und St. Germain schien beseitigt und in Europas Mitte wieder ein gleichberechtigter Staat entstanden zu sein.

Angesichts der wachsenden Übergriffe und erschreckender Auswüchse einer überheblichen Diktatur enthielten wir uns allerdings nicht einer zunehmenden Kritik am »Dritten Reich«, das in keiner Weise dem im George-Kreis ersehnten Staatsideal entsprach. Nachdem Ernst Morwitz, Edgar Salin, Percy Gothein und Wolfgang Frommel Deutschland verlassen mußten, trat eine wachsende Ernüchterung ein. Unvergeßlich blieb auch das George-Wort, mit dem er seine Absage, Präsident der Akademie für Dichtkunst zu werden, begründete: »Wann stieg die Dichtung in die Niederungen der Politik hinab«.

Bis Ende September blieb ich mit meiner Mutter am Strande und verzichtete trotz sinkender Wassertemperatur nicht auf das tägliche Baden. Abhärtung war eine gängige Parole und dies um so mehr, als mir eine Bewährung im Berufsleben bevorstand. Fest stand, daß ich spätestens im Oktober nach Wien reisen würde, um »vor Ort« unseren künftigen Wohnort zu bestimmen. Ein wahrhaft »goldener Herbst« begünstigte unseren Strandaufenthalt.

Was über die »Evakuierung« der Baltendeutschen nicht in den Zeitungen stand

Nach Abschluß des Hitler-Stalin-Paktes vom 23. August 1939 war es der überwiegenden Mehrheit der deutschen Bevölkerung Lettlands und Estlands nur allzu deutlich bewußt geworden, daß es angesichts der sich durch den Paktabschluß ergebenden Konstellation keine Alternative zur Umsiedlung ins Deutsche Reich geben konnte. Bei den nachfolgenden Umsiedlungsaktionen in Litauen, Ostpolen und Bessarabien benutzten die sowjetischen Verhandlungsteilnehmer eine eindeutige Sprache; statt »peresselenije« (Umsiedlung), wie es deutscherseits vorgeschlagen wurde, bestanden sie – wie im Kriegsfall – auf »ewakuazija nemezkogo nasselenija« (Evakuierung der deutschen Bevölkerung).

Für die Deutschbalten war daher die Umsiedlung eine »diktierte Option« (Dietrich A. Loeber), die weder erwünscht noch befürwortet werden konnte, sondern akzeptiert werden mußte. Selbst Hans von Rimschas »Rigasche Post« sprach sich in ihrer Ausgabe vom 31. Oktober 1939 energisch gegen »die alltäglichen Plattheiten der Feindpropaganda« aus. Die Gerüchtemacher sprächen von »Hunger in Deutschland, Konzentrationslagern, erpreßter Zwangsarbeit u. s. w.; das andere Mal ist es törichtes Weibergewäsch schlechthin, dann wieder eine freche Pressenotiz, die sich aufgedunsen zum Gerücht bläht. Das schlängelt sich dann durch die Tuschelecken, verstört die geistig Armen, will tückisch an der Geschlossenheit der großen Aktion nagen und das deutsche Vertrauen lähmen. Pfui Teufel!«.

Diese Zeilen wurden nicht vom Opportunismus diktiert, sondern beruhten auf der schmerzhaften Einsicht, daß im Hinblick auf den bevorstehenden Einmarsch der Roten Armee die zurückbleibenden Deutschbalten, ähnlich wie 1919, sowohl ihren Besitz als auch ihr Leben verlieren würden.

Ein solches Schicksal erlitten bekanntlich Zehntausende Letten und Esten in den Jahren 1940/41. Rimscha selbst nahm für seine Person in Kauf, daß ihm aus seiner in aller Öffentlichkeit bekannten kritischen Einstellung gegenüber dem NS-Regime nach der Umsiedlung Nachteile und Schwierigkeiten erwachsen würden.

Zu der Frage »warum das Deutsche Reich die Umsiedlung wollte«, wäre aus persönlichen Begegnungen und mitgehörten Gesprächen maßgeblicher NS-Funktionäre noch folgendes zu berichten. Meine Gewährsleute sind SS-Obergruppenführer Werner Lorenz, Leiter der Volksdeutschen Mittelstelle, Wilhelm Keppler, Staatssekretär im Auswärtigen Amt, und Peter Kleist, der nach 1941 an dem Aufbau einer landeseigenen Verwaltung im Baltikum entscheidend beteiligt war.

Anfang Juni 1940 begleitete ich als Dolmetscher eine deutsche Regierungsdelegation nach Moskau, die mit der Sowjetregierung über die Umsiedlung der Deutschen aus den von den Sowjets besetzten rumänischen Landesteilen Bessarabien und Bukowina verhandeln sollte. Neben Vertretern des Auswärtigen Amts gehörten zu der deutschen Kommission u. a. Peter Kleist, der dem Außenpolitischen Amt Ribbentrops angehörte, Werner Markert, Herausgeber der Zeitschrift »Osteuropa«, sowie Mitarbeiter des Umsiedlungsstabes der Volksdeutschen Mittelstelle und deren Leiter Werner Lorenz. Der Letztgenannte kehrte allerdings vor Beginn der eigentlichen Kommissionsarbeit nach Berlin zurück. Bei den Vorverhandlungen und einem Bankett im Spiridonowka-Palais des Außenkommissariats fiel er mir durch sein seltsam exaltiertes Benehmen und seine unorthodoxe, wenn nicht gar zynische Redeweise auf. Nachdem ich ihn und andere Parteifunktionäre zum Besuch des Bolschoj-Balletts überredet hatte, wurde aus einem Saulus ein Paulus. Im Parkett des Bolschoj-Theaters stehend und begeistert Beifall klatschend, verkündete er lauthals, man sollte doch das Moskauer Ballett und nicht die volksdeutschen Bauern nach Deutschland umsiedeln.

Als ich Peter Kleist mein Befremden darüber äußerte, fragte mich dieser, ob mir als Balten nicht bekannt sei, weshalb der exzentrische SS-Obergruppenführer in internen Kreisen »Walpurgis« Lorenz genannt werde. Zu meiner Überraschung erfuhr ich von Kleist, daß Lorenz auf ausdrückliche Weisung von Hitler im Oktober 1939 nach Riga gereist sei, um die baltendeutsche Volksgruppenführung, die keineswegs einmütig über die Notwendigkeit einer Umsiedlung gedacht habe, »zur Räson zu bringen«.

Zu einer Begegnung mit Lorenz hätte der deutsche Gesandte in Riga Ulrich von Kotze die führenden Vertreter der deutschen Volksgemeinschaft mit Alfred Intelmann und Erhard Kröger an der Spitze eingeladen. Als im Verlaufe der Diskussion immer wieder Einwände gegen eine überstürzte Umsiedlungsaktion geäußert wurden, hätte Lorenz die Geduld verloren und zornig ausgerufen: »Wollt ihr denn unbedingt Blutsopfer einer Walpurgisnacht werden«. Daß damit die Pariser Bartholomäusnacht von 1572 gemeint war, sei der schmunzelnden Runde weit mehr als ein lapsus linguae erschienen.

Gegen Ende des Krieges, im Frühjahr 1944, tauchte im schlesischen Krummhübel im Riesengebirge, wo sich ein Ausweichquartier des Auswärtigen Amtes befand, Staatssekretär z. b. V. Wilhelm Keppler auf, der sich zu diesem Zeitpunkt als »Arbeitsloser« bezeichnete. Bei seinen Gesprächen mit meinem Chef, dem Gesandten Hans Smend, war ich stets zugegen und erfuhr auf diese Weise »Hintergrundgeschichten«, die mich endgültig von der Leichtfertigkeit, dem Zynismus und dem Vabanquespiel der NS-Außenpolitik überzeugten. Keppler gab unter anderem zum Besten, Hitler hätten stets einige »auswechselbare Schallplatten« zur Verfügung gestanden. Bei einer sich bietenden günstigen Gelegenheit sei er bereit gewesen, die eine oder andere »abzuspielen«. Davon sei es abhängig gewesen, ob zunächst »Prag« oder »Memel«, »Sudetenland« oder »Danzig« vorgezogen wurden.

Über einen derartig makabren und völlig undiplomatisch gezeigten Zynismus eines systemkonformen Staatssekretärs war ich in meinem jugendlichen Idealismus zutiefst bestürzt. Äußerungen solcher Art hätten bei einem Durchschnittsbürger oder Beamten zu einer unnachsichtigen Ahndung geführt. Bei Keppler sprach – wie Smend wohl richtig vermutete – der gekränkte Ehrgeiz eines »Fallengelassenen«, der ihn mit seinen Widersachern abrechnen ließ. Als ich ihn z. B. auf Lorenz ansprach, bezeichnete er diesen als einen »Narren im Hofstaat«, den Hitler gerne in dieser Rolle gesehen habe. Als ich das Gespräch auf die Umsiedlung der Baltendeutschen von 1939 lenkte, wußte er einiges über deren Vorgeschichte zu berichten. Seine Meinung über die baltischen Deutschen habe Hitler aufgrund seiner engen persönlichen Freundschaft mit Erwin Scheubner-Richter, der an seiner Seite bei dem Münchner Putsch vom 9. November 1923 erschossen wurde, sowie aus den Gesprächen mit seinem

Chefideologen Alfred Rosenberg gebildet. Deren »standhaftes Ausharren auf vorgeschobenem Posten im Osten« habe er zwar anerkannt, aber gleichzeitig eine gewisse Degeneration dieser »Herrenmenschen« festzustellen geglaubt. Nach Abschluß des Hitler-Stalin-Paktes vom 23. August 1939 habe er daher Rosenberg gegenüber geäußert, man sollte die Deutschbalten »zur Blutauffrischung« in die bäuerlichen Alpengebiete Bayerns und Österreich umsiedeln. Und als deren Ansiedlung im Warthegau bereits beschlossen war, habe Hitler sich von Rosenberg Photoalben des Rassepolitischen Amts sowohl von Deutschbalten wie von Letten und Esten zeigen lassen. Dabei sei er äußerst überrascht und verstimmt gewesen, als er unter den Letten und Esten weit mehr »rein germanische Typen« zu finden glaubte als unter den Trägern alter deutscher Familiennamen. Rosenberg hätte ihm daraufhin zu erklären versucht, dies gehe darauf zurück, daß Dänen, Schweden und die »deutschen Barone« jahrhundertelang das jus primae noctis ausgeübt hätten.

Aus eigener Kenntnis der Umsiedlungsvorgänge vom Herbst 1939 lassen sich einige weitere, kaum bekannte Vorkommnisse anschließen. Diese stellen unter Beweis, daß man deutscherseits die zurückbleibenden lettischen Heimatgenossen nicht teilnahmslos und ohne jedes Verantwortungsgefühl ihrem unausbleiblichen schweren Schicksal unter der sowjetischen Besatzung überlassen hat. Die Möglichkeiten, eine Schutzfunktion auszuüben, waren zwar gering, aber sie blieben nicht ungenutzt. Drei mir bekannte Fälle, die einige prominente Vertreter des lettländischen Staates betrafen, dürften als beispielhaft gelten.

Nachdem der NSDAP-Landesgruppenleiter Henry Esp durch Prof. Dr. Lutz Mackensen, der an den Verhandlungen über den baltendeutschen Kulturbesitz in Riga teilnahm, abgelöst worden war und seine Angehörigen abgereist waren, zog er aus Augensberg in die Rigaer Albertstraße und beaufsichtigte u. a. auch die ordnungsgemäße Verpackung und den Abtransport jener deutschen Kulturgüter, deren Mitnahme von der lettländischen Regierung konzediert worden war.

Einem vom NKWD bereits gesuchten Neffen des ehemaligen Ministerpräsidenten Karlis Ulmanis gelang es, Kontakt zu Mackensen aufzunehmen und bei ihm eine »Mitnahme« in einer »Kulturgut«-Kiste mit Luftlöchern zu erreichen. Es muß Anfang August 1940 gewesen sein, denn der weitere Versand, bzw. Abtransport der Kulturgüter wurde am 9. August 1940 gestoppt. Als die Sowjets bei der Nachumsiedlung Schwierigkeiten und »regelrechte Treibjagden« auf Umsiedlungswillige machten, wies der stellvertretende Volkskommissar für Auswärtiges, A. Wyschinskij, der seinerzeit den »Anschluß« Lettlands an die Sowjetunion in Riga betrieben hatte, auf Vorstellungen der deutschen Botschaft in Moskau u. a. darauf hin, »daß auch deutscherseits gewisse Unkorrektheiten« vorgekommen seien.

Die Kiste mit dem »Menschengut« wurde in den Rigaer Exporthafen geschafft und sollte auf ein deutsches Frachtschiff verladen werden, wo das Ladegut anhand der Verzeichnisse überprüft und »abgehakt« werden sollte. Unglücklicherweise war die »Ulmanis«-Kiste beim Abladen im Hafen auf den Kopf gestellt worden und der bedauernswerte junge Mann in der Kiste fiel bei der Kontrolle durch sein nicht zu unterdrückendes Husten auf. Die Kiste wurde geöffnet und der Neffe von Ulmanis auf der Stelle verhaftet. Sein weiteres Schicksal dürfte einen ähnlichen Verlauf genommen haben wie das von vielen Tausenden prominenter Letten in den Jahren 1940-41, die ihr Leben in Gefängnissen oder sibirischen KZs beendeten. Selbst Karl Ulmann (wie der nachmalige Ministerpräsident bis zur Lettisierung der Namen hieß), der noch im Oktober 1939 erklärt hatte: »Wenn jemand fahren will, so möge er fahren ... aber auf Nimmerwiederkehr«, blieb eine Deportation nicht erspart. Die neuen Machthaber versprachen ihm zwar eine ungehinderte Ausreise in die Schweiz, am Rigaer Bahnhof erkannte er jedoch spätestens, daß die Reise nach Sibirien ging.

Nach der Verhaftung von Ulmanis im Hafengelände gelang es Mackensen zwar, unauffällig in seine Wohnung in der Albertstraße zurückzukehren und einen Rucksack zu packen. Als er jedoch ein verdachtweckendes Auto fahren sah, flüchtete er durch den Hinterhof zum Strandbahnhof und von dort nach dem ihm wohlbekannten Waldgelände zwischen Assern II. und Schloß, wo er sich in den Schützengräben aus der Zeit des ersten Weltkrieges versteckt hielt. Versorgt wurde er, nach telephonischer Verständigung mit der offiziellen deutschen Vertretung in Riga, an einer verabredeten Stelle im Wald. Nach einigen Verhandlungstagen wurde von der deutschen Dienststelle für Mackensen ein freies Geleit ausgehandelt und zwar zu einem deutschen Schiff im Hafen, das ihn an Bord nahm.

Welchen Grund sollte es geben, diese dramatische Episode aus dem Leben Mackensens aus dem Jahre 1940 – wie er sie selbst nach seiner glücklichen Heimkehr erzählt hat – zu verschweigen? An Wagemut und humaner Gesinnung hat es ihm nicht gefehlt.

Ein anderes tragisches Schicksal ist über den deutschstämmigen lettländischen Außenminister Wilhelms Munters zu berichten. Weder bei seinem Vater, einem Kapitän im Frachtschiffverkehr, noch bei seiner Mutter und Schwester, die sich bis 1939 an der freiwilligen Selbstbesteuerung der »Volksgemeinschaft« beteiligten, bestand jemals ein Zweifel an ihrer Volkszugehörigkeit. Wilhelms Munters, überdurchschnittlich gebildet und sprachbegabt, begegnete dem Junggesellen Karl Ulmann, dem Führer der nationallettischen Bauernpartei, in jugendlichem Alter und wurde nicht nur dessen persönlicher Sekretär, sondern auch sein Freund. Aus Karriererücksicht hing er 1927 an seinen Vor- und Nachnamen jeweils ein »s« an und ebnete sich allmählich den Weg zum Posten eines lettländischen Außenministers. Seinen deutschen Verwandten stattete er damals »Abschiedsbesuche« ab und distanzierte sich von ihnen so weit, daß er im Herbst 1939 die Abreise seiner Mutter und Schwester mit einem der Umsiedlungsschiffe nurmehr aus der Ferne beobachtete. Kurz zuvor hatte er eine attraktive Russin geheiratet, ohne zu ahnen, daß diese ihn im Auftrage des NKWD umgarnt hatte. Seine Mutter, die sich im Warthegau niederließ, will erfahren haben, daß Munters nach dem Einmarsch der Sowjettruppen auf seinem Segelboot einen Fluchtversuch über die Ostsee nach Schweden unternommen hätte, jedoch von seiner russischen Ehefrau verraten und im Rigaer Meerbusen von den Sowjets zurückgeholt worden sei. Als Buchhalter in einem sibirischen Industriebetrieb soll Munter sein Leben beendet haben.

Zu den prominenten Namen der Nachumsiedlung im Frühjahr 1941 gehörten zweifelsohne auch die deutsche Ehefrau (geb. Kaerger), die beiden Töchter und ein Schwiegersohn des ehemaligen Obersten in der Zarenarmee, danach in einem lettischen Schützenregiment, und des ersten Oberbefehlshabers der Roten Armee Jukums Vacietis (1873–1938). Sein Name wurde lange totgeschwiegen und erst wieder in der »Großen Sowjetenzyklopädie« von 1970 erwähnt. Seltsamerweise habe ich bei keinem der westlichen Trotzkij-Biographen auch nur die Überlegung gefunden, wieso ein in militärischen Dingen völlig unerfahrener jüdischer Intellektueller, der als jugendlicher Revolutionär 1907 aus seinem sibirischen Verbannungsort nach Deutschland geflüchtet und erst im Mai 1917 nach Rußland zurückgekehrt war, eine schlagkräftige und im russischen Bürgerkrieg sich bewährende Armee hat aufbauen können. Mit demagogischen Reden allein wäre dies nicht zu schaffen gewesen. Während Kerenskij und die demokratische Zwischenregierung nach dem Sturz des Zarenregimes im März 1917 den Krieg an der Seite der Westalliierten fortzusetzen forderte, versprachen Trotzkij und Lenin sofortigen Frieden mit Deutschland und der überwiegend bäuerlichen Bevölkerung Landzuteilung. In dem bis 1922 geführten Bürgerkrieg genügten solche Parolen allerdings nicht. Von Soldaten und Unteroffizieren oder Partisanentrupps konnte eine Armee weder aufgebaut noch geführt werden. Unter den von den Bolschewiki angeworbenen höheren Offizieren fand sich auch Vacietis, dem bei der Organisation der Roten Armee eine ausschlaggebende Rolle zufallen sollte.

Die lettischen Schützenregimenter gehörten seit Ausbruch der Revolution zu den zuverlässigsten Einheiten des bolschewistischen Regimes, die überall dort eingesetzt wurden, wo die militärische Lage bedrohlich erschien. Der Kreml-Kommandant J. Peters schützte mit einer lettischen Einheit Lenins Residenz und auch in der berüchtigten Tscheka, der »Organisation zur Bekämpfung der Konterrevolution« (später NKWD, MGB) übernahmen viele Letten ein blutiges Handwerk. Von den Bolschewiki versprachen sich die Letten eine Bodenreform und nationale Selbständigkeit.

Vacietis, zunächst Kommandeur des 5. lettischen Schützenregiments, verdankte seinen glänzenden militärischen Fähigkeiten und hervorragenden Kenntnissen seine steile Karriere, die ihn über das 12. Armeekommando zum ersten Oberbefehlshaber der Roten Armee der RSFSR führten. Bereits im November 1918 setzte er eine sowjetische Division gegen Reste der deutschen Armee und national-estnische Einheiten bei Jamburg ein (Vgl. Uldis Germanis: »Oberst Vacietis und die lettischen Schützen im Weltkrieg und in der Oktoberrevolution«, Stockholm 1974). Die von ihm geplante Offensive führte nicht nur zur Eroberung von Riga im Januar 1919, sondern zur teilweisen Besetzung von Estland und Litauen. Die Novemberrevolution von 1918 in Deutschland und Österreich-Ungarn schien die Erwartungen des Kriegskommissars Leo Trotzkij zu erfüllen, daß eine Weltrevolution bevorstünde. Die sowjetische Aggression wurde zunächst in Estland, danach in Lettland (Rigas Befreiung am 22. Mai 1919) und in Litauen zurückgeschlagen. Dabei entfielen auf die »Baltische Landeswehr« und die reichsdeutsche »Eiserne Division« die entscheidenden Siege.

Dies wurde von keinem anderen als J. Vacietis selbst in Gesprächen mit meinem Vater und anderen Baltendeutschen in Moskau bestätigt. Aufgewachsen war er als Sohn wohlhabender lettischer Bauern und wußte die deutschen kulturellen Leistungen in seiner Heimat wohl zu schätzen. Er sprach nicht nur akzentfrei Deutsch, sondern bevorzugte auch – nicht nur militärwissenschaftliche – deutsche Literatur. Er besaß nicht nur die Schriften von Clausewitz, Moltke und Bismarck im Original, sondern auch die Napoleons in deutscher Übersetzung. Trotzkij soll übrigens – nach U. Germanis – gelegentlich geäußert haben: »Der hat wohl zuviel seinen Napoleon gelesen.« Im Gegensatz zu Trotzkij besaß aber der parteilose Vacietis in der sowjetrussischen Innenpolitik keinen Ehrgeiz. Meinem Vater gestand er einmal, ein hohes Amt im Staat hätte er lediglich im Freistaat Lettland angestrebt, aber gerade dies sei ihm versagt geblieben. Dem ehemaligen, wenn auch nur einjährigen Oberbefehlshaber der Roten Armee wurde in den zwanziger und dreißiger Jahren in Moskau kein anderer verantwortungsvoller Posten übertragen und auch keine Auslandsreise genehmigt. Vacietis unterrichtete an der Moskauer Militärakademie, führte aber ansonsten ein zurückgezogenes Leben. In seiner kleinen Wohnung, betreut von einer Haushälterin, empfing er grundsätzlich keinen Besuch, nicht einmal seine reichsdeutsche Schwägerin Emilie Kiessling. Bis zur Verstaatlichung meines väterlichen Betriebes (1930) verkehrte er dagegen oft und gerne in meinem Elternhaus, und zwar in voller sowjetischer Generalsuniform.

Als junger Offizier hatte Vacietis in Riga die älteste Tochter des Gießereibesitzers Kaerger in der Elisabethstraße geheiratet, dessen jüngere Tochter Emilie die Ehefrau von Arthur Kiessling war, der in Moskau am Kuznetzkij Most eine Filiale des Klavierunternehmens seines Vaters Wenzel in Riga leitete. Mit Vacietis und Kiessling war mein Vater seit seinen Rigaer Jugendjahren befreundet.

Als ich Moskau im März 1934 verließ, traf sich Vacietis, der nach eigener Aussage nicht nur kaltgestellt war, sondern mit viel Schlimmerem zu rechnen hatte, insgeheim mit meiner Mutter auf dem deutschen Friedhof. Er übergab ihr einige Wertsachen, Erinnerungsstücke und Fotos für seine in Riga ansässige Ehefrau und Kinder, von denen er seit 1919 getrennt war. Seiner Ehefrau ließ er u. a. ausrichten, sie möge General Balodis, dem damaligen lettländischen Kriegsminister, ausrichten, man sollte in Lettland nicht vergessen, daß er beim Rückzug der Roten Armee dafür gesorgt habe, daß Kriegsmaterial und Transportmittel, vor allem Lokomotiven und Eisenbahnwaggons der Rigaer Werke, nicht mehr rechtzeitig nach dem Inneren Rußlands evakuiert werden konnten.

Ob die Verdachtsmomente gegenüber J. Vacietis sich später bestätigt haben oder nicht – 1938 wurde auch er ein Opfer der Armee-»Säuberungen« Stalins.

II

Diplomatischer Dienst und Kriegsdienst (1939–1945)

Hotel Adlon – im »Goldenen Käfig« des Sprachendienstes

Der erste Kriegswinter von 1939/40 in Berlin ließ noch nicht auf den verheerenden Würgegriff der letzten Kriegsjahre schließen. Strikten Einschränkungen und Verknappung der Lebensmittel begegnete man mit dem Schlagwort »Kanonen statt Butter«. Die Versorgungsmaschinerie, die – im Gegensatz zum ersten Weltkrieg pünktlich und perfekt am ersten Kriegstag einsetzte, stellte dem deutschen Organisationstalent bestes Zeugnis aus. Ohne allzu gravierende Fehlleistungen lief sie bis in die allerletzten Kriegstage. Das wohldurchdachte und effektive Versorgungssystem mit seinen Eintopfgerichten, Gulaschkanonen am Berliner Zoo, der Gedächtniskirche und sonstwo in Berlin und Umgebung, Spenden sammelnde Prominenz, Wunschkonzerte, alles, was Goebbels an propagandistischer »Erheiterung« einfiel, nahm dem Alltag zwar nicht den Ernst und die Spannung, ließ aber ein stärkeres Gemeinschaftsgefühl aufkommen. Man fand sich eher zur Nachbarschaftshilfe bereit, und als in zunehmendem Maße Nachrichten von Gefallenen oder Vermißten eintrafen, war man noch zu echt empfundener Anteilnahme fähig. Kohlenknappheit ließ auch die Familienangehörigen enger zusammenrücken und rücksichtsvoller und einfühlsamer werden.

Engpässe in der Versorgung mit Heizkohle entstanden vor allem durch die zusätzliche Belieferung Italiens, obwohl die Transportzüge Tag und Nacht über die Alpenpässe rollten. Ähnlich wie im Deutschen Reich war aber auch in Italien in den ersten Kriegsjahren der Konsens der Mehrheit der Bevölkerung mit Mussolinis Regime ungebrochen. In Deutschland selbst wuchs sogar in den zerstörerischen letzten Kriegsjahren unter der Bevölkerung kein Widerstand gegen Hitlers Regime, wie es vor allem durch den rücksichtslosen anglo-amerikanischen Bombenterror aus der Luft bezweckt wurde. Die Durchhalteparolen von Goebbels, aber auch das Hoffen auf das versprochene Wunder durch den Einsatz der Vergeltungswaffen aus dem Weltraum hielt bis zur Kapitulation an.

Der Hitler-Stalin-Pakt von August 1939 eröffnete den Dolmetschern für Russisch neue Chancen im Sprachendienst des Auswärtigen Amts. Durch den Kriegsbeginn waren die Angebote von Prof. Hans Koch, als sein Assistent nach Wien zu ziehen oder am Deutschen Auslandsinstitut in Stuttgart eine russische Sektion aufzubauen und ein biographisches Lexikon der Deutschen in russischen Diensten zu schaffen, nicht mehr zu verwirklichen. Dagegen wurde ich von dem ehemaligen Botschaftsrat in Moskau, Fritz von Twardowsky, sowie dem Gesandten in Riga, Friedrich Stieve, dem Sprachendienst als Dolmetscher für Russisch empfohlen. Dessen Leiter war Geheimrat Dr. Gautier, ein versierter Sprachkenner, der aber bei den Prüfungen der Kandidaten den Chefdolmetscher der Wilhelmstraße, Paul Schmidt, heranzog. In meinem Fall war dieser aber lediglich für die Übersetzungstechnik zuständig, während Adolf Lane, ein ehemaliger Konsulatsangehöriger in Kiew, sowie ein russischer Emigrant für die Sprachprüfung als solche zuständig waren. Als Dolmetscher wurden grundsätzlich nur diejenigen Kandidaten akzeptiert, die ihre Sprachkenntnisse in den betreffenden Ländern erworben und nicht den Ehrgeiz besaßen, in mehr als zwei Sprachen zu dolmetschen. Es gab im Sprachendienst nur einen Polyglotten, einen Sprachgelehrten, der sich in einem Dutzend, z. T. höchst seltenen Sprachen, phonetisch zwar nicht einwandfrei ausdrücken konnte, aber die Übersetzungen tadellos ausführte. Paul Schmidt, der erfahrenste und angesehenste Chefdolmetscher, war nurmehr für Französisch und Englisch zuständig; er verriet mir in einem unserer späteren Gespräche, daß er mindestens einen Tag brauche, um beim Übergang von der einen zur anderen Fremdsprache die gewohnte Routine wieder zu erlangen. Bei der Prüfung beobachtete er meine Sprechtechnik und zeigte mir, wie man bei längeren Abschnitten einer Rede oder Ansprache, die auf keinen Fall länger als 10 bis 15 Minuten dauern dürften, ein graphisches Schema bei der Aufzeichnung herstellen konnte, in welchem der Inhalt durch Hervorhebung wichtiger Sätze und durch Weglassung von Nebensätzen als Gedächtnisstütze diente. Dieses Schmidtsche Verfahren hat sich auch bei mir in der Praxis bestens bewährt. In der Nachkriegszeit beschränkte Paul

Schmidt seine Tätigkeit in der Wilhelmstraße auf die Rolle eines »Statisten im diplomatischen Dienst« und bagatellisierte seine höchst verantwortliche Tätigkeit als Leiter des Ribbentropschen Ministerbüros. Über seine Verbeamtung und den plötzlichen Aufstieg vom Angestellten zum Gesandten erfuhr ich, daß er dies Hitler persönlich zu verdanken hatte, der seine Dolmetscherfähigkeiten durchaus zu schätzen wußte. Als Ribbentrop auf die Frage, welchen Rang Schmidt im Ministerium bekleide, von dessen Angestelltenstatus erfuhr, verlangte er dessen sofortige Übernahme in das Beamtenverhältnis und zwar mit der Begründung, andernfalls könne ihn die Industrie mit einer höheren Bezahlung »wegschnappen«.

Mit Kriegsbeginn wurde der Sprachendienst aus seiner behäbigen Routinearbeit brüsk herausgerissen. Dessen Aufgaben vermehrten sich nämlich durch völlig neue Arbeitsgebiete. Nach Beendigung des Polenfeldzuges sollten die in Warschau erbeuteten Dokumente, d. h. Berichte polnischer Auslandsvertretungen aus den Monaten, die dem Kriegsausbruch unmittelbar vorausgegangen waren, als Nachweis der obstruktiven Haltung Polens in die wichtigsten Weltsprachen übersetzt und verbreitet werden. Zu diesen Sprachen gehörte nunmehr neben Englisch, Französisch, Spanisch und Italienisch auch Russisch. Die russische Sektion war bis dahin ein typischer Zwei-Mann-Betrieb des Sprachendienstes; sie bestand aus einem russischen Emigranten als versiertem Vertreter seiner Muttersprache sowie einem sachkundigen deutschen Slawisten, der die Rohübersetzungen korrigierte und redigierte. Die sogenannten »Weißbücher zur Vorgeschichte des Krieges« bestanden aus einer Dokumentation von vielen hundert Seiten und erforderten eine Erweiterung des Übersetzungsstabes um vier bis fünf freie Mitarbeiter. Auf diese Weise wurde auch ich zunächst ein freier Mitarbeiter des Sprachendienstes. Außer der Veröffentlichung wichtiger propagandistischer Dokumente wurden aber auch Hitlers Reden ins Russische übersetzt. Einen Tag vor Hitlers Auftritt wurden die Texte an den Leiter des Sprachendienstes ausgeliefert, und zwar im Hotel Adlon am Pariser Platz im dritten und vierten Stockwerk, unter anderem auch in der Suite des Schwedenkönigs Oskar, der bis Kriegsbeginn häufiger Gast in Berlin gewesen war. Der Aufenthalt der Übersetzer im Hotel Adlon wurde zwar als Auszeichnung angesehen, zumal die Übersetzungen überdurchschnittlich gut bezahlt wurden und das markenfreie Essen und Trinken aus der stadtberühmten Küche und dem erlesenen Weinkeller einen zusätzlichen Ansporn bildeten. Dieser Aufenthalt im Adlon wurde aber auch dem in einem »Goldenen Käfig« gleichgesetzt, denn man durfte das Hotel nicht verlassen und auch nicht telephonieren, um einer frühzeitigen Bekanntgabe des Inhalts der jeweiligen Hitlerrede zuvorzukommen. Dies gelang auch tatsächlich durch ein ausgeklügeltes, unauffälliges, aber wirksames Überwachungssystem der Gestapo. Im Hotel hielt sich übrigens sogar ein prominenter britischer Zivilgefangener auf, nämlich der populäre Schriftsteller P. G. Wodehouse. Bei Kriegsausbruch befand er sich in Deutschland und versäumte eine rechtzeitige Ausreise. Er wurde zunächst als Zivilgefangener interniert. Da ihm aber besondere Sympathien für Deutschland nachgesagt wurden und seine humorvollen Bücher sogar als Schullektüre begehrt und bekannt waren, überzeugte man ihn davon, daß seine Übersetzertätigkeit im Sprachendienst sich ausschließlich auf nachweisbare Originaldokumentation beziehen und keinen verräterischen Charakter im Sinne des britischen Strafgesetzbuches tragen würde. Während der gemeinsamen Essenszeiten der zahlreichen Mitarbeiter war Wodehouse einer der begehrtesten Tischnachbarn. Nicht wenig trug dazu seine genuine Heiterkeit bei und die Fähigkeit, die Weltereignisse als eine Farce zu belächeln. Mir lag wiederum daran, bei ihm mein Englisch zu verbessern, und da er seinerseits an meinen Erzählungen über Rußland interessiert war, winkte er mich bei jedem »Lokaltermin« im Adlon zumindest einmal am Tag an seinen Tisch heran. Nach dem Krieg wurde Wodehouse von den britischen Behörden zwar zur Verantwortung gezogen, das Urteil fiel aber relativ milde aus. Er lebte danach in den USA und wurde 1975, kurz vor seinem Tod, von Königin Elisabeth geadelt.

Ein schlimmes Ende nahm dagegen Lord Haw-Haw, wie er von den Briten spöttisch wegen seines betonten »Upper-Class-Akzents« genannt wurde. Der gebürtige Amerikaner William Joyce besaß den Ehrgeiz und den Vorsatz, die Briten davon zu überzeugen, daß die Deutschen dazu bestimmt seien, England und Europa vor dem sowjetischen Imperialismus zu retten. Kurz vor Beginn des Krieges war er nach Deutschland gereist und stellte sich dem Propagandaministerium zur Verfügung. Sein »Germany Calling« vom Hamburger Sender erreichte jeden Abend die Hörer in England, denen er fünf Jahre lang zu suggerieren versuchte, daß Deutschland den Krieg nicht verlieren dürfe und könne. Auch mir war die Stimme des Lord Haw-Haw von seinen Sendungen her bekannt, und ich staunte nicht wenig, als ich vor einer der Hitlerreden seine ziemlich lautstarke Stimme im Speisesaal vernahm. Ich ging der Stimme nach und fand den Propagandisten im Gespräch mit Mr. Wodehouse. Beide waren gut gelaunt, und es fehlte nicht an Lachsalven. Das Gespräch endete mit einem »see you soon«. Jahre danach erfuhr ich im sowjetischen Gulag, daß William Joyce bis zu seinem Tod am Galgen eines britischen Gefängnisses Anfang 1946 seiner Überzeugung, das Rechte gewählt und getan zu haben, treu geblieben und nichts bereut habe.

Im weiteren Verlauf des Krieges war ich als Mitarbeiter des Gesandten Smend wiederholt im Hotel Adlon, wo Besprechungen mit Mr. Naville, dem Vertreter des Schweizerischen Roten Kreuzes, stattfanden, welches die Betreuung der in Deutschland konfinierten Diplomaten der Feindstaaten übernommen hatte.

In der Hotelhalle begegneten wir eines Tages Graf Schulenburg, der sich gerade von einem auffallend eleganten, nicht nur gut gekleideten, sondern auch im Auftreten hoheitsvoll wirkenden Ehepaar verabschiedete. Als Smend ihm zuwinkte, setzte er sich an den von seinem früheren »Crew-Kameraden« reservierten Tisch in der Bar. Wie Smend richtig vermutet hatte, handelte es sich bei dem »fürstlichen Paar« tatsächlich um den aus Paris angereisten Prätendenten auf den georgischen Königsthron. Die Dynastie der Bagratiden, die sich auf Ahnherren aus dem Hause des biblischen Königs David zurückzuführen glaubte, war 1801 bei dem unfreiwilligen Anschluß an das Zarenreich entthront und zwangsweise nach Rußland verbracht worden. Nach Meinung des späten Nachkommen des letzten legitimen Königs von Georgien hätte nunmehr die langersehnte Stunde der Wiedereinführung der Monarchie in der transkaukasischen Sowjetrepublik, der Heimat Stalins, geschlagen. Zu seiner großen Enttäuschung und kaum verborgenen Empörung wurde Prinz Bagration weder von Hitler noch von Ribbentrop empfangen. Da Schulenburg sowohl den Thronprätendenten wie dessen aus georgischem Uradel stammende Gattin von seiner konsularischen Tätigkeit in Tiflis (1918) her kannte und ihnen als Leiter des Rußland-Gremiums im Auswärtigen Amt empfohlen wurde, erhofften sie sich von ihm eine Vermittlerrolle. So gerne er auch als Königsmacher in die Geschichte eingegangen wäre, bemerkte Schulenburg scherzend, sein Einfluß reiche nicht einmal bis zum Vorzimmer von Ribbentrop.

Bis ans Kriegsende blieb das Nobel-Hotel von Brandbomben verschont. Es diente zuletzt als Notlazarett, und zwar als letztes in dem heißumkämpften Regierungsviertel. Erst am 2. April 1945 wurde das mörderische Artillerie- und Granatwerferfeuer eingestellt und die Sowjettruppen besetzten die letzten »Widerstandsnester«. In dem Adlon-»Lazarett« entdeckten die Rotarmisten die ausgedehnten Weinkeller und feierten ihren Sieg bis in die frühen Morgenstunden. Eine brennende Zigarette verursachte vermutlich einen schwelenden Brand, der alsbald außer Kontrolle geriet. Die Verwundeten wurden in ihren Betten auf die Straße gesetzt und ihrem Schicksal überlassen. Das weibliche Sanitätspersonal versuchte sich vor den Nachstellungen der Rotarmisten zu retten, aber auch die Ärzte sahen sich nicht mehr imstande, ihre Pflicht zu erfüllen.

Louis Adlon, der Hausherr, wurde als »General-Direktor« sofort verhaftet, in einen nahegelegenen Keller gesperrt und danach in das Waldlager Seeburg verschleppt, wo seine Gattin Hedda Adlon schließlich seinen Leichnam fand. Ihr einziger Wunsch blieb, daß in einem wiedervereinigten Deutschland das Hotel wieder aufgebaut und dessen Adresse »Pariser Platz Nr. 1« den Berlinern und den auswärtigen Gästen wieder ein Begriff sein würde.

Krakau und Lemberg im Frühjahr 1940

Anfang März 1940 wurde ich zu einer Unterredung mit Legationsrat Meyer-Heidenhagen in die politische Abteilung des Auswärtigen Amts bestellt. Mein Gesprächspartner, ein höchst liebenswürdiger, ein wenig schwerfälliger älterer Herr in der Nähe der Pensionsgrenze, dem man seinen langjährigen Aufenthalt in Osteuropa ansah und anhörte, entsprach eher dem Typ eines aus weichem Holz geschnitzten Intelligenzler Tschechowscher Prägung als dem eines preußisch geschulten Beamten. Dies schuf zwar von vornherein ein unbedingtes Vertrauensverhältnis, denn er war ein Mensch, dem nichts Böses, Hinterhältiges zuzutrauen war, erklärte aber andererseits, wieso und weshalb er auf der Beamtenleiter nicht eine höhere Sprosse erklommen hatte. Sein fortgeschrittenes Alter, seine gründliche Kenntnis sowohl der russischen Sprache als auch der ostslawischen Mentalität im allgemeinen hätten ihn karrieremäßig eigentlich sehr viel weiter bringen müssen. Vor seiner Einberufung in die Berliner Zentrale war er Konsul in Nowosibirsk, vorher in Kiew gewesen. Ihm fehlte allem Anschein nach nicht nur die Fähigkeit, seine Ellenbogen zu benutzen und seine Leistungen bei jeder günstigen Gelegenheit ins grelle Licht zu setzen, sondern wohl auch jeder Ehrgeiz. Im konsularischen Dienst wurden Beamte dieses Schlages durchaus geschätzt. Die Zentrale forderte zwar regelmäßige Berichte über wirtschaftliche, soziale, kulturelle Fragenkomplexe aus dem jeweiligen Amtsbezirk an; bei der politischen Meinungsbildung, Überlegungen und Entscheidungen wurden jedoch die Erfahrungen und Beobachtungen des konsularischen Dienstes nur in seltenen Fällen berücksichtigt. Die Struktur des kaiserlichen auswärtigen Dienstes mit seiner strengen Trennung zwischen dem aus vermögenden Adels- und großbürgerlichen Kreisen stammenden Corps diplomatique, das nicht auf das Beamtengehalt angewiesen war, und den konsularischen Gehaltsempfängern war in den zwanzig Jahren seit der November-Revolution von 1918 noch längst nicht überwunden.

Wilhelm Schüssler, mein Berliner Doktorvater, erinnerte sich daran, als er aus seiner Jugendzeit erzählte. Obwohl er einer nicht unvermögenden Bremer Familie entstammte, blieb ihm die zunächst angestrebte diplomatische Karriere verschlossen, da das Vermögen seiner Eltern keinen Gesandtschaftshaushalt aus eigenen Mitteln erlaubte und »ein Konsul am Popocatepetl«, wie er sich ausdrückte, hätte er auf keinen Fall sein wollen. In arabischen Ländern kam es gelegentlich vor, daß Dragomane, Dolmetscher europäischer Gesandtschaften, in den diplomatischen Dienst ihrer Länder übernommen wurden.

Zu Beginn des Gespräches in der Wilhelmstraße sprach sich Meyer-Heidenhagen anerkennend über meine Übersetzungen für die russische Ausgabe der Weißbücher der Reichsregierung zur Polen-Krise aus; er und der Abteilungsleiter, Gesandter Schliep, hätten mich daher als Dolmetscher für eine deutsche Delegation vorgesehen, die in den von den Sowjettruppen besetzten westukrainischen Gebieten Wolhyniens und Galiziens über den Austausch der Grenzbevölkerung, die Bereinigung der Demarkationslinie und andere schwebende politische und wirtschaftliche Fragen verhandeln sollte. Am Ende dieses Einführungsgesprächs, an welchem auch Schliep teilnahm, wurde mir – nachdem ich mich zum absoluten Stillschweigen verpflichtet hatte – ein besonderer Wunsch der »ukrainischen Lobby«, die von dem später tödlich verunglückten baltischdeutschen Publizisten Axel Schmidt geführt wurde, ans Herz gelegt. In den von Hitler bedenkenlos an die Sowjets überantworteten westukrainischen Gebieten befanden sich nicht allein polnische Zivilisten, die während der Kriegshandlungen gen Osten geflüchtet und durch den unvorhergesehenen Einmarsch von Sowjettruppen von ihren westlichen Heimatgebieten getrennt waren, sondern auch Tausende engagierter ukrainischer Nationalisten. Viele von ihnen wurden zwar bei »der Befreiung westukrainischer und weißruthenischer Gebiete von den polnischen Okkupanten«, wie die sowjetische Lesart des Abkommens zwischen Hitler und Stalin lautete, aus den Gefängnissen entlassen, doch schon in Kürze – soweit sie auf den NKWD-Suchlisten standen – wieder eingesperrt.

Bekannt war auch, daß viele Flüchtlinge am Ufergelände oder in den beiden großen Flüssen Bug und San von den sowjetischen

Grenztruppen wie »Rebhühner« abgeschossen wurden. Mir wurde daher nahegelegt, innerhalb der deutschen Kommission dafür Sorge zu tragen, daß bei den Ukrainern, selbst wenn deren Ausweispapiere gefälscht sein könnten, deutscherseits keine Einwände erhoben und die Ausreisewilligen in jeder Weise begünstigt werden sollten. Einen überzeugten Befürworter proukrainischer Politik besitze man übrigens in der Person des Gouverneurs von Krakau, dem Österreicher Dr. Wächter, der den deutschen Sicherheitsbeamten der Kommission seinerseits entsprechende Direktiven geben würde.

In Krakau nahmen sich meiner der Leiter der Dienststelle des Auswärtigen Amts, Gesandter Wühlisch, sowie mein baltischer Landsmann, der Pressechef Wilhelm Baum, an. Als Moskauer Korrespondent deutscher Zeitungen verhalf mir Baum während meiner Schulzeit zu meinem ersten selbstverdienten Geld, zu jeweils zehn Reichsmark für Reportagen über eine Kaukasus-Reise im Sommer 1929 und den Zeppelin-Besuch in Moskau von 1930, die in einer Berliner Jugendzeitschrift erschienen waren. Nur allzu gerne besuchte ich ihn in seiner mit Bücherregalen, Teppichen und Biedermeiermobiliar vollgestopften Zweizimmerwohnung im linken Flügel des Schriftstellervereinshauses, dem ehemaligen Adelspalast, den Leo Tolstoj als Residenz der Familie Rostow in »Krieg und Frieden« beschrieben hat. Wilhelm Baum war von 1910 bis 1917 als Journalist in Leipzig tätig und während der deutschen Besetzung (1917/18) Chefredakteur der »Baltischen Zeitung« in Riga. In der russischen Literatur kannte er sich ebenso gut wie in der deutschen aus und förderte bei mir nicht nur die Kenntnis zeitgenössischer Autoren in beiden Sprachen, sondern regte mich auch zu einer gründlichen Lektüre von Dostojewskij an, der in den sowjetischen Schullehrplänen fehlte. Von Zeit zu Zeit wurde ich von Baum mit leichteren Übersetzungen beauftragt. Seine Korrekturen verbesserten mein Schuldeutsch in stilistischer Hinsicht ganz wesentlich, und ich wagte mich an immer schwierigere Texte heran. Bis 1937 blieb Baum in Moskau; er avancierte zum Presseattaché und späteren Gesandtschaftsrat an der Botschaft. Bis zum Kriegsausbruch 1939 war er in gleicher Eigenschaft in Warschau tätig. Diesem freundschaftlichen Verhältnis verdankte ich in der besetzten, aber damals noch vom Kriege verschont gebliebenen jagellonischen Königsstadt nicht allein sachkundige Führungen im Wawel, im

Mariendom mit dem Hochaltar von Veit Stoß, in der mittelalterlichen Universität und in den sonst nicht zugänglichen Museen, sondern auch eine Einführung in die höheren Kreise der deutschen Verwaltungsbehörden.

Dr. Hans Frank, im Oktober 1939 von Hitler zum Generalgouverneur von Polen ernannt, spielte im Wawel tatsächlich die Rolle eines Quasi-Staatsoberhaupts. Es wurde ihm nachgesagt, daß er nur allzu gerne beim Dunkelwerden ohne Begleitung durch die königlichen Gemächer wandere und auch gelegentlich in der Gruft an den Königssarkophagen in Gedanken versunken dastünde.

In den Vorkriegsjahren wurde ich als Student Dr. Frank, dem damaligen Präsidenten der Akademie für deutsches Recht, vorgestellt, die sich mit osteuropäischen Rechtsfragen beschäftigte. Er fragte mich durchaus sachkundig über sowjetrussische Verhältnisse und Entwicklungen aus und zeigte sich dabei auch über Literatur und Musik Osteuropas überdurchschnittlich gut unterrichtet.

In Krakau war ich als Mitarbeiter der deutschen Delegation mit Wühlisch und Baum von dem temporären Hausherrn im Wawelschloß zu einem offiziellen Essen eingeladen, bei dem Wehrmacht, Partei und Zivilverwaltung repräsentativ vertreten waren. Anwesend war aber auch das diplomatische »Ersatzkorps«, d. h. die Vertreter verbündeter und befreundeter Staaten, wie die Italiens, Spaniens, Japans, der Slowakei u. a., die Frank wie ein Souverän bei einem Staatsempfang begrüßte. Huldvoll klopfte er mir bei dem Defilee auf die Schulter und meinte – mit einem Seitenblick auf Baum – seit der Umsiedlung der Baltendeutschen müsse man sich doppelt anstrengen, um in östlichen Dingen ein Mitspracherecht zu bewahren. Baum bedankte sich für das »Kompliment«, das wohl auf das nach dem ersten Weltkrieg kolportierte »trotz der Balten sich erhalten« zurückgehe und fügte hinzu, daß die siebenhundertjährige Osterfahrung der Balten jetzt mehr denn je dem deutschen Reich zugute käme. Frank konterte mit der Feststellung, die Balten hätten das russische Reich erst groß gemacht. Darauf ließ sich kaum etwas erwidern.

An der Bankett-Tafel war der Schachmeister Bogoljubow mein Tischnachbar. Als russischer Emigrant vertrat er Deutschland auf internationalen Schachturnieren, während sein Landsmann

Aljechin es im französischen Exil zur Weltmeisterschaft gebracht hatte. Bogoljubow, ein jovialer und gesprächsfreudiger Mann, erzählte er mir aufschlußreich über die zunehmende Zerrissenheit und Spaltung innerhalb der Berliner Emigrantenkreise, die nach dem Abschluß des Hitler-Stalin-Paktes ärger als je zuvor sei. Dabei sei allerdings auch so manche prosowjetische Einstellung zutage getreten. Er selbst sei als Meister im Schachspiel in Deutschland hoch geschätzt und anerkannt. Nach Krakau sei er als persönlicher Gast von Dr. Frank gekommen, der ihn gar nicht mehr entbehren wollte und seine Abreise von Monat zu Monat verschiebe.

Als die deutsche Delegation komplettiert war und mit den Sowjetrussen vier Verhandlungsorte Lemberg, Kowel, Wladimir Wolynskij und Brest sowie die genauen Termine für den Besuch dieser Städte festgelegt waren, wurde bekannt, daß uns auf der Hinreise der Gouverneur von Krakau nach Lemberg begleiten würde. Dr. Otto Freiherr von Wächter, Obersturmbannführer (Generalleutnant) der SS, ein gebürtiger Österreicher, war vor dem Krieg in der Sportwelt als einer der Sieger in dem FIS-Wettbewerb in Zakopane bekannt geworden. Schon bei unserer ersten Begegnung fiel er mir sowohl durch seine gepflegten Umfangsformen wie durch seine sportliche Eleganz auf. Als großdeutsch Gesinnter hatte er sich bereits während seiner Wiener Studienjahre zum aufstrebenden Nationalsozialismus bekannt und im Juli 1934 den Angriff nationalsozialistischer Putschisten auf dem Ballhausplatz befehligt, bei dem der damalige österreichische Bundeskanzler Dollfuß getötet wurde. Erst nach dem Anschluß war er nach Wien zurückgekehrt.

Wächter war ein hervorragender Kenner deutscher Dichtung; gesprächsweise entdeckten wir die gleiche Vorliebe für George, Hofmannsthal, aber auch für Rilke und Trakl. Zum unverkennbaren Ärger der »Kommißstiefel«, wie er die SD-Mitarbeiter der deutschen Delegation bezeichnete, bevorzugte er mich als Gesprächspartner und lud mich auch privat zum Gespräch am Kaminfeuer ein. Da der Beginn der Verhandlungen in Lemberg sich noch um eine weitere Woche verzögerte, lud Wächter die Delegationsmitglieder zu einem verlängerten Wochenende nach dem Karpaten-Skiort Zakopane ein, dem Schauplatz seines Skisieges. In der Bergeinsamkeit gab es Gelegenheit zu Spaziergängen mit Wächter und seinem Adjutanten. Er gab mir zu verstehen, daß er bei den Binnendeutschen keine allzu große politische Begabung festgestellt habe, dagegen bei den Deutschen aus den Randgebieten, im besonderen im Südosten (Österreich, Sudetenland, Siebenbürgen) und im Nordosten (Baltikum). Durch ständigen Umgang und die ständige Auseinandersetzung mit anderen Völkern hätten die »Außendeutschen« einen untrüglichen politischen Instikt entwickelt. Mit erstaunlicher Offenheit zog der Gouverneur von Krakau im Gespräch mit einem jungen baltischen Dolmetscher ein dauerhaftes Freundschaftsverhältnis mit der Sowjetunion in Zweifel und entwarf das Panorama eines »neuen Europas bis zum Ural und dem Kaukasus«, von einem Bündnissystem nationalsozialistischer Staaten, dem sowohl das eigentliche Rußland wie eine unabhängige Ukraine und, nach dem Vorbild der Slowakei und Kroatiens, die kaukasischen, »von den Russen annektierten Länder hellenistischer Kultur« (Georgien, Armenien) angehören würden. Die Asiaten jenseits des Urals und des Kaukasus sollte man Asien überlassen, in dem Japan die Führungsrolle zu übernehmen hätte.

Daß Wächters geschichtsphilosophische Reflexionen innerhalb der NS-Partei nicht wenig Anhänger besaßen, habe ich auch in späteren Jahren bestätigt gefunden. Diese Richtung und Denkungsweise, die vor allem im Auswärtigen Amt ihre überzeugtesten Verfechter besaß, hat sich jedoch nach dem Kriegsbeginn von 1941 in keiner Weise durchsetzen können. Auch Wächter blieb erfolglos, obwohl er seinen Gouverneurssitz von Krakau nach Lemberg verlegen durfte und Vizegouverneur von Polen wurde. Als er im Frühjahr 1940 die deutsche Delegation nach Lemberg begleitete, konnte er nicht ahnen, daß er binnen Jahresfrist »Herr und Gebieter« von Galizien sein würde.

In Lemberg, dieser weder von den Polen noch von den Russen geprägten anmutigen k.u.k.-Provinzstadt, fühlten sich die Westukrainer der mit Rom uniierten Kirche und der deutschen Kultur ganz besonders verbunden. Eine Polonisierung wollte der polnischen Besatzungsmacht seit 1918 nicht gelingen. Die Westukrainer fühlten sich von den Deutschen verlassen und von den Westmächten mit ihrem angeblichen Selbstbestimmungsrecht der Völker verraten.

Im Hotel »Lviv«, dem ersten Haus am Platze aus der k. u. k. Monarchie, fanden im April 1940 die entscheidenden Gespräche über den sogenannten »Bevölkerungsaustausch« zwischen den neuen Nachbarstaaten, dem Deutschen Reich und der Sowjetunion statt. Man überprüfte zunächst die Vollmachten der beiden Kommissionen (den Sowjets erschien dies in ihrem formaljuristischen Denken besonders wichtig) und einigte sich dann in Kürze über Procedere, Ort und Dauer der Tätigkeit der gemischten deutsch-sowjetischen Kommission sowie über den »Abtransport« der Flüchtlinge von Ost nach West und umgekehrt. Wie sich jedoch alsbald herausstellen sollte, erwuchs ein Dilemma aus der Tatsache, daß sich in der sowjetischen »Interessensphäre« Zehntausende von westpolnischen und ukrainischen Flüchtlingen aus dem Westen bei den deutschen Umsiedlungskommissionen meldeten und darüber hinaus Tausende von Ukrainern den Nachweis zu erbringen bemüht waren, daß sie aus den von den Deutschen besetzten Teilen Polens stammten. Die sowjetischen Kommissionen diesseits des Bug und San beschwerten sich hingegen, daß ihre Arbeit sabotiert würde, denn es meldeten sich bei ihnen nicht Tausende, sondern nur einige Dutzend umsiedlungswilliger Ukrainer und Polen, vor allem solche, die weder einen Beruf noch einen festen Wohnsitz in Galizien oder Wolhynien nachweisen konnten. Die bereitgestellten Züge gingen daher westwärts überbelegt, ostwärts dagegen von ein paar Dutzend Leuten in Anspruch genommen von den Verladebahnhöfen ab. Den Sowjets wurde zu verstehen gegeben, man könne nicht mehr tun, als den Kommissionen im deutschbesetzten Gebiet das Recht einzuräumen, Flüchtlingslager zu besuchen und für eine Rückkehr zu werben. Zwangsweise würde jedoch kein Pole und kein Ukrainer überstellt werden. In dem Antwortschreiben auf die sowjetischen Beschwerden hieß es abschließend, die deutschen Kommissionen bräuchten sich nicht über Arbeitsmangel zu beschweren und auch nicht von der Stelle rühren, denn die Umsiedlungswilligen meldeten sich freiwillig und zwar in unvorhergesehen großer Zahl.

An den drei Tagen der Lemberger Hauptverhandlungen – unter Vorsitz von Dr. Wächter – herrschte dagegen noch ein quasi freundschaftliches Einvernehmen über die Notwendigkeit, die durch die neue Grenzziehung im Osten und die deutsch-sowjetische Nachbarschaft entstandenen Probleme zügig und für beide Seiten befriedigend und endgültig zu lösen. An einzelnen Vorkommnissen dieser Lemberger Tage blieben mir zwei unauslöschlich in Erinnerung.

Am Eingang zum Hotel »Lviv« wurden die Stiefel und Halbschuhe der Delegationsmitglieder von einem älteren, graubärtigen Schuhputzer auf Hochglanz poliert. Man sah dem gutgekleideten Mann jedoch an, daß Schuhputzen nicht sein Beruf war. Im Gespräch stellte sich heraus, daß es sich bei ihm um einen jüdischen Kaufmann handelte, dessen »Manufaktur«-Geschäft nach Einmarsch der Sowjettruppen verstaatlicht und einer sowjetischen »Treuhandverwaltung« übereignet worden war. Sein Wohnhaus wurde von sowjetischen Offizieren bezogen und der »Bourgeois« mit seiner Familie und »Handgepäck« auf die Straße gesetzt. Dem gebürtigen Lemberger bot sich keine Möglichkeit zur Auswanderung, aber mit den Deutschen verbanden sich bei ihm gewisse Hoffnungen. Mit gedämpftem Ton und Verschwörermiene stellte er mir beim Schuhputzen die überraschende Frage: »Doktorleben, man segt, daß Herr Hitler uns Jidden auf der Insel Magagasker ansiedeln will. Das wär für uns alle a Paradies. Fragen Sie doch den Herrn General (er meinte Wächter), dem ich kei Frage stellen derf.« Wächter bestätigte zu meiner Überraschung dieses unter den galizischen Juden verbreitete Gerücht, das ich zunächst für deren Wunschdenken hielt. Hitler hätte bereits vor dem Krieg eine Massenemigration von Juden nach Palästina im Sinne gehabt, aber die englischen Mandatsträger hätten davon nichts wissen wollen. Es bestünde aber tatsächlich ein weiteres Projekt, jüdische Emigranten auf Madagaskar anzusiedeln, aber dies könne erst dann geschehen, wenn man Frankreich dazu in einem Friedensvertrag verpflichten würde. Er, Wächter, halte diese Lösung für die allerbeste. Man würde nämlich auf diese Weise einen Konflikt mit den Arabern vermeiden, andrerseits stünden jüdischer Tüchtigkeit und Unternehmungsgeist auf der entlegenen Insel keine nennenswerten Schwierigkeiten im Wege, man könne eine blühende Handelsmetropole aufbauen und den Insulanern moderne Agrartechnik beibringen. Auch er könne sich ein irdisches Paradies für die Juden eher auf einer üppigen Tropeninsel als in der Sinai-Wüste vorstellen.

Keiner war über diese Bestätigung des Madagaskar-Gerüchts mehr erfreut als der Lemberger Ex-Kaufmann, der beim Nahen von Russen ausspuckte und bei den Deutschen nunmehr einen Marschrhythmus auf seinem Schuhkasten trommelte.

Im gleichen Hotel »Lviv« erfuhr ich jedoch beim Abschiedsessen für die deutschen Delegationsmitglieder zum erstenmal von Exzessen der SS gegenüber den Ostjuden. Bei dem üppigen Gelage, bei dem ein verächtlich lächelndes polnisches Personal servierte (das gleichzeitig den Deutschen zuflüsterte, daß man sich nach dem »Westen« absetzen wolle), wurde von den Russen unendlich viel Wodka angeboten und mit ermutigenden Trinksprüchen auf eine deutsch-sowjetische Freundschaft angestoßen. Um nicht einen Rausch zu erliegen, verwechselte ich die Gläser, schüttete den Wodka in einen Palmenkübel hinter meinem Rücken und trank Wasser oder Wein. Ein etwa gleichaltriger junger Parteifunktionär aus Leningrad wollte mit mir als einem gebürtigen »Moskowiter« unbedingt Bruderschaft trinken. In wodkaseliger Stimmung und in vorgerückter Stunde fing er schließlich an, die Gemeinsamkeiten der beiden »antiplutokratischen Systeme« hervorzuheben und meinte zu guter Letzt, man könne sich auf halbem Wege treffen und der gesamten Welt eine neue Ordnung bringen. Zu den Gemeinsamkeiten rechnete er im besonderen die Ablehnung des internationalen Kapitalismus und den Antisemitismus. Ich warf ein, daß es mir aus meiner Moskauer Schulzeit noch gegenwärtig sei, welche herausragende Position gerade die russischen Juden seit der Revolution im gesamten Staats- und Parteiapparat eingenommen hätten. Mein angetrunkener Gesprächspartner winkte ab und versicherte, das Blatt hätte sich endlich einmal zugunsten der Russen gewendet. Sein oberster Chef, der Leningrader Parteisekretär und Stalins Vertrauter Schdanow, sei ein unversöhnlicher Antisemit und hätte oft genug in internen Parteikonferenzen versichert, daß die nächste Säuberungswelle im Partei- und Staatsapparat die Juden wegschwemmen würde. Mit süffisantem Lächeln berichtete er in diesem Zusammenhang, wie er am San persönlich beobachtet habe, wie deutsche SS-Soldaten Juden in den Grenzfluß getrieben und die aus dem Wasser Auftauchenden durch Kopfschüsse »erledigt« hätten. An einer solchen »Hasenjagd« hätten er und seine NKWD-Soldaten sich nur allzu gerne beteiligt. Ich glaubte ihm kein Wort (die Diskriminierung und Evakuierung der Juden aus den deutschen Großstädten war mir als angebliche Kriegsnotmaßnahme bekannt, aber eine physische Vernichtung konnte sich damals niemand vorstellen), und ich fand endlich einen Grund, die Tafel mit den Lallenden und sich ihrer Freundschaft versichernden SD- und NKWD-Leuten zu verlassen.

Ich hielt es für meine Pflicht, auch Dr. Wächter, der nur zu Beginn und widerwillig an der »Festtafel« teilgenommen hatte, über die offensichtliche Lügenkampagne der Sowjets zu unterrichten. Der Gouverneur, der am Tage darauf nach Krakau zurückkehrte und dem ich nie wieder begegnen sollte, schloß sich spontan meiner Meinung an. Daß die Ostvölker überzeugte Antisemiten seien, wäre unwiderlegbar, daß aber ausgerechnet die Bolschewiken, die Millionen Menschenleben auf ihrem nicht existierenden Gewissen hätten, uns Deutschen in ein Mordkomplott einbeziehen wollten, beweise erneut, daß man ihrer Herrschaft ein Ende bereiten müsse.

Über das Lebensende Dr. Wächters habe ich Näheres erst nach vielen Jahrzehnten aus dem schriftlichen Nachlaß Bischof Alois C. Hudals sowie Gesprächen im Vatikan während meiner Dienstzeit in Rom erfahren. Daraus ging hervor, daß Dr. Wächter bei Kriegsende die Flucht nach Italien gelang, wo er beim Vatikan das Asylrecht in Anspruch nahm. Italienische Ordensgeistliche haben ihn unter fremdem Namen dem Zugriff des Alliierten Kontrollrates zu entziehen gewußt. Der langjährige Rektor der deutschen Nationalkirche in Rom, Bischof Alois C. Hudal, berichtete in seinen »Römischen Tagebüchern« (posthum 1976 publiziert), wie Otto Freiherr von Wächter 1949 im Spital Santo Spirito in Castelgandolfo in seinen Armen gestorben sei. Nach Hudals Aussage sei er das Mordopfer eines ehemaligen deutschen Majors gewesen, der ihn im Auftrag des amerikanischen Spionagedienstes vergiftet habe. Vor seinem Tod habe Wächter bekannt: »Wie sehr bedauere ich es, daß wir Nationalsozialisten nicht zu einer Verständigung mit der Kirche gekommen sind. Vieles wäre heute ganz anders in Deutschland und Europa. Die Kraft des Bolschewismus wäre gebrochen.« Diese letzten Äußerungen Dr. Wächters entsprachen jenen Gedankengängen, die er in den Waldgesprächen von 1940 in Zakopane offenbart hatte.

Nachzutragen bleibt, daß Wilhelm Baum, dieser liberale und unabhängige Geist, seinen Freunden gegenüber stets zu selbstlosem Opfer und zu keinem Verrat oder unbedachter Handlung fähige Mensch, das Kriegsende nicht mehr erleben durfte. Er besuchte mich wiederholt nach Ausbruch des Krieges gegen die Sowjetunion in Berlin und stellte in zunehmendem Maße mit Resignation fest, wie sehr Hitlers Ostpolitik alle Hoffnungen der

Ostvölker auf Befreiung von Stalins Terrorregime und dem Sowjetsystem als solchem zunichte machte. Man könne die roten Kommissare nicht einfach durch braune ersetzen und in Europa afrikanische Kolonialmethoden aus dem 19. Jahrhundert einführen. Baum klagte über Depressionen und beunruhigende Traumvisionen, in denen sich wohl seine unterdrückten Ängste einen Ausweg suchten. Für Mitte Februar 1942 kündigte er telefonisch einen Besuch an, sagte dann aber kurzfristig ab.

Am darauffolgenden Sonntag besuchte ich mit meiner Mutter eine Bach-Matinee in der Berliner Klosterkirche. Während einer tragischen Kantate sahen wir Wilhelm Baum eintreten und sich unterhalb unserer Emporen-Sitzreihe niederlassen. Er schien völlig geistesabwesend zu sein und verließ die Kirche nach kurzer Zeit, wie er gekommen war, mit schlurfenden Schritten, beinahe wie ein Schatten seiner selbst. In der Pension in der Budapester Straße, seinem bevorzugten Berliner Domizil, war auf Anfrage zu erfahren, daß er noch nicht zurückgekehrt sei. Um so unbegreiflicher war für uns die Todesnachricht, die Anfang März von seiner nach Litzmannstadt umgesiedelten Schwester, Maria Pirang, eintraf.

Wie groß die Zahl seiner Freunde war, zeigte sich bei dem Begräbnis, bei welchem auch der auswärtige Dienst und die Wehrmacht besonders stark vertreten waren. Zu erfahren war, daß Wilhelm Baum sich am 2. März bei Nikolassee unter die S-Bahn gestürzt habe und auf der Stelle tot gewesen sei. Ein anderer wollte wissen, ein dem Verstorbenen besonders nahestehender Freund hätte Selbstmord verübt und Baum sei ihm in den Tod gefolgt. Auch politische Denunziation oder Erpressung bzw. nachrichtendienstliche Intrigen wurden als Motive genannt. Zitiert wurde aus einem hinterlassenem Schreiben, dessen genauer Wortlaut in einer mir vorliegenden Fotokopie aus dem Jahre 1955 das damalige Gerücht tatsächlich bestätigt hat.

Diese Abschiedszeilen lauteten:

»Ich entschließe mich zu diesem Schritt aus Gram darüber, daß ich, durch eine unüberlegte Handlung, die nichts weiter bezweckte als eine Peinlichkeit zu ersparen, offenbar einen Schatten auf einen völlig einwandfreien Menschen geworfen habe.

Das ist im übrigen das einzige, was ich mir vorzuwerfen habe.

2. 3. 42 (gez.) Baum«

Unentschieden bleibt bis heute, ob es sich bei der sogenannten »unüberlegten Handlung«, um eine rein private Angelegenheit oder eine mit politischem Hintergrund gehandelt hat.

Als ich über den Fall Baum im sowjetischen Gulag mit dem als Jäger der »Roten Kapelle« bekannt gewordenen Gestapo-Mann Heinz Pannwitz sprach, brachte dieser den Selbstmord ganz spontan und unvermittelt mit dem Spionagefall Scheliha in Verbindung. Beide kannten sich von der Gesandtschaft in Warschau her, wo Rudolf von Scheliha als Legationsrat seit 1937 im britischen und nach 1939 in Berlin im sowjetischen Sold stand, um seine hohen Spielschulden und aufwendige Lebensweise zu finanzieren. Auch nach Kriegsbeginn 1941 nahm der sowjetische Geheimdienst zu Scheliha Kontakt auf. Seine Verhaftung erfolgte zwar erst im Oktober 1942, d. h. ein halbes Jahr nach dem Selbstmord von Baum, aber dieselbe hätte nur im Zusammenhang mit der gegen die gesamte »Rote Kapelle« geführten Blitzaktion erfolgen können. Da Scheliha aber der Gestapo bereits seit längerem als »undichte Stelle« im Auswärtigen Amt verdächtig gewesen sein dürfte, hätte man seine Kollegen und Freunde schon viele Monate zuvor diskret und unter Schweigeverpflichtung über ihn ausgefragt. Pannwitz war deshalb der Meinung, daß im Zuge eines solchen Gestapo-Verhörs u. a. auch Wilhelm Baum befragt worden und vermutlich durch irgendeine Fangfrage zu einer Aussage verleitet worden sei, die er als Belastung eines unschuldigen Kollegen angesehen habe. Sollte diese Vermutung stimmen, würde Baums Opfertod eine zusätzliche tragische Note erhalten. Als unbestechlicher Beamter und Patriot hätte er am allerwenigsten dafür Verständnis aufgebracht, daß man aus Geldgier und Spielleidenschaft zum Verräter an seinem Vaterland wird.

1940 als Dolmetscher in Moskau

Anfang Juni 1940 fiel mir die Aufgabe zu, eine deutsche Regierungskommission unter Leitung des Generalkonsuls W. Noeldecke zu Verhandlungen über die Umsiedlung der Deutschen aus Bessarabien und der Nord-Bukowina als Dolmetscher zu begleiten. Im Auswärtigen Amt war in diesem Zusammenhang zu hören, daß Stalin zum zweiten Mal den mit Hitler im August 1939 abgeschlossenen Pakt verletzt hätte. Gemäß dem damaligen Vertrag und den im geheimen Zusatzprotokoll festgehaltenen Vereinbarungen wurde der Sowjetunion als »Einflußgebiet« im Baltikum nurmehr Est- und Lettland zugestanden, während Litauen als unmittelbares Grenzland in das deutsche Interessengebiet fiel. Bei dem Einmarsch der Sowjettruppen ins Baltikum wurde aber an der litauischen Grenze nicht Halt gemacht, sondern ganz Litauen bis zur ostpreußischen Grenze besetzt. Deutschland verblieb lediglich ein kleiner, bereits von Deutschen besetzter »Zipfel« bei Mariampol. Nolens volens wurde die Besetzung Litauens in dem sogenannten »Freundschaftsvertrag« akzeptiert. Nicht anders verhielt es sich bei der von Hitler zugestandenen Abtretung Bessarabiens an die Sowjetunion. Bis 1918 gehörte dieses Grenzgebiet Rußland und wurde in der ersten Hälfte des 19. Jahrhunderts von deutschen Kolonisten in ein mustergültiges Agrarland verwandelt. Die Westmächte erreichten aber 1918 dessen Abtretung an Rumänien, das sich nunmehr dem Willen Hitlers fügen mußte. Als aber die Sowjettruppen Bessarabien besetzt hatten, marschierten sie auch in die Nord-Bukowina ein, die mit ihrer alten k.u.k.-Verwaltungsstadt Tschernowitz nie zuvor Rußland gehört hatte.

Zu der deutschen Delegation, die im Juni 1940 mit einer Ju-52 in Moskau landete, gehörten neben Vertretern des Auswärtigen Amts auch Mitarbeiter der für die Durchführung der Umsiedlung zuständigen »Volksdeutschen Mittelstelle« mit deren Leiter W. Lorenz, aber auch Peter Kleist als Vertreter von Ribbentrops Außenpolitischem Amt sowie W. Markert, Herausgeber der Zeitschrift »Osteuropa« u. a. m. Die gesamte Delegation wurde in dem Hotel »Metropol«, gegenüber vom Bolschoj-Theater, untergebracht und zu den Verhandlungen in dem neugotischen Spiridonowka-Palais des Außenkommissariats, das einst einem Industriellen gehörte, mit dem Dienstwagen der deutschen Botschaft hin- und zurückgefahren. Es versteht sich von selbst, daß wir außerhalb des Verhandlungsortes und des Botschaftsgebäudes auf Schritt und Tritt beschattet wurden. Die NKWD-Agenten folgten den Botschaftswagen und den einzelnen Spaziergängern überall hin, und es machte den Angehörigen der Botschaft nicht wenig Spaß, die Fahrt an den Straßenkreuzungen zu beschleunigen und der »Ehreneskorte«, die beim einsetzenden Verkehr zurückblieb, zuzuwinken.

In den sechs Jahren meiner Abwesenheit waren für mich in Moskau einschneidende Veränderungen erfolgt. Mein Vater, der als loyaler und sachkundiger Ingenieur-Metallurg die deutsch-sowjetischen Fabrikationsverträge der Junkerswerke durch Lieferungen von Ersatzteilen für die sowjetische und deutsche Luftwaffe erfüllen half, hatte im August 1939 sein Leben in einem Straflager bei Taschkent beendet. Schulenburg bedauerte es im Gespräch mit mir, daß mein Vater nicht einige Monate länger gelebt hat, er hätte ihn sonst bestimmt aus dem Lager »herausgeholt«. In meinem Elternhaus teilte ein halbes Dutzend Familien jene Räume, in denen ich als Kind gespielt hatte, die Schulfreunde waren in alle Winde zerstreut oder Stalins Repressalien geopfert worden. Eingedenk der Beschattung, der jedes Delegationsmitglied ausgesetzt war, wagte ich es zunächst nicht, in Moskau jemanden anzurufen, geschweige denn zu treffen. Die einzige Ausnahme war Tante Lucie, eine unverheiratete Nichte meiner Mutter, die meinen Vater bis zu seiner Verhaftung betreut und in unserer Exilwohnung mit dem seltsamerweise nicht enteigneten Restmobilar und dem Wolfshund Tasso wohnen blieb. In den ehemaligen Junkers-Werken war sie als zuverlässige Buchhalterin geschätzt, und an geradezu herausforderndem Wagemut und Unternehmungsgeist hat es ihr nie gemangelt.

Ihr war es zu verdanken, daß bis Oktober 1939 ein reger Briefwechsel zwischen Riga, Moskau und dem Straflager bei Taschkent bestand. Durch ihre Vermittlung gelangten zu ihm Lebensmittelsendungen und selbst Photos. Den NKWD-Standard-Postkarten meines Vaters war zu entnehmen, daß jede Verschlechterung in den deutsch-sowjetischen Beziehungen, jede herausfordernde Rede Hitlers in der Behandlung der deutschen Gulag-Insassen Konsequenzen zur Folge hatten. Während mein Vater normalerweise in Reparaturwerkstätten arbeitete, wurde er bei jeder politischen Spannung mit anderen Deutschstämmigen im wahren Sinne des Wortes in die Wüste geschickt, um dort mit bloßen Händen Stachelgewächse aus dem Sand zu holen, die als Heizmaterial dienten. An eine Besserung der Verhältnisse, geschweige denn an eine vorzeitige Entlassung wagte mein Vater nicht zu glauben. Wie eine wohl nicht zensierte Postkarte verriet, wurden die im Lager Verstorbenen nackt, mit einem Nummernschild um den Hals, im Wüstensand reihenweise verscharrt. Die Millionenschar von namenlosen Toten wuchs in Stalins Lagern von Tag zu Tag.

Ende August 1939 erreichte uns am Rigaer Strand die Nachricht, mein Vater sei an tropischer Malaria verstorben. Lebensmittelpakete und Briefe seien mit dem Vermerk »unzustellbar« nach Moskau zurückgekehrt. Aus Petersburg erhielt Tante Lucie eine Mitteilung von zwei Schwestern des angesehenen ehemaligen Völkerrechtlers an der dortigen Universität, Baron von Nolde, mein Vater, sein Bettnachbar, sei in seinen Armen verstorben. Allem Anschein nach handelte es sich um eine Epidemie, denn als Tante Lucie dessen Schwestern um weitere Angaben bat, erfuhr sie, daß auch Nolde verstorben sei. Tröstlich war zumindest die Tatsache, daß mein Vater seine letzten Tage mit einem baltischen Landsmann verbracht hat.

Das erste Treffen mit Tante Lucie verabredeten wir auf dem deutschen Friedhof am Grabe meines früh verstorbenen Bruders. Aber sie erklärte mir sofort, daß ich sie in Fili besuchen sollte, was ich auch tat. Nicht wenig erstaunt und gerührt war ich, daß der mir von Botschafter Brockdorf-Rantzau geschenkte, inzwischen sechzehnjährige Wolfshund mich schon beim Eintreten winselnd und meine Hände leckend begrüßte und nicht mehr von meiner Seite wich. Den Besuch habe ich mehrmals wiederholt, und ich setzte mich bei Botschafter Schulenburg für die Ausreise der tapferen baltischen Frau ein, aber der Kriegsausbruch von 1941 verhinderte diesen, und sie dürfte ihr Leben im Gefängnis oder im Lager beendet haben.

An der Botschaft war nach wie vor Gustav Hilger, an Erfahrung und Sprachbeherrschung unübertrefflich und daher unabkömmlich, als Botschaftsrat tätig. Er begleitete Graf Schulenburg bei jedem Gespräch als Dolmetscher in den Kreml. In der ganzen westlichen Hemisphäre gab es kaum einen anderen vergleichbaren Sowjetexperten, der jedes einzelne Mitglied der Regierung und Partei seit 1918 sowohl von persönlichen Begegnungen her wie aus einer durch Jahrzehnte vervollständigten und auf dem laufenden gehaltenen Personalkartei her kannte. Entsprechend seiner exakten und gründlichen Beamtennatur hatte Hilger seine Kartei als Gedächtnisstütze angelegt, denn als überzeugter Befürworter eines deutsch-sowjetischen guten Einvernehmens hatte er nicht im entferntesten daran gedacht, kompromittierende Geheimkrämerei zu betreiben, deren er nach 1945 von den Sowjetrussen bezichtigt worden ist. Was aber beim NKWD besonderes Interesse an dieser ihm bekannt gewordenen Kartei erweckte, waren Hilgers ständige Nachträge zu jeder einzelnen Person, die der offiziellen Presse entnommen und von ihm gewissenhaft eingetragen wurden. Im Laufe der Jahrzehnte entstanden auf diese Weise völlig unverfälschte Biographien, die den in der Lubjanka aus opportunistischen Gründen stets geänderten und bewußt verfälschten Angaben widersprachen. Der vom NKWD unternommene Versuch, über das Dach in das Botschaftsgebäude einzudringen, mißlang und führte letzten Endes dazu, daß Schulenburg die Kartei auf dem Kurierweg nach Berlin überführen ließ. Als die Angehörigen des Auswärtigen Amts bei der Einkesselung der Reichshauptstadt durch die Sowjettruppen nach Flensburg gebracht wurden, nahm Hilger die Kartei mit und überließ sie nach der Kapitulation den Amerikanern. Um einer Entführung Hilgers durch die Sowjets zuvorzukommen, wurde er nach den USA geflogen, wo er acht Jahre lang als Zeuge und Auskunftsperson in »splendid isolation« verbringen sollte. Von seinen detaillierten Kenntnissen des sowjetischen Staatsapparates und dessen Herrschaftsmethoden dürften die USA besonders in der Zeit des Kalten Krieges nicht unwesentlich profitiert haben.

Dem Stab der Botschaft gehörte noch ein anderer hochqualifizierter Sowjetkenner und Befürworter der deutsch-sowjetischen Zusammenarbeit an, der ebenso wie Hilger in Moskau geborene Militärattaché General Ernst Köstring. Selbst in den Jahren der schärfsten antisowjetischen Propaganda, die auch die persönlichen Beziehungen zu seinen Duzfreunden unter den höchsten Rängen der Roten Armee wie Woroschilow, Budjonny und Schukow belastete, blieb er davon überzeugt, daß Deutschland auf ein freundschaftliches Verhältnis zu seinem potentiell mächtigsten Nachbarn nicht verzichten könne. Der Pakt von 1939 schien neue und weit größere Möglichkeiten als selbst der Rapallo-Vertrag und die geheimen Zusatzklauseln zu eröffnen. Im Gegensatz zu dem im Gespräch nüchternen und im gesellschaftlichen Verkehr stets behutsam-zurückhaltenden Hilger war Köstring einer der liebenswürdigsten Gastgeber in Moskau. Sein Junggesellenhaushalt war durch die Schaschlick-am-Spieß-Frühstücke im Garten seiner Residenz im Arbat-Viertel bei Deutschen und Russen gleicherweise bekannt und beliebt. Seine eingehende Kenntnis russischer Geschichte und Kunst – sein Vater war vor 1914 Geschäftsführer bei der hochangesehenen deutschen Deubnerschen Buch- und Zeitschriftenhandlung am Kuznezkij Most – machte ihn zu einem der anregendsten Gesprächspartner innerhalb des diplomatischen Corps. Man schenkte daher Schulenburg Glauben, wenn er scherzweise behauptete, wenn Hilger und Köstring etwas über Rußland nicht wüßten, dann hätte es keinen Zweck, bei einem Fachgelehrten Auskunft einzuholen.

Schulenburg, der jedem russischen Gespräch ziemlich mühelos folgen konnte und auch die russische staatsrechtliche Terminologie beherrschte, pflegte in der ihm eigenen Bescheidenheit zu sagen, er sei des Russischen in ähnlicher Weise mächtig wie Bismarck, der sich in seiner Petersburger Botschafterzeit nurmehr der »Kutscher«-Sprache bedient habe. Der Botschafter begegnete dem jungen Dolmetscher mit ausgesprochen väterlichem Wohlwollen und versicherte, daß er sich seiner nur allzu gerne in der Eigenschaft eines Kulturattachés in Moskau bedienen würde. Dies würde auch eine posthume Ehrung meines Vaters bedeuten, und er würde den zuständigen Behörden dies als eine Art Wiedergutmachung empfehlen. »Das einzige Gebiet, auf dem wir mit den Russen jederzeit und ohne Vorbehalte übereinkommen«, bemerkte er einmal mit einem Anflug von Ironie, »ist die Hochschätzung der ›Kultura‹, die die Russen ebenso wie wir nicht unbedingt als bare angloamerikanische Zivilisation verstehen«. Der unmittelbare Anlaß zu dieser Bemerkung war die von mir beobachtete seltsame Wandlung der Auffassungen einiger snobistischer Mitglieder der deutschen Umsiedlungsdelegation, die selbst einem kleinbürgerlichen Milieu entstammten. Als ich nämlich diesen sogenannten neuen Herrenmenschen an einem verhandlungsfreien Tag vorschlug, das Bolschoj-Theater zu besuchen, meinten sie, die Opernbühnen in Berlin, München, Wien oder Mailand seien doch unübertrefflich. Moskau könne im besten Fall einen schwachen Abklatsch bieten. Sie erklärten sich aber schließlich einverstanden, eine Matinee des Moskauer Balletts zu besuchen. Durch Asafiews »Der Gefangene im Kaukasus« gerieten die Skeptiker dann jedoch in eine derartige Begeisterung, daß sie sich von den Sitzen erhoben, spontan Beifall klatschten und fortan keine Ballettaufführung im Bolschoj mehr missen wollten. Werner Lorenz, der Leiter der »Volksdeutschen Mittelstelle«, verstieg sich sogar zu der Äußerung: »Wir sollten eigentlich statt der Volksdeutschen aus Bessarabien das Moskauer Ballett umsiedeln«.

Ich selbst verbrachte jeden dienstfreien Abend, an dem ich nicht als Dolmetscher zur Verfügung stehen mußte, nicht nur in den Opern- und Ballettaufführungen, sondern auch in den Schauspielhäusern, an Sonntagen noch zusätzlich in Museen und Ausstellungen. Erst nach etwa einem Monat wagte ich es, private Kontakte aufzunehmen, und es gelang mir, diese bis zu meiner »Entlarvung«, die erst 1947 in »Sachen Daniil Andrejew« erfolgte und meine Lagerstrafe auf fünfundzwanzig Jahre erhöhte, geheimzuhalten.

Zu Beginn meiner Dolmetschertätigkeit im Spiridonowka-Palais fiel mir zunächst die Betreuung der Delegationsmitglieder sowie die Protokollführung bei den Verhandlungen zu. Ich saß daher am ersten Tag am äußeren Ende des Konferenztisches neben Dr. Werner Markert, den ich bereits aus meiner Moskauer Schulzeit kannte und der kurz vorher in »Osteuropa« meinen Aufsatz über Henry von Heiseler veröffentlicht hatte. Neben dem deutschen Delegationschef, Generalkonsul Dr. W. Noeldecke, nahm ein Dolmetscher der »Volksdeutschen Mittelstelle« Platz, der bereits bei der Umsiedlung der Wolhynien- und Galizien-Deutschen eingesetzt war. Diplomaten mit »konservativem« Geschmack fiel er zuallererst durch seine unkonventionelle Kleidung auf. Der untersetzte und keinesfalls sportlich trainierte Mann steckte in einem hellen Knickerbocker-Anzug und schmückte diesen mit diversen Sportabzeichen. Über ihn war zu erfahren, daß er ursprünglich aus den Wolgakolonien stammte, im Baltikum eine höhere Schule besuchte, aber als Lehrer nunmehr geistig behinderte Kinder betreute. Noeldecke gegenüber saß Alexandrow, Leiter der Deutschland-Abteilung im Moskauer Außenkommissariat, der genügend Erfahrungen bei internationalen Verhandlungen gesammelt hatte, flankiert von einem jugendlichen Absolventen des Moskauer Fremdsprachen-Instituts als Dolmetscher. Nach einer freundlichen Begrüßung durch Alexandrow ergriff Noeldecke das Wort zu einer juristisch unterbauten, sich immer wieder auf internationales Recht berufenden Ansprache über das Procedere der bevorstehenden Verhandlungen mit der sowjetischen Seite. Was Noeldecke in einer guten Viertelstunde zu Gehör brachte, wurde von dem deutschen Dolmetscher in fünf bis sechs Minuten zusammengefaßt, und zwar unter Weglassung sämtlicher juristischer Termini. Die russischen Delegationsmitglieder saßen achselzuckend und hilflose Blicke austauschend da und baten um Erläuterungen. Nicht viel anders erging es den Deutschen, denen von Lorenz als Gesprächsgrundlage Formulare vorgelegt wurden, die zweisprachig in Tausenden von Exemplaren bei Erfassung des Besitzes der deutschen Bauern in Wolhynien und Galizien Verwendung fanden. Peinlich berührt war Noeldecke, als Markert ihm ein Formular zuschob, auf dem er Fehlübersetzungen rot unterstrichen hatte und in welchem es z. B. »großes Rindvieh« hieß. Nach Beginn der Mittagspause führte mich Markert zu Noeldecke, der mich sofort aufforderte, an seiner Seite Platz zu nehmen und das Dolmetschen zu übernehmen. Gemäß der Belehrung durch Paul Schmidt erklärte ich gleich bei der Wiederaufnahme der Verhandlungen, daß die jeweiligen Reden in Abschnitten von nicht länger als acht bis zehn Minuten von mir ins Russische übersetzt würden und ich mich dabei der mir vertrauten Schmidtschen graphischen Methode bedienen würde. Der Name von Paul Schmidt war auch den Russen nicht unbekannt, und sie begrüßten diese Methode bereits im voraus. Da ich bereits in Riga Vorlesungen über das Völkerrecht bei dem Göttinger Professor Wolff gehört und diese in Berlin bei Berber erweitert hatte, geriet ich bei der Übersetzung nur selten in Schwierigkeiten und bediente mich dann einer zweckdienlichen Umschreibung. Erschwerend kam jedoch hinzu, daß der unerfahrene russische Dolmetscher in ähnliche Schwierigkeiten geriet wie mein Vorgänger am Vormittag. Zu allem Überfluß begann er zu stottern, sein jungenhaftes Gesicht lief puterrot an, und ich versuchte ihm jedes Mal aus der Verlegenheit zu helfen. Dies führte dazu, daß Alexandrow sich an Noeldecke wandte und ihn um den Gefallen bat, daß ich auch die Übersetzung aus dem Russischen ins Deutsche übernähme. Ich versuchte mich zunächst dieses zusätzlichen Auftrages zu erwehren, aber Noeldecke meinte, daß wir die Verhandlungen nicht gefährden und das russische Angebot als Vertrauensbeweis schätzen sollten. Als Entschädigung wurde mir ein doppeltes Gehalt in Aussicht gestellt, und ich kehrte nach Berlin tatsächlich mit meinem bis dahin allergrößten Reichsmark-Verdienst zurück. Die beiden »degradierten« Dolmetscher wurden zu Protokollführern ernannt, aber der deutsche war auch dieser Aufgabe nicht gewachsen und kehrte alsbald nach Berlin zurück, während der junge Russe mir immer wieder seinen Dank aussprach und versicherte, daß er von meiner Übersetzungstechnik und Wortwahl bei jeder Sitzung profitierte und ich ihm zum Verbleib im Außenkommissariat verhelfen würde.

Die Verhandlungen zogen sich bis Anfang September 1940 hin, denn trotz eines grundsätzlichen Einverständnisses über das Procedere der Umsiedlung, ergaben sich immer wieder strittige Punkte.

Generalkonsul Noeldecke versicherte mir bei unserem Rückflug nach Berlin, daß ich meine Bewährungsprobe bestanden und zur Verständigung der Verhandlungspartner nicht unwesentlich beigetragen habe. Kenntnisreiche Dolmetscher für Russisch seien rar und als Weltsprache verdiene Russisch immer wieder Beachtung. Er würde mich demzufolge für die baldige Übernahme als »wissenschaftlicher Hilfsarbeiter« empfehlen, was in Kriegszeiten als Ersatz für die sonst übliche Attaché-Ausbildung anzusehen sei. Nach der Rückkehr lud ich meine Mutter zu einem Urlaubsaufenthalt in Zoppot und Danzig ein, ohne zu ahnen, daß dies unser letzter Besuch sein würde. Im November stand mir eine neue Bewährungsprobe bevor, diesmal auf »diplomatischem Parkett« in Berlin anläßlich des Besuches von Molotow.

Dienstantritt in der Abteilung Protokoll

Die Ausbildung von Attachés für den diplomatischen Dienst war mit Kriegsbeginn eingestellt worden. Es waren aber bereits nicht nur konkrete Pläne für eine völlige Umgestaltung des bisherigen »patriarchalischen Systems« ausgearbeitet, sondern auch Räumlichkeiten für eine Diplomatenschule in der Von-der-Heydt-Straße in Berlin eingerichtet worden. Auf Anraten des Gesandten Friedrich Stieve und seines Schwiegersohnes Prof. Walter Elze besuchte ich den Leiter dieser Ausbildungsstätte Manfred von Killinger, der durch den Krieg an der Ausübung seiner amtlichen Funktion verhindert war, aber bereitwillig seine Vorstellungen über die Strukturveränderungen in der Ausbildung des Diplomatennachwuchses Auskunft erläuterte. Killinger erschien mir als Prototyp eines deutschen Landsknechtes, eines alten Haudegens, der nur im täglichen Kampfeinsatz seine Lebensaufgabe erblickte. Seine Karriere als aktiver Seeoffizier endete im Rang eines Kapitänleutnants 1920; von 1919-28 gehörte er der Brigade Ehrhardt und ihren Nachfolgeorganisationen an und zeichnete sich am Annaberg in Oberschlesien in der Abwehr polnischer Aggression aus. In Mitteldeutschland baute er 1928 die SA-Organisationen auf und wurde 1933-34 Ministerpräsident in Sachsen. An Verwaltungsarbeit war ihm aber nicht gelegen, und er wechselte mit Ribbentrops Unterstützung in den auswärtigen Dienst hinüber. 1936-38 vertrat er Deutschland als Generalkonsul in San Francisco. Ihm kam dabei zugute, daß seine Gattin, eine Wiener Reichsgräfin, gesellschaftlich hervorragend zu repräsentieren verstand. Selbst nach dreißig Jahren erinnerte sich die dortige »society« nicht ungern an die »Countess«. 1939-41 fiel Killinger in Berlin die Aufgabe zu, die Diplomatenausbildung neu zu gestalten. Daß er diese nach den ihm anerzogenen militärischen Ausbildungsprinzipien vornahm, entsprach durchaus den Intentionen Ribbentrops, dem »Bürohengste« und »Schlappschwänze« im öffentlichen Dienst zuwider waren.

Da ich mich als promovierter Historiker und Dolmetscher für

Russisch vorgestellt hatte, begrüßte Killinger meinen bisherigen Werdegang, insbesondere im Hinblick auf die Aufwertung der Rolle der Sowjetunion nach Abschluß des Moskauer Paktes. Seine damaligen Ausführungen lassen sich aufgrund eines zufällig erhalten gebliebenen Briefes an einen ebenfalls an einer diplomatischen Laufbahn interessierten Freund wie folgt zusammenfassen: »Selbstverständlich darf eine abgeschlossene Hochschulbildung für eine Bewerbung vorausgesetzt werden. In unserer Ausbildungsstätte soll daher nicht zusätzliches Wissen angehäuft, sondern der Charakter gebildet und der Körper trainiert werden. Wir können im Ausland keine Schwächlinge gebrauchen. Die Ausbildung der Attachés erfolgt daher auf drei Ordensburgen, wo alle Sportarten geübt werden, einschließlich Golf und Polo. Dazwischen wird allerdings der praktische Diensteinsatz bei den Auslandsvertretungen absolviert. Der Krieg hat bis auf weiteres alle diese Pläne zunächst über den Haufen geworfen. Ich rate Ihnen aber dringend, treten sie so schnell wie möglich der Partei und der SA bei, dann wird Ihnen nach dem Kriege das Ausbildungsprogramm um mindestens zwei Jahre verkürzt werden.«

Ich folgte Killinger in die Empfangshalle, in der er nicht ohne Stolz auf eine Gleitstange inmitten des Stiegenhauses hinwies: »Beim Einführungskursus werden die Neulinge mit der Trillerpfeife geweckt und es geht dann wie bei der Feuerwehr raus zum Frühsport.« Er versicherte mir aber, daß meine sportliche Ausbildung nicht wie bei den Anfängern, sondern wie bei den Absolventen auf dem Gelände der Ordensburg Sonthofen fortgesetzt würde, wo mir Reiten, Tennis- und Polospiel den Zugang zu den internationalen diplomatischen Kreisen erschließen würden.

Killinger bin ich nie wieder begegnet, wohl aber seinen Mitarbeitern aus Bukarest, wo er von 1941–1944 Gesandter war, und die beim Einmarsch der Sowjettruppen in Gefangenschaft gerieten. Deren Chef hatte nämlich eine rechtzeitige Evakuierung des Gesandtschaftspersonals zu verhindern gewußt. Heimgekehrt waren nurmehr die Ehefrauen und Kinder, darunter auch seine eigene Frau und Tochter. Auf das weibliche Personal verzichtete er aber ebensowenig wie auf das männliche. Im sowjetischen Straflager Inta war ich am längsten Kojennachbar von Ernst Wallenstein, einem Frankfurter Geschäftsmann, der als versierter und sprachgewandter Geheimagent der Gesandtschaft zugeteilt gewesen war. Er berichtete mir über das konsequente Lebensende Killingers, der sich mit seiner Sekretärin in den Diensträumen eingeschlossen hatte und bei deren Erstürmung erschossen wurde. Seinen Mitarbeitern blieben aber mindestens zehn Jahre Sowjetlager nicht erspart.

Im Frühjahr 1941 wurde ich als wissenschaftlicher Hilfsarbeiter der Abteilung Protokoll als Dolmetscher für Russisch zugeteilt. Gleichzeitig wurde ein Dolmetscher für Spanisch eingestellt. Wir standen aber auch für alle anderen protokollarischen Aufgaben zur Verfügung. Als ich in späteren Jahren Kurt Georg Kiesinger in San Francisco persönlich kennenlernte, der es in den Kriegsjahren immerhin zum stellvertretenden Leiter der Rundfunkpolitischen Abteilung gebracht hatte, begrüßte er mich schmunzelnd als »Kanalarbeiter«-Kollegen von damals.

Zur Einarbeitung wurde mir von dem zuständigen Amtsrat Reinecke zunächst ein fleißiges Aktenstudium empfohlen. Das gleiche galt dem Sohn des Generalkonsuls Schubert, einem kriegsverletzten jungen Offizier. Für unsere Studienzwecke wurde uns das Arbeitszimmer des stellvertretenden Protokollchefs G. A. von Halem zugeteilt, der beim Duce-Besuch auf Schloß Klessheim einen Unfall erlitten hatte und in Italien seinen Genesungsurlaub verbrachte. Die uns zum Studium vorgelegten Protokollakten waren keineswegs farblos, da in ihrem schlichten Berichtsstil oft genug allerlei amüsante Begebenheiten erwähnt wurden. So wurde z. B. über den Tod des dänischen Königs in einem Hamburger Bordell wahrheitsgemäß und in allen Einzelheiten berichtet.

Als wir eines Tages über einen der Berichte in lautes Lachen ausbrachen, kam der Amtsrat stirnrunzelnd ins Zimmer, und ihm auf dem Fuße folgten zwei Amtsdiener mit umfangreichen Aktenstößen. Der stets zum Scherzen bereite Schubert rief ihnen zu: »Um Gottes Willen, überfüttern sie uns nicht, wir haben noch längst nicht alles verdaut«. Der Amtsrat konterte: »Aber meine Herren, ich muß Sie schon bitten, mit mehr Ernst bei der Sache zu sein. Diese Akten sind übrigens gar nicht für Sie bestimmt. Sie werden gleich den neuen stellvertretenden Protokollchef kennenlernen. Auch er wird sich wohl oder übel mit Aktenstudien befassen. Sie dürfen aber das Zimmer mit ihm noch eine Weile teilen, denn er braucht gewiß eine längere Anlaufzeit, da er kein Akademiker ist. Sie könnten ihn daher gelegentlich beraten«.

Ehe wir uns nach dem Namen des neuen Chefs erkundigen konnten, füllte bereits ein hochgewachsener, starkleibiger Mann den Türrahmen. Er stellte sich als SA-Obergruppenführer Ruhe vor und nahm an seinem neuen Arbeitstisch Platz. Der Amtsrat baute am Nebentisch dienstbeflissen die nach Sachgebieten und Ländern geordneten Aktenstöße auf und schickte sich an, deren Inhalt zu erläutern. Mit einer weitausladenden Handbewegung schob Ruhe den Nebentisch beiseite und erklärte: »Ich bin nicht hierher gekommen, um mich mit dem Aktenkram abzugeben. Das ist Sache der zuständigen Referenten. Ich habe Wichtigeres zu tun. Ich repräsentiere bei offiziellen Besuchen aus dem Ausland und bin für organisatorische Fragen zuständig.« Reinecke warf ein: »Sie werden aber doch auch die hier akkreditierten Diplomaten empfangen und mit ihnen korrespondieren. Schauen Sie sich doch zunächst diesen ersten Band an. Darin finden Sie Gesprächsaufzeichnungen und Briefentwürfe auf Französisch und Englisch, die Sie als Vorlage benutzen könnten.« Die knappe Antwort Ruhes lautete: »Das Deutsche Reich kann wohl von den ausländischen Vertretern erwarten, daß sie Deutsch beherrschen. Sollte dies nicht der Fall sein, werde ich Sie an die zuständigen Referenten verweisen«. Damit war das Einführungsgespräch beendet, und es trat Ruhe ein.

Ruhe war ein typischer Diplomat neuer Prägung aus jener Kampforganisation der NSDP, der SA, die 1933 entscheidend zur Machtergreifung durch Hitler beigetragen hatte. Durch den von ihrem SS-Gegner Himmler 1934 inszenierten angeblichen Putschversuch Ernst Röhms sollte die SA diskriminiert und entmachtet werden. Die von Hitler und Himmler geplanten tiefgreifenden Reformen des auswärtigen Dienstes ließen sich aber nicht ohne eine entsprechende mehrjährige Ausbildung und Indoktrinierung verwirklichen. Dies eröffnete Ribbentrop die Chance, auch Funktionäre der benachteiligten SA heranzuziehen. Den in internationalen Verhandlungen und Konferenzen versierten Beamten der Kaiserzeit und der Weimarer Republik überließ er das Routinehandwerk in der »Hochburg der Reaktion«, wie das Auswärtige Amt in Parteikreisen bezeichnet würde. Die Karrierediplomaten spöttelten ihrerseits hinter vorgehaltener Hand über Ribbentrop, den ehemaligen Londoner Vertreter der Sektfirma Henkel, der das Auswärtige Amt für die von ihm bevorzugten »Handelsreisenden« »trocken« legen sollte. Gemeint waren dabei die vor Beginn ihrer Diplomatenlaufbahn als Firmenvertreter oder Spediteure und in anderen deutschen Exportbranchen tätigen neuen Mitarbeiter. Darunter befanden sich die von Ribbentrop eingesetzten Gesandten Erwin Ettel in Teheran (1939-41), der als Junkers-Luftverkehrsvertreter in Südamerika, Italien und Teheran tätig gewesen war, sowie Martin Luther, ein Exportkaufmann und Speditionsleiter. 1940 stieg er unerwartet zum Leiter der von ihm neu geschaffenen Deutschland-Abteilung auf. Jene fünf der SA angehörenden Gesandten, die sich vor Kriegsbeginn für ein Bündnis mit England eingesetzt hatten, wurden auf die unbeliebten Balkan-Posten abgeschoben. Siegfried Kasche übernahm die neugeschaffene Gesandtschaft in Agram, Hanns Ludin die in Preßburg, Adolf Beckerle kam nach Sofia, Dietrich von Jagow nach Budapest und Manfred von Killinger nach Bukarest.

Die Zahl dieser von der NS-Ideologie geprägten Vertreter des Reiches im Ausland nahm erst nach dem 20. Juli 1944 zu, als die Zuverlässigkeit der Diplomaten alter Schule durch deren Mitwirken – oder Mitwissen – zu einer »Säuberungsaktion« führte. Die Abteilung Protokoll wurde von dieser nicht betroffen. Ruhe blieb bis Ende des Krieges Stellvertreter von Dörnberg, paßte sich den »Usancen« der diplomatischen Etikette an und lernte Englisch. Auch seine Anschauungen wurden liberalisiert, und als gegen Ende des Krieges die Stunde der Wahrheit heranrückte, gestand er mir beim Abschied: »Sie haben es gut mit ihrem abgeschlossenem Studium und der Beherrschung von Fremdsprachen. Ich bin nichts anderes als ein verkrachter Student der Danziger TH, der reich geheiratet und durch die SA Karriere gemacht hat. Ich werde bestimmt Steine klopfen müssen.« Dazu ist es allerdings nicht gekommen, denn ich begegnete Ruhe nach dem Krieg als Direktor des Konstanzer Spielcasinos, und er gestand mir, daß er diese Position nur seiner Ausbildung in der Abteilung Protokoll verdanke. Im übrigen zeigte Ruhe seinem ehemaligen SA-Stabschef Lutze gegenüber selbst in Erinnerung an seine eigene SA-Zeit wenig Respekt. Als dieser mit seinem Dienstauto bei Berlin tödlich verunglückte, bemerkte Ruhe im Gespräch, dieser Unfall sei bei der Rückfahrt von einer

»Hamster-Fahrt« geschehen. »Ganze Kisten, gefüllt mit Eiern, Butter und Tomaten zerbarsten auf der Autobahn. Es gab ein richtiges Rührei. Sein Staatsbegräbnis hat der Alte trotzdem bekommen.«

An der Struktur des auswärtigen Dienstes haben diese Emporkömmlinge und Außenseiter aus Mangel an Erfahrung sowie des geübten Einblicks in die verzahnte Maschinerie des Beamtenapparats kaum etwas ändern können. Die meisten haben aber ihrerseits viel dazugelernt und, soweit sie das Kriegsende überlebten, beruflich nicht wenig profitiert.

Meine Vorstellung bei Ribbentrop – ich trug aus diesem Anlaß zum erstenmal die schwarze, goldbestickte Uniform des auswärtigen Dienstes – glich einer Audienz am fürstlichen Hofe. Man wies mir in der Wilhelmstraße 69 (ehemals Reichspräsidentenpalais) den Weg durch eine ganze Zimmerflucht. An jeder Flügeltür wurde ich von einem Flügeladjutanten übernommen und weitergeleitet. Im Arbeitszimmer des Reichsaußenministers (im Dienstverkehr abgekürzt RAM) erhob sich Ribbentrop von seinem Schreibtisch und begrüßte mich durch einen Handschlag und einige militärisch abgehackte Sätze: »Ich wünsche Ihnen einen guten Einstand. Als in Moskau geborener Baltendeutscher sind Sie als Dolmetscher wohl zuverlässig und vertrauenswürdig. Sie tragen eine große Verantwortung. Ihre Jugend entschuldigt keine Fehler. Ich hoffe, Sie werden sich, wie viele Ihrer Landsleute, im Dienste bewähren.« Eine Antwort wurde von mir nicht erwartet, und ehe ich »Jawohl, Herr Reichsminister« aussprechen konnte, war ich schon entlassen.

Ribbentrops narzistischer Natur entsprach ein seltsamer Ästhetizismus, der ihn veranlaßte, unter den Adjutanten in seiner nächsten Umgebung ausschließlich schlanke, gutaussehende und stets sonnengebräunte junge Männer zu bevorzugen, was ihm bei seinem Erzfeind Himmler den Verdacht homoerotischer Neigungen einbrachte. Die Forderung, daß man bei ihm zum Vortrag oder zur Besprechung frisch und geschmeidig, mit tadelloser Haltung und unbedingt sonnengebräunt zu erscheinen habe, übertrug er selbst auf jene besonders eifrigen Beamten, die oftmals bis in die Morgenstunden in gebückter Haltung über den Akten saßen. Blasse und übernächtigte Legationssekretäre und -räte wurden ebenso wie Brillenträger aus seiner Umgebung nach Möglichkeit verbannt. Man bemühte sich daher, zumindest äußerlich, Gesundheit und Frische auszustrahlen. Auf Anraten von Dr. Hans Strack, meines unmittelbaren Chefs in der Protokollabteilung, setzte ich in den sonnenarmen Monaten meinen Oberkörper täglich einer intensiven Höhensonnenbestrahlung aus, für den Fall, daß meine Dolmetscherdienste eventuell vom Herrn RAM gewünscht würden. Die Veräußerlichung des Ministeramtes ging soweit, daß Ribbentrop noch im Kriegswinter 1944/45 in dem stark zerbombten Amtsgebäude Kleiderpuppen aufstellen ließ, an denen er Änderungen der Diplomaten-Uniform vorzunehmen beabsichtigte.

Als ich nach einem Bombenangriff vorübergehend in Ribbentrops ehemaligem Vorzimmer in dem alten Dienstgebäude Wilhelmstraße 76 untergebracht wurde, stellte ich unversehens fest, daß der Schreibtisch seiner Sekretärin mit »Relikten« seiner Londoner Botschafterzeit angefüllt war. Hunderte von Einladungs- und Visitenkarten füllten die Schubfächer, in denen ich vergebens meine Akten unterzubringen bemüht war. Ich konnte dabei nur ganz wenige prominente Namen der britischen Gesellschaft und Regierungsprominenz entdecken. Außer dem Duke of Windsor, Lady Astor, Lord Londonderry waren nur wenige allgemein bekannte Namen zu finden. Mein oberster Vorgesetzter fand aber auch die Zuschriften völlig unbekannter Briten, die sich um eine deutsch-englische Verständigung bemühten, des Aufhebens wert. Seinen gesellschaftlichen Mißerfolg in London hat Ribbentrop ebenso wenig verwinden können wie seine politische Fehleinschätzung der britischen Kriegsbereitschaft. Seine und Hitlers »einseitige Liebe gegenüber den angelsächsischen Vettern«, mit denen die Weltherrschaft geteilt werden sollte, verwandelte sich in einen nicht weniger leidenschaftlichen Haß, dessen letzte Konsequenz der »Freundschaftspakt« mit der Sowjetunion war.

Meine Mitarbeit bei der Vorbereitung von Staatsbesuchen im Referat Dr. Strack begann im März 1941, als der Besuch des japanischen Außenministers Matsuoka in Berlin bevorstand. Bei der Besprechung aller Referatsleiter führte nicht der Chef des Protokolls den Vorsitz, sondern Staatssekretär von Weizsäcker, der aber in die rein sachlichen Gespräche der Referenten kaum eingriff. Man hielt sich bei den Vorbereitungen an Präzedenzfälle. Da es sich aber bei Japan um einen Bündnispartner, ähnlich wie Italien, handelte, erinnerte sich Dörnberg plötzlich an eine »Unterlassungssünde.« Man hätte rechtzeitig einige tausend japanische Fähnchen herstellen sollen, mit denen Schulklassen auf der gesamten Strecke vom Gästehaus der Regierung von Belvedere bis zum Auswärtigen Amt hätten winken sollen. Weizsäcker fand dies Versäumnis zwar ärgerlich, meinte aber, in den verbliebenen zwei Tagen dürfte man wohl kaum eine Firma für einen solchen Massenauftrag ausfindig machen können. Kaum war dieses Stichwort gefallen, erhob sich Martin Luther, der aus der SA hervorgegangene Leiter der neugeschaffenen Deutschland-Abteilung und versicherte lauthals und provozierend, er könne die Ausführung eines solchen Auftrages garantieren. Bei den Karriere-Diplomaten galt auch er als einer jener »Spediteure«, die ihr Handwerk im Ausland gelernt hätten und daher für Aufträge dieser Art wohl auch zuständig seien.

Bei der Fahrt von Matsuoka im offenen Mercedes am 27. März 1941 wurde tatsächlich der »triumphale Empfang« verwirklicht, und längs der Route winkten Tausende von Schulkindern mit attraktiven japanischen Papierfähnchen und schrien »Willkommen«. Am nächsten Tag wiederholte sich das Spektakel am Potsdamer Neuen Palais, wo einem offiziellen Empfang eine Rokoko-Tanz- und Gesangsaufführung folgte, bei der aber im Schloß selbst Kadetten und Fähnriche in friederizianischer Unifom als Ehrenwache postiert waren.

Seinen Aufstieg vom Referenten der Dienststelle Ribbentrop zum Leiter der für ihn und von ihm geschaffenen Abteilung Deutschland verdankte Luther ausschließlich seiner Vertrauensstellung bei Ribbentrop, der ihn als zuverlässigen und klugen Berater schätzte und zwischen 1940 und 1942 sowohl in Fragen der Personalpolitik des Auswärtigen Amts wie in außenpolitischen Einzelfragen konsultierte. Dies bezog sich vor allem auf die Besetzung von Auslandsposten durch die »SA-Gesandten«, von denen sich Ribbentrop eine Eindämmung des wachsenden SS-Einflusses erwartete. In der Wilhelmstraße baute Luther seine Abteilung systematisch durch Eingliederung bestehender und Schaffung neuer Referate aus. 1942 gab es bereits zwölf Referate mit fast zweihundert Mitarbeitern, wobei mit deren Leitung nur ein einziger Berufsdiplomat, der Gesandte Großkopf, beauftragt wurde, während alle übrigen verbeamtete Angehörige politischer Organisationen und selbst wissenschaftliche Hilfsarbeiter waren. Zu deren Arbeitsgebieten gehörten politische Propaganda im Ausland durch Verbreitung von Presseerzeugnissen aller Art, deutsche und fremde »Volkstumsfragen«, volksdeutsche Umsiedlungen, Betreuung ausländischer Arbeiter und sogar der Geographische Dienst. Eine Zusammenarbeit mit Himmler entstand durch die Schaffung eines Judenreferates, dessen Leitung Legationsrat Rademacher übernahm.

Luther unterstützte dessen Pläne die Ansiedlung von Westjuden auf Madagaskar betreffend, bzw. die Gründung eines jüdischen »Nationalheims in Palästina«, wobei allerdings befürchtet wurde, daß dort ein »zweites Rom« entstehen könnte. Die Ostjuden sollten dagegen im polnischen Bezirk Lublin als Faustpfand untergebracht werden, »damit die Juden Amerikas in ihrem Kampf gegen Deutschland lahmgelegt bleiben«.

In der berüchtigten Wannsee-Konferenz im Januar 1942, an der Luther, Freisler, Eichmann u. a. teilnahmen, wurden diese ursprünglichen Umsiedlungs- und bereits durchgeführten Auswanderungspläne zu den Akten gelegt. Heydrich, der Chef des SD erklärte eine »Endlösung der Judenfrage« in Europa zum Kriegsziel.

Luthers sprunghafte Karriere endete schon ein Jahr danach. Im Februar 1943 wurde er seines Amtes enthoben und als »Schutzhäftling« nach Sachsenhausen verbracht. Ungeachtet der ihm nachgesagten Klugheit und Weitsicht verfing er sich infolge seines maßlosen Ehrgeizes und Machtstrebens in einem Netz, das SS-Oberführer Walter Schellenberg, Chef des SD-Ausland im Reichssicherheitsamt, gesponnen hatte, um Ribbentrop zu Fall zu bringen und an seiner Stelle Reichsaußenminister zu werden. Zwischen Ribbentrop und Luther war es zu diesem Zeitpunkt zu Spannungen gekommen, nicht zuletzt wegen der sich fortwährend steigernden privaten Aufwendungen Ribbentrops aus dem Geheimfonds des Auswärtigen Amts, die wiederum auf den aufwendigen Lebensstil seiner Henkel-Ehefrau zurückgingen. Dieser »Umsturzversuch« wurde von Himmler jedoch nicht unterstützt, und Luther sowie seine engsten Mitarbeiter wurden von ihm »ans Messer geliefert«. Ribbentrop verlangte für alle Verschwörer die Todesstrafe, begnügte sich dann aber damit, daß nur Luther nach Sachsenhausen eingeliefert wurde, wo er und seine Ehefrau sogar eine eigene Wohnung bezogen.

Als das Konzentrationslager bei Kriegsende von der Wachmannschaft verlassen wurde und die Gefangenen es zu Fuß verließen, beendete Luther sein Leben unter dem Beschuß der vorrückenden Sowjettruppen.

Zu meinen wahren Förderern zählte vor allem Alexander Freiherr von Dörnberg, der Chef des Protokolls, der seit seiner dreijährigen Dienstzeit bei der Gesandtschaft in Reval (1933-36) gerne Umgang mit Baltendeutschen pflegte und sie als einfallsreiche Gesprächspartner zu schätzen wußte.

Seinen »kometenhaften Aufstieg« verdankte er seinem Posten als der für das Protokoll der Botschaft London (1937-38) zuständige Legationssekretär, den Ribbentrop zu schätzen wußte. In Berlin war seit 1933 Vico von Bülow-Schwante Chef des Protokolls, dem auch das Deutschland-Referat unterstand. Bei einem Staatsbesuch Hitlers in Rom 1938 unterlief ihm ein in dessen Augen unverzeihlicher Protokollfehler, der sich auf eine Bevorzugung des italienischen Königs bei der Plazierung bezog. Hitlers Wutausbruch führte zu der Absetzung Bülow-Schwantes und seiner Versetzung als Gesandter nach Brüssel. Auf Rache an dem kleingewachsenen, unansehnlichen König Vittorio Emanuele III. sinnend, soll Hitler sich an einen hochgewachsenen und eleganten Mitarbeiter Ribbentrops erinnert haben, den er in Berlin in Begleitung des Außenministers gesehen hatte. Selbst Ribbentrop soll erstaunt gewesen sein, als Hitler spontan den Legationssekretär von Dörnberg aus London nach Berlin kommen und im Rang eines Gesandten zum Chef des Protokolls ernennen ließ.

Bei einem Besuch Hitlers in Venedig bot sich alsbald eine Revanche-Möglichkeit. Hitler landete mit Ribbentrop an der Anlegestelle am Markusplatz. Oberhalb der mehrstufigen Granitstiege erwarteten ihn der König und Mussolini mit ihrer Begleitung. Als erster ging Dörnberg an Land und stellte sich neben die Gastgeber, um jeden einzelnen deutschen Gast vozustellen. Vittorio Emanuele blieb es dabei nicht erspart, bei jeder Namensnennung den Kopf zu verrenken und fast einen Meter hoch zu Dörnberg aufzuschauen.

Die altgedienten Diplomaten sahen sich zwar durch die noch nie dagewesene »Überspringung« von mindestens fünf Dienstgraden brüskiert, aber Dörnberg entstammte nicht nur einer uralten Adelsfamilie, sondern er verstand es durch sein joviales Wesen, seinen Humor, unermüdlichen Tätigkeitsdrang und

Nichteinmischung in die Zuständigkeiten älterer Kollegen, Anerkennung zu finden. Er zeigte sich aber auch jüngeren Mitarbeitern gegenüber stets hilfsbereit und wohlgesinnt. Was mich selbst betrifft, so verdanke ich wohl vor allem Dörnberg, daß ich die letzten Kriegsjahre lebend überstanden habe. Als ich im Herbst 1941 zur militärischen Ausbildung nach Potsdam-Nedlitz einberufen, als Versager disqualifiziert, dem Sonderstab R (Rosenberg) für einen Einsatz in der besetzten Nord-Ukraine freigegeben wurde, intervenierte Dörnberg und erreichte, daß ich in die Abteilung Protokoll zurückversetzt und dem Gesandten Dr. Smend als Mitarbeiter zugeteilt wurde. Bei Kriegsende hat Dörnberg zumindest meine vorübergehende Zurückstellung vom Wehrdienst dadurch erreicht, daß er mich im Ausweichquartier Krummhübel von Oktober 1944 bis Anfang Januar 1945 mit der Vorbereitung eines Quartiers für den französischen Kollaborateur Laval auf Schloß Logau beauftragte. Als ich schließlich beim Fronteinsatz im März 1945 verwundet wurde, ließ er nach meinem Verbleib forschen, um mich erneut als Dolmetscher für Russisch einsetzen zu können. Nach meiner Rückkehr aus der sowjetischen Gefangenschaft hatte ich Gelegenheit, ihm persönlich auf seinem hessischen Stammgut meinen Dank abzustatten. Das zweite Domizil seiner Familie befand sich damals in Nordirland, von wo aus die Christianisierung Deutschlands ausgegangen war. Im Bonner Ministerium, das ihm den Wiedereintritt in den diplomatischen Dienst verweigerte, habe ich bei jeder Gelegenheit auf seine menschlichen Qualitäten und seine vorbildliche Pflichterfüllung hingewiesen.

Molotows erfolgloser Besuch in Berlin (November 1940)

Beim Eintreffen des Moskauer Sonderzuges in Berlin, 12. November um 11 Uhr vormittags, war am Anhalter Bahnhof die gesamte uniformierte Prominenz von Staat, Partei und Wehrmacht befehlsgemäß angetreten. Es war der letzte große Staatsempfang des »Dritten Reiches«, der sich nach ausgeklügeltem Protokoll in und vor der Bahnhofshalle abspielte. Ribbentrop, der die sowjetrussischen Gäste im Namen der Reichsregierung begrüßen sollte, blieb dabei Ärger nicht erspart. Als die Lokomotive einige Meter hinter der weißen Markierung am Bahnsteig zum Stehen kam, geriet das genau auf jeden einzelnen Schritt festgelegte Empfangszeremoniell in Unordnung, denn Molotows Schlafwagen hielt nicht am Ende, sondern in der Mitte der in Reih und Glied nach Dienstrang aufgestellten Minister, Generäle und Parteifunktionäre. Dies hatte zur Folge, daß Ribbentrop und Molotow nach der ersten Begrüßung und Vorstellung der allernächsten Begleitung durch Botschafter Schulenburg und den dolmetschenden Botschaftsrat Hilger einige Meter zurückzugehen hatten. Nicht weniger verstimmt soll Ribbentrop gewesen sein, daß Goebbels und Rosenberg sowie einige andere NS-Chefideologen sich nicht dazu überreden ließen, an dem Empfang des »alten Bolschewiken« Molotow persönlich teilzunehmen.

Molotow schritt pflichtschuldigst die offizielle Ehrenformation ab und begrüßte jeden einzelnen durch Lüften seines Hutes und anschließenden Händedruck. Nur wenige Namen der NS-Prominenz schienen ihm vertraut zu sein. Himmler gegenüber blieb er jedoch etwas länger stehen und beide suchten ganz offensichtlich, wie hinter einem Aquariumglas, den Ausdruck in ihren fischkalten Augen zu ergründen. Vom menschlichen Typ her hatten beide viel Gemeinsames; etwas Schulmeisterhaftes war beiden eigen und der eine wie der andere waren ihrem jeweiligen »Führer« zutiefst ergeben. Himmler nahm allerdings später, im Angesicht der Katastrophe, die Chance wahr, sich von Hitler abzuwenden, Molotow hingegen blieb Stalin treu ergeben und verstand es, nach dem Tod des Diktators seinen Kopf in den Diadochenkämpfen im Kreml zu retten.

Diese Begegnung zwischen Molotow und Himmler gehörte zweifelsohne für die Begleitung auf beiden Seiten zu den spannungsgeladensten Momenten des Empfanges am Anhalter Bahnhof.

Der Bahnhof besaß ein »Fürstenzimmer«, in welchem in der Kaiserzeit die regierenden Ehrengäste des Deutschen Reiches zu einem ersten Gespräch unter Souveränen empfangen wurden.

Ribbentrop und Molotow wechselten einige zusätzliche unverbindliche Begrüßungsworte und gingen danach durch einen Seiteneingang zu dem Vorplatz zur Rechten hinaus. Dort war eine Ehrenkompanie des Berliner Wachbataillons angetreten. An den Fahnenstangen klebten die vom Novembernebel durchtränkten Fahnen mit dem Hakenkreuz und den Hammer- und Sichel-Symbolen, für kein noch so scharfes Auge erkennbar. Unter den Klängen der in raschem Tempo gespielten Internationale und der getragen zelebrierten Deutschland- und Horst-Wessel-Lieder schritten Ribbentrop und Molotow die Ehrenkompanie ab.

Ich schloß mich als Dolmetscher der zahlreichen Entourage und den Geheimagenten, die Molotow begleiteten, an. Diese Begleitung bestand aus nicht weniger als sechzig Personen, darunter allein sechzehn Sicherheitsbeamte, einem Arzt und drei persönlichen Bediensteten. Die Begleitung des Zaren von Rußland, insbesondere des bescheidenen Nikolaus II., dürfte kaum zahlreicher gewesen sein, ging mir durch den Kopf.

Zu den prominentesten Persönlichkeiten gehörten der stellvertretende Außenkommissar Dekanosow und der stellvertretende Volkskommissar des Inneren Merkulow. Ich vermied es, deren Nähe zu suchen, und bot meine Dolmetscherdienste den jüngeren Delegationsmitgliedern an. Weisungsgemäß erkundigte ich mich nach deren persönlichen Wünschen, ob sie etwa in ihrer Freizeit an einer Stadtbesichtigung, an Oper- oder Museumsbesuchen, an einem Einkaufsbummel (für den Diplomatenbons zur Verfügung standen) interessiert wären. Das prinzipielle Mißtrauen schien jedoch die Neugierde zu überwiegen. Höflich, aber bestimmt winkten alle Angesprochenen ab. Sie bewegten sich zielstrebig zu der bereitstehenden Autokolonne, dicht gedrängt wie eine verängstigte Schar von Internatszöglingen, die nur unter Aufsicht die Straße betreten dürfen. Auch durch ihre Kleidung glichen sie Zöglingen einer strengen Erziehungsanstalt. Ein jeder von ihnen trug einen dunkelblauen, schlecht sitzenden Anzug von der Stange, eine silbergraue Einheitskrawatte und Hüte aus billigstem Filz, deren Tragen den meisten offensichtlich unbekannt war. Bei dem einen saß der Hut tief im Nacken, bei dem nächsten bis zum Augenrand oder wiederum auf verwegene Kosakenart zur Seite geschoben und das Ohr verdeckend. Die bürgerliche, westliche Kleiderordnung war nachempfunden und den Trägern wohl nicht weniger lästig als zur Zeit Peters des Großen, der die altrussischen Kaftane durch Kniehosen und kurze Jacken mit Spitzenhemden ersetzen ließ.

Molotow und seine engsten Mitarbeiter fuhren durch die feuchtkalten Berliner Straßen, in denen kaum jemand am Straßenrand stehenblieb, zu der Sowjetbotschaft Unter den Linden 63. Die übrigen Delegationsmitglieder wurden in dem Gästehaus der Reichsregierung, dem gerade neu eingerichtetem Schloß Bellevue im Tiergarten, untergebracht. Ich stand zwar im Schloß Bellevue oder auf Abruf in der Wilhelmstraße als Dolmetscher ständig zur Verfügung, aber meine Dienste wurden nicht in Anspruch genommen. Ein perfekt Russisch sprechender Deutscher erweckte wohl allzu große Bedenken, ungeachtet der Tatsache, daß mein Lebenslauf dem sowjetischen Sicherheitsdienst in allen Einzelheiten bekannt war und ich keiner Frage auswich. So harmlos und unverfänglich ein Gespräch auch sein konnte, man witterte wohl sowjetischerseits hinter jeder auch noch so unschuldigen Frage einen geheimen Auftrag.

Bei allem gebotenem Mißtrauen gegenüber den Sicherheitsorganen der NS-Regierung kann ich jedoch reinen Gewissens versichern, daß ich weder vom Auswärtigen Amt, meiner vorgesetzten Behörde, noch von anderer Seite jemals einen Auftrag erhalten habe, irgendwelche Zuträgerdienste zu leisten. Dem Zweifel an der Wahrhaftigkeit einer derartigen Behauptung kann nur in der Weise begegnet werden, daß man ins Gedächtnis ruft, daß das totalitäre Sowjetsystem zu jenem Zeitpunkt eine immerhin fast fünfundzwanzigjährige Dauer aufzuweisen hatte, während Hitlers Regime in Deutschland sich erst seit sieben

Jahren etabliert und dessen Sicherheitsorgane noch längst nicht die absolute Perfektion ihres sowjetischen Gegenspielers erreicht hatten.

Zu den allerjüngsten Mitgliedern der Sowjetdelegation gehörte als Dolmetscher Sekretär Walentin Bereschkow, der schon einen Monat nach seiner ersten Berlin-Reise den bei der Sowjetbotschaft tätigen sprachgewandten Stalin-Protegé W. N. Pawlow ablösen sollte. In seinen Erinnerungen hat Bereschkow sich auch ziemlich eingehend mit dem Molotow-Besuch und seiner nachfolgenden halbjährigen Berliner Tätigkeit beschäftigt.

In der Schilderung des Gästehauses Schloß Bellevue erwähnt Bereschkow zwar eine feierliche Atmosphäre, die durch antikes Mobiliar, Vitrinen mit »schimmernden Porzellanfiguren und Geschirr« sowie durch Diener in goldbetreßten Livreen suggeriert worden sei, fügt jedoch hämisch hinzu: »Möglicherweise war auch schon von den Schätzen, die Hitlerfaschisten in den besetzten Ländern zusammengeraubt hatten, einiges hierhergelangt«.

Mit W.N.Pawlow sei er im Gefolge Molotows, eskortiert von Kradfahrern, zu den ersten Gesprächen mit Hitler und Ribbentrop zur Reichskanzlei gefahren. Molotow habe damit den Besuch Ribbentrops in Moskau im August 1939 erwidert, ein längst überfälliger Besuch, wie er sich geäußert hat. In seiner privatdienstlichen Korrespondenz mit Kurt Tippelskirch (OKH) schrieb General Köstring, der deutsche Militärattaché in Moskau, am 14. November folgendes: »Bei den ersten Verhandlungen über einen Besuch Molotows bei uns schlug dieser sich an die Brust und bekannte sich als reuiger Schuldner, da er Ribbentrops Besuche noch nicht erwidert hätte. Aber er wollte nicht so recht aus seinem Bau heraus. Was mag ihn oder seinen hohen Gebieter (Stalin) dann doch bewogen haben, unserer Einladung zu folgen? Die Reise Molotows ist für mich ein weiterer Beweis meiner seit jeher vertretenen Auffassung, daß die Sowjetunion Frieden mit uns haben will, da sie von einem Konflikt mit uns keinen Vorteil zu erwarten hat. Was sie im letzten Jahre an Landerwerb erreichte, fiel der Sowjetunion billig in den Schoß. Finnland war ein Beweis, daß andere Trauben sauer sind ... Die in letzter Zeit wieder stärker auftretenden Kriegsgerüchte wirken hier niederdrückend. Die Masse will keinen Krieg, es geht ihr nach allen Nachrichten aus der Provinz verpflegungsmäßig sehr schlecht ... In der großen Masse liegt sicher kein Expansionsdrang, sie will Ruhe und Nahrung haben«.

In der Beurteilung der Lage waren sich die leitenden Beamten der Botschaft in Moskau, aber auch der Militärattaché völlig einig; was ihnen aber bis zum Besuch Molotows unbekannt blieb, war der Katalog politischer und militärisch-strategischer Forderungen, die Molotow »in seinem Koffer« nach Berlin mitbringen sollte.

Die eigentlichen sachlichen Verhandlungen Ribbentrops und Hitlers mit Molotow und dem stellvertretendem Außenkommissar Dekanosow verliefen in strengster Klausur, zum Teil sogar unter Ausschluß Dekanosows und des Botschafters Schulenburg. Als allgegenwärtiger Dolmetscher und Sachverständiger der deutschen Botschaft in Moskau nahmen der trotz heftiger Kopfschmerzen und Übelseins äußerst konzentriert wirkende Gustav Hilger und W. N. Pawlow an allen wichtigen Besprechungen teil. Bereschkow übertreibt maßlos seine Dolmetscherdienste bei den Verhandlungen, in denen er – darin nicht unähnlich meiner eigenen bescheidenen Rolle – nur am Rande, gewissermaßen als »Lehrling« des im Dolmetschen erfahrenen und politisch versierten Pawlow, auftreten durfte. Der kleingewachsene Pawlow war im Auswärtigen Amt ein halbes Jahr später so frisch im Gedächtnis, daß Paul Schmidt ihn mit dem bei der Kriegserklärung tatsächlich anwesenden Bereschkow verwechselte.

Peter Kleist findet eine andere Erklärung für das besondere Vertrauensverhältnis, das zwischen Stalin und dem »kleinen, blonden« Pawlow bestand. Danach sei der Dolmetscher-Sekretär ein illegitimer Sohn des georgischen Diktators und einer deutschen Wolgakolonistin namens Schmidt gewesen. Seine hervorragenden deutschen Sprachkenntnisse habe er während eines längeren Aufenthalts in Gera erworben, wo er unter dem Namen Schmidt aufgetreten sei. 1940 war er in Berlin der »ständige Schatten« des damaligen Sowjetbotschafters Schkwarzew und unentbehrlicher Dolmetscher bei allen Gesprächen, die dieser mit Ribbentrop, Kleist und anderen hohen Beamten des Auswärtigen Amts geführt hat. Über die Herkunft seines »fehlerfreien und fast akzentlosen Deutsch« hätte er jedoch keine Auskunft geben wollen, obwohl seine Wortwahl und Verwendung von Idiomen verrieten, daß seine Kenntnisse nicht von einer sowjetrussischen Hochschule herstammen konnten. Auf eine anzügliche Bemerkung Ribbentrops, es sei erstaunlich, daß er in wenigen Wochen seines Aufenthaltes in Deutschland ein so tadelloses Deutsch gelernt habe, gab Pawlow zur Antwort: »Bitte, Exzellenz, deswegen keine Vorbeimärsche«. Wie dem auch sein mag, Pawlows eigene Marschrichtung zu einer Spitzenstellung in der sowjetischen Diplomatie schien vorgezeichnet zu sein. Nach Stalins Tod wurde es auffallend still um ihn.

Während seines genau achtundvierzigstündigen Aufenthalts in Berlin führte Molotow zwei ausgedehnte Gespräche mit Hitler, zwei weitere mit Ribbentrop und besuchte Rudolf Hess und Hermann Göring. Mit dem ersten unterhielt er sich über den organisatorischen Aufbau des NS-Staates, mit dem zweiten über deutsch-russische Handelsbeziehungen. Dabei kam auch der Rückstand an Lieferungen von Werkzeugmaschinen und Industrieeinrichtungen auf deutscher Seite zur Sprache. Görings Einwand, daran sei der kriegsbedingte große Eigenbedarf schuld, widerlegte Molotow mit dem Hinweis, daß Deutschland infolge der Besetzung wichtiger Industriestaaten in Europa daran weniger Mangel leide als die Sowjetunion. Göring erklärte daraufhin unzweideutig, der Umfang an technischer Hilfeleistung, den die Sowjetunion in Anspruch nehme, käme einer Auslieferung von Produktionsgeheimnissen gleich. Man schied trotzdem – wie Hilger berichtet – in freundschaftlichem Einvernehmen.

Über die politischen Verhandlungen liegt inzwischen ein umfangreiches Aktenmaterial aus den deutschen Archiven vor, desgleichen Erinnerungen und historische Darstellungen. Zu den wichtigsten Quellen gehören nach wie vor die Aufzeichnungen Hilgers, da dieselben eine konzentrierte Zusammenfassung des die Gespräche vermittelnden Dolmetschers darstellen.

Bei der ersten Begrüßung Molotows sei Hitler in überraschender Weise liebenswürdig gewesen. Ihm sei es sichtlich darauf angekommen, Molotow sachlich und persönlich für sich zu gewinnen. Nicht zuletzt wohl auch mit Rücksicht auf Stalin selbst. Aber schon am zweiten Verhandlungstage seien die gegensätzlichen Zielvorstellungen derartig offen zutage getreten, daß mit einer Verständigung nicht mehr zu rechnen gewesen sei.

Während Hitler den Krieg für Deutschland als bereits gewonnenen betrachtete und eine Teilung der Kriegsbeute durch Ablenkung der Sowjetunion in Richtung auf den Persischen Golf und das »britische Erbe« vorschlug, verlangte Molotow eine Klärung ganz konkreter Fragen. Diese betrafen eine Anerkennung sowjetischer Interessen in Europa. Im Widerspruch zu den Verträgen, so hob Molotow hervor, hätte Deutschland seine Truppen aus Finnland nicht zurückgezogen und die rumänischen Grenzen garantiert. Als Voraussetzung für einen Beitritt der Sowjetunion zum Dreimächtepakt äußerte er Absichten hinsichtlich der Schaffung von Sicherheiten für die Sowjetunion in Bulgarien, am Bosporus und in den Dardanellen. Das hartnäckige Bestehen Molotows auf einer klaren Beantwortung dieser Fragen hätte Hitler in »wachsende Erregung« versetzt.

Die Gespräche mit Molotow haben Hitler zweifelsohne die von ihm erwünschte Klärung der Absichten Stalins und die endgültige Bestätigung dessen verschafft, daß dem »russischen Drang nach dem Westen« nur durch einen »europäischen Krieg« zu begegnen sei. Bei den unmittelbaren Anrainern der Sowjetunion – Finnland, Ungarn, Rumänien, die von ihm geschaffenen neuen Staaten, die Slowakei und Kroatien – wußte er, daß sie notgedrungen auf seiner Seite stehen würden. Ideologisch zählten auch das frankistische Spanien, dem er im Bürgerkrieg zum Sieg verholfen hatte, wie auch das von England enttäuschte Vichy-Frankreich, zu seinen Sympathisanten. Mit wohlwollender Neutralität durfte er bei der von dem sowjetischen Nachbarn bedrohten Türkei, der sowjetfeindlichen Schweiz und auch bei den Finnland freundlich gesonnenen Schweden rechnen. Er war daher zutiefst davon überzeugt, einer Aggression des von Stalin neu erweckten »russischen Imperialismus« zuvorkommen zu müssen. Der »Plan Barbarossa« nahm bei Hitler in diesem Augenblick seine endgültige Gestalt an.

Am Abend des 13. November hatte Molotow in einem abschließenden Gespräch mit Ribbentrop erneut das unabdingbare Interesse der Sowjetunion am gesamten Balkan und auch an einer freien Durchfahrt aus der Ostsee, d. h. durch die dänischen Meeresengen, bekundet. Damit wurde das i-Tüpfelchen auf die Unvereinbarkeit der deutschen und sowjetischen Interessen gesetzt.

Wie nicht anders zu erwarten, trat die Erfolglosigkeit der Molotow-Mission nicht unmittelbar zutage. Über den Verlauf der Verhandlungen erfuhr man nicht das Geringste, weder aus der deutschen noch aus der sowjetischen Presse, aber aus dem

Schweigen auf beiden Seiten wurden entsprechende Schlußfolgerungen gezogen. Daß man sich nicht einigen konnte, war nach den spärlichen Pressekommentaren nur allzu offensichtlich. Wer aber hätte vermuten können, daß ein Entgegenkommen gegenüber den sowjetischen, maßlos überzogenen Wünschen ausgerechnet den Pangermanismus zum Testamentsvollstrecker des russischen Panslawismus gemacht hätte. Seine »allgemeinen Eindrücke« von der Reise Molotows nach Berlin hat Hilger nach Rückkehr General Köstring übermittelt, der darüber in einem Schreiben an Kurt von Tippelskirch (OHK) vom 21.11.1940 berichtet hat. »Die beiden von der Botschaft beteiligten Persönlichkeiten, der Botschafter und Hilger, schweigen sich zunächst aus. Ich möchte annehmen, daß, wie bei der vorjährigen Reise Ribbentrops auch ich es tun mußte, wir eine Vereinbarung unterschrieben haben, keinerlei Auskunft über die Verhandlungen zu geben. Allgemein wurde anerkannt, daß das Geheimnis über die bevorstehende Reise Molotows so gut bewahrt war, daß nichts in die Außenwelt gedrungen ist. ...« Hilger ist bei sämtlichen Unterredungen, außer den vier Hauptbeteiligten (Hitler, Ribbentrop, Molotow, Dekanosow) anwesend gewesen. Denn er war ja der einzige Russischsprechende und mit der ganzen Materie Vertraute. Es ist erstaunlich, daß Hilger diese täglichen vielstündigen Besprechungen durchgehalten hat. Denn infolge einer Grippe litt er an dauerndem starken Nasenbluten. Das nebenbei. Aber ich habe alle Hochachtung vor der Energie meines alten Freundes. Hilger schilderte mir die Atmosphäre und den Ton, der die beiden Tage bei den Unterredungen geherrscht hätte, als einen freundschaftlichen und beiderseits entgegenkommenden. Das nach englischen Zeitungen an diesem Tage starke stattgefundene Bombardement Berlins hat Molotow auf keine Weise beobachten können, da nichts davon zu merken war. Die vielen ausländischen Zeitungsmeldungen über Zweck und Erfolg des Besuches werden Ihnen ja auch bekannt sein, als da sind: »Frieden in Finnland. Zusage der Erfüllung der den Russen noch schuldigen Lieferungen durch Gleichstellung der russischen Rüstungsbestellungen mit unseren eigenen Rüstungsaufträgen (dazu war Schnurre – Ostwirtschaftsexperte – als Einziger von unserer Botschaft mitgefahren), Abgrenzung der Interessensphären im Osten, d. h. Meerengen, russische Interessen im Iran. Als japanischer Beobachter, konnte ich feststellen, war der Botschaftsrat der hiesigen japanischen Botschaft tags vorher nach Berlin geflitzt. ... Im übrigen kann ich immer wieder feststellen, daß das leitende Motiv der russischen Politik die Angst oder die Achtung vor uns ist.«

Zu Ehren der sowjetischen Delegation gab Ribbentrop einen Empfang in dem in der Nähe des Auswärtigen Amts, am Wilhelmsplatz gelegenen Hotel »Kaiserhof«. Die ganze Umgebung des Hotels war durch Sicherheitsbeamte abgesichert. Alle maßgeblichen oder potentiell gefährlichen weißrussischen Emigranten waren auf Staatskosten in die weitere Umgebung von Berlin gebracht worden. Die deutschen Staatssicherheitsorgane befürchteten einen Attentatsversuch auf Molotow und kooperierten weisungsgemäß mit den sowjetischen Sicherheitsbeamten. Jeder Lieferanteneingang zum Hotel wurde hermetisch abgeschlossen und überwacht.

Ich fand mich zu dem Empfang in der vorgeschriebenen schwarzen Uniform mit silbernem Koppel und Ehrendolch ein. Alles was in Berlin Rang und Namen hatte, schien zugegen zu sein. Als einer der ersten bat mich Franz von Papen um Vermittlung eines Gesprächs mit dem stellvertretenden Außenkommissar Dekanosow. Auf diese Weise begegnete ich dem kurzleibigen, vor Energie strotzenden Georgier zum ersten Male. Beide Gesprächspartner wußten ganz offensichtlich genauestens Bescheid übereinander. Die konventionellen Floskeln ihres Gesprächs ließen den Doppelsinn ihrer abtastenden Äußerungen erraten. Als Dekanosow zu einem anderen Gesprächspartner hinüberwechselte, meinte von Papen gegenüber einem Amtsangehörigen: »Dieser Mann könnte einem als Gegenspieler zu schaffen machen.«

Beim offiziellen Abendessen war ich am rechten Flügel der riesigen Hufeisentafel plaziert. Das Unbehagen, das sich meiner bemächtigte, als ich gewahr wurde, daß mein Tischnachbar zur Rechten kein anderer als der stellvertretende Innenkommissar Merkulow und sein Gegenüber Kaltenbrunner waren, ließ mich zunächst den Atem einhalten. Neben Kaltenbrunner saß Lammers, dem es offensichtlich diebische Freude machte, ein Gespräch zwischen den beiden Sicherheitsbeamten in Gang zu bringen. Zur Aufmunterung der »Berufskollegen« ließ er die Kellner immer wieder Sekt nachschenken und stellte dauernd Fragen, die ich zu übersetzen hatte. Kaltenbrunner zeigte aber

Lammers die »kalte Schulter« und knurrte ihn an, er möge doch mit den »blöden Fragen« aufhören. Ich bemühte mich als »Alleinunterhalter« um Merkulow, der sich als bescheidener »Prolet« zu erkennen gab und von dem Kellner verlangte, daß er das halbe Dutzend Gläser vor seinem Gedeck abräume. Und als ein riesiger Hummer serviert wurde, wies er das »gräßliche Seeungeheuer« entrüstet zurück und schaute belustigt zu, wie ich mit unverkennbarem Appetit das Monstrum mit »Spezialwerkzeugen«, die er genau untersuchte, auszuhöhlen verstand. Die Befangenheit Merkulows war nicht zu übersehen, als Molotow sein Sektglas auf das Wohl Hitlers und des Großdeutschen Reiches leerte. Er tat so, als hätte er Molotows Toast überhört, und rührte sein Sektglas nicht an. Bevor jedoch das Dessert serviert wurde, heulten die Sirenen der Luftwarnung. Ribbentrop versuchte die Unruhe, die sich der Gäste bemächtigte, zu beschwichtigen. »Unsere britischen Freunde«, meinte er sarkastisch, »wollen sich sicherlich beschweren, daß sie zu dem Bankett nicht eingeladen worden sind, aber ihr Feuerwerk wird uns keineswegs stören. Unsere Gespräche können wir in den Schutzräumen fortsetzen.« Von dieser Einladung zu Gesprächen auf der »unteren Ebene« des Kaiserhofs machte jedoch keiner der sowjetischen Gäste Gebrauch. Ohne Überstürzung, aber mit beschleunigtem Schritt verließ die Delegation das Hotel. Durch die verdunkelten Straßen, über denen nur die Scheinwerfer der Luftabwehr ihre den Himmel abtastenden Arme ausstreckten, fuhr die Autokolonne allerdings mit höchster Geschwindigkeit.

Zu einem Abschiedsessen hatte Molotow die deutsche Prominenz in die Sowjetbotschaft Unter den Linden 63 eingeladen. Da die Plazierung der einander den Rang streitig machenden Vertreter von Staat, Wehrmacht und Partei selbst dem deutschen Protokoll Schwierigkeiten bereitete, assistierte ich bereits eine Stunde vor dem Eintreffen der Gäste dem Chef des Protokolls Alexander (Sandro) Freiherr von Dörnberg bei dem »Kartenlegen« auf der Sowjetbotschaft. Anhand einer von Erika Pappritz, der unentbehrlichen ersten Dame des Berliner Protokolls, ausgeklügelten Rangordnung steckten wir die Namenskärtchen vor jedes einzelne Gedeck der etwa zweihundert geladenen Gäste. Auf den samtenen Protokollkissen mit den jeweiligen Tischprofilen wurden von uns alsdann in einem zum Speisesaal führenden Salon die winzigen Steckkarten angebracht, um die Gäste über ihren Sitzplatz zu orientieren. Wir arbeiteten unter Zeitdruck und wischten uns immer wieder ungeniert den Schweiß von der Stirn.

Für protokollarische Spitzfindigkeiten zeigten die Russen volles Verständnis, denn schon im 16. Jahrhundert führte die Tischordnung am Zarenhofe zu Fehden zwischen den Feudalherren, die oftmals mit Waffen ausgetragen wurden. Die Tradition des Placements bei offiziellen Banketts dürfte im Kreml in gleicher Weise gewahrt geblieben sein, wie die Nähe zu dem Kremlherren Stalin auf der Ehrentribüne des Lenin-Mausoleums beim Vorbeimarsch der Truppen und der »jubelnden Volksmassen« an den offiziellen sowjetischen Festtagen. So wurde von dem diplomatischen Korps bei der Parade am 7. November 1940, dem »Tag der großen Sozialistischen Revolution«, d. h. kurz vor dem Molotow-Besuch in Berlin, mit gewissem Staunen vermerkt, daß Dekanosow auf der Tribüne neben Stalin und Molotow ein Platz zugewiesen worden war. Dies hob seine Bedeutung in der Kremlhierarchie hervor.

Das russische »Gesandtenpalais« zeigte noch verblassende Spuren der einstigen zaristischen Prunkausstattung; die schweren rotsamtenen Portieren mit goldenen Schnüren und Troddeln waren leicht zerschlissen, die Rokokomöbel ein wenig lädiert, die monumentalen Spiegel ergraut, aber deren Gesamtwirkung blieb repräsentativ. Mir fiel dabei ein, daß das Zarenreich in Berlin jahrzehntelang durch meine baltischen Landsleute, die loyalsten »Stützen des russischen Thrones«, vertreten gewesen ist. Die Wahrnehmung russischer Staatsinteressen fiel ihnen nicht schwer, denn sie pflegten die deutsch-russischen Beziehungen in einem deutschen Staat als Vertreter einer deutschstämmigen Dynastie. Auch Dörnberg, den ich darauf aufmerksam machte, erinnerte sich dessen, daß einige seiner Vorfahren im »Petersburger« Rußland Dienst leisteten.

Der Krimsekt-Empfang wie auch das opulente Essen mit viel Kaviar und Wodka verlief in gelockerter Stimmung, mit den obligaten Toasts auf Hitler und Stalin, zu denen sich Ribbentrop und Molotow verpflichtet fühlten. Meine Dolmetscherdienste waren gefragt, aber die konventionellen Gespräche verrieten nichts von den Unstimmigkeiten und Verstimmungen der inzwischen abgeschlossenen Verhandlungen. Ich hatte zwar Gelegenheit, Hilger kurz zu sprechen und Schulenburg, der mich als

Kulturattaché nach Moskau holen wollte, zu begrüßen, aber keiner von beiden verriet auch nur durch eine Miene die völlige Erfolglosigkeit des Molotow-Besuches. Auch dieser endete mit einem Fliegeralarm, und diesmal waren es die deutschen Gäste, die sich schleunigst nach Hause begaben.

Bei der Abreise der Sowjetdelegation war die Stimmung auf beiden Seiten ungefähr die gleiche: man war froh, daß das Händeschütteln und der Austausch von »Artigkeiten« zu Ende war. Daß der Hitler-Stalin-Pakt das gegenseitige Mißtrauen nicht zu überwinden vermochte, zeigte die Entwicklung der deutsch-sowjetischen Beziehungen in den allernächsten Monaten. Man war wieder an jenem Punkt angelangt, der die völlige ideologisch-politische und strategisch-militärische Unvereinbarkeit der auseinanderstrebenden imperialen Interessen unter Beweis stellen sollte. Cäsars »alea iacta est« (der Würfel ist geworfen) war bei Hitler eine beschlossene Sache. Das »Unternehmen Barbarossa« war nicht mehr abzuwenden.

Deutschlands verhängisvolle Nacht – die Kriegserklärung an die Sowjetunion vom 22. Juni 1941

Am Abend des 21. Juni 1941 besuchte mich ein Studienfreund, der mit seiner Einheit von der Atlantikküste abgezogen war und sich auf der Durchreise nach Polen befand. Wir rätselten nicht wenig darüber, was wohl diese unerwartete Abkommandierung nach dem »stillen Osten« zu bedeuten habe. Gewisse Bedenken, ob es die Stille vor einem Sturm bedeutete, waren nicht von der Hand zu weisen. Von einem westukrainischen Pfarrer, dem ich ein Jahr zuvor bei der Evakuierung seiner Angehörigen aus Wolhynien nach dem deutschbesetzten Cholm behilflich gewesen war, und der sich gelegentlich durch Lebensmittelsendungen für diese Hilfeleistung bedankte, erhielt ich die Nachricht, daß die Post deren Annahme seit zwei Wochen verweigere. Er berichtete außerdem, daß in allen Dörfern am Bug neueingetroffene deutsche Truppeneinheiten einquartiert worden seien. Bedenklich erschien mir auch die Tatsache, daß ich seit drei Tagen auch außerhalb meiner Dienststunden im Auswärtigen Amt als Dolmetscher ständigen Bereitschaftsdienst hatte und zu jeder Stunde telephonisch erreichbar sein sollte. Und da wir bei unseren Zusammenkünften oftmals bei Stefan George, unserem »delphischen Orakel«, Rat zu holen pflegten, schlug ich aufs Geratewohl das »Neue Reich« auf und setzte ohne Hinzuschauen den Zeigefinger auf die Schlußstrophe des Gedichts »Der Krieg«: »Eine weile währt noch nacht/Doch diesmal kommt von Osten nicht das licht«.

»Soll denn von Osten her die Finsternis einbrechen«, fragte ich nicht ohne Besorgnis meinen Freund, bevor ich ihn zum nahegelegenen Bahnhof Zoo begleitete. Als der Zug sich in Bewegung setzte, rief er mir als Antwort auf meine unbeantwortet gebliebene Frage die allerletzte Strophe des Kriegsgedichts zu: »Sieger bleibt/wer das Schutzbild birgt in seinen marken/Und Herr der zukunft wer sich wandeln kann«. Die Fahrt gen Osten führte ihn in einen frühen Soldatentod; mir aber war es beschieden, vier

Jahre danach in gleicher Richtung in eine zehneinhalbjährige Kriegsgefangenschaft zu ziehen. Georges Verheißung wurde mir gleichsam zum Wappenspruch, der zur Abwehr, zur Bewährung, zum Durchhalten im zermürbenden täglichen Kleinkrieg des Gefangenen gegen seine Peiniger aufrief.

In der Nacht vom 21. zum 22. Juni 1941 hatte ich eine knappe Stunde geschlafen, als meine Mutter mich weckte. Sie drückte mir den Telefonapparat in die Hand. »Ein dringender Anruf vom Amt«, flüsterte sie mir zur. Mein Vorgesetzter in der Abteilung Protokoll, Legationsrat Dr. Hans Strack, teilte mir mit, ich würde in etwa fünfzehn Minuten mit dem Dienstwagen abgeholt werden. Dienstanzug mit Koppel sei vorgeschrieben, »volle Kriegsbemalung«, wie es privat im Amtsgebrauch hieß. Es war gegen 2 Uhr morgens. Ich hatte gerade noch Zeit, im Hinausgehen eine Kolatablette und einen Schluck heißen Kaffee zum Wachwerden zu mir zu nehmen. Mit der meiner Mutter eigenen Intuition erahnte sie, daß irgendein außergewöhnliches und überpersönliches Ereignis bevorstand. »Gott segne Dich und stehe uns allen bei. Soll dieser Krieg denn kein Ende nehmen?« fragte sie, an mir vorbei redend, und rückte meine hohe schwarze Uniformmütze mit dem Reichsadler zurecht. Über den Wittenbergplatz ging die Fahrt durch die menschenleeren, durch Fliegeralarm in der Nachtruhe nicht gestörten Berliner Straßen zur Stadtmitte. Vor der grünlackierten Toreinfahrt in der Wilhelmstraße 76 hielt der Mercedes-Dienstwagen. Ich sprang ab und eilte an der Portierloge vorbei zu meiner rechts von der Einfahrt im Parterre gelegenenen Dienststelle. Mir fiel auf, daß die nur bei besonderen Anlässen beleuchtete Stiege mit den beiden steinernen »wachhabenden Löwen«, durch die festlichen Biedermeier-Kandelaber beleuchtet war. Dieser Treppenaufgang führte direkt zu dem ehemaligen, von Ribbentrop vor einiger Zeit verlassenen Arbeitszimmer Bismarcks. In dem weißen Stiegenhaus erschien mir der grellrote Läufer röter und leuchtender als je zuvor. Wie frisch vergossenes Blut, wollte es mir scheinen.

In sämtlichen Räumen der Abteilung Protokoll herrschten Unruhe und Betriebsamkeit. Als ich Dr. Strack gegenüberstand, drückte er mir mit tiefernstem Gesichtsausdruck die Hand. »Den Russen wird nun auch noch der Krieg erklärt. Stellen Sie bitte die Verbindung zur Sowjetbotschaft her.« Diese nachdrücklich und verlangsamt gesprochenen Sätze verrieten mir die unausgesprochene eigene Meinung von Dr. Strack, die sinngemäß soviel wie »Das hat uns gerade noch gefehlt!« heißen mochte. Es fiel mir nicht leicht, die Fassung zu bewahren. Es wurde mir blitzschnell bewußt, daß ich – ein Neuling im diplomatischen Metier – ausersehen war, in einer Tragödie weltgeschichtlichen Ausmaßes eine Unheil verkündende Heroldrolle zu übernehmen – die eines namenlosen Schicksalsboten, eines gleichmütigen Überbringers einer fatalen Nachricht. Es ging mir wie einem Menschen in höchster Lebensgefahr, der in Bruchteilen einer Minute sein Leben in nuce vorbeiziehen sieht. In einer Art Schattenbeschwörung zogen an mir die Gestalten meines Vaters und anderer mir bekannter Opfer des Stalinregimes vorbei. War ich deswegen von der Nemesis und meinen Vorgesetzten auserwählt, die Stimme des Schicksals zu sein? Als ich mich dem Telefon auf Dr. Stracks Schreibtisch näherte, tauchte bereits der nächste naheliegende Gedanke auf. Der Krieg im Osten bedeutete – wie immer auch dessen Ausgang sein mochte –, auf beiden Seiten den Untergang von Millionen Menschen und die Zerstörung von unersetzlichen Kunst- und Geschichtsdenkmälern auf osteuropäischen Boden. An einen »gerechten« Krieg zu glauben, hinderte mich mein Geschichtsbewußtsein. Wenn aber der Krieg im Osten einen Sinn haben sollte, dann wäre es die Befreiung vom Stalinregime gewesen. Ich war mir indes nicht gewiß, ob zu dem alten Unrecht und Übel nicht neues treten könnte. Im Zwiespalt dieser Überlegungen hob ich mit leise bebender Hand den Telefonhörer ab und wählte die Nummer der Sowjetbotschaft.

Dort meldete sich sofort Walentin Bereschkow, der Sekretär und Dolmetscher des Botschafters, dem ich den Wunsch des Reichsaußenministers übermittelte, Herrn Dekanosow in etwa einer halben Stunde in der Wilhelmstraße zu empfangen. Der Botschafter würde in einer Viertelstunde von dem Dienstwagen der Abteilung Protokoll abgeholt werden. Ich unterdrückte so gut es ging meine Erregung, die sich wohl nur durch eine leichte Heiserkeit verriet. Ich merkte aber, wie auch bei meinem Gesprächspartner am anderen Ende des Drahtes der Atem stockte. Zu einer so frühen Stunde hatte selbst Ribbentrop, der als Nachtarbeiter bekannt war, noch keinen Diplomaten ins Auswärtige Amt bestellt. Bereschkow faßte sich schnell und erkundigte sich, ob es sich um die von dem Botschafter seit Tagen erbetene Zusammenkunft mit dem Reichsaußenminister handele. Ich erwiderte wahrheitsgemäß, daß mir darüber nichts bekannt sei, denn ich gehörte nicht zum Arbeitsstab des Ministerbüros. Auch Bereschkows Stimme vibrierte, als er mir versicherte, daß der Botschafter selbstverständlich in einer Viertelstunde abholbereit sein würde. Als ich aufhängte, schaute ich auf meine Armbanduhr. Es war 2.45 mitteleuropäischer Zeit. Daß die Kriegshandlungen um 3.15 beginnen würden, war mir noch nicht bekannt. Gemäß dem bereits vorliegenden protokollarischen »Minutenprogramm«, war für die Unterredung mit Dekanosow die Zeit zwischen 3.30 und 4 Uhr vorgesehen. Dieser sollte die Unterrichtung der Missionschef aller befreundeten und neutralen Staaten folgen.

Bis zur Ankündigung des neuen Unheils, der nächstfälligen Kriegserklärung Hitlers, blieb mir nichts anderes übrig, als gleichsam in ein Kaleidoskop zu schauen, das mich als Kind faszinierte, und in welchem bei jeder Gedankenassoziation die Erinnerungen an meine Kindheit und frühen Jugendjahre in Moskau durcheinanderwirbelten. Während Herr Strack sich am Schreibtisch von der schwerwiegenden Entscheidung dieser verhängnisvollen Nacht durch das Ordnen protokollarischer Akten abzulenken versuchte, starrte ich in eine Zeitung, ohne zu lesen. Die halbe Stunde zwischen Krieg und Frieden im Osten war alsbald abgelaufen. Dr. Strack, der meinen Lebenslauf genau kannte, entging nicht mein starrer Blick in die Zeitung. »Ich weiß, woran Sie jetzt denken«, versetzte er, die Akten beiseite schiebend, »die Viertelstunde ist bald um, wir müssen Dekanosow abholen. Das Schicksal nimmt seinen Lauf. Wir können daran nichts ändern«.

Wir fuhren im Protokoll-Mercedes durch die dämmerungsfahle Wilhelmstraße und an einigen Häuserblocks weiter. Unter den Linden hielt der Wagen vor dem schmucklosen zweistöckigen Gebäude Nummer 11, dem ehemaligen »Kurländischen Palais« der Herzöge Biron, das von dem Zaren Nikolaus I. für den kaiserlich-russischen Gesandten angekauft, nunmehr das Wappen der Union der sowjetischen sozialistischen Republiken trug. Lautlos öffnete sich auf mein Klingeln, die – von innen beobachtete – massive Eichentür. Als Dr. Strack und ich die Stiege betraten, kamen uns Dekanosow und Bereschkow entgegen. Wir begegneten einander auf dem Treppenabsatz, begrüßten uns durch Händedruck und wechselten einige unverbindliche Höflichkeitsfloskeln. Im Dienstwagen, der uns dem Brandenburger Tor nahebrachte, deutete Dekanosow auf das frischfarbene Morgenlicht über dem Tiergarten und meinte: »Es verspricht ein herrlicher Tag zu werden«. Ich übersetzte und Dr. Strack antwortete vieldeutig: »Wir wollen es hoffen, Herr Botschafter«. In der Rückerinnerung an bedeutsame Ereignisse gewinnen selbst die trivialsten Äußerungen eine symbolträchtige Bedeutung.

Daß Dekanosow und sein junger Begleiter Außergewöhnlichem entgegensahen und das Schlimmste befürchteten, ließ sich deutlich an ihrer mühsam unterdrückten Nervosität erkennen. Mir fiel in diesem Augenblick mit Lenskijs Arienfrage »Was bringt uns der kommende Tag?« Tschaikowskijs Melodie ein, und die beiden Vertreter der Sowjetunion – den Georgier und den Russen – anschauend, fragte ich mich mit Puschkin, dem Verfasser des »Eugen Onegin«: »Feinde seit wann?«.

Der Gedanke, daß unsere beiden Begleiter in Kürze zu Feinden erklärt würden, ließ mich erschaudern.

Wir verließen den Wagen vor der grünen Tortür in der Wilhelmstraße 76 und sahen uns plötzlich von einigen Film- und Fotoreportern umgeben, die uns ins Kreuzfeuer ihrer Kameras nahmen. Goebbels ließ es sich nicht entgehen, »die Kampfansage an den Bolschewismus« für die Nachwelt visuell festzuhalten; den historischen Augenblick brachte die UFA-Wochenschau dem Kinobesucher nahe.

Auf der hellerleuchteten Stiege folgten Bereschkow und ich den nach der Reporterattacke mit beschleunigtem Schritt vorauseilenden Dekanosow und Strack. Die uniformierten Adjutanten Ribbentrops nahmen stramme Haltung an, grüßten mit erhobenem Arm, und der Chefadjutant wies den Weg ins Arbeitskabinett Bismarcks. Ribbentrop stand vor dem Schreibtisch des früheren Reichskanzlers, neben ihm der Chef des Ministerbüros und Chefdolmetscher Dr. Paul Schmidt. In weiterem Abstand eine kleine Gruppe von Beamten, nicht mehr als drei bis vier. Man sah Ribbentrop zwar eine gewaltsam unterdrückte Erregung an, aber die künstliche Sonnenbräune in seinem Gesicht ließ keine Hautrötung erkennen. Er trat Dekanosow einige Schritte entgegen und begrüßte ihn mit einem stummen Händedruck.

Dekanosow setzte an, um eine Erklärung der Sowjetregierung zu übermitteln. Ribbentrop unterbrach ihn mit der Bemerkung, die Reichsregierung habe ein Memorandum zur Kenntnis des Botschafters zu bringen. Auf seinen Wink hin trat Dr. Schmidt einige Schritte vor und begann ein mehrseitiges Dokument zu verlesen. Einer aus mehreren Punkten bestehenden Präambel, in der die Sowjetunion einer deutschfeindlichen Politik und des Vertragsbruches bezichtigt wurde, folgte eine detaillierte Aufzählung von Grenzzwischenfällen, Überfliegen deutschen Hoheitsgebietes und anderer Aktionen, die einen untrüglichen Beweis geliefert hätten, daß die Sowjetunion im Begriff sei, »Deutschland in seinem Existenzkampf in den Rücken zu fallen«.

Als Bereschkow, der neben seinem Botschafter stand und diesem die »ideologische Präambel« ins Ohr flüsternd übersetzt hatte, sich anschickte, auch die einzelnen Fakten und Daten der Grenzverletzungen zu übersetzen, winkte Dekanosow ab. Die Schlußfolgerung des Memorandums war vorauszusehen.

Bereschkow strich sich in offensichtlicher Ratlosigkeit mit der rechten Hand mehrfach durch seinen dichten Haarschopf. Da ich nur zwei Schritte hinter dem Rücken von Dekanosow stand, um ihm über die Schulter die Äußerungen Ribbentrops zu übersetzen, konnte ich beobachten, wie sein kahler Hinterkopf allmählich rot anlief und seine steif herabhängenden Hände sich verkrampften. Als ich den massiven Hinterkopf des beinahe halslosen Sowjetbotschafters anstarrte, konnte ich nicht ahnen, daß dieser zwölf Jahre später in der Moskauer Lubjanka einen Genickschuß empfangen, und daß sein Gegenüber, der Reichsaußenminister, bereits vier Jahre danach am Galgen in Nürnberg sterben würde.

Ribbentrop stützte sich während der Verlesung des Memorandums leicht auf Bismarcks Schreibtisch mit der bronzenen Erinnerungsplakette, die an dessen diplomatische Tätigkeit und internationale Erfolge erinnerte. Zu diesen gehörte vor allem die Festigung der freundschaftlichen Beziehungen zu Rußland. Ob Ribbentrop dabei auch die von ihm selbst häufig wiederholte Warnung des Alt-Reichskanzlers vor einem Zweifrontenkrieg durch den Kopf ging? Alle Zeichen deuteten eher darauf hin, daß Ribbentrop im Begriff war, die Bismarcksche Reichspolitik endgültig zu begraben. Beim Anhören des Memorandums wirkte er zwar immer noch steif, aber viel entspannter, als habe er eine schwere Last von seinen Schultern abgewälzt.

Die Verlesung des umfangreichen Memorandums (dessen vollständiger Text unauffindbar bleibt) dauerte etwa zwanzig Minuten. Die vorgesehenen dreißig Minuten der Unterredung mit Dekanosow – eine offizielle Kriegserklärung war auf Hitlers persönliche Weisung durch die Worte »dieser Bedrohung (durch die Sowjetunion) ist mit allen zur Verfügung stehenden Machtmitteln entgegenzutreten« ersetzt – waren durch die Verlesung des Memorandums beinahe ausgefüllt. Der Wortlaut des Memorandums wurde von Dr. Schmidt dem sowjetischen Botschafter nach der Verlesung ausgehändigt, worauf dieser nichts weiteres zu sagen hatte als einige Mal zu wiederholen: »Wesma soschaleju« (ich bedauere es zutiefst). Nach einer Erklärung Ribbentrops, er habe dem Memorandum nichts weiter hinzuzufügen und daß auch er bedauere, daß seine Bemühungen um eine Verständigung mit der Sowjetunion erfolglos geblieben seien, fügte er hinzu, daß die Abreiseformalitäten für das Botschaftspersonal und die sonstigen Sowjetbürger von der Abteilung Protokoll geregelt würden. Dekanosow und Bereschkow verließen darauf ohne nochmaligen Händedruck Bismarcks Arbeitszimmer. Die Annullierung der Grundsätze Bismarckscher Ostpolitik war der letzte offizielle Akt in jenem Arbeitskabinett, in welchem die maßgeblichen Entscheidungen seiner Reichskanzlerzeit getroffen worden waren.

Als Dr. Strack und ich dem Sowjetbotschafter und seinem Sekretär auf dem Fuße folgten, rührte sich Ribbentrop nicht von der Stelle. Auf der Rückfahrt zur Sowjetbotschaft wurde zwischen uns und den Sowjetrussen kein weiteres Wort mehr gewechselt. Wir verabschiedeten uns nur mehr durch ein stummes Kopfnicken. Die schwere Eichentür Unter den Linden 11 öffnete sich auf Bereschkows Klingeln geräuschlos und verschlang die beiden Vertreter der Sowjetunion. Alsbald sollte ich aber beide wiedersehen und mit ihnen täglichen Umgang pflegen.

Beklommen, wie nach einem Leichenbegängnis, kehrten Dr. Strack und ich in die Wilhelmstraße zurück, wo in der Protokollabteilung Hochbetrieb herrschte. Es wurden noch immer Telefonverbindungen zu den in Berlin akkreditierten Vertretungen befreundeter und neutraler Staaten hergestellt. Als erster Missionschef war termingerecht, um 4 Uhr morgens, der elegante und leicht arrogante Italiener Dino Alfieri eingetroffen. In einem Abstand von 5 bis 10 Minuten trafen nacheinander die anderen geladenen Botschafter und Gesandten ein, um von Ribbentrop über die Kriegserklärung an die Sowjetunion unterrichtet zu werden. Wenn der Anlaß nicht den Tod von Millionen Menschen bedeutet hätte, wäre dieses Defilee mit einer »Gratulationstour« zu vergleichen gewesen. Was aber niemand zu jenem Zeitpunkt ahnen konnte: dieser Akt war gleichzeitig eine Verabschiedung von der Machtstellung des »Dritten Reiches« in der Welt. Nie wieder sollte sich ein derartiger »Triumph des Willens« wiederholen.

Alfieri, dem diplomatischen Vertreter des »Verbündeten auf Gedeih und Verderb«, waren protokollarisch zehn Minuten zugestanden. Als er die Stiege, in Uniform, mit der Linken am Ehrendolchknauf, gravitätisch hinunterschritt, winkte er lässig dem hinaufschreitenden General Oshima zu. Dem breitschultrigen Japaner mit dem martialischen Mussolini-Kinn, waren als nächstwichtigem Verbündeten ebenfalls zehn Minuten zuerkannt worden.

Ich folgte ihm mit einem gleichaltrigen Kollegen in gebührendem Abstand und beobachtete, wie Ribbentrop ihm mit weitausladender Geste entgegeneilte und mit einem Glas Sekt auf den Sieg über den Bolschewismus anstieß. Danach nahm er den General beiseite und redete auf ihn länger und intensiver als bei anderen Gesprächspartnern ein. Unausgesprochen blieb vermutlich die direkte Aufforderung, Japan möge sich an dem Krieg gegen die Sowjetunion beteiligen und im Fernen Osten angreifen. Denn erst im April 1941 hatte der japanische Außenminister Matsuoka auf der Rückreise von seinem Berlin-Besuch einen japanisch-sowjetischen Neutralitätspakt in Moskau abgeschlossen, um Rückendeckung für die japanischen Ziele in Ostasien zu gewinnen. Bekannt war aber, daß Oshima, der zunächst als Militärattaché und danach als Botschafter in Berlin akkreditiert war und als militärisch denkender Diplomat von Hitler besonders geschätzt wurde, in Tokio als Befürworter gemeinsamer, mit Deutschland koordinierter militärischen Aktionen galt. Ribbentrop dürfte ihn daher zumindest um eine weitere Unterstützung dieser Absichten gebeten haben. Mit betont heftigem Händeschütteln verabschiedeten sich die beiden Männer, bevor der deutsche Außenminister sich dem ungarischen Gesandten Sztójay zuwandte. Ungarn, wie auch Rumänien und Finnland, deren Gesandte Bossi und Kivimäki nacheinander im Abstand von fünf Minuten empfangen wurden, hatten sich bereits dem deutschen Ostfeldzug angeschlossen und schickten innerhalb der nächsten vierzehn Tage ihre Divisionen ins Feld. Den Gesandten blieb daher nichts weiteres zu tun übrig, als mit Ribbentrop auf die Zurückgewinnung der von den Sowjets 1940 besetzten rumänischen und finnischen Gebiete einen Toast anzubieten. Überschwenglich zeigte sich vor allem der untersetzte, kraftstrotzende, aber äußerst bewegliche Finne Kivimäki, der um 4.25 Uhr, die Treppenstufen überspringend, zu Ribbentrop hinaufeilte und ihm freudestrahlend mit beiden Händen die entgegengestreckte Rechte schüttelte. Nach seinem Besuch war für Ribbentrop eine Erholungspause von etwa anderthalb Stunden vorgesehen.

Pünktlich um 6 Uhr früh erschien Ribbentrop – sichtbar erfrischt und entspannt – in der inzwischen einberufenen Pressekonferenz, zu der nicht nur deutsche Presse- und Rundfunkvertreter, sondern sämtliche in Berlin anwesenden ausländischen Journalisten und Leiter der Nachrichtenagenturen eingeladen waren. Zugegen waren ferner alle maßgeblichen Beamten des Auswärtigen Amts, Staatssekretär von Weizsäcker, Unterstaatssekretär Wörmann sowie sämtliche Abteilungs- und Unterabteilungsleiter. Über die von der Reichsregierung beschlossenen »militärischen Gegenmaßnahmen« angesichts »der sich ständig steigernden Bedrohung des Reiches durch den massierten Aufmarsch der Roten Armee« gab Ribbentrop eine Erklärung ab, die sich inhaltlich kaum von dem Text des dem Sowjetbotschafters überreichten Memorandums unterschied. Einzelne Punkte wurden auf Anfrage der Journalisten von den Staatssekretären näher erläutert und kommentiert.

Nach der Pressekonferenz empfing Ribbentrop termingerecht von 6.45 bis 7.10 Uhr früh – wiederum im Abstand von fünf Minuten – den bulgarischen Gesandten Draganoff, dessen Land als Schutzmacht die Vertretung deutscher Interessen in Moskau übernehmen sollte, und danach den türkischen Botschafter Gerede, den Gesandten Benzon (Kroatien) und Cernak (Slowakei), den spanischen Botschafter Espinoza de los Monteros und schließlich den schweizerischen Gesandten Richert. Die Schweiz gehörte zwar in keiner Weise zu den mit Hitler sympathisierenden Staaten, aber ihre Neutralität bedeutete ebensowenig eine Aufweichung ihres streng antikommunistischen Kurses. Seit der Ermordung des sowjetischen Diplomaten Worowskij in Lausanne (1923) unterhielt die Schweiz keine diplomatischen Beziehungen zur Sowjetunion. Richert, der in seinen Gesprächen mit Hitler und Ribbentrop sich durchaus kritische Bemerkungen erlaubte und auch Warnungen aussprach, wurde ungeachtet dessen als Interpret britischer und amerikanischer Denkungs- und Handlungsweise – ebenso wie früher Carl Burckhardt – als Gesprächspartner geschätzt.

Von einem Kollegen in der Abteilung Protokoll, der die Einladung an den spanischen Botschafter übermittelt hatte, wurde mir erzählt, daß Marquis Espinoza auf den telefonischen Anruf erklärt habe, er könne im Auswärtigen Amt keinesfalls vor 7 Uhr morgens erscheinen. Die Angelegenheit, über die er von Ribbentrop unterrichtet werden solle, sei von so ernster Natur, daß er in seiner Hauskapelle vorher eine Messe zelebrieren müsse. Als er in seiner üppigen, goldbestickten Diplomatenuniform, mit Federhut und Degen, als Vorletzter die »Löwenstiege« hinaufschritt, wirkte er würdevoll und gelassen, aber auch von tiefem Ernst, wenn nicht sorgenvoll.

Kurz nach acht Uhr trat ich aus dem elektrisch beleuchteten Dienstgebäude in einen strahlend hellen Junimorgen hinaus. Am Wilhelmplatz, unweit vom Reichspropaganda-Ministerium, war an einer Litfaßsäule das von Goebbels vorbereitete Rußlandfeldzugplakat frisch über die Theateranzeigen geklebt. Schon von weitem fiel ein riesiger roter Fleck auf, den man beim Nähertreten als die beängstigend große Landmasse der Sowjetunion erkannte. Europa war darauf nurmehr als ein Wurmfortsatz Asiens zu identifizieren und das gesamte Großdeutsche Reich erschien in einem Größenverhältnis von eins zu hundert. Es war nicht gerade der allerglücklichste Einfall – oder zumindest ein von ihm genehmigter – des nie um ein Wort oder eine Interpretation verlegenen Joseph Goebbels. Mir fiel ganz unvermittelt die russische Fabel Iwan Krylows ein, in der ein vorwitziger Mops einen Elefanten anbellt. Einige Berliner Passanten blieben ebenfalls an der Litfaßsäule stehen. Sie bestätigten meine eigenen Betrachtungen. »Na, wenn dat mal jut jet«, ließ sich eine Stimme vernehmen. »Mit dem Ding da wolln se wohl einen Russen aufspießen?« fragte eine andere Stimme. Ich bezog die

November 1940. Noch hängen die Fahnen der »Freunde auf Zeit« einträchtig nebenein-
der. Molotows Abreise von Berlin. V. l. n. r.: Hilger, Molotow, Ribbentrop, Hewel.

13 Ribbentrops Empfang im Hotel Kaiserhof am 13. 11. 1940. V. l. n. r.: Ribbentrop, Semjonow, Meissner, Molotow, Dekanosow, Hilger.

14 Ankunft Dekanosows in Berlin-Friedrichstraße. V. l. n. r.: Woermann, Dekanosow, Kobulow, von Halem, Semjonow.

Hitler empfängt Dekanosow zur Überreichung seines Beglaubigungsschreibens am
11. 1940. V. l. n. r.: Pawlow, Dekanosow, Hitler, Ribbentrop (verdeckt), Meissner.

Dekanosow verläßt die neue Reichskanzlei. Hinter ihm Semjonow und Kobulow.
:hts: von Halem.

17 Wilhelmstraße 76. Auswärtiges Amt (1876–1945). Rechts vom Tor im Erdgeschoß: Abteilung Protokoll, im 1. Stock Bismarcks Arbeitszimmer.

18 Eingangshalle des Auswärtigen Amts mit der Sphinxen-Stiege (Symbol der Undurchsichtigkeit der Außenpolitik?). Rechts oben: Eingang zur Abteilung Protokoll.

Stimme auf einen anderen Uniformierten. Als ich aber keinen entdecken konnte, wurde mir bewußt, daß ich selbst damit gemeint war, mit meiner Linken umklammerte ich nämlich den Knauf des Ehrendolches. Wie ein ertappter angeberischer Schulbub ließ ich den Dolch aus meiner Hand und eilte, ohne mich umzuschauen, zum U-Bahnschacht »Kaiserhof«.

Im Sonderzug mit den sowjetischen Diplomaten nach Nisch

Zehn Tage nach dem Kriegsausbruch im Osten erhielt ich die Weisung, die Sowjetdiplomaten an die bulgarisch-türkische Grenze zu begleiten. Ich wurde dem Botschafter Wladimir Georgjewitsch Dekanosow als persönlicher Attaché und gleichzeitig als Dolmetscher für alle im Sonderzug Mitreisenden zugeteilt. Alle administrativen und technischen Aufgaben sollte ein Zugkommandant übernehmen. Am Abreisetag, dem 3. Juli, fand ich mich, diesmal in der im Kriege von den Angehörigen des auswärtigen Dienstes getragenen olivgrünen »Felduniform«, im Botschaftsgebäude Unter den Linden 63 ein. Im Innenhof und in der Toreinfahrt stieß ich auf einen unentwirrbar erscheinenden Menschenknäuel, der sich geschäftig hin und her drängte. Das aufgeregte Stimmengewirr machte eine Verständigung beinahe unmöglich. Die Menschenanhäufung war durch die vom Auswärtigen Amt verfügte Konzentrierung nicht allein des diplomatischen Personals, sondern auch aller anderen mit einem Sonderstatus versehenen Sowjetbürger, der Mitarbeiter der Handelsvertretung, des »Intourist«, der TASS-Agentur, der Journalisten, Abnahmeingenieure u. a. m. verursacht worden. Mehr als dreihundert Personen erwarteten den Abstransport zum Anhalter Bahnhof oder schleppten ihr Reisegepäck heran, zu dem nicht nur Handkoffer und die in Rußland seit alters her üblichen Schnürpakete von beträchtlichem Umfang (»baúly») gehörten, sondern auch Nähmaschinen, Kühlschränke, Radioapparate und ähnliches sperriges Hausgerät. Eine ganze Kolonne von Umzugswagen nahm das vorsortierte und durchnumerierte Gepäck (von ca. 20 Tonnen Gesamtgewicht) in Empfang, das am Anhalter Bahnhof in die Frachtwaggons umgeladen werden sollte.

Im Auswärtigen Amt wurden mir in der Protokollabteilung Namenslisten mit den Geburtsdaten, Dienstbezeichnungen, der Zahl der Kinder und anderen Identitätsangaben ausgehändigt, die ich mit den russischen Listen zu vergleichen und die alphabetisch aufgerufenen Personen »abzuhaken« hatte. Nach der langwierigen Prozedur verließ ich mit Dekanosow und Bereschkow als letzter das Botschaftsgebäude, das sodann von Vertretern der Gesandtschaft von Schweden, der Schutzmacht der Sowjetunion, übernommen und versiegelt wurde. Einige Monate später, nachdem in den Räumen der Handelsvertretung in der Lietzenburgerstraße angeblich »Vorräte an Schwefelsäure und Vorrichtungen zur Beseitigung von Leichen« entdeckt worden war, erbrach die Gestapo die Siegel und beschlagnahmte das Botschaftsgebäude für das inzwischen eingerichtete Ostministerium Rosenbergs. Es war eine Willkürmaßnahme, gegen die sowohl die schwedische Schutzmacht wie auch Ribbentrop vergebens protestierten. Rosenberg schien der Mann der Stunde zu sein und verstand es, seine völkerrechtswidrigen Auffassungen bei Hitler durchzusetzen. Die unausbleibliche Folge war selbstverständlich, daß im Gegenzuge die Sowjetregierung sämtliche der ehemaligen deutschen Botschaft in Moskau überlassenen Gebäude beschlagnahmte und nach Rückkehr des diplomatischen Korps aus der Evakuierung den Exilvertretungen übergab. An dem aus Schlafwagen erster Klasse zusammengesetzten Sonderzug erwartete uns der Zugkommandant, Freiherr Henry von Bothmer, ein erst kürzlich aus den USA den zurückgekehrter Landwirt. Ihm fielen die organisatorischen und technischen Aufgaben zu, der Einsatz und Beaufsichtigung der Sicherheitsbeamten, die unmittelbar dem im zweiten Sonderzug (für das nichtdiplomatische Personal und andere sowjetische Staatsangehörige) mitreisenden SS-Hauptsturmführer Heinemann unterstellt waren. Daß Bothmer von der Presseabteilung des auswärtigen Amts »abgestellt« worden war, ging darauf zurück, daß seine Deutschkenntnisse durch einen langen Aufenthalt in den USA und seine amerikanische Ehe für eine Übersetzertätigkeit und Presseberichterstattung nicht ausreichend waren.

Henry von Bothmer, der inzwischen erloschenen katholischen Linie derer von Schwegethoff entstammend, war in Berlin geboren, aber durch seine Mutter, eine Freifrau von Droste zu Hülshoff, eigentlich am Bodensee beheimatet. Da er in noch jugendlichem Alter nach den Vereinigten Staaten ausgewandert und dort geheiratet hatte, fehlten ihm die genauen Kenntnisse der im Dritten Reich herrschenden Verhältnisse und innenpolitischen

Zusammenhänge. Erschwerend kam hinzu, daß er nicht nur gewisse unbekümmerte Gewohnheiten und eine spontane Urteilsbildung in den Vereinigten Staaten sich angeeignet hatte, sondern in seiner unkomplizierten und direkten Denkweise dem hintergründigen, von Mißtrauen und Zweifel erfüllten Verhalten der sowjetischen Diplomaten in keiner Weise gerecht wurde. Dies erwies sich besonders nachteilig bei den Gesprächen mit Dekanosow, den von Bothmer nicht allein durch offene und mitunter taktlose Fragen überraschte, sondern meist an dem zur Diskussion stehenden Sachverhalt vorbeiredete und häufig völlig unsinnigen, in keinen logischen Zusammenhang einzuordnenden Gedankengängen folgte. Mich, den um mehr als ein Jahrzehnt Jüngeren, brachte dieser Umstand beim Dolmetschen in nicht geringe Verlegenheit. In Anwesenheit der des Deutschen durchaus kundigen Russen fiel mir die höchst undankbare Aufgabe zu, Bothmers verworrene und inhaltslose Aussagen zu entwirren, in einen logischen Zusammenhang zu bringen, zu »frisieren« und zu stilisieren. Da Bothmer auf konkrete Fragen meistens keine sachliche Auskunft zu geben wußte oder Ausweichen als beste Gesprächstaktik ansah, glaubten die Russen im Ernst, es handele sich dabei um einen wohlüberlegten und ausgetüftelten Verhandlungstrick, der es mir erlaubte, die Verantwortung für etwaige unliebsame Mitteilungen oder restriktive Maßnahmen auf den »Pajaz« (Hampelmann), wie sie Bothmer im Gespräch untereinander – wohl mit Bezug sein quirliges Temperament – nannten, abzuwälzen.

Noch vor Abfahrt des Sonderzuges erfuhr ich von dem Vertreter des Reichssicherheitshauptamtes, dem die Wachmannschaft unterstand, dem jovialen, Falstaff ähnlichen Hauptsturmführer Heinemann, daß auf einem Nebengleis ein zweiter Sonderzug mit einigen hundert Russen ohne Diplomatenstatus bereit stünde und dem Diplomatenzug in einem gewissen Abstand folgen würde. Legationsrat von Post, ein Vertreter der schwedischen Gesandtschaft, überprüfte diese Mitteilung und bestätigte sie dem um das Schicksal seiner Landsleute besorgten Dekanosow.

Für den Sowjetbotschafter gab es allerdings mehr als einen Grund zur Aufregung und Besorgnis. Gegenüber den ihn begleitenden von Post und Dr. Strack wiederholte er auf dem Bahnsteig des Anhalter Bahnhofs die von ihm mehrfach vorgebrachten Beschwerden über das Fehlen von einer Reihe sowjetischer Staatsangehörigen. An der Spitze seiner »Vermißtenliste« standen der TASS-Vertreter Filipow und zwei Angehörige des sowjetischen Konsulats in Danzig, die sich auf einer »Dienstreise« befanden. Während der von Bereschkow geführten Verhandlungen der Sowjetbotschaft mit der Abteilung Protokoll über die Zusammensetzung der Austauschgruppe insistierte Dekanosow auf deren unverzüglichen Einbeziehung, andernfalls würde er Berlin nicht verlassen. Aus einer »absolut zuverlässigen Quelle« sei ihm bekannt geworden, daß die beiden Danziger Konsularbeamten von der Gestapo verhaftet worden seien.

Auf eine entsprechende Anfrage von Dr. Strack bei der Gestapo stellte es sich – nach Auskunft von Walter Schellenberg – heraus, daß die vermißten Beamten die führenden Köpfe eines weit verzweigten Spionageringes gewesen seien. Fünfundzwanzig Deutsche und Polen wären in Danzig in diesem Zusammenhang bereits verhaftet worden. Die beiden Russen seien inzwischen nach Ostpreußen »überstellt« worden, wo diese außergewöhnliche Spionageaffäre eingehend untersucht würde. Da die Verbindungen der Verhafteten bis in das Heeresversorgungsamt in Berlin reichten, wäre auch die Abwehr eingeschaltet worden. Die Untersuchung würde besonders gründlich durchgeführt werden, da Hitler persönlich eine genaue Überprüfung aller maßgeblichen sowjetischen diplomatischen und konsularischen Angehörigen sowie der Mitarbeiter der Handels- und Intourist-Vertretungen angeordnet hätte. In diesem Sinne wurde auch die Schutzmachtvertretung Schweden von der Abteilung Protokoll unterrichtet.

In den 1956 in den USA veröffentlichten Aufzeichnungen Walter Schellenbergs werden weitere Einzelheiten dieser Spionageaffäre bekannt gegeben. »Der Spionagering«, erinnert sich Schellenberg, »übermittelte Moskau auf dem Funkwege Meldungen über Truppenbewegungen und deren Standorte. In den letzten Vorkriegs-Wochen wurden von ihm wichtige Informationen sowohl über Truppenzusammenziehungen in Ostpreußen wie über Bewegungen unserer Ostseeflotte weitergegeben. Der geheime Sender arbeitete im Danziger Bezirk, aber unsere Leute haben weder seine genaue Position feststellen noch das Codesystem entziffern können.«

Schellenberg berichtet, daß der sowjetische Spionagering durch Aussagen der Verhafteten »geknackt« worden sei und daß noch vor Abschluß der Untersuchung insgesamt nicht weniger als fünfzig Personen der Spionage überführt werden konnten. »Die Verhaftung der beiden Konsulatsbeamten erschien daher vollkommen gerechtfertigt, die Anschuldigung begründet, denn es wurde ihnen nachgewiesen, daß die Funksendeanlage von ihnen betätigt worden ist. Ungeachtet dessen habe ich verfügt, daß beide sofort entlassen werden sollten.«

Bei Schellenbergs Bericht sind Zweifel kaum angebracht, denn er bekennt freimütig, daß am nächsten Tage der Danziger Untersuchungsrichter sich bei ihm in Berlin persönlich gemeldet habe. Er sei bleich, übernächtigt und nervös gewesen. In allen Einzelheiten hätte er über den Spionagefall berichtet und schließlich gestanden, daß er die beiden Russen nicht vorzuführen wage. Er bitte daher um die Eröffnung eines Disziplinarverfahrens gegen sich selbst. Schellenberg gesteht, daß er diese Selbstbezichtigung anfangs nicht begreifen konnte und nicht ohne Schrecken befürchtet habe, daß die beiden russischen Spione nicht mehr am Leben seien. Es hätte sich aber alsbald herausgestellt, daß einer der Russen bei der Vernehmung ein »blaues Auge« davongetragen hätte, da einem der Untersuchungsoffiziere »die Hand ausgerutscht« sei, als dieser ihm nachgewiesene Delikte hartnäckig verleugnet hätte. Glücklicherweise hätte aber sein Informant in Berlin zur rechten Zeit eingegriffen, und es sei daher weiter nichts Schlimmeres passiert.

Er, Schellenberg, hätte daraufhin das Auswärtige Amt über das Geschehene unverzüglich informiert und mitgeteilt, daß die beiden »Danziger« Russen für den beabsichtigten Diplomatenaustausch zwar zur Verfügung stünden, aber »Dekanosows Sonderzug« in Berlin nicht betreten, sondern mit einem Flugzeug nach Sofia oder Svilengrad gebracht werden würden. Dekanosow könne daher Berlin in der Gewißheit verlassen, daß die beiden »vermißten« Männer ihn spätestens vor dem Überschreiten der bulgarisch-türkischen Grenze erreichen würden. Sollte dies nicht der Fall sein, könne er sich immer noch weigern, die Grenze zu überschreiten. Nach langwierigen Verhandlungen hätte Dekanosow diesen Vorschlag angenommen. Auf diese Weise kam die Abfahrt des sowjetischen Botschaftspersonals schließlich zustande.

Unmittelbar an den Mitropa-Speisewagen war ein Verpflegungswaggon mit Küche und Kühlanlage angekoppelt, der es dem aus Estland stammenden und mit russischen Eßgewohnheiten vertrauten Küchenchef zu jeder Tages- und Nachtzeit ermöglichte, die erwünschten Speisen für den Botschafter im besonderen zu liefern. Mit seinen spezifisch georgischen Eß- und Trinkgewohnheiten brachte Dekanosow das Küchenpersonal oftmals zum Aufbegehren. Mitten in der Nacht verlangte er Beefsteaks oder Schaschlik, dazu wohltemperierten französischen Rotwein. Oft genug schickte er die Speisen zurück, da sie nicht heiß genug oder zu wenig gewürzt waren. Das Küchenpersonal und die Bedienung schimpften laut und ungeniert über das unsoziale Verhalten »der Vertreter des Proletariats«, die es um die nächtliche Ruhe brachten. Bei jeder auch noch so vorsichtigen und zurückhaltenden Bemerkung meinerseits berief sich Dekanosow darauf, daß er und seine Mitarbeiter den Status von »Diplomaten erster Klasse« besäßen und bestand auf einer pünktlichen und ungeschmälerten Erfüllung aller seiner Sonderwünsche.

Von dem nächtlichen Schock in der Wilhelmstraße war Dekanosow zu Beginn der Fahrt nichts mehr anzumerken. Während unseres zehntägigen Zusammenseins im Sonderzug konnte ich jedoch immer wieder feststellen, daß ihn und nicht weniger seine Botschaftsräte, die sich an den Gesprächen nur gelegentlich, meist zuständigkeitshalber bei der Erörterung von Sachfragen, beteiligten, insgeheim wohl die Frage peinigte, welcher Empfang sie in Moskau erwartete. Ob man ihnen etwa irgendwelche Versäumnisse in die Schuhe schieben würde? Den grimmigen und gefährlichen Zorn des »chosjain« (des Herrn und Gebieters), wie Stalin von vielen devoten »Apparatschiks« genannt wurde, konnte man sich bildhaft vorstellen. Oder verfügte Dekanosow im Kreml über ausreichenden Kredit und durch keinen Fehlschlag zu erschütterndes Ansehen? Seine spätere Karriere innerhalb der Sowjethierarchie sollte die letztgenannte Vermutung bestätigen. Sein erster Botschaftsrat Wladimir Semjonow, dem in der sowjetischen Nachkriegspolitik gegenüber dem geteilten Deutschland eine nach allen Richtungen offen stehende, wenn auch im letzten nicht entscheidende Rolle zufallen sollte, hielt sich während der ganzen Reise völlig im Hintergrund und beteiligte sich an keinem der mit Dekanosow geführten Gespräche. Unmittelbar nach seiner Rückkehr aus Berlin übernahm er die für Deutschland zuständige III. Europäische Abteilung im

Außenkommissariat. 1942 wurde er als Botschaftsrat der sowjetischen Gesandtschaft in Stockholm zugeteilt und führte dort 1943 geheime Gespräche mit dem deutschen Unterhändler Peter Kleist über einen eventuellen, für beide Seiten »ehrenhaften Friedensschluß«.

Von den mitreisenden Vertretern der Berliner Mission hat es kein einziger gewagt, seine geheimen Bedenken und Skrupel mehr oder weniger offen an den Tag zu bringen. Anders verhielt es sich bei den in Svilengrad eingetroffenen, vom aufmerksamen Auge »des großen Bruders« nicht unausgesetzt beobachteten Mitarbeitern der sowjetischen Vertretungen in den von Deutschen besetzten Ländern. Bei einem im Aussehen und Benehmen weitgehend »verwestlichten« jungen Ehepaar, das der sowjetischen Vertretung im besetzten Norwegen angehört hatte und das durch Vermittlung eines norwegischen Begleiters ein Gespräch mit mir anstrebte, gewann ich den Eindruck, daß ihm an einer »Heimschaffung« keineswegs gelegen war. Es lag übrigens eine Weisung der Politischen Abteilung des Auswärtigen Amts vor, daß einem gegebenenfalls geäußerten Wunsch von Sowjetdiplomaten, in Deutschland zu verbleiben, unverzüglich entsprochen werden sollte. Gleichzeitig sollte eine bevorzugte Sonderbehandlung zugesichert werden. Propagandistisch wäre ein solches »Abspringen« sowjetischer Diplomaten von Goebbels entsprechend ausgeschlachtet worden. Sei es aus der Ungewißheit über die Überlebenschancen in einem anderen totalitären Staat, oder aus Angst vor Repressalien gegenüber den in der Sowjetunion zurückgebliebenen Familienangehörigen, es blieb bei den »Norwegern« wie auch in einigen anderen Fällen, bei sorgfältig verklausulierten Erkundigungen über den Status von Zivilinternierten der Staatsangehörigen kriegführender Staaten überhaupt, eventuelle Arbeitsmöglichkeiten u. ä. m. Wie ich in den zehneinhalb Jahren meiner eigenen Kriegsgefangenschaft in der Sowjetunion wiederholt erfahren sollte, teilten viele ehemalige Sowjetdiplomaten das gleiche Gefangenenschicksal mit mir.

Mit Dekanosow verbrachte ich zehn Tage lang beinahe täglich einige Stunden im Gespräch. Seine Bildung ging nicht in die Tiefe und er wußte nicht allzu viel über die geschichtlichen und geistigen Zusammenhänge deutscher Vergangenheit; aber er war wißbegierig, besaß eine geschwinde Auffassungsgabe und eignete sich den Erzählstoff »im Handumdrehen« als integrierten

Eigenbesitz an. Beim nächsten Gespräch manipulierte er bereits geschickt mit den neu erworbenen Kenntnissen, knüpfte an das inzwischen in Erfahrung Gebrachte an und bemühte sich redlich, sein Wissen zu vertiefen. Er war ein Pragmatiker, kein Mensch, den Lektüre bildete und dem Phantasie nachhalf. Sehen und hören bedeuteten für ihn den wichtigsten Aneignungsprozeß, der ihm Lektüre und vermutlich auch Aktenstudium ersetzte. Zwischen Wesentlichem und Nebensächlichem verstand er messerscharf zu unterscheiden und bildete sich rasch, aber nicht voreilig ein ausgewogenes Urteil. Hauptsächlich darin bestand wohl seine Qualifikation für den Berliner Botschafterposten. Seine erfahrenen Botschaftsräte, darunter Semjonow, lieferten ihm unterschriftsreife Berichtsentwürfe, die er aber – wie es andeutungsweise den Gesprächen zu entnehmen war – durch eigene Beobachtungen und logische Schlußfolgerungen abzuändern oder zu ergänzen verstand.

Als der Sonderzug uns auf der Bahnstrecke Dresden-Prag-Wien immer weiter gen Südosten brachte, bedauerte Dekanosow im Gespräch am allermeisten, daß er während seiner kurzen Dienstzeit in Berlin kaum Gelegenheit gehabt hätte, das deutsche Autobahnnetz ausgiebig kennenzulernen. »Auf unseren Straßen werden eure Truppen nicht allzu schnell vorwärtskommen«, bemerkte er einmal in diesem Zusammenhang sarkastisch. Ansonsten vermied er, irgendwelche Prognosen über den Fortgang des Krieges aufzustellen oder zu den ihm übermittelten Zeitungsmeldungen Stellung zu beziehen. Dem überraschend zügigen Vormarschtempo der deutschen Armee im Osten schenkte er demonstrativ nicht das geringste Vertrauen. »Goebbels kennt sein Handwerk«, war meistens sein einsilbiger Kommentar zu den deutschen Siegesmeldungen. Abgesehen von geschichtlichen und literarischen Kenntnissen, die ich Dekanosow zu übermitteln verstand, stellte er detaillierte Fragen nach der inneren Struktur, dem Aufbau der Verwaltung, dem Verhältnis von Staat und Partei sowie über die Organisation und die Funktionen der zahlreichen NS-Einrichtungen, die ich zu seiner nicht geringen Überraschung nur ganz allgemein und höchst unvollkommen zu beantworten wußte. »In Moskau wären Sie bei jeder Prüfung durchgefallen«, stellte er belustigt fest. Soweit er sich ein Urteil bilden könne, äußerte er in diesem Zusammenhang, gäbe es ungeachtet aller unüberbrückbaren ideologischen Grundsätze zwischen den beiden Systemen auch viel Gemeinsames und Verbindendes. Wiederholt hörte ich ihn ausrufen: »Welcher Wahnsinn ist es, einen Krieg anzufangen! Genosse Stalin hat es mit dem Freundschaftspakt ernst und ehrlich gemeint.« Ein anderes Mal meinte er etwa sinngemäß: »Wenn Stalin und Hitler sich bloß persönlich getroffen hätten! – Ich glaube, dann wäre es nicht zu diesem Wahnsinnskrieg (besumnaja woina) gekommen. Die Zeit der Eroberungskriege ist endgültig vorbei, das hat bereits Napoleon vor mehr als hundert Jahren erfahren. Mit tut das deutsche Volk leid, das die Rechnung zu bezahlen haben wird.« Dies war das einzige Mal, daß Dekanosow sich über den deutschen Angriffskrieg äußerte. Eingehend befragte mich Dekanosow über die Rangordnung und die Dienstabzeichen an den deutschen Diplomatenuniformen (ich trug die olivgrüne Felduniform mit einem kleinen Attaché-Sternchen am linken Ärmel). Er schrieb meine Antworten auf und machte Zeichnungen in seinem Notizbuch. Diplomaten sollten auch im sowjetischen Auslandsdienst Uniformen tragen, meinte er. Dies wolle er in Moskau dringend empfehlen, denn eine Uniform verbessere nicht nur die körperliche Haltung, sondern discipliniere gleichzeitig die Gedanken. Auf seine eigene Person schien Dekanosow diese Erkenntnisse allerdings nicht zu beziehen. Tag und Nacht folgte er, wie die meisten Mitreisenden, der – nicht nur durch die enorme Hitze in den Waggons bedingten – sowjetischen Gewohnheit, auf Reisen einen gestreiften Pyjama, nicht unähnlich einem Sträflingsanzug, zu tragen.

Mehr als zehn Jahre danach begegnete ich in einem sowjetrussischen Straflager dem ehemaligen hohen Ingenieur-Offizier, Feoktistow, der zugegen war, als Dekanosow in Kuibyschew (Samara) an der Wolga, wohin zu Beginn des Krieges das diplomatische Korps von Moskau verbracht worden war, Bericht über seine Berliner Erlebnisse erstattete. Er soll dabei auch einen jungen deutschen Dolmetscher erwähnt haben, der ihm auf der Fahrt zur bulgarisch-türkischen Grenze zugeteilt gewesen sei. Er hätte diesem Begleiter sowohl eine zuvorkommend höfliche und korrekte Behandlung wie auch anregende Gespräche über Geschichte und Literatur bescheinigt. »Vielleicht haben Sie Dekanosows Aussagen zu Ihrer Person zu verdanken«, meinte Feoktistow, »daß Ihre erste Verurteilung 1946 zu zehn Jahren Lagerhaft so milde ausgefallen ist.« Im übrigen habe Dekanosow bereits in

Kuibyschew Vorschläge über eine Uniformierung sowjetischer Diplomaten unterbreitet, die noch im Kriege durch eine Uniformvorschrift verwirklicht worden seien. Auf diese Weise lieferte einer der beiden uniform- und ordenssüchtigen totalitären Staaten seinem Kriegsgegner ein nachahmenswertes Vorbild. Erinnerlich ist mir ferner, wie der Sowjetbotschafter die kühne Serpentinen-Bautechnik der Semmeringbahn bewunderte; derartige moderne Ingenieurleistungen würde er als Kaukasier nur allzu gerne in seiner Gebirgsheimat verwirklicht sehen. Als ich ihn darauf hinwies, daß die Semmeringbahn als erste große Gebirgsstraße Europas bereits Mitte des 19. Jahrhunderts in Betrieb genommen worden sei, meinte er, ich hätte mich in diesem Falle bestimmt in dem Datum geirrt. Er schenkte mir erst Glauben, als ich bei dem Mitropa-Küchenchef einen Reiseführer ausgeliehen hatte und ihm das Konstruktionsdatum schwarz auf weiß nachweisen konnte.

Auf seiner Fahrt nach Svilengrad zu dem für den Grenzübertritt der sowjetischen Diplomaten vorgesehenen Ort an der bulgarisch-türkischen Grenze hielt der Sonderzug zunächst in einem Vorort von Prag und danach in Wien, denn in beiden Städten unterhielt die Sowjetunion in ihren ehemaligen Gesandtschaftsgebäuden konsularische Vertretungen. Bei dem mehrstündigen Zwischenaufenthalt in Prag stießen die beiden Vizekonsuln Jakowlew und Iwanow mit ihren Angehörigen und Mitarbeitern zu der Diplomaten-Austauschgruppe. Bei ihrer formellen Übergabe durch die Gestapobeamten beschwerten sie sich über die ihnen seit Kriegsausbruch zuteil gewordene rüde Behandlung, Schikanen und gewaltsames Eindringen und Sachbeschädigungen im Konsulatsgebäude. Sie verlangten, daß darüber das Auswärtige Amt und die schwedische Schutzmacht unverzüglich in Kenntnis gesetzt und die eigenmächtigen Handlungen der Gestapo verurteilt würden. Daraufhin meldeten sich die beschuldigten SD-Begleitoffiziere zu Worte und gaben in Gegenwart des herbeigeholten Botschafters Dekanosow eine andere Lesart der Prager Vorkommnisse zu Protokoll. Danach hätten sich die sowjetischen Konsularbeamten sofort nach Bekanntgabe des Kriegsbeginns mit der Sowjetunion im Konsulatsgebäude eingeschlossen und verbarrikadiert; bei Tag und Nacht rauchten sämtliche Schornsteine, ein Hinweis darauf, daß Akten verbrannt wurden, die nach Mutmaßungen der Gestapo belastendes Material über illegale Verbindungen zu dem tschechischen kommunistischen Untergrund enthielten. Nachdem es nicht gelungen sei, sich Eingang zu verschaffen, hätte Heydrich nach vorheriger Absprache mit Berlin angeordnet, in das Gebäude mit Gewalt einzudringen. Als dies geschehen sei, hätte man in sämtlichen Kaminen zwar enorme Aschehaufen, aber keine Akten mehr vorgefunden.

Über den Sachverhalt wurde über die Funkanlage des Sonderzuges an das Auswärtige Amt berichtet, aber in Berlin maß man allem Anschein nach dem Zwischenfall keine gravierende Bedeutung zu. Auf die Austauschverhandlungen, die inzwischen über Berlin – Stockholm – Moskau – Ankara liefen, wirkte er sich jedenfalls nicht aus. Selbst Dekanosow insistierte nicht auf einer amtlichen Stellungnahme, denn die Gestapo hatte allem Anschein nach handfeste Beweise über die illegale Betätigung der Konsulatsangehörigen.

In Wien wurde der dortige Vizekonsul Spitschkin mit seinen Mitarbeitern von der Gestapo zur Weiterfahrt mit dem Sonderzug übergeben, ohne daß Beschwerden vorgebracht oder besondere Vorkommnisse gemeldet worden wären. Bei meiner Rückreise nach Berlin traf ich während eines Zwischenaufenthalts in Wien einen der »Übergabe«-Beamten, einen jungen russischsprechenden Ottakringer, der 1934, mit seinen »Schutzbündler«-Eltern nach Rußland gegangen war, dessen Vater Stalins Säuberungsaktionen zum Opfer gefallen und der nach dem Anschluß mit seiner Mutter durch die Vermittlung der deutschen Botschaft in Moskau nach Wien zurückgekehrt war. Nicht ohne Stolz erklärte er mir, daß es in Österreich – im Gegensatz zur »Tschechei« – selbstverständlich keinen kommunistischen Untergrund gäbe, denn die ehemaligen Kommunisten hätten sich seit langem zum Nationalsozialismus bekehrt und jede Verbindung zu der Moskauer österreichischen Emigration abgebrochen. In Wien wäre es daher dem sowjetischen Konsulat kaum möglich gewesen, irgendwelche illegalen Kontake herzustellen und ein Spionagenetz aufzubauen.

Durch das deutsch besetzte Serbien ging die Fahrt ohne einen längeren Zwischenaufenthalt nach Bulgarien weiter. In Sofia wurde der Sonderzug von dem deutschen Geschäftsträger Dr. Mohrmann und dem Legationssekretär von Massow, dem Sohn des um die deutsch-bulgarische Freundschaft seit dem Ersten

Weltkrieg im hohen Maße verdienten Generals, erwartet. Bothmer und ich wurden zu einer Stadtrundfahrt und einem Besuch auf der Gesandtschaft mit einem anschließenden Essen in einem Sofioter Diplomatenklub eingeladen. Wir wurden dabei ausgiebig mit den allerneuersten Nachrichten aus Berlin, mit Zeitungen und Zeitschriften – mit dem Anheimstellen einer Weitergabe an den Sowjetbotschafter – versehen und mit der Versicherung entlassen, daß die Austauschverhandlungen über Stockholm und Ankara zügig vorangingen. Als koordinierter Grenzübergangstermin sei für beide Austauschgruppen, an der sowjetisch-türkischen Grenze in Leninakaan und an der bulgarisch-türkischen in Svilengrad, der 5. Juli vorgesehen.

Auf der Weiterfahrt zur türkischen Grenze erreichte uns indes eine lakonische Weisung aus Berlin, den Sonderzug vom bulgarischen Hoheitsgebiet unverzüglich nach Nisch, in das besetzte Jugoslawien, zurückführen zu lassen. Erklärungen zu dieser überraschenden Maßnahme wurden uns zwar in Aussicht gestellt, aber nicht mitgeliefert. In Plovdiv wurde daher rangiert und die Rückfahrt mit beschleunigtem Tempo angetreten. Für Bothmer gab es zunächst nur eine Erklärung: »Die Bolschewisten haben unsere Leute umgebracht und jetzt will man sich in Berlin an den Ihrigen schadlos halten.« Ich versuchte ihm die ganze Unsinnigkeit und Haltlosigkeit seiner Mutmaßung plausibel zu machen, als Dekanosow in heller Aufregung in unser Abteil stürzte und eine umgehende Erklärung über die Gründe für die Rückführung des Sonderzuges verlangte. Wir blieben ihm eine Erklärung schuldig und vertrösteten ihn mit der Zusicherung, ihn nach Eingang der in Aussicht gestellten Informationen umgehend zu verständigen. Seinen bohrenden Fragen konnte ich aber entnehmen, daß auch er befürchtete, den deutschen Diplomaten sei irgendeine Unbill zugestoßen, und die Russen hätten nunmehr ihrerseits mit Repressalien zu rechnen. Nach wenigen Stunden der Ungewißheit habe ich aber den besorgten Botschafter über die inzwischen eingegangenen Funkmeldungen unterrichten können, wonach Graf von der Schulenburg und sein Moskauer Botschaftsstab in Kostroma an der Wolga konfiniert seien, daß aber die Austauschverhandlungen ins Stocken geraten sind. Der von beiden Feindstaaten bereits konzedierte Austauschplan – über Leninakaan und Svilengrad – sowie der Termin, der 4. oder 5. Juli, waren in Frage gestellt, da die türkische Regierung nicht imstande sei, die erforderlichen Transportmittel zur Verfügung zu stellen. Die Bahnverbindungen von Svilengrad nach Adrianopol (Edirne) war seit dem Jugoslawienfeldzug unterbrochen, da die Türken – wohl aus Befürchtung, die deutschen Truppen könnten weitermarschieren – die Marizabrücke gesprengt hatten. Man hätte daher deutscherseits der schwedischen Schutzmacht vorgeschlagen, die sowjetische Austauschgruppe vom besetzten jugoslawischen Gebiet nach Bulgarien zu entlassen. Die Sonderzüge sollten daher nach dem serbischen Nisch zurückkehren, wo das Ergebnis der weiteren Verhandlungen abzuwarten sei.

Die beiden Sonderzüge hielten am Güterbahnhof von Nisch auf zwei parallelen Abstellgleisen, in der Nähe eines Wasserturms, der die Wasserversorgung der etwa tausendköpfigen »russischen Kolonie« und deren deutscher Begleitung und Bewachungsmannschaft übernahm. Zu dem von SS-Posten abgegrenzten und bewachten Areal gehörte eine grüne Wiese, die sich alsbald in einen Picknickplatz verwandelte. Es entstand ein reger Verkehr zwischen den Insassen der beiden Züge und da in dem nicht »privilegierten« zweiten Zug mit seinen engeren II. Klasse-Abteilen und weniger abwechslungsreicher Verpflegung einzelne Krankheitsfälle aufgetreten waren, übernahm der junge Botschaftsarzt die Betreuung. Aus den Beständen des Diplomatenzuges wurden die anderen Mitreisenden zusätzlich versorgt sowie frisches Gemüse und Obst von dem Küchenchef in Nisch eingekauft. Man aß und trank auf der Wiese, Bier und Weinflaschen machten die Runde und alsbald lockerte sich die Stimmung; zu Balalaika- und Harmonikaklängen wurde gesungen, Kinder spielten zwischen den Gleisen und frischgewaschene Wäschestücke flatterten im Winde. Dekanosow und seine Mitarbeiter gingen von Gruppe zu Gruppe und bemühten sich, Geduld und Zuversicht einzuflößen.

Ein Onkel Henry von Bothmers, Oberst Karl Freiherr von Bothmer, war von den deutschen Besatzungsbehörden in Nisch als Stadtkommandant eingesetzt worden. Er holte seinen Neffen und mich mit seinem Dienstwagen vom Bahnhof ab und erwies uns höchst willkommene Gastfreundschaft in der ihm als Dienstsitz zugewiesenen Villa am Stadtrand. Von der Terrasse öffnete sich dem Blick die von einer taubenblauen fernen Gebirgskette eingekesselte Ebene und die nahegelegene Stadt mit ihren staubig-stickigen Straßen, in denen die Gärten in der Sonnenglut verdorrten. Über dem Hügel, auf dem die Villa stand, strich gelegentlich ein frischer Windzug und ließ uns erleichtert aufatmen. In der Geschichte war Nisch als Geburtsort des ersten christlichen Kaisers Konstantin eingegangen. Im römischen Naissus wurde er um 280 n. Chr. als Sohn des illyrischen Generals und Nachfolgers Kaiser Diokletians, Konstantius Chlorus, und dessen zum Christentum bekehrten Nebenfrau Helena geboren.

Bothmer senior, ein altgedienter preußischer Offizier, mit weißem Schnauzbart und Borstenkopf, war in allem das genaue Gegenteil im Vergleich mit seinem Neffen (aus einer anderen Linie des Geschlechts). Er gehörte zu jener Gruppe politisch denkender und wertender Offiziere, die ihre Gedanken unnachsichtig scharf und prägnant zu formulieren verstanden, in größeren und kausalen geschichtlichen Zusammenhängen ihr Urteil bildeten und sich in »Urfehde« mit der deutschen Diplomatie befanden. Als bevollmächtigter Vertreter der Obersten Heeresleitung für Fragen des Eisenbahnverkehrs und des Kriegsgefangenenaustausches hielt er sich mit der Mirbach-Mission in Moskau auf, wo er die russische Revolution in ihren blutigen Anfängen erlebte und am 6. Juli 1918 Augenzeuge der Ermordung des Gesandten Graf Mirbach wurde. In ähnlicher Weise, wie in meinem eigenen Gedächtnis sich jedes Detail der Kriegserklärung vom 22. Juni eingegraben hatte, berichtete Oberst von Bothmer über jene mehr als zwanzig Jahre zurückliegende Bluttat, als wäre sie erst vor wenigen Tagen geschehen. Er widersprach der vom Auswärtigen Amt übernommenen offiziellen sowjetischen Version, die beiden sozialrevolutionären Attentäter hätten ihre bolschewistischen Widersacher in einen neuen Krieg mit dem kaiserlichen Deutschland stürzen wollen. Ebensowenig stimmte er der ursprünglichen deutschen Version zu, daß hinter dem Mordanschlag die Westmächte gestanden hätten, um die ententefreundlichen rechten Sozialrevolutionäre in Rußland an die Macht zu bringen. Er schenkte auch der »Beschwichtigungsabsicht« Lenins keinen Glauben, denn es war das einzige Mal, daß er eine ausländische Vertretung persönlich besuchte – um dem Geschäftsträger Riezler das Beileid der Sowjetregierung zu überbringen und seinen Abscheu über die »blutige Provokation« zum Ausdruck zu bringen.

Lenin hätte Riezler mehrmals die Hand gedrückt und ihm leicht stotternd versichert, die Tscheka fahnde nach den Schuldigen und man würde dieselben einer gerechten Strafe zuführen. Der Gesandschaft wäre danach zwar die Mitteilung zugegangen, daß einige hundert Sozialrevolutionäre, die unmittelbar nach dem Gesandtenmord einen Putschversuch unternommen hatten, standrechtlich erschossen worden seien. Jedoch einer der später gefaßten Attentäter wurde auffallenderweise nur zu einigen Jahren Gefängnis verurteilt und alsbald amnestiert. Dies hätte – nach Bothmers Auffassung – die bereits früher bestehende Vermutung bestätigt, daß Lenin selbst die Mörderhand gelenkt habe, um sich seiner sozialrevolutionären Gegner auf eine bequeme Weise zu entledigen. Es sei übrigens der Tscheka bekannt gewesen, das Graf Mirbach, wie auch er, Bothmer, dem Auswärtigen Amt und der Obersten Heeresleitung einen antibolschewistischen Kurs und eine Unterstützung aller konterrevolutionären Kräfte in Rußland empfohlen hätten. Selbst Ludendorff hätte seine Fehleinschätzung Lenins, der nach Rußland »eingeschmuggelten Zeitbombe«, eingestanden und beim Kaiser den Sturz des Sowjetregimes dringend befürwortet. Das Auswärtige Amt hätte sich aber mit seiner »pflaumenweichen«, auf kurzfristige außenpolitische Vorteile bedachten Schaukelpolitik zwischen Weiß und Rot durchgesetzt, was letzten Endes zum Sturz der Monarchie in Deutschland selbst geführt hätte.

In besinnlicher Stimmung, auf der Terrasse in Nisch dalmatinischen Rotwein schlürfend, hielt Bothmer seinen Pokal gegen das scheidende Sonnenlicht und erinnerte sich jenes Blutflecks im Tanzsaal der im ehemaligen Palais des deutsch-russischen Zuckermagnaten Berg in Moskau untergebrachten deutschen Gesandtschaft. An jener Stelle sei Mirbach verblutet. Wie in einer englischen Gespenstergeschichte, versicherte Bothmer, sei der Blutfleck mit keinem Putzmittel aus dem Parkett zu entfernen gewesen. Ich erwähnte in diesem Zusammenhang, daß Gustav Hilger mir einmal erzählt hätte, daß der Blutfleck in dem in späteren Jahren der italienischen Botschaft übereigneten Gebäude sichtbar geblieben sei. Ahnungslose Ballgäste hätte er jahrein, jahraus darüber hinwegtanzen gesehen und immer wieder der Mordtat gedenken müssen. »Ob der Blutfleck in Moskau jetzt von einem Blutmeer deutscher und russischer Soldaten weggeschwemmt wird?« knüpfte Bothmer daran eine Frage, auf die er keine Antwort zu erwarten schien. »Der damals vereitelte Krieg ist jetzt über uns hereingebrochen, aber unter völlig veränderten Umständen. Wir haben nunmehr Ost und West als vereinte Militärmacht gegen uns. Und gerade ein Zweifrontenkrieg wäre auf jeden Fall zu vermeiden gewesen. Gnade uns Gott, wenn Hitlers Rechnung nicht aufgeht.« Er dämpfte mit diesen Abschiedsworten ein wenig die »Führer«-Leichtgläubigkeit seines entfernten Neffen, als er uns nach dem Abendessen mit bedenklicher Miene entließ. Bei dem letzten Händedruck konnte keiner von uns ahnen, daß unser liebenswürdiger und würdiger Vertreter der alten deutschen Armee nach Kriegsende von der Tito-Regierung wegen der »Bekämpfung der jugoslawischen Partisanenbewegung« zum Tode verurteilt und exekutiert werden würde.

Von Nisch nach Svilengrad

In die Austauschverhandlungen hatte sich indes von Papen, der deutsche Botschafter in der Türkei, persönlich eingeschaltet. Nachdem der schwedische Gesandte in Moskau mitgeteilt hatte, daß »die Russen den deutschen Änderungsvorschlag kategorisch ablehnten« und nur Svilengrad als Grenzübergang akzeptieren würden, setzte er sich mit seinen Vorstellungen in Ankara schließlich durch. Die türkische Regierung wies aber darauf hin, daß »die Überführung von Tausend Russen von Svilengrad mit nur einem verfügbaren Omnibus« schwere Probleme bereite. Die in Kostroma, 120 km vor Moskau, zurückgehaltenen 241 Deutschen trafen am 8. und 9. Juli in zwei Gruppen an der sowjetisch-türkischen Grenze im armenischen Leninakaan ein. Zur Unterstützung von Papens bei der Durchführung des Austausches wurde Legationsrat Peter-Pirkham von der Abteilung Protokoll nach Ankara entsandt. »Um sowjetrussischen Hinterhältigkeiten jeden Spielraum zu nehmen«, erhielt von Papen gleichzeitig die Weisung des Staatssekretärs von Weizsäcker, es »sei bei der türkischen Regierung auf eine aktive Mitwirkung zu drängen. Benötigt würde von den Türken 1) die Einschaltung aller ihrer technischen Hilfsmittel für die Gewähr gleichzeitigen Grenzübertritts beider Gruppen bei Svilengrad und Leninakaan, 2) für den Fall unzulänglichen Ablaufs die Gewähr, daß die übergetretenen Russen solange von türkischer Regierung zurückgehalten werden, bis die deutsche Gruppe wohlbehalten auf türkischem Boden ist.« Mit Telegramm vom 8. Juli unterrichtete von Papen die Berliner Zentrale, daß »alles mit der türkischen Regierung gewissenhaft vorbereitet sei«, um einen reibungslosen Ablauf des Austausches zu gewährleisten. Ein türkischer Vertreter würde mit Schulenburg in Leninakaan Verbindung aufnehmen. Gleichzeitig empfahl er »den russischen Transport von Nisch näher an die türkische Grenze zu schieben, damit Austausch erfolgen kann, sobald Angelegenheiten in Ordnung«.

Zwecks Beschleunigung der Austauschprozedur erhielt Dekanosow am 11. Juli die Genehmigung, vom Sonderzug in Nisch aus mit dem sowjetischen Gesandten in Sofia Alexej Lawritschew zu telefonieren, um diesem mitzuteilen, daß »die sowjetische Austauschgruppe sich bereits vor der bulgarischen Grenze befände und zur Übergabe bereit sei«. Dabei wurde zwar eine »Fehlanzeige« erstattet: 99 Sowjetrussen (hauptsächlich Seeleute) konnten auf deutscher Seite nicht mehr fristgerecht am Austauschort eintreffen, während den Sowjets 44 Deutsche »fehlten«. Um jedoch den Austausch der 1068 Sowjetrussen nicht zu gefährden, erhielt Dekanosow die Weisung, die Grenze in Svilengrad zu einem noch festzulegenden Termin zu überschreiten. In Istanbul würden er und sein Mitarbeiterstab von einem sowjetischen Flugzeug unverzüglich nach Moskau gebracht werden. Absprachegemäß erhielt auch von der Schulenburg die Erlaubnis, mit den deutschen Vertretern an der sowjetisch-türkischen Grenze zu telefonieren. Nachdem die direkten Kontakte mit den beiden Austauschgruppen hergestellt waren, stand der Weiterreise der Sonderzüge von Nisch nach Bulgarien nichts mehr im Wege. In Sofia wurde das »Zweimann-Kommando« durch die Abkommandierung des leutseligen und gesprächslustigen Legationssekretärs, von Massow, vermehrt. Er versorgte uns mit schweizerischen Zeitungen, denen zu entnehmen war, daß die Meldungen über das unerwartet schnelle Vorrücken der deutschen Truppen und hohe Gefangenenzahlen keinesfalls auf propagandistischen Nachrichten der deutschen gelenkten Presse beruhten. Kommentarlos übergab ich die »Neue Zürcher Zeitung« Dekanosow, der um »neutrale Zeitungen« gebeten hatte.

Als der Zugführer bereits auf das Sofioter Abfahrtssignal wartete, kamen in rasendem Tempo zwei Autos zum Bahngelände gefahren. Schon von weitem sah man Arme winken. In Begleitung bulgarischer Polizisten und deutscher Sicherheitsbeamten entstiegen den beiden Wagen drei der von Dekanosow bei der Abreise von Berlin am meisten »vermißten« Russen: der TASS-Korrespondent Filipow, der Leiter des Intourist-Büros Sarachanow und der Chauffeur Baranow. Bei Nachforschungen in Nisch hatte Filipows Ehefrau, die sich bei dem Transport der nichtexterritorialen Russen befand, erklärt, daß sie und ihr Mann am Morgen des 22. Juni in Berlin verhaftet und ins Polizeipräsidium gebracht worden seien. Von ihrem Mann und von weiteren fünfzehn Sowjetrussen sei sie dort getrennt und der

Austauschgruppe angeschlossen worden. Bei deren Abreise von Berlin wurde dem recherchierenden Vertreter des Protokolls Dr. Strack von einem Gestapobeamten versichert, er habe den Verdacht, »es läge irgendeine Schwindelei vor und Filipow befände sich wirklich, aber unter einem falschen Namen in der Austauschgruppe.«

Vor der Abfahrt des Sonderzuges aus Nisch insistierte Strack erneut bei dem gleichen Beamten auf Nachforschungen nach dem Verbleib von Filipow, da sein Fehlen die gesamte Austauschaktion gefährden könne. Denn unter allen anderen »vermißten« Russen (auf der deutschen Suchliste gab es übrigens weit mehr »Vermißte«, denn einige Dutzend Reichsdeutsche befanden sich am Tage der Kriegserklärung auf der zehntägigen transsibirischen Eisenbahnfahrt von oder nach dem Fernen Osten) schien es Dekanosow an der »Auffindung« von Filipow am allermeisten gelegen zu sein. Kurz nach dem Anruf von Strack wurde ihm von Walter Schellenberg, der im Reichssicherheitshauptamt das für die Abwehr in Deutschland und in den besetzten Gebieten zuständige Amt IV E gerade übernommen hatte, mitgeteilt, Filipow stünde für den Austausch zur Verfügung. Die Gestapo hätte »ihre besonderen Interessen, die zur Zurückhaltung des Filipows veranlaßt hätten, zurückgestellt«. In Begleitung eines Kriminalbeamten würde Filipow auf »raschestem Wege« nach Nisch gebracht werden.

Als aber die beiden in Nisch eingetroffen waren, befanden sich die Sonderzüge bereits unterwegs nach Sofia; mit einem Kübelwagen ging daher die Fahrt querfeldein weiter, um den »Vermißten Nr. 1« Dekanosow zuzuführen. Filipow und Sarachanow wurden denn auch bei der Übergabe schon auf dem Sofioter Bahnsteig wie »Helden der Sowjetunion« gefeiert, von Dekanosow und seinen Botschaftsräten umarmt und geküßt und auf deren Fürsprache im Diplomatenzug untergebracht. Auch deren Frauen durften mit dem gleichen Zug zur Grenze mitfahren. Diese interne Abweichung von den Vorschriften glaubten Bothmer und ich verantworten zu können. Auf der Fahrt nach Svilengrad in der Nacht zum 10. Juli wurde im Botschafterabteil kaum geschlafen und der Verbrauch an Wein und Spirituosen übertraf sogar den auch sonst nicht gerade geringen Konsum der trinkfesten Russen. Das Mitropa-Personal hatte eine der letzten langen Nächte in Kauf zu nehmen.

Bevor aber der Diplomatenzug die bulgarische Messestadt Plovdiv (Philipopol) erreichte, gab es für die Russen ein weiteres freudiges Ereignis zu feiern. Der blutjunge und allem Anschein nach wenig erfahrene Botschaftsarzt wünschte mich dringend zu sprechen. Er war zweifellos ein »Protektionskind«, dem irgendein wohlgesinnter und einflußreicher Verwandter einen Auslandsaufenthalt verschaffen wollte. Völlig verstört und mit weitaufgerissenen angsterfüllten Augen gestand er, daß in seiner bisherigen Praxis noch keine einzige Entbindung vorgekommen sei und daß er von Gynäkologie auch sonst nicht allzu viel wüßte. Bei einer der mitreisenden Frauen hätten vorzeitig, wohl durch die Aufregungen der letzte Tage verursacht, Geburtswehen eingesetzt und er bäte daher dringend in Plovdiv einen erfahrenen »Professor der Gynäkologie« anzufordern. Massow schickte sofort per Fernschreiber einen entsprechenden »Hilferuf« nach Plovdiv und beim Eintreffen des Zuges stieg ein brummiger, aber gutmütiger bulgarischer Landarzt ein, den wir zu seinem nicht geringen Erstaunen als »Herr Professor« titulierten. Er untersuchte die Kreißende, fand aber keine Abweichung von einem normalen Geburtsverlauf und wollte sich mit der Beratung seines jungen russischen Kollegen begnügen. Dieser zeigte sich aber weit mehr aufgeregt als die werdende Mutter und bestand darauf, daß der Bulgare mitreise. Kurz nach dem Eintreffen des Sonderzuges in Svilengrad wurde ich von den beiden Ärzten zur Begrüßung eines neuen Sowjetbürgers gerufen, um den die Austauschgruppe sich nunmehr vermehrt hatte. Ich beglückwünschte die Kindsmutter, die dem Neugeborenen den Namen des Botschafters, nämlich Wladimir, geben wollte. »Dieser Junge ersetzt einen Soldaten, der im Augenblick seiner Geburt gefallen ist«, versetzte Dekanosow mit gewissem georgischen Pathos und bat mich, die diplomatische Austauschliste durch einen weiteren Namen und Geburtsdatum zu ergänzen.

Ein weiterer Zuwachs der russischen Austauschgruppe erfolgte noch am gleichen Ankunftstage, allerdings nicht durch die Geburt eines schuldfreien Kindes, als vielmehr durch die Ankunft einiger schuldbeladener Männer, die ebenfalls auf der »Vermißtenliste« standen. Es handelte sich dabei um die beiden »Danziger Russen«, die von der Gestapo festgenommen und zur Fortsetzung des Verhörs nach Berlin gebracht worden waren. Walter

Schellenberg hatte bei der Abreise des Diplomatenzuges von Berlin fest zugesagt, daß »die beiden von Danzig per Flugzeug an die türkische Grenze nachgeschickt würden«. In seinen »Memoiren« berichtet er über deren Abtransport folgendes: »Ich ließ die beiden Agenten nun sofort aus Danzig holen und gewann damit noch genügend Zeit, daß sich einer meiner Abteilungschefs, der fließend Russisch sprach und den ich als Reisebegleiter vorgesehen hatte, einen Tag lang in Berlin mit ihnen beschäftigen konnte. Die Russen wurden nun in einem Berliner Hotel untergebracht, wo sie sich mit Wodka betrinken und ausschlafen konnten. Sie beklagten sich meinem Abteilungschef gegenüber in keiner Weise, im Gegenteil, der mit dem blauen Auge betonte öfter, er bedauere es, geleugnet zu haben, er hätte sich sonst viel ersparen können. Der andere betrachtete zwar den Fall als abgeschlossenes Kapitel, war aber keineswegs darüber erbaut, nun mit dem Flugzeug dem Botschafter nachgeschickt zu werden. Dies, so meinte er, könne sie beide vor Herrn Dekanosow in ein schlechtes Licht bringen.

Am nächsten Vormittag verließen die beiden Russen Berlin. Ich hatte sie mir noch einmal angesehen und den Eindruck gewonnen, daß an ihrem körperlichen Zustand nicht viel auszusetzen war. Je näher sie dann dem Ziel kamen, desto unruhiger wurden sie. Aus ihren Reden ging hervor, daß sie sowohl Angst vor Dekanosow als auch vor den Maßnahmen ihrer Moskauer Behörde hatten. Sie fürchteten, wie mir später der Reisebegleiter berichtete, daß ihr Versagen, begründet durch die Verhaftung und Preisgabe ihrer Aufträge, nicht ungestraft bleiben werde. Unser Beamter hatte schließlich noch alle Mühe, sie von einem Fluchtversuch abzuhalten.

Der Zug Dekanosows wartete bereits an der türkischen Grenze. Der deutsche Gegenzug ließ jedoch noch auf sich warten. Moskau hatte angeordnet, daß die deutschen Diplomaten so lange auf russischem Gebiet zu verbleiben hätten, bis die beiden Konsularbeamten eingetroffen seien. So dauerte es noch drei volle Tage, ehe der Austausch vorgenommen werden konnte.«

Irgendwelche Zweifel an der Darstellung Schellenbergs dürften kaum angebracht sein, denn beim Eintreffen in Svilengrad machten die beiden »Danziger« tatsächlich einen völlig verstörten Eindruck. Ihre Redeweise war stockend, unkonzentriert, die

Bewegungen fahrig. Dekanosow traten sie in geduckter Haltung mit eingezogenem Kopf und scheu ausweichendem Blick entgegen. Es war ihnen kein Zeichen der Freude über das Wiedersehen mit den Landsleuten und Kollegen anzumerken. Schlimmeres als die vorzeitige Beendigung einer diplomatischen Karriere schien ihnen bevorzustehen. Im Gegensatz zu den beiden in Sofia dazugestoßenen »Vermißten« wurde ihnen kein überschwenglicher Empfang bereitet. Zögernd wie eine Bestrafung erwartende Schulbuben, streckten sie ihrem Botschafter die Hand entgegen, die dieser nur flüchtig streifte ohne jede Emotion und sachlich bestätigte er gegenüber dem Gestapo-Beamten, daß seine Forderungen hinsichtlich der »Vermißten« nunmehr erfüllt seien. Er gab sich mit dessen Versicherung zufrieden, daß Ermittlungen über den Verbleib von russischen Seeleuten in deutschen Häfen und einigen anderen Sowjetbürgern noch nicht abgeschlossen seien und daß dieselben zu gegebener Zeit »nachgeliefert« würden. Daß die Abwicklung des Austauschverfahrens in Svilengrad noch volle drei Tage in Anspruch nahm, ging weniger auf das verspätete Eintreffen der beiden Konsularbeamten – wie Schellenberg es vermutete –, als vielmehr auf Kommunikationsschwierigkeiten im Verhandlungsquadrat Berlin-Stockholm-Moskau-Ankara-Berlin zurück.

Welchen Personen sowjetischerseits eindeutig nachrichtendienstliche Bedeutung beigemessen wurde, ergibt sich übrigens aus dem Namensverzeichnis der beim vorgezogenen Austausch acht »bevorzugten« Russen. Deutscherseits wurde nämlich vorgeschlagen, vier Mitglieder des deutschen Konsulats in Wladiwostok sowie vier deutsche Transitreisende, wegen des Zeitunterschiedes im Fernen Osten, bereits einen Tag vor dem Gruppenaustausch die Grenze passieren zu lassen. Unter Einhaltung der Reziprozität traf daraufhin Dekanosow eine Auswahl unter seinen Mitarbeitern. Zu diesen gehörten der sowjetische Generalkonsul in Königsberg/Preußen Bukin, die beiden Prager Vizekonsuln Jakowlew und Iwanow, der Wiener Vizekonsul Spitschkin, die Mitarbeiter der Handelsvertretung in Berlin Antonian und Nikonow sowie zwei »bevorzugte« sowjetische Staatsangehörige Kaplan und Milz. Festzuhalten wäre in diesem Zusammenhang, daß auf sowjetischem Territorium bei dem Abtransport des diplomatischen und konsularischen Personals kein einziger Vorfall obengeschilderter Art zu verzeichnen gewesen war. Dafür kann es eigentlich nur zwei mögliche Erklärungen geben: Entweder funktionierte die Überwachung der Deutschen in der Sowjetunion derartig lückenlos und perfekt, daß man deutscherseits gar nicht erst in die Versuchung kommen konnte, sich nachrichtendienstlich zu betätigen, oder die deutschen Vertretungen hielten sich äußerst streng und korrekt an die völkerrechtlichen Bestimmungen. Aus eigener Erfahrung kann ich bestätigen, daß die erste Erklärung sicherlich zutreffend ist, daß aber andererseits die diplomatische Immunität in der Geschichte der deutsch-sowjetischen Beziehungen von 1918 bis 1941 in keiner Weise mißbraucht worden ist. Und wenn jemals ein deutscher konsularischer Mitarbeiter sowjetischerseits zur »persona non grata« erklärt worden ist, dann geschah dies keinesfalls infolge eines Indizienbeweises über eine illegale Betätigung. In jedem einzelnen Falle handelte es sich um eine Vergeltungsmaßnahme, die auf eine der Sowjetregierung nahegelegten Abberufung eines der Spionage verdächtigen oder derselben überführten Mitarbeiters der sowjetischen Vertretungen in Deutschland zurückzuführen war.

1937/38 entledigte man sich lästiger Ausländer, insbesondere wenn sie Land und Leute kannten, zu Tausenden. Die Deutschen, die am stärksten in der Sowjetunion vertreten waren (die Wirtschaftskrise von 1931/32 brachte viele Tausende von »Spezialisten«, Ingenieuren und Technikern, die aus Deutschland importierte Maschinen installierten und in den sowjetischen Betrieben ihr »know how« weitergaben nach Sowjetrußland), wurden als angebliche »Schädlinge« am meisten betroffen. Mehrere Hundert von ihnen wurden ausgewiesen oder verhaftet und zu den sinnlosesten Geständnissen erpreßt. Selbst vor deutschen konsularischen Vertretungen machten Stalins Sicherheitsbehörden nicht halt. So wurde z. B. der deutsche Generalkonsul in Leningrad, Rudolf Sommer, ein jovialer Jungggeselle, dessen chinesische Küche und großes Kunstinteresse ihn zu den beliebtesten ausländischen Vertretern in der West-Europa aufgeschlossensten Stadt der Sowjetunion machten, von der GPU der lächerlichsten Verbrechen bezichtigt. Man warf ihm nichts Geringeres vor, als die Absicht gehabt zu haben, ganz Leningrad zu vergiften, sowie die angebliche Vorbereitung eines Attentats auf einen der lokalen Parteifunktionäre. Als persona non grata hat er seinen Posten räumen müssen, während einige seiner konsularischen Mitarbeiter verhaftet und nur durch energisches Eingreifen der Moskauer Botschaft aus der Haft entlassen und ausgewiesen wurden.

Gelegentlich wurden zwar auch deutsche Journalisten als »Sicherheitsrisiko« verdächtigt und wegen »antisowjetischer« Berichterstattung ausgewiesen. Allein im Gegensatz zu dem TASS-Vertreter Filipow wurde keinem der deutschen Pressevertreter zu Beginn des Krieges etwa nachrichtendienstliche Tätigkeit auch nur angelastet, geschweige denn nachgewiesen. Die vier deutschen Korrespondenten in Moskau – Dr. Hermann Poerzgen (FZ), Dr. Gerhard Thimm (DAZ), Alois Bauer und selbst der Vertreter des den Sowjetorganen äußerst suspekten »Völkischen Beobachters«, SA-Oberführer Dr. Karl Neuscheler, blieben unbehelligt und durften sich anstandslos der deutschen Diplomatengruppe bei der Ausreise anschließen. Der FZ-Korrespondent Poerzgen geriet zwar bei Kriegsende in sowjetischen Gewahrsam und verbrachte ein Jahrzehnt im Prominentengefängnis von Wladimir, was ihn nach seiner Entlassung allerdings nicht hinderte, als Berichterstatter nach Moskau zurückzukehren, wo er auch – nach vorübergehender »Ausweisung« – 1978 verstorben ist. Auf seinem »Schicksalsposten« zu sterben, soll übrigens auch sein Wunsch gewesen sein.

In den von Sowjettruppen gegen Kriegsende besetzten Ländern (wie z. B. Rumänien, Bulgarien, Mandschukuo u. a.), aber auch in den sowjetisch besetzten Teilen Deutschlands und Österreichs wurden insgesamt mehr als tausend Angehörige der deutschen diplomatischen und konsularischen Vertretungen festgenommen und zum Teil mit Frauen und Kindern nach Moskau gebracht. Diplomatischen Status (im Range von Gesandten, Generalkonsuln, Konsuln oder Legationsräten) besaßen unter ihnen nur relativ wenige. Die überwiegende Mehrheit bestand aus Angehörigen des mittleren, gehobenen und einfachen Dienstes (d. h. vom Kanzler, Konsulatssekretären, weiblichen Schreibkräften bis zum Hausmeister, Boten und Portier). Sie wurden jedoch ausnahmslos der Spionage bezichtigt und auch nach dem entsprechenden Paragraphen 58/6 des sowjetischen Strafgesetzbuches – meist ohne Gerichtsverfahren – zu 10 bis 25 Jahren Gefängnis- oder Straflagerhaft verurteilt. Bei deren Vernehmung wollte es den Untersuchungsoffizieren durchaus nicht einleuchten, daß die Mitarbeiter deutscher diplomatischer und konsularischer Vertretungen nicht eo ipso Spionagedienste geleistet hätten. Der Begriff »Spionage« wurde allerdings so weit gespannt, daß schon »Stimmungsberichte« aus der Sowjetunion, Angaben über die Versorgungslage, Preisvergleiche u. ä. als strafwürdige Delikte angesehen wurden. Um eine von der Sowjetpropaganda häufig gebrachte russische Redensart am rechten Platz zu gebrauchen: von ihrem eigenen »kranken Kopf« übertrugen die Untersuchungsbehörden den Spionageverdacht auf »die gesunden Köpfe« harmloser Angestellter.

Der Aufenthalt der um drei weitere Sonderzüge aus Italien, Vichy-Frankreich, Ungarn, der Slowakei, Norwegen und Finnland um mehr als fünfhundert Personen vermehrten Austauschgruppe in Svilengrad dauerte vom 10. bis 13. Juli, dem zwischen Berlin und Moskau über deren Schutzmachtvertretungen vereinbarten Termin. Der sowjetische und der deutsche Botschafter sollten in Svilengrad und Leninakaan zur gleichen Stunde die Grenze überschreiten. Zwecks besserer Koordinierung erbat die Sowjetregierung eine Frist von drei Tagen. Zur Beschleunigung der Austauschprozedur wurde von der Botschaft Ankara als Verbindungsmann Legationsrat Böcking entsandt. Bei weitem hilfreicher war jedoch die tätige Mitwirkung von Dr. Herbert Bauer, der als Vertreter der Rechtsabteilung den Sonderzug mit den Sowjetrussen ohne Diplomatenstatus betreute. Seine Aufgabe war eine weit schwierigere, da er unausgesetzt Beschwerden und Beanstandungen über die angestaute Hitze in den Waggons, die mangelhaften sanitären Einrichtungen und Erkrankungen ausgesetzt war. Dies veranlaßte uns zu einigen »Citissime«-Telegrammen nach Berlin, in denen im besonderen auf »eine nicht von der Hand zu weisende Seuchengefahr« hingewiesen wurde. Es wurde zur Dramatisierung der Lage sogar ein dringender Typhusverdacht konstruiert, um den Austauschtermin am 13. Juli sicherzustellen.

Svilengrad war ein in der Gesichte bedeutungsloser Ort, dessen einziges Monument, eine über den Mariza-Fluß im 16. Jahrhundert erbaute Brücke von den durch den deutschen Jugoslawien-Feldzug verunsicherten Türken einige Monate vor unserem Eintreffen gesprengt worden war. Überliefert war an historischen Ereignissen – wie die Bulgaren es uns mitteilten – lediglich das Martyrium der von dem türkischen Gouverneur gepfählten christlichen Widerstandskämpfer und die Übernachtung des Schwedenkönigs Karls XII. auf seinem legendären Gewaltritt von Bendery nach Schweden.

Seither hatte sich zwar einiges verändert. Eisenbahn, Elektrizität, Telegraph, Radio machten den technischen Fortschritt sichtbar, aber die Lebensgewohnheiten der Ortsbewohner hatten sich wohl sonst kaum gewandelt. In dem Grenzort mit seinen staubigen ungepflasterten Straßen, sich zur Erde duckenden Häusern und verdörrten Gärten gab es kein einziges Gasthaus, in welchem das von Tag zu Tag anwachsende »diplomatische Korps« sich zu einer Cocktailstunde treffen konnte.

Der reguläre Zugverkehr zwischen den ohnehin feindlichen Nachbarstaaten war durch die Sprengung der nach Adrianopol (Edirne) führenden Eisenbahnbrücke unterbrochen. Auf den stillgelegten Gleisen standen die fünf Sonderzüge, die von jungen Diplomaten aus Italien, Frankreich, Ungarn, der Slowakei, Dänemark, Norwegen und Finnland begleitet wurden. Auch die »russische Kolonie« war entsprechend angewachsen und es fand zwischen den einzelnen Sonderzügen ein reger Vekehr statt.

Ein nicht weniger geselliger Verkehr als unter den Sowjetrussen entstand unter deren diplomatischen Begleitpersonal. In Ermangelung eines sonstigen »gesellschaftlichen Treffpunkts« wetteiferten die Italiener, Franzosen, Dänen, Finnen und Slowaken durch Repräsentation ihrer nationalen Küchen. Ungeachtet aller kriegsbedingten Einschränkungen wurde die »palme cuisinaire« dem französischen Küchenchef zuerkannt, dem der deutsche und italienische folgten. Unserem Estländer waren nämlich alle Geheimnisse der baltischen Küchenrezeptur bekannt, die aus einer Kreuzung deutscher, russischer, lettischer, estnischer, polnischer und schwedischer Nationalküchen bestand. Die deutschen Rhein- und Moselweine trugen allerdings nicht wenig zu der zweitbesten Placierung bei. Die scherz- und sangesfreudige Stimmung, die die meisten jungen Attachés auszeichnete, entsprang vermutlich einer durchaus erklärlichen Verdrängung. Man versuchte sich von dem Kriegsgeschehen zu distanzieren und war der Meinung, die Deutschen sollten es selber ausbaden, was sie sich eingebrockt hatten. Die Finnen und Slowaken zeigten sich wenig leutselig und gesprächig, denn die Ungewißheiten des Rußlandfeldzuges berührten sie als Nachbarvölker am ehesten. Conte Rossi, der die Russen der römischen Botschaft begleitete, brillierte noch mehr als die Vichy-Franzosen durch seinen hintergründigen Witz und anzügliche Bemerkungen, die weder vor Mussolini noch vor Hitler halt machten. Es war nur folgerichtig, daß ich ihm nach Badoglios Abfall vom faschistischen Regime und der »Gesinnungsspaltung« innerhalb des Berliner Botschaftspersonals im Herbst 1944 im schlesischen Krummhübel unter den dort »konfinierten« Badoglio-Anhängern wiedersah.

Als die in den Zugabteilen bis +40 Grad akkumulierte Hitze allzu beschwerlich wurde, fand sich der diplomatische Nachwuchs in dem Lok-Schuppen des Bahnhofs von Svilengrad ein und erfrischte sich unter einer Lokomotivbrause. Der französische Kollege meinte, ein Bad im Ritz könne nicht köstlicher sein. Nach der kalten Dusche fand man sich mit den bulgarischen und türkischen Grenzoffizieren zu einer »Erfrischung nach innen« in dem pompös gepolsterten Salonwagen des Schahs von Iran ein, der von den Kasseler Hentschel-Werken geliefert, durch die Sprengung der Marizabrücke nicht mehr nach Teheran weiterrollen konnte. Den SD-Beamten der Absperrungszone blieb der Zugang zu diesem diplomatisch-militärischen »Cercle« versagt, und zwar unter dem bequemen Vorwand, daß ihnen die Beaufsichtigung der »russischen Kolonie« oblag. Ein offener und vorbehaltloser Meinungsaustausch mit den bulgarischen und türkischen Gesprächsteilnehmern kam jedoch ungeachtet der bohrenden Fragen der jungen Diplomaten nicht zustande. Die Erzfeindschaft zwischen den Bulgaren und Türken blieb unüberbrückbar. Bulgarien hatte sich zwar mit deutscher Unterstützung auf Kosten Griechenlands vergrößert und unter den orthodoxen Glaubensbrüdern in den besetzten Gebieten Thraziens und auf den der Küste vorgelagerten Inseln ein entsetzliches Blutbad geduldet, aber nichtsdestoweniger ein schlechtes Gewissen bewahrt. Unter vier Augen gestand ein bulgarischer Offizier seinen Abscheu und tiefes Bedauern. Das eigentliche nationale Ziel, die Wiederherstellung eines großbulgarischen Reiches, wie zur Zeit Simeons des Großen, könne aber erst dann erreicht werden, wenn man »die Türken nach Asien zurücktreiben« würde. Auf die Frage, ob dann Konstantinopel bulgarisch, griechisch oder etwa russisch werden sollte, blieb er allerdings die Antwort schuldig. Den Türken war diese Einstellung ihrer Nachbarn, der von ihnen jahrhundertelang unterdrückten und ausgebeuteten Griechen, Bulgaren und Jugoslawen nur allzu gut bekannt. Sie dächten weniger an eine Rückeroberung ihrer früheren Besatzungsgebiete als an die Erhaltung ihres restlichen europäischen Landbesitzes. »Um zu den Europäern gezählt zu werden«, versicherte ein türkischer Oberst, als er auf die Reformen Kemal Atatürks zu sprechen kam.

Am 13. Juli 1941, einem schon in den frühen Morgenstunden heißen Tag, traf aus Berlin die langerwartete Weisung ein, daß der mit Ankara koordinierte Austausch von deutschen gegen sowjetische Diplomaten und Staatsangehörige ab 7 Uhr in Leninakaan und Svilengrad beginnen könne. Am Straßenrand in der Nähe des bulgarisch-türkischen Grenzübergangs waren Armeezelte aufgerichtet, in deren Sonnenschutz Dekanosow, Bereschkow sowie Böcking, von Massow, Bauer und ich mit den Franzosen, Italienern, Ungarn, Slowaken und Finnen an wackeligen Klapptischen Platz nahmen. Jeder von uns strich auf den ihm vorliegenden Namenslisten die aus den einzelnen Waggons aufgerufenen Austauschpersonen, deren Identität jeweils von dem Botschafter bestätigt wurde. Bulgarische Armeeomnibusse und Lastwagen standen bereit, um die Sowjetrussen mit ihrem Gepäck zu den jenseits der Grenze bereitgestellten türkischen Sonderzügen zu transportieren. Das Passieren der Grenze ging zügig vor sich. Gegen 12 Uhr mittags hatten bereits 400 Sowjetbürger die Grenze überschritten. Bei dem diplomatischen Personal gab es keine Schwierigkeiten oder Verzögerungen. Diese traten erst auf, als unter den zum Grenzübertritt aufgerufenen Zivilpersonen sowjetischer Staatsangehörigkeit drei mitgereiste Frauen sich kategorisch weigerten, die Grenze zu überschreiten.

Eine in Riga geborene und seit langem in Berlin ansässige jüdische Dame sowie eine jüdische Arztwitwe aus Berlin mit ihrer halbwüchsigen, auffallend schönen Tochter, Inhaber abgelaufener lettländischer Pässe, erklärten sie seien keine Sowjetbürger und dürften daher nicht »abgeschoben« werden. Dekanosow zeigte sich empört. »Diese Provokation lasse ich mir nicht gefallen«, herrschte er die drei jüdischen Damen an. »Sie sind von den Deutschen bestochen worden, um mir hier eine so unwürdige Szene zu machen.«

Dieser überraschende und unprovozierte Vorfall hat mich ebenso wie alle deutschen und ausländischen Kollegen zutiefst bewegt. Jeder von uns wußte zwar von der Diskriminierung und Verschleppung jüdischer Mitbürger in Deutschland und in den besetzten Gebieten, aber man schenkte der offiziellen Begründung Glauben, daß es sich um »eine Schutzhaft bis zur Beendigung des Krieges« handele. Nicht anders wurden alle anderen Regimegegner behandelt, und sich selbst den Erfahrungen eines Konzentrationslagers auszusetzen, erschien der schweigenden Mehrheit ein nutzloses Aufbegehren zu sein. Über die von Hitler bereits beschlossene Endlösung der »jüdischen Frage« war zu jenem Zeitpunkt noch niemand außerhalb des Himmler-Kreises unterrichtet. Ich dachte eher an die unausbleiblichen Folgen, die eine Weigerung, in die Sowjetunion einzureisen, für die drei mutigen Frauen haben würde, wenn sie schließlich doch dazu gezwungen würden. Ratlos schaute ich abwechselnd den vor Zorn bebenden Sowjetbotschafter und die kreidebleichen, aber zum Widerstand entschlossenen drei Frauen an. Der dickwanstige SS-Hauptsturmführer Heinemann trat plötzlich vor und ich übersetzte Dekanosow seine hämische Erklärung. »Warum sollen denn die drei Frauen nicht in Deutschland bleiben, wenn sie es vorziehen? Bei uns können sie ihren freien Willen und Entschluß äußern und da sie lettländische Staatsbürger, also keine Sowjetrussinnen sind, können sie nicht zum Grenzübertritt gezwungen werden. Sie wählen die Freiheit.« In den Falten der rosigen Backen Heinemanns lag ein undurchsichtiges, mokantes Lächeln begraben. Die Arztwitwe mußte instinktiv etwas Bedrohliches und Gefährliches in diesem Lächeln erkannt haben. Kurz entschlossen zog sie ihre Tochter von dem Registrierungstisch hinweg. »Ich habe es mir anders überlegt«, stieß sie hervor, »wir fahren mit.« Ihre schöne Tochter machte eine halbe Kehrtwendung zu den Umstehenden, die ein erregtes Flackern in ihren achatschwarzen Augen erkennen ließ. »Ich werde die Deutschen bis an mein Lebensende hassen, ich werde alles tun, um sie zu bekämpfen«, vernahm ich ihre kindlich schrille, sich überschlagende Stimme. Ich verspürte ein seltsames Stechen im Herzen. Das Unrecht, das hier geschehen war, und die von Mutter und Tochter offenbar erkannte Gefahr auf beiden Seiten ihrer Entscheidungsalternative, machte mich stumm. Als ich beschämt zur Seite blickte, wurde ich gewahr, daß die Rigenserin beschwörend auf den SS-Dickwanst einredete. Dieser näherte sich erneut Dekanosow und gab für seine Gesprächspartnerin eine Erklärung ab. »Wie ich Ihnen schon gesagt habe, diese Frau ist keine Sowjetrussin. Ihre Heimatstadt ist Riga, die Hauptstadt

Lettlands, die in Kürze von den sowjetischen Okkupanten befreit werden wird. Es ist ihr ausdrücklicher Wunsch und freier Wille, nach Berlin zurückzukehren.« Und nach einer Kunstpause fügte er, jedes Wort betonend hinzu: »Ich werde sie als fremdsprachige Sekretärin beim Reichssicherheitsamt einstellen lassen. Es kommt nicht jeden Tag vor, daß man eine Sekretärin findet, die vier Fremdsprachen gleich gut beherrscht.« Dekanosow verschlug es den Atem. Er verlangte, mit der Rigenserin unter vier Augen zu sprechen, aber als er nach ihr Umschau hielt, war sie nicht mehr zu sehen. Immer noch voll echten oder vorgespielten Zorns wandte sich der Sowjetbotschafter an mich und meine deutschen Kollegen. »Dies hätten Sie nicht zulassen dürfen. Es ist ein abgekartetes Spiel, eine nichtswürdige Provokation.« »Wenn wir Ihnen das Gegenteil versicherten, würden Sie uns trotzdem keinen Glauben schenken«, erklärte ich in unserer aller Namen. Dekanosow wußte darauf nichts zu antworten und verschwand in dem Dunkel des Zeltes.

Die letzten bulgarischen Militärfahrzeuge waren indes in Richtung Grenze abgefahren. Im Zelt waren nur noch Dekanosow, Bereschkow und Semjonow zurückgeblieben, um die allerletzten Formalitäten zu erledigen. Dieser letzte protokollarische Auftrag bestand darin, eine »Empfangsbestätigung« in doppelter Ausfertigung, in deutscher und russischer Sprache auszustellen und von Dekanosow unterzeichnen zu lassen. Dieses Dokument, das eine vierundzwanzigjährige Periode deutsch-sowjetischer Beziehungen abschloß, bestand in einer von meiner Hand geschriebenen Bestätigung, daß am Nachmittag des 13. Juli 1941 soundsoviel sowjetische Staatsangehörige die bulgarisch-türkische Grenze überschritten hätten und der außerordentliche und bevollmächtigte Botschafter der Union der Sozialistischen Sowjetrepubliken dies ordnungsgemäß und ohne jede Beanstandung mit seiner Unterschrift bestätigte.

Als Dekanosow unterschrieben und das von mir als Übersetzer mitunterzeichnete russische Exemplar der »Empfangsbestätigung« entgegengenommen hatte, erhob er sich nicht ohne Feierlichkeit von seinem Klappstuhl und verabschiedete sich von den deutschen Vertretern durch ein stummes Kopfnicken. Als ich ihm jedoch spontan meine Hand entgegenstreckte und ihm und seinen Landsleuten eine glückliche Heimkehr wünschte, schlug er sie nicht aus, wünschte auch mir persönlich alles Gute und bedankte sich für »die aufmerksame und korrekte Behandlung«. In jenem Augenblick war es mir keineswegs bewußt, daß der nächste Handschlag deutscherseits, der zu meiner Befreiung aus zehneinhalbjährigem sowjetischem Gewahrsam führen sollte, erst 1955 geschah, als Adenauers Delegation die Wiederaufnahme der deutsch-sowjetischen Beziehungen demonstrativ vor den Kameraleuten im Kreml bestätigte.

Dekanosow und seine Begleiter stiegen als letzte Sowjetvertreter in das Militärfahrzeug, das sich in wenigen Minuten in der flimmernden Nachmittagshitze aufzulösen schien. Aber die Tatsache, daß ich, ein in Moskau geborener baltischer Deutscher, dazu bestimmt gewesen war, dem Botschafter der Sowjetunion drei Wochen nach Kriegsbeginn die Hand zu drücken, stimmte mich nachdenklich. Wie hätte ich es aber auch nur erahnen können, daß ich, ein bedeutungsloser Dolmetscher des Auswärtigen Amts, eine zehneinhalbjährige sowjetische Kriegsgefangenschaft ohne allzugroßen Schaden an Leib und Seele überstehen, während der georgische Botschafter der Sowjetunion sein bewegtes Leben in den Kellergewölben der Moskauer Lubjanka durch einen Genickschuß beenden würde! Der Geschichtsverlauf scheint seit Jahrtausenden immer wieder zu bestätigen, daß man als unfreiwilliger Zeuge oder zufälliger Beobachter weit mehr Überlebenschancen besitzt, als wenn man an den Geschehnissen aktiv und nicht ohne persönlichen Ehrgeiz beteiligt ist. Medio tutissimus ibis. In der Mitte wirst du am sichersten gehen, hatte schon Ovid als Lebensweisheit erkannt.

Der Gesandte Dr. Hans Smend als Vorbild und Lehrmeister im diplomatischen Dienst

Juristisches Wissen allein sei für den diplomatischen Beruf nicht ausreichend. Diese Auffassung vertrat der Gesandte Dr. Hans Smend, als ich sein Mitarbeiter wurde und mich als Historiker vorstellte. Die Denkungsart der Juristen sei einseitig geprägt und an starre Formeln und Paragraphen gebunden, wie er es selbst 1913 bei seinem Eintritt in den diplomatischen Dienst erfahren mußte.

Im Berliner Auswärtigen Amt hatte ich das unwahrscheinliche Glück, nicht nur einem verständnisvollen und nachsichtigen Diplomaten alter Schule, sondern auch einem wahren väterlichen Freund und Lehrmeister begegnet zu sein. Ich gehörte daher zu jenen wenigen, die nicht sich selbst überlassen waren und durch täglichen dienstlichen und persönlichen Umgang im wahren Sinne des Wortes »geschult« wurden. Befreit war ich außerdem von jeglicher ideologischer Beeinflussung, wohl aber bestärkt in einer sowohl nationalen wie weltoffenen Gesinnung, die nicht zuletzt von der geistigen Elite des Stefan-George-Kreises herrührte.

Smend war nicht wenig stolz darauf, daß er einer alten Osnabrücker Humanistenfamilie entstammte, da ein von Kaiser Rudolf II. gekrönter poetus laureatus und im 17. Jahrhundert Janus Gruterus, Geschichtsprofessor an der Universität Heidelberg, Oberbibliothekar der weltberühmten »Palatina«-Sammlung und Herausgeber griechischer und lateinischer Klassiker, zu seinen Vorfahren zählten. Aber auch im 20. Jahrhundert sind angesehene Rechtsgelehrte, Mediziner und protestantische Theologen aus dem Familienverband hervorgegangen.

Geboren wurde Hans Smend 1880 in Osnabrück. Nach dem Abitur und Jurastudium begann 1913 seine diplomatische Laufbahn in der Berliner Wilhelmstraße, die aber jäh durch den Kriegsbeginn von 1914 unterbrochen wurde. Als Offizier geriet er in französische Gefangenschaft, wurde aber in einem damals noch üblichen gentlemen's agreement gegen französische Kriegsgefangene in Deutschland ausgetauscht, nachdem er sich ehrenwörtlich verpflichtet hatte, an dem bewaffneten Konflikt nicht mehr teilzunehmen und in den auswärtigen Dienst zurückzukehren. Als Smend nach der Revolution im Range eines Gesandtschaftsrates nach Bern versetzt wurde, fand er dort als Gesandten Adolf Müller vor, den ersten Sozialdemokraten im auswärtigen Dienst, der überdies aus einer rheinischen jüdischen Familie stammte. Dessen Übernahme in den diplomatischen Dienst geschah bereits 1919, nachdem er sich als Journalist, Parlamentarier und Chefredakteur des SPD-Blattes »Münchner Post«, aber auch als deutscher Geheimagent in der Schweiz bewährt hatte. Durch seine – wie übrigens auch die des Gesandten Graf Brockdorff-Rantzau in Kopenhagen – Beziehungen zu dem aus Rußland stammenden jüdischen Bankierssohn und Berufsrevolutionär Parvus-Helphand wurde die Finanzierung der Revolution in Rußland und die Einschleusung von Lenin und anderen Bolschewiken aus der Schweiz nach Petersburg erreicht. Dessen Ausweisung aus der Schweiz Anfang 1920 hat der neuernannte deutsche Gesandte allerdings nicht verhindern können. Zugute gehalten wurde ihm von konservativen Kreisen wie auch von Smend, daß er sich für einen Verständigungsfrieden eingesetzt und als deutsch-bayerischer Patriot gehandelt habe.

Seine Berichte wie auch Gutachten und Stellungnahmen, auf einem neutralen Beobachtungsposten verfaßt, haben damals des öfteren die deutsche Außenpolitik beeinflußt. Sie wurden nämlich sowohl von den Reichspräsidenten Ebert und Hindenburg als auch von den jeweiligen Reichskanzlern Wirth, Müller, Stresemann und Brüning angefordert und gründlich studiert. Nicht zuletzt war es auch Dr. Müllers geschliffener, journalistisch geprägter Stil, der seine Berichte von dem üblichen steifen und ausdruckslosen Amtsstil abhob. »Nur für den Dienstgebrauch«, wurden seine Berichte im Berliner Auswärtigen Amt oftmals in Umlauf gesetzt, ergänzt durch eine Auswahl anderer anschaulicher und ideenreicher Berichte. Diese interne Bekanntgabe lesenswerter Berichte wurde seither zur ständigen Einrichtung sowohl in Berlin als auch später in Bonn. Bis zu seiner Ablösung durch Ernst von Weizsäcker, dem späteren Staatssekretär des Auswärtigen Amts, im Sommer 1933 behielt Müller seinen

Posten, kehrte aber danach nicht mehr nach Deutschland zurück.

In dankbarer Erinnerung an seinen Berner Chef legte Smend großen Wert auf nicht nur inhaltlich, sondern auch stilistisch einwandfreie und einprägsam formulierte Berichterstattung. Seinem Rotstift und Änderungsvorschlägen verdankte ich in der Nachkriegszeit, daß gelegentlich auch meine Berichte »Nur für den Dienstgebrauch« vervielfältigt wurden.

Seine zwölf glücklichsten Dienstjahre verbrachte Smend als Botschaftsrat bis 1934 in Rom. Unter drei einander ablösenden Botschaftern wurde er gewissermaßen zu einer Institution, einer »tragenden Säule« der Quirinal-Botschaft. Wie Adolf Müller ein Journalist unter Diplomaten gewesen war, erschien ihm auch Mussolini als Journalist unter Staatsmännern, der seine politische Laufbahn ebenfalls als Sozialist begonnen hatte. Das faschistische Regime hatte sich als ein staatstragendes etabliert und erfreute sich bis zum Kriegseintritt breiter Zustimmung der italienischen Bevölkerung (98% der Wähler stimmten 1929 für den »Duce«). Den bürgerlichen Parteien und Regierungen in West- und Mitteleuropa erschien er als Rückhalt und Sicherheitsfaktor gegenüber einer kommunistischen Bedrohung aus Rußland. Eine nationale Selbstbesinnung und Identität erschien insbesondere den beiden »spät geborenen« Nationen, den Italienern und den Deutschen, vorrangig zu sein. Das wieder errichtete »Cäsarenreich« Mussolinis bot in Rom einen festlich rekonstruierten Rahmen für die zahlreichen Massenveranstaltungen und Feiern, der keinem anderen Land zur Verfügung stand. Dienstreisen und noch viel mehr Urlaubsreisen innerhalb des italienischen »Stiefels« mit den aus seiner 1911 geschlossenen Ehe hervorgegangenen zwei Söhnen Wolfgang und Hermann sowie der Tochter Renate machten Smend zu einem hervorragenden Kenner der Geschichte und der Kunst Italiens. Als die Tochter Renate als Reiterin den »Capo Mussolini« gewann, schien das Familienglück perfekt zu sein, um so mehr, als bald danach deren Eheschließung mit dem damals erfolgreichsten deutschen »Herrenreiter« Sven von Mitzlaff folgte, die sie zur Mitbesitzerin und Betreuerin des mecklenburgischen Gestüts und Gutsbetriebes von Drosedow machte.

1934 wurde Smend Gesandter in Teheran. Dies war schon damals nicht zuletzt wegen der Wirtschaftsbeziehungen, vor allem der Öllieferungen, sowie infolge der britisch-sowjetischen Konkurrenz ein schwieriger, aber enorm wichtiger Posten im Nahen Osten. Die deutsch-persische Freundschaft besaß bereits Tradition am Hofe des Schahs Reza Pachlevi. Diese ging zurück auf den Anfang des 20. Jahrhunderts, als dieser als Unteroffizier die Wachmannschaft befehligte, die das Gebäude der deutschen Gesandtschaft bei Tag und Nacht bewachte. Diese Maßnahme zum Schutz der ausländischen Vertretungen ging auf den Mord an dem russischen Gesandten und den eigentlichen Schöpfer der russischen Komödie, Alexander Gribojedow, im Jahre 1829 zurück, als Rußland in siegreichen Feldzügen Armenien befreite und fanatische Moslems sich rächen wollten. Ein neuer Krieg wurde nur dadurch vermieden, daß der Kadscharen-Schah den größten Diamanten der Welt Zar Nikolaus I. als Geschenk überreichte und sich verpflichtete, die fremden Vertretungen in Teheran zu schützen. Reza Pachlevi, der später Kriegsminister wurde, meuterte gegen die regierungsunfähige Kadscharen-Dynastie, die mit ihren Anhängern ein blutiges Ende fand, und etablierte sich als selbsternannter Schah. Von 1922 bis 1931 stand Werner Graf von der Schulenburg als deutscher Gesandter in hohem Ansehen am Persischen Hof. Gegenüber den rivalisierenden Engländern und Russen wurde er von dem sonst Ausländern mißtrauisch gesinnten Schah bevorzugt behandelt, und dies schlug seit 1934 auch für Smend zu Buche. Es gelang ihm u. a. für die deutsche Lufthansa Exklusivrechte im Flugverkehr zu sichern und den für beide Seiten günstigen Handelsaustausch weiter auszubauen. In Berlin stimmte daher das Auswärtige Amt den von Smend vorgelegten Um- und Ausbauplänen der Teheraner Mission zu. Mit dem ihn auszeichnenden ästhetischen Feinsinn wurde der Neubau von Smend mit hohen Standvasen der Berliner Porzellanmanufaktur sowie – in Anerkennung persischen Entgegenkommens – mit handgewobenen Teppichen ausgestattet, die in den Empfangsräumen alle sonst üblichen Maße übertrafen. Ärger erregte dies bei den Engländern, die nach der Besetzung des Iran durch alliierte Truppen nicht das Geringste gegen die Plünderung des deutschen Missionsgebäudes unternahmen. Obwohl Smend den Sport nicht zu seinen Höchstleistungen zählte, erreichte er bei einer Besteigung des Elbrus zum unverhohlenen Ärger anderer Missionschefs als erster den Gipfel. Für den abergläubischen Schah war dies eine neuerliche Bestätigung der Tüchtigkeit seiner deutschen Bundesgenossen. Diese Anerkennung äußerte sich bei einer Einladung in eines der Lustschlösser des Schah darin, daß, wie Smend schmunzelnd berichtete, er zur Übernachtung in ein prunkvolles Schlafgemach geleitet wurde. Als er sich zu Bett begab, fand er dort einen der zahlreichen Pachlevi-Prinzen vor, der ihn nach dem Bade nicht nur trocknete und massierte, sondern sich zu ihm nackt ins Bett legte. Dagegen hätte er aber unmißverständlich Einspruch erhoben.

Als der damalige Kronprinz 1939 eine ägyptische Prinzessin heiratete, wurde Deutschland durch den damaligen Botschafter in der Sowjetunion, Graf von Schulenburg, vertreten. Smend begleitete den Ehrengast zur Residenz des Schahs, wo für jeden Gratulanten jeweils 25 Minuten vorgesehen waren. Der Schah brüskierte aber die Engländer, Franzosen und Italiener dadurch, daß er mit Schulenburg über eine Stunde plauderte. Der Kriegsbeginn von 1939 verhinderte nicht nur die zeitgerechte Lieferung der Sonderanfertigung einer Mercedes-Limousine für den Kronprinzen, sondern auch von einigen Eisenbahn-Salonwagen, die sich wegen einer türkischen Brückensprengung noch im Juli 1941 an der bulgarisch-türkischen Grenze von Svilengrad auf einem Abstellgleis befanden.

Smends Tage in Teheran waren nach diesem letzten spektakulären Ereignis gezählt, denn in Berlin hatte sich der ehemalige Junkers-Vertreter in Teheran und vehemente NSDAP-Funktionär Erwin Ettel bei Ribbentrop darüber beschwert, daß ein liberaler Demokrat und Hausfreund Stresemanns in Persien den Posten des Gesandten bekleide. Die Abberufung Smends ließ nicht lange auf sich warten. Schon im Frühjahr 1940 gab Hellmut Allardt, sein Stellvertreter im Range eines Legationssekretärs (die Gesandtschaft bestand damals lediglich aus zwei Beamten des höheren Dienstes!) einen Abschiedsempfang, zu dem unangemeldet für nur wenige Minuten der britische Gesandte erschien, um Smend seine Anerkennung und Hochachtung, wie er sagte, zu bezeugen. Nach der Abreise der Familie Smend wurde Allardt bis zum Eintreffen des neuen Missionschefs gemäß einem Berliner Drahterlaß sogar Geschäftsträger.

Ettel war nurmehr eine kurze und unrühmliche Amtszeit in Teheran beschieden. Beim Herannahen der sowjetischen und britischen Truppen verhinderte er die rechtzeitige Abreise der deutschen Staatsbürger sowie der Mitarbeiter der Gesandtschaft. Das hatte zur Folge, daß diese im günstigsten Falle von den Briten interniert, im ungünstigsten dagegen von den Sowjets, was zu einer Verurteilung von Männern und Frauen zu langjährigen Gulagstrafen führte. Ettel selbst setzte sich noch rechtzeitig ab und überließ die ihm anvertrauten Mitarbeiter dem Schicksal. 1942 verzichtete der Schah unter dem Druck der Besatzungsbehörden zugunsten seines ältesten Sohnes auf den Thron und wurde von den Engländern nach Britisch-Ostafrika deportiert.

In Berlin wurde Smend – als vorzüglicher Gesandter – nicht zum Abteilungschef ernannt. Als Referatsleiter blieb er bis zu seiner Pensionierung dem weit jüngeren Protokollchef Alexander von Dörnberg unterstellt, der ihn aber mit gebührendem Respekt behandelte. Für mich war es jedoch ein Glücksfall ohnegleichen, daß ich von Dörnberg, der mich aus der Kaserne ins Auswärtige Amt zurückgeholt hatte, dem im diplomatischen »Handwerk« erfahrenen, hochgebildeten und musisch veranlagten Referatsleiter »Neubauten der Missionen« zugeteilt wurde. Sein Dienstzimmer befand sich in dem Bismarckschen Altbau mit einem Hinter-den-Gardinen-Blick auf die Wilhelmstraße. Das Mobiliar stammte zum großen Teil noch aus den Gründerjahren. In der Ecke gegenüber von Smends Schreibtisch stand ein mit abgeschabtem roten Samt bespannter Sessel für die Besucher, bei dem ein abgebrochener Fuß durch ein Provisorium ersetzt war. Zu den häufigen Besuchern zählte unter anderem der schweizerische Gesandte Hans Fröhlicher, der Smend als Gesprächspartner besonders zu schätzen wußte. Beide vertraten übrigens die Meinung, daß die Schweiz als kleines Nachbarland sich unter allen Umständen aus dem Krieg heraushalten sollte und durch Vermittlungen und Warenlieferungen nach allen Seiten sich eine bewaffnete Neutralität sichern müsse. Smend bemerkte einmal nachdenklich, ob sein Gesprächspartner nach Kriegsende wohl die ihm zustehende Anerkennung für eine geschickte Amtsführung in Berlin finden würde. Er sollte Recht behalten, denn Fröhlicher fiel in Bern in Ungnade und verbrachte seine letzten Lebensjahre auf seinem ererbten Schloß im Kanton Bern. Im Gegensatz zu ihm gab es unter seinen Mitarbeitern auch solche, die sich zum Nationalsozialismus bekannten, darunter einen Attaché, der mit einer Französin verheiratet war, die ihre Deutschkenntnisse ihrer Hölderlin-Verehrung verdankte und kaum einen Satz ohne Pathos aussprechen konnte. Ihr Ehemann war zutiefst davon überzeugt, daß Europa sich gegenüber den USA und der Sowjetunion nur durch jene Vereinigung behaupten könne, wie sie die Vichy-Regierung beispielhaft demonstriere.

Smends jüngster, wohlgestalteter Sohn Hermann heiratete 1941 eine attraktive Berlinerin, die mit ihrer verwitweten Mutter einen beachtlichen Immobilienbesitz geerbt hatte und mit dieser zu den ständigen Besucherinnen jener Kurfürstendamm-Cafés gehörte, die selbst im Krieg nicht nur Ersatzkaffee anzubieten hatten. Diese Urlaubsbekanntschaft und spontane Eheschließung des vertrauensseligen und unerfahrenen jungen Fliegeroffiziers sollte aber zu einer Katastrophe führen. Hermann war in einem Fliegerhorst bei Prag stationiert und besuchte die Berliner Wohnung seiner Ehefrau nur sporadisch. Bei einem dieser meist unangemeldeten Besuche empfing ihn die Jungvermählte mit hysterischem Geschrei, sie könne und wolle ihn nie wiedersehen, und schlug die Tür zu. Vollkommen ratlos suchte Hermann bei seinen Eltern Trost und kehrte voller Verzweiflung nach Prag zurück. Dort wurde von seinen Kameraden auf seinen Zustand Rücksicht genommen, und es kam nicht zu direktem Fronteinsatz. Unbeschreiblich war aber seine Freude, als ihn seine Ehefrau schon nach einigen Wochen im Fliegerhorst aufsuchte und versicherte, sie sei das Opfer einer Gefühlsverwirrung gewesen, und sie wolle nunmehr alles wieder gutmachen.

Des Rätsels Lösung war, daß sie seinerzeit bei ihrer Rückreise von Prag nach Berlin im Zug den SS-Gruppenführer und Stellvertreter Himmlers im Führerhauptquartier, Hermann Fegelein, getroffen habe. Mit ihm war sie längere Zeit befreundet gewesen, sein Fronteinsatz unterbrach aber die Verbindung. Der aggressive, potenzstarke Bayer entsprach wohl viel mehr ihrem Männerideal als der zurückhaltende, aber liebesbedürftige junge Smend, und sie verfiel erneut Fegeleins ungestümem Wesen. Dieser war mir schon vorher bei einem Empfang im Hotel Bristol aufgefallen, als er jungen Offizieren von seinem Fronteinsatz in Rußland berichtete. Haßerfüllt zerbrach in seiner Hand ein Sektglas, als er davon erzählte, daß sein Bruder, der bei einem Vorstoß in sowjetische Gefangenschaft geraten war, bei der

Rückeroberung der Stellung an einen Baumstamm gefesselt, entkleidet und entmannt, tot aufgefunden wurde. Fegelein forderte daher die jungen Offiziere auf, jeden Bolschewiken-»Häuptling« unnachsichtig auszurotten.

Der jung vermählten Schwiegertochter Smends erklärte Fegelein schon nach kurzer Zeit kaltblütig, er könne und wolle sie nicht heiraten, und sie solle zu ihrem betrogenen Ehemann schleunigst zurückkehren. Wie sich alsbald herausstellte, umwarb Fegelein zu jener Zeit Gretl Braun, die Schwester von Eva Braun. Als Schwager gehörte er in Hitlers letztem Lebensjahr zu dem allerengsten Kreis in der von den Sowjets im April 1945 eingeschlossenen Reichskanzlei. In der Nacht zum 27. April schlugen sowjetische Granaten bereits über dem Bunker in der Wilhelmstraße ein, und nach dem Abfall Görings erfuhr Hitler, daß auch Himmler, der angeblich »Treueste der Treuen«, wie er meinte, über eine Kapitulation im Westen verhandelte. Fegelein wurde danach bei einem Fluchtversuch in Zivilkleidern aufgegriffen und auf Befehl Hitlers ohne Verhör standrechtlich erschossen. Hermann Smend war ihm jedoch im Tod vorangegangen, denn in einem nächtlichen Abwehrkampf über Berlin wurde sein Flugzeug abgeschossen.

Wolfgang, Smends ältester Sohn, begann seine berufliche Laufbahn ebenfalls im Auswärtigen Amt und zwar als Mitarbeiter von Unterstaatssekretär Wörmann. Bei seinem Einsatz in Italien blieb er vom Krieg verschont und fand danach ein erfolgreiches Betätigungsfeld in der Hochfinanz. Am stärksten betroffen war die Familie Smend bei Kriegsende durch die Auslagerung ihres wertvollsten Besitzes, nicht zuletzt einer kostbaren Kollektion iranischer Teppiche, aus dem bombenbedrohten Berlin nach Drosedow, dem Gutshof von Sven und Renate von Mitzlaff in Mecklenburg. Smend senior fühlte sich mitverantwortlich für die Erhaltung des Gutsbesitzes und Gestüts, da sein Schwiegersohn als Oberstleutnant i. G. sich im Feld befand und seiner Ehefrau die Betreuung des Gestüts überantwortet hatte. Als sich aber die sowjetischen Truppen näherten, blieb ihr keine andere Wahl, als in Begleitung eines Jockeys eine abenteuerliche Flucht mit einem Dutzend Trakehner Hengsten und Stuten, die anstelle eines Sattels mit erlesenen Teppichen beladen waren, die Flucht nach Westen zu wagen. Diese endete für die geschundenen Reiter und Pferde in der Nähe von Köln, wo Sven von Mitzlaff in den Nachkriegsjahren sein renommiertes Gestüt Zoppenbroich entstehen ließ.

Als ich Krummhübel im Januar 1945 verließ, um in Lauban für den militärischen Einsatz ausgebildet zu werden, hatten Dr. Smend und Erika Pappritz sogenannte »blaue Briefe« erhalten, die eine Versetzung in den Ruhestand bedeuteten. Und als ich im Herbst 1955 aus der Gulag-Gefangenschaft entlassen wurde, fand ich das Ehepaar Smend im heimatlichen Osnabrück wieder. Von Dezember 1955 bis zum Tod von Hans Smend, der 1970 gerade sein neunzigstes Lebensjahr erreicht hatte, entwickelte sich eine Korrespondenz, die für mich in vieler Hinsicht eine Fortführung jener wohlwollenden Beratung bedeutete, die ich ihm seit 1942 zu verdanken hatte.

Die Potsdamer Begegnung mit Claus Graf Stauffenberg

»... *Kommt wort vor tat.*
Kommt tat vor wort ?«
Stefan George

Kurz nach meiner Rückkehr aus zehneinhalbjähriger Gulag-Haft besuchte ich am 5. Dezember 1955 meinen Berliner Hochschullehrer in den Jahren 1938-39, Prof. Walter Elze, in Freiburg im Breisgau. Durch dessen Zugehörigkeit zum Stefan-George-Kreis fühlte ich mich ihm besonders verbunden; zwei Semester lang zählte ich zu seinen Assistenten. Das Wochenende verbrachte ich oftmals in seinem »Roten Haus« am Heiligensee in Potsdam. Die Kontakte brachen auch nach Promotion und Eintritt in den diplomatischen Dienst nicht ab. Seit Beginn des Rußland-Feldzuges dominierte in unseren Gesprächen insbesondere das Thema der Befreiung der Völker der Sowjetunion vom Bolschewismus und die Zielsetzungen einer vernünftigen Rußlandpolitik. Aus meiner Kenntnis nicht nur der russischen Literatur und Geschichte, sondern auch der spezifisch russischen Mentalität und Denkweise konnte ich immer wieder neue Argumente und Denkanstöße liefern. Mir waren darüber hinaus sowohl Oberländers Denkschriften sowie die Meinungsäußerungen des letzten deutschen Botschafters in Moskau, des Grafen von der Schulenburg, aus seinen Gesprächen mit meinem damaligen Chef im Auswärtigen Amt, dem Gesandten Hans Smend nicht unbekannt. Hitlers Expansionismus und »Kolonial«-Politik wurden zwar einmütig verurteilt, aber Stalin durfte aus dem Krieg nicht als Sieger hervorgehen. Und falls die Westalliierten sich nicht zu Friedensverhandlungen bereit erklären sollten, müßten die Ostvölker als Verbündete gewonnen werden. Dies dürfte das Fazit der Gespräche gewesen sein.

Überraschenderweise traf ich bei Elze in seinem Potsdamer Refugium Anfang August 1943 Claus Graf von Stauffenberg. Er hatte sich nach seiner Entlassung aus dem Lazarett kurzfristig angemeldet. Mein eigener Besuch war am gleichen Tag fällig, und da ich telefonisch nicht mehr zu erreichen war, erklärte mir Elze bei meinem Eintreffen, er erwarte zwar Stauffenbergs Besuch, aber er würde mich gewissermaßen als »Rußland-Experten« empfehlen, vor allem aber als einen George-Adepten. Als Stauffenberg das vom Leuchten des sonnenbeschienenen Sees erfüllte Bibliothekszimmer betrat, empfand ich schlagartig, was Elze oft und gerne als Entelechie bezeichnete, die formbildende Ausstrahlung des Körperlichen. Es war eine Art Besitzergreifung, die wohl jener Wirkung entsprach, die Zehntausende von Soldaten durch das Erscheinen einer charismatischen Führerpersönlichkeit vom Range eines Alexanders des Großen, des Prinzen Eugen oder Friedrich II. zum entscheidenden Sieg hinriß. Dieser Ausstrahlung verfiel selbst Stefan George bei seiner ersten Begegnung mit dem sechzehnjährigen Stauffenberg. Ungeachtet seiner schweren Kriegsverletzungen in Tunesien, dem Verlust des linken Auges und dem Fehlen der rechten Hand, bewahrte er die ihm anerzogene straff militärische Haltung, die aber in keiner Weise steif wirkte. Als Elze mich als Baltendeutschen vorstellte, meinte Stauffenberg mit wohlwollendem Lächeln, auch bei ihm dominiere das baltische Element. Sein musisches Erbe käme von seiner aus baltisch-schwedischem Geschlecht stammenden Mutter, und auch seine Ehefrau sei baltischer Abstammung. Spontan entstand ein Vertrauensverhältnis, das den folgenden Gesprächen förderlich war. Erstaunlich kenntnisreich und differenziert war Stauffenberg über die besetzten Ostgebiete unterrichtet. Eigene Beobachtungen und selbständige Urteilsbildung wurden bei ihm unterstützt durch die Kenntnisse, die er in der Ukraine in Gesprächen mit den wichtigsten Experten der ehemaligen deutschen Botschaft in Moskau, dem Militärattaché General Köstring und dem Landwirtschaftsattaché Prof. Otto Schiller erworben hatte. Stauffenbergs dezidierte Meinung war, im Kampf gegen den Bolschewismus dürfte es keine Kompromißlösungen geben, wohl aber bei einer eventuellen Verständigung mit den Westalliierten. Die Bildung nationaler Kampfverbände in den besetzten Ostgebieten verspräche, wenn dieselben entsprechend motiviert und sinnvoll an der Ostfront eingesetzt werden könnten, auch eine Stärkung der deutschen Position gegenüber dem Westen. Hitlers Name blieb in diesem Gespräch ausgespart, obwohl sein Schatten über jeder Äußerung lag. Um so häufiger wurde das Reich und Deutschlands geistige Größe ins Gespräch gebracht. Nach einer knappen Stunde verabschiedete ich mich, um nicht bei einer Fortführung des Gesprächs zu stören. Wie es aber bei Elze üblich war, traten wir zu dritt vor eine Marmorsäule, auf der eine Öllampe brannte. Mit lauter Stimme sprachen wir den auf einer blauen Marmortafel in goldenen Lettern eingeprägten Schlußchor aus dem »Stern des Bundes«:

Gottes pfad ist uns geweitet
Gottes land ist uns bestimmt
Gottes Krieg ist uns entzündet
Gottes kranz ist uns erkannt …

Ich verließ Elzes Haus am Heiligensee im Bewußtsein einer Weihe, die mein gesamtes künftiges Leben bestimmen würde. Ob mit oder ohne Lorbeerkranz.

Gottes heil ist uns ergossen
Gottes glück ist uns erblüht

Wenige Monate danach, im November 1943, wurde meine eigene Wohnung in Berlins Bayerischem Viertel bei einem der britischen Bombenangriffe mit der gesamten Bibliothek, allen Manuskripten und Archivalien eingeäschert. Als ich aber nach einigen Tagen in der abgekühlten Asche nachgrub, fand ich jene Bronzestatuette der Pallas Athene, die auf meinem Schreibtisch gestanden hatte und aus der Moskauer Bronze-Kunstgießerei meines Vaters stammte. Sie hatte für mich fortan die Bedeutung einer Reliquie, von der man sich nicht mehr trennen darf. Von der jungfräulichen Göttin Athene, der Kopfgeburt des Zeus, und ihrem Bruder Apollon, dem Lichtgott, war im George-Kreis oft genug die Rede und es ging von beiden eine ähnliche Verheißung aus wie von Christus und der jungfräulichen Gottesmutter, denn ohne Mythos kann die Menschheit nicht überleben.

Als ich Alexander von Dörnberg, meinem Abteilungschef im Protokoll des Auswärtigen Amts, von der überraschenden Rettung meiner Athene-Statuette erzählte, entschloß er sich spontan, ich sollte den mir zustehenden sogenannten Bombenurlaub in Griechenland verbringen. Als Kurier verbrachte ich zwei Wochen in Athen und zwar in einem Gesandtschaftsgebäude mit Blick auf die Akropolis, die ich mit einer Sondergenehmigung jederzeit besuchen durfte. Hinter dem Parthenon hatte der Fotograf Herbert List 1941 einige Statuen aus Museumsbeständen aufstellen lassen, und sie luden noch immer zum Fotografieren ein, sonnendurchleuchtet, körperwarm unter dem hellblauen Himmelszelt. Im Herodes-Attikus-Theater erlebte ich Freilichtaufführungen von Sophokles und Euripides sowie ein Konzert der Berliner Philharmonie mit der damals noch völlig unbekannten Callas. Ein junger griechischer Anglist, dem ich kostenlos Zutritt verschaffte, zeigte mir das nur Einheimischen vertraute Athen. Und mit dem Direktor des Archäologischen Instituts Prof. Wrede besuchte ich Eleusis, Kap Sunion, Korinth und Epidauros.

Nach meiner Rückkehr aus Griechenland wurde das Referat Smends in das sogenannte Ausweichquartier des Auswärtigen Amts nach Krummhübel im Riesengebirge verlegt. Gegen Ende des Krieges wuchs nämlich die Zahl der »konfinierten« (man vermied den Begriff internierten) Diplomaten, nachdem die bis dahin mit Deutschland verbündeten Staaten die Beziehungen abbrachen und Berlin verlassen mußten. Sie wurden in den Hotels, Sanatorien und Bauten des Riesengebirges durchaus komfortabel für bürgerliche, nicht diplomatische Ansprüche, untergebracht und nur lässig bewacht, da den Italienern oder Rumänen, Türken oder Bulgaren nicht im geringsten daran gelegen war, in die Obhut der vorrückenden Sowjets zu geraten. Die Betreuung wurde vom Auswärtigen Amt gemeinsam mit dem Schweizerischen und Internationalen Roten Kreuz durchgeführt. Zu den nicht mehr kriegswichtigen Referaten des Auswärtigen Amts gehörte nunmehr auch das Referat R (Rußland) des letzten Botschafters des Deutschen Reichs in Moskau, Werner Graf von der Schulenburg, an dessen Begegnungen und Gesprächen mit meinem Chef Dr. Smend, seinem »Crew«-Kameraden aus der Zeit vor dem ersten Weltkrieg, ich gelegentlich teilnahm. Schulenburg bewertete zwar die Ostpolitik Hitlers höchst kritisch, äußerte sich aber eher skeptisch und ironisch über deren Versagen. Als er von einem Besuch in Hitlers »Wolfsschanze« zurückgekehrt war, resümierte er auf Befragen seine Beobachtungen mit der schlichten Feststellung, man warte dort auf den Tod der Zarin Elisabeth, der bekanntlich im siebenjährigen Krieg für Preußen eine Wende und Rettung gebracht hatte. Erst nach seiner Verhaftung im Spätherbst 1944 erfuhr man, daß er bei seinen Dienstreisen von Berlin nach Krummhübel oder auf der Rückreise wiederholt den Kreisauer Verschwörerkreis besucht hatte und von diesem als Außenminister oder Botschafter in Moskau vorgesehen gewesen sei. Unter den in Krummhübel untergebrachten Angehörigen des diplomatischen Dienstes befanden sich auch Familienmitglieder Werner von Haeftens, die nach dem mißglückten Attentat bereits am 21. Juli festgenommen und interniert worden sind.

Von Walter Elze erhielt ich in Krummhübel einen Brief, in welchem er die George würdige Tat von Stauffenbergs mit dem Zitat »den dolch im Lorbeerstrauße tragen« umschrieb. Auf Drängen meiner Mutter kopierte ich das Schreiben unter Weglassung der unmißverständlichen Zeile und verbrannte das Original im Feuer einer Kerze.

Wie erwähnt, bin ich Elze erst nach meiner Rückkehr aus dem sowjetischen Gulag wieder begegnet. Über unser erstes Gespräch im Dezember 1955 habe ich unmittelbar danach eine Aufzeichnung gemacht. Über die Erschießung von Claus von Stauffenberg im Innenhof des Bendler-Blocks am 20. Juli 1944 teilte mir Elze damals einige Einzelheiten mit, die in keiner der seither erschienenen zahlreichen Biographien oder Erinnerungen von Zeitzeugen enthalten sind. Elze berief sich in seinem Bericht auf das Zeugnis von Kurt Rittmann, eines Majors im Generalstab, der an jenem Tag die Ereignisse im Generalstabsgebäude persönlich miterlebt hatte. Rittmann hätte zwar seit Februar 1944 von einem Verschwörerkreis andeutungsweise und ohne konkrete Namensnennung gewußt. Einen Treue- und Eidbruch hätte er aber prinzipiell verurteilt. Bei ihm wäre eine Erörterung eines solchen sinnlos gewesen. Im Falle von Stauffenberg ließ er allerdings die Frage offen, ob er seinen Eid gebrochen oder denselben nicht geleistet hätte, denn diesen hätte er lange vor Hitler beim Hunderttausend-Mann-Heer geleistet.

Am frühen Abend des 20. Juli sei er, Major Rittmann, mit Generalleutnant Specht und seinem unmittelbaren Chef, General der Pioniere Kuntze, bei Olbricht in der Bendlerstraße vorstellig geworden, und man hätte Auskunft über das Attentat in der »Wolfsschanze« verlangt. Olbricht hätte sich aber bei dieser und späteren Anfragen jüngerer Generalstabsoffiziere als unfähig erwiesen, präzise Auskunft zu erteilen, wer im Staat und in der Heeresleitung das Sagen hätte.

Gegen 23 Uhr faßten die sich nunmehr zu Hitler bekennenden Offiziere den Entschluß, gegen Olbricht und die anderen Verschwörer mit Waffengewalt vorzugehen, den von diesen inhaftierten Generaloberst Fromm zu befreien und »klare Verhältnisse« zu schaffen. In einem Feuergefecht wurde Stauffenberg, der nur mit der linken Hand feuern konnte, am Arm verwundet und mit seinen Mitstreitern inhaftiert.

Der aus der Haft befreite Generaloberst Fromm, der kompromittierende Aussagen über sein zögerndes Verhalten beim Beginn des Putsches in der Bendlerstraße zu befürchten hatte, verkündete gegen Mitternacht das Todesurteil eines angeblichen Standgerichts gegen Oberst Mertz, General Olbricht, den Oberst (Stauffenberg), dessen Namen er nicht mehr kennen wollte, und Oberleutnant von Haeften.

Nach Rittmanns Aussage hätte er den Befehl erhalten, gemeinsam mit Leutnant Schady zehn Unteroffiziere für das Exekutionskommando zu bestimmen. Einem neunzehnjährigen Tiroler Unteroffizier sei die Aufgabe zugefallen, Stauffenberg in den Hof zu eskortieren. Vor dessen Zimmer standen Posten, bei denen sich der junge Tiroler auszuweisen hatte. Als er ins Zimmer trat, sah er Stauffenberg mit angezogenem, blutendem linken Arm am Schreibtisch sitzen. Er sei aber sofort aufgesprungen, begann an einem Schubfach zu nesteln, aus der er seine Dienstpistole herauszog, und versuchte vergebens, sich mit den ihm verbliebenen drei Fingern der linken Hand zu töten. Er, der Tiroler, habe ihm zugerufen: »Herr Oberst, es ist zwecklos«. Stauffenberg hätte dies auch sofort eingesehen und sei zum Hof hinabgestiegen, wo seine drei nächsten Freunde bereits an einem von LKW-Scheinwerfern beleuchteten Sandhaufen standen. Stauffenberg hätte gefragt, ob er noch einen Wunsch äußern dürfe, und als dies bestätigt wurde, zog er mühsam aus seinem Uniformrock eine Zigarette und rauchte, während der gläubige Tiroler »Mutter Gottes, laß mich gut treffen!« betete. Als Stauffenberg den Stummel mit dem Fuß ausgetreten hatte, gab Leutnant Schady den Feuerbefehl. Haeften, der Adjutant und Freund Stauffenbergs, wollte den diesem geltenden Schuß abfangen, aber beide fielen gleichzeitig zu Boden. Stauffenbergs letzte

Worte seien »Es lebe unser heiliges Deutschland« gewesen. »Der Herr Oberst«, so berichtete treuherzig der Tiroler, »lag da, wie eine reife Frucht im Herbst. In seinem Gesicht hätte man köstliche Gedanken lesen können.« Mit diesen Worten hätte er unmittelbar nach der Exekution Rittmann, der in der Wachstube geblieben war, über das Geschehene unterrichtet. Daraufhin habe er ganz unvermutet sich selbst eine Kugel in den Mund geschossen.

Kurt Rittmann hatte dieser Vorfall nicht weniger erschüttert als ein ähnlicher Fall, der sich wenige Tage später ereignete. Ein hoher SS-Offizier hatte nämlich erfahren, daß sein bester Freund angeblich zu den Verschwörern gehört habe. Er flog daraufhin von Paris nach Berlin und fragte diesen, ob das Gerücht zuträfe. Jener aber verneinte die Frage ganz entschieden. Daraufhin hätte der SS-Offizier geäußert, wenn es wahr gewesen wäre, hätte er zunächst den Freund und dann sich selbst erschossen. Elzes Kommentar war: »Unser Volk taugt noch zu etwas Großem«.

Über Kurt Rittmanns eigenes Schicksal nach der Kapitulation von 1945 wußte Elze zu berichten, er hätte sich das Leben genommen, um aus dem verlorenen Krieg als Soldat und nicht als Zivilist die Konsequenzen zu ziehen. Eine Giftpille, die ihm als Geheimnisträger ausgehändigt worden war, übergab er einem britischen Kommando, das ihn gefangen nahm, aber mit der Dienstpistole erschoß er sich. Seine Leiche hätten die Engländer aus Hochachtung mit seinem Mantel zugedeckt und auf diesen Rittmanns Ehrendolch gelegt.

In der Bundesrepublik Adenauers fand Walter Elze keinen ihm gebührenden Platz. Jener Patriotismus, den er mit George und Stauffenberg teilte, war nicht mehr gefragt. 1971, zu seinem 80. Geburtstag, haben seine Freunde und Schüler, da sie keinen Verleger fanden, seine »Erinnerungen meines Volkes – vom Ursprung bis zur Prägung Europas durch Karl den Großen« als Handschrift fotomechanisch herausgegeben. Diese Erinnerungen – nicht eines Individuums, sondern eines von diesem verkörperten Volkes – schließen mit dem Satz: »Ein Jahrtausend hat das deutsch-römische König-Kaisertum bestanden, das die Entfaltung des europäischen Christentums ebenso ermöglichte wie die der europäischen Völker und Staaten.« Wird die von heutigen Politikern angestrebte Integration Europas einer solchen Aufgabe gerecht werden? Oder wird das kommende Jahrtausend von Asien her bestimmt und beherrscht werden? Ein Übergewicht im Weltmaßstab wird nicht allein durch die »Masse-Mensch« und den nackten Willen zur Macht hergestellt. Es kommt nach wie vor auf geistige Überlegenheit und Leistungsfähigkeit, auf den »faustischen Drang« zur Erkenntnis und Vervollkommnung an, verbunden mit nicht nachlassendem zähen Fleiß und motiviertem Arbeitssinn, jene Eigenschaften, die Europa im vergangenen Jahrtausend zu seiner Stellung in der Welt verholfen haben.

Der 20. Juli 1944 in Krummhübel

Zu den in die schlesischen Ausweichquartiere verlegten, nicht mehr kriegswichtigen Referaten des Auswärtigen Amts gehörte, wie bereits erwähnt, auch das Referat »R« (Rußland), das Ribbentrop als Gegengewicht zum Ostministerium seines Rivalen Rosenberg 1941 ins Leben gerufen und dem letzten Botschafter des Deutschen Reiches in Moskau, Graf von der Schulenburg, anvertraut hatte. In dem grünen Waldtal unterhalb der Schneekoppe bezog Schulenburg in Krummhübel sein Ausweichquartier in einem Fremdenheim, wo ihm Privat- und Diensträume zur Verfügung standen. Er reiste zwar häufig von Krummhübel nach Berlin und gelegentlich ins Hauptquartier nach Ostpreußen, aber seine Rat- und Vorschläge fanden bei Hitler kein Gehör. In Berlin verblieb dagegen Schulenburgs Mitarbeiter im Referat »R«, der in Moskau geborene Rußland-Experte Gustav Hilger, der nach wie vor für die Beobachtung der sowjetischen Presse zuständig war. Für die besetzten Ostgebiete gab es keine Zukunftsplanung mehr, sondern nurmehr Rückzugsstrategien; darum gewannen auch die Berichte in der Sowjetpresse zunehmend an Bedeutung.

In der Überzeugung, daß die Fortführung des chancenlosen Zweifrontenkrieges zur endgültigen Zerstörung des Deutschen Reiches und zu sinnlosen Opfern bei der Wehrmacht und der Zivilbevölkerung führen würde, schloß sich Schulenburg nunmehr der geheimen Widerstandsbewegung im Auswärtigen Amt an, und zwar nachdem auch die von Ribbentrop vorgeschlagenen Verhandlungen mit sowjetischen Emissären in Schweden von Hitler strikt abgelehnt wurden. Der Achtundsechzigjährige erklärte sich schließlich sogar dazu bereit, an der Ostfront durch das Kampfgebiet »geschleust« zu werden, um mit Stalin direkt zu verhandeln. Nachdem selbst Ribbentrops abenteuerliche Projekte gescheitert waren, unterbrach Schulenburg auf seinen Bahnfahrten von Krummhübel nach Berlin und zurück die Reise in Kreisau, wo sich der Dissidentenkreis um Graf Moltke zu Gesprächen über die Gestaltung der deutschen Zukunft nach einer Beseitigung von Hitler und seines Regimes traf. In dieser konspirativen Gruppe fiel Schulenburg aber keineswegs eine aktive, treibende Rolle zu. Er blieb, wie es seiner Natur entsprach, ein stiller Zuhörer und aufmerksamer Beobachter und stellte sich lediglich im Falle des Gelingens eines Putsches als Verhandlungspartner mit den Sowjets oder als Außenminister zur Verfügung.

In Gesprächen mit seinem alten Crew-Kameraden der Attaché-Ausbildungszeit Hans Smend, an denen ich gelegentlich als sprachkundiger »Rußlandkenner« teilnahm, äußerte Schulenburg zwar unmißverständlich seine Besorgnis und seine Befürchtungen, beurteilte kritisch und skeptisch die halbherzigen politischen Initiativen, vor allem im Zusammenhang mit der Wlassow-Armee, wie auch die gesamte militärische Frontlage, verriet aber mit keinem Wort seine Kontakte zur Widerstandsbewegung.

Daß Schulenburg trotz allen Argwohns auch der Zukunftsgestaltung ein gewisses Vertrauen schenkte, bewies er noch im Frühjahr 1944. Als einer der höchstbezahlten deutschen Diplomaten hatte der im Grunde seines Wesens durchaus romantisch veranlagte Graf es sich leisten können, einen alten Jugendtraum zu verwirklichen. Bereits 1936 hatte er die halbverfallene Burg Falkenberg in der Oberpfalz, die der Staat gerne veräußerte, käuflich erworben und unter fachmännischer Anleitung der Denkmalpfleger wiederaufbauen lassen. Seit 1939 war er dabei, die Inneneinrichtung seiner »Burg« stilgerecht, aber dennoch wohnlich einzurichten und durch Neuankäufe laufend zu ergänzen. Sein Interesse galt dem Ankauf von antiken Möbelstücken, wozu die in Krummhübel und Umgebung befindlichen Depots mit evakuiertem eingelagerten Mobiliar deutscher Auslandsmissionen günstige Einkaufsmöglichkeiten boten. Schulenburg erwarb daher, was kein anderer Bewohner einer Stadtwohnung unterbringen konnte: gotische und Renaissance-Truhen, Tische, Bänke, Gebetspulte, Chorgestühl. »Für die Eingangshalle, die Kemenaten und Erker genau das Richtige«, erklärte er mit Kennerblick, als ich ihn bei einer Besichtigung begleitete. Mit der Einladung: »Wenn Sie nach meiner Pensionierung mich einmal besuchen würden, könnten Sie das nächste Mal in diesem Sessel sitzen«, äußerte er mir gegenüber sein unvermindertes Wohlwollen. »Und sie erzählen mir dann, was es Neues in Moskau gibt«, schloß er zuversichtlich, eingedenk seines einstmaligen Versprechens, mich als Kulturattaché an die Moskauer Botschaft zu holen. Er schien zu jenem Zeitpunkt mehr denn je davon überzeugt zu sein, daß man mit der Sowjetunion zu einem Verständigungsfrieden gelangen könne.

Wie Smend besaß Schulenburg – als Kavalier der alten Schule – eine gewisse Schwäche für schöne und geistig rege Frauen, zu denen Missia Wassiltschikowa gehörte, die er von Berlin als Mitarbeiterin der Presseabteilung ins bombensichere Riesengebirge geholt hatte. Zum Skifahren traf man sich auf der hoch gelegenen renommierten Teichmannbaude, und selbst mein Chef Smend wagte, ermutigt durch die »Courage der Jugend«, hin und wieder eine Abfahrt im Pflugstil.

Meine Skipartnerin war ebenfalls eine russische Emigrantentochter, die in Leipzig Chemie studierte, nämlich die Nichte des weltberühmten Komponisten und Pianisten Sergej Rachmaninow. Vorübergehend hielt sich auch Herbert Blankenhorn, ein Neffe des Vorgängers Schulenburgs auf dem Moskauer Botschafterposten, Herbert von Dirksen, in Krummhübel auf. Ich hatte ihn bei seiner Rückkehr aus den USA kennengelernt, und er teilte mit mir literarische Interessen. Er veranstaltete Lesungen französischer Gedichte und Novellen, während ich aus dem Russischen übersetzte Gedichte und Prosa, vor allem von Fjodor Tjutschew und Dostojewskij, vorlas. Die Bücher holten wir uns aus der Breslauer Universitätsbibliothek. Als ich Ende 1944 mit der Bahn nach Breslau gefahren bin, um entliehene Bücher ordnungsgemäß zurückzugeben, wurden gerade die wertvollsten Bestände auf Lastwagen verladen, um sie vor der Vernichtung in der zur Festung erklärten Stadt zu bewahren. Mir wurde von den Bibliothekaren bedeutet, ich solle die Belletristik behalten, denn man hätte für diese keine Verwendung mehr.

Zum Stefan-George-Kreis bestand auch im Riesengebirge Kontakt über Goetz von Preczow, der in einem abgelegenen Gebirgsdorf Homer übersetzte und den ich zusammen mit François Lachenal, dem Mitarbeiter des Internationalen Roten Kreuzes und einem der jungen Genfer Freunde Robert Boehringers, von Zeit zu Zeit besuchte. Angesichts der fortschreitenden Verheerungen des Krieges und der wachsenden tödlichen Gefahren gewannen für uns des Dichters Weissagungen einen Trost bringenden Sinn:

Einst mag geschehn, daß aus noch kargern resten
Von schutt behütet – aus geborstner Wand
Verwittertem gestein, zerfressnem erz
Vergilbter schrift ein leben sich entzündet …

Das Riesengebirge mit seinen stillen Waldtälern blieb bis zur Kapitulation von allen Kriegseinwirkungen verschont, und kaum jemand von seinen Bewohnern ahnte das Geringste von der bereits beschlossenen Vertreibung. Mit dem Gesandten Smend, Lachenal und seinem Berliner Chef Mr. Naville war ich mit der Betreuung von anspruchsvollen internierten Diplomaten jener Staaten voll beschäftigt, welche die Beziehungen zum Dritten Reich abgebrochen hatten. Mit routinemäßigen Besuchen verliefen auch die Dienststunden am 20. Juli. In der Pension »Waldidyll« im Melzergrund war meine Mutter mit den Frauen und Kindern der aus Berlin evakuierten Beamten und Angestellten des Auswärtigen Amts untergebracht. Die Leitung und Versorgung der Pension war einer jüngeren Sudetendeutschen anvertraut, einer Amtsträgerin der NS-Frauenschaft, die statt eines Tischgebets bei jeder Abendmahlzeit pathetisch Durchhalteparolen verkündete. An jenem 20. Juli hatte ich mich zur Teilnahme am Abendessen mit meiner Mutter angemeldet, deren Tischnachbarin Frau Diethmar war, deren Sohn als Gesandtschaftsrat in Lissabon tätig war. Am Nebentisch saßen gewöhnlich die Mutter des Legationsrates Hans-Bernd von Haeften, dessen Schwester und zwei heranwachsende Kinder. Nur diese beiden, Bruder und Schwester, waren pünktlich zum Essen erschienen und entschuldigten ihre nach Berlin abgereiste Tante sowie die Großmutter, die noch dringende Post zu erledigen habe. Wie üblich war der Volksempfänger mit verminderter Lautstärke eingestellt. Um 18.45 wurde jedoch die mehrfach angekündigte Sondermeldung aus dem Führerhauptquartier verlesen. Die Pensionsleiterin schaltete daraufhin das Gerät auf volle Lautstärke ein.

In einem Kommuniqué hieß es, daß auf den Führer und Reichskanzler ein Sprengstoffanschlag verübt worden sei. Einige Offiziere aus seiner Umgebung seien schwer, andere leichter verletzt worden. In Kürze würde sich Hitler selbst zu Worte melden. In der eingetretenen Totenstille war plötzlich ein jäher Aufschrei zu hören: »Das kann doch nicht wahr sein. Der Kerl muß doch tot sein.« Die Stimme kam von dem Treppenabsatz, auf halber Höhe zu den Schlafstuben. Alle Blicke wandten sich der Stiege zu, auf deren halber Höhe die Gestalt Frau von Haeftens zu erkennen war, die wie versteinert dastand und mit der rechten Hand das Geländer umklammerte. Erst als die Pensionsleiterin hysterisch aufschrie: »Da haben wir eine Verräterin! Das Edelschwein!« und zur Stiege stürzte, verschwand Frau von Haeften eilends und schloß sich in ihrem Zimmer ein. Ihre Verfolgerin hämmerte mit beiden Fäusten gegen die Tür und brüllte »Aufmachen! Sofort aufmachen!«, daß man es im ganzen Hause hören konnte. Als ihr nicht geöffnet wurde, eilte sie zum Diensttelefon, um die Ortspolizei und den Parteiobmann zu verständigen. Meine Mutter flüsterte mir zu, daß die beiden Haeftens in den beiden letzten Tagen bis in die Nacht hinein auf der Schreibmaschine getippt und sich damit entschuldigt hätten, daß für das Auswärtige Amt dringende Aufträge zu erledigen seien.

Es lag nahe, daß es sich dabei um konspiratives Material handelte und daß Frau von Haeften sich beeilte, dieses im Kamin zu verbrennen. Als die Polizei und der Parteiobmann nach einer halben Stunde eintrafen und gewaltsam ins Haeftensche Zimmer eindrangen, fanden sie nurmehr einen Aschehaufen und eine leere Benzinflasche vor, die als corpus delicti beschlagnahmt wurde. Nach einer Durchsuchung des Zimmers wurde Frau von Haeften in die Halle gebracht, ein Polizist trug einen Koffer mit beschlagnahmten Schriftstücken, und der Parteiobmann ereiferte sich lauthals über das verräterische Gesindel, zu dem – er wies mit ausgestrecktem Arm auf die Verhaftete hin – selbst die Schwester Generalfeldmarschalls von Brauchitsch gehöre. In Anwesenheit aller Pensionsbewohner bevollmächtigte er die Pensionsleiterin, die »Brut«, d. h. die Haeftenschen Kinder, die ihn und die Polizisten beschimpft hätten, strengstens zu bewachen. Man würde die Geschwister alsbald abholen und einer Umerziehung unterziehen. Inzwischen wurde das mißlungene Attentat Stauffenbergs von Hitler persönlich in einer Ansprache bestätigt.

Keine halbe Stunde nach der Abfahrt des Polizeiautos kehrte einer der Polizisten zurück, und als ihm meine Mutter begegnete, bat er sie um irgendein Beruhigungsmittel, denn »die Alte« (Frau von Haeften) sei auf dem Bahnhof vor dem Abtransport nach Berlin in einem hysterischen Anfall zusammengebrochen.

Meine Mutter beeilte sich, ihm diesen Wunsch zu erfüllen, und als im Hause Ruhe eingetreten war, sprachen sie und Frau Diethmar den in ihrem Zimmer eingesperrten Haeftenschen Kindern Mut zu.

Am Tag darauf hielt – nach einem Bericht meiner Mutter – erneut das Polizeiauto vor der Pension »Waldidyll«, und Haeftens Schwester wurde in das von ihr bewohnte Zimmer gebracht, wo sich Briefe und Dokumente in einem Geheimversteck unter dem Schrankboden befanden. Man hatte sie beim Eintreffen in Berlin auf dem Schlesischen Bahnhof verhaftet und in ihrem Koffer inkriminierende Schriftstücke gefunden, die sie ihrem Bruder Hans-Bernd im Auswärtigen Amt übergeben wollte. Damit war ihre Komplizenschaft unter Beweis gestellt, und statt diese zu verleugnen, hätte sie sich zu dieser bekannt.

Die beiden Haeftenschen Kinder blieben noch einige Tage in Gewahrsam der Pensionsleiterin. Meine Mutter und Frau Diethmar sorgten für deren leibliches Wohl aus eigenen Vorräten, zu welchem Schokolade und andere Raritäten aus Portugal nicht wenig beitrugen. Durch mütterliches Zureden und Tröstung versuchten beide Damen die irritierten und verstockten Kinder, die überall nurmehr Feinde sahen, zu beeinflussen. Aufgrund der von Hitler verfügten Sippenhaft wurden die beiden alsbald in eine geschlossene Erziehungsanstalt überführt und erst nach Kriegsende aus dieser befreit.

Schulenburg begegneten Smend und ich erst einige Tage nach dem 20. Juli. Er zeigte sich nicht überrascht durch das Geschehene, und ich vertraute ihm an, von meinem Berliner Universitätslehrer Elze einen Brief erhalten zu haben, in welchem er Georges »den dolch im lorbeerkranze tragen« zitierte. Schulenburg bemerkte, in unserer Zeit sei nurmehr den Dichtern eine Sehergabe eigen. Georges »Neues Reich« bleibe aber wohl ein unerfüllbarer Wunschtraum.

Zum letzten Mal traf ich Schulenburg, als er seinen Freund Smend und mich zu einem Frühstück in das Krummhübler Hotel mit dem verheißungsvollen Namen »Zum Goldenen Frieden« eingeladen hatte. Über die Chancen eines Friedensschlusses sprach er äußerst zurückhaltend, aber vom nahen Kriegsende schien er überzeugt zu sein.

Kurz nach dieser Begegnung im August 1944 kam eines morgens die Sekretärin Schulenburgs verzweifelt und in Tränen aufgelöst in die Diensträume des Gesandten Smend. Ihm als erstem wolle sie mitteilen, daß Schulenburg mitten in der Nacht mit zwei Gestapobeamten aus Berlin angereist gekommen sei; sein Dienstzimmer und seine Privatwohnung seien stundenlang durchsucht und jedes beschriebene Blatt Papier sei beschlagnahmt worden. Schulenburg hätte sich äußerst beherrscht verhalten und um Verständigung seiner Angehörigen gebeten. Er befände sich in Untersuchungshaft in der Prinz-Albert-Straße in Berlin. Wie sich alsbald herausstellen sollte, erfolgte seine Verhaftung als Mitwisser des Attentats vom 20. Juli, und sie erfolgte erst nach der Festnahme des steckbrieflich gesuchten Goerdeler. Befragt nach dem Memorandum, in welchem dieser die Grundlagen für ein demokratisches Regierungsprogramm dargelegt hatte, gestand Goerdeler beim Verhör, dieses hätte sich in einem eingebauten Safe im Berliner Hotel Bristol befunden. Da dieses Hotel Unter den Linden während eines Treffens von Ritterkreuzträgern von britischen Fliegern zerstört worden war, nahm Goerdeler an, daß auch der Safe vernichtet worden sei. Der Stahlschrank wurde aber von der Gestapo unversehrt in den Ruinen aufgefunden, und aus den Marginalien am Rande des Manuskripts ergab sich, daß dieses von zwei Beamten des Auswärtigen Amts gelesen, und kommentiert worden war, nämlich von den Botschaftern von Hassell und von der Schulenburg.

»... dem rad, das niederrollt zur leere/greift kein arm mehr in die speiche ...« sah Stefan George voraus, von dessen dichterischer Sehergabe der Attentäter vom 20. Juli, Claus Graf Stauffenberg, erfüllt und geleitet war.

Das niederrollende Rad riß aber auch jene Beherzten und Wagemutigen mit sich, die es vor dem Abgrund aufzufangen versuchten.

Im November 1944 erfuhr Ursula Gräfin Schulenburg, eine Nichte des Botschafters, daß ihr Onkel hingerichtet worden sei. Sie hatte sich, als freiberufliche Bildhauerin relativ unabhängig, als einzige Familienangehörige unerschrocken und unermüdlich um seine Begnadigung und Haftentlassung bemüht. Es hieß, daß auch Ribbentrop sich für ihn eingesetzt habe. Aus den Mitteilungen der Nichte ging hervor, daß sie aus dem Gefängnis Plötzensee von einem wohlwollenden Wachmann einige Abschiedsworte erhalten habe, die ihr Onkel auf das Staniol einer Schokoladenpackung eingeritzt hatte. Sie wußte auch zu berichten, daß Schulenburg nahegelegt worden sei, ein Gnadengesuch an Hitler zu richten; er habe dies aber mit der Begründung abgelehnt, daß er sich für sein Verhalten voll verantwortlich fühle und die Konsequenzen zu tragen bereit sei.

Da Schulenburgs erbberechtigter Neffe Albrecht sich im Fronteinsatz befand und der ältere Neffe Christian seit 1942 im Osten verschollen war, erhielt die Nichte die Erlaubnis, die persönliche Habe des Botschafters in Krummhübel abzuholen. Sein sonstiges Vermögen und auch die Burg Falkenburg wurden enteignet, nachdem der Graf kurz nach seiner Verhaftung aus dem Beamtenverhältnis ausgestoßen und nach seiner Verurteilung der bürgerlichen Rechte für verlustig erklärt worden war. Die bereits damals kolportierten Gerüchte, dem in der Öffentlichkeit hochangesehenen neunundsechzigjährigen »Verschwörer« sei die, von ihm unerbetene, »Gnade« Hitlers widerfahren, nicht stranguliert, sondern erschossen zu werden, dürfte wohl von der Gestapo absichtlich in Umlauf gesetzt worden sein. Die Nichte des Botschafters war offensichtlich bewußt für die Weitergabe der »Gnadenbotschaft« ausersehen worden, um diese vor allem unter den Angehörigen des Auswärtigen Dienstes zu verbreiten.

Quartiermacher für Laval

Im November 1944 fiel tage- und nächtelang Schnee; er blieb an den Hängen und in den abschüssigen Straßen von Krummhübel haften. Die Kosaken von Arnstadt spannten, wie im Jahr zuvor, ihre Reitpferde in die Schaffgottschen Schlitten ein. Sie holten mich jeden Morgen zum Skikjöring zur Teichmannbaude ab. Die Freude sollte aber von kurzer Dauer sein. Gesandter Smend, den ich mit dem Kosakengespann zur Dienststelle im Hause Lichtenberg abholte, erhielt vom Auswärtigen Amt den berüchtigen »Blauen Brief«, der ihm wie anderen mißliebigen Diplomaten die Versetzung in den Wartestand ankündigte. Seine Dienste wurden nicht länger benötigt, denn die Betreuung der konfinierten ausländischen Diplomaten ging in jüngere, forschere Hände über. Monsieur Naville und Attaché Lachenal, die Vertreter des Genfer Roten Kreuzes, bedurften nach Ansicht des Auswärtigen Amtes keines Verbindungsstabs in Krummhübel. Gegen General Unruhe, den »Heldenklau«, der die Ministerien nach bedingt tauglichen jungen Jahrgängen durchkämmte, konnten sich weder Dörnberg noch sein Stellvertreter Ruhe durchsetzen. Auch mir stand Anfang Dezember die Einberufung zum Wehrdienst bevor. Bis dahin sollte ich Smend bei der Abwicklung der Geschäfte helfen.

Auf der Teichmannbaude bewohnte Smend ein Erkerzimmer mit weitem Blick über den Skihang und die verschneiten Waldhöhen. Als ich zu ihm ins Zimmer trat, saß er mit Erika Pappritz, seiner Zimmernachbarin, im Erker beim Frühstück. Auch die unentbehrliche Protokolldame hatte einen »Blauen Brief« erhalten. Maliziös gab sie zum besten, wie sie nach der Ankündigung ihrer Versetzung in den Wartestand einen dringenden Anruf aus Berlin erhielt. Bei einem Essen mit Angehörigen der Wehrmacht, der Partei und der befreundeten Botschaften, war man sich über das schwierige Placement nicht einig geworden. »Pappritz hilf!« hieß es, und sie entwirrte per Telefon den Gordischen Knoten der Rangordnung. »Tableau« sagte sie mit spitzem

Munde und ließ ihr Monokel durch Hochziehen der Braue fallen. Wir malten uns aus, wie in dem bombenzerwühlten Berlin die Banketteilnehmer die Steckkarten auf der samtenen Placementtafel eifersüchtig beäugten. »Vanitas vanitatum et omnia vanitas«, zitierte Smend, »das Spiel geht weiter und wenn der Tod im Nacken sitzt.«

Von dem makaberen Endspiel konnte ich mich alsbald in Berlin überzeugen, wohin mich eine letzte Dienstreise führte. Das Dienstgebäude in der Wilhelmstraße 76 war schwer beschädigt, der Dachstuhl zum großen Teil ausgebrannt, ganze Fensterreihen waren nurmehr mit Sperrholz abgedichtet. Auch tagsüber waren die Korridore und Referentenzimmer elektrisch beleuchtet. Den Schutz der Diensträume und die Begleitung von Besuchern hatten, zusätzlich zu den Amtsdienern und Hitlerjungen, SS-Unteroffiziere übernommen. In einigen zweckentfremdeten Dienstzimmern waren für sie doppelte Schlafkojen aufgestellt. Statt nach dezentem Parfüm roch es überall nach Alkohol, Zigaretten und Leder, nicht viel anders als in einer Kaserne. Die SS-Leute waren weniger selbstsicher geworden, machten makabre und anzügliche Witze, lachten und redeten Nonsens mit den Sekretärinnen. Mühlenhaupt, der mitteilsame Portier, klagte längst nicht mehr über den Mangel an Zigarren, beschwerte sich aber im Flüsterton über die Orgien, die sich beim Nachtdienst abspielten. »Wenn Bismarck wüßte, daß seine Amtsräume zum Bordell geworden sind; wohin soll das noch führen?«

Auch in Dörnbergs Vorzimmer machte sich die Untergangsstimmung bemerkbar. Seine beiden Sekretärinnen versteckten längst nicht mehr die Cognac- und Sektflaschen und hatten sich in Kettenraucherinnen verwandelt. »Wie soll man es hier sonst aushalten?« meinte Fräulein Feldmann, die elegante, sprachkundige Offizierstochter. »Seien Sie froh, daß sie in Krummhübel sind. Es dauert bestimmt nicht mehr lange, und wir gehen in einem Inferno unter.« Ich berichtete, daß mir Mitte Dezember die Einberufung zum Wehrdienst bevorstünde. »Sprechen Sie doch mit dem Chef darüber«, war die Meinung von Fräulein Feldmann. »Vielleicht kann er Sie noch über Weihnachten hinüberretten. Selbst wenn es nur einen Monat Aufschub gäbe, es könnte Ihnen das Leben retten. In Schlesien soll nämlich ein Ausweichquartier für Monsieur et Madame Laval eingerichtet werden. Sie haben noch seinerzeit mit Smend alle vom Amt für diese Zwecke vorgesehenen Objekte besichtigt. Machen Sie doch Dörnberg einen Vorschlag.«

Ich ließ es mir nicht zweimal sagen und wartete auf den Chef des Protokolls, die Objektunterlagen studierend. Ich unterbreitete Dörnberg einige Vorschläge unter Berücksichtigung der Sicherheitsauflagen: günstige Bahnverbindung, kein Haus im Gebirge oder im unübersichtlichen Gelände, möglichst eine Villa oder ein Schlößchen im Park mit einer Dependance für den polizeilichen Schutz. Diesen Erfordernissen schien mir am ehesten das barocke Schlößchen von Logau, in zwölf Kilometer Entfernung von dem Städtchen Lauban an der Bahnstrecke Berlin-Hirschberg gelegen, zu entsprechen. Dörnberg ließ sich überzeugen, denn er kannte Logau aus eigenem Augenschein. In der Objektbeschreibung hatten Smend und ich seinerzeit sämtliche vorhandenen Mängel vermerkt. Diese zu beseitigen, dürfte überhaupt kein Problem sein, entschied Dörnberg. Sämtliche Erneuerungsarbeiten könnten vom Baustab Adam durchgeführt werden und zwar innerhalb von drei bis vier Wochen. Erfahrene Handwerker und Hilfsarbeiter stünden zur Verfügung. Laval sollte noch vor Weihnachten von seinem Zufluchtsort auf Schloß Hohenzollern-Sigmaringen – wegen der sich nähernden Front der Westalliierten – nach Logau übersiedeln. »Achten Sie besonders darauf, daß es dem Herrn Ministerpräsidenten an Komfort nicht fehlt«, ermahnte mich Dörnberg, »dies ist der ausdrückliche Wunsch des Herrn Reichsministers«. Und wie im Selbstgespräch fuhr er fort: »Die Franzosen ahnen es gar nicht, was Pétain und Laval für Frankreich getan haben. Laval hat es immer wieder verstanden, das Allerschlimmste, eine Militärverwaltung mit allen ihren Konsequenzen, zu verhindern. Er war ein schwieriger Verhandlungspartner, der maximale Forderungen durch minimale Zugeständnisse zu verhindern verstand. Aus unseren Rechtsanwälten sind nur selten hervorragende Politiker hervorgegangen. Bei den Franzosen scheint das die Regel zu sein. Persönlich hat Laval von seiner Amtsübernahme nichts gewinnen können. Er stellte sich seinem Lande aus Patriotismus zur Verfügung. Dies sollte Frankreich nicht vergessen.« Dörnberg nahm sich Zeit mit dem Erzählen und berichtete unter anderem von der Mitte Dezember 1940 durchgeführten Überführung der sterblichen Reste des Herzogs von Reichstadt von Wien nach Paris. Hitler war damals, wohl nicht zuletzt aus Rücksicht auf den geplanten Rußlandfeldzug, daran gelegen, »eine europäische Front gegen den Bolschewismus« zu errichten. Ein besonderer historischer Akt sollte als eine versöhnliche politische Geste gegenüber Frankreich dienen. Napoleons langersehntes Wunschkind und sein einziger männlicher Erbe aus der Ehe mit Marie-Louise sollte nach mehr als hundert Jahren im Invalidendom zu Füßen seines Vaters gebettet werden. Als Chef des Protokolls war Dörnberg mit dem Ehrengeleit beauftragt worden. Der Sarg wurde aus der Kapuzinergruft mit militärischen Ehren zum Wiener Westbahnhof und in einem blumen- und kranzgeschmückten Waggon zum Pariser Ostbahnhof gebracht. Der Sonderzug traf gegen Mitternacht bei strömendem Regen, Blitz und Donner ein, wurde vom Oberbürgermeister von Paris, Ehrenabordnungen und der berittenen Nationalgarde in Empfang genommen und mit blankem Säbel zum Invalidendom eskortiert. Wenn man des freudlosen Lebens und Sterbens des »Königs von Rom« am Wiener Hof, gleichzeitig aber auch des durch die Eheschließung Napoleons mit der Habsburgerin manifestierten Anspruchs auf die Kaiserkrone Karls des Großen gedachte, erhielt der kalkulierte Wiedergutmachungsakt einen durchaus dubiosen Charakter. Hatte Hitler überhaupt im entferntesten überlegt, daß er Frankreich die Führungsrolle in Westeuropa zuerkannte?

Wie dem auch gewesen sein mag, mein letzter protokollarischer Dienstauftrag als Quartiermacher für Laval war zustandegekommen. Irgendwie ahnte ich es, daß dieser Besuch in der Wilhelmstraße 76 mein allerletzter sein würde. Auf Anraten von Fräulein Feldmann ging ich in das desolate obere Stockwerk hinauf. In der Nähe des Ministerbüros stieß ich auf die von ihr mit spöttischem Lächeln erwähnte »Puppenparade«. Gesichtslose Mannequinpuppen in Uniformen aller diplomatischen Rangstufen glotzten mich an. Ribbentrop beschäftigte sich demzufolge immer noch mit Abänderungen und vermeintlichen Verbesserungen der Diplomatenuniformen, die nach dem Endsieg des »Großdeutschen Reiches« eingeführt werden sollten.

Das Wachsfigurenkabinett von Madame Tussaud erschien mir seither weit weniger monströs als diese Halluzination zukunftsloser Gernegroßsucht. In dem zugigen, vernachlässigten Raum, verstellt mit unaufgeräumten Abstelltischen, überkam mich ein

Grauen vor dem bevorstehenden Chaos. Fluchtartig verließ ich die Wilhelmstraße, um nie wieder dorthin zurückzukehren.

In der Mauerstraße besuchte ich am nächsten Tage die Deutsche Bank und holte aus deren Stahlkammer den Gold- und Diplomatenschmuck meiner Mutter ab. Das Tafelsilber und die einschlägige Dokumentation über den verstaatlichten Moskauer Fabrikbesitz meines Vaters ließ ich unüberlegterweise zurück. Ein halbes Jahr danach räumten die sowjetischen Besatzungsbehörden die Safes und Stahlkammern der Bank aus. Den Nachweis meines ererbten Besitzanspruchs blieb ich fortan schuldig. Ich tröstete mich nach meiner Entlassung aus der Gefangenschaft mit dem Ausspruch meines Landsmannes Siegfried von Vegesacks: »Nur wer alles verloren hat, kann von vorne anfangen.«

In Krummhübel stand mir noch ein Abschiedsfest bevor: Der Geburtstag meiner Eltern am 1. November, dem Fest der Allerheiligen. Für meine Mutter sollte dieser Tag eine überraschende Ehrung bringen. Eine Sonderzuteilung der Abteilung Protokoll bestand aus markenfreiem Reis, ungarischen Hühnerkonserven, Wein und Schnaps. Ich bestellte eine Maximalmenge und lud alle Kollegen und Mitarbeiter ein und – was zunächst geheim blieb – auch den Kosakenchor aus deren Erholungsheim in Arnsdorf. Als die Gäste und der Chor sich an den gedeckten Tischen im Hause Lichtenberg eingefunden hatten, lud ich meine Mutter zum üblichen Abendessen ein. Wie groß war ihr Erstaunen, als sie an den kerzenbeleuchteten Tischen nicht nur Smend, Küchler und andere Kollegen und Mitarbeiter antraf, sondern auch den uniformierten Kosakenchor. Bei ihrem Erscheinen stimmte der Chor den Huldigungsgesang aus Tschaikowskys »Pique Dame« an, den Namen der Zarin Katharina durch Elisabeth ersetzend. »Heil Dir, Heil Jelisaweta, unserer Mutter voller Huld …«, dröhnte es durch die Halle. Kasatschok- und Hopaktänze, russische und ukrainische Lieder folgten. Alle deutschen Gäste tauschten nach den Darbietungen die Plätze aus, um einen Kosaken zum Tischnachbarn zu haben. Als Dolmetscher mußte ich bei den begehrten Gesprächen überall dabei sein, soweit meine Mutter mich nicht entlastete. Mich bewegte es zutiefst, daß die Kosaken immer noch an den Sieg der deutschen Waffen und an eine Wiederherstellung ihrer Freiheit glaubten. Sie verehrten Pannwitz nicht weniger als Krasnow, und es schmerzte mich, daß ihr blindes Vertrauen mißbraucht worden war. Küchler, der Bruder des Feldmarschalls, flüsterte mir zu: »Ihre Kosaken lehren uns, was Freiheitssinn bedeuten kann. Aber sie werden die Freiheit ebensowenig wiedergewinnen wie wir. Mit Freiheit versteht die Menschheit nicht allzuviel anzufangen.«

Einige Tage danach brachte mich der Holzgas-Dienstwagen, den der Fahrer und ich unterwegs immer wieder mit Holzscheiten anheizten, nach Logau. Aus dieser Ortschaft stammte der schlesische Gutsbesitzer und Hofbeamte Friedrich von Logau, der kurz vor seinem Tod (1655) seine dreitausend Sinngedichte herausgab. Ich holte sie mir aus der wohlausgestatteten Krummhübler Bibliothek. Der Erlebnisinhalt des Dreißigjährigen Krieges entsprach am ehesten dem Erleben jener Epoche, an deren Ende wir standen. Dem Lug und Trug, dem Wahn, Leid und Enttäuschung beider Zeitläufte konnte man em ehesten mit dem tiefen Ernst, aber auch mit der witzigen Ironie des barocken Dichters beikommen. Seine Lebenserfahrung unterschied sich kaum von der unsrigen.

Weißt Du, was in dieser Welt
Mir am meisten wohlgefällt?
Daß die Zeit sich selbst verzehret
und die Welt nicht ewig währet.

Aber Logau fand Trost in seinem christlichen Glauben und in der moralischen Ordnung von Pflicht und Dienst.

Leichter träget, was er träget,
Wer Geduld zur Bürde leget.

Das barocke Schlößchen, das seinen Namen trug, war mehrfach umgebaut worden und wechselte oft den Besitzer. In der Inflationszeit erwarb es ein Klosettfabrikant aus Zittau und richtete es nach seinem, dem prätentiösen, aber unmaßgeblichen Geschmack eines Neureichen ein. Mir war bewußt, daß Laval ein Weinbauernsohn aus der Auvergne war, aber dennoch sein Stilempfinden dem eines Zittauer Klosettfabrikanten in keiner Weise entsprechen würde. Meine Duldsamkeit war auf eine harte Probe gestellt, und ich war entgegen meiner sonstigen Gewohnheit gewillt, radikal vorzugehen.

Der Besitzer war vor dem Krieg verstorben, seine Witwe leitete die Fabrik in Zittau. Mich empfing der Förster, der das Gartenhaus bewohnte. Ich verwies ihn auf die auch ihm bekannte Order des Auswärtigen Amtes. Ohne Widerrede schloß er die Gartentür des Herrenhauses auf, zeigte mir das Gästezimmer und erkundigte sich, ob ich ein Abendessen einnehmen wolle. Meine Überraschung war nicht gering, als meine Zustimmung mit einem opulenten Hasenbraten und einem hervorragenden Bordeaux belohnt wurde. Ich lehnte mich behaglich im Sessel zurück und ließ mir die Neuausstattung der Wohnräume durch den Kopf gehen. Die verquollenes Leder imitierenden Tapeten mußten auf jeden Fall ausgewechselt werden, die gräßlichen, an George-Grosz-Karikaturen erinnernden Familienporträts dickwanstiger, schnauzbärtiger, goldene Uhrketten präsentierender Bourgeois hatten zu verschwinden, mit ihnen die billigen Blumenbouquets, die pseudoorientalischen Teppiche, aber auch das unechte Rokokomobiliar aus dem Schlafzimmer. In den eingebauten Bücherregalen entdeckte ich viel Meterware, aber auch Klassikerausgaben, darunter einen in Schweinsleder gebundenen Nietzsche, dessen Pergamentseiten noch nicht aufgeschnitten, also nie gelesen waren. Auf den obersten Regalen befand sich lauter pornographische Literatur, gutbürgerlich gebunden, aber mit unübertrefflich obszönen Illustrationen. Nach einigem Zögern beschloß ich, diese nicht zu entfernen, denn die meisten Œuvres waren französischer Herkunft, und ich sagte mir, Monsieur Laval dürfte daran keinen Anstoß nehmen.

Den Bordeaux schlürfend, durchblätterte ich einen pikanten Beardsley-Band, als die gläserne Schiebetür zum Salon plötzlich aufging. Im Türrahmen erblickte ich eine üppige Frauengestalt mit hochfliegendem Busen. Eine tiefe Mezzostimme steigerte sich in echter oder vorgetäuschter Empörung: »Das sind ja Zustände wie in Rußland, ohne Genehmigung des Besitzers ins Haus einzudringen, sich breit zu machen ...« Ich schnellte vom Polstersitz hoch, machte eine chevalereske Verbeugung und erklärte beschwichtigend: »Gnädige Frau, ich muß Sie an das Schreiben des Auswärtigen Amtes erinnern. Ihr Haus kann, wie sie wissen, jederzeit für die Zwecke der Reichsregierung in Anspruch genommen werden. Ihnen steht selbstverständlich eine entsprechende monatliche Vergütung zu. Darüber hinaus dürfte eine Entschädigung durch eine völlige Instandsetzung und Modernisierung ihres Besitzes abgegolten sein. Sie werden doch zugeben, daß Ihr Haus dringend einer Renovierung bedarf, und was die russischen Zustände betrifft, so können Sie froh sein, daß die Russen noch nicht hier sind.« Meine dezidierte Erklärung bewirkte ein Wunder. Die vollbusige Dame ging auf mich zu, griff nach meiner Hand und versicherte mit gedämpfter Stimme: »Sie mögen recht haben. Wer weiß, was der nächste Tag bringt. Die Russen sind nicht weit. Und wenn wir trotz aller Gefahren den Krieg überstanden haben, werden die Investitionen sicherlich einen Wertzuwachs bringen.« Als sie mich zum Sitzen aufforderte, entschlüpfte ihr die geschäftstüchtige Frage: »An den Instandsetzungskosten werde ich doch nicht beteiligt?« Ich versicherte ihr, daß das Haus nur vorübergehend für den französischen Ministerpräsidenten in Anspruch genommen werde. Nach dessen Auszug stünde es ihr ohne Einschänkung wieder zur Verfügung.

Die Logau-Besitzerin drückte auf einen Dienstbotenknopf, und kurz danach erschien die devote Förstersfrau. Aus der Vorratskammer wurden bei ihr Pasteten, kalte Braten, Wurstaufschnitt, Käse und französischer Sekt bestellt. Ich ersuchte, mich durch das Haus zu führen, und suggerierte der Besitzerin die Entfernung der Familienporträts, allzu auffälliger Imitationen, verschlissener Bezüge und verblichener Tapeten. Meine Vorschläge fanden bereitwillige Zustimmung. »Sie haben vollkommen recht, ich muß mich von der Vergangenheit trennen. Und ich bin überzeugt, mein Sohn hätte es auch nicht anders getan.« Sie griff nach dem schwarzumflorten Foto eines jungen Mannes in Uniform. »Sie erinnern mich im Aussehen und im Wesen an meinen Sohn. Auch er wußte mich zu überzeugen, wenn ich ihm widersprach. Er ist vor einem halben Jahr im Osten gefallen. Ich bin allein und ohne Erben. Wenn der Krieg vorbei ist, könnten Sie die Geschäftsführung in meiner Firma übernehmen. Für Ihre Mutter und für mich könnte Logau ein angenehmer Alterssitz werden. Meinen Sie nicht auch?«

Ich dankte unverbindlich für das Angebot, wies aber darauf hin, daß ich weder Geschäftssinn noch irgendeine Geschäftserfahrung besäße. Mir waren die Beschlüsse der Teheran-Konferenz in den Hauptpunkten bekannt, und ich deutete vorsichtig an, daß das Schicksal Ostdeutschlands im Falle einer bedingungslosen Kapitulation in Frage gestellt sei. Sie blieb jedoch bei ihrer Meinung, daß die westlichen Staaten im eigenen

Interesse ein Vordringen des Bolschewismus verhindern würden.

Am nächsten Tage brachte ich sie zum Bahnhof Lauban und besuchte in Hirschberg den Baustab Adam. Dessen Lagerbestände entsprachen dem höchsten Standard eines internationalen Einrichtungshauses. Erlesenste Dekorations- und Möbelstoffe, Gobelins, handbemalte Tapeten, antikes und modernes Mobiliar, Vasen, Keramik, Porzellan aller namhaften Manufakturen, Kleinplastik, aber auch bronzene und marmorne Statuen harrten des Abrufs. Im Holzlager konnte die Wahl zwischen seltensten gemaserten Importhölzern getroffen werden. Mit einem uk-gestellten Innenarchitekten kehrte ich nach Logau zurück, und er fand weit mehr Mängel und Ersatzbedürftiges, als ich – an kriegsbedingte Sparsamkeit gewöhnt – es jemals auszusprechen gewagt hätte. Er schwelgte geradezu in einer phantasiebeflügelten Euphorie, denn er gestand, daß ihm seit langem kein »Auftrag ähnlicher Art« erteilt worden wäre. Ich half ihm beim Aus- und Abmessen und verfiel unwillkürlich in die Rolle eines Schloßbesitzers, dem das Teuerste und qualitativ Beste gerade gut genug war. Schon am nächsten Tage trafen Lastwagen mit Warenballen, Einrichtungsgegenständen und einem Dutzend von Handwerkern ein. Staubwolken hüllten alsbald die ausgeräumten Wohnräume ein, meine ständige Anwesenheit erübrigte sich, und ich kehrte nach Logau nur noch einmal in der Woche zurück, um mich vom Stand und Fortgang der Arbeiten zu überzeugen. Bei meinem ersten Besuch war ich nicht wenig entsetzt, als ich in der Eingangshalle die barocke Stiege nicht mehr vorfand. Der Architekt versicherte mir, daß die Treppenstufen und Bohlen wurmstichig und morsch gewesen seien. Man würde sie aber stilgerecht auswechseln, um so mehr als das geschnitzte Geländer stehengeblieben war. Ich habe mich damit abfinden müssen, bestand aber auf eine Einhaltung des Übergabetermins. Innerhalb von knapp vier Wochen war die für Laval vorgesehene Residenz in ein »Schatzkästlein« verwandelt. Zur Übergabe waren die Besitzerin und als Vertreter des Protokolls ein junger, kriegsversehrter Hauptmann von Thüna erschienen. Frau M. fiel mir um den Hals und vergoß Freudentränen. Das Försterehepaar servierte für den gesamten Arbeitsstab Adam Wild und Wein aus eigenen Beständen. Unausgesprochen blieb jedoch der Gedanke, daß dies möglicherweise das allerletzte Fest auf Schloß Logau sein könnte. Thüna flüsterte mir zu, daß es zu einer Übersiedlung von Laval nach Schlesien vermutlich gar nicht mehr kommen würde. Laval ziehe es allem Anschein nach vor, mit Pétain, den Vichy-Ministern, Beamten und Journalisten, insgesamt etwa anderthalbtausend Landsleuten, auf der Hohenzollernburg an der Donau zu verbleiben und deren Schicksal zu teilen, als »den Russen in die Arme zu laufen«.

Als ich Jahrzehnte danach Célines »D'un château à l'autre« las, fand ich Thünas Mutmaßung bestätigt. »Der Wind vom Ural, er bläst sechs Monate von zwölf«, hieß es bei Céline an einer Stelle, »man muß ihn zu spüren bekommen, um dies zu verstehen ... Die Eroberer aus dem Osten ... die von Kälte trunkenen, irren Horden ... und unsere Politiker, die noch niemals vom Gare de l'Est abgereist sind ... die Steppen sind kein Platz zum Überleben.«

Ich verließ Logau, zum Weihnachtsfest reich beschenkt, mit der Einladung dorthin überzusiedeln. In den Weihnachtstagen stieg ich auf den Skiern durch den idyllischen Melzergrund zum Kamm des Riesengebirges und zur Schneekoppe hinauf. Von der Prinz-Heinrich-Baude bot sich kaum verändert ein Blick in das böhmische oder in das schlesische Tiefland, jene weit gefächerte, den Frieden vortäuschende Landschaft, die Andreas Gryphius, Goethe und Eichendorff nicht minder als Caspar David Friedrich begeistert hatte. Ich besuchte auch die Diplomatenkolonien in den ihnen zugewiesenen Häusern. Bei den konfinierten Rumänen spielte mir Jonel Perlea seine die Tastatur sprengenden, von Wagner und Bruckner inspirierten Symphonien vor. Die rumänischen Diplomaten, darunter ein Verwandter Antonescus, bedrängten mich geradezu mit der hysterischen Forderung, ihnen die sofortige Ausreise nach der Schweiz zu ermöglichen. Die Italiener und Türken verhielten sich gelassener, erwarteten, daß man auch sie »vor den Russen schützen würde«.

Zur Weihnachtsmette und am Silvesterabend pilgerten Hunderte von Einheimischen und Evakuierten zu der tief verschneiten norwegischen Stabkirche Wang. Im Walde leuchteten Stallaternen auf den wurzelbedeckten Pfaden, an Hängen bildeten sie ein sich langsam dahinschlängendes Lichtband, das im Kircheninnern zu einem prallen Bündel zusammenschmolz. Die Dorfkirche konnte nur knapp hundert Menschen fassen. Die Mehrzahl von ihnen umwand mit dem Laternenschein das Gotteshaus wie mit einem funkelnden Gürtel. Aus dem Innern erscholl die Orgel, die Predigt war nicht zu vernehmen, aber umso lauter stiegen in der Waldlichtung die Choräle gen Himmel. Die frohe Botschaft klang wie ein Hoffen wider die Hoffnungslosigkeit dieser letzten deutschen Weihnachts- und Jahresschlußfeier im schlesischen Lande. »Frieden« war der einzige Wunsch, der im Hause Lichtenberg beim Jahreswechsel 1945 ausgesprochen wurde.

Smend erinnerte sich an den Jahreswechsel 1917/18; er umarmte mich und fügte hinzu: »ein Frieden in Ehren und allen Menschen ein Wohlgefallen«.

Am 18. Januar 1945 zog ich in die Kaserne von Lauban ein, beinahe als einziger der Jahrgänge der Dreißigjährigen. Die Mehrzahl der Rekruten bestand aus fünfzehn- bis siebzehnjährigen oder aus Männern weit über Vierzig. Die Ausbildung auf dem Kasernenhof, im Gelände, am Schießstand und im Umgang mit der Panzerfaust wurde forciert; Waffenappelle, Probealarm, Angriff, Verteidigung, Gegenangriff wurden bei Tag und Nacht geübt, bis zur völligen Erschöpfung.

Die große sowjetische Offensive, die am 12. Januar an der Baranow-Front begann, trieb Zehntausende von Flüchtlingen vor sich her. Bei Geländeübungen beobachteten wir die bis auf die Dächer hinauf besetzten Züge, die offenen, verschneiten Güterwaggons mit bis zu den Augen vermummten, apathisch reglosen Frauen und Kindern aus dem Generalgouvernement, dem Warthegau und alsbald auch aus Schlesien östlich der Oder und aus Breslau. Noch viel bedrückender war der Anblick der Pferdetrecks mit den offenen oder Planwagen, zwischen denen sich Fußgänger mit Schlitten, Stoßkarren, Kinderwagen dahinschleppten. Menschen und Tiere waren in gleicher Weise übermüdet, und es gab kein Überholen, nur ein Dahintrotten. Weder Mensch noch Tier ließen sich ansprechen oder folgten einem Ruf oder Kommando, als befürchteten sie, aus dem Trott zu kommen und dann nie wieder weiterzukommen. In den Schneewehen wurden Leichen verscharrt, aber es kam auch vor, daß völlig entkräftete, überstrapazierte und abgestumpfte Mütter ihre verstorbenen Säuglinge und Kleinkinder am Wegrande in den Schnee betteten und, ohne sich umzusehen, weiterzogen. Die Flüchtlinge brachten alsbald die Schreckensnachricht, daß die Sowjets einen Brückenkopf am Westufer der Oder gebildet hätten.

Ebenso schnell verbreitete sich die Nachricht, daß der unnachsichtige, Hitler-treue General Schörner von Glogau aus eine Auffangfront in Schlesien organisiere. Ihm ging der unrühmliche Ruf voraus, daß er ständig, wie ein Spürhund, unterwegs sei um »Drückeberger zu verheizen«, »Deserteure« und »Volksverräter« an den nächsten Baum hängen zu lassen.

Von ihrem Brückenkopf bei Steinau an der Oder gelang Konjews Armee der Durchbruch über Bunzlau zur Hauptverkehrsader Görlitz-Lauban-Hirschberg-Breslau. Innerhalb von wenigen Tagen verwandelte sich der Kasernenhof von Lauban in eine Hauptkampflinie.

Nicht viel anders als bei den Russen hielt dort ein »Politruk«, ein nach dem Attentat vom 20. Juli eingesetzter Wehrbeauftragter eine emphatische Durchhalterede. Er knüpfte an die vom Breslauer Gauleiter Hanke herausgegebene Parole an: »Über Schlesiens Grenzen kommen sie nicht hinaus«. Er beschwor dabei die historische Parallele von 1241, dem Jahr, als die Schlesier, ganz auf sich allein gestellt und ohne Hilfe aus dem Reich, bei Wahlstatt den Mongolensturm gen Westen zum Erliegen brachten. Beim letzten Stadtausgang las ich in Laubans Straßen frischgedruckte, von Hanke gezeichnete Plakate, die bekanntgaben, daß ein Breslauer Stadtverordneter namens Dr. Sommer wegen Defätismus vor dem Rathaus standrechtlich erschossen worden sei. Meine Stubenkameraden wollten wissen, ob es sich um einen Verwandten von mir handele. Doch den Mißgünstigen, die den Akademikern mißtrauten, konnte ich keinen Gefallen erweisen.

Als die sowjetische Artillerie in Hörweite gerückt war, befahl ein parteigetreuer Offizier den Rekruten, sich im Kasernengelände einzugraben. »Keiner verläßt den Graben«, lautete sein Befehl, »ihr schießt bis zur letzten Patrone und wenn die Panzer kommen mit der Panzerfaust«. (Und Goebbels zitierend: »Krallt euch in Schlesiens Boden fest, bis zum letzten Atemzug.«)

In Laubans Läden wurden Lebensmittel und Zigaretten bis zur letzten Stunde nur gegen Bezugsscheine ausgehändigt. Da ich am Schießstand das Ziel nicht traf, wurde mir eine Spezialbrille verordnet. Auch diese gab es nur gegen Rezept und Bezugsgenehmigung. Meine ironische Bemerkung: »die Bürokratie ist unser Untergang«, quittierte der Ladenbesitzer mit der entwaffnenden Replik: »Auch beim Untergang muß Ordnung herrschen«.

Als die Russen jenseits des Bahndamms mit ihren Panzern und »Katjuschas« Stellung bezogen und den Kasernenhof wie auch die Stadt unter gezielten Beschuß genommen hatten, nahmen sich auch die »Landser« die letzte ihnen verbliebene Freiheit. Sie stürmten das wohlversorgte Wehrmachtslager am Bahndamm, das durch den Beschuß zum großen Teil schon ausgebrannt war und wechselten die zerschlissenen feldgrauen Uniformröcke gegen taillierte belgische Lederjacken, enganliegende Panzerhosen und wetterfeste Regenpelerinen ein. Der »Lagerbulle« lief zwar schimpfend mit der Pistole in der Rechten umher, aber angesichts der drohenden Mienen wagte er nicht einmal einen Schreckschuß.

Vom Hügel, der den Kasernenhof gen Osten abschloß, war das Schlößchen Logau mit dem Feldstecher zu identifizieren. Als die sowjetische Artillerie sich Lauban auf Schußweite genähert hatte, sah ich über Logau eine fette Rauchwolke aufsteigen. Das Schicksal Schlesiens, aber auch Lavals, schienen mir besiegelt zu sein. Es gab für ihn kein Entrinnen mehr, weder im Osten noch im Westen. Viele Jahre danach besichtigte ich auf der Hohenzollernburg in Sigmaringen jene Räume im dritten Stockwerk, die er bis zu seiner Verhaftung bewohnt hatte. Sie wirkten fürstlich-repräsentativ, erweckten aber nicht den Eindruck, als seien sie auch nur vorübergehend bewohnt gewesen. In ihrer spröden, musealen Unberührtheit entsprachen sie der irrealen Dramatik der letzten Tage der exilierten Vichy-Regierung viel eher als die neu hergerichteten komfortableren Räume von Logau. General Leclercs Armee rückte von Straßburg heran, und Laval konnte von der Schloßterrasse jeden Schritt der zur Burghöhe heraufsteigenden französischen Soldaten zählen. Hätte ihn sein Gewissen belastet, so hätte er seinem Leben ein Ende setzen können. Der Nemesis hat er eine strafende Funktion nicht zubilligen wollen und auf eine Flucht in den für ihn sehr viel bedrohlicher erscheinenden Osten verzichtet.

Der Kopfjäger von Smersch (1. Juni 1945)

Merke es Dir. Ich heiße Iwan Iwanowitsch Ryschow. Major Ryschow. Diesen Namen wirst Du zeit Deines Lebens nicht vergessen.« Mit diesen Worten stellte sich mir der etwa altersgleiche Smersch-Offizier vor. Daß er zum Sicherheitsdienst der sowjetischen Besatzungstruppen gehörte, war an dem hellblauen Mützenrand zu erkennen. Als er mir jedoch seinen Namen und Rang nannte, sah ich noch keinen Grund, mir diese einzuprägen. Im Gegenteil, ich hätte seinen Namen so schnell wie möglich vergessen mögen. Aber wie in der Antike der Name des Brandstifters Herostrat von den Geschichtsschreibern nicht vergessen wurde, bewahrte auch mein Gedächtnis seinen Namen.

Er war der erste Sowjetrusse, dem ich nach dem Krieg begegnet bin. Als Grund seines Besuches gab er an, mich im Auftrag des kommandierenden Generals zu einem Gespräch nach Gottesberg abzuholen. Welche vermutliche Konsequenzen dieses Gespräch für mich haben könnte, versuchte ich vor meiner Mutter zu verbergen. Sie blieb äußerlich vollkommen ruhig und gefaßt, genauso wie sie mich in jener Berliner Bombennacht, als unsere Wohnung in Flammen stand, mit der sachlichen Feststellung begrüßt hatte: »Es ist soweit«. Dieser Satz wurde aber in Krummhübel am 1. Juni 1945 weder von meiner Mutter noch von mir ausgesprochen. Es blieb bei einer gedanklichen Bestätigung. Die Gedankenübertragung ersetzte die Worte.

An jenem blaudunstigen Morgen wurde ich von meiner Mutter aus dem Garten des AOK-Erholungsheimes Lichtenberg, wo ich mit Kartoffelpflanzen beschäftigt war, in die Empfangshalle gerufen. »Ein russischer Offizier will dich sprechen«, sagte sie halblaut und drückte meine Hand. »Gott gebe, daß alles gut geht.« In ihren tiefvioletten Augen erkannte ich ein besorgtes Flackern. Ich umarmte sie und versicherte: »Es wird schon alles gut gehen. Ich habe nichts zu befürchten«. Einen kurzen Augenblick lang überlegte ich die Chancen einer Flucht und maß den Abstand zu dem nahen Waldgestrüpp. Als ich aber zu der steilaufragenden Gebäudefassade am Hang hinüberblickte, sah ich bereits zwei fremde Gestalten im Eilschritt nahen. Ich küßte meine Mutter noch einmal auf die Stirn, drückte sie an mich und versuchte mir abschiednehmend die liebgewordene schlesische Berglandschaft einzuprägen. Der MGB-Major und sein Begleiter, ein russischer Hiwi (Hilfswilliger der Deutschen Wehrmacht), der ihm als Dolmetscher diente, begrüßte mich jovial und übermittelte »die Einladung« seines Generals, ich möge in Gottesberg an einem Informationsgespräch teilnehmen. Meiner Mutter gegenüber versicherte er, dieses Gespräch würde nicht länger als zwei Stunden dauern. Mißbilligend betrachtete er jedoch meine bayerische Lederhose und das ärmellose Polohemd. »Sie müssen sich umziehen. Es ist völlig unmöglich, daß sie bei dem General in ›trussiki‹ (Badehose) erscheinen.« Ryschow folgte mir in mein Wohnzimmer, wo ich einen dezenten rostbraunen Anzug aus dem Spind holte, mich umzog und mit ihm wieder in die Empfangshalle hinabstieg. Dort fand ich das ganze Personal von Lichtenberg versammelt. Die Schwester Oberin umarmte mich und flüsterte einen Segenswunsch in mein Ohr. Meine Mutter folgte mir bis zum Wagen. »Laß Dich nicht zu lange aufhalten. Ich werde das Abendessen für Dich warmhalten«, waren ihre letzten Worte. Wir winkten einander zu, als das Auto um die Blumenrabatte fuhr und ich sie noch einmal aufrecht und angespannt mir nachblicken sah. Man sah ihr die Willensanstrengung an, mit der sie jeden Gefühlsausdruck unterdrückte. Ich ahnte, daß sie mir durch ihre Haltung stärkere Widerstandskraft übermitteln wollte. Ich ahnte aber nicht, daß mein Abschied von Schlesien und von Haus Lichtenberg auch einen Abschied vom irdischen Dasein meiner Mutter bedeutete. Mein Abschiedsblick bannte im Gedächtnis gleichsam die Szenerie einer griechischen Tragödie: die einsame Gestalt meiner Mutter, die weitausladende Geste ihrer Hand im Vordergrund und die starren Frauengestalten im Halbkreis auf den Treppenstufen.

Die Autofahrt fand eine Unterbrechung bereits in der Ortsmitte.

Major Ryschow, der während der kurzen Fahrt die Funktionen eines Smersch-Offiziers erläuterte, ließ am »Goldenen Frieden«, dem »ersten Haus am Platz« halten. Dienstbeflissene befrackte Kellner empfingen uns und begleiteten uns zum Terrassenrestaurant. Ryschow empörte sich. »Diese kapitalistischen Kreaturen müssen verschwinden. In Kürze werden die Polen den Betrieb übernehmen, dann wird dieser Unfug aufhören.« Eine Speisekarte gab es nicht. Ryschow ordnete an: Omelette, Wurst, oder was man sonst auftreiben könne. Die Weinkarte empfahl dagegen: Rhein- und Moselweine, Bordeaux, Sekt. Als Ryschow jedoch den Rheinwein verkostete, spuckte er ihn im hohen Bogen wieder aus. »Dies saure Zeug kann nur ein deutscher Magen vertragen. Trink soviel du willst. Wenn ihr schon keinen Wodka habt, dann schafft Schnaps herbei.« Der verängstige Kellner holte im Eilschritt eine Flasche Cognac. Ryschow setzte die Flasche an und trank in gierigen Zügen. Ich verschrieb mich genüßlich dem Rheinwein. Es war mir durchaus bewußt, daß ein ähnlicher Weingenuß sich nicht sobald wiederholen würde. Ryschow und sein Begleiter ließen mich nicht aus den Augen.

Als ich die Toilette besuchte, folgte mir der Hiwi und beobachtete argwöhnisch jede Bewegung. Durch die Terrassenfenster bot sich mir noch einmal ein freier Blick ins schlesische Gebirge.

Ich mußte an die letzte Begegnung mit Werner Graf von der Schulenburg denken. Etwa ein Jahr zuvor, im Juni 1944, lud er seinen Crew-Kollegen Hans Smend zu einem Essen im »Goldenen Frieden« ein. Seine Dienststelle (sog. Rußland-Gremium) befand sich damals in Krummhübel, von wo aus er jede Woche eine Dienstreise nach Berlin unternahm. Da ich das absolute Vertrauen meines Chefs sowie Graf Schulenburgs besaß, wurde ich ebenfalls zu dem Essen eingeladen. Schulenburg beklagte sich, daß seine und General Köstrings Ratschläge und Empfehlungen hinsichtlich der Behandlung der Ostvölker von Ribbentrop in den Wind geschlagen wurden. Man hätte die Partisanenbewegung in den Ostgebieten durch Unterdrückung, Willkür, Ostarbeiter-Dienstverpflichtung immer weiter gefördert und alles getan, um den bis zum Kriege immer noch unangetasteten Ruf der Deutschen in Mißkredit zu bringen. Statt Bundesgenossen zu gewinnen, hätte man sich eine Todfeindschaft eingehandelt. Die Versuche, eine schlagkräftige Ostarmee unter Wlassows Führung angesichts des sich anbahnenden Zusammenbruchs einzusetzen, seien zum Scheitern verurteilt. Sie seien viel zu spät gekommen und mit halbem Herzen durchgeführt worden. Den

Hotelnamen interpretierend, meine er, ein »Goldener Friede« sei nicht zu erwarten. Man sollte versuchen zu retten, was überhaupt noch zu retten sei.

In dem menschenleeren Restaurant schaute ich zu jenem weißgedeckten Tisch herüber, an dem ein Jahr zuvor das Gespräch zwischen Schulenburg und Smend stattfand. Das letzte Glas Rheinwein trank ich zu seinem Gedächtnis und verschüttete einige Tropfen auf dem Fußboden. Ryschow nahm an, daß ich betrunken sei und befahl den Aufbruch. An Gottesberg fuhren wir vorbei und erreichten in der Abenddämmerung die Industriestadt Waldenburg. Im Innenhof eines durch seine Backsteingotik erkennbaren preußischen Verwaltungsgebäudes stiegen wir aus. Das Endziel unserer Fahrt war das Polizeipräsidium, wie sich alsbald herausstellte. Wir stiegen in das obere Stockwerk hinauf, und mir wurde eine geräumige, aber vergitterte Zelle zugewiesen. Als die Tür hinter meinem Rücken zuschlug, fand ich mich mit meinem Gefangenenschicksal ab. Es gab kein Entrinnen mehr. Ich streckte mich auf der Pritsche aus und begann in Gedanken meine gesamte Lebensgeschichte zu rekapitulieren. Von einem Schuldbewußtsein wurde ich glücklicherweise nicht geplagt. Es gab auch nichts, was zu verschweigen gewesen wäre.

Worauf es aber ankam, war, daß ich mich in keine Widersprüche oder Abweichungen beim bevorstehenden Verhör verwickeln durfte. Ich ordnete alle Fakten meines Lebenslaufs in ein unanfechtbares System, an welchem ich auch über ein Jahrzehnt lang festhielt. Es kam mir zugute, daß ich den Russen gegenüber mich nicht schuldig fühlte. Ich verabscheute zwar das Sowjetregime, wie ich auch das nationalsozialistische durch ähnliche Erfahrungen zu verabscheuen gelernt hatte; dem russischen Menschen gegenüber spürte ich aber keinen Haß. Als Opfer einer terroristischen Diktatur bedauerte ich ihn nicht minder wie mein eigenes irregeführtes Volk. Nachdem ich mich für das Verhör gerüstet, die Aussagen systematisiert hatte, fiel es mir keineswegs schwer, in einen tiefen Schlaf unterzutauchen. Spät morgens wurde ich geweckt und erhielt meine erste Gefangenenkost. Danach wurde ich von Ryschow vernommen. Er eröffnete mir nochmals, daß ich mich im Gewahrsam von »Smersch« (»Tod den Spionen«) befände und mein Los nur durch ein volles, aufrichtiges Geständnis erleichtern könne. Es sei ein »Axiom«

(dieses irgendwo im politischen Unterricht aufgeschnappte Wort wiederholte er bei jeder passenden und unpassenden Gelegenheit), daß jeder Diplomat ein Berufsspion sei. Ich widersprach ihm und berief mich darauf, daß einem Dolmetscher die ehrenvolle Aufgabe zufiele, selbst – und gerade – in Konfliktsituationen zur Verständigung beizutragen.

Dolmetschen sei daher eine ausgesprochene humanitäre Tätigkeit und ähnliches mehr. Ryschow fiel keine plausible Entgegnung ein. Er gab dem Hiwi einen Wink, und dieser setzte einen erbeuteten Plattenspieler in Aktion. Es gab aber nur drei Schallplatten zur Auswahl: eine weihnachtliche, eine Zarah Leander- und eine »Fledermaus«-Einspielung. Bei allen nachfolgenden Verhören mußte ich mir daher als Hintergrundmusik entweder »Oh du fröhliche, oh du selige. ...«, »Ich weiß, es wird einmal ein Wunder geschehn« oder »Glücklich ist, wer vergißt, was nicht mehr zu ändern ist« anhören. Diese Auslese erschien mir im Hinblick auf meine Lage einigermaßen sinnvoll zu sein, und ich empfand diese Begleitmusik zu den Verhören als ermutigend und ermunternd.

Ryschow verriet mir während der Verhöre (hämisch und nicht ohne böse Absicht), daß ich von einem Kollegen aus dem Auswärtigen Amt angezeigt worden sei. Als ich nach dem Namen fragte, zierte er sich nicht lange und nannte den Namen des Denunzianten. Es war Prange.

Ich gab Ryschow mein gedanklich vorfabriziertes Geständnis zu Protokoll. Da meine Eltern aus Riga stammten, erklärte er sofort, ich sei ein »baltischer Baron«, ein Ausbeuter des lettischen Volkes und ähnliches mehr. Gleichzeitig rühmte er sich, daß er 1940 nach der Besetzung Lettlands als junger NKWD-Leutnant die Wohnung des ehemaligen lettländischen Finanzministers Bersinsch bezogen hätte. Der Minister sei bereits »liquidiert« gewesen, aber dessen Witwe, ein »tolles vollbusiges Weib«, hätte er zu seiner Geliebten gemacht. Einige Monate hätte sie für ihn den Haushalt geführt, bei seiner Abberufung von Riga hätte er jedoch der »Tochter einer Hündin« den Genickschuß verpaßt. Diese verkappte Drohung kam bei mir nicht an. Ich sagte ihm, es sei mir bekannt, daß man zumindest die Frauen und Kinder der lettischen Regierungsmitglieder nach Sibiren verbannt hätte – selbst den Ministerpräsidenten Ulmanis und den Außenminister Munters. Ryschow begnügte sich mit einem bärbeißigen Brummen. Seinen Abscheu gegenüber »bürgerlichen Gewohnheiten« bezeugte er dadurch, daß er meisterhaft über seinen Schreibtisch in eine Schale spuckte, die in Sowjetrußland zu den allgegenwärtigen hygienischen Einrichtungen gehört. Ich vermutete sogar, daß Spucknäpfe zu dem Nachschub der Sowjetarmeen gehörten. Wie die meisten Sowjetrussen mißbrauchte auch Ryschow immer wieder das Wort »Kultura«. Er selbst bewies seine Kultiviertheit dadurch, daß er, die Füße über die Tischplatte hochhaltend, seine Socken wechselte, nachdem ihm der Hiwi wie ein unterwürfiger Lakai die Schaftstiefel von den Beinen gezogen hatte. Es entging Ryschow nicht, daß ich seinem Benehmen belustigt zuschaute. Er erhob sich, legte die Hand drohend auf seine Revolvertasche und versicherte mir, er sei legitimiert, mich wegen passiven Widerstandes abzuknallen. »Soweit dürften Ihre Befugnisse nicht reichen«, entgegnete ich ihm. »Wenn Sie mich schon für einen abgefeimten Spion halten, dann werden Sie erst recht eine Weisung aus Moskau abwarten müssen.« Ryschow knurrte vor sich hin und bestätigte, daß er in der Tat Moskau telegraphisch um Weisung gebeten habe. Nach dreitägigem Verhör erklärte er mir, daß die Voruntersuchung abgeschlossen sei und daß ich per Flugzeug nach Moskau gebracht werden würde. Er zeigte plötzlich ein lebhaftes Interesse an meinem Siegelring, der das Salamander-Wappen meiner elsässischen Vorfahren zeigte. Auf seinen Wink bemächtigte sich der sichtbar um sein Leben bangende Hiwi meiner linken Hand und versuchte den Ring gewaltsam abzustreifen. Seit meinem sechzehnten Lebensjahr hatte ich mich von dem Ring nie getrennt. Er saß wie angegossen. Ich schob die »hilfswillige« Hand beiseite, drehte den Ring behutsam über das Fingergelenk, streifte ihn dann ruckartig ab und beförderte ihn im weiten Bogen durch das offenstehende Gitterfenster auf die Straße. Es war mir nicht entgangen, daß sich vor dem Polizeipräsidium ein breiter Rasenstreifen befand. Da die schlesische Bevölkerung noch nicht vertrieben war, hoffte ich, daß ein Landsmann den Ring finden könnte. Ryschow sprang nach vorne und landete mit seiner geballten Faust in meiner Mundhöhle. Ich büßte zwar vier Vorderzähne ein, aber den Ring fand der auf die Straße hinuntergeschickte Hiwi in der Grasnarbe nicht.

Ryschow habe ich nach diesem »Souvenir«-Attentat nicht wiedergesehen. Einige Tage danach wurde ich zum Gefangenentransport »mit Sachen« aufgerufen. Da ich nicht einmal eine Zahnbürste besaß, grüßte ich den Begleitsoldaten ironisch mit dem sowjetischen Pioniergruß »Immer bereit!«.

In einem behielt Ryschow recht. Seinen Namen habe ich mir für immer eingeprägt. Ob sein Menschenjägererfolg ihm bei der Organisation »Smersch« viel Ehre und Anerkennung eingebracht hat, möchte ich bezweifeln, denn in seinem Fangnetz zappelte ein winziger Fisch, des Beachtens kaum Wert. Ein Angler hätte ihn wieder ins Wasser geworfen.

Der Moskau-Flug mit Richthofen (10. Juni 1945)

Im Innenhof des Waldenburger Polizeipräsidiums stand ein offener LKW bereit, die Gefangenen in Empfang zu nehmen. Mindestens ein Dutzend Inhaftierte, deutsche Gutsbesitzer, Kaufleute, Ärzte, aber auch einige Russen hockten mit gespreizten Beinen, ein »Tannenbäumchen« bildend, dicht aneinander gelehnt, auf dem Bretterboden. Vier jungenhafte Sowjetsoldaten hielten über ihren Köpfe Wache. Die aufgespießten Bajonette glänzten im frühen Sonnenlicht. Kaum einer von der eingeschüchterten Menschenbeute wagte auch nur ein Wort zu flüstern. Die Zungen lösten sich erst während der Fahrt.

Ich spreizte die Beine, wie befohlen, dicht am Fahrerhäuschen. Aber ich sollte nicht der Letzte sein. Über den weiten Hof nahte ein älterer Herr mit zwei augenscheinlich schweren Koffern. Der grüne Lodenmantel und der dazugehörende Gamsbarthut ließen auf einen Landadeligen schließen. Schweratmend setzte er die Koffer vor der hochgezogenen Bordwand des Lasters ab. »Wie soll ich denn hier hochkommen? Kann mir denn niemand helfen?« Die Soldaten grinsten über seine Hilflosigkeit. »Lassen Sie mich seine Koffer entgegennehmen«, sagte ich dem nächststehenden Soldaten. »Dawei. Hilf dem Parasiten«, gab er zur Antwort. Als ich die schweinsledernen Koffer hochhievte, fielen mir eingepreßte freiherrliche Kronen auf. Ich half dem Baron über die Bordkante steigen. Erschöpft lehnte er sich an mich und flüsterte mir seinen Namen zu: »Herbert Freiherr von Richthofen. Gesandter in Sofia … bis Ribbentrop mich …« »Sie durch Beckerle ersetzte. Ich weiß Bescheid, Herr Gesandter. 1941 war ich in Sofia. Herr Muthmann zog mich ins Vertrauen …« Ich flüsterte dem Gesandten meine Personalien in sein nahegerücktes Ohr. »Nein, nein. Welch eine Freude in all dem Unglück. Ein junger Kollege aus dem Amt, der auch noch Russisch spricht. Ich glaube, das Schlimmste ist überstanden. In Moskau wird man einsichtiger sein. Man kann doch Diplomaten nicht wie Kriminelle behandeln. Das steht doch im Widerspruch zur Genfer Konvention.« »Die die Sowjets nicht unterzeichnet haben. Und im übrigen vae victis.« »Nein, nein, junger Freund. Verlassen Sie sich auf die Rechtskenntnis und lange Erfahrung eines älteren Kollegen. Völkerrecht ist und bleibt unantastbar.«

Die Transportgruppe schien komplett zu sein. Die Soldaten warfen ein grünes Tarnnetz über unsere Köpfe, und die Fahrt ging in schnellem Tempo zur Autobahn Breslau – Dresden. Kam der Laster zum Stehen, schwenkten die Soldaten ihre Gewehre über unseren Köpfen und bedachten uns mit den obszönen Mutterflüchen. In den Ortschaften warfen uns die spärlichen Passanten verstohlen ihre verängstigten Blicke zu. Einige wagten uns die Frage zuzurufen »Wer seid Ihr?« und schon wurden im wirren Durcheinander ein Dutzend Namen und Heimatadressen genannt. Die Mutterflüche der Wachsoldaten erreichten »den fünften Stock« der russischen Fluchskala. Fußtritte brachten den vielstimmigen Gefangenenchor vollends zum Verstummen. Das Grün der Laubwälder und Wiesen erschien mir saftiger denn je zuvor, die Feldblumen üppiger, die Umrisse des Riesengebirges sanfter und blauer, die Luft milder und würziger, der Himmel höher und sanfter. War es die Freiheitsberaubung, die den Juni 1945 in leuchtendsten Farben für Jahre im Gedächtnis bewahrt hat? Schlesiens Landschaft erweckte in mir heimatliche Gefühle, wie ich sie nur in den baltischen Landen gekannt habe. Vegesacks Verse fielen mir ein: »Nirgends ist der Himmel so hoch ...«

Der Lastwagen hielt an einem aus jungen Birkenstämmen gezimmerten Torbogen mit weißroten Fahnen. Über die Fahrbahn war ein weißes Tuch gespannt. In roten Lettern war darauf zu lesen: »Polen hat gesiegt!« Und mir wurde beim Lesen der polnischen Inschrift schmerzhaft bewußt, daß auch die schlesische Ersatzheimat verloren war. Einige polnische Landarbeiter mit Miliz-Armbinden molken die Kühe eines schlesischen Bauerngehöfts. Die Besitzergreifung eines von Russen eroberten Landes konnte nicht deutlicher gemacht werden. Ich wies Richthofen darauf hin. Aber er wollte auch dieses Mahnzeichen nicht gelten lassen. »Begreifen Sie denn nicht. Die Russen setzen die Polen als Hilfskräfte ein. Genauso, wie wir es im Kriege getan haben. Ganz Deutschland ist von fremden Truppen besetzt. Bei einer bedingungslosen Kapitulation ist es nun einmal so. Die Westmächte werden es im eigenen Interesse nicht dulden, daß die Russen und Polen sich jenseits der Weichsel breitmachen. Irgendwo müssen die Grenzen Europas geschützt werden. Ich gebe zu, Ostpreußen dürfte den Polen zufallen. Schlesien bleibt deutsch.« Ich erwiderte daraufhin ganz unehrerbietig: »Aus Ihrem Mund in Gottes Ohr, Herr Gesandter! Truman ist nicht weitsichtiger als Wilson, will mir scheinen. Und sie wissen genauso gut wie ich, daß schon in Versailles unverzeihliche Fehler begangen wurden. Hitler wäre nicht an die Macht gekommen, wenn Deutsch-Österreichs Anschlußwillen 1918 von den Westmächten berücksichtigt worden wäre. Aber unseren westlichen Nachbarn war auch damals an einem stabilen Mitteleuropa nicht gelegen. Ich befürchte, in Europa wird sich ein Vakuum zwischen den USA und der Sowjetunion bilden und das Gleichgewicht wird von diesen Randmächten aufrechterhalten werden.«

Richthofen blieb mir eine Antwort schuldig. Der Wagen fuhr an, und es mehrten sich Straßenschilder, die nach Dresden hinwiesen. Der polnische Melker, sein überschäumender Milchkrug, aber auch das hinter einer neuen Grenze entschwindende Schlesien erinnerten mich an ein Gedicht meines baltischen Freundes Achim von Akerman. Im Inselverlag war kurz vor Kriegsbeginn sein Gedichtband »Stunde vor Tag« erschienen. Ehe der Krieg zu Ende ging, wurde es mir zur Gewißheit, daß er, ein untauglicher Soldat des letzten Aufgebots, im Opfergang der baltischen Intelligenz bei Hohensalza gefallen war. Mit ihm starb auch unser Rigaer Germanistiklehrer Otto von Petersen und der vielversprechende Historiker Burkhard Sielmann. Als 1939 die Baltendeutschen zum Verlassen der Heimat aufgerufen wurden, schrieb Akerman in Riga seine Abschiedsverse:

Wem es beschieden
An Grenzen zu wohnen
Aufbruchbereit,
Ein hochzeitlich Los
Ist ihm gefallen:
Am schäumenden Milchkrug
Trinkt er den Trank der Ferne.

Diese Abschiedsverse hatten sich mir eingeprägt, als wären sie meine eigenen. Aufbruchbereit bin ich immer und immer gewesen. Ob es aber ein hochzeitliches Los sei, den Trank der Ferne immer aufs Neue zu trinken, darüber war ich im Zweifel. Die Ferne des Sowjetreiches lockte mich am allerwenigsten. Nicht die herbe Schönheit mittelrussischer Fluß- und Waldlandschaft sah ich vor mir und schon gar nicht die Steppen und Ährenfelder der Ukraine, Mittelasiens oder gar die Schwarzmeerküste der Krim und das Hochgebirge des Kaukasus. Die abschreckend bedrohliche Ferne nahm für mich in der Schneewüste und in der undurchdringlichen Taiga Sibiriens immer mehr Gestalt an. Sibirien hatte Platz nicht nur für ganz Deutschland – ganz Europa könnte dieses asiatische Ausweichgebiet Rußlands verschlingen.

In Dresden waren nurmehr die Vororte bewohnt. Je mehr wir uns dem Zentrum näherten, um so ätzender wurde der Geruch des Todes.

Der sowjetrussische Konvoiführer hatte keineswegs so Unrecht, wenn er uns aufforderte, sich die von der britischen und amerikanischen Luftwaffe angerichteten Verwüstungen gründlich einzuprägen. Das selbstgefällige »Wir sind es nicht gewesen«, weigerte ich mich, ihm abzunehmen. Auch die sowjetische Luftwaffe hätte nicht gezögert die »Offene Stadt Dresden« auszulöschen, wenn sie dazu militärisch in der Lage gewesen wäre. Ich erinnerte mich meines letzten Besuches in Dresden. Es war im Spätsommer 1944. Einen 14tägigen Urlaub benutzte ich, um mit meiner Mutter den für mich architektonisch und musikalisch geprägten barocken »Dreiklang« Dresden – Prag – Wien noch einmal zu genießen. Bei einem Fliegeralarm in Dresden waren wir die einzigen, die den Luftschutzkeller aufsuchten. In ihrem blinden Vertrauen auf die Unverletzbarkeit internationaler Abkommen spotteten die Dresdner unser. »Dresden übersteht den Krieg unversehrt« versicherte ein Musikprofessor, dem wir nach der Entwarnung in einem Café gegenübersaßen.

Den apokalyptischen Untergang von Elb-Florenz erlebte ich als Soldat aus einer Entfernung von etwa 150 km, als ich im schlesischen Lissa am 13. Februar 1945 von einer bewaldeten Anhöhe beobachtete, wie sich der Himmel blutrot verfärbte, die Erde von den Detonationen erbebte und mich an Coventry denken ließ. Ich ahnte damals nicht, daß in Dresden wohl das hundertfache an Zivilopfern dem Bombenangriff zum Opfer fiel. Die Vergeltung hatte ich in Berlin bereits im November 1943 am eigenen Leibe verspürt. Der Vergeltungszorn Englands war mir noch einigermaßen verständlich gewesen. Berlin war für England die Inkarnation des Naziübels. Aber die Kunststadt Dresden – die vom Roten Kreuz als eine Zuflucht der Kriegsversehrten und der Ostflüchtlinge erklärte offene Stadt? War Dresdens gezielte Zerstörung nicht ein himmelschreiendes Verbrechen der anderen Seite? Ich ahnte nicht, daß dieses Argument von der russischen Propaganda aufgegriffen, in der Nachkriegszeit den »Anglo-Amerikanern« immer wieder vorgeworfen würde. Entscheidend war für mich das Dichterwort Gerhard Hauptmanns, daß er beim Untergang von Dresden prägte: »Wer das Weinen verlernt hat, der lernt es wieder beim Untergang Dresdens. Dieser heitere Morgenstern der Jugend hat bisher der Welt geleuchtet. Ich weiß, daß in England und Amerika gute Geister genug vorhanden sind, denen das göttliche Licht der Sixtinischen Madonna nicht fremd war. Und die von dem Erlöschen des Sternes allertiefst schmerzlich getroffen weinen.«

Der Lastwagen irrte durch die toten Straßen Dresdens. Am Gefängnis, der Technischen Hochschule am Münchner Platz benachbart, fanden wir keine Aufnahme. Es hieß, unser Gefangenentransport müsse in Radebeul abgeliefert werden. Ortskundig durchquerte der Fahrer die Schneisen der vom Schutt kärglich geräumten Straßen der Innenstadt. Einwohner sah man kaum. An den ausgeräucherten, verrußten Fassaden der Wohnhäuser hingen immer noch oberhalb der vermauerten Kellerfenster verdorrte Kränze mit schwarzen Schleifen. An den Mauern standen die Namen der Opfer geschrieben oder auch Mitteilungen, daß man noch lebe und wo man zu suchen sei. Ungeachtet der vermauerten Kellergewölbe drang immer noch ein Übelkeit erregender Leichengeruch nach außen. »Die Naziverbrechen stinken zum Himmel«, versicherte mit einem Blick auf uns der Konvoiführer. Wir hielten uns nicht für angesprochen und blieben ihm die Antwort schuldig. Wem kamen letztlich die schuldlosen Opfer von Leningrad oder Dresden zugute, hätte man ihn fragen können.

Das Gefangenenauto verirrte sich schließlich zum »Weißen Hirsch«, jenem exklusiven Vorort Dresdens, in welchem in späteren Jahren Manfred von Ardenne und andere Kollaborateure des SED-Regimes ihr unbekümmertes Dasein fortführen sollten. Die gepflegte Villengegend gaukelte den Schein eines unzerstörbaren, intakten Prominentenlebens vor. Die Besitzer waren geflohen, die Besatzer waren eingezogen. Die sowjetischen Generäle und Parteifunktionäre wurden von Hauswachen beschützt. Das Hauptquartier der sowjetischen Besatzungsmacht befand sich jedoch in Radebeul, und zwar seltsamerweise in jenem Haus, das Karl May sich nach seinen schriftstellerischen Erfolgen mit Erkern und Türmchen erbauen ließ. Vor dem Gebäude waren Schlagbäume errichtet worden, die nicht einmal von dem Gefangenenauto passiert werden durften. Dem Konvoiführer wurde beschieden, daß er die Gefangenen im Gefängnis am Münchner Platz abzuliefern habe. Nachdem ihm dies auch schriftlich bestätigt wurde, durchquerten wir in der Abenddämmerung abermals die Totenstadt. Von den Elbanhöhen gesehen, war die Silhouette von Dresden, wie sie Canaletto eingefangen hatte, unverändert. Näherte man sich jedoch der Kreuzkirche, der Frauenkirche, der Brühlschen Terrasse und dem Schloß, empfingen den Betrachter nurmehr rauchgeschwärzte, hohläugige Fassaden. Auf dem Marktplatz, am Ausgang der Seestraße, wurde man des überdimensionalen Löschbeckens gewahr, in dem einige hundert Menschen, dem Feuertod entweichend, den nassen Tod fanden. Keine andere Stadt im Nachkriegseuropa bot einen ähnlich makabren Eindruck wie Dresden.

Aus meinem Germanistikstudium fiel mir Goethes Kommentar ein, der 1813 Kosaken mit ihren Kamelen als »ein Symbol Asiens« auf diesem Marktplatz beobachtet und darin mit Entsetzen ein Vordringen Asiens nach Europa wahrzunehmen glaubte. Den Kosakenschreck gab es aber längst nicht mehr. Im Gegenteil, die Kosaken hatten bis zum bitteren Ende auf verlorenem Posten in Norditalien für das Deutsche Reich gekämpft. Auch sie waren Opfer der Verführung in einem gnadenlosen Kampf, der für sie in Schlesien, in Österreich und in Norditalien zu Ende ging. Was sie zu erleiden hatten, erfuhr ich wenig später im Gefängnis und im Lager aus Augenzeugenberichten.

Unser Konvoiführer befahl die Rückfahrt zur Technischen Hochschule, und er war offensichtlich nicht wenig froh, als er uns gegen Mitternacht loswurde. Wir, die im Fangnetz Verzagenden und Verdurstenden, waren nicht minder froh, die endlose Reise in die Nacht beendet zu haben. Man gab uns zu trinken und verteilte uns auf die Gefängniszellen. Richthofen und ich, die ersten der Gefangenengruppe, wurden in eine gemeinsame Zelle eingewiesen. Drei Tage lang hatten wir danach Zeit, unsere Lebenserfahrungen ungestört auszutauschen. Richthofen war entsetzt, daß man ihm bei der Aufnahmeprozedur die Schnürsenkel seiner Schuhe, Hosenträger und Sockenhalter wegnahm und schließlich auch noch die Knöpfe des Anzugs mit einer Rasierklinge wegschnitt.

Mir geschah dasselbe. Aber ich erblickte darin nur eine Bestätigung meiner vorgefaßten Meinung über die Praktiken des NKWD. »Haben Sie etwas anderes erwartet?« fragte ich ihn, als wir in der Gefängniszelle allein waren. »Für einen Diplomaten ist es eine unfaßbare Demütigung, die allen völkerrechtlichen Gepflogenheiten Hohn spricht. In Moskau wird man diese Übergriffe verurteilen und mir Genugtuung verschafffen«, erwiderte Richthofen.

Meine Erzählungen über die Mißachtung des Völkerrechts, die Massendeportationen, Willkürakte und Exekutionen in den baltischen Staaten nach dem erzwungenen Anschluß an die Sowjetunion im Jahre 1940 beeindruckten ihn nicht. Man könne das Deutsche Reich nicht mit Kleinstaaten vergleichen, die erst 1918 aus dem Zusammenbruch des russischen Imperiums entstanden seien. Pufferstaaten, die das Unglück hätten, geographisch im Spannungsgebiet von Großmächten zu liegen, würden über kurz oder lang zerrieben. Dies sei eine erbarmungslose Logik der Geschichte.

In Bulgarien sei er für eine Wahrung der Neutralität eingetreten und hätte in seinen Berichten nach Berlin vor einem erzwungenen Beitritt des Landes zum Antikominternpakt gewarnt. Im Ergebnis hätte er seinen Posten verloren. Ribbentrop hätte ihn durch Beckerle, einen Parteibonzen, ersetzt und Bulgarien ins Verderben getrieben. Die letzten Kriegsjahre hätte er, vorzeitig pensioniert, auf seinem Gut bei Schweidnitz verbracht und beim Herannahen der Sowjettruppen keinen Grund gesehen, seine schlesische Heimat zu verlassen. Anschaulich schilderte Richthofen, wie der Gutshof eines Tages von sowjetischen Truppen überschwemmt wurde, die sich aus dessen Beständen reichlich versorgten. Er hätte verlangt, den ranghöchsten Offizier zu sprechen. Es wurde ihm auch der Besuch eines Generals angekündigt, den er zu einem Essen mit formeller Einladungskarte einlud. Der General, ein ordenbehangener Dickwanst, hatte als Dolmetscher angeblich seinen Adjutanten mitgebracht.

Dieser hätte sich jedoch wie ein Spürhund benommen. Aus den Restbeständen des Kellers wurde den russischen Gästen Wein und Sekt serviert, und zum Mokka begab man sich in den Rauchsalon. Der General hätte dabei – wie vorher der herumschnüffelnde Adjutant – die merkwürdige Gewohnheit gezeigt, das Gewicht und die Echtheit des Silbers zu prüfen, das Mobiliar abzuklopfen und sogar die Teppiche hochzuheben.

Schon bei Tisch hätte ihm Richthofen von seiner schlechten Behandlung durch Ribbentrop erzählt und versichert, er sei ein entschiedener Gegner des Krieges gegen Rußland gewesen. Um seine unverändert freundschaftlichen Gefühle gegenüber dem preußischen Verbündeten von ehemals zu bekräftigen, hätte er Fotoaufnahmen aus dem Jahre 1904 geholt, die ihn als blutjungen Marineoffizier an Bord eines deutschen Kriegsschiffes auf der Reede von Björkö zeigte. Nikolaus II. war damals aus Verärgerung über England einer Einladung Wilhelms II. gefolgt, um einen neuen Freundschaftsvertrag zu schließen. Dieser letzte Versuch einer deutsch-russischen Verständigung war eine Fehlgeburt, die schon in den Vertragsklauseln starb. Den Teilnehmern des Treffens brachte es aber hohe Ordensauszeichnungen ein, und so konnte auch Richthofen dem sowjetischen General den russischen St. Annen-Orden und ein signiertes Fotoporträt des Zaren vorweisen. Der General brachte zwar mehrere Toaste auf den Frieden und eine deutsch-russische Aussöhnung aus, aber nach dem letzten Toast watschelte er auf seinen kurzen, nicht mehr ganz gehfesten Beinen in Richthofens Arbeitszimmer und ließ sich in den Schreibtischsessel fallen. Auf ein vertrauliches Du übergehend, hätte er den Gastgeber sodann aufgefordert, ihm das diplomatische Geheimarchiv, sämtliche Briefe, Berichte und andere Unterlagen über das deutsche Spionagenetz in Bulgarien auszuliefern. Der Schock hätte ihn, Richthofen, den Atem verschlagen. Er und seine Frau Rosine hätten wie versteinert dagestanden und der Durchsuchung der Bibliothek wortlos zugeschaut. Einige Unteroffiziere hätten irgendwo erbeutete deutsche Postsäcke geholt und den Inhalt des Schreibtisches und sonstiger Behälter hineingeschüttet. Beim Weggehen hätten ihnen die Russen untersagt, das Gut zu verlassen. Eine Fluchtmöglichkeit bestand ohnehin nicht. Das Holzgasauto und die Arbeitspferde waren bereits am Einmarschtag der Russen beschlagnahmt worden; die Eisenbahn verkehrte nicht.

Zwei Tage danach wurde Richthofen von einem Smersch-Aufgebot abgeholt und nach Waldenburg gebracht. Bei der neuerlichen Hausdurchsuchung wurden auch die beiden schweinsledernen Koffer mitgenommen, in denen sich nichts als unbeschriebenes Briefpapier und unausgefüllte Einladungskarten befanden. Bei den Vernehmungen in Waldenburg sei der Smersch-Offizier immer wieder auf den »Inhalt« der unbeschriebenen Karten zu sprechen gekommen. Er sei überzeugt gewesen, es handele sich um die Spionage-Kartei aus Richthofens Sofioter Gesandtenzeit. Die Eintragungen seien mit synthetischer Tinte erfolgt, und er, der hellsichtige Smersch-Oberst, würde schon den trickreichen Baron entlarven. Weil Richthofen nichts »gestand«, hätte er zur Strafe seit Tagen die schweren Koffer selbst schleppen müssen.

Untertags wurden wir für eine halbe Stunde in den Gefängnishof geführt. In unseren unverschnürten Schuhen, die knopf- und gürtellosen Hosen hochziehend, zogen wir unsere Runden. Es war auch für mich eine neue Erfahrung. Ich erinnerte mich eines ähnlichen Hofes mit dahintrottenden Gefangenen, den ich einmal auf einem Gemälde van Goghs gesehen hatte. Meine erste Gefängniserfahrung war die eines freiwilligen Einsitzens. Als Student hatte ich einmal im schwäbischen Neuffen freiwillig in einem »Arrestantenlokal« übernachtet. Da mein Geld für eine Übernachtung im Gasthof nicht ausreichte, sperrte mich ein freundlicher schwäbischer Polizeiwachtmeister über Nacht im Rathaus ein, wo er mir ein seit Jahren nicht mehr benutztes Arrestantenbett mit blaukariertem Überzug zuwies, wie sie auch im Dresdner Untersuchungsgefängnis standen. Diese Erzählung erheiterte Richthofen. Einen solchen Wachtmeister hätte auch er sich gewünscht, denn der brave Schwabe brachte mir zum Frühstück ein Viertel Wein und einen Bauernschmaus. Und da ich vor dem Schlafengehen mit einer Laterne das Rathaus besichtigte und im barocken Sitzungssaal die steifen Ratsherrenporträts mit dem Lichtkegel abtastete, hätte man des morgens im Städtchen behauptet, daß es dort spuke. An einem solchen biedermeierlichen Studentenspaß hatten der Wachtmeister, aber auch Richthofen viele Jahre danach ihre Freude. Richthofen beneidete mich geradezu um mein erstes gemütliches Gefängniserlebnis.

Ohne in Dresden verhört worden zu sein, bestiegen wir am

10. Juni 1945 wiederum ein Lastauto und hockten uns in gewohnter Weise auf den Boden. Die Insassen hatten gewechselt, die Zahl russischer Emigranten war gestiegen. Ich lehnte mich an einen Herrn mit eisgrauem Spitzbart, der sich als Nesterow, Landwirtschaftsminister der Kerenskij-Regierung, vorstellte. Er gehörte zu den wenigen Emigranten, die in Prag noch einmal eine staatliche Karriere gemacht hatten. Als erfahrener Agrarexperte fand er Anstellung im tschechischen Landwirtschaftsministerium. Nicht diese Tätigkeit wurde ihm von den sowjetischen Besatzungstruppen übelgenommen, sondern sein früherer Ministerposten in Petrograd und seine Zugehörigkeit zur Sozialrevolutionären Partei. Wäre er Monarchist gewesen, hätte man ihn wohl als »vorsintflutliches Fossil« nicht weiter beachtet, war seine Meinung. Sein Zorn richtete sich weniger gegen die Deutschen im Ersten und Zweiten Weltkrieg als gegen die westlichen Demokratien. Nach dem Sturz des Zaren hätte man dem russischen Volk jede Hoffnung auf ein sofortiges Kriegsende genommen. Lenin hätte seine einmalige Chance erkannt und nicht ohne deutsche Mithilfe ein neues Gewaltsystem aufgebaut. Ebenso wie die Westmächte die junge russische Demokratie nicht zu retten vermochten, hätten sie nunmehr auch die Tschechen und ganz Osteuropa den Sowjets preisgegeben. Nesterow, ein in strengen moralischen Kategorien denkender Mann, war überzeugt, daß die schlimmsten Heuchler, die es jemals in der Politik gegeben hätte, die selbstgerechten Engländer und, in deren »Nachfolge«, die Amerikaner seien. Bevor er mich aber mit seinen dezidierten Meinungen bekanntgemacht hatte, ereignete sich noch vor der Abfahrt des Lastwagens vom Münchner Platz ein aufregender Zwischenfall.

Aus dem düstergrauen Gefängnisgebäude war plötzlich eine gellende Frauenstimme zu hören. Noch ehe wir der schlanken blonden Frau im maßgeschneiderten grauen Kostüm gewahr wurden, hörte man sie fortwährend auf tschechisch »Moi detsko« (meine Kinder) schreien. Derbe Soldatenfäuste schoben die sich Wehrende vor sich her und stießen sie über die Bordwand in den Laster. Man hatte ihr die Hände auf den Rücken gefesselt, und erst als der LKW ruckartig anfuhr, lösten die Begleitsoldaten die Fesseln. Das gelöste blonde Haar verdeckte zur Hälfte das Gesicht der immer noch elegant erscheinenden Frau. Sie schob ihre seidene Bluse in die Kostümjacke, massierte ihre klammen Hände und strich dann die Haare aus der Stirn. Mit tränenlosen, aber geröteten lichtblauen Augen starrte sie die vor ihr sitzenden Männer an. »Ich bin Frau Frank. Karl Herrmann Frank, der Reichsprotektor, ist mein Mann. Jetzt wissen Sie es. Aber bevor Sie dazu etwas sagen, müssen Sie mich anhören.« Die Fahrt ging in Richtung von Flugplatz Klotsche, wie ein Mitgefangener Dresdner feststellte. Frau Frank versuchte in Stichworten ihre Geschichte mitzuteilen, damit jeder sie behalte. Niemand unterbrach sie.

Sie sei approbierte Ärztin und in Karlsbad geboren. Frank hätte sie in zweiter Ehe erst nach dem Anschluß des Sudetenlandes geheiratet. Ihre beiden Söhne seien daher erst drei und vier Jahre alt. Sie selbst hätte sich politisch nicht betätigt. Als ihr Mann in immer höhere Positionen hinaufrückte und schließlich Reichsprotektor von Böhmen und Mähren wurde, hätte sie ihr Verhalten kaum geändert. In der Öffentlichkeit wäre sie kaum bekannt gewesen. Als die Lage im Protektorat unhaltbar geworden sei, hätte ihr Mann noch Anfang Januar in Berlin die Bildung eines westlich orientierten tschechischen Staates befürwortet. Er hätte auch Beziehungen zur Untergrundbewegung unterhalten, um die Sudentedeutschen zu schützen und das Land vor dem Zugriff der Sowjets zu bewahren. Hitler hätte in ihm bereits einen zweiten Wallenstein zu erkennen geglaubt und ihm kategorisch untersagt, die Reichsdeutschen aus Prag zu evakuieren. Auf diese Weise sei es nach der Kapitulation zu jener Katastrophe gekommen, der Tausende schuldloser Frauen und Kinder zum Opfer gefallen seien. Auch sie hätte mit ihren beiden Buben bis zuletzt in Prag bleiben müssen. Sie hätte allerdings eingesehen, daß ihr Ausharren für die Prager Deutschen als Vorbild und Beruhigungsmittel dienen sollte. Der Transport, mit dem sie Prag am 8. Mai verlassen haben, wurde von tschechischen Partisanen hinter Karlsbad aufgehalten. Alle deutschen Frauen und Kinder seien in ein Lager verbracht worden. Dort hätte man ihr die Kinder weggenommen und ihr versichert, ihre Söhne würde man in einem tschechischen Waisenhaus zu fanatischen Deutschenhassern umerziehen. Dies sei der Grund ihrer maßlosen Verzweiflung. Sollte einer von uns, wann immer, entlassen werden, den flehe sie an, ihrer Mutter in der Schweiz und dem Roten Kreuz eine Nachricht über den Verbleib ihrer Kinder zukommen zu lassen.

Wohl keiner der Inhaftierten wagte es, an eine baldige Entlassung zu glauben, aber ein jeder versprach ihr, den Wunsch zu erfüllen. Als ich zehneinhalb Jahre danach das Rote Kreuz entsprechend verständigte, erfuhr ich, daß die Söhne des in Prag gehängten Karl Herrmann Frank von der Großmutter ausfindig gemacht und schon vor vielen Jahren in die Schweiz entlassen worden seien.

Auch Frau Frank, die offensichtlich dem NKWD keine Staatsgeheimnisse mitzuteilen wußte, war zu ihren Kindern zurückgekehrt.

Auf dem Flugplatz Klotsche stiegen wir in eine zweimotorige Douglas-Maschine, die für militärische Transporte eingerichtet war. In den vorderen drei Sitzreihen machten sich einige hohe Sowjetmilitärs breit. Wenn man sich ein Urteil aufgrund ihrer über die schmalen Sitze hinausquellenden Leiblichkeit, aber auch mit einem Blick auf die mehrreihigen Ordensspangen anmaßen durfte, waren darunter zumindest drei Generäle. Sie wurden reichlich mit Cognac, Sekt und Zigaretten versorgt und mit zunehmendem Konsum steigerte sich die Lautstärke ihrer Siegergespräche. Sie tauschten allerdings weniger Kriegserlebnisse als Erfahrungen in amourösen Abenteuern oder über die Einrichtung beschlagnahmter Villen, die Qualität der erbeuteten deutschen Lagerbestände und ähnliches aus. Mit seinem auf uns, die rückwärts hockenden Gefangenen hinweisenden Daumen, meinte einer der Dickwänste: »Wenn es nach mir ginge, ich würde mit dem Faschistenpack kurzen Prozeß machen. Luke auf und raus.«

Die rückwärtigen Sitzreihen waren für den Transport von Frachtgütern oder auch von Truppeneinheiten entfernt worden. Die menschlische Fracht bildeten die Gefangenen, die auf dem Boden hockend, durch die Fensterschlitze von den im Westen zurückbleibenden Landschaften Abschied nahmen. Daß es ein Abschied ohne Wiederkehr sein könnte, verdrängten sogar die russischen Emigranten, denen eine Wiederbegegnung mit ihrer Heimat im Osten nach 25 oder mehr Jahren bevorstand.

»Die Angst, die uns damals vertrieben hat, ist nicht geringer geworden«, meinte Nesterow, »zugegeben, die Exzesse des Bürgerkrieges dürften sich nicht wiederholen, der neue Siegesrausch wird aber dem Sowjetsystem eine neue Selbstbestätigung bringen. Damals konnte es diese noch nicht geben, vor allem nach außen hin nicht. Gewonnen war lediglich ein Sieg über den Widerstand im eigenen Lande, der aber nur möglich geworden war, weil den Westeuropäern und Amerikanern eine russische Selbstzerfleischung nur willkommen sein konnte.

Für diesen Verrat an der russischen Demokratie wird jeder Schuldige bezahlen müssen. Deutschland begleicht die Rechnung für Lenins Einschleusung zuallererst. Englands Bankrott ist so gut wie sicher, und auch Amerika wird seine angebliche Sicherheit jenseits des Ozeans nicht störungslos genießen …«

Ich übersetzte Richthofen die Prognosen Nesterows, die dieser aber als überhitztes Revanchedenken eines verbitterten Emigranten zurückwies. Richthofen schien sich in ein optimistisches Wunschdenken hineinzuretten; er suggerierte sich den Gedanken, man würde in Moskau sein Bemühen, Bulgarien aus dem Achsenbündnis herauszuhalten, zu honorieren wissen. Er verfiel in ein Selbstgespräch, das den Unterton einer Selbstrechtfertigung verriet. Den Bulgaren war er in echter Freundschaft verbunden, wie es der preußischen Tradition entsprach. Er kannte das Land bereits sei dem Ersten Weltkrieg, heiratete dort 1915 Rosine, eine Krankenschwester aus einer angesehenen Familie, und sah es als einen sinnvollen Abschluß seiner Karriere an, Gesandter in Sofia geworden zu sein.

Die vorzeitige Abberufung war für ihn nicht allein eine politische Fehlentscheidung; er empfand es als eine persönliche Beleidigung, daß Ribbentrop ausgerechnet einen »Polizisten«, den Polizeipräsidenten von Frankfurt/Main und SA-Obergruppenführer Beckerle, zu seinem Nachfolger bestimmt hatte. Über das fatale Auftreten Beckerles, vor allem aber seiner Frau, einer ehemaligen Schauspielerin, die das diplomatische Parkett allzuhäufig mit der Bühne verwechselte, war Richthofen unterrichtet. Richthofen steigerte sich in eine euphorische Stimmung. Er schien vergessen zu haben, daß der Flug nach Moskau ihn keinesfalls einem neuen diplomatischen Posten näher brachte. Das einzige, was er zu bedauern schien, war die Unmöglichkeit, seine Lebenserinnerungen, die er in der Haftzeit druckreif geordnet hatte, einer Sekretärin zu diktieren.

Durch Beckerles Verschulden geriet das gesamte Personal der Sofioter Gesandtschaft in sowjetrussische Gefangenschaft. Ob mit oder ohne diplomatischen Status – dem Gefängnis oder Lager entging keiner.

Richthofen erfuhr allerdings nicht mehr, wie das Ehepaar Beckerle im Moskauer Lubjanka-Gefängnis Einzug hielt. Die Gesandtenfrau in ihrem kostbaren Nerzmantel, ihrem Ehemann mit einem Papagei im Käfig folgend, und hinter ihr, Angehörige der Gesandtschaft mit mehreren Dutzend vollgepackter Koffer wie bei einer Ankunft im Hotel. Das Gefängnispersonal kam aus dem Staunen nicht heraus, und das Gesandtschaftspersonal hatte im Gefängnis und im Lager noch jahrelang Anlaß zum Lachen.

Richthofen hatte bei unserer Ankunft in der Lubjanka nur die lästigen Koffer mit der vermeintlichen Agentenkartei aufzuweisen. Der »schwarze Rabe«, ein Gefängniszubringer mit einer zutreffend ironischen Aufschrift »Frisches Fleisch«, einem appetitlich gemalten Schinken und Wurstkringeln darunter, erwartete uns bei der Landung auf dem alten Moskauer Chodynka-Flugplatz. In rasanter Fahrt brachte er uns in den Innenhof der ehemaligen Versicherungsgesellschaft im Herzen von Moskau. In der »Vorhölle« (Eingangshalle) wurden wir auf die einzelnen mit schwarzgrüner Ölfarbe angestrichenen Boxen (»Telefonzellen« genannt) verteilt, in denen man weder richtig stehen noch sitzen konnte. Wenn man die Knie gegen die eisenbeschlagene Tür drückte, konnte man zumindest eine Hockstellung einnehmen. Der nächstliegende Vergleich war, »eingesargt« zu sein; jeder Gefangene befand sich in einem quasi hochgestellten Sarg, der am Kopfende von einer roten, im eisernen Netz verpackten Glühbirne fahl beleuchtet wurde. Durch diese spukhafte »Kabinett des Dr. Caligari«-Ausstattung und das jeden Laut erstickende Zeremoniell (die Wachtposten, die alle fünf Minuten durch ein Guckloch hineinschauten, bewegten sich auf Gummisohlen) wurde nach einigen Stunden Wartezeit die angestrebte Wirkung erzielt. Die Grabesstille wurde ab und zu durch gedämpfte Schreie oder Hämmern gegen die Eisentür »ungebührlich verletzt«, wie sich ein literarisch verbildeter Offizier gestelzt ausdrückte. Auf ein Klopfen von Zelle zu Zelle, dem auch ich mich anschloß, öffnete er meine Tür. Er blieb höhnisch höflich: »Nachdem der Krieg gewonnen ist, läßt man sich in Moskau Zeit. Daran werden Sie sich gewöhnen müssen. Unterlassen Sie gefälligst das Klopfen.«

Aber auch er sollte alsbald die geheuchelte Ruhe verlieren. Ich erkannte plötzlich in der wiederhergestellten Stille seine aufgeregte Stimme: »Wratscha« (Den Arzt her) … »Nossilki!« (Tragbahre). Türenknallen, ein Stimmengewirr in sottovoce, lauthallende Laufschritte waren zu vernehmen. Etwas Vorschriftswidriges, Unvorhergesehenes dürfte eingetreten sein. War jemand ohnmächtig geworden oder erkrankt? Am Guckloch erschien kein wachendes Auge mehr. Ich preßte mein Ohr dagegen, denn das Glas war verrutscht, und ich konnte beinahe jeden Laut in der »Vorhölle« wahrnehmen. Vor meiner Zelle wurde allem Anschein nach die angeforderte Tragbahre abgesetzt. Dann wurde etwas Schweres aus einer »Telefonzelle« herangeschleppt und fallengelassen. Nach wenigen Minuten hörte ich die Stimme des inspizierenden Arztes: »Er ist tot. Er hat wohl auf eine Zyankalikapsel gebissen.«

Der Tragödie eines ausgelöschten Menschenlebens folgte ein tragikomisches Erwachen. Die Zellentür wurde aufgerissen, und der diensttuende Offizier fragte mich nach dem Namen. Ich nannte ihn und am Guckloch lauschend hörte ich aus der Nebenzelle den Namen »Richthofen«. Unsere Nachbarschaft blieb demnach bestehen. Als aber die Befragung in immer aufgeregterem Ton sich mehrmals wiederholt hatte, erfolgte an der Nebentür eine Wortexplosion: »Sie haben einen falschen Namen genannt. Sie heißen Richthofen und nicht Frigger«, keifte eine Stimme auf Deutsch. Mit gelassener Stimme antwortete der Gesandte: »Aber dann ist es Ihr Fehler. Mein voller Name lautet Herbert Freiherr von Richthofen.« Flüche begleiteten das Zuschlagen der Tür, und ich gewann neue Zuversicht durch ein erlösendes Lachen.

Stunden hätten Tage sein können. Als ich aufgerufen wurde, die Isolierzelle zu verlassen, rutschten mir die Beine, als hätten sie sich verselbständigt, unter dem Körper hinweg. Ich wurde aufgefangen und durch grellbeleuchtete Korridore in ein Zimmer geführt, in dem mehrere Tische aufgestellt waren. Ich durfte mich auf einen Stuhl setzen, und vor mir wurden die geringen Habseligkeiten, die mir in Waldenburg weggenommen worden waren, Stück für Stück vorgelegt. Ich bestätigte meinen Besitz gegen Quittung: Eine Geldbörse mit 21 Reichsmark, eine Armbanduhr, ein Dienstpaß, ein Wehrmachtsausweis, ein Kamm, ein goldenes Kreuz mit Kette (in der Bestandsaufnahme, die ich unterzeichnete, wurde »aus gelbem Metall« vermerkt). Die Quittung wurde beim nächsten Transport entwendet, und bei meiner

Entlassung nach zehn Jahren habe ich kein Stück wiedergesehen. Man ließ mich sitzen, als mein Zellennachbar eintraf. Ich winkte Richthofen zu. Seine ominösen Koffer traten nicht in Erscheinung, nur seine geringe persönliche Habe wurde verzeichnet. Gemeinsam verließen wir den Raum und durchquerten in Begleitung eines Soldaten den Innenhof, der von hohen, erleuchteten Fassaden eingeengt war. Der Himmel dämmerte schiefergrau, es konnte ebensogut später Abend, Mitternacht oder auch die Stunde vor Tagesanbruch sein. Zeitbestimmung war für mich gleichgültig geworden. Was galt schon ein Tag, wenn man sich mit einer jahrelangen Gefangenschaft abzufinden hatte. Mich beschwerte kein Schuldbewußtsein, aber eins war mir bewußt: wer immer in die Maschinerie eines totalitären Staates geriet, der mußte verurteilt werden. Ich hatte nicht nur Kafka gelesen, mir war auch die sowjetische Redensart bekannt: gib nur den Mann her, ein Strafparagraph findet sich schon.

Aus dem Hof stiegen wir in Kellerräume hinab. Weißgetünchte Gewölbe mit Gitterfenstern unter der Decke, Seitengänge und verschlossene Türen. Wären es nicht die berüchtigten Keller der Lubjanka gewesen, brauchte das Herz nicht höher zu schlagen und ein Würgegefühl im Halse aufzutreten. Mit Richthofen hatte ich bis dahin nur Grußworte ausgetauscht, aber ich sah es ihm an, daß ihn ähnliche Gedanken beunruhigten. »Auskleiden«, herrschte uns der Posten an. Als wir nackt vor ihm standen, packte er unsere Sachen in einen Sack und hieß uns in einem Nebenraum unter eine heiße Dusche treten. In dem Brausebad erwachte mein Lebensmut: »Man bereitet uns einen warmen Empfang«, rief ich meinem älteren Kollegen scherzend zu. Richthofen schien aber seinen Optimismus völlig eingebüßt haben. Als wir triefend und fröstelnd in den nachtkühlen Vorraum traten, faßte er mich am Arm und sagte mit heiserer Stimme: »Hören Sie nicht das Motorengeräusch im Hof? Sie haben doch Albrechts ›Verratenen Sozialismus‹ gelesen?« »Sicherlich. Was hat es aber mit uns zu tun?« »Mir ist gerade eingefallen, bei Albrecht gelesen zu haben, daß bei Erschießungen im Hof der Lubjanka die Motoren von Lastwagen angelassen wurden.« »Aber Herr Gesandter, man hätte uns doch nicht per Flugzeug nach Moskau gebracht, um uns ohne Verhör und Urteil zu erschießen. In Moskau denkt man nicht nur formal-juristisch, sondern auch utilitaristisch. Für Todeskandidaten wird man doch kein heißes

Wasser verschwenden!« Meine Argumentation machte wenig Eindruck. Richthofen glaubte sich in seiner düsteren Prognose um so eher bestätigt, als der Wachposten uns ein Bündel mit russischen Uniformstücken vor die Füße warf. Die verwaschenen Gimnasterki (Soldatenjacken) und knielangen Hosen wiesen blutverkrustete Löcher auf. – »Sehen Sie denn nicht, daß dies unsere Todesmontur ist!«, sagte Richthofen mit einem Ton, der einen Widerspruch ausschloß. Aber diesmal übernahm ich die von ihm abgelegte Rolle eines unverbesserlichen Optimisten. »Die Erklärung ist einfach. Die Sowjets vergeuden kein Staatseigentum. Wenn ein Soldat gefallen ist, werden ihm die Uniformstücke wieder abgenommen und eingesammelt. Für Gefangene – es dürften jetzt einige Millionen sein – lassen sich diese Kleidungsstücke immer noch verwenden.«

Meine utilitarische Theorie wurde in späteren Jahren bestätigt. Im Lager erhielten die Strafgefangenen beim wöchentlichen Baden oftmals gestopfte grüne oder beigefarbene Unterwäsche der deutschen Wehrmacht. Eine wolgadeutsche Frau, die in der Nähstube der Frauenzone beschäftigt war, erzählte mir, daß es sich um die Wäsche gefallener deutscher Soldaten handelte, die ein sowjetisches Sonderkommando auf den Schlachtfeldern einzusammeln gehabt hätte.

Richthofen gegenüber wurde diese Theorie dadurch bestätigt, daß uns der Wachsoldat unsere eigenen, vom Desinfektionsofen noch heißen Kleidungsstücke vor die Füße warf und uns aufforderte dieselben zu bündeln und ihm in einen anderen Raum zu folgen. Eine Ärztin und ein Sanitäter erwarteten uns in dem spärlich eingerichteten Ordinationsraum. Die mißmutige ältere Frau im Arztkittel nahm die üblichen medizinischen Untersuchungen aller lebenswichtigen Organe vor. Dem Sanitäter blieb die genaue Inspektion der intimeren Körpersphären vorbehalten. Am gründlichsten wurde die Mundhöhle untersucht. Mir fehlten zwar die beim Verhör in Waldenburg ausgeschlagenen Zähne, im übrigen war mein Gebiß aber intakt. Richthofen büßte jedoch seine goldene Brücke ein, für die er ordnungsgemäß eine Empfangsquittung erhielt. Beim Dolmetschen unterrichtete ich ihn über den Zyankalitod von Buols, aber auch diese Erklärung war für ihn ein schlechter Trost. Mit gesenktem Kopf drückte er mir – ohne mich anzuschauen – stumm die Hand. Dies sollte unser letzter Kontakt sein.

Das sich anschließende Fotografieren und Fingerabdrucknehmen gehörte bereits zur gewohnten Gefängnisroutine. Als wir auch diese gemeinsam überstanden hatten, wurden Richthofen und ich getrennt. Ich sollte ihn nicht mehr wiedersehen. Als ich jedoch 1948 zum zweitenmal nach Moskau gebracht wurde, habe ich Richthofen im Spätherbst dieses Jahres im Lefortowo-Gefängnis zumindest durch eine Bretterwand sprechen können. Aus einer Einzelzelle wurde ich nach Abschluß meiner hochnotpeinlichen Vernehmungen wieder täglich in den in kleine Holzverschläge unterteilten Innenhof zum Spaziergang geführt. Über den Mittelgang lief ein Laufsteg, von dem aus ein Wachtposten nach rechts und links in die Verschläge hinunterschauen konnte. Berechnete man die Zeit, die er benötigte, um die etwa fünzig Meter lange Laufplanke gemessenen Schritts zurückzulegen, konnte man einen flüchtigen Sprechkontakt zu den benachbarten Holzverschlägen aufnehmen. Schon beim zweiten oder dritten Spaziergang vernahm ich halblaute deutsche Stimmen in einem der Verschläge. Ich näherte mich in Hörweite und erkundigte mich nach dem Namen. Beide waren mir bekannt. Es waren Richthofen und Marschall von Biberstein aus der Personalabteilung des Auswärtigen Amts. Beide wußten nicht mehr zu erzählen, als daß man sie ohne Urteil seit 1945 im Gefängnis festhielt. In Stichworten konnte ich ihnen zumindest einige politischen Fakten übermitteln, die mir im Lager aus den Zeitungen bekannt geworden waren. Diese nicht mehr ganz neuen Nachrichten stimmten die beiden zuversichtlich, insbesondere die Mitteilung über das gestörte Verhältnis zwischen Sowjetunion und den Vereinigten Staaten.

Der beginnende Kalte Krieg könnte zu einem heißen führen, meinten die beiden. Aber keinem von ihnen war die Entlassung im Jahre 1955 beschieden. Mir blieb nichts anderes übrig, als nach meiner Befreiung die traurige Pflicht zu erfüllen, Rosine von Richthofen, die nach ihrer Vertreibung aus Schlesien bei westfälischen Verwandten Zuflucht gefunden hatte, von meinem Flug mit Richthofen von Moskau und meinen Gesprächen mit ihm zu berichten.

III

Gefängnis und Gulag (1945–1955)

Butyrka: Im »Wartesaal zweiter Klasse«

Für die »Lubjanka«, die russische Bastille, war ich vermutlich nicht wichtig genug. Die Jagdtrophäe hatte Iwan Iwanowitsch Ryschow sicherlich keinen Orden oder einen höheren Rang ein- und dem Denunzianten Prange auch nicht die Freiheit wiedergebracht. Im Juli-August 1945 trafen am Dserschinskij-Platz (früher Lubjanka-Platz, an dem die erste Siedlung vor achthundert Jahren bestand) Tag und Nacht prominentere unfreiwillige Gäste im rückwärtigen Hotelgebäude der ehemaligen Versicherungsgesellschaft »Rossija« ein. Nicht nur Vertreter von »Staat, Partei und Wehrmacht« des besiegten Deutschen Reiches wurden eingeliefert. Aus allen von den Sowjettruppen überschwemmten Ländern Mittel- und Osteuropas lieferten die NKWD-Organe ihre »Jagdbeute« zur Begutachtung ein. Deren Parole war: »w Moskwe rasberutsja« (»in Moskau wird man schon den Beutewert herausfinden«). Außer hohen Militärs, Polizei- und Abwehroffizieren waren es Minister, Industrielle, Bankpräsidenten und Angehörige der alten mitteleuropäischen Aristrokratie. Unter den Letzteren befand sich übrigens auch Erzherzog »Wassilij Wyschiwanyj«, Wilhelm von Habsburg, der im Ersten Weltkrieg als Statthalter in der Ukraine vorgesehen war und von seinen dortigen Gegnern den Spottnamen »wyschiwanyj« erhielt, weil er angeblich gestickte ukrainische Hemden trug, um sich mit der Ukraine zu identifizieren. So mancher dieser »Ehemaligen« (im sowjetischen Jargon) hatten irrigerweise angenommen, in den westlichen Besatzungszonen vor dem Zugriff des »Smersch« sicher zu sein. Wer jedoch in den Moskauer Fahndungslisten geführt wurde und für die USA und England keinen nachrichtendienstlichen Wert besaß (im Gegensatz zu vielen NS-Geheimnisträgern) wurde den Sowjets gnadenlos ausgeliefert. Das ehemalige Hotel war vor der Revolution mit komfortablen Zimmern, Parkettfußboden und hohen, nunmehr bis auf einen vergitterten Schlitz vermauerten Fenstern ausgestattet worden. In den oberen Stockwerken dienten sie als

Einzelzellen oder für vier bis sechs Mann zur Aufnahme prominenter NKWD-»Gäste«. Angesichts des »Massenandranges« wurden die Fangnetze bereits nach drei bis fünf Wochen gesäubert und die kleinen und kleinsten Fische in den Wartesaal zweiter Klasse, in das Butyrka-Gefängnis mit seinem viel größeren Fassungsvermögen bis zu 25000 Personen, abgeschoben. Es glich einer wohldurchdachten und perfekt funktionierenden Stadtgemeinde.

Das an einer verkehrsreichen Straßenkreuzung im Westen gelegene Gefängnis erhielt seinen Namen nach einem dort Ende des 17. Jahrhunderts einquartierten Regiment. Erst unter Katharina II. entstand auf dem Gelände ein umfangreicher Gebäudekomplex mit hohen Mauern und einem Turm, nach dem dort eingekerkerten Rebellenführer im Volksmund »Pugatschew«-Turm genannt. Nach 1917 wurde der Komplex noch wesentlich erweitert und die backsteinroten Mauern höher gezogen und selbst im Innenhof die Fenster mit Blenden versehen. Da ich in der Nähe des Gefängnisses meine frühesten Kindheitsjahre verbrachte, verband sich bei mir im Unterbewußtsein ein Schreckensbild staatlicher Gewalt und Einschüchterung. In dem Gartenhaus einer stillen Nebenstraße geboren, wurde ich – wie ich später erfuhr – von meiner Mutter oder Njanja fast täglich im Kinderwagen an den Mauern vorbeigerollt. Wie bei meinem Vater 1935 schloß sich auch hinter meinem Rücken das eiserne Doppeltor. Im mittleren Trakt nahm mich die »kamera« (Zelle) N 91 auf, die mittlere von drei »Ausländerzellen«. In der von dieser aus rechts gelegenen Zelle befanden sich die ranghöchsten Generäle und die Admiräle, in der linken die niedrigsten Mannschaftsgrade. Die Zellen wurden daher gespächsweise als »Wartesäle erster, zweiter und dritter Klasse« bezeichnet. Obwohl ich keinen militärischen Rang besaß, wurde ich als Angehöriger des auswärtigen Dienstes den Offizieren gleichgestellt. Entsprechend der selbst im Untersuchungsgefängnis von der sowjetischen Verwaltung beachteten Rangeinstufung bedeutete dies gegenüber den Mannschaften einen höheren, gegenüber der Generalität aber niedrigeren Verpflegungssatz. Nicht ohne Grund hießen die Generäle im Volksmund »tolstopusyje« (Dickwänste). Für deutsche Begriffe war dies eine bestürzende »Klassendifferenzierung« in einer angeblich klassenlosen Gesellschaft.

Die in der Zarenzeit allenfalls mit 10 bis 20 Mann belegte Zelle mit ihren mit dunkelgrüner Ölfarbe gestrichenen Wänden beherbergte nunmehr durchschnittlich 30 bis 40 ausländische »Gäste«. Die Entlüftung durch die Tag und Nacht geöffnete Fensterklappe (»fortoschka«) war geboten, denn rechts von der Zellentür befand sich die sogenannte »Parascha«, ein hoher Blechkübel mit Deckel für die Ausscheidungen des menschlichen Körpers, der einmal am Tage von den Insassen im Waschraum geleert wurde. Die Pritschen standen dicht beieinander zu beiden Seiten eines schmalen Durchganges, der sich in Fensternähe erweiterte und einem langen schweren Holztisch mit Bänken Platz bot. An diesem Tisch wurde gegessen, aber auch Schach oder Domino gespielt. An dessen oberes Ende stellten sich die »Zugänge«, um über ihr Leben zu berichten und Fragen zu beantworten. Scherzhaft wurde dieser Platz der »Vernehmungsstand« genannt.

Empfangen wurde ich mit militärischen Ehrenbezeugungen von etwa dreißig Offizieren und einigen wenigen Zivilisten, die sich ebenfalls von den Pritschen erhoben und eine stramme Haltung einnahmen. An den abgewetzten Uniformröcken erblickte ich beim Umherschauen die höchsten militärischen Auszeichnungen, das Eiserne Kreuz I. Klasse, das Ritterkreuz und auch das Deutsche Kreuz in Gold, das Hakenkreuz war aber weggekratzt. Unter den wenigen, oftmals ausgewechselten Nicht-Deutschen befanden sich Ungarn, Rumänen, Kosaken, ein Norweger und selbst einige kaukasische Zivilisten sowie Angehörige der georgischen und armenischen Legion. Zu den ranghöchsten Offizieren gehörten die Generalstäbler von Süßkind-Schwendy und von Tempelhof, von denen der erste als Stubenältester und Kulturwart jeden Neuankömmling nach einer pauschalen ersten Vorstellung um einen Bericht zur eigenen Person aufforderte. Wünschenswert waren auch Vorträge jeder Art. Meine russischen Sprach- und Landeskenntnisse wurden dankbar zur Kenntnis genommen und Unterrichtsstunden verabredet. Im besonderen wurde ich um Übersetzung russischer Bücher gebeten, da die Zahl fremdsprachiger Bücher in der Gefängnisbücherei beschränkt war und nur wenige im Turnus mit anderen Zellen ausgehändigt wurden. Alsbald erfuhr ich, daß Dora Kaplan, die Sozialrevolutionärin, die 1918 Lenin bei einem Attentat verwundet hatte und von diesem zu lebenslänglicher

Haft verurteilt worden war, die Bibliothekarin sei und gelegentlich die Bücher verteilte. Man kannte sie in der Zelle dem Aussehen nach, aber sie ließ sich nie ansprechen und ging auf keine individuellen Bücherwünsche ein. Als der Rollwagen eines Tages vor der Zellentür hielt und die Klappe hochging, erhielt ich einen Wink, übergab die eingesammelten Bücher, empfing die übliche Zuteilung deutscher oder französischer Bücher aus dem Privatbesitz von vormals Verurteilten und erbat zusätzlich russische Bücher. Aufmerksam betrachtete ich die gekrümmte Gestalt der weißhaarigen Frau, als sie schweigend die Bücher sortierte. Der Wachsoldat kündigte ihr Kommen bereits in der Nachbarzelle an, als ich sie auf Russisch ansprach. Sie zuckte zusammen und schaute mich mit einem durchdringenden Blick an. Ihre Gesichtshaut wirkte wie zerknittertes Pergament, die Lippen waren blutleer, aber die dunklen Augen waren selbst hinter den dicken Brillengläsern zu erkennen. Ihren Namen, mit dem ich sie anredete, hat sie weder bestätigt noch verneint. Nicht unfreundlich erkundigte sie sich, welche Bücher mich interessierten. Ich ging aufs Ganze und erbat mir Dostojewskijs »Dämonen«, ein Werk, das in keiner sowjetischen Bibliothek ausgeliehen wurde. »Sie scheinen sich in der verbotenen Literatur gut auszukennen«, bemerkte sie, »versprechen kann ich es ihnen nicht«. Beim nächsten Büchertausch erhielt ich »Die Dämonen« und übersetzte beim Lesen jene Kapitel, in denen Dostojewskij seherisch die absolute Beherrschung der irregeführten Volksmassen durch ein berüchtigtes »Zehntel« professioneller und skrupelloser Revolutionäre dargestellt hatte. Nicht wenig Staunen erregte bei den Hörern das von dem Nihilisten Pjotr Werchowenskij entwickelte Umsturzprogramm, denn es entsprach durchaus seiner Realisierung durch Lenin. Diese literarische Interpretation des Bolschewismus verdankte ich Konstantin Fedin, der 1930 oder 31 nach einer Lungenoperation aus der Schweiz nach Moskau zurückgekehrt war. Die Eltern einer Mitschülerin waren mit ihm befreundet und erkundigten sich nach einer Lesung aus einer unveröffentlichten Novelle im engsten Freundeskreise nach seiner Meinung über die Stalindiktatur in der Sowjetunion. Fedin erbat sich die »Dämonen« und las kommentarlos die einschlägigen Stellen vor.

In späteren Jahren schloß er sich als Vorsitzender des Schriftstellerverbandes jenem »einen Zehntel« der Nomenklatura an und erreichte unbeschadet ein hohes Alter, während ein Jugendfreund, ein namhafter Architekt, im Gulag sein Ende fand.

Ob es sich bei der Bibliothekarin tatsächlich um Dora Kaplan gehandelt hat, ließ sich nicht verifizieren; meine Zellengenossen verdankten ihr zumindest ein Rußlandbild aus der Sicht konservativer und religiöser Autoren, wie es bis dahin keinem der Berufsoffiziere oder Verwaltungsbeamten bekannt gewesen war. Die intensive Beschäftigung mit Lesen, Übersetzen und Sprachunterricht füllte meinen Tagesablauf voll und ganz aus. Eine bessere Psychotherapie konnte es für mich nicht geben. Zu meinen eifrigsten Schülern gehörte Sverre Linde, ein junger Norweger, dessen Freund Anker sich in der benachbarten Mannschaftszelle befand. Beide entstammten Osloer Reederfamilien. Nach der Besetzung Norwegens meldeten sich beide freiwillig bei der Waffen-SS, aus Abenteuerlust und Neugierde, aber auch infolge einer nicht zuletzt durch Knut Hamsun und Sven Hedin vermittelten Traumvorstellung von einem germanischen Großreich. Die brutale Wirklichkeit zerstörte alsbald jegliche Illusion. Bei einem Kameradschaftsabend in Oslo Ende 1944 schossen die beiden Freunde in alkoholisierter Stimmung auf ein Hitlerbild und wurden auf der Stelle verhaftet. Man brachte sie nach Berlin, in die Gestapo-Zentrale. Den reinrassigen, dem urgermanischen Idealtyp am ehesten entsprechenden »Jungmannen« wurde von der Gestapo eine Bewährungschance an der Ostfront gegeben. Bei der ersten Feindberührung wechselten sie die Front und verlangten von dem Sowjetkommando eine »Überstellung« nach England. Sie wurden jedoch als Spione behandelt, nach Moskau gebracht und nach einem Zwischenaufenthalt in der Lubjanka in den »Butyrka«-Wartesaal abgeschoben.

Im Austausch gegen Russisch lernte ich bei Sverre Schwedisch, jene Sprache, deren Wohllaut mir durch die Kinderlieder und das Vokabular meiner Großmutter väterlicherseits erinnerlich geblieben war. In der Zelle sammelten wir leere »Wolga«-Zigarettenschachteln – selbst die »papyrossy«-Zuteilung entsprach dem Dienstrang, den Generälen stand die »Kasbek«-Sorte zu, den Offizieren »Wolga« und den Mannschaften »Machorka« – und schrieben mit Bleistiftminen, die einige Offiziere bei der Filzung zu verstecken verstanden, die Vokabeln auf. Bei einer der Zellendurchsuchungen wurden unsere Vokabel-Karteien beschlagnahmt. Mehrere Wochen danach wurde mir bei einem der

Verhöre vorgehalten, ich hätte die Untersuchung durch unsinnige Ablenkungsmanöver irregeführt. Die schwedische Nationalhymne, aber auch die von mir aufgezeichnete Inschrift an dem Denkmal Karls XII. in Fredrikshall seien jedoch ein Zeugnis für meine antirussische Gesinnung. Meine Beteuerung, ich hätte die Sprache meiner »Babuschka« erlernen wollen, konterte der NKWD-Major mit der russischen Redensart, dies könne ich meiner Großmutter erzählen, aber nicht ihm.

Zu den Routine-Verhören wurde man regelmäßig drei- bis viermal im Monat geholt und die bereits zigfach protokollierten Fragen und Antworten auf ihren Wahrheitsgehalt überprüft. Allmählich entstand für beide Seiten eine Langeweile, da ich von meinen allerersten Aussagen in Waldenburg nicht um einen Deut abrückte und mich in keine Widersprüche verwickelte. Meine Dolmetschertätigkeit in Berlin und Moskau war ohnehin genauestens bekannt und eine Spionagetätigkeit nicht nachweisbar. Das einzige, was ich aus Rücksicht auf die Betroffenen verschwieg, war mein Besuch bei Moskauer Freunden meiner Eltern im Jahr 1940. Glücklicherweise war einer der Vernehmungsoffiziere in der Butyrka ein Mathematiklehrer, der im Krieg vom NKWD zwangsrekrutiert worden war. Mit der ihm eigenen Korrektheit brachte er Fragen und Antworten jeweils handschriftlich zu Papier und ließ mich auf jeder Seite die Richtigkeit der Niederschrift bestätigen. Eine gewisse Sympathie und wohl auch Verständnis seinerseits waren unverkennbar. Zwei Jahre danach hieß es von ihm bei den neuerlichen Vernehmungen in Lefortowo, er sei als Sowjetfeind entlarvt und befände sich ebenfalls im Gefängnis.

Für eine konfliktlose und freundliche Atmosphäre in der Zelle N 91 sorgte der Kulturwart von Süßkind-Schwendy, der es dank seines ausgeglichenen und vermittlungsbereiten Wesens hervorragend verstand, bei Streitigkeiten einzugreifen und temperamentvollen Auseinandersetzungen vorzubeugen. Er gehörte überdies zu jenen wenigen, die eine gewisse Heiterkeit und Nonchalance zu bewahren verstanden und dem Ernst der Lage meist lächelnd begegneten.

Im letzten Kriegsjahr war von Süßkind als Chef des Stabes dem Befehlshaber des Königsberger Generalkommandos General Otto von Lasch zugeteilt. Bis zum bitteren Ende am Kapitulationstag (10. April 1945) schrumpfte der Verteidigungsgürtel bis auf die inneren Stadtbezirke. Anschaulich schilderte von Süßkind die einzelnen Etappen der »Einigelung«. Zuletzt befand sich der Befehlsstand von General Lasch im Universitätsgelände. Um sich vor dem direkten Beschuß der russischen Belagerer zu schützen, wurden die Bücherbestände der Universitätsbibliothek, darunter Erstausgaben von Kant, Hamann und Herder, als Brustwehr vor den Kellergewölben aufgerichtet. Mit verhaltenem Humor erwähnte von Süßkind, daß der Bürgermeister, der sich in den Befehlsstand zurückgezogen hatte, lebhaft bedauerte, daß es in seiner Stadt keine so gut ausgestattete Bar wie in dem Bunker gegeben hätte. Die Belagerten taten das Menschenmögliche, um die Bestände vor der Übergabe an die Russen zu dezimieren.

Nach der Kapitulation wurden General Lasch sowie seine Divisionskommandeure in einer Douglas-Maschine nach Moskau geflogen, wo ihnen von dem Sowjetmarschall Wassilewskij die Unterbringung in einem sanatoriumsähnlichen Lager zugesagt worden war. Die Einlieferung in das Butyrka-Gefängnis bedeutete daher einen nicht geringen Schock, nicht zuletzt durch die Erkenntnis, daß die sowjetische Terminologie in keiner Weise dem geltenden Völkerrecht entsprach.

Mit General Lasch, der mit anderen Generälen und Admirälen in der Nachbarzelle saß, bestand genauso wie zur Unteroffizierszelle ständiger Klopfkontakt. Im Gegensatz zur Lubjanka wurde dieser stillschweigend geduldet. Darüber hinaus wurden bei den täglichen Besuchen der Waschanlage an durch Klopfzeichen verabredeten Stellen handgeschriebene Zettel hinterlegt, die der Information und dem Gedankenaustausch dienten. So erfuhr man, daß der Verteidiger von Königsberg in allergrößter Sorge um das Schicksal seiner Frau und Kinder war, die nach der Kapitulation Hitlers Sippenhafterlaß unterlagen. Im Gegensatz zu Feldmarschall Paulus, der sich – nach der Aussage eines zufälligen Zellengenossen in der Lubjanka – nach schwerem inneren Ringen zu einer Zusammenarbeit mit dem sogenannten »Komitee Freies Deutschland« entschlossen hatte – stand dem standhaften Otto Lasch ein zehneinhalbjähriger Leidensweg in der Sowjetunion bevor. Wegen angeblicher Greueltaten von Soldaten einer ostpreußischen Division wurde auch er zu 25 Jahren Arbeits- und Besserungslager ohne Gerichtsverhandlung verurteilt. Ihm blieben Gefängnisse und Arbeitslager am Ural, in Mittelasien, in Stalingrad und selbst in Workuta am Eismeer nicht

Die Villa des Ministeriums für Auswärtige Angelegenheiten der UdSSR in der Alexej-
stoj-Straße, Moskau 1940.

November 1940: Molotows Besuch bei
mann Göring.

21 Rudolf Heß begrüßt Molotow zum Gespräch über die NS-Parteiorganisation.

22 Walentin Bereschkow, 1965, z. Z. der Veröffentlichung seiner Berliner Erinnerungen an das Jahr 1941.

23 Der Verfasser im Jahre 1941, im Dien
anzug des Auswärtigen Amts.

24 Der Verfasser (Mitte) nach dem Grenzübertritt der sowjetischen Austauschgruppe a
13. Juli 1941. Links (neben dem bulgarischen Grenzposten) Heinemann, rechts Böcking

Juli 1941. Der Diplomatenzug in Sofia.

Juli 1941. »Große Wäsche« der sowjetischen Austauschgruppe im Bahnhofsgelände Svilengrad.

27 Dr. jur. Hans Smend
Diplomatenuniform.

28 (unten links)
Letzte Aufnahme vor de
Kriegsgefangenschaft.
Posen, Ostern 1944.

29 (unten)
Elisabeth Anna Somme
geb. von Lambert, Berli
1944.

erspart. Aus ihnen kehrte er mit den Spätestheimkehrern im Spätherbst 1955 nach Deutschland zurück, um festzustellen, daß seine Frau und Töchter durch die Einrichtung einer von amerikanischen und englischen Offizieren frequentierten Pension am Kurfürstendamm die Nachkriegsjahre einigermaßen glimpflich überstanden hatten.

Als Anfang September 1945 das Salutschießen und Feuerwerksgetöse über den von den USA ermöglichten Sieg über Japan bis in unser Gefängnisverlies widerhallte, versuchten die Zelleninsassen, darunter auch Funktionäre der NS-Partei, die eigentlichen Ursachen des Krieges, des Aufstiegs und Untergangs des Dritten Reiches zu ergründen. Und während die Zellendecke im Widerschein des Feuerwerks ein buntfarbiges Wechselspiel bot, erhitzten sich die Gemüter in einem nicht weniger abwechslungsreichen »Wenn-und-aber-Spiel«. Vorausgegangen war allerdings ein anstrengendes »Salutschießen« zu Ehren des sowjetischen Sieges. Die übersäuerte Krautsuppe verursachte ohnehin Blähungen und unkontrollierbare Explosionen. Jetzt aber vereinigten sich die Pritschen-Artilleristen zum regulären »Salvenschießen«. Als Ohren- und Nasenzeuge dieses kindlichen Vergnügens erwachsener Männer und zumeist hochdekorierter Ordensträger wurde ich an meine Rekrutenausbildung in den Potsdamer Ludendorff-Kasernen von 1941 erinnert. Der Unterschied bestand allerdings darin, daß ich mit neunundzwanzig Jahren ein »Großvater« unter den 16–17jährigen Rekruten war. Seitens der Initiatoren des »Salutschießens« hieß es, man wolle auf diese Weise den Sowjets die gebührende Antwort auf deren Anmaßung und Überheblichkeit geben. Höchst unterschiedlich waren ohnehin die Herkunft und das soziale Milieu der einsitzenden Offiziere. Neben hochgebildeten und durch Familientradition sich dem Militärischen verpflichtet fühlenden Berufsoffizieren gab es ausgesprochene »Rabauken«, die ihren Aufstieg den Kriegsverlusten verdankten oder vom Charakter her zu Gewalttätigkeit und blindem Gehorsam neigten.

Oberst von Tempelhof, einer der letzten Adjutanten Generalfeldmarschalls Rommel, der ihn als letzter vor seinem von der SS erzwungenem Selbstmord an der Atlantikküste gesehen hatte, versuchte die Diskussion auf einen einfachen Nenner zu bringen. »Daß wir, ob Militärs oder Diplomaten, nunmehr in einem Moskauer Zuchthaus einsitzen«, gab er bekannt, »verdanken wir eigentlich der Kurzsichtigkeit meines Onkels Ludendorff. Er hat bekanntlich empfohlen, Lenin 1917 nach Rußland einzuschmuggeln, um den Krieg zugunsten Deutschlands zu entscheiden. Die Konsequenzen seines unbesonnenen Handelns haben seit der Revolution das russische Volk und zweieinhalb Jahrzehnte danach auch das deutsche zu tragen.« Zwei subalterne Beamte der Verwaltung aber, die zu verschiedener Zeit der deutschen Botschaft in Moskau angehört hatten, waren dagegen der Überzeugung, daß eine Katastrophe zu vermeiden gewesen wäre, wenn die Friedens- und Bündnispolitik Brockdorff-Rantzaus in der Weimarer Republik und die Verständigungspolitik Schulenburgs sich in der Hitlerzeit durchgesetzt hätten. Auf meinen Einwand, ob sie auf diese Weise auch die Stabilisierung des Sowjetregimes auf Kosten der Völker der Sowjetunion in Kauf genommen hätten, fiel ihnen nichts besseres ein, als zu behaupten, daß jedes Volk das von ihm geduldete Regierungssystem verdiene.

Unter doppeltem Druck stand Major Trittl, der zu der Verschwörergruppe vom 20. Juli 1944 gehörte und seiner Verhaftung und Hinrichtung durch seine am gleichen Tage erfolgte Gefangennahme an der Ostfront entgangen war. In der Zelle bildete sich um ihn ein Vakuum; er wurde zwar nicht verbal angegriffen, aber im persönlichen Umgang gemieden. Viel schlimmer erging es ihm beim Verhör. Stöhnend und mit blauen Flecken kehrte er nach der jeweiligen Einvernehmung in die Zelle zurück. Seine zerschlissene Uniform hielt sich kaum noch an seinem ausgemergelten Körper; er war kaum ansprechbar und verbrachte die Tage im dumpfen Brüten. Als Zivilist fand ich, wie auch die Botschaftsbeamten, am ehesten Zugang zu ihm, und er gestand, daß er sich viel lieber dem berüchtigten Volksgerichtshof gestellt und mit den Mitverschwörern gestorben wäre, als dem Ostrazismus der Kriegskameraden und den NKWD-Verhörmethoden ausgeliefert zu sein.

In den Verschwörern vom 20. Juli sahen die Sowjets keinesfalls geheime Verbündete oder Sympathisanten, sondern Handlanger der »Anglo-Amerikaner«, die nach einer Beseitigung des Hitler-Regimes bereit gewesen wären, mit dem »kapitalistischen Westen« die Sowjetunion zu bekämpfen. Von Trittl wurden die Namen der amerikanischen Agenten im westlichen Deutschland abverlangt, die er beim besten Willen nicht nennen konnte.

Einen viel leichteren Stand hatte dagegen der prominenteste Vertreter des NS-Regimes, Kurt Wittje. Man nahm ihm nicht einmal übel, daß er in Begleitung eines jungen HJ-Führers erschienen war und mit diesem unter einer Decke schlief. Beide waren bei der Kapitulation von Berlin in Gefangenschaft geraten; der HJ-Führer, als Jockey in Hoppegarten ausgebildet und erfolgreich, führte bis zum letzten Kampftag vierzehn- bis fünfzehnjährige Buben in den aussichtslosen Kämpfen am Fehrbelliner Platz in Berlin. Durch Entlüftungsschächte krochen die Minderjährigen unter die über den Platz rollenden sowjetischen Panzer und »klebten« unter dieselben Sprengladungen. Voller Begeisterung erzählte er von dieser Aktion, bei der die meisten Buben gefallen waren und er selbst eine schwere Verwundung erlitt. Keiner von uns konnte bei dieser Erzählung ahnen, daß der HJ-Führer schon wenige Jahre danach in der Sowjetischen Besatzungszone Karriere machen würde. Die simple Denkungsart und das Draufgängertum dieses Hürdenreiters gewannen ihm wohl alsbald das Vertrauen der Besatzungsmacht, und das »Umpolen« von der HJ zur FDJ fiel ihm sicherlich nicht schwer.

Wittje berichtete seinerseits freimütig über seine Karriere bei der SS; den Treuebeweis erbrachte er während des Röhm-Putsches. Obwohl auch er in der Vulgärsprache zum »anderen Ufer« gehörte, besaß er keine Hemmungen (oder war es sein Selbsterhaltungstrieb?) in Stadelheim als SS-Gruppenführer bei der Erschießung von Ernst Röhm als willfähriges Instrument gedient zu haben. Theodor Eicke, Oberst der SS-»Totenkopf«-Standarte, hätte in seiner Gegenwart in Röhms Gefängniszelle wortlos eine Pistole auf den Tisch gelegt. Als nach längerer Wartezeit kein Schuß erfolgte, betrat er die Zelle und wurde mit hysterischem Schreien »Ich muß den Führer sprechen« empfangen. Darauf hätte Eicke seinerseits die Pistole gezogen und Röhm »zum Schweigen gebracht« .

Im Erzählen, das ihn ganz offensichtlich aufmunterte, war Wittje unübertrefflich. Moralische Skrupel oder Bedenken schien er nicht zu besitzen. Seine Selbstdarstellung hatte schauspielerische Qualitäten. Die Wahrheitsfindung überließ er den Zuhörern. Voll Bewunderung und Wertschätzung sprach er u. a. von Gustaf Gründgens, der von Himmler und Goebbels angegriffen, von Göring geschützt worden sei. Wittje erzählte von einer Generalprobe im Berliner Schauspielhaus im Juni 1941, kurz vor Beginn des Rußlandfeldzuges: Gründgens, der den verständlichen Ehrgeiz besessen habe, sich in die Rollen großer Männer der Weltgeschichte hineinzufinden, hätte in seiner »Kollektion« Alexander der Große gefehlt. Der HJ-Dichter Hans Baumann wurde daher beauftragt, für ihn ein Alexander-Drama in alexandrinischen Versen zu schreiben. Gründgens sei es darüber hinaus gelungen, für die Leibgarde der Myrmidonen unter jungen SS-Männern eine Auswahl zu treffen und sich auf der Bühne mit diesen wohlgestalteten Jünglingen zu umgeben. Bei der Generalprobe hätte es seitens der anwesenden SS-Ideologen gehässige Zwischenrufe gegeben, die Gründgens veranlaßten, an die Rampe zu treten und den Randalierern zuzurufen: »Meine Herrn, vergessen sie nicht, daß wir eine Weltmacht sind und zu kämpfen wissen, wie zur Zeit Alexanders des Großen.« Das Fazit der sich anschließenden Zellendiskussion war: »Wenn dies auch nicht stimmen sollte, es ist gut erfunden«.

Nicht ohne Schadenfreude wurde in diesem Zusammenhang das Gerücht kolportiert, Gründgens sei als Generalintendant von den Sowjets in ähnlicher Weise inhaftiert worden wie Generaldirektoren, Generalvertreter u. a. m. Nicht geringes Staunen erregte ein weiterer Bericht Wittjes über eine männliche Oppositionsgruppe innerhalb der SS, zu der er selbst gehört habe. Es hätte nämlich einen nicht unbeträchtlichen »dorischen Flügel« gegeben, der eine Ordenselite im Sinne des spartanischen Männerbund-Ideals durchzusetzen bemüht gewesen sei. Eine verschworene Gemeinschaft von Freundespaaren, im Leben und Sterben unverbrüchlich geeint, sollte den Kern eines SS-Staates bilden. Zur Weitergabe des rassisch wertvollen Erbgutes sollten die bereits eingeführten Kopulationszentren dienen, die Freundesliebe aber dem Schutz und Wohlergehen des Staates geweiht sein. Himmler, der beschränkte Schulmeistersohn, hätte aber gerade darin eine Gefährdung seiner Machtposition gesehen und die »Dorier« bekämpft. Zumindestens benachteiligt fühlte sich Wittje dadurch, daß er wegen seiner Veranlagung nicht weiter befördert worden sei. Wie nicht anders zu erwarten, riefen Wittjes Erzählungen weniger Zweifel als hitzige Diskussionen hervor. Man einigte sich schließlich darauf, daß der Staat und auch das Militär auf eine homophile Komponente nicht völlig verzichten sollte.

Das Gegenstück zu dem geschwätzigen Wittje war ein armenischer Kunsthistoriker, der schweigsam und in sich gekehrt auf seiner Pritsche hockte und jeden von uns mit seinen prüfenden dunklen Augen betrachtete. Außer Armenisch und Russisch beherrschte er keine anderen Sprachen, obwohl er mir gegenüber behauptete, daß er deutsche und französische kunsthistorische Texte verstehen könne. Die Frage lag nahe, wieso er als Kunsthistoriker in Untersuchungshaft und in eine Ausländerzelle geraten sei. Seine Antwort überraschte mich nicht wenig. Ihm werde Sabotage vorgeworfen. Sein subversiver Akt hätte in einem Anschlag auf die Sixtinische Madonna bestanden. Als Raffaels Gemälde im Frühsommer 1945 nach Moskau gelangte, wurde es im dortigen Puschkin-Museum in einer Rotunda mit einem Heizungsthermostat untergebracht. Eines morgens wurde jedoch ein Rohrbruch festgestellt, und man war zunächst davon überzeugt, daß die Ölschicht in dem hermetisch abgeschlossenen Raum sich von der Leinwand gelöst und die Madonna rettungslos verloren sei. Überraschenderweise hätte sich jedoch bei der Öffnung der Rotunda herausgestellt, daß das heiße Wasser durch nicht abgedichtete Bodenöffnungen in die Kellerräume abgeflossen sei. Da aber der Armenier als letzter Museumsmitarbeiter die Rotunda verlassen und abgeschlossen habe, sei er vom NKWD nicht nur der Fahrlässigkeit, sondern der Sabotage bezichtigt worden. Erschwerend käme hinzu, daß sein Vetter als Überläufer in der armenischen Legion gegen die Sowjetunion gekämpft habe.

Mein Gesprächspartner war nicht nur von der wunderbaren Rettung der Madonna zutiefst überzeugt, sondern auch davon, daß für ihn wie für das vielgeprüfte Armenien sich alles zum Guten wenden werde. Er gestand mir dabei, daß er über die seltene Gabe der Hellseherei verfüge, die ihm u. a. ermögliche, die vom nahen Tode gezeichneten Menschen mit einem Leuchten über deren Stirn zu erkennen. Und als er mich zum Schweigen verpflichtet hatte, wies er auf einige der Zelleninsassen hin; in einem einzigen Fall, dem des Obersten von Saß, bestätigte sich nach einem halben Jahr die Voraussage.

Zu den anderen »Exoten«, wie sie in der Zelle genannt wurden, gesellte sich ein tscherkessischer Leutnant Nair, dessen Name Krieg hieß, und der in einem deutschen Freiwilligenverband seinem Namen alle Ehre gemacht haben soll. Wie ein junger Tiger ging er schwingenden Schrittes auf und ab und beklagte sich in seinem dürftigen Russisch, vermengt mit deutschen Brocken, hauptsächlich darüber, daß er nicht genug Bolschewiken umgebracht habe, um seine kaukasische Heimat von deren Herrschaft zu befreien. Mich erinnerte er an Winckelmanns wahren, aber auf keiner Erfahrung beruhenden Ausspruch, daß die Tscherkessen zu den schönsten Menschen zählten, die ich aus eigener Erfahrung im Nordkaukasus nur bestätigen konnte.

Im Spätherbst 1945 erfolgte ein unvorhergesehener Schlag gegen alle hochdekorierten Offiziere unserer Zelle. Sie wurden nicht zum Verhör, sondern zum Sammeln in einen Warteraum gerufen und einzeln in einen benachbarten Raum geführt, wo ihnen ein Ukas verlesen wurde, demzufolge die deutsche Armee durch die Beschlüsse der Potsdamer Konferenz aufgehört habe zu existieren und daher »alle faschistischen Orden, sonstige Auszeichnungen und Rangabzeichen« der Beschlagnahmung unterlägen. Selbst die roten Streifen an den Hosen der Generalstäbler wurden herausgeschnitten, in einen Umschlag mit den Kriegsauszeichnungen gesteckt und deren Empfang bestätigt. Auch dieser gegen die Haager Konvention verstoßende Akt, der dazu dienen sollte, deutsche Offiziere als vogelfrei zu bezeichnen und Kampfhandlungen als »Kriegsverbrechen« zu definieren, wurde von den älteren Offizieren zwar mit Empörung und Protest aufgenommen, aber schließlich als letzte Konsequenz einer bedingungslosen Kapitulation hingenommen. Einige der jungen Offiziere wehrten sich gegen die Ehrabschneidung und Diskriminierung und wurden handgreiflich. Oberleutnant Schumacher wehrte sich besonders vehement und verteidigte sein Ritterkreuz gegen die numerische Übermacht wie an der Front. Hinkend und mit einem blutunterlaufenem Auge kehrte er in die Zelle zurück und sprach wegen der Entehrung von Selbstmord. Es hat viel Mühe gekostet, ihn davon zu überzeugen, daß der Verlust seiner schlesischen Heimat sehr viel mehr bedeute als die Beschlagnahmung einer Tapferkeitsauszeichnung. Jetzt erst recht müsse er Tapferkeit zeigen und bewahren.

Anfang Dezember 1945 wurden wir aus der Gemeinschaftszelle zu jeweils vier Mann auf einzelne Zellen verteilt. Zum Abschied gab ich ihm Stefan Georges Strophen aus dem »Krieg« auf den Weg, die ich mir selbst als Überlebensparole gewählt hatte: »Sieger bleibt/wer das schutzbild birgt in seinen marken/Und Herr der zukunft wer sich wandeln kann.«

Olga Tschechowas »Moskauer Gastspiel«

Zu den beliebtesten Gesprächsthemen in der Zelle N 91 gehörten Erinnerungen an Theateraufführungen, Wunschkonzerte, Leinwand-Stars und gelegentlich auch an persönliche Begegnungen mit den Künstlern. Man flüchtete nur allzu gerne in eine Scheinwelt, die für wenige Augenblicke die Trostlosigkeit des Gefängnisalltags vergessen ließen. Kein Name leuchtete in diesen Gesprächen häufiger auf als der von Olga Tschechowa. Einer der in der Zelle einsitzenden Offiziere behauptete, er habe in der »Douglas«-Maschine, die ihn von Berlin nach Moskau beförderte, in einer der vorderen Sitzreihen Olga Tschechowa erkannt. Nach der Landung in Moskau sei sie als erste ausgestiegen, und als sie an ihm vorbeiging, hätte sich seine Vermutung bestätigt, denn er habe die Filmkünstlerin wiederholt bei Empfängen für Frontkämpfer begrüßen dürfen. Diese Mitteilung verursachte ein wahres Feuerwerk kontroverser Meinungsäußerungen und Urteilsprüche. Die einen bedauerten zutiefst das unglückliche NKWD-Opfer, die anderen waren dagegen überzeugt, »die Tschechowa« hätte dem NKWD jahrelang Informationen, sozusagen aus erster Hand, geliefert.

Die Tatsache eines »Moskauer Gastspiels« von Olga Tschechowa fand ich nach meiner Rückkehr aus dem sowjetischen Gulag im Jahre 1955 bestätigt, als ich der Künstlerin persönlich begegnete. Aus vielen Gesprächen in München und Linz, der Lektüre ihrer Memoiren sowie anderen Quellen entstand das Bild eines beispielhaft tapferen Lebens (1897–1980), das sich den Krisen, Umwälzungen und Wandlungen dieses europäischen Umbruchzeitalters als gewachsen erwiesen hat. Ohne Resignation, Selbstmitleid, Verbitterung und ohne irgendeine Hilfeleistung zu erwarten, nahm die Tochter des zaristischen Eisenbahnministers Konstantin Knipper, dessen westfälische Vorfahren im 18. Jahrhundert nach Rußland ausgewandert waren, die Gestaltung ihres Schicksals in die eigene Hand. Die wohlbehütete Kindheit und frühe Jugend im nördlichen Kaukasus und auf der Krim, wo der angeheiratete Onkel, Anton Tschechow, sie als Kind verhätschelte, in St. Petersburg und Zarskoje Selo, wo sie mit den Zarenkindern spielte und Rasputin, Eleonore Duse und Anna Pawlowa begegnet war, versank, als sie zwanzig Jahre alt wurde, in der Katastrophe der russischen Revolution. In den Hungerjahren des Bürgerkrieges bleibt ihr nichts erspart. Sie ist besorgt und kämpft standhaft nicht nur um das eigene Überleben, sondern auch um das ihrer entrechteten Familie. Diese wurde vermehrt durch ihre Eheschließung mit ihrem Vetter, dem »genialischen«, aber nervenverzehrenden Schauspieler Michail Tschechow, der ihr seinen Namen und die Tochter Ada hinterläßt. In dem Moskauer Künstler-Theater Konstantin Stanislawskijs, das die Erbfolge des Meininger Hoftheaters übernahm, wurde Olga Tschechowas Talent erstmalig entdeckt. Die Witwe des Hausautors und Schwester ihres Vaters, Olga Knipper-Tschechowa, überwacht die Anfänge ihrer künstlerischen Laufbahn und versucht das Trauma ihres Ehelebens zu heilen. 1921 erwirkte sie bei dem Volkskommissar Lunatscharskij für ihre Nichte eine Ausreisegenehmigung nach Deutschland, wo diese für immer bleiben sollte. In Berlin beginnt deren unaufhaltsamer Aufstieg zur »Grande Dame« der UFA-Filmproduktion. Eine fast fünfundzwanzigjährige Film- und Theaterkarriere vom Stummfilm zu den Film-Klassikern der 30er und 40er Jahre (»Befreite Hände«, »Liebelei«, »Maskerade«, »Bel Ami«, »Burgtheater«, »Andreas Schlüter«). Sie hatte das Glück, mit den besten Theater- und Filmschauspielern (George, Liebeneiner, Konrad Veidt, Hans Albers, Werner Krauss, Schönhals) und mit den prominentesten UFA-Regisseuren des gehobenen Unterhaltungsfilms zu arbeiten. In der NS-Zeit blieb es ihr erspart, sich politisch zu engagieren. Goebbels war klug genug, das Filmpublikum von der zunehmenden Misere des Dritten Reiches durch erstklassige Unterhaltungsfilme abzulenken. Als »Beutefilme« wurden diese – ohne Namensnennung der Mitwirkenden – nach 1945 in der Sowjetunion gezeigt. Stanislawskij, der zunächst über die UFA-Filmkarriere seiner ehemaligen Schülerin entsetzt gewesen ist, hatte bereits die ersten Filme mit Olga Tschechowa akzeptiert und ihr bei einem Besuch in Berlin seinen »Segen« gegeben. Bis zum Kriegsende 1945 hat »die Tschechowa« in nicht weniger als 114 Spielfilmen mitgewirkt, von 1949 bis 1954 in weiteren dreizehn, aber das seichte Niveau der deutschen Nachkriegsfilme und die mangelhafte Regie verleideten ihr ein weiteres Auftreten im Film. Sie war klug und ambitionslos genug, um zu erkennen, daß ihre »Glanzzeit« – nicht anders als bei Greta Garbo – bereits der Filmgeschichte angehörte, und widerstand allen auch noch so verlockenden Angeboten. 1964 nahm sie auch endgültigen Abschied von der Bühne, auf der sie in klassischen und Boulevardstücken einen nicht weniger großen Erfolg als im Film hatte. Der zunehmende Wohlstand der 50er Jahre forderte erneut ihren Unternehmergeist heraus; sie entsann sich der kosmetischen Kräuterrezepte ihrer Jugendjahre und eröffnete in München einen »Schönheitssalon«, der ihr schließlich zu einem internationalen Kosmetik-Unternehmen mit Zweigstellen in Paris, Mailand und Helsinki verhalf.

Meine erste persönliche Begegnung mit dem mir aus Berliner Studienjahren von der Leinwand wohlbekannten einstmaligen UFA-Filmstar fand 1956 statt, als ich nach der Entlassung aus zehneinhalbjähriger sowjetischer Kriegsgefangenschaft Olga Tschechowa in ihrem Münchner Kosmetiksalon in der Maximilianstrasse besuchte. Ich hatte ihr Grüße von dem Leningrader Regisseur, Sergej Radloff, zu bestellen, dem ich 1947 im Straflager Perebory bei Rybinsk begegnet bin. Olga Tschechowa empfing mich, leutselig und gesprächsbereit, zu einer traditionellen russischen Teestunde. Ich berichtete ihr über meine langjährigen Beziehungen zur Familie Tschechow. Von meinen Besuchen bei ihrem geschiedenen Mann Michail Tschechow, der zu Beginn der Stalinzeit Moskau und das von ihm geleitete Theater fluchtartig verlassen hatte und vor seiner Auswanderung in die USA 1934/35 im Rigaer Russischen Theater in den Glanzrollen seines ehemaligen Moskauer Repertoires als Hamlet, in Strindbergs »Vater« oder als »Erik XIV.« seine letzten Bühnenerfolge feierte. In zweiter Ehe war er mit einer Baltendeutschen verheiratet, jenem »Mädchen vom Tenniscourt« der Tschechowa-Memoiren, deren Mutter eine Jugendfreundin meiner eigenen Mutter war. 1934/35 besuchten wir daher häufig das Ehepaar Tschechow in einer Rigaer Pension und ebenso häufig jene Vorstellungen im Rigaer Russischen Theater, das über ein hervorragendes Ensemble verfügte, in der Regie und Repertoireauswahl jedoch den Weisungen Tschechows folgte. Die bescheidenen Einnahmen erlaubten dem Ehepaar keinen aufwendigen Lebensstil, und die einstige Rivalin Olgas äußerte sich in wahren Lobeshymnen über deren »uneigennützige Starthilfe« in Riga.

Olga Tschechowa bedauerte ihrerseits, daß ihr Vetter-Ehemann »ne ot mira sego« (nicht aus dieser Welt) gewesen sei. Er hatte es daher weder in Berlin, wo sie ihm zuliebe einen Film in eigener Regie gedreht und ihn mit Max Reinhardt bekannt gemacht habe, und erst recht nicht in den USA vermocht, seine schauspielerischen Erfolge von Moskau jemals zu wiederholen. Er blieb ein »Sorgenkind« bis zu seinem Tode, das sie bis zuletzt finanziell unterstützt habe und dem zu Ehren sie ihren Enkel aus der Ehe ihrer Tochter Ada auf den Namen Michail taufen ließ.

Schon bei dieser ersten Begegnung entstand eine Vertraulichkeit im Gespräch, die bei allen späteren Gesprächen erhalten blieb.

In einem der Obermenzinger Gespräche kurz nach dem Erscheinen der Erstausgabe ihres Erinnerungsbuches »Meine Uhren gehen anders« (1973 bei Herbig), das sie »allen, die an das Leben glauben« gewidmet hatte, äußerte sich Olga Tschechowa enttäuscht und verärgert über die lauwarmen oder gar abfälligen Besprechungen in der Presse. Ihr Unwillen richtete sich aber vornehmlich gegen den »Ghostwriter«, der den ihr eigenen charmanten Plauderton (aus dem Deutschen wechselte sie oft ins Russische oder Französische) nicht in einen ihrer Persönlichkeit adäquaten Stil umzusetzen verstanden habe.

Als ich in dem Buch das Kapitel »Zeit der Wunder« las, fiel mir auf, daß darin nurmehr ein einziges Verhör in der berüchtigten »Lubjanka«, der Moskauer »NKGB-Bastille«, flüchtig skizziert worden ist, ohne der lautlosen Informations- und Überwachungstechnik auch nur annähernd gerecht zu werden. In einem früheren Gespräch, in dem ich meine eigene Vernehmung durch Abakumow erwähnte, schilderte Olga Tschechowa spontan und nuancenreich, wie sie von dem »Schrecken verbreitenden« NKGB-Chef von 1945 vernommen worden sei. Anhand von Notizen, die ich nach dem Besuch in Obermenzing machte, möchte ich die nicht unwesentliche Lücke in ihren Memoiren schließen. Als ich sie seinerzeit danach fragte, warum diese aufschlußreiche Episode ihres letzten »Moskauer Gastspiels« nicht in das Buch aufgenommen worden sei, meinte sie, ihr Verhalten Abakumow gegenüber hätte möglicherweise allzu »theatralisch« und womöglich unglaubwürdig erscheinen können. Ziemlich wortgetreu (aus frischem Gedächtnis niedergeschrieben) lautete ihre Erzählung folgendermaßen: »Eines späten Abends, kurz vor meiner Entlassung aus der Moskauer ›Ehrenhaft‹, wurde ich von einem NKGB-Offizier bei der ›Kriegerwitwe‹ abgeholt. Die Fahrt endete in der Lubjanka, aber an der Nervosität des Begleitoffiziers erkannte ich, daß mir etwas Außergewöhnliches bevorstand. Ich wartete recht lange in einem kleinen Vorzimmer und wurde alsdann in allergrößter Eile in ein großes Arbeitzimmer geführt, das nur spärlich beleuchtet war. Hinter einem riesigen Schreibtisch saß ein untersetzter, ordengeschmückter hoher NKGB-Offizier mit der Mütze auf dem Kopf. Er ließ mich stehen und betrachtete mich zunächst schweigend mit aufgestützten Armen. Dann polterte er mit gespieltem Zorn los. ›Das ist also die Nichte Anton Tschechows, eine deutsche Spionin. Schämen Sie sich denn nicht?‹

Ich zwang mich zur Beherrschung und erwiderte vollkommen gelassen, aber mit ironischem Unterton: ›Sie sprechen mit einer Künstlerin und einer Frau, der man in der zivilisierten Welt auch unter ungewöhnlichen Umständen einen gewissen Respekt schuldet. Ich würde Ihnen daher empfehlen, mir einen Stuhl anzubieten und die Mütze vom Kopf zu nehmen.‹

General Abakumow legte tatsächlich seine Mütze ab und gab einen Wink. Bereitwillige Hände schoben mir einen gepolsterten Sessel in die Kniekehlen. Ich ließ mich nieder und wich dem kalten prüfenden Blick des Inquisitors nicht aus. Ich brachte ihn dadurch in Verlegenheit. Und bevor er sich zu einer weiteren Frage entschließen konnte, begann ich selbst das Gespräch. ›Was berechtigt Sie, mich als deutsche Spionin zu bezeichnen? Wann und wo soll ich spioniert haben? Aus der Sowjetunion bin ich seinerzeit vollkommen legal ausgereist und habe mich politisch in keiner Weise betätigt. Können Sie mir eine einzige abfällige Bemerkung über die Sowjetunion nachweisen?‹

Meine Attacke hatte Erfolg. Abakumow lehnte sich zurück und begann ein ganz konventionelles Gespräch über Tschechow, Stanislawskij und meine Filmkarriere in Deutschland. Es fehlten auch nicht die Fragen nach meiner Bekanntschaft mit Hitler, Göring und Goebbels. Abschließend fragte er mich, ob ich nicht bereit wäre, in Moskau zu bleiben und eine neue Schauspielkarriere zu beginnen. Höflich, aber entschieden lehnte ich dies ab, unter Hinweis darauf, daß Deutschland meine zweite Heimat geworden sei; ich wäre dort verheiratet, meine Tochter und Enkelkinder seien dort aufgewachsen. Auf einer russischen Bühne würde ich ein Fremdkörper sein, man würde mich niemals völlig integrieren können. Ohne die geringste Andeutung irgendeiner Entscheidung wurde ich von Abakumow entlassen und durfte zu meiner ›Kriegerwitwe‹ zurückkehren. Es vergingen daraufhin noch einige Wochen, bevor ich – ohne weitere Vernehmungen – nach Berlin zurückgebracht wurde.«

Die unfreiwillige Reise Olga Tschechowas, die von manchen unverantwortlichen westlichen Kolporteuren als Beweis für ihre angebliche Agententätigkeit für die Sowjetunion mißdeutet wurde, blieb in Moskau anonym. Weder ihre Tante Olga Knipper-Tschechowa, noch ihre beiden Brüder, der Moskauer Komponist Leo Knipper und der Sänger Wladimir Nardow, durften darüber etwas erfahren. Erst Ende der fünfziger Jahre hat die »Entstalinisierung« zumindest einen brieflichen Kontakt ermöglicht. Zu einer »freiwilligen« Reise in die Sowjetunion hat die Künstlerin sich nicht entschließen können. Ihr Mißtrauen war nicht unberechtigt. Ihren Tod hat die sowjetische Presse mit keinem Wort erwähnt. Ihr Name wurde auch nicht in der 1967 in Moskau erschienenen »Theater-Enzyklopädie«, in welcher eine Reihe »rehabilitierter« Künstler wie Wsewolod Meyerhold oder Sergej Radloff – unter Weglassung ihrer Lagerhaft – gewürdigt worden sind, genannt.

In ihren diktierten Memoiren hat Olga Tschechowa ihrerseits jede Erwähnung oder Aussage über ihre in der Sowjetunion verbliebenen Familienangehörigen unterlassen. Die Geschichte ihrer »deutsch-russischen« Familie, beispielhaft für eine ganze Epoche deutsch-russischer Beziehungen seit der Zeit Peters des Großen, deren Verdienste in der Verwaltung und in der Kunst des zaristischen Rußlands bestehen bleiben, sind in die Memoiren leider nicht einbezogen. Diese Lücke hat der 1972 zunächst nach München emigrierte russische Musikwissenschaftler Michail Goldstein in seinem Nachruf auf Olga Tschechowa in der in Paris erscheinenden Wochenzeitung »Russkaja Mysl« einigermaßen geschlossen. Seine authentischen Quellen sind die von ihm seinerzeit in Moskau geführten Gespräche mit Olga Knipper-Tschechowa und mit Leo Knipper. Er berichtete darüber unter anderem: »Mit Leo Knipper verband mich eine enge Freundschaft. Er war ein außergewöhnlich begabter und auch erfolgreicher Komponist, der viele Symphonien, Opern, Ballette und Kammermusik hinterlassen hat. Ich sprach ihn eines Tages auf seinen deutschen Namen an und erinnerte ihn daran, daß der berühmte Bass-Bariton des Bolschoj-Theaters Iwan Petrow eigentlich Hans Krause hieß. Knipper antwortete lächelnd: »Ja, es ist nun mal so, daß ich in Moskau mit einem deutschen Namen lebe und meine Schwester in Westdeutschland mit einem russischen.« Er erwähnte in diesem Zusammenhang, daß seine Tante Olga Leonardowna, nachdem sie Anton Tschechow geheiratet hatte, »einen deutsch-russischen Doppelnamen« trug.

Hinzuzufügen bleibt übrigens, daß Tschechow seine Frau scherzend »moja nemotschka« (meine kleine Deutsche) nannte und mit Augenzwinkern hinzufügte, sie hätte ihn »eingedeutscht«. Als er 1901 in Badenweiler verstarb, stellte er sich selbst auf Deutsch die ärztlich sachliche Diagnose: »Ich sterbe«. Diese letzten Worte waren an seine Frau Olga gerichtet, die ihn um fast siebzig Jahre überleben sollte.

Aus seinen zahlreichen Gesprächen mit Anton Tschechows Witwe erinnert sich M. Goldstein an folgende Aussage: »Lolja (so nannte sie ihre gleichnamige Nichte) war ungemein begabt. Selbst Stanislawskij war in ihr Talent richtig verliebt, gab ihr Unterricht und versprach ihr eine große Karriere. Mischa Tschechow hatte aber ihretwegen völlig den Kopf verloren. Er brachte die Siebzehnjährige schließlich so weit, daß sie ihn ohne das Wissen ihrer Eltern in einem Dorfkirchlein heimlich heiratete ... Die Knippers sind zwar deutscher Abstammung, sie haben aber in allen Ehren der russischen Kunst gedient ... Es ist Ihnen wohl bekannt, daß ein Karl Knipper im 18. Jahrhundert ein ›Freies Russisches Theater‹ gegründet hat, auf dessen Bühne mit ungewöhnlichem Erfolg russische Dramen und Opern aufgeführt wurden? (Bis Mitte des 19. Jahrhunderts wurden auf den kaiserlichen Bühnen in Petersburg und Moskau beinahe ausschließlich italienische, deutsche und französische Opern aufgeführt, und neben russischen Sprechbühnen gab es französische und deutsche Truppen, die aus der Privatschatulle der Zarenfamilie unterstützt wurden.) Vielleicht kennen sie auch meinen Bruder Wolodja? Er war Professor am Moskauer Konservatorium und Opernregisseur am Bolschoj, die rechte Hand des Dirigenten N. S. Golowanow.«

Goldstein wollte aber der Name eines Sängers Wladimir Knipper trotz angestrengten Nachdenkens nicht einfallen: »Olga Leonardowna half mir schließlich mit schelmischem Lächeln aus der Verlegenheit. Sie verriet mir, daß ihr Bruder den Namen Wladimir Nardow angenommen hätte. Nardow war mir persönlich durchaus bekannt, nicht aber sein eigentlicher Name. Es stellte sich heraus, daß es seiner Meinung nach in der russischen Kunst viel zu viele Knippers gäbe; er bildete daher aus seinem Vatersnamen ›Leonardowitsch‹ den Künstlernamen Nardow. Den ersten Musikunterricht erhielt er von seiner Mutter, die an der Moskauer Philharmonischen Schule eine Professur innehatte. Seine Opernkarriere begann er an deutschen Opernhäusern, trat danach in allen großen Tenorpartien an Simins Moskauer Privatoper auf und von 1920 bis 1936 als Solist und Regisseur des Bolschoj-Theaters.« Nicht unerwähnt läßt Goldstein auch die stets frische und »singende Stimme« der musikalisch begabten Knipper-Tschechowa, die sie bis ins hohe Alter (sie starb mit 83 Jahren) bewahrt hatte. Auch ihrer »deutsch-russischen« Nichte, die Goldstein auf Empfehlung ihres Bruders Leo Knipper nach seiner Emigration in München besuchte, bestätigt er eine ähnliche wohlklingende und klare Aussprache, die sie im selten gesprochenem Russisch bewahrt habe.

Goldstein bedauert, daß es Olga Tschechowa nicht vergönnt gewesen sei, Anton Tschechows Erzählungen auf Tonband aufzuzeichnen. In Obermenzing hätte sie sich mit ihm eingehend über Solschenizyn unterhalten und sich beängstigt über das Schicksal Mstislaw Rostropowitschs geäußert, der damals in Moskau unter Berufsverbot zu leiden hatte. »Was geht in Moskau vor sich?«, hätte sie immer wieder gefragt. Warum verfolgt man ihn? Ich bete zu Gott, er möge ihm das Leben bewahren. Wir alle brauchen ihn.« Aus ihrem Bücherschrank hätte sie daraufhin eine sowjetische Publikation über Rostropowitsch herausgeholt. »Dieses Buch hat die Frau meines Bruders Ljowa (Leo) geschrieben. Ein kluges Buch, voller kühner Gedanken. Es sollte ins Deutsche übersetzt werden.«

»Dieses Buch war mir gut bekannt«, schreibt Goldstein, »denn 1969 durfte es noch erscheinen. Die Autorin war Tatjana Gaidamowitsch, die 1947 am Moskauer Konservatorium die Violoncello-Klasse absolvierte und seit 1948 selbst dort unterrichtet.

Ihre Schüler haben inzwischen zahlreiche internationale Wettbewerbe gewonnen.«

Den unerwartet frühen Tod ihrer einzigen Tochter Ada bei einem Flugzeugabsturz in Bremen (1967) hat Olga Tschechowa niemals verschmerzen können. Aber sie war überzeugt, daß deren leiblicher Tod nur eine vorübergehende Trennung bedeutete. Ada befände sich zwar in einer anderen Welt, meinte sie, aber sie stünde mit ihr in einer ständigen telepathischen Kommunikation.

Erstaunlich war die geistige und physische Konstitution der an hartes Bühnen- und Filmtraining gewohnten Schauspielerin. Als Chefin einer großen Firma hätte sie sich mit achtzig Jahren ein bequemes Leben leisten können. Jahrein, jahraus besuchte sie jedoch die Firmenniederlassungen in Paris, Mailand und Helsinki sowie Großmärkte und Handelsmessen. Unerschöpflich schienen die Kraftquellen ihrer Energie und Selbstdisziplin zu sein. Um sechs Uhr früh zum Flugplatz zu fahren, den ganzen Tag über Verhandlungen zu führen und abends ins Theater und ins Restaurant zu gehen, sei für sie keineswegs eine unangenehme Pflichterfüllung. In dieser Hinsicht sei bei ihr das deutsche Erbe wohl am stärksten ausgeprägt, meinte sie, und fügte scherzend hinzu: »Ich glaube, Gribojedow soll gesagt haben: Ohne die Deutschen gibt es für die Russen keine Rettung.«

Zu einer Filmretrospektive lud ich 1971 – als Generalkonsul in Oberösterreich – Olga Tschechowa nach Linz ein. Sie bezeichnete mich danach scherzhaft als ihren »Ruhestands-Entrepreneur«. Mehr als ein Dutzend Filme wurden den immer noch nostalgischen Tschechowa-Verehrern ins Gedächtnis gerufen. Zur Eröffnung des Tschechowa-Festivals fanden sich der Bürgermeister und Vertreter der Behörden in seltener Vollzähligkeit ein. Schon beim Eintreffen des Münchner Expreßzuges wurde dem großen deutschen Filmstar ein »großer Bahnhof« bereitet. Der Bahnhofsvorsteher überreichte als erster einen üppigen Blumenstrauß, bat um ein Autogramm, verwickelte sich in ein Gespräch und vergaß darüber, zur rechten Zeit das Abfahrtsignal zu geben. Dem Film »Maskerade« ging sodann eine kurze, aber umjubelte Ansprache Olga Tschechowas voraus, in der im besonderen Österreich gehuldigt wurde. Zu einem anschließenden Empfang fand sich völlig unerwartet Iwan Rebroff ein, der zu einem Konzert in Linz eingetroffen war. Von einem »russischen Gipfeltreffen« berichtete am nächsten Tag die lokale Presse. Rebroff ließ es sich nicht nehmen, Olga Tschechowa und den deutschen Generalkonsul vor den Reporterkameras unter seine Fittiche zu nehmen, das heißt seinen für ein Moskauer Honorar erworbenen Pelzmantel über unsere Schultern zu legen und sich mit seinem Markenzeichen, der Bärenmütze, ins Zentrum zu postieren. Dieser Vorgang war Olga Tschechowa durchaus peinlich, und sie erklärte lautstark, Rebroff solle sich ein besseres Russisch aneignen. Die Sprachkenntnisse des gebürtigen Berliners fand sie mehr als bescheiden und amüsierte sich noch in späteren Obermenzinger Gesprächen über die »Chuzpe« des angeblich russischen Volkssängers.

In ihren letzten Lebensjahren hatte ich als ihr Nachbar in Obermenzing häufiger Gelegenheit, Olga Tschechowas Teestunden zu besuchen. Sie war nach wie vor energiegeladen, unternahm geschäftsbedingte Flug- und Bahnreisen und war bemüht, ihren beiden Enkelkindern Wera und Michael ein florierendes und perfekt funktionierendes Unternehmen zu hinterlassen. Sie bewahrte ihre selbstbewußte, jeden Widerspruch ausschließende Haltung, auch dann, wenn sie als Bittstellerin auftrat. Als bei einem meiner Teestundenbesuche ihr Enkel Mischa, der gerade in einer Münchner Kaserne seinen Wehrdienst ableistete, seinen Wochenendbesuch telefonisch absagte, ließ sie sich die Telefonnummer des kommandierenden Generals geben. Sie rief ihn an und erklärte mit sanfter Stimme und dabei mich verschwörerisch anlächelnd, der Herr General würde doch der »alten Oma Tschechowa« nicht die Freude eines ungestörten Wochenendes mit ihrem Enkel nehmen wollen. Als sie den Hörer auflegte, meinte sie, man müsse sich stets an die höchsten Instanzen wenden. Generäle hätten ihr selbst im Kriege fast jede Bitte erfüllt. Knapp eine Stunde nach dem Anruf fuhr ihr wohlgelaunter Enkel in seinem BMW vor und leistete uns Gesellschaft.

Meine Komplimente, die ihren Gesundheitszustand wie auch ihr – wie man zu sagen pflegt – »unverändertes Aussehen« betrafen, beantwortete sie mit dem Hinweis auf die fernöstliche Naturheilkunde, vor allem auf die Akupunktur, die ihr über Jahrzehnte das Kranksein erspart hätte. Bereits vor und auch während des Krieges hätte sie von ihrem damaligen Wohnsitz in Kladow bei Berlin einen in der Nähe ansässigen chinesischen

Arzt besucht, zu dessen überzeugtesten Anhängern unter vielen anderen prominenten Künstlern, aber auch Staatsbeamten und Parteigrößen, auch Gustaf Gründgens gehört habe. Nach Kriegsende sei der chinesische Arzt nach Oberösterreich verzogen, und sie genieße nach wie vor das Privileg, ihn jederzeit zu konsultieren. Sie halte sich strikt an dessen medizinische Ratschläge und empfehle jedem ihrer Freunde die jahrtausendealte Weisheit chinesischer Medizin in Anspruch zu nehmen. Ihr bewegtes Leben habe sie niemals enttäuscht; sie habe allerdings nur einen allerletzten Wunsch: nicht das Opfer einer Katastrophe, eines Krieges oder einer Revolution zu werden, sondern eines sanften Todes zu sterben. Dieser Wunsch ging in Erfüllung. Am 9. März 1980 verstarb sie im zweiundachtzigsten Lebensjahr in ihrer »Datscha«, der Obermenzinger Villa, in der sie alte verblaßte Fotos und Erinnerungsstücke an die Petersburger Jugendjahre erinnerten. Zur ewigen Ruhe wurde sie neben Ada auf einem Münchner Friedhof gebettet. In der russisch-orthodoxen St. Nikolaus-Kapelle am Salvatorplatz fand die Trauerfeier statt. Der ganze Platz war von den Verehrern ihres Talents ausgefüllt, die keinen Zutritt zur Kapelle fanden. Aus den weit geöffneten Türen erreichte sie jedoch der Chorgesang. In der Trauerliturgie aus dem 5. Jahrhundert hieß es tröstlich und verheißungsvoll: »Möge es Dir wohlgefallen, o Erretter, wenn Dein gläubiger Knecht, den Du von der Erde hinweggenommen hast, Dir freudestrahlend entgegengeht.«

Die erste Etappe: Im Waldlager am Moskauer Meer

Vom Butyrka-Gefängnis brachte man etwa dreißig Gefangene in schneller Fahrt durch die in den frühen Morgenstunden noch leeren Straßen zum Jaroslaw-Bahnhof, von wo aus die Züge ihre Fahrt gen Norden begannen. Im Laufschritt wurden wir zu dem unmittelbar an die Lokomotive angekoppelten »Stolypin«-Waggon getrieben. Mich ärgerte dabei am meisten die Namensgebung, denn Peter A. Stolypin, der bedeutendste russische Staatsmann vor der Revolution, führte Reformen selbst in der Behandlung von Strafgefangenen durch. Diese wurden nicht mehr in Viehwaggons, sondern in vergitterten Abteilen befördert, mit je sechs Liegeplätzen übereinander und modernen sanitären Einrichtungen. Bevor er aber seine umwälzenden Reformpläne, von der Ansiedlung besitzloser Bauern als selbständige Farmer (nach amerikanischem Vorbild) auf ertragreichem Boden in Westsibirien bis zur völligen Abschaffung des Analphabetismus bis zum Jahre 1922 verwirklichen konnte, wurde er 1911 im Kiewer Opernhaus von einem roten Terroristen erschossen. Die Kugel galt nicht dem neben ihm stehenden Zaren, sondern dem Ministerpräsidenten, der in der Duma die Losung ausgegeben hatte: »Ihr trachtet nach großen Umwälzungen, wir nach einem großen Rußland.« Viele sahen in ihm einen russischen Bismarck, der 1914 möglicherweise selbst den Kriegseintritt Rußlands hätte verhindern können. Wäre 1938/39 der Zugang zu russischen Archiven möglich gewesen, hätte ich seine Würdigung zum Thema meiner Dissertation gewählt. Post factum bemühte ich mich zumindest bei Erwähnung seines Namens jeden wissenshungrigen Russen über seine Persönlichkeit aufzuklären. Ein solcher Anlaß bot sich bereits bei der Belegung der Gefangenenabteile. Wo in der Zarenzeit maximal sechs Personen untergebracht waren, hockte oder lag übereinander mindestens die doppelte Anzahl. Als ich von dem Wachposten in eines der überfüllten Abteile gestoßen wurde und sofort als

Ausländer auffiel, sprang von der obersten Pritsche ein »pryguntschik« (Springteufelchen) herunter, ein junger gelenkiger Taschendieb, der durch seine Springfertigkeit in Moskaus nächtlichen Straßen Frauen erschreckte und ihnen die Handtaschen wegriß. Als er zu meiner Einschüchterung wie ein Gummiball vor mir zu hüpfen begann, lachte ich laut auf und forderte ihn auf, weitere Kunststücke vorzuführen. Damit gewann ich sofort das Wohlwollen aller Insassen, das sich noch steigerte, als ich mich als promovierten Doktor vorstellte, der sich mit russischer Geschichte und Literatur beschäftigt hatte. Mir wurde sofort ein Sitzplatz auf der unteren Bank zugewiesen, und ein flinker »pazan« (in diesem Fall »Lustknabe«) des ranghöchsten »Blatnoj« kletterte ohne zu Murren zu der oberen Pritsche hinauf.

Ich war der einzige politische Gefangene unter den Kriminellen, und es war offenkundig, daß ich ihrerseits schikaniert werden sollte. In meinem Fall wurde allerdings das Gegenteil erreicht, denn als Ausländer und »Faschist«, der sich in russischer Geschichte auskannte, war ich ein gern gesehener Gesprächspartner. Hitler wurde von ihnen nicht der »Überfall auf die Sowjetunion« übelgenommen, wohl aber, daß er sich nicht mit dem russischen Volk verbündet hatte. Viele der »ehrlichen Diebe« entstammten bürgerlichen oder bäuerlichen Familien, die von Stalin ausgerottet wurden. Als »besprisorniki« (obdachlose Kinder) wuchsen sie auf der Straße auf und entwickelten ihre Begabungen im kriminellen Milieu. Sachkundig wurde ich von ihnen auf die Lagerverhältnisse vorbereitet, zu guter Letzt wurde mir vorgeschlagen, angesichts der winterlichen Kälte meine westliche »Ballgarnitur« gegen solide Lagerkleidung einzutauschen. Nichts war mir lieber als dies, denn ich hatte schon auf der kurzen Strecke vom Gefangenenauto bis zum »Stolypin«-Waggon jämmerlich gefroren, barhäuptig und im leichten Sommeranzug. Bereitwillig zog ich den seit fast anderthalb Jahren strapazierten Anzug, das zerschlissene Seidenhemd, Unterwäsche und Halbschuhe aus und wurde auf Befehl des »Atamans« von seinem »pazan« mit dem »Allerbesten« aus dem Kleidersack ausgestattet. Die wattierte »telogreika« (»Leibwärmer«) und Hosen wurden nicht nur durch ein Unterhemd und lange Unterhosen ergänzt, sondern zusätzlich durch »Walenki« (Filzstiefel) und eine »schapka« (wattierte Ohrenkappe) vervollständigt. An der nächsten Haltestelle winkte der Ataman einen

Wachsoldaten heran und machte mit ihm den genauen Preis für die »westliche Importware« aus. Der Soldat hielt sich an das Versprechen und kehrte mit zwei Flaschen Wodka, Speck, einem Leib Brot und »bla« (Dörrfisch) zurück. Als »Spender« durfte ich als erster meinen Anteil genießen und es wurde immer wieder auf mein Wohl getrunken. Unsere Fahrt endete zunächst in Wologda, einer Kreisstadt mit geschichtlicher Vergangenheit, die für uns darin bestand, daß wir Aufnahme in einem Rundturm aus der Zeit Iwans des Schrecklichen fanden. Wir lagerten stilgerecht auf Stroh, es gab aber Decken und eine spärliche Beleuchtung. Einige Tage verbrachte ich als männliche »Scheherezade«, denn man konnte nicht genug über das Leben im »Westen« hören. Mir kam zugute, daß ich über eine lebhafte Phantasie verfüge sowie über eine nicht geringe Kenntnis historischer und aus Romanen entnommener Geschichten. Immer wieder Neues wurde von mir verlangt. Aber die Not macht bekanntlich erfinderisch, und ich genügte schließlich allen an mich gestellten Ansprüchen. Als ich nach einigen Tagen als einziger den Turm verließ, wurde ich noch einmal reichlich beschenkt und mit Bedauern vom Ataman zur Tür begleitet.

Ich wurde mit einem Pendelzug ans sogenannte Moskauer Meer gebracht, jenem künstlich geschaffenen Stausee, dessen gegenüberliegendes Ufer nicht zu erkennen war. Die am Landungssteg versammelten Häftlinge wurden auf einen Lastkahn verladen, der von einem Schlepper gezogen wurde. Am Bordsteg des Kahns hockten die Wachsoldaten mit schußbereiten Gewehren. Schauergeschichten waren unter den Gefangenen im Umlauf. Einige nannten den Lastkahn »die Todesbarke«, und zwar in Erinnerung an ein Kentern im Sturm. Der Kahn war durch einen aus dem Wasser ragenden Kirchturm einer der vielen im Stausee versunkenen Dörfer leckgeschlagen worden und sank. Die Soldaten wechselten zum Schlepper hinüber und eröffneten das Feuer auf die Ertrinkenden, die sich durch Schwimmen zu retten versuchten. Gläubige Christen schlugen ein Kreuz und beteten für die von ihrem irdischen Leid erlösten Seelen. Unsere Fahrt verlief ohne Zwischenfälle und etwa ein Dutzend Häftlinge wurde nach der Überfahrt an Land gesetzt. Ich gehörte zu diesen. Es hieß gerüchteweise, die Neulinge sollten sich erst an leichtere Waldarbeit gewöhnen. Die von Stalin bereits »Gestählten« sollten dagegen anderswo ihre »Norm« erfüllen.

Der kurze Fußmarsch ging durch wucherndes Unterholz und zwischen Baumstümpfen des geschundenen Waldes der Uferzone zum Lager am Waldrand. Umgeben war das Lagergeviert von Neupflanzungen, die eine weite Sicht von den Wachtürmen zuließen. In dem verschneiten Areal gab es allerdings nur einige wenige Holzbauten. Wie ich später feststellte, gehörten diese zu dem Wachgebäude am Eingangstor und zur Kommandantur, oder sie beherbergten die Verpflegungsbaracke nebst Küche sowie das »Stationar« (Krankenrevier). Die langgestreckten Schneehügel verbargen dagegen Erdhütten für die Unterbringung der Gefangenen, zu denen man einige Bretterstufen hinabsteigen mußte. Nur spärliches Licht drang durch schneeverklebte Glasritzen zu den Pritschen hinunter, und nachts leuchteten Petroleumfunzeln. Die allergrößte Plage verursachten nachts die Wanzen, die sich bei warmem Deckenlicht fallen ließen und die ganze Baracke zur Jagd herausforderten. In der ersten Nacht habe ich kaum geschlafen und ging nach dem Wecken und einer Schlafvertreibung durch eine Waschung im Schnee zum »Speisesaal«. Ich bekam dort meine Brotration ausgehändigt sowie einen Schöpflöffel voll Krautsuppe und danach die »Kascha« (Haferbrei). Da ich aber weder eine Schüssel noch eine Tasse besaß, wurde ich aufgefordert, Suppe und Brei in meiner wattierten Mütze in Empfang zu nehmen. »Je schneller du ißt, um so weniger Schaden entsteht«, meinte man bei der Essenausgabe. Ein Nachbar hatte jedoch Einsicht und bot mir leihweise eine Konservendose an. Da am ersten Tag noch keine Zuteilung zu einer Arbeitsbrigade erfolgt war, verließ ich den Bau zu einem Erkundungsgang durch das Lagergelände. Als ich mich der Küche näherte, hörte ich seltsame gurgelnde Laute, die allmählich immer leiser wurden. Vor der Küchentür erblickte ich zwei Gestalten, die sich an dem von innen durch eine Kette abgesicherten Spalt zu schaffen machten. Einer der Männer zog durch den Spalt einen geschorenen Häftlingskopf an den Ohren, während der andere ihm mit einem Messer die Gurgel durchschnitt. Die Schockwirkung lähmte zunächst meine Glieder, dann aber lief ich, so schnell meine Füße sich in dem hohen Schnee vorwärtsbewegen konnten, zur Kommandantura. Auf meinen aufgeregten Bericht erhielt ich dort zur Antwort: »Sieh dich vor, wenn du selber den Kopf auf den Schultern behalten willst. Die Blatnyje haben ihre eigenen Gesetzte. Die Leiche wird abgeholt.« Nach Rückkehr in die Baracke wurde ich belehrt, daß es sich bei dem Ermordeten um den Küchenbullen handelte, der im Lager einen begehrenswerten, aber höchst gefährlichen Posten bekleidete. Zu seinen ungeschriebenen Verhaltensregeln gehörte es, »Indien«, die Baracke der Kriminellen (in diesem Fall handelte es sich tatsächlich um eine Holzbaracke und kein Erdloch), bevorzugt zu versorgen. Dies aber bedeutete, daß alle »Defizitprodukte«, das heißt, was eventuell an Fleisch, Fisch und Fett ins Lager geliefert wurde, den »Indianern« bevorzugt zugeteilt werden mußte. Der Koch hätte sich zwar durch eine Kette vor dem Eindringen in die Küche gesichert, aber unvorsichtigerweise seinen Kopf zu weit hinausgestreckt. Wegen fehlender Belieferung hätte er die »Indianer« nicht ausreichend versorgen können. Von diesen wurde aber erwartet, daß er für solche Fälle genügend Vorräte angelegt haben würde.

Nach diesem ersten Lagerschock konnte ich in der zweiten Nacht ebensowenig schlafen. In den frühen Morgenstunden wurde ich zur medizinischen Untersuchung in das Krankenrevier beordert, und wer beschreibt mein Erstaunen, als der Arzt mich auf Hochdeutsch ansprach, das gelegentlich vom Soldatenjargon geprägt war. Im Laufe der nächsten Monate hatte ich fast täglich die Gelegenheit, mit Dr. Kaufmann, seiner medizinischen Schwester und der Zahnärztin zu sprechen. Alsbald wurde ich als Krankenpfleger angestellt und bezog eine Koje im Stationar.

Die Geschichte Dr. Kaufmanns war selbst für Lagerbegriffe einmalig. 1905 als Sohn eines jüdischen Vaters in Gorlowka geboren, wuchs er zweisprachig auf. Sein Vater hatte nämlich sein medizinisches Studium in Leipzig abgeschlossen und besaß daher im ganzen Kohlenrevier von Donezk hohes Ansehen. Während der deutschen Besatzung im Ersten Weltkrieg wurde er Vertrauensarzt der deutschen Militärs und überlebte nach deren Abzug nur knapp den Bürgerkrieg mit dem ständigen Wechsel von Weißen, Roten, Grünen und deren meistens antisemistischen und antideutschen Anhängern. Der einzige Sohn absolvierte sein Studium in Odessa und spezialisierte sich auf Haut- und Geschlechtskrankheiten. Als 1941 der deutsch-sowjetische Krieg ausbrach, und die Deutschen tiefe Einbrüche in der Ukraine erzielten, gelang es dem Arztsohn, sich mit Mutter und Schwester nach dem Nord-Kaukasus abzusetzen und in dem Mineralbad Kislowodsk im Lazarett Dienst zu leisten. Sein sehr viel jüngerer Bruder, aufgewachsen in der Sowjetzeit und ideologisch motiviert, meldete sich freiwillig zur Front und fiel beim ersten Einsatz. Der Arztvater weigerte sich dagegen entschieden, Gorlowka zu verlassen. Den Antisemitismus in Deutschland betrachtete er als Bestandteil sowjetischer Desinformation und berief sich auf seine eigenen positiven Erfahrungen mit den Deutschen im Ersten Weltkrieg. Wie sich später herausstellen sollte, wurde er nach dem Einmarsch der deutschen Truppen von der Wehrmacht tatsächlich gerne konsultiert und versorgt. Als aber die braunen Parteibonzen die Verwaltung übernahmen, verschwand er in Theresienstadt.

Seinem Sohn blieb aber auch nach dem Einmarsch deutscher Truppen in Kislowodsk ein ähnliches Schicksal erspart. Er wurde als Volksdeutscher anerkannt und übernahm im Lazarett die Betreuung von Wehrmachtsangehörigen. Bei dem Rückzug aus dem Kaukasus begleitete er als Truppenarzt die deutschen Streitkräfte bis nach Kertsch (Krim), wo es ihm sogar gelang, vorübergehend eine private Praxis zu eröffnen. Neidische Russen denunzierten ihn als Juden, und Dr. Kaufmann wurde von der SS einer »rassenhygienischen Untersuchung« unterzogen. Als Agnostiker wies er keine Beschneidung auf, und selbst eine Schädelvermessung brachte keine Bestätigung der Denunziation ein. Zu seiner Genugtuung wurden die Denunzianten eingesperrt, aber nach dem überstürzten Abzug der Deutschen aus Kertsch zeigten ihn die gleichen Leute als Kollaborateur beim NKWD an. Nicht nur er selbst, auch seine Mitarbeiterin wurde zu zehn Jahren Arbeitslager verurteilt, und beide gelangten ausnahmsweise in das gleiche Waldlager am Moskauer Meer. Kurioserweise trafen sie im dortigen Krankenrevier eine Zahnärztin aus Sewastopol, eine witzige und schlagfertige »alte Jungfer«, die seinerzeit den Sieg der deutschen Truppen mit einem Huldigungsgedicht in der örtlichen Zeitung begrüßt hatte. Diesem ärztlichen »Trio« gelang es bei der Lagerverwaltung durchzusetzen, daß ich wegen meines schlechten Gesundheitszustands nicht zu Aufräumungsarbeiten im Walde herangezogen wurde und als Krankenpfleger Verwendung fand. Nach einigen Monaten wurde aber das Waldlager aufgelöst, und Dr. Kaufmann erreichte, daß ich mit seinem Empfehlungsschreiben zur weiteren Ausbildung als »Feldscher« in das örtliche Krankenlager überstellt wurde. Die Leiterin der dortigen Fortbildungskurse war die ehemalige Kremlärztin Dr. Schapiro, der 1937 zur Last gelegt worden war, an einem Komplott jüdischer Ärzte gegen Stalin beteiligt gewesen zu sein. Auch ihr wurde unter anderem die Vorbereitung zur Vergiftung des »großen proletarischen Dichters Maxim Gorkij« vorgeworfen. Da ich im Laufe der Jahre im Gulag mindestens vier bis fünf jüdischen Ärzten begegnet bin, die ebenfalls an der angeblichen Vergiftung des fast siebzigjährigen Schriftstellers beteiligt gewesen sein sollen, stellte sich die berechtigte Frage, wieviel Gift man wohl gebraucht habe, um Gorkij zu beseitigen. Es hieß aber auch, das jüdische Komplott hätte Stalin selbst als nächstes Opfer ausersehen. In Wirklichkeit dürfte aber Gorkij, wie Kirow, die als »Helden der Sowjetunion« nebeneinander an der Kremlmauer feierlich beigesetzt wurden, als Populisten auf Weisung von Stalin beseitigt worden sei. Den Anatomie- und Krankenpflegeunterricht absolvierte ich durchaus erfolgreich und wurde mit einem entsprechendem Zeugnis von Dr. Schapiro in das Durchgangslager Perebory verlegt. Dort aber wurde aus dem approbierten Feldscher alsbald ein Regieassistent im Lagertheater. Doch zunächst verbrachte ich die Winter- und Frühlingsmonate im Waldlager.

Frühlings Erwachen hinter Stacheldraht

Der Monat März zählt bei den Russen zu den Lieblingsmonaten. Der Winter mag noch so streng, schnee- und frostreich gewesen sein, im März geht er in Rußland seinem Ende entgegen. Sie Sonne gewinnt zunehmend an strahlender Kraft, von den Dächern und Fenstersimsen fallen die ersten Schmelztropfen. Mitunter öffnet sich im Schneefeld ein brauner Erdfleck, und nicht selten schauen aus diesem zaghaft ein paar Schneeglöckchen hervor. In ähnlicher Weise begann bei den Lagerinsassen wieder Hoffnung zu keimen. Weniger auf eine alsbaldige Entlassung als auf einen Ortswechsel, eine Verbesserung der Lebensumstände, und sei es auch nur eine bessere Verpflegung. Aber auch die Zahl der Fluchtversuche stieg an; die Appelle, Kontrollgänge und Streifen nahmen zu. Die Wachsoldaten auf den Wachtürmen legten ihre Wolfs- oder Schafpelzmützen ab, richteten aber ihre Gewehre auf jeden, der sich dem Stacheldrahtzaun näherte. Die Kriminellen (urki) erwiderten die Drohgebärden und »Stoj«-Zurufe mit obszönen Flüchen und entblößten mit entsprechenden Aufforderungen ihren hinteren oder vorderen Unterleib. Dieser Spaß wurde so lange wiederholt, bis die Wachturm-»Popki« (ein Wortspiel – Papagei oder Gesäß) darauf nicht mehr eingingen. Je wärmer die Sonne schien, um so öfter saß man nach Arbeitsschluß vor den Baracken, schwatzte und blinzelte, wie selbstzufriedene Kater, ins Lichtgeflimmer auf dem Wolgakanal. Immer häufiger wurde gesungen, gewöhnlich begann einer die Melodie zu brummen, ein zweiter griff sie auf, und alsbald wurde im Chor gegrölt. Einige »Urki« besaßen Harmonikas und die musikbegabten unter ihnen improvisierten oder variierten bekannte Melodien. Gawrik, »Solowej« (Nachtigall) genannt, der auch nach dem Stimmbruch eine hohe, leicht tremolierende Stimme bewahrt hatte, behauptete bei jedem Wettbewerb seine unumstrittene Starrolle. Nur allzu gerne sang er das volkstümliche Lied »Solowej rasboinik«, jenem Räuber, der im Walddickicht die Nachtigall imitierte und auf die lauschenden Waldjäger mit seiner ganzen Bärenkraft einschlug und sie beraubte. Er gehörte nicht zu den »Urki«, den verachteten kleinen Dieben, sondern zu den »Ehrlichen«, jenen »Banditen« im sowjetischen Sprachgebrauch, die es auf das Staatseigentum abgesehen hatten, Einbrüche großen Formats unternahmen und auch vor Mord nicht zurückschreckten. Ohne ein politisches Ziel zu verfolgen, sahen sie sich als Kämpfer gegen das Sowjetsystem.

Niemand fragte allerdings nach seinem richtigen Namen und schon gar nicht, an welchem Unternehmen er beteiligt gewesen war. Sein Beschützer und Liebhaber war nämlich der Ataman Wadim, der gesetzgebende Anführer der »ehrlichen Diebe«. Er war der bestangezogene und besternährte im »Knabenharem« der »Banditen«, und wie bei den Schauspielern wurde auch deren Haar nicht wegrasiert. Das lange blonde Haar des zartwangigen, dunkeläugigen Jünglings wurde von den Lagerfriseuren gelockt, und er zog gerne seine keck aufgesetzte Pelzmütze vom Kopf, um seine Locken vom Winde »küssen« zu lassen, wie er sich ausdrückte. »Nur mein Ataman und der Wind dürfen mich küssen«, versicherte er mit einem schelmischen und herausfordernden Lächeln, so oft ein bewundernder Blick ihn traf. Er behauptete zwar, der Ataman hätte nicht weniger als ein Dutzend Rivalen »in den Keller befördert« (umgebracht), aber die in Wadims Diebes- und Mordgeschichten Eingeweihten nannten nur drei »Liquidierte« beim Namen. Der »Nachtigall« wurde allerdings nachgesagt, daß er die Bewerber um seine Gunst ermutigt und ihnen eine Nacht vor dem Tode gewährt hätte. Es wurde aber auch geflüstert, daß Ataman Wadim und Solowej ein abgekartetes sadistisches Spiel veranstalteten; näherte sich das Opfer der Liebesnacht dem Orgasmus, erhielt es vom Ataman einen genau gezielten Messerstich in den Rücken. Derartige Greuel geschahen meist im Frühjahr, hieß es, in der »Paarungszeit«, wenn das menschliche Lustgefühl und körperliche Bedrängnis stärker als sonst seien. Bei dem »Arbeitsvieh«, den »rabotjagi«, wurden Gefühle dieser Art nicht geweckt, sie dachten nurmehr an Essen und Schlafen.

Sah man Solowej, einem auf dem Pirschgang daherschleichenden Kater nicht unähnlich, sich umschauen, glaubten manche einem Vampir zu begegnen. Die »Grünhörner« unter den Gefangenen empörten sich. »Wieso greift die Obrigkeit nicht ein? Diesem Unwesen muß doch ein Ende bereitet werden.« Die alten Lagerhasen hatten dafür nur ein müdes Lächeln übrig. »Tu es doch. Verbrenn dir die Schnauze, und deine Knochen werden schon morgen auf dem Komposthaufen vermodern.«

Das »Arbeitsvieh« wurde von der Räuberelite nicht angegriffen. Die kärgliche Ration einem »Krepierling« (dochodjaga) wegzunehmen, war streng verpönt. »Bröseldiebe« (krochobory) unter den »Urki« wurden daher von den »ehrlichen Dieben« unbarmherzig zusammengeschlagen. Seitdem ich bei Dr. Kaufmann im Stationar beschäftigt wurde, erhielt ich von den »Urki« den für das medizinische Personal üblichen Spottnamen »Gehilfe des Todes«. Betrat ich aber im ärztlichen Auftrag das sogenannte »Abessinien«, hielt man es für angebracht, mich als Doktor zu titulieren und mich zum gemeinsamen Teetrinken einzuladen. Ich mußte dabei immer wieder Geschichten aus dem »Westen« erzählen, möglichst aus Amerika, wohin die Kriminellen sich gerne als Gangster versetzten. Schon längst hatte sich in meinem Gedächtnis der Unterschied zwischen Gehörtem, Erlesenem und Erfundenem verwischt. Offene Feindseligkeit gegenüber einem Deutschen zeigten weder die »Urki« noch die »ehrlichen Diebe«. Ein Zigeuner, der während der deutschen Besatzungszeit Eltern und Geschwister verloren hatten, ging eines Tages mit hastigen Schritten auf mich zu. Aber nicht mit einem Messer, wie mein Gehirn blitzschnell signalisierte und mich beiseitespringen ließ. Meine Reaktion war dem Zigeuner nicht entgangen, und er grinste mich an. »Keine Angst, nemez. Nicht jeder Deutsche ist daran schuld, was damals geschehen ist. Meine Rachegelüste sind längst versiegt. Damals bin ich unter die Partisanen gegangen und habe in den Wäldern und Sümpfen Belorussiens so manchem Deutschen hinterrücks die Kehle durchgeschnitten. Zwei Offiziere habe ich mit anderen Partisanen gepfählt. Aber dann fiel mir ein ganz Junger in die Hände. Er schrie ganz jämmerlich nach seiner Mutter, als ich ihm das Messer an die Kehle setzte. Und da sagte ich mir, jetzt ist genug gemordet. Ich gab ihm mit seinem Gewehr einen Klaps auf den Hintern und ließ ihn laufen. Dir aber will ich für deine Geschichten danken. Wie anders könnten auch wir leben, wenn es keinen Stalin bei uns gäbe. Seid froh, daß ihr euren Hitler losgeworden seid, vielleicht wird auch uns eines Tages Amerika befreien. Und da du uns von Amerika so gute Gangstergeschichten erzählt hast, schenke ich dir eine amerikanische Konservendose. Geblitzt hat in meiner Hand die Dose, nicht das Messer.«

Ein anderes Mal wurde ich überfallen, als ich von der Bäckerei mit einigen Dutzend Brotrationen für die Krankenbaracke unterwegs war. Von hinten wurde mit ein Sack über den Kopf geworfen und das Tragebrett aus den Händen gerissen. Als ich mich von dem Sack befreit hatte, war weit und breit niemand mehr zu sehen. Ich meldete den Überfall auf der Wachstube, wo meine Aussage von Augenzeugen bestätigt wurde. »Da sind wieder einmal ein paar unverbesserliche ›krochobory‹ am Werk gewesen«, meinte der diensthabende Unteroffizier, »geh in die Baracke zurück und warte ab. Die Hunde werden wir uns vorknöpfen«. Als ich Dr. Kaufmann über den Vorfall unterrichtete, zeigte er sich zuversichtlich. »Das gestohlene Brot bringt Prozente«, meinte er vieldeutig. Eine halbe Stunde später wurde die Tür der Krankenbaracke aufgestoßen: Ich glaubte, seltsame Gnome zu erblicken, die sich mit merkwürdigem Wechselschritt vorwärtsbewegten. Als sie sich der Öllampe näherten, erkannte ich zwei auf den Knien rutschende Männer, die das Tragebrett mit dem gestohlenen Brot, wie Hofköche aus einem Märchenland, vor sich hielten.

Ataman Wadim, der sie mit Stockhieben vorantrieb, erschien als treibende Gewalt hinter ihnen. »Tut Buße, Hundesöhne!« brüllte er sie an, »das nächste Mal hängt ihr im Abort. Ein Messer wäre zu schade für euch.« Die beiden Missetäter hatten das Brotbrett auf einem Hocker abgesetzt und leckten die Schneespuren, die Wadims Filzstiefel auf dem Bretterboden hinterlassen hatten. Dies bedeutete das höchste Maß der Demütigung für die Brotdiebe. »Lew Dawydowitsch«, entschuldigte sich der Ataman, »mit diesem Mundraub an Kranken haben meine Männer nichts zu tun. Diese ›krochobory‹ werden es sich merken, wie man sich unter ehrlichen Dieben zu benehmen hat. Als Entschädigung haben wir für die Kranken etwas Zucker beigesteuert«, und er übergab dem Arzt ein rundbäuchiges Säcklein. »Und für dich, unseren Inostranez (Ausländer)«, wandte er sich an mich »habe ich, damit du das Brot besser halten kannst, ›wareschki‹ (Fäustlinge) organisiert. Und komm morgen wieder zu uns nach Abessinien. Du mußt uns die Geschichte von dem Bankraub in Chicago noch einmal erzählen.« Er zwinkerte mir zu und sagte mir beim Hinausgehen: »Mein Solowej kann nicht genug davon hören. Du hast ihn ganz verzaubert. Er ist bisher noch nie einem Ausländer und dazu noch einem Doktor begegnet.« »Ataman, davon will ich nichts wissen«, erwiderte ich laut genug, damit es alle anderen in der Baracke hören konnten. »Ich erzähle euch die Geschichten, um mein Leben zu verlängern und nicht, um es zu verkürzen.« Daraufhin erfüllte Wadims Lachsalve den ganzen Raum. »Nemez, du bist ein Witzbold. Glaubst du wirklich an die Ammenmärchen, die man sich von mir und Solowej erzählt? Zugegeben, etwas Wahres ist schon dran. Wem aber wir beide die Gunst erweisen, den nehmen wir vor jedermann in Schutz. Lew Dawydowitsch ist Zeuge. Ich erkläre dich hiermit zu unserer Westantenne. Niemand darf dir ein Haar krümmen. Auf morgen, Freund.« Mir war es keineswegs wohl zu Mute, als ich auf Dr. Feldmanns Drängen am nächsten Tage »Abessinien« besuchte. Solowej empfing mich an der Barackentür, legte seinen Arm um meine Schulter und führte mich zur Ofenbank, auf der ich zwischen ihm und dem Ataman Platz nahm. Ich kam mir auch hier wieder wie die um ihr Überleben kämpfende Scheherezade vor, nur erschienen mir die jetzigen Umstände um vieles bedrohlicher als im Gefängnisturm von Wologda. Damals fiel ich wie Hamlet »under the thieves of mercy«. Der berüchtigte Ataman Wadim, sein Bettgenosse, aber auch die Mehrzahl der »Banditen« waren keine Taschendiebe oder erstmalig straffällig gewordene Jugendliche. Jeder von ihnen, auch der Jüngste, hatte ein mehrseitiges Strafregister aufzuweisen, darunter Gewaltverbrechen, Totschlag oder Raubmord. Von einem rosabackigen »Pazan« wurde gesüßter Tee, Dörrobst sowie Brot mit Speck gereicht, ein Festmahl ohnegleichen für einen, der keine Lebensmittelpakete erhielt. Nach der Herkunft dieser Delikatessen zu fragen, erschien mir sinnlos. Ich wußte ohnehin, daß sie von den »Kontributionen« herstammten, die allen Paketempfängern im Lager auferlegt waren. Ich ließ mir das Diebesgut wohl schmecken und genoß die wärmende Ofenbank. Schließlich wurde eine Flasche Wodka herumgereicht, was meine Erzählfreudigkeit und Einbildungskraft exzessiv steigerte. Daß ich die amerikanische Gangsterromantik nur aus einigen wenigen Filmen kannte sowie aus englischsprachiger Lektüre, tat keinen Abbruch. Meine Zuhörer identifizierten sich mit der intelligenten und trickreichen Mafia und ersetzten die Polizei von New York und Chicago durch die gehaßten NKWD-Organe, die gemein und dumm erscheinen mußten. Von Zeit zu Zeit mußte zwar auch einer der Gangster ins Gras beißen, denn Märtyrer durften nicht fehlen, aber in einem solchen Fall schoß sich der Revolverheld direkt in den Himmel hinauf. Wenn schon kein happy end, dann zumindest eine glorreiche Himmelfahrt, so wünschten es sich meine Zuhörer.

Nachdem die Wodkaflasche geleert war, wurde »Samogon« (Fuselschnaps) herumgereicht. Mir war bekannt, daß Dr. Kaufmann von seiner rationierten Spirituszuteilung jeweils ein Viertel den Sendboten des Atamans abzweigen mußte. Solowej ließ einen Becher von Mann zu Mann kreisen. Die Reihe kam auch an mich, und ich mußte meinen Ekel vor dem stinkenden Gesöff erst überwinden. Seit meiner Gefangennahme war kein Tropfen solchen Alkohols über meine Lippen gedrungen. Die Wirkung des Gesöffs war eine höchst anregende, meine fast erschöpfte Phantasie wurde aufs neue beflügelt, und ich gefiel mir in den unglaubwürdigsten Abenteuern eines neuen Gangsterhelden »Big Joe«. Ich ließ ihn mit einem Helikopter aufsteigen, auf dem Dach einer Chicagoer Bank landen und ein Dutzend Safes knacken. Auf die gleiche Art entkam er auch der Exekution auf dem elektrischen Stuhl. Bei der dritten Runde fiel mir gerade noch auf, daß Solowej sich in einen splitternackten Ganymed verwandelt hatte und mir den Becher länger als bei den anderen an den Mund hielt. Danach nahm ich gerade noch wahr, daß ich von einem dichtgedrängten Kreis nackter Leiber auf dem hölzernen Fußboden umgeben war. Mir verschlug es vollends die Sprache, als Solowej auch mich entkleidete und mir zärtlich ins Ohr flüsterte: »»Habe keine Angst. Alles wird gut sein. Du bist unser erster ›Nemetz‹. Vergiß deine Sorgen. Wir mögen dich.«

Ich erwachte im Morgengrauen durch einen sanften Rippenstoß. Dann streichelte mir Solowej sanft über das Gesicht. »Es ist Zeit zum Aufstehen. Bald ist Wecken.« Als ich mich erhob, sah ich ringsum verschlungene Leiber. Ich selbst hatte zwischen Solowej und dem Ataman gelegen, der weiterschlief. Behutsam stieg ich über die Schlafenden, zog mich rasch an und schlich mich über den leeren Platz zu der Krankenbaracke. Der Stubendienst (dnewalnyj) schlief den Schlaf der Gerechten, und niemand außer Dr. Kaufmann erfuhr von meinem nächtlichen Abenteuer. Mein »Protektor« schlug mir lächelnd auf die Schulter. »Etwas Besseres konnte Ihnen gar nicht passieren. Sie haben im Lagerleben die höheren Weihen erhalten. Eine solche Ehre wird kaum einem ›Freier‹ zuteil. Sie haben auf diese Weise einen Schutzbrief erhalten. Es wird sich auch anderswo herumsprechen, daß sie ein Freund des Atamans sind, und man wird ihnen kein Haar krümmen. Sie haben fortan eine Chance mehr zu überleben.«

Des Frühlings Erwachen bedeutete auch das Ende des Überwinterungslagers. Die Gefangenen wurden »etappiert«, in andere Lager überstellt. Das Einzige, was Dr. Kaufmann für mich noch tun konnte, bestand darin, daß er mich als bewährten Arztgehilfen zur weiteren Ausbildung und Erhöhung der Qualifikation für einen Feldscherkursus in einem »Sangorodok« (Krankenrevier-Zentrale) empfahl. Diese Empfehlung bewahrte mich für die nächsten drei Wochen vor jedem körperlichen Arbeitseinsatz.

Dr. Kaufmann definierte einmal, der osteuropäische Antisemitismus sei animalischer Natur, bei den Deutschen ein intellektueller, ein als Weltanschauung oktroyierter. In den von deutschen Truppen besetzten Gebieten im Osten hätten die Deutschen daher stets willige und haßerfüllte Vollstrecker ihrer ideologischen Ausrottungsmaßnahmen gefunden. Für die Opfer sei es letzten Endes gleichgültig gewesen, von wem das Todesurteil vollstreckt wurde. In ganz Osteuropa sei aber der Antisemitismus nicht auszurotten, denn man mache jeden einzelnen Juden mitverantwortlich für die bolschewistische Revolution.

Die »Sakonniki«, die zum großen Teil von jenen unternehmungsfreudigen wohlhabenden Bauern abstammten, die als sogenannte »Kulaken« (die das Faustrecht Ausübenden) von Stalin zu Hunderttausenden systematisch als »Klassenfeinde« ausgerottet wurden, sahen sich – nach Dr. Kaufmanns Meinung – als jene Elite der Zukunft, die ihren Herrschaftsanspruch vom Straflager auf das ganze Land zu übertragen beabsichtigen. Von vielen dieser künftigen »Mafiosi« (diese Bezeichnung war damals noch unbekannt) wurde auch mir wiederholt versichert: »Unsere Stunde wird kommen, und dann bestimmen wir und die amerikanischen Gangster, was in Rußland und in der übrigen Welt zu geschehen hat.« Diese Auffassung erklärt u. a. jenes gesteigerte Interesse der »sakonniki« – der angeblich nach ihrem Gesetz (sakon) handelnden Bandenführer – an ihrem US-Vorbild.

Wie ich schon erzählte, wurde ich nach Absolvierung des medizinischen Lehrganges, versehen mit einer entsprechenden Bescheinigung als approbierter Feldscher entlassen und gelangte zunächst in das nahegelegene Durchgangslager Perebory am Staudamm des »Moskauer Meeres« bei Rybinsk. Auch diesmal fehlte mir nicht eine Empfehlung an den dort internierten Petersburger Regisseur Sergej Radloff, dessen Lagertheater durch Gastspiele in Rybinsk bekannt geworden war.

Die Radloffs

Radloff begegnete ich bei meinem ersten Pirschgang im Lagergelände von Perebory. Schon von weitem erkannte ich eine schlanke Gestalt mit leicht vornübergebeugten Schultern, auf dem Kopf eine Baskenmütze, den langen Hals im intensiven Gespräch aus einem Schafshalbpelz, wie ihn deutsche Offiziere im Rußlandfeldzug trugen, hervorstreckend und mit den Händen lebhaft gestikulierend. Dieses Äußere entsprach der Personenbeschreibung einiger Mitgefangenen, die Sergej Ernestowitsch nicht ohne Hochachtung als »deutschen General im Ruhestand« bezeichneten.

Während man sich einen russischen General gemeinhin als Fettwanst vorstellte und bei einem Dickleibigen vom »Generalsbauch« sprach, hatte man im Krieg die Beobachtung gemacht, daß deutsche Generäle zumeist und am ehesten einem intellektuellen Typ entsprachen.

Die Schneeschmelze hatte das Lagergelände in einen Morast verwandelt. Geriet man in den dickbreiigen Lehm, dann verwandelten sich die ohnehin schweren schuhähnlichen Gebilde aus ausgedienten Autoreifen bei jedem weiteren Schritt in stampfende Elefantenfüße. Ich wollte Radloff und seinem Gesprächspartner auf der Laufplanke ausweichen und versank bis über die Knöchel im Lehm. Radloff zog mich mit schelmischem Lächeln heraus und bemerkte doppelsinnig auf deutsch: »Man braucht hier eine helfende Hand. Auf dem Kurfürstendamm brauchte man sie übrigens auch, zumindest als Russe im Krieg.«

»Wieso wissen Sie, daß ich Deutscher bin?« »Aber mein lieber Junge, das können Sie ebensowenig verbergen, wie ich meine deutsche Abstammung verbergen kann. Sie kennen wohl meinen Spitznamen?« »Sie meinen General im Ruhestand?« »Genau das. Übrigens haben auch wir überall unsere Spione. Ich will Sie damit allerdings nicht als Berufsspion titulieren. Ich wußte aber, daß Sie mich aufsuchen würden.«

Radloff verabschiedete sich von seinem Gesprächspartner und

führte mich in das Clubhaus, in dem er sein Arbeits- und Schlafzimmer besaß. Nicht ohne Stolz zeigte er mir die Bühne und den Zuschauerraum, dessen Bänke für 200 und mehr Personen ausreichen durften. »Hier spielen wir Theater und für Lagerverhältnisse kein schlechtes. Nicht nur Schauspiel, auch Ballett und Oper werden geboten. Nicht so gut wie in Leningrad, aber entschieden besser als in Scherbakow, unserer Landeshauptstadt sozusagen. Wir haben ständig Besucher aus der Stadt, da aber nicht jedermann einen »Propusk«, pardon, Passierschein erhält – den Ausdruck habe ich auch in Deutschland zu Genüge kennengelernt – zeigen wir jede Premiere mindestens zwei-, dreimal im Stadttheater von Scherbakow. Es sind Gastspiele eines anonymen Ensembles, unsere Namen dürfen natürlich überhaupt nicht genannt werden, obwohl jedermann weiß, daß in der Leningrader Passage ein Theater nach mir benannt war. Ich spielte dort beinahe ausschließlich westeuropäisches Repertoire, Klassiker versteht sich, aber auch sozialkritische moderne Stücke, alles, was von der Zensur zugelassen war.«

Nach dieser ersten Besichtigungstour zogen wir uns in Radloffs »Kabinka« zurück, einen Holzverschlag, in dem außer Tisch und Bett gefüllte Bücherborde und ein handbemalter Teppich mit den von Lagermalern beliebten »Drei Recken zu Pferde« von Wasnezow eine gewisse Behaglichkeit schufen. »Sie staunen wohl über luxuriöse Unterbringung«, kommentierte Radloff meinen erstaunten Blick, »es zahlt sich halt aus, ein ›verdienstvoller Regisseur der Sowjetunion‹ gewesen zu sein. Ein Teil der Bücher, die Sie hier sehen, sind übrigens aus der Stadtbibliothek entliehen. Sie werden darunter manches Schmuckstück finden. Schauen Sie, hier eine Erstausgabe der Werke Voltaires. In Saffian gebunden, Goldschnitt, und hier das fürstliche Wappen. Stammt aus der Bibliothek des Fürsten Schachowskoj, der unweit vom damaligen Rybinsk eines seiner Güter besaß. Ja, und die neuesten Ausgaben, vor allem die Gedichtbände, darunter auch von meiner Frau Anna Dmitriewna, hat meine Schwägerin, die Bildhauerin Sara Lebedejewa, bei ihren mehrfachen Lagerbesuchen aus Leningrad herübergebracht.«

Mir war bereits bekannt, daß Anna Dmitriewna sich im benachbarten Frauenlager befand. Ich erkundigte mich aber ein wenig schüchtern: »Wie oft dürfen Sie Ihre Frau sehen? Einmal im Monat?«

»Sie werden es nicht für möglich halten, jeden Tag. Ich habe einen permanenten Propusk für die Frauenzone, in der Anna Dmitriewna eine ähnliche ›Kabinka‹ bewohnt. Sie kommt aber auch oft genug zu mir herüber, ist bei den meisten Proben dabei und selbstverständlich bei allen Vorstellungen. Ich beschäftige sie sozusagen als Regieassistentin. Dieses Privileg wurde uns von Moskau zugestanden. Was Sie vielleicht nicht wissen, meine Frau hat für mein Theater in Leningrad Shakespeare, Schiller und einige neuere Autoren aus dem Deutschen, Englischen und Französischen übersetzt und ist auch früher bei der Regie behilflich gewesen. Aber genug darüber. Erzählen Sie von sich.«

Fast alle Gespräche im Gefängnis und im Lager zeichneten sich durch größte Unbefangenheit aus. Sobald der erste Kontakt hergestellt war, und der »Empfänger« die gleiche »Wellenlänge« eingestellt hatte, entspann sich gewöhnlich ein Gespräch, das man am ehesten mit einer Beichte vergleichen könnte. Die Aussprache mit Radloff dauerte am ersten Tag mehrere Stunden und brach in den nachfolgenden Monaten nicht mehr ab.

An einem der nächsten Tage lernte ich bei einer Probe Anna Dmitriewna kennen. Sie war immer noch durch und durch eine »grande dame« der Petersburger Gesellschaft, in der sie als deutschstämmige Tochter des Direktors der Russisch-Asiatischen Bank aufgewachsen war. Ihre strengen junonisch gemeißelten Züge, der schmale Mund, den nur selten der Anflug eines Lächelns erheiterte, verrieten ebenso sehr wie ihre immer korrekte Körperhaltung eine perfektionierte Erziehung durch eine Schar von Gouvernanten. Wenn man ihr gegenüberstand, stieg auch bei Erwachsenen ein oft beklemmendes Gefühl hoch, etwas verkehrt gemacht zu haben und eines Vorwurfs ihrer durchdringenden graubraunen Augen nicht entgehen zu können. Das Ensemble hegte für sie beinahe ausnahmslos eine geradezu mystische Verehrung. Radloff selbst meinte einmal, es sei ein heidnischer Mutterkult. Männer wie Frauen vertrauten ihr nicht nur ihre kleinen alltäglichen Kümmernisse an. Ihrer Meinung, die manchmal ein unabdingbar hartes Urteil sein konnte, widersprach niemand. Es hatte sich längst herumgesprochen, daß sie in allen Wirrnissen und Beklemmungen der menschlichen Seele besser Bescheid wußte als geschulte Psychologen. Ihre dunkle Mezzostimme klang wie ein tiefgestimmtes Cello; jeder ihrer druckreifen Satzwendungen, gleichviel ob russisch, deutsch oder französisch formuliert, war ein unverkennbar musikalischer Rhythmus eigen, der eine vollkommene Beherrschung jeder dieser Sprachen verriet. Nur Englisch sprach sie ungern, da dieses in ihrer Jugend, so behauptete sie jedenfalls, noch keine Umgangssprache gewesen sei. Ihren Shakespeare-Übersetzungen war allerdings die gleiche Meisterschaft im präzisen Ausdruck, eine große Modulationsfähigkeit und ein kraftvoller Duktus anzumerken. Ihre Nachdichtungen von Shakespeares Dramen gaben den Anlaß zu unserem ersten literarischen Gespräch.

»Wissen Sie, wie es dazu überhaupt gekommen ist, daß ich Shakespeare übersetzte? Mein Mann beabsichtigte einmal, den Othello zu inszenieren. Er besorgte sich ein halbes Dutzend russischer Übersetzungen und verwarf sie alle. Sie erschienen ihm und auch mir unfrei, ungenau, gedrechselt und zum Teil einfach sinnwidrig. Er fragte mich beiläufig, ob ich mich nicht ans Übersetzen heranwagen würde, und packte mich bei meinem Ehrgeiz. Ich konnte seiner Herausforderung nicht widerstehen, vergrub mich monatelang in Wörterbücher und Shakespearekommentare und gab die Rohfassung unserem gemeinsamen Freund Michail Alexandrowitsch Kusmin zu lesen. Sein Urteil überraschte mich. Er meinte, mein Othello sei aus einem Guß, jede kleinliche philologische Besserwisserei würde dem Ganzen nur schaden, und ich sollte doch das Manuskript so wie es war in Druck geben. Ich tat es, und es wurde ein Riesenerfolg. Nicht nur auf der Bühne meines Mannes, sondern in der ganzen Sowjetunion bediente man sich meiner Othellofassung. Auch heute noch, obwohl inzwischen Pasternaks Übersetzungen erschienen sind. Da mein Name seit dem Kriege in allen Ausgaben ausgelöscht worden ist, braucht man dem Anonymus kein Honorar zu zahlen. Im übrigen nehme ich es Boris Leonidowitsch wirklich übel, daß er sich bei seinen Shakespeareübersetzungen nur allzu ausgiebig meiner Vorlage bedient hat. Man braucht nicht einmal philologisch geschult zu sein, um dies herauszufinden. Bitte vergleichen Sie selbst.«

Anna Dmitriewna holte vom Bücherbord ihres Mannes ihre und Pasternaks Hamletübersetzungen herunter. Ihre Stimme war noch dunkler und beinahe drohend geworden. Sie klang wie eine Alarmglocke, ihre Wangen waren gerötet, als sie die Teegläser beiseite schob und mir Textstellen zum Vergleich anbot.

»So etwas tut man nicht«, entschied sie mit einem Unterton der Verachtung in der Stimme. »Ich weiß, Boris Leonidowitsch mußte seinen Lebensunterhalt mit Übersetzungen verdienen. Seine Gedichtbände wurden seit 1931 nicht mehr neu aufgelegt. Neue durften schon gar nicht veröffentlicht werden. Übersetzungen waren jahrelang sein einziger Broterwerb. Aber das Faktum des Plagiats zeigt seine Charakterschwäche. Er ist nie eine Kämpfernatur gewesen. Als Mandelstam 1936 verhaftet worden war, klingelte bei Pasternak eines Nachts das Telephon. Der Kreml war in der Leitung, und als Pasternak sich meldete, erkannte er sofort die georgischen Kehllaute der »Stimme des Herrn«. Stalin erkundigte sich, wie gut er Mandelstam kenne und was er über ihn auszusagen habe. Pasternak beteuerte, er kenne den Inhaftierten nicht näher und maße sich auch kein Urteil über den Gehalt seiner Gedichte an. Meinen Sie nicht etwa auch, er hätte ein gutes Wort für den armen Kerl einlegen können? Ich hätte es auf jeden Fall getan, wenn es mich auch den eigenen Hals gekostet hätte. Vielleicht hätte sogar ein Beweis des Mutes Stalin imponiert. Ich kenne einige Fälle, in denen er bereits gefällte Urteile revidierte. Er ist im Grunde genommen ein ähnlicher Menschenverächter wie Iwan der Schreckliche oder Peter der Große, die er als seine Vorläufer in der russischen Geschichte ansieht. Nicht umsonst wird Maxim Gorkijs Ausspruch ›Wer als Kriechtier geboren ist, wird nie fliegen lernen‹ von Stalin gebraucht.«

Schon die ersten Gespräche mit Anna Dmitriewna zeigten, daß sie aus härterem Holz geschnitzt war als Sergej Ernestowitsch. Sie lebten trotzdem jahrzehntelang, oft über Jahre getrennt und jeder mit einem anderen Partner verbunden, in einem schöpferischen Gedankenaustausch, der ohne eine ständige Spannung, Unterbrechung und Neuanknüpfung der Fäden undenkbar gewesen wäre. Die Fragmente der Radloffschen Biographien fügten sich erst im Laufe vieler Monate aneinander. Nach meiner Rückkehr aus dem Gulag boten Theaterenzyklopädien, genealogische Nachprüfungen sowie die russische Literatur- und Theatergeschichte höchst willkommene Ergänzungen und Verifikationen. Für die Struktur und das Schicksal der alten russischen Intelligenzia ergaben die Radloffschen Biographien ein außerordentlich typisches Bild. Unter den Ausländern, die im 18. und 19. Jahrhundert einen ganz wesentlichen Beitrag zu deren Entstehung und Herausbildung geleistet haben, stehen die Deutschstämmigen an allererster Stelle.

Sergej Radloffs Urgroßvater, Karl Friedrich Radloff, der aus dem thüringischen Lauchstädt stammte, war 1782 aus Deutschland eingewandert. 1822 wurde er russischer Staatsbürger und gehörte fortan mit seinen Nachkommen dem erblichen Adel an. Als Adjunkt-Professor unterrichtete er an der Petersburger Universität und war gleichzeitig Lehrer an der St. Petri-Gemeindeschule und an der Muraltschen Privatschule. Die deutsche Familientradition wurde allerdings auch bei dem nach St. Petersburg zurückgekehrten Großvater Sergejs, Leopold Karl Friedrich Radloff (1818–1865), aufrechterhalten. Er war Kustos des Ethnographischen Museums, Archivar der Akademie der Wissenschaften und Gymnasialdirektor. Verheiratet war er mit Mathilde Stephan. Aus dieser Ehe ging Ernst Gustav Wilhelm Radloff (in russischer Schreibweise Ernest Leopoldowitsch, 1854–1928) hervor. Sein Philosophiestudium an der St. Petersburger Universität schloß er in Leipzig und Berlin ab. Neben seinen regulären Vorlesungen an der Petersburger Universität und der Leitung der Bibliothek der Akademie der Wissenschaften redigierte er die philosophischen Beiträge zur Brockhaus- und Efron-Enzyklopädie und übersetzte Aristoteles ins Russische. 1913 erschien seine Übersetzung von Hegels »Phänomenologie des Geistes«, die russische Hegelianer bis dahin nur im deutschen Original kannten. 1920 gab er den ersten »Versuch einer Geschichte der russischen Philosophie« heraus. Im Gegensatz zur pragmatischen Philosophie des Westens galt Rußland als eine Hochburg der Religionsphilosophie und Mystik. In Radloffs Vorwort hieß es daher beschwichtigend: »An die russische Philosophie kann man keine allzu großen Forderungen stellen. Sie hat noch keinen Descartes, keinen Bacon, keinen Kant hervorgebracht. Es bleibt zu hoffen, daß die pessimistische Voraussage Karl Ernst von Behrs, in Rußland werde nur ausgesät, die Ernte aber nicht eingebracht, nicht eintreten wird.«

Verheiratet war er mit der russischen Adligen Wera Alexandrowna Dawydowa, die fließend Deutsch und Französisch sprach und für ihre heranwachsenden Söhne eine deutsche Bonne engagierte. In dem gastfreien Hause verkehrte u. a. der bedeutendste russische Religionsphilosoph und in seiner Dichtung einer der ersten russischen Symbolisten Wladimir Solowjew. Dieser wurde Pate des 1892 geborenen Sohnes Sergej.

Schon als Gymnasiast zeigte der junge Sergej Radloff eine überdurchschnittliche Befähigung auf dem Gebiet der klassischen Philologie und studierte dieses Fach beim Ausbruch des Ersten Weltkrieges bei einem Schüler Willamowitz-Möllendorfs, dem aus Warschau stammenden Zelinski. 1916 schrieb er seine Magisterarbeit über Plautus und erkannte die Notwendigkeit, das Bühnenhandwerk aus eigener Anschauung kennenzulernen. Er stellte daher das Studium zurück und wurde Assistent bei einem der genialsten russischen Regisseure des 20. Jahrhunderts, Wsewolod Meyerhold. »Die Bühnenluft berauschte mich«, gestand er in einem unserer Gespräche, »als Regisseur kam ich mir wie ein Prometheus, aber auch Proteus vor, dem als Rohmaterial begabte Menschen in die Hand gegeben werden, aus denen er nach eigenem Belieben und Ermessen Gestalten formt. Wo anders kann man das gleiche körperliche und seelische Potential aus einer Form in eine andere umgießen und jedesmal eine noch nie dagewesene und nie wiederholbare Neufassung eines dichterischen Urbildes schaffen? Meyerhold war ein wahrer Zaubermeister, unerschöpflich an skurrilen Einfällen, Verfremdungseffekten und Manierismen. Unter allen Regisseuren, die ich kenne, war er der einzige wahre Revolutionär, der weder vor dem Autor noch vor dem Talent eines Schauspielers Respekt hatte, alle Fassaden und Konventionen niederriß, auf den menschlichen Empfindlichkeiten und Eitelkeiten wie ein Stier herumtrampelte, bis er alles windelweich gemacht hatte und aus der formbaren Masse jedesmal einen faszinierenden Neubau schuf. Er war unnachahmlich. Wer keine seiner Inszenierungen sah, weiß nicht, was Theater sein kann und eigentlich sein soll. Er war kein Mann des Kompromisses, und in einer Umwelt des Konformismus, den man sozialistischen Realismus nennt, konnte seine echte revolutionäre Kunst nicht weiterbestehen.«

Und Radloff fuhr fort: »Stanislawskij, dessen Methode heute jedem Schauspielschüler bekannt ist, wußte dies am besten. Er bewunderte Meyerhold als ein Bühnengenie und ermutigte seine Regieassistenten, die in den zwanziger Jahren in Moskau nicht weniger als fünf eigene Experimentierbühnen eröffnet hatten, seine Methode mit unablässigem Experimentieren nach Meyerholds Vorbild zu verbinden. Den Begabtesten unter ihnen, wie

Wachtangow, gelang dies auch zuweilen. Auch das ›entfesselte Theater‹ Alexander Tairows wäre ohne Meyerhold nicht vorstellbar. Ich habe später auch mit Piscator zusammengearbeitet, ich half ihm bei seinen Inszenierungen deutscher Expressionisten wie Hasenclever und Toller, aber auch bei Wolf und Lampel. Aber er kam, wie er mir gestand, selbst in seinen besten Leistungen nicht über Meyerhold hinaus. Von Max Reinhardt wollen wir erst gar nicht reden. Er blieb ganz und gar in der Konvention stecken, im Konsum für das anspruchsvollere Bürgertum, dem er im ›Jedermann‹ das Gruseln vor der Maßlosigkeit des Konsums beizubringen hatte. Verständlicherweise reagiert der satte Mittelstand auf das Gruseln im Schauspiel stärker als auf welterschütternde Ereignisse wie Krieg und Revolution, vor denen man sich in irgendeinem Schlupfwinkel verkriechen möchte. Nein, Meyerhold war kein Regisseur für den Massenbedarf, für das Proletariat am allerwenigsten. Ich gebe es zu, er war eine elitäre und totalitäre Persönlichkeit. Wie anders hätte er auch die Idee eines totalen Theaters durchsetzen können? Erst die russische Revolution ermöglichte ihm seinen totalen Machtanspruch auf der Bühne. Als diese 1917 ausbrach, inszenierte er gerade in Petersburg mit ganz konventionellen Stilmitteln Lermontows ›Masquerade‹. Danach bediente er sich aber völlig neuer Inszenierungsformen, und zwar in der neuen Hauptstadt des Sowjetstaates Moskau, wo ihm ein Zirkusgebäude überlassen wurde. Dort könne er sich austoben, war die Meinung der Vertreter der antibürgerlichen ›linken‹ Kunstrichtung, die unter Stalin als kosmopolitische abgelehnt wurde. Im neuen Wirkungsbereich, unter der Zirkuskuppel, vermischte er sämtliche Kunstformen: Zirkusnummern, Pantomime, Film, Lichteffekte aller Art wurden zu einem Gesamtkunstwerk. Seine Schauspieler mußten nicht nur artikuliert sprechen und anschaulich agieren, von ihnen wurde außerdem Gesang, Tanz und Zirkusakrobatik verlangt. Als Schuljungen waren sie selbst, wie sie mir erzählt haben, Augenzeuge, wie in Ostrowskijs klassischer Komödie ›Der Wald‹ einige Akteure vom zweiten Rang über den Köpfen der Zuschauer auf einem Drahtseil zur Bühne liefen. Majakowskij nannte eines seiner Stücke mit Recht ›Mysteria-Buff‹, es war tatsächlich eine Buffonade. In der NEP-Zeit wurde all dies geduldet. Auf Meyerholds Bühne hielt damals derselbe Majakowskij in seinen satyrischen Stücken ›Die Wanze‹ und

›Das Bad‹ Scherbengericht nicht nur über die Neureichen und Spekulanten, sondern auch über die Parteibürokratie und Funktionäre. Dem Mediokren, dem Spießertum, das sich unter Stalin eben wie Wanzen verbreitete, waren weder Meyerhold noch Majakowskij gewachsen. Der eine nahm sich, wie Sie wissen, 1930 das Leben, der andere beendete sein Leben in einem Konzentrationslager. Zu Meyerholds Untergang dürfte seine Ehefrau Sinaida Reich einiges beigetragen haben. Sie war eine äußerst mittelmäßige Schauspielerin, übernahm aber beinahe in jeder Inszenierung Meyerholds die weibliche Hauptrolle. Sie durfte sich jeglichen Luxus leisten; dumm wie sie war, prahlte sie damit und vermehrte die Zahl der Neider ihres Mannes. Als er verhaftet wurde, nahm auch sie ein schreckliches Ende. Man fand ihre entsetzlich verstümmelte Leiche in ihrer ausgeraubten Wohnung, und es hieß, daß die NKWD-Spitzel, die bereits seit Jahren ihren Mann beobachtet hatten, sich ihre ›Prämie‹ geholt hätten.

Ich selbst machte die Entwicklung Meyerholds zum ›totalen Theater‹ von Anfang an mit. Als er nach Moskau übergesiedelt war, versuchte ich in Petrograd in bescheidenerem Rahmen die Bühne zu modernisieren, auf kleinen Bühnen und hauptsächlich in Stücken des westlichen Repertoires. Die allergrößte Aufgabe meines Lebens fiel mir 1927 zu, als ich beauftragt wurde, aus Anlaß des zehnjährigen Bestehens der Sowjetrepublik ein noch nie dagewesenes ›Oktober-Revolution‹-Spektakel an den Originalplätzen des Geschehens, auf der Newa und vor dem Winterpalais zu inszenieren. Das Winterpalais und die ihm gegenüberliegende St. Peter-Pauls-Festung bildeten die beiden Schwerpunkte des Geschehens. Die Tribüne für Zehntausende von Zuschauern wurde an der Wasserfront errichtet, mehr als ein Dutzend Assistenten gaben von Motorbooten aus Regieanweisungen, selbstverständlich durch Megaphone. Ich selbst raste wie ein wildgewordener Admiral mit einem Marineboot von einem Ufer zum anderen, von Floß zu Floß, nahm Korrekturen vor und griff ein, wenn eine Panne drohte. Ein Teil der dramatischen Ereignisse spielte sich nämlich wegen der besseren Sicht vom Ufer auf eigens konstruierten Flößen ab. Als es dunkel wurde, erschienen auf der Leinwand Szenen aus Pudowkins ›Das Ende von St. Petersburg‹ und Eisensteins ›Oktober‹, die gerade fertiggestellt waren. Dann erloschen im Winterpalais die Lichter und aus verschiedenen Richtungen setzten ganze Einheiten der Roten Armee mit Feldhaubitzen und MGs zum entscheidenden Sturm auf die Zarenresidenz an. Dies mag der historischen Wahrheit nicht entsprochen haben, aber es war ungewöhnlich effektvoll. Hinter Sandsäcken verteidigten Junker und eine Frauendivision den nunmehrigen Sitz der provisorischen Regierung. Kerenskij gelang im letzten Augenblick die Flucht in einem britischen Diplomatenwagen, und Zehntausende von Zuschauern johlten ihm nach wie auf einer Hasenjagd. Danach kam der allergrößte theatralische Coup. Der Kreuzer ›Aurora‹, der 1917 Rußlands Schicksal entschied, kreuzte wie vor zehn Jahren auf und gab Schüsse auf das Winterpalais ab. Diesem Massenspektakel folgte ein halbstündiges Feuerwerk, auch Siegeslosungen wurden in den Himmel geschossen. Sie können mir glauben, ich war keinesfalls ideologisch motiviert. Als begeisterter Theatermensch war ich aber von meiner Aufgabe völlig hingerissen, und als gelernter Altphilologe verglich ich sie mit der eines altgriechischen Dramaturgen. Von Freunden und Verwandten, ja selbst von meinem Vater wurde ich als Opportunist, als Abtrünniger bezeichnet, aber im Grunde genommen war ich nichts weiter als ein beklagenswerter demokratischer Sozialist, wie ich mich damals selbst nannte. Und nur allzu gut wußte ich, daß Rußland stets in Extremen lebte und einen mittleren Weg bei einer revolutionären Umgestaltung nicht zu betreten vermochte. Die NEP-Zeit der zwanziger Jahre mit dem Wohlstand der Neureichen und Bauern, den ausländischen Konzessionen und dem Warenimport, mit der Möglichkeit ins Ausland zu reisen, aber den Mund zu halten, wenn es sich um Politik handelte, dies alles entsprach durchaus meiner bürgerlichen Denkungsart. Diese wenigen Jahre, die Lenin eine ›Atempause auf dem Wege zum Kommunismus‹ genannt hatte, boten mir eine schöpferische Chance, und ich habe dieselbe genutzt.«

Anna Dmitriewna – Mme. Radloff – erschien, wie es hieß, stets mit ihrer »entourage«, bestehend aus Sergej und Nikolaj Radloff, dem als Graphiker bekannten Schwager, dem Schriftsteller Kornej Tschukowskij, dem Historiker Ewreinow, vor allem aber dem provokanten homoerotischen Dichter Michail Kusmin mit seinem jugendlichen »Beau«, Jurij Jurkun. Im Umlauf war Kusmins Bonmot, »ADR« sei der einzige »Mann« in der zeitgenössischen russischen Literatur, mit Ausnahme von Majakowskij, was Alexander Blok ihm nie verziehen hätte. Sergej Radloff begegnete seiner späteren Ehefrau in der ehemaligen Zarenloge der Marien-Oper, in der sie »Hof« hielt. In seinem letzten Gedichtband »Die Forelle bricht durchs Eis« (1927) widmete Kusmin seiner nachsichtigen und verständnisvollen Freundin »ADR« die Zeilen:

Geballter Frost, doch auf der Bühne »Tristan«,
Und im Orchester sang das wunde Meer.
Ein grünes Land in blauen Dunst getaucht.
Im wilden Kampf das Herz erstarrt.
Wie kam sie bloß herein? Geschwebt? –
Sie war der Loge einverleibt,
Wie ein Portrait von Brjullow.
Denn solche Frauen leben in Romanen,
Man sieht sie auch in Filmen ab und an,
Sie stiften Diebstahl und Verbrechen,
In Equipagen lauert man auf sie
Und stirbt den Gifttod einsam in der Stube.
Der Liebe tödlichem Verlauf galt jetzt ihr Blick
Galt jetzt ihr Blick, gespannt, beinahe scheu.
Es löste sich das rote Tüchlein
Von ihrer Schulter aus Perlmutter. Sie sah es nicht,
Auch nicht wie im Theaterrund
Die Operngläser sie verzehrten.

Anna Dmitriewna las mir diese Szene aus dem Gedichtband vor und wußte darüber noch Kurioses lächelnd zu berichten. Das Spitzentuch sei ihr bei einer heftigen Bewegung von der Schulter gerutscht und hätte ihre das Korsett sprengende Brust ein wenig entblößt. »Der arme Michail Alexandrowitsch, der neben mir saß, war einem solchen Anblick nicht gewachsen. Er schloß die Augen und rückte von mir weg. Ich konnte seine Gefühlswallung durchaus verstehen. Sein ästhetisches Idealbild war ganz und gar von dem schmalhüftigen Ephebenkörper geprägt, den er viel eher auf der Ballettbühne oder im damaligen Berlin in den Herrenbars bewundern konnte. Auf seiner Petersburger Experimentierbühne inszenierte Sergej Ernestowitsch (Radloffs nannten einander stets beim Vor- und Vatersnamen) eines seiner reizvollen Singspiele bukolischer Art. Die Musik, die er dazu schrieb, hätte von Mozart sein können. Für den subtilen Charme, die absolute Verfeinerung dieser Art gibt es seit der Revolution leider kein empfängliches Publikum mehr. Die wenigen Vorstellungen wurden von bettelarmen alten Damen und einigen Snobs besucht. Kusmin war aber alles andere als ein Dandy, wie etwa Diaghilew. Er war ebenso tief- wie feinsinnig, für mich war er eine ›Taube aus Ton‹, wie einer seiner Gedichtbände hieß; auf dem harten Boden russischer Realität mußte dieser alexandrinische Sänger (›Alexandrinische Gesänge‹ hieß ein anderer Gedichtband Kusmins) zerschellen. Er starb (1937) glücklicherweise, bevor der ›Schwarze Rabe‹ (Gefangenenauto) vor seiner wohlbehüteten Oase vorfahren konnte. Seinem Nachlaßverwalter und treuesten Lebensfreund, Jurij Jurkun, dem viele seiner Gedichte gewidmet waren, blieb der Tod durch Erschießen als angeblicher Konterrevolutionär nicht erspart. Gerade noch rechtzeitig vor seiner Verhaftung bat er mich, den literarischen und musikalischen Nachlaß Kusmins in Verwahrung zu nehmen. Aus der Leningrader Blockade habe ich einen großen Koffer mit zum größten Teil unveröffentlichten Manuskripten herausgeflogen, während der letzten Kriegsjahre vom Kaukasus durch die ganze Ukraine nach Berlin geschleppt und durch Vermittlung von Ada Tschechowa bei Rudolf Platte deponiert. Sollten Sie eines Tages nach Berlin zurückkehren, erkundigen Sie sich bitte bei Platte, was aus dem Koffer mit Kusmins Manuskripten geworden ist. Ich fühle mich dem Vermächtnis Kusmins verpflichtet, und auch Sie sollten sich wegen seiner unerschütterlichen Liebe Deutschland gegenüber nicht weniger verpflichtet fühlen.«

Zu meinem echten Kummer erfuhr ich 1955 nach meiner Rückkehr aus dem Gulag von Olga Tschechowa, daß der Kusminsche Koffer bei Platte in Berlin bei einem der britischen Bombenangriffe verbrannt sei.

Die Radloffsche Ehe war vielen Prüfungen und Bewährungsproben ausgesetzt, die auf das Konto beider Ehepartner gingen. Die Heroine am Radloffschen Theater in der Petersburger »Passage«, Lena Jakobson, war jahrelang intime Freundin des Regisseurs, während seine Ehefrau eine, wie sie sich ausdrückte, »intellektuelle Verwandtschaft« mit Kornej Tschukowskij verband. Der brillante Essayist, Kritiker, Kinderbuchautor und Übersetzer Oscar Wildes und Walt Whitmans war Anna Dmitriewna bei ihren Shakespeare-Übertragungen von großem Nutzen. Mit

Rücksicht auf den einzigen Sohn Dmitrij hat das Ehepaar Radloff sich nicht getrennt. Seinetwegen faßten Radloffs 1945 den verhängnisvollen Entschluß, nach Rußland zurückzukehren, da beide sich schuldig fühlten, den Sohn vernachlässigt zu haben.

Bis zum Beginn der Blockade durch die deutschen Truppen wurde das Radloff-Theater in der »Passage« am Newskij-Prospekt bespielt, Shakespeares »Romeo und Julia«, »Hamlet« und »Othello« in der Übersetzung Anna Dmitriewnas gehörten nach wie vor zu den Erfolgsstücken. Als aber die Blockade sich verschärfte und die Versorgung der Millionenstadt zusammenbrach, gehörten Radloffs zu jenen bevorzugten »Kunstschaffenden«, die im Hotel »Astoria« vorübergehend Aufnahme fanden. Alsbald wurde aber das gesamte Ensemble auf dem Luftweg evakuiert und nach dem nördlichen Kaukasus gebracht. In Kislowodsk tat Radloff alles, um sein Ensemble zu erhalten und den Schauspielern, für deren Wohl er sich persönlich verantwortlich fühlte, ein Existenzminimum zu sichern. Nach wenigen Wochen war nämlich den deutschen Truppen ein Durchbruch an der Kaukasusfront gelungen und das ehedem mondäne Kurbad in einem malerischen Gebirgstal militärisch besetzt.

Der deutsche Besatzungsstab kam Radloff in jeder Hinsicht entgegen, versah ihn und sein Ensemble mit Vorzugsausweisen. Zu Radloffs allergrößten Überraschung erschien einige Tage nach dem Einmarsch der Deutschen ein Ordonnanz-Offizier Feldmarschalls von Kleist und überreichte ihm eine Einladung zum Essen im Offizierskasino, einen Korb mit allerlei Delikatessen und Spirituosen sowie einen prächtigen Blumenstrauß für Anna Dmitriewna. Sowohl der Feldmarschall wie General Schmalenbach zeigten sich hocherfreut über einen deutschsprachigen Gesprächspartner und seine elegante Ehefrau, die sich auf dem neuentstandenen freien Markt einkleiden konnte. Geschäftstüchtige Armenier machten dieses »Wirtschaftswunder« durch Tauschhandel und das Hervorholen gehorteter Waren binnen kurzem in Kislowodsk möglich. Der Hinweis auf Radloff erfolgte, wie sich herausstellte, durch ein Fernschreiben von Berlin aus, wo ein deutscher Vetter Radloffs Abteilungsleiter in Goebbels Propagandaministerium war und stets aus erster Quelle informiert wurde. Als die Gestapo sich in Kislowodsk etabliert hatte, kam es zu einer Denunziation. Das Ensemble spielte für die deutschen Soldaten neben anderen Repertoirestücken auch »Emilia Galotti« in russischer Sprache, aber mit deutschen Einführungen zu jedem Akt. In der Hauptrolle erregte Lena Jakobson allgemeines Aufsehen. Durch Zuträger erfuhr die Gestapo, daß sie Halbjüdin und die Geliebte des Regisseurs sei. Mit dieser Frage wurde Anna Dmitriewna bei einer Einvernehmung konfrontiert. In der ihr eigenen Weise verstand sie jegliche Emotion zu unterdrücken und bestätigte, das eine wie das andere sei ihr zwar bekannt, aber sie nähme daran keinen Anstoß. Radloff erreichte schließlich, daß im Personalausweis der Name Jakobson durch den dänisch klingenden Jakobsen »arisiert« wurde.

Mit den aus dem Kaukasus abziehenden Truppen wurde auch das Radloff-Ensemble zunächst nach Dnjepropetrowsk evakuiert. Auch dort wurde monatelang Theater für die einheimische Bevölkerung und die deutschen Soldaten gespielt. Das deutsche Repertoire wurde allmählich erweitert und »komische Szenen« oder Einakter auch in deutscher Sprache aufgeführt. Ich erinnerte Radloff an die Anfänge des russischen Theaters, als Pastor Gregorii aus Moskaus »deutscher Vorstadt« 1672 mit seinen Schulbuben am Zarenhof deutsche Stücke mit russischen »Einlagen« aufgeführt hat.

Bevor Dnjepropetrowsk von sowjetischen Truppen eingenommen wurde, übersiedelte das Ensemble nach Berlin, wo im »Columbus«-Haus am Potsdamer Platz Theateraufführungen für die Ostarbeiter stattfanden. In Berlin erneuerten die Radloffs alte Bekanntschaften mit Abendroth, Knappertsbusch, Olga Tschechowa und vielen anderen Schauspielern und Regisseuren, die zum Teil bis in die vorrevolutionäre St. Petersburger Zeit zurückreichten. Im Propagandaministerium gelang es dem Berliner Vetter von Radloff, manche Vergünstigungen für das Ensemble durchzusetzen. 1944, als Wlassow-Freiwilligenverbände an die Westfront verlegt wurden, erhielt das Ensemble Weisung, die Truppenbetreuung in Frankreich zu übernehmen.

Die Invasion der Alliierten erreichte das Radloff-Ensemble in Nizza. Weder die Franzosen noch die Engländer oder Amerikaner bezichtigten das Ensemble einer freiwilligen Kollaboration mit den Deutschen. An Sergej Radloff ergingen Anfragen, ob er nicht in England oder in den USA Regie übernehmen wolle. Ein Hollywood-Agent entdeckte, daß Anna Dmitriewna dem raren Typ einer europäischen »grande dame« entspreche und lockte mit Stroheim-Honoraren. Radloffs wiesen jedoch all diese verlockenden Angebote zurück und schenkten jenen sowjetischen Parolen Gehör, die freiwilligen Heimkehrern Straffreiheit im Falle einer unfreiwilligen Kollaboration in Aussicht stellten. Auf Einladung des sowjetischen Botschafters Bogomolow reisten sie nach Paris, wo dieser versicherte, »das Vaterland würde ihnen die unpolitische Kollaboration« verzeihen. Nach den Leiden und Entbehrungen der Kriegszeit bestünde in der Sowjetunion ein erhöhtes Bedürfnis nach qualifizierten künstlerischen Leistungen. Das Ensemble könne zwar nicht mit Spielorten in Moskau oder Leningrad, wohl aber in jeder anderen großen Stadt rechnen. Daraufhin trafen die Radloffs Abreisevorbereitungen. Anna Dmitriewna nahm die Gelegenheit wahr, sich in Paris neu einzukleiden, und noch vor Kriegsende trat das Ehepaar den Rückflug in die Sowjetunion an. Als das Flugzeug am Chodynka-Flugplatz landete, wurde ihnen eröffnet, eine »Extra«-Limousine würde Radloffs vom Flugplatz abholen, und sie sollten sich nur ein wenig gedulden, bis alle anderen Fluggäste – ausschließlich Militärs – abgefertigt worden seien. Nach längerer Wartezeit wurden die beiden Heimkehrer zu einem entlegenen Parkplatz geführt, wo sie gewahr wurden, daß die »Extra«-Limousine der berüchtigte »Schwarze Rabe« war. In dem vergitterten Gefangenenwagen ging die Fahrt durch das nächtliche Moskau bis zum Halt im Innenhof des NKWD-Gefängnisses am Lubjanka- bzw. Dserschinskij-Platz. Das Ehepaar wurde getrennt und der üblichen Empfangsprozedur unterworfen, die bei Anna Dmitriewna besonders lange dauerte. Das weibliche Gefängnispersonal ließ jedes ihrer Bekleidungsstücke genüßlich durch die Finger gleiten und zollten dem »Pariser chic« Bewunderung. Angewidert unterschrieb die »barynja« (gnädige Frau), wie sie spöttisch tituliert wurde, ein Protokoll, das den Inhalt ihrer vielen Koffer auf ein Minimum reduzierte. Dieser – so wurde ihr versichert – sollte ihr bei der Entlassung vollständig zurückgegeben werden.

Für das Ehepaar Radloff begann nunmehr ein halbes Jahr eingehender Einvernahmen, bei denen alle Register in Dur und Moll gezogen wurden. Drohungen wechselten mit Versprechungen, und schließlich wurde das Strafmaß verkündet: wegen Kollaboration mit den faschistischen Feinden zehn Jahre Arbeits- und Erziehungslager. Der einzige Gnadenbeweis bestand darin, daß Radloffs ein Straflager im europäischen Rußland selbst aussuchen durften und daß auf ihre Trennung durch weit auseinander liegende Straflager verzichtet wurde. Da Anna Dmitriewnas Schwester Sara Lebedjewa, die mit höchsten Staatspreisen ausgezeichnete Bildhauerin, ihren Wohnsitz in Moskau hatte, fiel Radloffs Wahl auf das an dem Stausee »Moskauer Meer« bei Rybinsk gelegene Durchgangslager Perebory. Auf dem üblichen »Etappenweg« gelangten Radloffs zunächst nach Wologda. Genau so wie ich ein Jahr danach, verbrachte Sergej Ernestowitsch einige Zeit in dem Turm Iwans IV. in Wologda. Als großer »Artist« wurde er von den Kriminellen besonders »geehrt«, auch er mußte Kriminalgeschichten erfinden und erzählen und sogar die Technik des Stepptanzes demonstrieren. Nicht anders erging es Anna Dmitriewna. Die Diebinnen und Dirnen hatten sich zunächst des verbliebenen Kofferinhalts bemächtigt. Als deren »Kapos« jedoch in Erfahrung brachten, daß sie es mit einer namhaften Schriftstellerin und einer »echten Dame der alten Gesellschaft« zu tun hatten, wurden ihr die entwendeten Habseligkeiten mit erzwungenen Entschuldigungen zurückerstattet. Auch ihr fiel die Rolle einer westlichen Scheherezade zu. Selbst ihre Phantasie reichte kaum aus, um glaubhafte »Wunderdinge« über Westeuropa zu erzählen.

In Perebory fand das Ehepaar schließich im gleichen Lager zueinander, zwar getrennt in der jeweiligen Männer- oder Frauenzone, aber alsbald mit einem »propusk« (Passierschein) für den gegenseitigen Besuch versehen. Sergej Ernestowitsch wurde nämlich von der Lagerverwaltung der Auftrag erteilt, in dem Durchgangslager eine Theatertruppe zu bilden, die anonym und unter Bewachung die nahegelegene Stadt Rybinsk mit Gastspielen künstlerisch zu betreuen hatte. Ein Kern für die Truppe war bereits vorhanden, denn in der Männer- und in der Frauenzone befand sich ein gutes Dutzend Schauspieler aus der Stadt Twer (Kalinin), die der Zusammenarbeit mit dem Feinde während der deutschen Besatzungszeit beschuldigt und verurteilt waren. Radloff wurde zugestanden, geeignete Schauspieler zu rekrutieren. Er machte von diesem Zugeständnis weitgehend Gebrauch und holte Musiker, Opernsänger und Ballettänzer für sein Ensemble. Die Lagerverwaltung gestattete ihm bereitwillig, das Ensemble zu komplettieren und soweit möglich auch Musik, Gesang und Tanz in das Repertoire aufzunehmen. Dieses Interesse beruhte vor allem auf der Überlegung, daß das zahlende Publikum von Rybinsk (damals Scherbakow) im Stadttheater kein eigenes Ensemble besaß und beim Auftreten zwar anonymer, aber hochbegabter Künstler den Saal bis zum Bersten füllte. Auf den Maueranschlägen und im Programmheft wurde kein einziger Name genannt, weder der des Regisseurs noch der der einzelnen Rollenträger. Aber die Namen sprachen sich alsbald herum, nicht zuletzt durch die Wachsoldaten, die sie gegen ein kleines Entgelt oder Zigaretten verrieten.

Der Spielplan bot einen Querschnitt durch das russische klassische Repertoire, in dem Alexander Ostrowskij führend war. Sein Melodram »Die schuldlos Schuldigen« war seines Titels und der rührseligen Handlung wegen bei den Schauspielern wie beim Publikum besonders beliebt. Die sowjetischen Dramatiker erzielten den gewünschten »Mußerfolg«. Konstantin Simonows »Russische Frage« war dazu bestimmt, mitten im Kalten Krieg das »andere, bessere Amerika« zu beschwören und die Illusion zu erwecken, als ob hinter den »progressiven Kräften« in der amerikanischen Gesellschaft die siegesgewisse Volksmasse stünde. Den größten Erfolg erzielte aber auch in Rybinsk »Charleys Tante«. Mit den wenigen ausgebildeten Sängern und stimmbegabten Schauspielern wagte sich Radloff an die Aufführung von Kammeropern, wie »Aleko«, »Mozart und Salieri«, »Der geizige Ritter« heran, aber auch auf das Ballett – mit dem er seinerzeit in Petersburg viel Erfolg hatte – wollte er nicht verzichten. Dem einstigen Partner der Galina Ulanowa, Michail Dudko, gelang es, den Schauspielern die allerwichtigsten choreographischen Grundregeln beizubringen und »Die Fontäne von Bachtschisarai«, »Der Gefangene im Kaukasus« und selbst »Esmeralda« aufzuführen, Ballette, in denen mehr Folkloretänze und kaum »Spitzen«-Leistungen erforderlich sind.

Dudko, mein Pritschennachbar in der Baracke, war der Typ eines intellektuellen Tänzers, der weniger durch Temperament als durch vornehme Gesten und Eleganz beim Publikum Gefallen erregte. Schon rein äußerlich entsprach Dudko eher einem Gelehrtentyp – er blieb auch in Sträflingskleidung würdig und bedächtig, jeden Schritt messend und voll Abscheu gegenüber jeder Vulgarität. Wir freundeten uns spontan an. Im Gegensatz zu den meisten Schauspielern, von denen sehr viel eher intellektuelles Interesse erwartet wurde, war Dudko kulturgeschichtlich ungemein belesen, drückte sich im Gespräch gewählt aus und interpretierte den Tanz als »Erlösung von der Gemeinheit der Realität«. Beim Kriegsausbruch im Juni 1941 befand sich Dudko, wie auch der berühmteste Tenor der ehemaligen Marien-Oper, Nikolaj Petschkowskij, in der Sommerfrische am Finnischen Meerbusen. Westeuropa war ihm bis dahin nur aus der Lektüre vertraut, die Deutschen schätzte er nach alter Petersburger Sitte als eine Kulturnation, der gerade Rußland am meisten zu verdanken habe. Nach der Besetzung von Gatschina meldete er sich beim Ortskommandanten, der zufälligerweise ein Ballettfreund und Kenner war und ihm anbot, die Choreographie in Reval zu übernehmen, zu dessen Theater er während seines dortigen Einsatzes enge Beziehungen unterhielt. Beim deutschen Rückzug aus dem Baltikum gelangte er zunächst nach Berlin und danach nach Thüringen, wo er von den sowjetischen Truppen überholt und in einem Schnellverfahren als »Vaterlandsverräter« zur Lagerhaft verurteilt wurde. Dudko haderte nicht mit seinem Schicksal. »Wenn man als Tänzer Erfolg gehabt und den Höhepunkt seiner Leistungsfähigkeit überschritten hat, bleibt einem auch jenseits des Stacheldrahts nur Resignation und Kontemplation übrig. Daß ich selbst im Lager noch kreativ tätig sein kann, verlängert den beglückenden Traum eines Tänzers, sich durch Bewegung Freiheit zu verschaffen, und sei es nur einen halben Meter hoch über dem Fußboden.«

Durch die Jahrzehnte künstlerischen Wirkens an der ehemaligen Marien-Oper fühlte sich Dudko den Radloffs zutiefst verbunden. Sergej Ernestowitsch hatte nicht nur Opern wie Schrekkers »Fernen Klang«, Prokofjews »Liebe zu den drei Orangen« und Alban Bergs »Wozzeck« in Szene gesetzt, sondern auch Asafjews Ballette »Die Fontäne von Bachtschisarai« und »Die Flamme von Paris«. Als »Petersburger« war daher im Lagerkollektiv seine Stimme nach der von Radloff maßgebend. Zum Alltagstratsch des Ensembles hielt er Distanz, verstand es aber, durch unaufdringlichen Rat und diplomatische Vermittlung Konflikte zu beseitigen.

Das Radloff-Ensemble in Perebory blieb bis in die fünfziger Jahre intakt, wie ich in späteren Jahren erfuhr. 1949 starb Anna Dmitriewna und wurde in Rybinsk beigesetzt. Ihre Schwester Sara setzte ihr ein Denkmal aus eigenem Atelier. 1953 wurde Sergej Ernestowitsch aus dem Lager entlassen und leitete von 1953 bis 1958 zunächst das russische Theater in Dünaburg und danach in Lettlands Hauptstadt Riga, das von den Russen »Unser Ausland« genannt wurde. Er war somit wunschgemäß, wenn auch nicht nach Deutschland, so doch zumindestens in die baltische Heimat seines Großvaters zurückgekehrt, in der er 1958 auch seine letzte Ruhestätte fand. Posthum fand er Eingang in die sowjetische Theaterenzyklopädie, in der allerdings die Jahre des Krieges und der Lagerhaft mit keinem Wort erwähnt werden.

Nemaja Nemka

Die stumme Deutsche« hieß sie allerorts im Frauenlager von Perebory. Auch im benachbarten Männerlager wurde sie unter diesem Namen alsbald bekannt.

Das Schauspielerensemble von Perebory war der »stummen Deutschen« und ihrer elfjährigen Tochter Irene ganz besonders zugetan und versorgte beide mit Spenden aus den eigenen mehr als kärglichen Lebensmittelsendungen. Irene war das einzige Kind im Frauenlager. Mutter und Kind, diese Vorstellung verband sich auch bei Nichtgläubigen mit dem ins Unterbewußtsein verdrängten Bild der alles menschliche Ungemach erduldenden Mutter Gottes. »Aller Leidenden Trost und Freude« nannte man die Beiden. Einige Schauspielerinnen unterrichteten das schulpflichtige Kind im russischen Wortgebrauch, ein Ingenieur und ein Biologe teilten sich, genehmigt von der Lagerverwaltung, den mathematischen und naturwissenschaftlichen Unterricht, ich selbst übernahm den deutschen und russischen Geschichts- und Literaturunterricht. Was die dürftigen Lehrbücher nicht hergaben, ergänzte ich aus eigenem Erinnern, ohne Irene mit genauen Jahreszahlen zu plagen.

Irene und ihre Mutter Maria Enßlin befanden sich bis 1948 immer noch in Untersuchungshaft. Ein verwunderlicher Sonderfall. Denn im gesamten Lagerkomplex waren ausnahmslos abgeurteilte Strafgefangene untergebracht. Man rätselte darüber und versuchte, sie zu einer klärenden Auskunft zu bewegen, bekam aber immer die gleichbleibende Auskunft: »Das weiß ich ebensowenig wie Sie. Und allem Anschein nach weiß es selbst Moskau nicht. Man wird uns schon eines Tages nach Hause schicken. Wir gehören nach Berlin, von wo man uns ohne Grund verschleppt hat. Mein Kind kann doch nicht im Gefängnis aufwachsen.«

Maria Enßlin sprach kein Wort Russisch; den Gesprächen schien sie aber in allen Einzelheiten folgen zu können und gab auf Deutsch auf alle ihr russisch gestellten Fragen immer die richtige Antwort. Sie erklärte, sie könne zwar alles verstehen, aber kein russisches Wort verständlich aussprechen. Als ich mich nach einer Deutung dieses seltsamen Phänomens bei Anna Dmitriewna Radlowa erkundigte, gab sie mir in ihrer resoluten Art eine kurze und bündige Antwort: »Mein Lieber, diese Person verstellt sich. Russisch beherrscht sie nicht weniger gut als Sie oder ich. Hören Sie sich nur genau ihr Deutsch an; nie und nimmer ist sie in Berlin geboren und aufgewachsen. Ich bin oft genug in Berlin gewesen. Während des Krieges habe ich dort nolens volens mehr als ein halbes Jahr Theater gespielt. Ich könnte sogar im Berliner Dialekt mit Ihnen reden. Maria Enßlin spricht ein angelerntes Hochdeutsch, das eher einen Kolonistendialekt verrät. Ich könnte schwören, daß sie aus den deutschen Kolonien an der Wolga oder aus der Ukraine herstammt. Sie kann mir nichts vormachen. Kein einigermaßen gebildeter Deutscher kann so beschränkt sein, im Laufe von zweieinhalb Jahren, dauernd unter Russen lebend, kein Wort Russisch gelernt zu haben. Sie ist aber zweifellos eine Frau mit Hochschulbildung. Ihre Kleine tut mir leid, und auch ich kümmere mich um sie. Der Mutter würde ich keine Scheibe Brot geben. Fanatische Menschen sind mir in der tiefsten Seele verhaßt. Wenn es weniger Fanatiker in der Welt gäbe, würde es um die gesamte Menschheit besser bestellt sein. Ich mache dabei keinen Unterschied zwischen fanatischen Kommunisten, Reaktionären oder Faschisten, ja selbst die sogenannten Liberalen nehme ich nicht aus, wenn sie sich einbilden, die einzigen Heilsträger zu sein. Aber ich will sie nicht beeinflussen. Bilden Sie sich ihr eigenes Urteil, wenn sie Maria Enßlin demnächst treffen sollten.«

An einer Begegnung war nur im Klubgebäude zu denken, das sich am äußersten Rande der Männerzone befand. Zu den Theateraufführungen wurden die Insassinnen der Frauenzone, soweit sie nicht zum Ensemble gehörten, namentlich in eine Liste eingetragen und unter Aufsicht in kleinen Gruppen ins Klubhaus gebracht. Wenn man mit einer der Frauen bekannt war und die Leidensgenossinnen ihr ein Gespräch mit einem Mann vergönnten, konnte man während der Vorstellung unauffällig die Sitzplätze tauschen, an den Frauenblock heranrücken und sich halblaut unterhalten. Der »stummen Deutschen« gönnte man offensichtlich ein Gespräch mit dem einzigen Landsmann im Lager.

Der Lebensbericht von Maria Enßlin war lückenlos und perfekt bis in alle Einzelheiten. Er klang nicht unglaubwürdig, aber die Zweifel, die Anna Dmitriewna in mir gesät hatte, ließen mich auf die leisesten Intonationen und Nuancen achten, die mich nur allzubald davon überzeugten, daß ihre Berliner Lebensgeschichte mehr als fragwürdig war. Im Vorkriegs-Berlin kannte sie sich nicht aus, kannte nicht oder verwechselte Namen, Daten und Ereignisse, die jedem, der vor 1939 an der Spree ansässig war, geläufig sein mußten. Bei allen nachfolgenden Begegnungen im Klubhaus oder in der Bühnenwerkstatt, wohin sie gelegentlich mit Kostümaufträgen beordert wurde, hielt sie an ihrer »ersten Bühnenfassung« fest, obwohl sie schon längst gemerkt haben mußte, daß ich ihren Erzählungen immer weniger Glauben schenkte.

Als ich im März 1948 von dem Politkommissar wiederholt vernommen und – was noch nie vorgekommen war – in den aus dem Theaterfundus ausgeborgten Zivilkleidern fotografiert worden war, ließ mich Maria Enßlin wissen, daß sie mich unverzüglich sprechen müsse. Sie erwirkte eine Sondergenehmigung, das Klubgebäude während einer Generalprobe, bei der ich als Regieassistent beschäftigt war, zu besuchen, um Änderungen an Theaterkostümen vorzunehmen. Im rückwärtigen Teil des Bühnenhauses, das vom Wolgaufer auf kürzester Entfernung durch einen doppelten Stacheldrahtzaun getrennt war, saßen wir länger als eine Stunde unbeobachtet und ungestört auf der verwitterten, vom Regen weißgewaschenen Stiege, von hohen Nesselstauden halbverdeckt.

Ohne Umschweife und Zögern korrigierte Maria Enßlin ihren Lebensbericht, der nur in seinem abschließenden Teil einen gewissen Bezug zu Berlin hatte. Ich sah die hagere, starkknochige Frau mit wachsendem Erstaunen an. Sie war Anfang vierzig, ihr dunkelhäutiges Gesicht war straff, verriet aber durch Krähenfüße und ein feines Spinnengewebe um die tiefeingegrabenen schwarzbraunen Augen ihre leidvolle Lebenserfahrung. Ihr pechschwarzes, hochgekämmtes und geknotetes Haar durchzogen weiße Strähnen; die ganze verkrampfte, kompromißlose Energie dieser Frau, die ihr eigenes Leben als abgeschlossen ansah, jedoch verzweifelt um die Zukunft ihres Kindes kämpfte, schien mir in der ausgeprägten, maskulinen Kinnpartie zusammengeballt zu sein. Bei jedem stoß- und ruckhaft hervorgebrachtem Satz schob sich ihr Kinn wie zur Abwehr eines Angreifers vor. Je länger ich sie beim Erzählen beobachtete, um so mehr mußte ich Frau Radloff recht geben, daß sie von einem sie innerlich aushöhlenden Haß erfüllt war, dem auf den Grund zu gehen ich bemüht blieb.

Maria Enßlin war in einer südukrainischen Mennonitenfamilie geboren. Ihr Vater entstammte diesen Sektierern, die sich Ende des 18. Jahrhunderts jener niederdeutschen Glaubensgemeinschaft angeschlossen hatten, die den Waffendienst verweigerten und es vorzogen, die Unbill der Auswanderung auf sich zu nehmen und am Dnjepr eine neue Heimat zu suchen. Er war Prediger, Bibelkenner und -ausleger und waltete als unangefochtener Patriarch in der Dorfgemeinde und in seiner zwölfköpfigen Familie. Die Wirrnisse und die wechselnden Besetzungen durch die Weißen, Roten, Grünen, aber auch den Bandenterror im Bürgerkrieg, brachten mancherlei Einbußen, die durch den gewohnten Kolonistenfleiß wieder wettgemacht wurden. Lenins liberalisierende Wirtschaftspolitik sicherte bis zum Beginn der Kollektivierung durch Stalin den Fortbestand der althergebrachten Lebensformen und den Bauern ein wachsendes Einkommen. Stalins Willkür machte weder vor der längst bestehenden kooperativen Produktion noch vor deren religiöser Übung halt. Nur wenigen Tausenden der Mennoniten gelang es unter Berufung auf eine verbriefte Rückwanderungsklausel der Zarin Katharina II. aus dem Jahre 1763, die Sowjetunion zu verlassen. Die Zurückgebliebenen verfielen dem Ostrazismus aller Begüterten, der Zwangsenteignung, der Religionsverfolgung und der Umsiedlung in die unerschlossenen Steppen von Kasachstan. Marias hochbetagter Vater trat den Weg in den namenlosen Tod durch Gefängnisse und Zwangsarbeitslager an. Die vielköpfige Familie wurde verstreut. Maria, eine ausgebildete Deutschlehrerin, heiratete einen Ingenieur, der einer schwäbischen Kolonistenfamilie aus dem Odessaer Gebiet entstammte. Aber auch ihr junger Ehemann verschwand auf Nimmerwiedersehen in irgendeinem sibirischen Lager und hinterließ sie mit dem Säugling Irene. Maria unterrichtete in der Kohlenindustriestadt Stalino (ehedem Gorlowka) und wurde bei Ausbruch des Krieges 1941 mit anderen als unzuverlässig erklärten Deutschen in das Stadtgefängnis eingeliefert. Beim Herannahen der deutschen Truppen wurden die inhaftierten Männer und Frauen aus den Gefängniszellen

»ohne Gepäck« aufgerufen und an der Kerkermauer reihenweise erschossen. Als in Marias Zelle die Todeskandidaten ohne Namensnennung aufgerufen und »wie von einem unsichtbaren Tau« hinausgezogen wurden, stellte sich Maria hinter die geöffnete Zellentür und »ließ sich nicht vom Sog erfassen«. Das Exekutionskommando übersah sie in der Eile der Auftragserfüllung, und sie überlebte als einzige den Todesreigen. Sie hörte noch das Krachen der letzten Salven im Hof und blieb einige Stunden reglos hinter der offen gebliebenen Tür hocken. Als die ersten deutschen Kradfahrer im Exekutionshof die Motoren abstellten, wagte sie sich aus der Zelle hinaus und stürzte sich in die Arme der deutschen Soldaten. Irene fand sie in einem Kinderasyl, verschüchtert und halbverhungert. Ihre Dienste als Dolmetscherin stellte sie einem SD-Kommando zur Verfügung, das ihr behilflich war, aus der mennonitischen Dorfgemeinde die Urkunden über ihre Abstammung zu besorgen, und als »Opfer des Bolschewismus« wurde sie unter Weglassung sonstiger Formalitäten eingebürgert. Die »Absetzungsbewegungen« der Reichsarmeen führten sie mit ihrem Kind von Osteuropa bis nach Berlin. Nach der Kapitulation wurde sie in einer Dahlemer Straße, mit ihrer Tochter an der Hand, von einem russischen MGB-Wagen in eine Sackgasse gedrängt und in Sachsenhausen eingeliefert. Sie erzählte von Heinrich George, dem die Sowjetbesatzer verübelten, daß er 1933 einen spontanen Frontwechsel von links nach rechts vornahm. Sie ließen ihn in dem ehemaligen nazistischen Konzentrationslager an Unterernährung sterben. Ihre mütterlichen Gefühle waren noch stärker von dem Schicksal jener 14–15 jährigen Hitlerjungen ergriffen, die in den Kellerräumen von Sachsenhausen dahinvegetierten und verstarben. Der elende Tod dieser als »Werwölfe« mißbrauchten Kinder hätte sie stumm gemacht, und sie hätte sich geschworen, in der Öffentlichkeit kein Wort in der Besatzersprache zu gebrauchen. Bei den Verhören hätte sie sich zwar aus Gründen der Selbstverteidigung auf Russisch verständigt, unter den Mitgefangenen aber nur Deutsch gesprochen. Bei ihrem Abtransport aus Sachsenhausen hätte man ihre Tochter entlassen wollen. Sie hätte aber dem Kind das Waisenhaus in der zerstörten Reichshauptstadt, in der sie keine Verwandten und Freunde besaß, ersparen wollen. 1946 traten beide den Etappenweg nach Rußland an, der sie in das Durchgangslager Perebory führte.

Maria Enßlin beschwor mich – sie war überzeugt, daß ich entlassen werden würde – in Westdeutschland durchzusetzen, daß, wenn nicht sie selbst, dann zumindest ihrer Tochter die Ausreise nach Deutschland ermöglicht werden könnte. Auf Zigarettenpapier hatte sie einige Namen aufgeschrieben; den Adressaten in Württemberg, Bayern und Österreich sollte ich Nachricht über ihr Schicksal zukommen lassen. Das enggefaltete Papier nähte sie geschwind in meinen Hosenbund ein und verabschiedete sich von mir im verzweifelten Glauben, daß nicht nur mir, sondern auch ihrer Tochter die Freiheit geschenkt werden würde.

Wenige Tage vor meinem Abtransport aus Perebory wurde ich von dem Theaterboten verständigt, daß man bei der Lagerverwaltung durchgesetzt hätte, daß ich Frau Enßlin in der Frauenzone besuchen dürfte. Sie sei schwer erkrankt und die Ärztin befürchtete, man würde sie in eine Nervenheilanstalt überführen müssen.

Ich fand Maria Enßlin tatsächlich sich in hysterischen Weinkrämpfen auf dem Fußboden ihrer Baracke wälzend, mit der Stirn aufschlagend und sich in die bloßen Arme beißend. Von den ratlos umherstehenden Frauen erfuhr ich, daß ihr das Fernurteil des Moskauer Sondergerichts bekannt gegeben worden sei: fünfundzwanzig Jahre Zwangsarbeit. Dies bedeutete selbstverständlich eine Trennung von der Tochter, die in ein Kinderheim überführt werden sollte. Alle Versuche, Maria Mut zuzusprechen, blieben erfolglos. Sie starrte mich aus ihrem geschwollenen, blutig geschundenen Gesicht mit wirr umherschweifendem Blick von Zeit zu Zeit an, schlug bei jeder Annäherung um sich und gurgelte unartikulierte Laute hervor.

Auf einer Pritsche saß Frau Radloff, kaum merklich an einen Bettpfosten gelehnt, mit zusammengepreßten Lippen die Konvulsionen der Maria Enßlin wie ein Arzt die Krankheitssymptome seines Patienten beobachtend. Ich setzte mich neben sie und flüsterte ihr wie an einem Krankenbett auf Deutsch die mir eröffnete Lebensbeichte zu. Anna Dmitriewna hörte mich an, ohne Zwischenfragen oder Unterbrechung. Allmählich glaubte ich in ihrem hoheitsvoll-strengen Gesicht eine Lockerung und ein Sanftwerden zu erkennen. Und wenn mich nicht alles täuschte, nahm ich in ihren Juno-Augen einen schimmernden Anflug von Feuchtigkeit wahr. Als ich meinen Bericht beendet hatte, erhob sie sich und gab mir einen Wink, sie hinauszubegleiten. »Armseliges Weib!«, fing sie an. »Doppelt bedauernswert, wegen ihres blinden Hasses und ihres unausweichlichen Schicksals, das sie betrogen hat und sie schuldig werden ließ, um danach so entsetzlich büßen zu müssen. Bei der Enßlin kommt mir ein Goethezitat in den Sinn. ›Du läßt den Armen schuldig werden, dann überläßt du ihn der Pein.‹ … Ja, wer hadert nicht mit seinem Gott!« vor der Baracke wollte ich mich verabschieden. Anna Dmitriewna legte ihre Hand auf meine Schulter und forderte mich auf, einzutreten. »Ich erwarte Sergej Ernestowitsch zum Tee. Er wird für Sie eine Verlängerung ihres Propusk erwirken. Sagen wir mal, wegen Übergabe der Regieassistenz. Was auch immer mit Ihnen und mit uns beiden geschehen mag, ich habe das untrügliche Gefühl, wir werden uns nicht mehr wiedersehen. Sie sind jung und intelligent genug, um erkannt zu haben, daß Haßgefühle den Menschen irreparabel zerstören. Es sind höllische Flammen, die ihn wie in Dantes Hades zu Tode quälen, ohne ihn sterben zu lassen. Sie sollten es sich zur Aufgabe machen, die Deutschen und die Russen, nach all dem Wahnwitz des gegenseitigen Sich-Ausrotten-Wollens, im Geiste zu versöhnen. Wenn Sie dies vorhaben, werden Sie überleben. Gute Vorsätze werden belohnt. Davon bin ich überzeugt, ohne daß ich jemals konventionell gläubig gewesen wäre. Schreiben Sie – wenn Sie einmal wieder frei sind – nicht über die Entbehrungen, üble Behandlung, Schikanen, all das Miserable, das ein Mensch dem anderen zuzufügen vermag. Gedenken Sie der Menschen, die Ihnen wohlgesinnt gewesen sind und ihnen nach Vermögen Gutes getan haben. Ich bin vielen Deutschen Dank schuldig, ohne daß in mir ›die Stimme des Blutes‹ sich zu Wort melden würde. Diese leeren Phrasen habe ich in Deutschland oft genug stillschweigend hinnehmen müssen. Ich gebe es zu, es war Opportunismus. Man kann es auch den Willen zum Überleben nennen. Ich sage es noch einmal, schreiben Sie ohne zu beschönigen, klären sie die Sachverhalte, übersetzen Sie, zeigen Sie Ihren Landsleuten, daß Goethe auch in Rußland Hausrecht hat. Vielleicht gelingt es einmal einem kongenialen Nachdichter Puschkin, Tjutschew, Blok in Deutschland in ähnlicher Weise einzubürgern, wie es bereits mit Dostojewskij und Tolstoj geschehen ist. Darüber wollen wir uns beim Abschiedstee unterhalten.«

Radloffs halfen mir an diesem Abend über die Depression hinweg, in die mich das Schicksal der Maria Enßlin versetzt hatte.

Wenige Tage danach verließ ich das Lager an der oberen Wolga, meine Künstlerfreunde, die musische Arbeit. An eine mir bevorstehende Revision des Urteils, die zu einer vorzeitigen Entlassung führen könnte, wagte ich am allerwenigsten zu denken. Intuitiv richtig erahnte ich es – die Lebensbedingungen meiner Lagerhaft konnten sich nur verschlimmern. Die Berlinkrise, über die die Sowjetpresse einseitig, aber eingehend berichtete, versprach den Inhaftierten nichts als Widrigkeit und Unheil. Ein leutseliger und gesprächiger junger Leutnant, der mich zum Bahnhof brachte, versuchte mir Mut zu machen. Er deutete es als ein gutes Omen, daß man mich im Einzeltransport nicht nach Ost oder Nord, sondern nach Moskau auf den Weg brachte. Vielleicht meinte er es sogar ehrlich. Bei dem zentralistischen Denken der Russen erwartet man von Moskauer Entscheidungen am ehesten eine höhere Weisheit und Einsicht. »W Moskwe rasberutsja«, in Moskau wird man es schon herausfinden, behaupteten die untergeordneten lokalen Instanzen, wenn sie sich vor eigener Verantwortung drücken wollten.

In einem Abteil des Stolypin-Gefangenenwaggons reiste ich diesmal allein nach Moskau, wurde am Jaroslaw-Bahnhof von einem nicht weniger gesprächigen und freundlichen Offizier in Empfang genommen und im »Schwarzen Raben« durch die mir aus meiner Kindheit wohlbekannten Moskauer Straßen in einer geschlossenen Limousine zu der russischen Bastille, der Lubjanka, gefahren. Als ich, wie 1945, in der Empfangshalle in eine der schwarzgetünchten Ein-Mann-Zellen gesperrt wurde, wußte ich bereits, daß dies nicht die Vorzeichen einer Entlassungszeremonie sein konnten. Nach mehrstündigem Zellenhocken kam ich in den berüchtigten Badekeller, in dem jedes Kleidungsstück von den feinfühligen Fingern der »Filzexperten« Naht für Naht untersucht wurden. Mit selbstzufriedenem Lächeln griff einer dieser Experten nach einer Rasierklinge und schlitzte den Bund meiner wattierten Hose auf; zum Vorschein kam der von Maria Enßlin nahtgerecht eingenähte Namenszettel. Schon bei der ersten Vernehmung wurde ich auf die darauf aufgeführten Namen angesprochen, die mir völlig unbekannt waren. Meinen Beteuerungen wurde kein Vertrauen geschenkt, und die Prügel, die ich als »verstockter Faschist« wochenlang bezog, sollten meine bei früheren Verhören angeblich verheimlichten Beziehungen zum Reichssicherheitshauptamt aufdecken. Meine wahrheitsgetreuen Aussagen, keiner der genannten Personen jemals begegnet zu sein, wurden zu guter Letzt dennoch zu Protokoll genommen. Nach einigen Monaten wurde mir bestätigt, daß Frau Enßlin ihrerseits meine Aussage als zutreffend bezeichnet habe. »Da hast du dich von der Weibsperson ganz schön einwickeln lassen«, bemerkte höhnisch der Untersuchungsrichter. »Das soll dir eine Lehre sein, nichts Illegales zu tun.« Nach meiner Entlassung erfuhr ich von einer ehemaligen Sekretärin der Gesandtschaft Sofia das weitere Schicksal der »stummen Deutschen«. Anna Enßlin spielte auch in dem Straflager Potma die gleiche anstrengende Rolle. Sie unterhielt sich nach wie vor nur mit jenen Frauen, die Deutsch verstanden. Herzflimmern und hysterische Anfälle bewahrten sie vor einem Arbeitseinsatz »außerhalb der Lagerzone«. Man hätte sie tagein tagaus mit Strickarbeiten beschäftigt am Barackenfenster sitzen und stumm die Maschen zählen gesehen. Ihre Geschicklichkeit im Stricken, Sticken, Häkeln verschaffte ihr bezahlte Aufträge der Lagerverwaltung und der »Wolnjaschki« (der »Freien«), die Zugang zum Lager besaßen. Ihr abweisender »Hochmut« und die Unzugänglichkeit im Gespräch hätten ihr aber unter den Gefangenen wie auch unter den Ärztinnen eher geschadet. Nach dem eine gewisse »Schonfrist« verstrichen war und Maria Enßlin sich hartnäckig jeglicher Kooperation und Kommunikation versagt hatte, fällte die Lagerärztin das harte Urteil »Simulantin«. Maria Enßlin wurde der Brigade »Straßenarbeiten« zugeteilt. Dies bedeutete keineswegs Straßenfegen oder Aufräumen verschneiter Gehwege; die Frauenbrigaden der voll arbeitsfähigen Kategorie I hoben 2–3 Meter tiefe Abwasserkanäle aus, trassierten neue Verkehrsstraßen, verlegten unterirdische Rohrsysteme und ähnliches mehr. Im Gulag-Arbeitsbereich gehörten die Frauenbrigaden zu den leistungsfähigsten, deren Norm-Erfüllung oft genug die der Männerbrigaden bei weitem übertraf. Maria Enßlin sollte jedoch nicht allzu lange zu diesen weiblichen »Maulwürfen« gehören. Die Frauen der Lager-»Obrigkeit« waren keinesfalls gewillt, auf die Strickwaren mit »westlichem Design« zu verzichten. Zum Ärger ihrer neidischen Mitgefangenen – zu denen auch die Ärztin gehörte – soll sie alsbald zu ihrem angestammten Fensterplatz in der Baracke zurückgekehrt sein. Spöttisch-stumm ließ sie ihre geistige Überlegenheit erkennen. Sie empfing auch die Besuche ihrer Tochter Irene, die inzwischen in

Scherbakow (Rybinsk) die Schule absolviert hatte und ein Deutschlehrer-Seminar besuchte. Das Land ihrer fernen Vorfahren durften aber weder Maria Enßlin noch ihre Tochter jemals wiedersehen.

In Sachen Daniil Andrejew

In dem »vornehmen« Trakt des Lubjanka-Gefängnisses mit seinen teppichbelegten Gängen und den Parkettfußböden in den Zellen trafen 1947 kaum noch Neueingänge ein. Mit Beginn des kalten Krieges wurden viele ungeklärte oder nicht ausreichend geahndete Fälle einer Revision unterzogen. So traf ich bei meiner Ankunft Lane jun., den Sohn eines ehemaligen Konsulatsangestellten in Kiew, der in Berlin Russisch unterrichtete und dem Auswärtigen Amt als Sachverständiger diente. Als solcher war er auch bei meiner Dolmetscherprüfung beteiligt, die mir ein »Ausgezeichnet« eingebracht hatte. Sein Sohn war zu Beginn des Krieges als Konsulatssekretär der Deutschen Botschaft in Rio de Janeiro tätig und hatte eigentlich die Absicht, in Brasilien zu bleiben. Seine russische Ehefrau bestand jedoch auf einer Rückkehr nach Berlin, und beim Einmarsch der Sowjetarmee erwies es sich, daß sie jahrelang als Agentin für den NKWD tätig gewesen war und ihren Ehemann nunmehr bedenkenlos »ans Messer lieferte«. Lane kam zunächst mit zehn Jahren Arbeitslager davon, bei der Wiederaufnahme des Verfahrens wurde er nunmehr als Doppelagent bezeichnet, der angeblich nicht nur für den deutschen Geheimdienst, sondern auch für die USA in Rio tätig gewesen sei und sich dorthin abzusetzen gedachte. Die Aussagen seiner Ehefrau wurden als unwiderlegbar angesehen.

Ein anderer Zellengenosse war ein ehemaliger litauischer Politiker, der sich bereits seit zehn Jahren in den Fängen des NKWD befand. Er berichtete unter anderem über eine unverhoffte Begegnung Ende 1943. Bei einer überstürzten Neubelegung fehlte es offensichtlich an Einzelzellen, und provisorisch wurde ein deutscher Offizier in seine Zelle gelegt. Beide wurden darüber belehrt, daß jeglicher Sprachkontakt strengstens verboten sei. Durch das Zellenguckloch wurden die beiden bis zum nächsten Tag ständig beobachtet. In der grell beleuchteten Zelle drehte sich der deutsche Offizier auf die dem Litauer zugekehrte Seite und berichtete – ohne die Lippen zu bewegen – mit verhaltener

Kehlstimme – er sei Generalfeldmarschall Paulus. Man habe ihn vor die Wahl gestellt, entweder dem Komitee »Freies Deutschland« beizutreten oder mit den schlimmsten Konsequenzen rechnen zu müssen. Selbst an eine Auslieferung an Hitler, der ihn wegen der Kapitulation von Stalingrad zum Tode verurteilt hatte, war die Rede. Die Entscheidung raube ihm seit Tagen den Schlaf, denn er möchte nicht als Verräter und Kollaborateur der Sowjets in die Geschichte eingehen. Als gläubiger Katholik bat mich der Litauer, diese Seelenqual des Stalingrad-Kämpfers bei der Einschätzung seiner Person mit in die Schale zu werfen.

In meiner eigenen Angelegenheit trat alsbald des Rätsels Lösung ein. Der Untersuchungsrichter überraschte mich mit der Frage »Sind Sie Sir Erik?« Ich erwiderte wahrheitsgemäß, daß ich weder Engländer sei, noch dem britischen Adel angehöre. »Das war aber Ihr Agentenname, unter dem Sie zur Irreführung der Sowjetbehörden 1940 in Moskau operiert haben, gestehen sie schon.« Unwillkürlich glitt wohl ein Lächeln über mein Gesicht. »Das Lachen wird Ihnen schon bald vergehen«, bemerkte der Untersuchungsoffizier, öffnete einen Aktendeckel und zog ein Foto heraus. »Kennst Du diesen Mann?« fragte er mit gereizter Stimme. Ich betrachtete das Foto eines kahlgeschorenen, abgehärmten Mannes mittleren Alters in gestreifter Sträflingskleidung und schüttelte den Kopf. »Aber diese Primadonna dürfte Dir wohl bekannt sein«, und ich wurde mit dem Foto einer Frau konfrontiert, in der ich sofort Anna Wladimirowna Skorodumowa erkannte, Granskaja mit ihrem Künstlernamen und Chemnitz mit Ehenamen. Es bestand kein weiterer Anlaß zum Leugnen, und ich erkundigte mich, was eigentlich die ehemalige Ballerina mit meiner Sache zu tun habe. »Du wirst doch nicht leugnen, das Ehepaar Chemnitz für die deutsche Spionage angeworben zu haben. Die beiden haben bereits gestanden, daß Du sie insgeheim 1940 in Moskau und in Golizyno besucht hast.« Ich widersprach nicht, stellte aber mit Genugtuung fest, daß es mir damals tatsächlich gelungen war, jene geheimen Besuche den nimmermüden Augen der NKWD-Agenten zu entziehen. Meine Erinnerungen an die nachbarschaftlich-freundschaftliche Beziehungen meiner Eltern zu der Familie Skorodumow reichten bis in meine früheste Kindheit zurück. Als junger Ingenieur war mein Vater mit Unterstützung der Firma Fabergé 1910 von Riga nach Moskau übergesiedelt und errichtete im Tichwin-Bezirk eine Bronze-Kunstgießerei. Im benachbarten Parkgelände, das der Gutsbesitzerfamilie Skorodumow gehörte, bezogen meine Eltern eine Wohnung. Nachdem das Familiengut der Bojarennachkommen im Smolensker Gouvernement verpfändet und schließlich verkauft werden mußte, reichte der Erlös, um zwei in einem Park gelegene Villen zu erwerben und zu vermieten. Weder die Kriegsjahre noch die Revolution haben den einmal angeknüpften Beziehungen Abbruch getan. Nach dem deutschen Pogrom von 1915 erwarben meine Eltern von einem aus Rußland ausgewiesenen sächsischen Unternehmer Wohn- und Fabrikgebäude am Moskauer Westbahnhof, aber gegenseitige Besuche fanden nach wie vor statt. Im Leben der Skorodumows trat insofern eine folgenschwere Änderung ein, als deren gesamter Besitz – im Gegensatz zu dem meiner Eltern, die sich als lettländische Staatsbürger ausweisen konnten – enteignet wurde, und die Familie als Mieter von ihren acht Zimmern nurmehr drei behalten durften. Wladimir, der einzige Sohn, ein hochqualifizierter Bibliothekar, verwaltete die größte Moskauer Staatsbibliothek, als deren inkompetente Direktorin eine Alt-Kommunistin fungierte, die weder Fach- noch Sprachkenntnisse besaß. Das ehemalige Bibliothekszimmer im Haus der Eltern teilte er nunmehr mit seinem Vater und war glücklich, seine herausragende Sammlung russischer und ausländischer Erstausgaben behalten zu dürfen. Dies kam mir insofern zugute, als ich mir seltene und kostbare Bauchausgaben anschauen und auszugsweise lesen durfte. Wladimirs Schwester Anja besuchte bereits als Kind die Ballettschule des Bolschoj-Theaters. Obwohl technische Perfektion und absolute Körperbeherrschung Anjas Chancen, Primaballerina zu werden, erhöhten, überragte sie durch ihren hohen Wuchs die meisten männlichen Partner. Sie hätte daher nur Solopartien tanzen können. Erst eine Begegnung mit Rumnjew, dem Choreographen und Charaktertänzer des expressionistischen Tairow-Theaters, ermöglichte eine sprunghafte Karriere. Beide Partner waren gleich groß, schlank, dekadent-elegant, wie die Presse schrieb, und dominierend in sämtlichen Tanzeinlagen des Komödien- und Operettenrepertoires. Unvergleichlich in einer mehr getanzten als gesungenen Salome-Inszenierung. Nicht weniger einprägsam waren Anjas Auftritte als Art-deco-Tänzerin mit ihrem schwarzen Bubikopf, der ihr aristrokratisch fein geschnittenes Gesicht effektvoll umrahmte, mit dem Zigarettenhalter im Mund oder in der Hand und in enganliegenden kniefreien Kleidern. Die Presse rügte diese bürgerliche »décadence«, das Publikum der NEP-Zeit war begeistert und sorgte für ein ausverkauftes Haus.

Als Heranwachsender erlebte ich auf den Moskauer Bühnen das gesamte Spektrum der Theaterkunst: von den klassischen Opern, Ballett- und Schauspiel-Inszenierungen der beiden Staatstheater (Bolschoj und Malyj), der sowohl realistischen wie surrealistischen Bühnenkunst des Moskauer Künstlertheaters, den vier Studio-Experimentierbühnen der Stanislawskij-Schüler bis zu den extravaganten, vor keiner Verfremdung und Persiflierung zurückschreckenden Umdeutung der Bühnenstücke durch Tairow und Meyerhold. Kein Bühnendiktator und Regiemasochist am Ende dieses Jahrhunderts hat jemals den Erfindungsreichtum und die Extravaganz eines »Gesamtkunstwerks« – mit Film- und Zirkuseinlagen sowie futuristischen Dekorationen – auch nur annähernd erreicht wie die russische Theaterkultur der zwanziger und dreißiger Jahre. Nachdem Tairows Kammerspiel – wie auch Meyerholds Bühne – auf Weisung Stalins geschlossen wurden, heiratete Anja einen deutschstämmigen Ingenieur, und als ich Wladimir Chemnitz während meiner Moskauer Dolmetschertätigkeit telephonisch erreichte, sagte er kurz und bündig, vor einigen Monaten, d. h. vor Abschluß des Hitler-Stalin Paktes, hätte er mir nicht antworten können, da er und seine Ehefrau sich im »Isolator« befanden. Im Augenblick halte sich Anja im Künstler-Erholungsheim in Golizyno auf, er erwarte mich aber zu einer Besprechung in der Moskauer Wohnung. Das Telefongespräch führte ich nicht vom Hotel aus, sondern aus der Halle des Polytechnischen Museums, nachdem ich mich vergewissert hatte, daß es in der Nähe keinen anderen Telefonapparat gab.

Am Tag danach zog ich meinen unauffälligsten Reiseanzug an, der am ehesten der sowjetischen Produktion entsprach, steckte die Krawatte unterwegs in die Tasche und wechselte mehrfach von der U-Bahn zum Omnibus und schließlich zur Trambahn, die mich an dem berüchtigten Butyrka-Gefängnis vorbeiführte, in welchem mein Vater 1935 einsaß und in dem mir selbst eine zweimalige Haftzeit 1945 und 1947 bevorstand. Als ich die Villa im Park des Tichwinskij pereulok erreicht hatte, fand ich die Tür im zweiten Stock offenstehen und betrat – ohne von jemandem gesehen zu werden – die zwei von Chemnitz bewohnten Zimmer. Mein Gastgeber zitterte vor Erregung, umarmte mich und begann an meiner Schulter zu schluchzen. Sein Wissensdurst über die Lebensbedingungen im »Westen« war unermeßlich; was er von sich, Anja und seinem Schwager zu berichten wußte, war traurig genug. Wladimir Skorodumow wurde von der Leiterin der Lenin-Bibliothek unterstellt, er habe sich Erstausgaben aus dem staatlichen Besitz angeeignet, was seine Verurteilung, Beschlagnahme seiner Privatsammlung und einen alsbaldigen Tod des »Bücherwurms« in einem Straflager zur Folge hatte. Anja erteilte nach Schließung der »dekadenten« Kammerspiele Tairows Ballettunterricht, und er selbst arbeitete in einem Konstruktionsbüro bei mäßiger Bezahlung.

Wir verabredeten, daß ich das Ehepaar Chemnitz am Wochenende in Golizyno besuchen würde. In Moskau hatte ich bis dahin nur Tante Lucie, eine unverheiratete Nichte meiner Mutter, auf dem Deutschen Friedhof von Lefortowo getroffen und sie danach – ohne Geheimtuerei, denn der Botschafter von der Schulenburg hatte versprochen, ihre Ausreise zu erwirklichen – in unserer ehemaligen Wohnung in Fili besucht. Lucie, die mich seit meiner frühesten Kindheit als ausgebildete Gouvernante betreut und miterzogen hatte, übernahm auch die Betreuung meines Vaters bis zu seiner Verhaftung im März 1935. Als Buchhalterin verdiente sie ihren Lebensunterhalt und hütete einen Teil unseres in Moskau verbliebenen Mobiliars und den sonstigen Nachlaß.

An dem dienstfreien Samstag hinterließ ich vorsorglich die Anschrift meiner Gastgeber bei der Botschaft und besuchte am frühen Morgen die ständige landwirtschaftliche Ausstellung. Bis zu deren Eingang wurde ich von den mir bereits bekannten Geheimagenten beschattet. Als ich einen Pavillion betrat, beschlossen sie augenscheinlich, daß ich den ganzen Tag, wie bereits einmal vorher, in dem weitausgedehnten Gelände mit den zahlreichen Pavillons der einzelnen Sowjetrepubliken verbringen würde, und sie machten kehrt. Meine konspirative Absicht schien gelungen zu sein, und ich fühlte mich wie ein »Meisterspion«, allerdings ohne Auftrag. Im armenischen Pavillion kaufte ich zwei Flaschen Cognac und steckte dieselben – nach dem Vorbild russischer Jugendlicher – in die Anzugtaschen, legte die Krawatte ab und zerzauste mein Haar. Zweimal wechselte ich die Trambahn bis zum Rigaer Bahnhof und fuhr unbehelligt, Zeitungen lesend, bis zu meinem Bestimmungsort. Als ich ausgestiegen war, bemächtigten sich meiner Zweifel an einer Weggabelung, und ich erkundigte mich nach der Künstlerkolonie in dem ehemaligen Gutshof der Fürsten Golizyn bei einem mir folgenden Jungen. Dieser erwies sich als intelligent, mitteilsam und bildungshungrig. Da er mit seinen Eltern am nahegelegenen Fluß die Schulferien verbrachte, übernahm er die Führung und überraschte mich durch seine genauen Naturbeobachtungen und Kenntnisse. Ihm fiel weniger mein Anzug als meine »herrschaftliche« Aussprache auf, die er von seiner Großmutter kannte. Ich erklärte ihm, daß ich aus Riga stamme, und nannte irgendeinen lettischen Nachnamen. Als er sich aber nach meinem Vornamen erkundigte, fiel mir nichts anderes als Erik ein. Er fand diesen Namen besonders attraktiv und erklärte spontan, er wolle nicht länger als »Iwanuschka-duratschok« (der dumme Iwan) angesprochen werden und würde mit Erreichung der Volljährigkeit eine Namensänderung beantragen. Wie sich alsbald herausstellte, besuchte er eine Eliteschule, in der Deutsch und Englisch als Fremdsprachen gelehrt wurden, und während der halbstündigen Wanderung korrigierte ich seine deutsche und englische Aussprache.

Als wir uns dem Fluß genähert hatten, beschrieb er mir, wie im Kriegsfall in kürzester Zeit eine Pontonbrücke errichtet werden könne, und als ich ihn nach der Herkunft seiner genauen Kenntnisse befragte, gab er treuherzig zu wissen, sein Vater sei kommandierender General und Experte im Brückenbau. Ich war froh, daß unsere Wege sich am Fluß trennten. Mein frohgemuter Weggefährte zeigte mir eine am Flußufer gelegene »Datscha« und lud mich ein, ihn zu besuchen, Fische zu fangen, im Wald Pilze und Beeren zu suchen und dabei viel Deutsch und Englisch zu reden, damit er im Herbst ein gutes Examen ablegen könne.

Da das Golizynsche Gutshaus überbelegt war, mietete Chemnitz zwei Zimmer in einem am Rande des Gutsparks gelegenen Bauernhaus. Verköstigt wurden sie allerdings in dem Empire-Gutshaus, in dem auch Konzerte und Vorträge stattfanden. Wir blieben aber in dem bescheidenen, doch gepflegten Bauernhaus, um uns nicht der Neugier und dem Befragen der Künstler auszusetzen. Um so intensiver waren unsere Gespräche bis in die tiefe Nacht hinein. Meine Nerven blieben aber angespannt und wachsam. Als ich schließlich einschlief, wurde ich durch ein seltsames Klappern geweckt. Es hörte sich wie der Hufschlag von Berittenen an; wie auf einem Bildschirm sah ich eine Reiterschwadron nahen. Auf meine besorgte Frage bekam ich aus dem Nebenzimmer die beruhigende Antwort, es handele sich um nichts anderes als um den Nachtwächter, der nach alter Dorfsitte mit seiner Handrassel seine Aufsichtspflicht kundtat. Am Vormittag des nächsten Tages erzählte ich über Deutschland, Italien, Schweden und andere Länder, die ich als Student besucht hatte. Wladimir Chemnitz meinte, er sei wie ein Schwamm, der jeden Tropfen an Information aufsauge, was ihm ermögliche die Sowjetpropaganda richtig zu beurteilen. Anja, deren feine Gesichtszüge um einige Nuancen herber und strenger geworden waren, versicherte mir, sie würde keinen »Tropfen« der Information für sich behalten, sondern zuverlässigen Freunden weitergeben.

Ein solcher Freundeskreis hätte sich um den Sohn eines der wichtigsten russischen Schriftsteller des vorrevolutionären Rußlands, Leonid Andrejew, gebildet. Man fände sich regelmäßig bei Daniil Andrejew zusammen, um zu diskutieren, Meinungen und Erfahrungen auszutauschen und einander nicht zur Publikation bestimmte Gedichte und Erzählungen vorzulesen. Daniil war ein vom Vater vernachlässigter Sohn aus dessen erster Ehe, der nicht in St. Petersburg und Finnland aufwuchs, wie seine Halbbrüder, sondern bei seiner Tante mütterlicherseits, deren Ehemann Dabrow, ein beliebter und anerkannter Moskauer Arzt, ihn an Sohnes statt annahm. Das Gefühl der Absonderung, des Verstoßenseins hat Daniil niemals überwinden können. Es trug sicherlich dazu bei, daß er als Geisterseher (duchowidez) angesehen und verehrt wurde. Seine Ausbildung als Graphiker sicherte ihm in der Sowjetzeit ein überdurchschnittliches Einkommen und die Führung eines »offenen Hauses«. Den Sicherheitsbehörden erschien er vermutlich als ungefährlich, um so mehr als seine graphischen Arbeiten als durchaus sowjetkonform galten. Seinen 1917 in Finnland verstorbenen Vater, aber auch die in Frankreich ansässigen Geschwister kannte er nurmehr von Besuchen im Kindesalter und unterhielt mit ihnen keine Korrespondenz. In seinem Moskauer Freundeskreis war er vor allem als Dichter und Denker, von vielen sogar als Mystagoge verehrt.

Seit vielen Jahren beschäftigte ihn die Niederschrift einer Chronik des Lebens der russischen Intelligenzia – »Wanderer in der Nacht« – (Stranniki w notschi) vom Beginn des Ersten Weltkriegs und der bolschewistischen Machtergreifung bis in die allerjüngste Gegenwart.

Einen direkten Zusammenhang zwischen meiner zweiten Einvernahme in Moskau und der Suche nach einem ominösen »Sir Erik« habe ich erst dann erkannt, als der Untersuchungsrichter (russisch: sledowatel – Spurensucher) völlig überraschend darauf hinwies, daß Daniil Andrejew, der 1947 verhaftet worden war, diesen Namen als seine »westliche Kontaktperson« genannt hatte. 1940 habe ich ihn weder getroffen noch gesehen, und er kannte auch nicht meinen Nachnamen. Die NKWD-Spurensicherung sollte mich schließlich über den Zusammenhang aufklären.

Im Laufe der Untersuchungsgespräche stellte es sich nämlich heraus, daß Andrejew seinen Roman auch in den Kriegsjahren fortgesetzt und in seinem Freundeskreis kapitelweise vorgelesen hat. 1941 war er leichtsinnig genug, nicht nur ein Kapitel über den erwarteten Einmarsch deutscher Truppen in Moskau, sondern noch ein Willkommensgedicht an Hitler zu verfassen, der wie Moskaus Schutzpatron, der Heilige Georg, den Drachen (=Stalin) tötet. Diese Zeugnisse seines »Hochverrats« vergaß er wohl nach Kriegsende zu vernichten. Im Freundeskreis las er jedoch nach wie vor seine Gedichte und metaphysischen Essays vor. Von den etwa fünfzig Zuhörern und Diskussionsteilnehmern hat ihn schließlich eine eingeschleuste Jungkommunistin beim NKWD angezeigt. Die Folge war, daß nicht nur der Autor selbst, sondern sämtliche Personen, die auch nur vorübergehend dem angeblichen Verschwörerkreis angehörten, aufgespürt und verhaftet wurden.

In dem berüchtigten NKWD-Gefängnis von Lefortowo bezogen die Inhaftierten einen ganzen Gebäudeflügel. Andrejew wurde von den versiertesten NKWD-Offizieren vernommen, insbesondere über seine Auslandskontakte. Da er aber noch nicht einmal mit seinen Geschwistern in Frankreich in Verbindung stand, wurden bei ihm als einem »verstockten Verbrecher« sämtliche psychischen und physischen Erpressungsmethoden angewandt. Man wollte vor allem wissen, ob sein Roman – wie es später bei Boris Pasternak der Fall war – durch Vermittlung eines Ausländers oder einer diplomatischen Vertretung ins Ausland gelangt sei. Der einzige Ausländervorname, der ihm schließlich einfiel, war der im Gespräch mit dem Ehepaar Chemnitz genannte »Sir Erik«. Dieser junge deutsche Diplomat hätte vor dem Kriege Chemnitz besucht, ein Manuskript seines Romans sei aber nicht übergeben worden, da er selbst nur ein einziges handgeschriebenes besessen habe. Auch post factum war ich hocherfreut, daß meine »Konspirationsmethode« von 1940 das Ehepaar Chemnitz sieben Jahre lang vor einer Verhaftung bewahrt hat. Zu Beginn des Krieges wurde Wladimir Chemnitz als Deutschstämmiger mit seiner Ehefrau nach Perm im Uralgebiet verbannt, wo er, wie bereits erwähnt, in einem Konstruktionsbüro arbeitete. Anja aber gebührt der Verdienst, die provinzielle Ballettschule von Perm auf höchstes Ausbildungsniveau gebracht zu haben.

Meine »Entlarvung« hatte zur Folge, daß ich schon am nächsten Tage aus der Zelle geholt und im Laufschritt in die »Chefetage« der Lubjanka gebracht wurde. Dort wurde ich einem hinter einem überdimensionalen Schreibtisch hockenden NKGB-General vorgeführt. Es war Abakumow, Leiter der Untersuchungsabteilung in wichtigen Staatsangelegenheiten. Die von mir erwarteten Aussagen oder Bekenntnisse waren allem Anschein nach nicht wichtig genug, denn ich wurde von Abakumow nicht einvernommen. Zunächst starrte er mich mit seinem, wie mir schien ausdruckslosen »Basiliskenblick« minutenlang an. Danach brüllte er mich mit sich überschlagender Stimme an: »Ein sauberes Früchtchen bist Du. Jetzt haben wir Dich endlich überführt. Das Spionieren hast Du wohl von deinem Vater gelernt! Und wie ihn hat Dich jetzt die gerechte Strafe ereilt.« Mit einer weit ausladenden Geste befahl er den Wachsoldaten: »Fort mit ihm! Wir werden ihn schon zum Reden bringen.« Damit war die »Audienz« bei Abakumow beendet.

Tschaikowskijs Leid-Motiv

Nachdem meine Identität in der Lubjanka geklärt war, brachte mich der »Schwarze Rabe«, wohl auf direkte Weisung von Abakumow, umgehend in das Lefortowo-Strafgefängnis. Durch persönliche Gegenüberstellung sollte ich endgültig als deutscher »Spion in zweiter Generation« entlarvt werden. Obwohl ich auf einer Konfrontation mit Anja bestand, erschien eines Tages beim Untersuchungsrichter deren Ehemann. Mit ausweichendem Blick und zitternden Lippen »gestand« er unter dem drohenden Blick des NKWD-Schergen, daß ich mit ihm und seiner Ehefrau antisowjetische Gespräche geführt und ihn als potentiellen Agenten »abgetastet« hätte. Als ich auf einer näheren Definition meines »Abtastens« bestand, fiel Chemnitz nichts Besseres ein, als zu sagen, ich hätte immer wieder über die besseren Lebensbedingungen und ungehinderte Reisemöglichkeiten in Deutschland berichtet. Dies genügte dem Untersuchungsrichter allem Anschein nicht, und er ließ den vermeintlichen Zeugen wieder abführen. Meinen »Triumph« bei dieser Gegenüberstellung habe ich allerdings nicht auskosten können, denn ich wurde in eine Strafzelle verlegt und in den folgenden zwei Wochen den »Folterknechten« überantwortet. In dem mittleren Trakt des Rundgebäudes nahm mich eine 2 x 3,5 Meter große Zelle mit olivbraunem Anstrich und einer grellen Deckenbeleuchtung bei Tag und Nacht auf. Jede Körperbewegung des mit ausgestreckten Händen Schlafenden befand sich auf diese Weise unter ständiger Aufsicht. Abgeschafft war auch der tägliche Spaziergang im Gefängnishof. Ich galt von nun an als ein verstockter »Spion in zweiter Generation«. Mir wurden angebliche Geständnisse meines Vaters aus dem Jahr 1935 aus seiner Strafakte mit dem Aufdruck »ewig aufzubewahren« vorgelesen. Eine persönliche Einsichtnahme wurde mir allerdings verweigert. Und als ich auf mein jugendliches Alter am Ende der zwanziger Jahre hinwies, hieß es, man habe schon zwölfjährige Spione überführt und verurteilt.

Bei den Vernehmungen änderte sich jäh die Tonart; crescendo und fortissimo dominierten in der Lefortowka. Auch eine andere Garnitur von »Spürhunden«, wie sie im Gefängnisjargon genannt wurden, kam zum Einsatz. Im derben Kasernenton wurde ich bedroht und beschimpft; die Mutterflüche erfuhren ihre »siebenstöckige Steigerung«, wie es im russischen Volksmund hieß. Allem Anschein nach wurde von Abakumow die Anwendung aller zweckdienlicher Mittel angeordnet.

Die Schikanen begannen damit, daß ich mich zwar, wie sonst üblich, um zehn Uhr abends auf der Pritsche ausstrecken durfte und vor Übermüdung sofort einschief, aber sobald ich mich angeblich auf die Seite legte oder die ausgestreckten Hände unter der Decke »versteckte« wurde ich angebrüllt und brutal auf den Rücken gestreckt. Die Entziehung des Schlafes sollte mich mürbe machen und meinen angeblichen Widerstand brechen. Dies bewirkte jedoch, daß ich apathisch und unempfindlich wurde. Dazu trugen auch die monotonen, immer gleichbleibenden Fragen bei. Ich sollte die Namen von Sowjetbürgern benennen, die ich seinerzeit für den deutschen Nachrichtendienst angeworben hätte und die nunmehr von den »Anglo-Amerikanern« übernommen und eingesetzt worden seien. Während dieser »hochnotpeinlichen« Verhöre waren immer wieder gellende Schreie, meistens von Frauen, irgendwo nebenan zu hören, und gelegentlich folgte danach das »Abschleppen« der wahren oder vermeintlichen Opfer. Es hörte sich an, wie das Ziehen schwerer Lasten durch den Gang. Beim Betreten des verdunkelten Vernehmungsraumes wurde man an die Wand gestellt. Seit der Revolution hatte der Ausdruck »k stenke« die ominöse Bedeutung des Erschießens erhalten. Man stand gegenüber dem Schreibtisch des NKWD-Offiziers, und unmittelbar über dem Kopf wurde eine grelle Glühbirne eingeschaltet, die dem Inquisitor jedes Minenspiel verraten sollte. Versuchte man die Augen zu schließen oder seitwärts zu schauen, so wurde man mit den obszönsten Flüchen belegt; sackte man zusammen, halfen derbe Faustschläge wieder auf die Beine. Das »Geständnis« wurde oft stundenlang abgewartet. Der Inquisitor vertrieb sich die Zeit mit Lesen oder Aktenstudium.

Eines Tages, als ich vor Erschöpfung immer wieder in die Knie sank, ließ er vier kraftstrotzende Wachsoldaten rufen und forderte diese zum »Fußballspiel« auf. Daraufhin wurde ich von deren Fäusten gefaßt und wie ein Ball aus einer Ecke in die andere gestoßen, dort vom Boden wieder aufgegriffen und weiterbefördert. Nach einer Weile verlor ich das Bewußtsein und blieb vor dem Schreibtisch auf einem Teppich liegen. Als ich meiner Sinne wieder mächtig wurde, beschäftigte mich nurmehr ein Gedanke: wie ich es meinen Peinigern heimzahlen könnte. Der Anblick des gemusterten kaukasischen Teppichs gab mir die spontane Idee, meine Harnblase in denselben zu entleeren. Danach bemächtigte sich meiner das Gefühl völliger Entspannung, wenn nicht gar einer Glückseligkeit, und ich schlief sogar auf der Stelle ein. Als ich mit Faustschlägen traktiert und hochgerissen wurde, stellte ich mich stumm und gefühllos. Unter gotteslästerlichen Flüchen wurde ich danach vom Teppich auf eine Zeltplane gelegt und von zwei Wachsoldaten abgeschleppt. Nach kurzer Zeit erschien in der Zelle eine Ärztin, ließ mich Kampfer riechen und niesen und untersuchte mich. Da sie an meinem Körper und unter einem Auge blaue Flecken feststellte, gab sie mir den überraschenden Rat, ich sollte beim Gehen, besonders im Stiegenhaus, vorsichtiger sein. Was hätte ich ihr anderes erwidern können, als daß man mich beim nächsten Mal gefälligst vorsichtiger abschleppen sollte. Die Ärztin gab mir einige Pillen zu schlucken und versicherte, man würde auf meinen geschwächten Zustand Rücksicht nehmen. Und in der Tat, mein Manöver war geglückt, das »Fußballspiel« wurde nicht mehr wiederholt, und alsbald durfte ich die Zelle für einen halbstündigen Spaziergang im Gefängnishof verlassen.

Als ich zum ersten Mal eine ca. 3 x 5 Meter große Spaziergang-Parzelle in dem für einzelne Häftlinge abgezäunten Gefängnishof betrat, wurde ich von einem Horn-Signal begrüßt, das mir wie der Gefangenenchor aus Beethovens »Fidelio« als eine Freiheitverheißung erschien. Es war aber nicht Beethoven, sondern Tschaikowskijs Hornsolo, das Kernmotiv seiner Fünften Symphonie, das in c-moll ein Hornist irgendwo hinter den Gefängnismauern einstudierte. Er hatte wohl einige Schwierigkeiten mit dem Thema, denn in den folgenden vierzehn Tagen übte er mit nicht nachlassendem Fleiß ausgerechnet in der Zeit meiner Spaziergänge das widerspenstige Motiv ein. Dieses Schicksals-, wie ich es nannte, Leid-Motiv Tschaikowskijs wird im Finale aus dem düster melancholischen Moll in strahlendes Dur transponiert. Die Überwindung der Düsternis schien mir etwas Tröstliches, Aufmunterndes zu verheißen.

Wer musikempfänglich und in Moskau aufgewachsen ist, gewinnt Tschaikowskij zum lebenslangen Begleiter. Von seinem »Kinderalbum« und den »Jahreszeiten« im Klavierunterricht, von den Ballett- und Opernaufführungen bis zu seinen Liedern, Kammermusik und Symphonien entgeht dem Heranwachsenden kaum eine seiner Kompositionen. So ähnlich erging es mir auch mit Mozart, den Tschaikowskij für sein unerreichbares Vorbild hielt. Eine nahezu persönlich zu nennende Verbindung zu Tschaikowskij entstand Ende der dreißiger Jahre. Als Student besuchte ich häufig in Bad Kösen meine Taufpatin, deren früh verstorbener, aus Thüringen stammender Ehemann Wilhelm Töpfer seinerzeit Konzertmeister der Moskauer Philharmonie gewesen war. Aus ihren Erzählungen erfuhr ich unter anderem, daß sie sechzig Jahre zuvor wiederholt dem Komponisten in Moskau begegnet war. Zwischen ihm und dem zuverlässigen und versierten Konzertmeister bestand ein bewährtes Vertrauensverhältnis und darüber hinaus eine stille Übereinkunft, daß er anstelle des öffentliche Auftritte scheuenden und durch das Publikum verunsicherten Komponisten die Führung des Orchesters übernahm. Dafür revanchierte sich dieser mit Geschenken und Einladungen in elegante Restaurants. Seine Großzügigkeit sei sogar so weit gegangen, daß er bei seiner Abreise aus Moskau die Solisten des Orchesters vor Abfahrt des Zuges zu einem Abschiedsessen in das Bahnhofrestaurant einlud. Tschaikowskijs außergewöhnliche Ausstrahlungskraft, seine ungeheuchelte Güte und Zuvorkommenheit hätten ihn vor allem im persönlichen Umgang ausgezeichnet. Entsprechend den zeitbedingten Moralbegriffen verurteilte Ida Töpfer, die einer pietistischen ostpreußischen Familie entstammte, daß der Vielbewunderte nur Männer liebte und seine versuchsweise geheiratete Schülerin schon nach wenigen Tagen verlassen und angeblich in den Wahnsinn getrieben habe. Sie nannte ihn einen »Hinterpommern«, wie es wohl in ihrer Jugend in Deutschland hieß, weigerte sich aber, dafür eine nähere Definition zu geben. In Bad Kösen wohnte sie in einem Haus an der Saalebrücke, das der Nichte von Gustav Freytag gehörte, von der es hieß, sie sei ähnlich wie Tschaikowskij nur einige Tage mit einem jungen Pastor-Adjunkten quasi verheiratet gewesen. Die Hochzeitsnacht hätte dieser immer wieder verschoben, bis er von dem Schwiegervater mit einem Jüngling im Bett überrascht, suspendiert worden und vor dem Gerichtsverfahren nach Amerika geflüchtet sei. Fräulein Freytag, die viel eher die korrumpierende Amtsübernahmepraxis durch eine Einheirat als die Nichtvollziehung einer Ehe verurteilte, schenkte mir ein Fotoporträt König Ludwigs II., das er Gustav Freytag mit einer eigenhändigen Widmung hatte zukommen lassen. Und Ida Töpfer trennte sich erst 1940 aus Anlaß meiner Promotion von einem ebenfalls mit freundschaftlicher Widmung »an den lieben Stellvertreter« versehenen Porträt Tschaikowskijs. Beide Fotoporträts fanden ihren Ehrenplatz in meiner Bibliothek und verbrannten bei einem britischen Bombenangriff 1943 im Berliner Westen.

Diese Abweichung von dem Lefortowo-Gefängnisbericht erschien mir erforderlich zu sein, um das Nachfolgende zu erklären. Mit dem Luftschöpfen im Gefängnishof endeten auch die Schikanen in der Zelle. Ich konnte mich von nun an ausruhen und wieder Kräfte schöpfen. In dem Dunkel und der Ausweglosigkeit meiner Einzelhaft wirkte Tschaikowskijs Hornsolo-Motiv wie ein Heilmittel. Von schwermütigen Sehnsucht in Moll getragen, erweckte es Empfindungen, die das Leid in einem erlösenden Fis-Dur ausklingen läßt. Ich erinnerte mich, daß Tschaikowskij selbst das Thema mit einem wehmütigen »O, que j'aime, mon ami«-Stoßseufzer gedeutet hat. In Worte gekleidet, hieß es etwa, du hast die schwersten dir auferlegten Prüfungen überstanden, ähnlich wie Tamino in Mozarts »Zauberflöte«. Was bei jeder, auch noch so subtilen Annäherung durch das Wort wie ein musikkritischer Deutungsversuch erscheint, gewann in der Einsamkeit der Zelle einen Gefühlswert, der in gewissen Grenzsituationen lebenswichtig sein kann. Nie zuvor war mir die Weisheit der antiken Mediziner, menschliche Leiden durch Kunst und Musik zu lindern und sogar zu beheben, in gleicher Weise bewußt geworden. Ich begann wieder wahrzunehmen, was sich hinter den Gefängnismauern abspielte. Da ich nicht mehr dauernd beobachtet wurde, wagte ich es, auf die Pritsche zu steigen und durch den vergitterten Fensterschlitz hinauszuschauen. Zu meiner Überraschung erspähte ich auf einem gegenüberliegenden Turm ein Flakgeschütz in aufgerichteter Abwehrstellung und einen Soldaten als Wachposten. Ich stellte mir daher die Frage: Sollte der kalte Krieg in einen heißen ausarten? Dies konnte einen vorgezogenen Todestermin oder (wer wagte es zu hoffen) eine vorzeitige Befreiung bedeuten. Zu hören war untertags nur das Stampfen und Dröhnen des Motorenprüfstandes einer Fabrik, die sich seit 1930 in der enteigneten altehrwürdigen St. Michaelis-Kirche befand.

In Gedanken kehrte ich in meine frühen Kindheits- und Jugendjahre zurück, als das 350jährige Bestehen dieser Kirche in der ehemaligen »nemezkaja sloboda« (deutsche Siedlung) festlich begangen wurde. Der mit meinem Vater befreundete Syndikus der Gemeinde, der aus Kurland stammende Rechtsanwalt Paul Althausen, hatte mich als Heranwachsenden in die Geschichte dieser Ausländersiedlung des 16–17. Jahrhunderts eingeführt und mich gewissermaßen verpflichtet, seine Forschungen und Publikationen fortzusetzen. Wie mein Vater wurde auch er 1935 verhaftet und starb in einem Konzentrationslager. Durch meinen Geburtsort und die Studienfächer fühlte ich mich mehr denn je dazu verpflichtet, die Leistungen der Deutschen in Rußland, ungeachtet zweier verhängnisvoller Kriege nicht der Vergessenheit anheimfallen zu lassen. Kein anderes europäisches Volk hat, insbesondere seit dem Reformzaren Peter dem Großen, für die Russen und deren expandierendes Reichsgebilde so viel getan und erreicht wie die in russischen administrativen und militärischen Diensten stehenden Deutschen.

Meine geschichtsträchtigen Erinnerungen beschäftigten mich im Lefortowo-Gefängnis in gleicher Weise wie der Roman »Wanderer in der Nacht« von Daniil Andrejew, der meine zweite Einvernahme verursacht hatte. Zu meinem nicht geringen Erstaunen gewährte mir ein neuer Untersuchungsrichter, Absolvent einer Parteihochschule und literaturkundig, meine bis dahin abgeschlagen Bitte, den inkriminierenden Roman wenigstens in Auszügen zu lesen. Ich bekam tatsächlich Teile des Manuskripts ausgehändigt und mußte mich mit der Lektüre einzelner ausgewählter Kapitel begnügen. Diese sollten Andrejews sowjetfeindliche Gesinnung unter Beweis stellen. Zu dieser hätte ich mit meinen Gesprächen, die ich mit dem Ehepaar Chemnitz geführt habe, wesentlich beigetragen. Es handelte sich um jene Kapitel, die sich mit den Erlebnissen des Helden in den Kriegsjahren und kurz davor befaßten. Als ich in späteren Jahren Boris Pasternaks »Dr. Schiwago« las, stellte ich immer wider fest, wie sehr der Stil, die Aussagekraft und die Charakterschilderung beider Romane sich glichen. Beide Romanhelden waren Zeit- und Leidensgenossen, bei Andrejew mit sehr viel stärkerem Unterton der Satire und Ironie.

Nachdem ich in einem mehr oder weniger wohlwollenden Gespräch mit dem NKWD-Offizier darauf hingewiesen hatte, daß bis zu meiner Verhaftung weder in Deutschland noch sonstwo im Ausland die ersten Teile des Romans erschienen waren und demzufolge kein Manuskript ins Ausland hinausgeschmuggelt worden sein konnte, wurde in meinem Fall das Verfahren als abgeschlossen erklärt. Kurz danach wurde ich in das Butyrka-Gefängnis eingeliefert, um das OSO-(Sondergerichts-)Urteil abzuwarten. Dies ließ nicht lange auf sich warten und lautete auf fünfundzwanzig Jahre Arbeits-Erziehungslager strengen Regimes (statt der vorhergegangenen zehn Jahre milderen Regimes). Ich unterschrieb lediglich, daß ich das OSO-Urteil zur Kenntnis genommen und gleichzeitig Widerspruch eingelegt hätte. Beim Unterschreiben konnte ich mich nicht eines sarkastischen Lächelns erwehren. Auf die verdutzte Frage, ob ich das Urteil nicht ernst nähme, antwortete ich nur, in 25 Jahren könnte ich 25 Mal sterben.

Einige Jahre danach begegnete ich im Lager Abesj in der Komi-Republik Lina Prokofjewa, der Frau des Komponisten, und es stellte sich heraus, daß sie zu gleicher Zeit mit mir im Seitenflügel des Lefortowo-Gefängnisses einsaß und daß sie die Zelle mit Anna Granskaja-Chemnitz geteilt hätte. Beiden sei der Gesprächsstoff nie ausgegangen, und beide hätten jeden Tag mit choreographischen Training begonnen und danach meditiert. Da Lina damals der »Christlichen Wissenschaft« ergeben war, gelang es ihr auch, Anja, die zur orthodoxen Kirche nur ein lockeres Verhältnis besaß, zu »bekehren«. Ich erfuhr des weiteren, daß Anja zu 25 Jahren Straflager, ihr weichgekneteter Ehemann dagegen nur zu fünf Jahren verurteilt worden sei. Über deren weiteres Schicksal habe ich nichts mehr in Erfahrung bringen können. Über Daniil Andrejew erfuhr ich dagegen aus der russischen Emigrantenpresse, daß er nach anderthalb Jahren Untersuchungshaft als »Schwerstverbrecher« zu fünfundzwanzig Jahren Einzelhaft verurteilt und in dem geschlossenem Gefängnis von Wladimir untergebracht worden sei. Wegen seiner »feindseligen Verstocktheit« wurde er nicht rehabilitiert, als er nach zehn Jahren Haft vorzeitig entlassen wurde. In jenen zehn Jahren war er glücklicherweise in einer meistens nahezu euphorischen Verfassung, die es ihm ermöglichte, in ununterbrochener Folge Gedichte zu Papier zu bringen. Die Manuskripte wurden allerdings bei dem »Schmon« (Durchsuchung der Zelle) immer wieder beschlagnahmt und verschwanden im KGB-Archiv. Durch diese Maßnahmen wurde Andrejew nicht entmutigt; er schrieb die Gedichte aufs neue, überarbeitete sie in der Gewißheit, daß das KGB-Archiv auch weiterhin aufnahmefähig sei.

Noch vor seiner Verhaftung erlebte Andrejew mystische Offenbarungen und Erleuchtungen. Ein inneres Licht – so berichtete er nach seiner Entlassung – hätte ihn die Welt von innen erkennen lassen. In der Gefängniszelle hätte er immer häufiger Visionen gehabt, oftmals von unübertrefflicher Schönheit, und deren Botschaft hätte er in Verse zu bannen versucht. Gelegentlich waren die Visionen aber auch grauenerregend, wie er sie in der erhalten gebliebenen »Leningrader Apokalypse« zu schildern versucht habe. Er unternahm metaphysische Reisen in die Sphären der Verklärung wie der Vergeltung. In der Geisterwelt erfuhr er von der Wirksamkeit »infernalischer Kräfte« auf Erden. Die ungewöhnliche Klarheit dieser Visionen hätte ihn von deren Realität überzeugt. Aus diesen Visionen und der nachfolgenden Kontemplation entstand 1958 – nach seiner Haftentlassung – der Gedichtband »Die Weltrose«. Sein großer Roman, mit dem er das Schicksal herausgefordert hat, dürfte in den KGB-Archiven ruhen oder vernichtet worden sein. Aus dem im Gefängnis konservierten Gedächtnisfond revitalisierte er einen Teil der dort entstandenen Verse, die von seiner Witwe 1975 in zensierter Redaktion im Druck erschienen sind. Seine zehn Gefängnisjahre überlebte Andrejew nur um zwei Jahre. Er starb während des sogenannten »Tauwetters« unter Chruschtschow 1957. Unter seinen rekonstruierten Gefängnisgedichten befindet sich eines, das er dem 1921 verstorbenen Petersburger Dichter Alexander Blok gewidmet hat. Darin heißt es unter anderem:

Von den unüberschaubaren Grenzen
des satanischen Reiches
kroch das Verbrechen auf mich zu
und all die verschwiegenen Geheimnisse
wage ich nicht dem Verse anzuvertrauen …

1949: Eine Goethe-Gedenkfeier jenseits des Polarkreises

In seinem Buch »Die ewigen Wegbegleiter« hat der russische Kulturphilosoph Dmitrij Mereschkowskij eines der tiefsinnigsten Kapitel Goethe gewidmet, und noch im Ersten Weltkrieg schrieb er von »dem guten Deutschland Goethes und Schillers«. Im Bewußtsein der alten russischen Intelligenzija blieb Goethe seit dem Anfang des 19. Jahrhunderts ebenso lebendig und geistig wirksam wie Hegel, der später von Marx mißdeutet, die geistigen Voraussetzungen für die russische Revolution schuf. Auf den Tod Goethes schrieb Fjodor Tjutschew (1801-73), ein echter Erbe seiner Natur- und Weltanschauung, das Huldigungsgedicht: »Am hohen Baum der Menschheit warst Du das allerbeste Blatt ...« Und noch mitten im Kriege gegen Deutschland (1916) bekannte sich zu ihm der feinnervige Lyriker des russischen Akmeismus Michail Kusmin (1875–1936) mit den Strophen: »... In Weimar ging die Sonne so für sich hin ... Im deutschen Leben ist, vielleicht, das einzig Wahre/Nur ein Kommentar zu einer Zeile des Poeten.« Zwischen diesen beiden Bekenntnisgedichten fehlt unter den Verehrern des deutschen Genius kaum ein bedeutender Name in der russischen Literatur. Nur Stalin blieb es vorbehalten, über ein ungehobeltes Gedicht des Prosaikers Maxim Gorkij zu urteilen, daß es »mehr wert sei als der ganze Goethe«. Bekanntlich fiel auch Hitler zu dem weltgültigsten deutschen Dichtern nichts ein. In Stalins Rußland war es aber Boris Pasternak, der sich in den Jahren seines Schreibverbotes der Nachdichtung des »Faust« hingab. Er schrieb eigentlich, wie Paul Valéry im französischen Sprachbereich, »seinen Faust«, und zwar in der Weise, wie ihn Goethe vermutlich geschrieben hätte, wenn er das Zeitalter der entfesselten Atomenergie, der von ihm vorausgeahnten Technokratie und des Zum-Schweigen-Verurteilt-Seins durch die Diktaturen des 20. Jahrhunderts erlebt hätte.

In meine Moskauer Jugendjahre fiel Goethes hundertster Todestag. Aus diesem Anlaß fand 1932 im »Säulensaal des Gewerkschaftshauses« (dem ehemaligen Adelsclub) eine offizielle Gedenkfeier statt. Von der Empore, von der einst die Hofkapelle zum Tanze aufspielte, wurde ich Zeuge eines diplomatischen »Eklats«, als der deutsche Botschafter von Dirksen mit seinem Mitarbeiterstab den Saal demonstrativ verließ. Dazu hatte ihn einer der Festredner, der Literaturhistoriker Auerbach, veranlaßt, indem er Goethe verübelte, daß er als Weimarer Staatsminister eine Kindsmörderin, wie Fausts Gretchen, zum Tode verurteilt hätte. Dies sei ein Beispiel jener Klassenjustiz gewesen, der sich nicht einmal der emanzipierte Geist der deutschen Klassik zu entziehen vermochte, war sein apodiktisches Urteil.

1949, siebzehn Jahre danach, gedachte die Welt des 200. Geburtstages des deutschen Universalgenies. Deutschland war, wie zu seinen Lebzeiten, erneut geteilt, nicht in feudale Kleinstaaten, wohl aber in zwei ideologisch und wirtschaftlich einander ausschließende West- und Oststaaten. Der Zweite Weltkrieg lag dazwischen, und Goethe wurde in Deutschland selbst verschieden beurteilt. Bedenken- und kritiklos hatte der sowjethörige Oststaat die marxistisch-lenistische Interpretation des »deutschen klassischen Erbes« übernommen. Als zur Strafarbeit verurteilter Kriegsgefangener befand ich mich zu diesem Zeitpunkt in einem weltabgeschiedenen Schweigelager jenseits des Polarkreises, im Kohlenrevier von Inta. In den Aushang-Zeitungen las man, was Moskau und Ost-Berlin als einzig richtige Goehe-Auslegung anerkannten. In dürrem Parteijargon wurde – wie 1932 – das »Progressive« von dem »Reaktionären« in Goethes Werk säuberlich getrennt und das marxistische Alleinvertretungsrecht beansprucht.

Als der 28. August nahte, erschien es mir als eine Ehrenpflicht, Goethe jenseits jeder ideologischen Klassifizierung zu würdigen. Obwohl ich einige Semester Germanistik studiert hatte und mit Goethe seit frühester Kindheit durchaus vertraut war, war ich kaum imstande, mehr als einige wenige Bruchstücke aus seiner Dichtung beizusteuern. Zu meinem nicht geringen Erstaunen hatten dagegen viele Landsleute, vor allem die an der Peripherie des deutschen Sprachraumes (Sudetenland, Siebenbürgen) Aufgewachsenen, aus ihrer Schulzeit beinahe lückenlos Goethes landläufige Verse im Gedächtnis bewahrt. Als »Regisseur« war es mir daher vorbehalten, die Fragmente zu ordnen und die Teilnehmer an der beabsichtigten Lagerfeier zu bitten, ihre Kenntnisse zusammenzutragen (»und brachten ihre Gaben«), um dem weltbekanntesten Deutschen zu huldigen.

Unweit des Badehauses gab es im Lagerkomplex eine baufällige Erdhütte aus der Gründungszeit des Lagers, deren Eingang mit quergenagelten Brettern verschlossen war, die aber durch Beiseiteschieben einen Durchschlupf offenließen. Sonntags und an hohen katholischen Feiertagen wurden in der verlassenen Erdhütte geheime Messen zelebriert. Ein junger litauischer Pater, Bobrovolskis, der mit seinen Landsleuten untertage arbeitete und von diesen jede Vergünstigung ablehnte, hatte die Seelsorge im Lager übernommen. Mit anderen deutschen Katholiken nahm ich an diesen geheimen Meßopfern teil. Um nicht aufzufallen, versammelten sich die Kryptochristen nach einem wohlüberlegten System, indem jeweils zwei Mann nach beiden Seiten Ausschau hielten und der dritte derweil unbemerkt in der Erdhütte verschwinden konnte.

Nach der Essensausgabe und dem Abendappell folgten am 28.August 1949 etwa dreißig Mann diesem Beispiel. Den deutschen Gefangenen schlossen sich einige des Deutschen mächtigen Russen, Ukrainer, Ungarn, Letten, Esten und Litauer an. Es erschien mir sinnvoll, daß dem »Weltgeist« Goethe nicht nur die Deutschen allein huldigten. In einem Holzverschlag der Baracke setzten wir uns nieder, entzündeten eine Kerze und hefteten an einen Pfosten ein aus dem Gedächtnis von einem jungen estnischen Kunsthistoriker verfertigtes Goethe-Porträt. Das Resümee meiner Gedenkrede schrieb ich einige Jahre danach in ein 1952 vom Moskauer Staatsverlag herausgegebenes Schullesebuch mit Auszügen aus »Dichtung und Wahrheit« hinein. In dem Vorwort zu dieser Ausgabe wurden die obligaten Zitate von Marx und Engels verwendet und dem alternden Goethe vorgehalten, daß er seine Kindheiterinnerungen beschönigt habe. Die Rechtfertigung seiner »unterdrückten« progressiven Anschauungen erfolgte durch jenen Passus im 4. Buch, in welchem der Knabe auf der Sachsenhausener Brücke den Schädel des 1616 hingerichteten Aufrührers Fettmilch betrachtete und ihn als »Opfer einer künftigen besseren Verfassung« erkennt. Dieses Büchlein – vergilbt und von unzähligen Leserhänden abgewetzt – begleitete mich in den letzten drei Jahren meines Lagerlebens und blieb mir, als Erzeugnis eines sowjetischen Staatsverlages, bei allen

»Filzungen« erhalten. »Vom Leben mit Goethe« hatte ich meine »Untergrund«-Ansprache genannt, die bestimmt war, in einer Grenzsituation des Lebens, in der Aussichtslosigkeit eines demütigenden Gefangenenlebens den Verzweifelnden und Resignierenden frischen Lebensmut und Widerstandswillen einzuflößen. Goethe bot neben und mit den Tröstungen der christlichen Religion den Gefangenen eine Überlebenschance, die nicht hoch genug eingeschätzt werden konnte. Die Goethe-Ansprache sei daher in vollem Wortlaut wiedergegeben:

»Von Äneas erzählt die Sage«, führte ich aus, »daß er die Brandstätte Trojas verlassend, seinen gebrechlichen Vater auf die Schultern lud, allein auch der guten Hausgeister, der Laren, gedachte, und diese in einer Truhe wohlverwahrt auf seiner Flucht nach Latium mitnahm. In schöner Gleichnisform lehrt diese Überlieferung alle Ausgewanderten und vom Schicksal Verfolgten auch in der Fremde ihrer geistigen Verbundenheit mit der angestammten Heimat zu gedenken. Will einer als Persönlichkeit unter anderen Völkern etwas gelten, muß er seinen Larenschrein mit auf den Weg genommen haben; das Schatzkästlein seiner ererbten Geisteswelt muß er nicht nur gut aufheben, sondern auch im vollen Glanze vorführen können. Nur so kann er den Beweis seiner eigenen Wertigkeit erbringen.

Und wenn wir uns nach den guten Schutzgeistern unseres Volkes umsehen, dann werden wir eingestandenerweise zuallererst an Goethe erinnert. Wo und wann immer uns eine besinnliche Stunde zusammenführt, bei ihm finden wir ganz gewiß Trost und Beherzigung auf einer kurzen Rast an der steinigen via mala unseres derzeitigen Daseins. Allgegenwärtig begleitet er uns und deutet im steten Wandel und Wechsel der Tagesereignisse den eigentlichen Sinn des Zeitgeschehens. Wir erleben die Gezeiten seines Lebens und erobern uns stückweise mit fortschreitendem Alter sein vielgestaltiges Werk. Ist es nicht so, daß wir am Fortgang unserer eigenen Geistesentwicklung auch Goethe mitwirken lassen? Ist er nicht ein ganz beachtlicher Teil jener großen bildenden Kraft, die das eigentliche Wesen unserer Nation ausmacht? Ist er nicht gerade deswegen befähigt in die Welt hinauszuwirken?

Wir begannen uns Goethe anzueignen, seitdem unser Denken und Fühlen sich nicht länger mit der Reichweite eines Stammes begnügen wollte, sondern in den Bereich der Nation hinauswuchs; er wird aber erst dann unser völlig unbestrittener Besitz geworden sein, wenn unser geistiges Reich ungeschmälert europäische, ja Weltgeltung erhalten haben wird. Den Ehrennamen, eine Nation Goethes zu sein, müssen wir uns im Wettstreit der Nationen immer aufs neue erobern und bestätigen lassen.

Daß Goethe nicht allein mit dem Werden und Sein der Nation im ganzen, sondern ebensosehr mit dem Werdegang und Schicksal eines jeden einzelnen von uns verbunden ist, lehrt uns schon ein flüchtiges Besinnen. Haben nicht die meisten von uns, ehe sie überhaupt lesen und schreiben gelernt hatten, das Heideröslein gesungen? Und welcher Volksschüler hat nicht Goethesche Verse aufgesagt? Welcher Gymnasiast schrieb nicht Aufsätze über Werther und Götz, Iphigenie und Tasso? Über Goethes Romane und wissenschaftliche Prosa gelangten wir schließlich zu jenem erhabenen gotisch-antiken Torbogen, der uns in Faustens ›große und kleine Welt‹ zu führen schien. Erkenntnislüstern setzten wir unseren selbstgefertigten Schlüssel an, öffneten auch das Tor nicht ohne erhebliche Kraftanstrengung, um alsbald gewahr zu werden, daß sich dahinter ein noch viel gewaltigeres Tor befand. Und so gehen wir denn auch, oftmals ein Leben lang, von einem Tor zum anderen, ohne ›zu der Weisheit letztem Schluß‹ zu gelangen.

Wie alles organisch Gewachsene gehört Goethes Werk zu jenen Naturgebilden, die aus größerer Entfernung im Umriß überschaubar zu sein scheinen, allein in ihren höheren Regionen in Dunst gehüllt bleiben. Durchforscht man sie aber im einzelnen, so gewinnt man zwar viel an Einsicht und Erfahrung, verliert aber gleichzeitig die Vorstellung vom Ganzen und die rechten Maßstäbe. Wir dürfen nicht nachlassen in unserem Bemühen, uns immer mehr von seiner Weltschau und Anschauung anzueignen, und wir müssen uns unausgesetzt bemühen, den Ruf, eine Nation Goethes zu sein, durch eigene geistige Anstrengung und Vollbringung zu behaupten und zu rechtfertigen.

Sein Geburtstag sollte in einer nicht zu fernen Zukunft zum Nationalfeiertag der Deutschen erklärt werden, um dadurch vor aller Welt das unaufhörliche Bemühen um eine Durchdringung und Aneignung seines weltumspannenden und völkerverbindenden Geistes zu bekunden. Goethe bedeutet Dauer im Wechsel, ein verpflichtendes und unveräußerliches Erbe. Goethe gehört zu den wenigen hehren Weltgeistern, die der Menschheit in einer glücklichen Sternstunde geschenkt worden sind. Möge dieser erlauchte Schutzgeist unseres Volkes uns auf allen gefahrvollen Wegen und Umwegen, auf allen selbstverschuldeten Irrfahrten führen und geleiten, bis wir eines Tages Faust, dem edelsten Gebilde, das seinem Zeushaupte entsprungen ist, nachsprechen dürfen: ›Mit freiem Volk auf freiem Boden stehn … dem Augenblicke möchte ich sagen ›Verweile doch, du bis so schön.‹«

Nach dieser Ansprache kamen alle diejenigen zu Wort, die aus ihrem Schulunterricht Goethesche Verse im Gedächtnis bewahrt hatten. In einem engagierten Wettbewerb wurden die oftmals fehlenden Strophen ergänzt. Vom »Heideröslein« bis zu »Hermann und Dorothea« wurde der Schul-Goethe auf diese Weise komplettiert. Und bevor die Kerze erlosch, gelobten wir, im Falle einer Entlassung aus der »babylonischen Gefangenschaft« dafür einzutreten, daß Goethes Geburtstag zum deutschen Nationalfeiertag erklärt würde. Wir waren uns darüber einig, daß kein Verfassungs- oder Staatsgründungstag ein würdigerer Anlaß sein könne. Die verglimmende Kerze zeigte uns den Ausschlupf aus der Erdhütte. Wir verließen sie wie Verschwörer, die den Rütlischwur geleistet hatten, und sahen dem nächsten Arbeitstag mit größerer Zuversicht entgegen.

Nach unserer Entlassung im Herbst 1955 sammelten wir Unterschriften der Spätestheimkehrer und appellierten an den Bundespräsidenten Theodor Heuss, Goethes Geburtstag zum Nationalfeiertag zu erklären. Seine Antwort war verständnisvoll und durchaus zustimmend. Er verwies darauf, daß schon in der Amtszeit von Ebert und Hindenburg ähnliche Vorschläge gemacht worden seien und daß er persönlich der »Resolution« der Heimkehrer aus vollem Herzen zustimme; wir müßten allerdings den Augenblick einer Wiedervereinigung Deutschlands abwarten. Bis dahin seien wir nationaler Solidarität verpflichtet, am 17. Juni jener Blutzeugen zu gedenken, die Deutschland in Freiheit wiedervereinigt sehen wollten und die diesen Wunsch mit ihrem Leben bezahlt hätten.

Deutsche Beutefilme

Bei der Ankündigung von seltenen oder verloren geglaubten deutschen Stumm- oder Tonfilmen der dreißiger und vierziger Jahre liest man des öfteren »in russischen Archiven wiedergefunden«. So las ich z. B. erst kürzlich, daß eine Filmkopie des 1929 nach einem Roman von Max Brod gedrehten Films »Die Frau, nach der man sich sehnt«, in dem Marlene Dietrich als »femme fatale« debütierte, erst vor drei Jahren in russischen Archiven wiedergefunden worden sei. Die naheliegende Frage, auf welche Weise Filmunikate dieser Art in sowjetrussische Archive gelangt sind, findet eine ganz einfache Erklärung. Bis zum Ende des Zweiten Weltkrieges war der Bestand an Filmen aus Westeuropa und Amerika in den sowjetischen Archiven äußerst gering. In seinem »Moskauer Tagebuch« (1926/27) geht Walter Benjamin u. a. auf die damalige – für die Periode eines beschränkten Handelsaustausches mit dem Westen noch durchaus günstige – Filmsituation in der Sowjetunion ein. »Die russische Regierung legt im allgemeinen für fremde Filme nur wenig an. Sie rechnet mit dem Interesse der konkurrierenden Industrien, den russischen Markt für sich zu erobern, und kauft im Ramsch ein, läßt sich Filme gewissermaßen als Reklamemuster, Warenproben halb geschenkt geben.«

Der Ankauf westeuropäischer oder amerikanischer Filme war stets auf ein Minimum beschränkt; dieses Limit war vor allem durch die unduldsame sowjetische Ideologie gesetzt. Die staatliche Filmzensur entschloß sich nur dann zum Ankauf von Filmen westlicher Produktion, wenn diese eine sozialkritische Tendenz aufwiesen und den für die Inlandpropaganda erforderlichen Nachweis von der »Verelendung und Ausbeutung der werktätigen Massen durch die bürgerliche Dekadenz und der Repression des privatkapitalistischen Systems« erbrachten. Die bei dem internationalen Wettbewerb in Moskau gezeigten Filme wurden größtenteils nur einmal und vor einem parteipolitisch abgesicherten Zuschauerkreis vorgeführt. Dies schloß allerdings nicht aus, daß Kopien westlicher Filme für den internen Bedarf der »Nomenklatura«, für den auserwählten Kreis hoher Partei- und Staatsfunktionäre angekauft und in geschlossenen Vorstellungen gezeigt wurden. Selbst Stalin verbrachte bekanntlich seine Mußestunden mit dem Anschauen amerikanischer Westernfilme, und aus der Kriegszeit ist ebenfalls bekannt, daß sich die NS-Prominenz nur allzugerne die in Stockholm oder Lissabon beschafften amerikanischen Filme in geschlossenen Vorführungen angesehen hat. In beiden Fällen konnte man sich gegebenenfalls darauf berufen, daß man sich sozusagen auf allerhöchster Ebene ideologisch mit dem »Feindbild« auseinandersetzen müsse. Wie aber gelangten die seit Kriegsende »verschollenen« Unikate deutscher Produktion in sowjetrussischen Besitz? Bei der Besetzung von Berlin im Mai 1945 wurde von den sowjetischen Kampftruppen eine reiche Kriegsbeute in der Ufastadt Babelsberg gemacht, nämlich das gesamte dort aufbewahrte Filmarchiv. Die sich logisch anschließende Frage, wieso derartige Filmunikate z. T. erst 35 Jahre nach Kriegsende wiederentdeckt worden sind, läßt sich ebenso schlicht beantworten. Die mehreren Zehntausend Filmrollen wurden in Eile und ohne fachmännische Aufsicht – ebenso wie Industrieanlagen, Labors, Feinmechanik oder Kunstgegenstände – vor der Übergabe der Westberliner Bezirke an die Westalliierten in die Sowjetunion abtransportiert und in dem im Moskauer Rayon gelegenen Ort Belyje Stolpzy in leerstehende Fabrikhallen in wüstem Durcheinander eingelagert.

Intakt gebliebene Filmkopien neuester Produktion, ideologisch unverfängliche und harmlose Unterhaltungsfilme, wurden in den ersten Nachkriegsjahren in Hunderten von Kopien in der ganzen Sowjetunion, ja sogar in Straflagern »milden Regimes« mit durchschlagendem Erfolg gezeigt. Ein wahrhaft sensationeller Erfolg war »Die Frau meiner Träume«, der jahrelang vor stets ausverkauften Häusern, zuletzt in abgenutzten schäbigen Kopien in der von Moskau entferntesten Provinz gezeigt wurde. Nicht weniger begehrt waren Filme mit Zarah Leander, La Jana, Olga Tschechowa und anderen Filmstars der NS-Zeit, die ein »Guckloch« in die offiziell verdammte Lebensweise des »Klassenfeindes« öffneten. Modebewußte Frauen sollen sogar die Kleider der deutschen Filmstars nachgezeichnet und in Eigenproduktion hergestellt haben.

Allen diesen Filmen wurde im Vorspann lediglich ein Hinweis beigegeben, die siegreiche Sowjetarmee habe diese Filmstreifen als »Trophäe« heimgebracht. Die Namen der Regiesseure, Produzenten und Darsteller wurden jedoch dem sowjetischen Publikum nicht preisgegeben; die Dialoge wurden mit russischen Untertiteln versehen oder in einzelnen Fällen synchronisiert. Die Schlamperei beim Abtransport der Ufa-Filmarchive stellte die Verwalter dieser Kriegsbeute vor eine wahre Sisyphus-Aufgabe. Das Sortieren, Identifizieren und Komplettieren des Filmmaterials bereitete ihnen ein jahre-, ja jahrzehntelanges Puzzlespiel, das allem Anschein nach noch vor Jahren nicht völlig abgeschlossen war.

Da es unmittelbar nach Kriegsende an Filmspezialisten, die die Gesamtproduktion der deutschen Filmindustrie von deren Anfängen bis 1945 kannten, fehlte, wurde selbst unter jenen russischen Strafgefangenen Umschau gehalten, die in deutscher oder westeuropäischen Emigration gelebt und die deutschen Filmdarsteller von der Leinwand her kannten. Zu diesen gehörten u. a. der im Gulag längst verstorbene weißrussische Generalssohn Sergej Sergejewitsch Posdnyschew, der mit einer Deutschen verheiratet gewesen war und von der Ufa gelegentlich als Berater in »russisschen Angelegenheiten« herangezogen wurde. Bei der Durchsicht der einschlägigen Akten entdeckten das KGB vermutlich seine frühere Tätigkeit bei der Ufa, und so wurde der »Sklave Gottes Sergej«, wie er sich nach kirchenslavischer Sitte scherzhaft bezeichnete, eines für ihn »schönen Tages« aus einem entlegenen ostsibirischen Straflager nach Belyje Stolpzy verbracht, wo für die »Filmspezialisten« ein strengbewachtes, aber sonst privilegiertes Sonderlager (darüber kann man in Solschenizyns »Erstem Kreis der Hölle« nachlesen) eingerichtet worden war. Über drei Jahre lang bestand nunmehr seine tägliche Arbeit darin, sich in einem Filmvorführungsraum die heillos durcheinandergebrachten Filmrollen anzusehen, dieselben nach Inhalt und Darsteller zu identifizieren, die richtige Szenenfolge wieder herauszustellen und auf diese Weise das Beutearchiv zu ordnen. Für einen Gulag-Gefangenen war dies zweifellos eine höchst wilkommene und ergötzliche Beschäftigung, bei der er die Misere seines grauen Lagerlebens nicht nur für wenige Minuten, sondern für viele Stunden vergessen konnte.

Eine solche Identifizierungsarbeit, die nicht nur ein perfektes visuelles Gedächtnis, sondern bei Zehntausenden von Filmrollen einen geradezu kriminalistischen Spürsinn erfordert, dürfte die »Wiederentdeckung« verschollener deutscher Archivfilme fünfundreißig Jahre nach der Beendigung des Zweiten Weltkrieges erklären.

Sterben oder irre werden

Die Frage Hamlets nach dem Sein oder Nichtsein, die auch die russische Intelligenzija seit den Shakespeare-Übersetzungen zu Beginn des 19. Jahrhunderts immer wieder beschäftigte, stellte sich im Straflager nicht in ihrem mythisch-metaphysischen, wohl aber in ihrem kreatürlichen Ursinn. Sie hieß in der Praxis: den Willen zum Überleben aufzubringen, mit Zähneknirschen durchzuhalten, sich Tag für Tag der unaufhörlichen Existenzgefährdung zu erwehren. Den Einflüsterungen des Todesengels nachzugeben, sich aus eigenem Entschluß vom Lebensufer abzustoßen und im Lethe-Strom unterzutauchen – diese Frage stellte sich kaum. Selbstmord war nur in seltenen Fällen eine überlegte Tat. Geschah ein solcher, dann nicht aus Lebensüberdruß oder Verzweiflung, sondern vielmehr aus spontanem Versagen der Nerven, das den Gefangenen aus der Arbeitskolonne fliehen oder über den Stacheldraht in die Todeszone der Wachtürme klettern ließ.

Der von den Russen in allen Lebenslagen zitierte Puschkin beteuerte in einem seiner Gedichte: »Vom Irresein behüt mich Gott, ich würde lieber betteln gehen.« Einer meiner Lagergenossen, der Puschkins Zitate immer auf der Zunge hatte, bemerkte hierzu: »Unter Nikolaus I. konnte man sich zumindest fürs Betteln entscheiden. Wenn ich mich hier im Lager in einer Notsituation zu entscheiden hätte, dann bliebe einem nur das selbstgewählte Irresein. Hat nicht Hamlet durch sein Irrespielen seine Racheabsicht verwirklicht?«

Diese Belehrung gab auch mir zu denken. Sollte ich wirklich, wie es die Lagerverwaltung offenkundig beabsichtigte, die mir verbliebenen körperlichen und geistigen Kräfte im täglichen Kleinkrieg mit der Wachmannschaft, den Brigadieren und sonstigen »Exekutivorganen« ohne Sinn und Zweck vergeuden, oder ein Beispiel des Lökens wider den Stachel liefern? Das Letztere schien mir der einzige Ausweg zu sein, ein Ausweg, der nur durch eine ungewöhnliche Handlung zu finden war. Der Selbsterhaltungstrieb verbot mir, durch einen Kraftakt aufbegehrender Stärke zu handeln; ich entschied mich, durch vorgetäuschte Schwäche die sehr viel Stärkeren irrezuführen. Meine früheren Spitalerfahrungen und Beobachtungen, aber auch eine gründliche Lektüre einschlägiger psychiatrischer Literatur belehrten mich, daß der bäuerliche Russe nichts so sehr wie eine ansteckende oder geistige Krankheit fürchtet. Daraufhin baute ich meinen Ausbruchplan, meine Flucht nach vorne auf. Ein Entkommen aus dem Straflager gab es für mich nur im Krankenwagen. Dies bedeutete aber äußerste Anspannung aller verfügbaren geistigen und körperlichen Reserven.

Ich versicherte mich zunächst der Hilfeleistung des westukrainischen Lagerarztes, der mir aus einem Handbuch psychischer Erkrankungen die auffallendsten Symptome eines totalen Nervenzusammenbruchs eingehend erklärte und auch vorführen ließ. Daß ich mich bei diesem Rollenstudium der skurrilen Felix-Krull-Episode bei der Rekrutenmusterung erinnerte, verhalf mir zu einer weiteren Nuancierung meines Vorgehens. Eine Spiegelscherbe, von einer der freien Stationarschwestern achtlos weggeworfen, war dabei von großem Nutzen. So oft ich mich unbeobachtet wußte, studierte ich mit der Spiegelscherbe Gesichtszuckungen, das Rollen der Augäpfel, eine Schaumbildung in den Mundwinkeln ein. Ich arbeitete an dem Gesamtbild eines psychisch Erkrankten, bis mir die Täuschung vollkommen schien.

An einem wolkenverhangenen Septembermorgen, der den nahenden Winter ankündigte, weigerte ich mich, mit der Arbeitsbrigade zum Schacht hinauszumarschieren. Der Brigadier, ein phlegmatischer Litauer, zuckte bei meiner Weigerung mit den Schultern und meinte, ohne mich anzuschauen: »Tu was Du willst. Du weißt, ich muß Dich am Tor melden.« Ich kroch in meine Koje, aß meine gesamte Brotration, trank Wasser dazu und streckte die Glieder in wohltuender Entspannung aus. »Der entscheidende Schritt ist getan«, versicherte ich mir. »Komme, was kommen mag. Jetzt gibt es kein Zurück mehr.«

Schon eine Viertelstunde später wurde ich von einem Aufseher zum Lagerkommandanten befohlen. »Da kannst Du dich auf etwas gefaßt machen. Er hat wohl Streit mit seiner Alten gehabt«, unterrichtete mich unterwegs der einfältig-gutmütige Soldat. »Als ihm deine Arbeitsverweigerung gemeldet wurde, tobte er wie ein Verrückter und schrie, er wäre schon mit mehr als einem Faschisten fertig geworden.« Bei dem Gedanken, daß es im nächsten Augenblick zu einer Begegnung »zweier Verrückter« kommen würde, mußte ich unwillkürlich schmunzeln. Der Wachsoldat war verblüfft. »Du scheinst es wohl nicht ernst zu nehmen? Ich hätte keine Lust im »Bur« zu sitzen, bis man mich kleinkriegt und noch höhere Normen erfüllen läßt. An Deiner Stelle würde ich mich zur Arbeit begeben.« Ich dankte für den wohlgemeinten Rat.

Der Begleitsoldat ließ mich durch den niedrigen Türrahmen des Blockhauses eintreten und nahm vor dem Kommandanten stramme Haltung an. Dieser saß in einem Büro, dessen ungestrichene Schränke, Tisch und Stühle dem rauhen Aussehen nach in der eigenen Lagerwerkstatt hergestellt waren. Über seinem aufgedunsenem blaurötlichen Kopf blinzelte mich ein Stalinbild spöttisch an. Die eigentliche Herausforderung kam von ihm und nicht von dem Kommandanten, der mich mit einer Schimpfkanonade empfing. Ich hörte eine Weile seine obszönen Wortexplosionen schweigend an und staute meinen ohnmächtigen Zorn auf. Ein leises Zittern bemächtigte sich zunächst meiner Hände, nahm von dem Oberkörper Besitz und teilte sich schließlich meinem Unterkiefer mit. Das flache wodkagerötete Gesicht des Kommandanten, seine verquollenen Schlitzaugen und die kaum wahrzunehmende Stupsnase boten keinen Angriffspunkt. Ebensowenig die Stalin-Lithographie, obschon von ihr eine Kampfaufforderung auszugehen schien. Meinen zum Erstarren gebrachten Blick fixierte ich auf den roten Stern im hellblauen Feld der Uniformmütze des Kommandanten. Einen Schritt trat ich vor und spürte, wie das Blut zu meinem Herzen hochstieg und mir den Atem verschlug. Blitzschnell beugte ich mich vor und ergriff die Vorderbeine des Tisches, hinter dem der Kommandant seine Fäuste ballte und auf die Tischplatte schlug. Ich nahm gerade noch die Schreckreaktion in seinem teigflachen Gesicht wahr, sah das Tintenfaß auf die hinunterrutschenden Papiere kippen, rollen und sich über die Papiere und Uniform des Kommandanten ergießen. Ehe die Arme der anwesenden Wachsoldaten mich greifen konnten, schloß ich die Augen und ließ mich in Konvulsionen auf den Boden fallen. Einer der Wachsoldaten warf sich mit ganzem Körpergewicht auf meinen zuckenden Unterkörper, ein anderer riß meine Arme nach hinten. Ich rutschte noch eine Weile hin und her, verdrehte die Augen, bis nur das Weiße zu sehen war, und ließ den angespeicherten Speichel aus dem Munde hervortreten. Mit einem tiefen Seufzer der Erleichterung suggerierte ich mir einen Trancezustand, der weit schwierigere Teil meiner Wahnrolle.

Meine Sinne blieben hellwach, vom Verstande gelenkt und sorgfältig kontrolliert. Da ich die Augenlider schloß, blieben meine Wahrnehmungen ausschließlich auf das Gehör beschränkt. Dem Fluchen des tinteübergossenen Kommandanten folgte seine Besprechung mit dem eiligst herbeigeholten politischen Kommissar. Zur Debatte stand, ob man mich in dem jetzigen Zustand in den »Bur« oder in das Stationar einliefern solle. Da ich auf das Rütteln und Schütteln, das Puffen und Kneifen der derben Soldatenhände und Stiefel nicht im geringsten reagierte, beschlossen die beiden Lagergewaltigen, mich zunächst ins Stationar einzuliefern. Den Kommandanten hörte ich im Hinausgehen sagen: »Auf diese Weise bekomme ich endlich eine neue Uniform. Ich habe lange genug darauf warten müssen.« Der Kommissar bemerkte lediglich, daß man mit zartnervigen Intelligenzlern immer nur Ärger hätte. Wenn man sie schon nicht erschieße, sollte man sie doch zumindest im Gefängnis oder in der Irrenanstalt isolieren. Für die Arbeitsdisziplin im Lager seien sie eine unzumutbare Belastung.

Auf einer Tragbare wurde ich in das nahegelegene Stationar hinübergebracht, wo mein galizischer Arztfreund sich meiner annahm. Pflichtgemäß unternahm er in Anwesenheit des Politkommissars alle vorgeschriebenen »Wiederbelebungsversuche«, vom Fersekitzeln bis zum Äthereinträufeln. Selbst auf die Ätherprobe reagierte ich kaum (der Äther drang nicht tief genug, um mich zum Niesen zu bringen).

»Sie sehen, der Mann befindet sich in einer todesähnlichen Ohnmacht. Es kann Tage dauern, bevor er wieder zu sich kommt. Und ob er dann auch zurechnungsfähig ist, kann ich nicht garantieren«, hörte ich den Galizier sagen.

Ich wurde entkleidet und im Hemd auf ein Wachstuch gebettet. Erst jetzt konnte ich mich völlig entspannen. Das aufgeregte Getuschel der Kranken schaltete ich aus dem Bewußtsein aus und schlief (des Nachts meine Schlafstellung wechselnd) bis zum Wecken. Auf die Weckbemühungen der Sanitäter reagierte ich ebensowenig wie auf die fingierte Ansprache des Arztes. Alsbald erschien die »Natschalniza«, die Leiterin der Sanitätsabteilung, ein bösartiges uniformierte Weib, das ich an ihrer schrillen Stimme erkannte, und begann mich aufs Neue mit Äther zu behandeln. Ich atmete diesmal tief ein und verfiel in einen wohltuenden Halbschlummer. Es tat mir wohl zu wissen, daß die »Natschalniza« sich im Krieg als Krankenschwester nur mangelhafte Medizinkenntnisse angeeignet hatte. Psychiatrische Fälle gehörten nicht in ihre Kompetenz. Aber aus Unkenntnis erwächst Mißtrauen, und vor diesem sollte ich mich hüten. Diese Belehrung verdankte ich meinem Arztfreund, den sie zu beobachten hatte.

Auf die Ausführungen des Arztes, man müsse mich schleunigst in das Hauptlager Nr. 5 überführen, hielt sie entgegen, man müsse abwarten, denn bei den schlauen Deutschen habe man mit allen möglichen Verstellungstricks zu rechnen. Ich hatte Mühe, meine Gesichtsmuskeln zu beherrschen und ein zustimmendes Lächeln zu unterdrücken.

Das gleiche Gespräch wiederholte sich bei den Arztvisiten an den beiden nachfolgenden Tagen. Am ersten und noch am zweiten Tag verspürte ich zwar ein beißendes Hungergefühl, verweigerte aber standhaft selbst eine künstliche Ernährung durch den Nasenschlauch. Mein Arztfreund ließ mir Traubenzucker injizieren und Zuckerwasser einflößen. Das einzig peinliche in meiner verkrampften Lage war, daß ich das Wasser scheinbar ohne Kontrolle wieder ablassen mußte. Ich wurde daher von dem rührend um mich besorgten Sanitätspersonal immer wieder umgebettet. Mein Körper hatte untertags seinen natürlichen Widerstand gegen die Strecklage aufgeben müssen. Ich vertröstete mich mit nächtlichem Stellungswechsel und versetzte mich als »ägyptische Mumie« in einen euphorischen Schwebezustand. Meine Geschichtskentnisse erlaubten mir weit mehr: Ich bewegte mich freier als beim Lesen von einer Geschichtsepoche zur anderen. In der Antike verweilte ich am liebsten, aber auch in der Renaissance und im napoleonischen Zeitalter. Es waren aber meistens Künstler und Dichter, denen ich mich zugesellte und mit denen ich Zwiesprache hielt.

Am dritten Morgen fühlte ich mich leichter und wohler als zuvor. Ich verspürte keinen Hunger mehr. Das einzig Störende war der scharfe Azetongeschmack im Munde. Als sich die »Natschalniza« bei ihrer dritten Visite noch immer unnachgiebig zeigte, erklärte mein Arztfreund kategorisch, daß er jede weitere Verantwortung ablehne. Für einen möglichen letalen Ausgang würde er seinen Vorgesetzten verantwortlich machen. Widerstrebend unterzeichnete daraufhin die »Medizinfrau« die Überweisung in das Hauptlager.

Es war an einem sonnenklaren Tage (ich spürte die Helle durch die geschlossenen Lider), als sich um meine Tragbahre eine Trauergemeinde versammelte, die mich bereits unter den Todeskandidaten sah. Der vereinsamte Boris hielt am längsten meine über der Brust gefalteten Hände umklammert und sprach mit bebender Stimme die Schlußstrophen aus Lermontows Gedicht auf Puschkins Tod: »Und nimmer verwischt euer schwarzes Blut die Spur des wahren Dichterruhms.« Das erzwungene Schweigen tat mir weh, aber ich tröstete mich mit dem Gedanken, daß Boris von der »Erweckung des Lazarus« durch die Lagerfama bald genug unterrichtet sein würde.

Alle wahren oder vermeintlichen Lagerfreunde folgten der Tragbahre bis zum Tor. Iwan T., ein Wiener galizischen Ursprungs, I. C. im Großdeutschen Heer, beim Überqueren der Ennsbrücke entführt und von Mitgefangenen verdächtigt, »Stukatsch« zu sein, lamentierte wie ein bezahltes Klageweib an der Bahre. Ich nahm ihm aber die Ehrlichkeit seiner Versicherung ab, als er ausrief: »Gibt es denn keinen anderen Ausweg aus diesem Todestal? Sind wir denn alle verurteilt, dieses Lager auf der Totenbahre zu verlassen? Lieber Gott, laß doch ein Wunder geschehen!«

Am Tor wurden mir die dürftigen Habseligkeiten zu Füßen gelegt, die Stimmen der Lagerfreunde verstummten hinter dem sich knarrend schließenden Gatter. Aus den Augenwinkeln erspähte ich die Umrisse eines Autobusses, der bis Kriegsende irgendwo in Deutschland die Straßen befuhr. Die Bahre wurde in den Mittelgang des Vehikels hineingeschoben. Der Wachsoldat setzte sich zu dem Schacht- und Lagerpersonal, das bei Schichtwechsel mit dem »Linienbus« befördert wurde. Eine der Frauen, die neben ihm saß und ihn über mich ausgefragt hatte, verkündete plötzlich mit kreischender Stimme: »Wißt Ihr auch, wer das ist? Er war die rechte Hand Ribbentrops. Wie harmlos und friedlich er da liegt! Man könnte meinen, daß er keiner Fliege weh tun kann. Wäre er aber bei Bewußtsein und stünde ganz Nazi-Deutschland hinter ihm, würde er uns alle mit bloßen Händen erwürgen.«

Durch einen Lidspalt sah ich die vermummten Frauengestalten in masochistischem Erschauern vor einem angeblichen Monstrum auf der Bank dichter aneinanderrücken. Sie betrachteten mich wie aufgescheuchte Hühner, die eines Habichts gewahr geworden sind.

Das Rumpeln und Stoßen des ausgedienten Vehikels über die ungepflasterte Straße löste ein wenig meine Glieder aus der Verkrampfung. Am Tor des von mir sehnlich angestrebten Asyls, des Sangorodok, wurde ich von den mir bekannten litauischen Sanitätern der Nervenabteilung in Empfang genommen. Sie redeten auf mich sofort ein. »Haben auch dich die Hunde fertig gemacht? Sei unbesorgt, bei uns bist du in sicheren Händen. Wir werden dich schon gesund pflegen. Der Schnauzbart (Stalin) hat die Ewigkeit nicht gepachtet. Die Mutter Gottes und alle Nothelfer wachen über uns … Geduld, Geduld!«

Ich hatte das Gefühl, nach einer lebensbedrohenden Seefahrt in einen sicheren Hafen eingelaufen zu sein. In der Nervenabteilung nahmen sich zwei ärztliche Kapazitäten meiner an: der eine, ein Schüler Bechterews, war Autor vieler Lehr- und Handbücher der Psychiatrie, die selbst nach seiner Verurteilung dem Leihbetrieb der Bibliotheken nicht entzogen wurden. Sein Name verfiel dagegen der üblichen »Damnatio Memoriae«. In sämtlichen Bibliotheken der Sowjetunion wurde er auf dem Titelblatt seiner Werke gelöscht. In der Hochzeit stalinistischer Säuberungsaktionen wurde jeden Monat ein Index der neuentdeckten »Volksfeinde« versandt und die um ihre Existenz besorgten Bibliothekare hatten nichts Eiligeres zu tun, als in den Büchern die verfemten Namen mit einer Rasierklinge auszukratzen oder mit Tinte zu schwärzen. Bei Fachbüchern bestand kaum Gefahr, daß irgendein ideologisch zersetzendes Gift sich den Studierenden mitteilen konnte. Der Autorenname aber – besonders dann, wenn es der einer wissenschaftlichen Kapazität war – konnte bei den Lesern leicht Verwirrung stiften und zu unerwünschten Schlußfolgerungen führen.

Am Einlieferungstag widerstand ich wohlweislich allen den Schein der Ernsthaftigkeit wahrenden »Wiederbelebungs«-Bemühungen der Ärzte. Ich erhielt Traubenzuckerinjektionen aus dem eisernen Bestand der Lagerapotheke. Ein litauischer

Feldscher wachte nachts an meiner Pritsche und kontrollierte ständig meinen Pulsschlag. Am nächsten Morgen beschloß ein ärztliches Konsilium, mir künstliche Ernährung durch die Nase einzuflößen. Das Kitzeln der Gummischläuche und den dickflüssigen Grießbrei in der Nasenhöhle vertrug ich nicht allzulange. Auch schien mir die Frist der vorgetäuschten Bewußtlosigkeit abgelaufen zu sein. Ich begann kräftig zu niesen und blinzelte schließlich in das Morgenlicht hinein. Der Professor der Psychiatrie eilte sofort an meine Lagerstatt und sprach mich auf deutsch an. Ich erklärte ihm, daß ich seit dem Augenblick meiner Konfrontation mit dem Lagerkommandanten mich an nichts mehr erinnern könne. In der offiziellen Krankheitsgeschichte konnte nunmehr »absoluter Gedächtnisschwund« eingetragen werden. Der Professor nickte zustimmend, verordnete Diätkost, weitere Injektionen von Glukose und Salzlösung; die Sanitäter sollten mir behutsam wieder das Gehen beibringen.

Drei Monate blieb ich als Patient, danach als Hilfsfeldscher und englischer Sprachlehrer zunächst in der Nervenabteilung. In der gleichen Eigenschaft wechselte ich in andere Abteilungen hinüber. In meiner Lagerkarriere hatte ich durch den Sprung nach vorne die erste Sprosse einer wie bei Trapezkünstlern schwebenden Leiter erklommen. Die Überlebenschance war im Steigen begriffen.

’31 Innenansichten des Lefortowo-Gefängnisses.

Das erweiterte Butyrka-Gefängnis.

33 Jeder Ankömmling in einem sowjetischen Gefängnis bleibt zunächst acht Tage in Q
rantäne, bis sich herausstellt, ob er an einer ansteckenden Krankheit leidet. Dann erhäl
die typische gefütterte Jacke aus wattiertem Baumwollstoff und muß mit den anderen
Arbeit.

Der Verfasser als Feldscher im Dubrowlag, 1955.

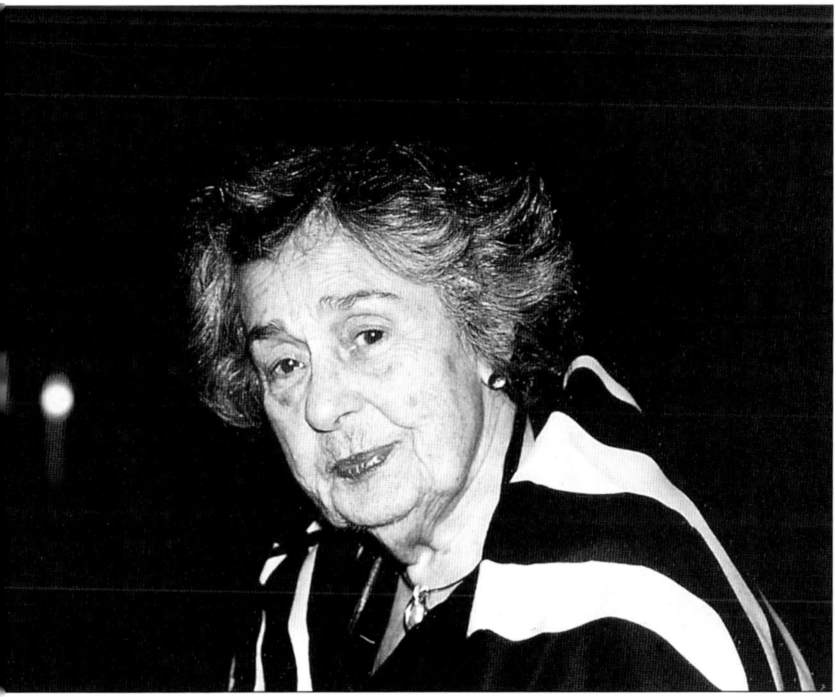

Lina Prokofiewa zum letzten Mal in der Grande Opera in Paris, Juni 1988.

36 Heimkehrer Erich Franz Sommer, Haus Wolferlehel in Berchtes gaden, 12. Oktober 195

37 Der »Gipfelstürme Erich Franz Sommer i Berchtesgadener Gebir nach der Entlassung aus 10½ jähriger sowje tischer Kriegsgefangen schaft, Neujahr 1956.

Pannwitz und andere Agenten

Im Lagerlazarett des Inta-Lagerkomplexes verhalfen mir meine Arztfreunde zu einem nahezu zweijährigen »Ruheaufenthalt«. Länger als zwei bis drei Monate konnte mich aber keiner der strafgefangenen Ärzte in seiner Obhut behalten. Ich wurde in jeder Lazarett-Abteilung – mit Ausnahme der TBC-und Lues-Abteilung – als Patient geführt, schlief untertags und arbeitete nachts im Behandlungszentrum. Zu meinen Obliegenheiten gehörte insbesondere, die Krankheitsgeschichten auf den neuesten Stand zu bringen und die ärztlichen Diagnosen lateinisch zu formulieren. Mit Ausnahme jener Ärzte, die außerhalb der Sowjetunion vor dem Kriege ihre Approbation erhalten hatten, d. h. im Baltikum, in der Westukraine, Rumänien oder der Tschechoslowakei, beherrschte keiner der jüngeren, in der Union ausgebildeten Ärzte Latein. Unter ihnen gab es sogar solche, die nicht einmal das lateinische Alphabet kannten. Ganze Arztgenerationen schrieben nicht nur die Krankheitsgeschichte und Diagnosen, sondern auch die Rezepte in russischer Sprache oder machten fehlerhafte Abschriften aus den Handbüchern. Dies hatte zur Folge, daß die gebildeten Patienten entweder den wahren Charakter ihrer Erkrankung erfuhren oder sich Leiden zuschrieben, von denen sie gar nicht befallen waren.

Im Nachteil befanden sich darüber hinaus die von der Lagerverwaltung mit der Aufsicht beauftragten »freien« Ärzte und Krankenschwestern, deren Qualifikation so gering war, daß sie außerhalb des Lagers keine Verwendung fanden. Sie mutmaßten zwar, daß die inhaftierten Ärzte »erfahrene Betrüger« seien, Vertreter der Intelligenzija krank schrieben und dieselben vor schwerer körperlicher Arbeit zu bewahren trachteten, aber es gelang ihnen nur selten, den Gegenbeweis zu erbringen. Sie übersahen daher in meinem Gefangenen-Dossier den Vermerk »nur zur schweren körperlichen Arbeit zu verwenden« und widersprachen nicht den Ärzten, die mir nacheinander die ausgefallensten Krankheiten bestätigten. Nach der Entlassung aus dem

Stationar bis zum Abtransport in ein Arbeitslager dauerte es gewöhnlich zwei bis drei Wochen. Diese Wartezeit verbrachte ich in einer sogenannten »Etappenbaracke«, ohne den Kontakt zu den befreundeten Ärzten zu verlieren. Sobald ein Transport in ein Arbeitslager bevorstand, wurde ich gewarnt und meldete mich bei einem diensthabenden Arzt oder Feldscher, die unverzüglich eine akute Erkrankung oder eine Verschlechterung meines Gesundheitszustandes feststellten. Daraufhin erhielt ich eine Bescheinigung, die meine Überweisung in das zuständige Stationar beinhaltete.

Als ich aus einem der Stationare gerade entlassen worden war, traf im Lazarett eine ärztliche Kommission ein, deren Verfahren bei der »Kommissowka« (Begutachtung) denkbar einfach war. Die Insassen der Etappenbaracke wurden angewiesen, splitternackt vor der mehrköpfigen Kommission anzutreten, der auch die behandelnden Ärzte auskunftgebend angehörten. Die Krankheitsgeschichte wurde dabei nicht zu Rate gezogen, es genügte ein Blick auf die noch vorhandene Muskulatur und ein Kniff in die Hinterbacken, um festzustellen, daß der Strafgefangene arbeitsfähig sei. Mein Körperbau und die noch jugendliche Konstitution übertrafen zweifelsohne die der meisten Mitgefangenen, und die Einwände der Ärzte wurden durch einen Einblick in meine Personalakte mit dem berüchtigten Vermerk entkräftet. »Der wird der Sowjetunion noch nützliche Arbeit leisten«, hieß es, »Spione können froh sein, wenn man sie nicht gleich an die Wand gestellt hat.« Ich wurde auf diese Weise in das berüchtigte Straflager N 6 »Strengen Regimes« überstellt. Von diesem Vernichtungslager hieß es, daß die Insassen nur eine geringe Überlebenschance besäßen. Die mir wohlwollenden Ärzte waren hilflos, gaben mir aber den Hinweis, mich unverzüglich bei dem dortigen Lagerarzt, einem westukrainischen »Kollaborateur« zu melden, der mir in jeder Notlage beistehen würde.

Am folgenden Morgen wurden die Arbeitskolonnen an der »Wachta« (Wache, Lagerwachposten) formiert. Es war ein Junitag, ohne Schnee und Finsternis. Die aufgerufenen Strafgefangenen breiteten ihre armselige Habe vor den Transportoffizieren aus, die flüchtig den Inhalt der Rucksäcke kontrollierten. Bei mir entdeckten sie einige handgeschriebene Hefte mit deutschen Übersetzungen russischer Lyrik. Mit süffisantem Lächeln erklärte mir der Kontrolloffizier: »Im Lager N 6 werden Sie der

Prosa des Überlebens begegnen. Zu lyrischen Ergüssen wird es bei Ihnen nicht mehr kommen.« Die beschlagnahmten Manuskripte wurden allem Anschein nach meiner Strafakte einverleibt, oder aber sie fielen, wie alle früher beschlagnahmten, einer »Feuerbestattung« anheim, nachdem deren unzweideutig unpolitischer Inhalt festgestellt worden war.

Der Marsch durch die Waldtundra mit den dürren Zwergbirken am Wegrand und dem undurchdringlichen Gebüsch dauerte keine zwei Stunden. Jenseits der »Wachta« des Straflagers wurden die Neuankömmlinge von ihren Landsleuten empfangen. Die Westukrainer und Litauer überwogen; sie zählten zu den unbelehrbaren und unbeirrbaren Partisanen, die in ihren Heimatländern nach Kriegsende der neuetablierten Sowjetmacht in den Wäldern und im Untergrund der Städte jahrelang erbitterten Widerstand leisteten. Das einzige, was sie den Deutschen übelnahmen, war, daß diese im Krieg den Ostvölkern nicht die ersehnte Freiheit und Selbständigkeit gebracht hatten.

Das »Regime« im Lager N 6 unterschied sich von den übrigen durch eine verstärkte Bewachung und einen massiven »Bur«, ein Blockhaus mit Gefängnisgittern und einem Posten vor der Tür. Eingesperrt wurden darin die Arbeitsverweigerer und andere »Rebellen«. Die Arbeitsnormen im Schacht waren zwar die gleichen wie überall, aber deren Erfüllung wurde rücksichtslos betrieben. Die Überlebenschancen waren selbst für die jüngsten und kräftigsten weit geringer als anderswo. Vom Tage meiner Einlieferung an setzte ich es mir daher zum Ziel, diesem Vernichtungslager so schnell wie möglich zu entkommen. So beschränkt auch meine Handlungsfreiheit war, nach drei Monaten hatte ich unter Anwendung der äußersten mir zur Verfügung stehenden Mittel dieses Ziel erreicht. Meine Einstellung gegenüber dem Arbeitseinsatz widersprach der unter den meisten deutschen Lagerinsassen verbreiteten Auffassung, man könne durch überhöhte Normerfüllung, die mit einer unwesentlich höheren Zuteilung von Tagesration verbunden war, das Überleben und eine vorzeitige Entlassung erreichen.

Zu den »Arbeitswütigen« im Lager Inta Nr. 6 gehörte auch der Doppelagent Heinz Pannwitz, allerdings als Brigadeführer. Der listenreiche ehemalige Gestapo-Kriminalrat und bis ans Kriegsende nicht überführte NKWD-Mitarbeiter verstand sich selbst im Gulag eine Position zu sichern, die ihn von körperlicher

Arbeit weitgehend dispensierte, aber zum »Sprücheklopfen« in gewohnter Weise geradezu verpflichtete. In Gesprächen mit seiner deutschen Arbeitsbrigade wiederholte er daher bis zum Überdruß die ihm geläufigen Parolen wie »Arbeit macht frei«, »Leistung weist den Weg zur Freiheit« und ähnliches mehr. Er bot mir – vor allem wohl aufgrund meiner russischen Sprachkenntnisse – eine Nebenrolle als sein Vertreter an, die ich mit dem gleichen verschwörerischen Lächeln ablehnte, mit dem das Angebot erfolgt war. Ich hielt ihm entgegen, die Zusatzrationen würden unser Leben nicht verlängern, sondern durch die zusätzliche Leistung, die über die Normerfüllung hinausging, eher verkürzen. Wie nicht anders zu erwarten, hat Pannwitz überlebt und wurde 1955 aus dem Gulag entlassen. Von seiner Arbeitsbrigade waren es aber nur wenige, die den erhöhten Arbeitseinsatz überlebt haben.

Pannwitz schätzte mich als Gesprächspartner in der Freizeit, blieb aber wortkarg und ausweichend, wenn ich ihn auf seine Tätigkeit als Mitarbeiter des berüchtigten Gestapo-Müller ansprach. Daß beide bereits vor dem voraussehbaren Kriegsende in geheimer Funkverbindung, dem sogenannten »Funkspiel«, mit Moskau standen, war mir damals nicht bekannt, und Pannwitz selbst spielte weiterhin die Rolle eines Patrioten, der sich für Deutschland geopfert habe. Erst spätere Lagerbegegnungen trugen zu einer Revision dieses Trugbildes bei. Zunächst schien sein erfolgreicher Einsatz gegen die »Rote Kapelle« und deren Chef Leopold Trepper dies zu bestätigen. Pannwitz wurde nicht müde, über seinen Pariser Einsatz und die Zeit als Heydrichs Mitarbeiter in Prag zu berichten. Im Scherz, aber ernst gemeint, bat ich ihn einmal, mir den Unterschied zwischen einem Kriminalrat – einer Rangerhöhung, die er Heydrich verdankte – und einem kriminellen Rat zu erklären. Die Frage schien ihn zu amüsieren, und er meinte ohne viel zu überlegen, der Unterschied bestünde darin, ob man sich von irgendeiner Seite bestechen ließe oder nicht. Damit hatte er indirekt einen Schlüssel zu seinem eigenen Lebensgang, dem eines Doppelagenten geliefert. Er gestand mir in einem unserer Gespräche, seine Lebensphilosophie bestünde darin, nichts im Leben allzu ernst zu nehmen, wohl aber dem Ernst des Lebens jederzeit gewachsen zu sein.

Seine äußere Erscheinung widersprach in allem dieser Doppelnatur. Er bewahrte etwas jungenhaftes, joviales, geselliges. Er scherzte gern, erzählte harmlose Geschichten und fand Belustigendes in jenen Personen, die er als Staatsfunktionäre und gefürchtete Zeitgenossen dienstlich und privat kennengelernt hatte. Harmlos und unverbindlich blieben auch die Gespräche bei unseren gelegentlichen Begegnungen in Bonn nach unserer Heimkehr.

Aus anderem Schrot und Korn war Emil Brugger, ein Schweizer aus Bern, dem ich 1949 im Inta-Lager Nr. 5 begegnete. In Wien hatte er sich von der US-Besatzungsbehörde als Agent anwerben lassen. Zunächst erwarb er in der Abteilung »Entnazifizierung« seine ersten Verdienste, um danach auf österreichische Kommunisten angesetzt zu werden, die Österreichs Anschluß an den Ostblock betrieben. Bei einem seiner geheimen Treffen wurde er in eine Falle gelockt und, nachdem er sich geweigert hatte, Doppelagent zu werden, von den Sowjets zu fünfundzwanzig Jahren Zwangsarbeit verurteilt. Die Härte der sowjetischen Methoden hatte er im gesteigerten Maße am eigenen Leibe verspürt. Er wurde als Skorbutkranker in das Stationar eingeliefert, beklagte sich aber auch über Prügel, Schlafentzug und andere »Verhör-Denkzettel« des NKGB. Unter den Mitgefangenen, insbesondere bei den Westukrainern und Balten, erfreute er sich besonderer Hochschätzung. Gebildete unter ihnen nannten ihn »unser Wilhelm Tell«. Auch ihm wurde von den gefangenen Ärzten nach Möglichkeit mit Penicillin geholfen und sein Aufenthalt im Stationar um mehr als ein halbes Jahr verlängert, denn auch seine Krankheitsgeschichte wurde, wie bei mir, gefälscht.

Im Gegensatz zu Pannwitz nahm er »kein Blatt vor den Mund« und erzählte freimütig über seine Erfahrungen mit dem sowjetischen Geheimdienst. Er spöttelte dabei über die verfehlte Taktik des NKWD, möglichst viele junge Leute in den sowjetischen Besatzungszonen festzunehmen, die absichtlich vom US-Geheimdienst geopfert würden, um die eigentlichen Agenten zu schützen. Persönlich sind mir tatsächlich so manche jugendliche Quasi-Agenten im Lager begegnet, denen von den Amerikanern suggeriert worden war, wichtige Aufträge für ein paar Dollar zu erfüllen, in dem sie die Nummern sowjetischer Militärfahrzeuge aufschrieben. Dem NKWD fiel es nicht schwer, diese »Unschuldslämmer« ausfindig und »unschädlich« zu machen. Aus Baden bei Wien oder aus Potsdam gelangten sie auf schnellstem

Wege zum Polarkreis. Eine Ausnahme bildeten zwei ehemalige Unteroffiziere aus Österreich, die das »Befreiungsmonument« am Wiener Schwarzenberg-Platz durch einen Sprengstoffanschlag erheblich beschädigt hatten.

Brugger wurde als Arbeitsfähiger dritter Kategorie aus dem Stationar entlassen und kehrte in das Kohlenrevier zurück, wo er mit Schneefegen und ähnlichen Hilfsarbeiten beschäftigt wurde. Der ehemalige sowjetische Oberst Pawlow fand in ihm im vertraulichen Gespräch einen Mitverschworenen, denn dieser plante Mitte 1950 einen regelrechten Aufstand im Lager durch Heranziehung von unzufriedenen Wachsoldaten und zwangsverpflichteten freien Arbeitern. Die wahnwitzige Idee Pawlows wurde aber verraten, und in einem Schnellverfahren wurden er und zehn der Hauptverschwörer zum Tode verurteilt, die übrigen 34 zu 25 Jahren strenger Haftarbeit. Brugger kehrte erst 1958 in die Schweiz zurück.

Zu den ausländischen Agenten wurden aber auch Kommunisten gezählt, die vor Strafverfolgung geflüchtet oder aus Überzeugung in die Sowjetunion übergesiedelt waren. Zu diesen gehörte Len Wincot, ein Matrose der britischen Flotte, der – ein einmaliger Vorgang in deren vielhundertjähriger Geschichte – an Bord der »Norfolk« eine Meuterei nach dem Muster der russischen Panzerkreuzer »Potjomkin«-Meuterei von 1905 organisierte. Anlaß war allerdings nicht schlechte Verpflegung, sondern eine von der Admiralität vorgesehene Herabsetzung des Soldes um 25% für die Mannschaft und um nur 3% für die Offiziere. Wincot war Wortführer und Verfasser des Manifests der meuternden zwölftausend Matrosen der Atlantik-Flotte, deren sechzehn Schiffe vor Invergordon in Schottland lagen. Mit anderen Rädelsführern wurde er aus der Flotte ausgestoßen, aber der Protest führte zu wesentlichen Reformen, die Englands Flotte im Zweiten Weltkrieg zugute kamen. Der arbeitslose Wincot trat 1932 der englischen KP bei, hielt Wahlreden in London und anderswo, schließlich wurde er als deren Vertreter zum ersten Anti-Kriegs-Kongreß nach Amsterdam entsandt. Enttäuschend war für ihn, daß allein die deutschen Kommunisten den Ablauf dieses Kongresses bestimmten und Wincot als Vertreter einer unbedeutenden kleinen Partei nicht neben Maxim Gorkij u. a. Prominenten zu Wort kommen sollte. Mit über vierhunderttausend Mitgliedern, einem gutbezahlten und funktionierenden

Verwaltungsapparat sowie den militärisch prämierten »Rotfront-Kämpfern« hat Stalin, bei sechs Millionen Arbeitslosen in Deutschland, auf deren nahen Wahlsieg gesetzt und die Deutschen als den Motor der Weltrevolution angesehen. Auf meinen Einwurf im Gespräch, eine solche Wende hätte der kapitalistischen Westen unter keinen Umständen geduldet, meinte Wincot, daß zur Entfesselung eines Weltkrieges nur die Bedenkenlosigkeit eines Hitler fähig gewesen sei. Er selbst hätte zwar eine neue Weltordnung im Bunde mit Großbritannien schaffen wollen, aber in Unkenntnis der englischen Psyche dies mit Drohungen und Demütigungen erreichen wollen. Nichts einige aber die Briten als Nation so sehr wie das schlechte Benehmen ausländischer Staatsmänner. Angesichts der Nachkriegsentwicklung, die anstelle von England und Frankreich zwei neue Großmächte, die USA und die Sowjetunion, die Geschicke der Welt bestimmen lasse, bedauerte Wincot, daß eine Verständigung zwischen Deutschland und England seinerzeit nicht zustandegekommen sei. Weder von den amerikanischen »Vettern«, und schon gar nicht von den russischen Kommunisten erwarte er irgendeine Rücksichtnahme auf Englands Commonwealth-Interessen. Er gab unumwunden zu, daß er zu dieser Einsicht gelangt sei, nachdem ihm trotz seines selbstlosen Einsatzes für die Sowjetunion ein gleiches Schicksal wie den Kollaborateuren und Regimegegnern beschieden sei.

1934 wurde Wincot mit der Leitung des Internationalen Seemannsclubs in Leningrad beauftragt, und ihm wurde die sowjetische Staatsangehörigkeit aufoktroyiert. Er überstand die neunhundert Tage der Hungerblockade in der Newa-Stadt, aber schon 1946 wurde der einst hochgefeierte »Held von Invergordon« von Stalins Inquisition als »britischer Spion« entlarvt, und er verschwand für zehn Jahre im Inta-Workuta-Lagerkomplex. Für mich, wie für viele andere Lagerinsassen, war er ein willkommener Gesprächspartner, insbesondere da sich die Gelegenheit bot, miteinander Englisch zu reden. Als Wincot 1957 »rehabilitiert« wurde und nach Moskau zurückgekehrt war, bemühte er sich um eine alsbaldige Heimkehr, die ihm aber verweigert wurde. Mit seiner vierten Ehefrau führte er ein bescheidenes Leben als Englischlehrer und Publizist. Erst 1974, als in England sein Erinnerungsbuch »Invergordon Mutiny« erschien, wurde ihm ein befristetes Besuchervisum ausgestellt, ein zweitesmal

1981. Vor seiner Rückkehr in die Sowjetunion soll er geäußert haben, er wohne zwar in Moskau, aber sei und bleibe in jeder Hinsicht ein Brite. Zwei Jahre danach starb Wincot und verpflichtete seine russische Ehefrau, die Urne mit seiner Asche nach England zu bringen und an der Kanalküste ins Meer zu streuen. Im Inta-Lager Nr. 3 begegnete ich 1951 einem anderen Engländer, der aus noch härterem Holz geschnitzt war als Wincot, nämlich Eric Pleasents. Er galt als ein englischer »blatnoj«, und es wurde von ihm berichtet, daß er als solcher von dem Lagerleiter Borodulin ausgefragt wurde. Wahrheitsgemäß hätte seine Antwort gelautet, daß es in England keinen »blatnoj« gäbe, und nur im sowjetischen Straflager hätte man ihn als solchen bezeichnet. Daraufhin hätte ihn Borodulin über die Straflager in England ausfragen wollen, aber auch in diesem Fall hieß es, daß es dort derartiges nicht gäbe. Verärgert hätte der Lagerchef daraufhin die letzte Frage gestellt, wo man denn diejenigen unterbringe, die Churchill umbringen wollten. Aber Pleasents gab zur Antwort, daß in England niemand nach Churchills Leben trachte.

Eric Pleasents war ein untersetzter und muskelstarker Mann Mitte vierzig, der für seine überschüssige Energie selbst im Lager Betätigung suchte und fand. Im Kohlenschacht verblüffte er die Mitgefangenen durch seine Leistung nicht weniger als die »Blatnojs«, denen er Nachhilfeunterricht im Boxen und Muskeltraining jeder Art gab. Nicht weniger begehrt war sein mündlicher Englisch-Unterricht, denn die meisten Gefangenen erwarteten weniger von England als vielmehr von den USA eine alsbaldige Befreiung. Pleasents enttäuschte aber die Hoffnungsfreudigen mit der nüchternen Feststellung, daß ein »heißer Krieg« nicht voraussehbar sei, der kalte Krieg aber nicht von den Militärs, sondern von der Wirtschaftsleistung entschieden würde.

Pleasents Ansehen ging auf einen Vorfall bei der Essensausgabe zurück. Die Gefangenen wurden an den Tischen bedient, niemand war es gestattet, sich an der Essensausgabe anzustellen. Ein robuster und beleibter Aufpasser, »Iwan der Schreckliche« genannt, verwehrte den Zugang. Pleasents wurde aber vom Koch mit einer Extra-Portion Brei versorgt, und als Iwan ihn mit einem wuchtigen Stoß beiseite schob, erhielt er einen wohlkalkulierten Schlag, der ihn, der zweimal so groß war, auf den Fußboden beförderte. Er blieb liegen und zeigte erst nach längerer Zeit ein Lebenszeichen.

Selbst im »Bur«, der Baracke strengsten Regimes, imponierte Pleasents den dort eingesperrten »blatnojs« durch seine Muskeln. Mitten in der Sträflingsbaracke befestigten sie einen »Ragsack« und trainierten unter seiner Anleitung. Da die »ehrlichen Diebe« selbst in der Strafbaracke mit genügend Lebensmitteln versorgt wurden, führte er, wie er mir in launiger Weise in Anspielung auf seinen Namen gestand, »quite a pleasant life«. Als »höchstgefährliche Person« wurde er regelmäßig auch ohne bestimmten Grund eingesperrt, insbesondere am 1. Mai, dem 7. November und anderen sowjetischen Festtagen. Pleasents war sprachbegabt, lernte Russisch und las in Ermangelung englischer Bücher russische Novellen und Gedichte. Unter den Gedichten Lermontows, den er als Nachkommen eines schottischen Barden besonders verehrte, fand er besonders Gefallen an dessen provozierendem »Abschiedsgedicht«: »Leb wohl, du ungewaschenes Rußland, du Land der Sklaven, du Land der Herren.« Lermontow hat Rußland als unbotmäßiger Offizier und kritischer Dichter nie verlassen dürfen, er wurde aber nach dem Kaukasus versetzt, wo er gegen Tschetschenen und Tscherkessen kämpfte. Pleasents machte aus dem Gedicht ein englisches »A song of SS (Soviet-Slaves)« und erklärte mir, daß für ihn SS nach seinen Erfahrungen in der Sowjetunion nurmehr diese Bedeutung habe. Er sprach übrigens ein fast einwandfreies Deutsch und erklärte dies mit seinem längeren Aufenthalt als Kriegsgefangener in Deutschland. Er berief sich darauf, daß er als Sportlehrer in der britischen Flotte gedient und während des Zweiten Weltkrieges an verschiedenen »Kommando«-Unternehmen teilgenommen habe. Bei dem fehlgeschlagenen Landungsversuch in Dieppe sei er in Gefangenschaft geraten und später in der sowjetischen Besatzungszone des »bewaffneten Kampfes gegen den Kommunismus« bezichtigt und zu 25 Jahren Arbeits-Erziehungslager verurteilt worden. Seine genaue Kenntnis der innerdeutschen Verhältnisse vor und im Krieg, eine keineswegs negative Beurteilung Hitlers und der Reichsführung ließen bei mir gewisse Zweifel an seiner Aufrichtigkeit aufkommen. Direkten Fragen nach den Quellen seiner Informationen wich Pleasents aus und bevorzugte, mit mir über deutsche Literatur und Philosophie zu reden. Auch auf diesen Gebieten war er gut beschlagen und nicht wenig stolz auf seine Fähigkeit zu diskutieren.

Erst 1994 haben Derreck E. Johnsons Recherchen die in seinen

Gesprächen mit dem halbgelähmten Pleasents unbeantwortet gebliebenen Fragen ihre Bestätigung durch Dokumente der Kriegsjahre gefunden. Diesen Nachforschungen zufolge hat Pleasents niemals der britischen Flotte angehört und sich auch nicht an dem »Kommando-Unternehmen« des Krieges beteiligt. 1944 hat er nämlich den Berliner Behörden gegenüber erklärt, er habe während des Finnland-Krieges 1940 als Pilot Hilfsgüter nach Finnland befördert und danach als Sporttrainer beim Norfolk-Regiment gedient. Als solcher sei er bei Dünkirchen in deutsche Gefangenschaft geraten. Diese Aussage beruhte auf einem Feststellungsverfahren, ob er eine deutsche SS-Sekretärin heiraten dürfte. Zu diesem Zeitpunkt hatte er sich bereits freiwillig zum britischen »SS-Freikorps« gemeldet.

Johnson bezeichnete Pleasents als einen aufrichtigen und ehrlichen Dorfjungen (country boy), der in der Vorkriegszeit nurmehr den Ehrgeiz besaß, durch sein Körpertraining ein professioneller Boxer, Ringer und Kraftprotz zu werden. Er war aber gleichzeitig ein überzeugtes Mitglied der faschistischen Partei Sir Oswald Mosleys und sei kurz nach Kriegsbeginn zur Kanalinsel Jersey entsandt worden, um dort in seinem Sinn zu propagieren. Zu seinen dortigen Vertrauensmännern habe Eddie Chapman gehört, ein berüchtigter Safe-Einbrecher und Juwelendieb, der als Doppelagent gleichzeitig für den britischen und deutschen Geheimdienst tätig gewesen sei. Nach vielerlei Abenteuern habe sich Pleasents gegen Kriegsende zum aktiven Dienst im britischen »SS-Freikorps« gemeldet, 1945 den verheerenden britischen Bombenangriff auf Dresden sowie die Belagerung von Berlin überlebt. 1946 wurde er in der Sowjetzone verhaftet und verurteilt, hat aber die sieben Jahre im Gulag körperlich und geistig unangefochten überstanden. Kestutis Jokubinas, sein litauischer Freund, schilderte, wie Pleasents am 12. Juni 1954 im Lager aufgerufen wurde, sich für den »Transport« vorzubereiten. Der Leiter der Versorgungsabteilung des Lagers hätte angeordnet, den Engländer mit den bestmöglichen Kleidungsstücken auszustatten. Nie zuvor hätte sich Ähnliches im Lager ereignet, und die Gerüchte von Pleasents Befreiung und Rückkehr nach England schienen sich zu bestätigen. Pleasents selbst hätte keine Emotionen gezeigt. Gemächlich hätte er seine Lagerfreunde besucht und Abschied genommen. Hinter ihm seien die Mitarbeiter der Versorgungsabteilung hergerannt, um ihm immer wieder andere Kleidungsstücke anzubieten, die nach Meinung ihres Chefs einer Reise nach England würdig wären. Erst am späten Nachmittag wurde er zum Lagertor gebracht, hinter dem nicht ein »Schwarzer Rabe«, sondern ein PKW gestanden hätte. Wie sich später herausstellte, wurde er zunächst nach Moskau in das Butyrka-Gefängnis gebracht, wo sein Strafmaß auf die sieben Jahre reduziert wurde, die er im Straflager verbracht hatte. Von Moskau wurde er nach Berlin gebracht und dort den britischen Besatzungsbehörden übergeben.

Sergej Prokofjews »Schneeflöckchen«

Der Schneesturm überdauerte die Nacht. Die humanistisch Gebildeten des Gefangenentransports bemühten sich aus intellektuellem Leerlauf um die Frage, ob etwa das russische Äquivalent für Schneesturm »Purga« etymologisch mit dem lateinischen »purgatorium« verwandt sei. Die Körperwärme und Ausdünstungen von fast hundert menschlichen Leibern und die noch immer glimmenden Kohlen im Röhrenofen, der sich als Komfortgegenstand »burschuika« (Bürgerin) nannte, schufen in dem Frachtwaggon eine Behaglichkeit, die sogar zu geistigen Gesprächen anregte. Die Nimmersatten stellten sich allerdings wie üblich Wunschmenüs zusammen, von denen sie zumeist auch vor der Gefangenschaft wohl kaum gekostet haben. Es wollte mir beinahe erscheinen, daß durch Hunger die Phantasie vom Gehörten oder Erlesenen weit mehr genährt wird, als von dem, was man tatsächlich kannte oder genossen hatte.

Die schneeigen Windböen wollten nicht aufhören, im gleichbleibenden Rhythmus gegen die Holzverschalung des Waggons wie mit wattierten Boxhandschuhen zu stoßen. Als anspruchslos gewordener Gefangener streckte man sich auf dem der Körperlänge zugemessenen Stück Fußboden, der von übelriechendem spärlichem Stroh bedeckt war, aus und ließ sich den Genuß des Augenblicks nicht entgehen. Man wußte, daß es März 1949 war, und selbst wenn der Transport der »Aktierten« (der »zu den Akten geschriebenen, ausgemusterten, nicht mehr arbeitsfähigen Invaliden«) von Inta nach dem dreihundert Kilometer nördlich gelegenen Abesj-Lagerkomplex unterwegs war, zweifelte man nicht, daß auch dort alsbald der Frühling einkehren würde. Unter den Arbeitsinvaliden und chronisch Kranken gehörte ich zu den wenigen, denen ihr Bildungsstand und ihre Russischkenntnisse auch im Gefangenenlager wegen der »Zugehörigkeit zur Intelligenzija« eine bevorzugte Behandlung (im Lagerjargon »blatt«) einbrachte. Körperlich war ich zweifelsohne gesünder und widerstandsfähiger als die Mehrzahl jener armen Teufel, die jahrein, jahraus Kohle förderten und durch erhöhte Arbeitsleistung eine kümmerliche Zusatzration (»pribawka«) erschufteten. Sie zehrten meist viel zu lange von der ihnen verbliebenen Substanz. Hatte die Gesundheitsinspektion sie letztlich und endlich ausgemustert, dann waren sie in der Tat unwiderruflich verbraucht und fristeten als Kandidaten fürs Jenseits (»dochodjagas«) die ihnen noch verbliebene, meist kurze Lebensfrist in Abesj. Zu dieser Kategorie gehörte die Mehrzahl der deutschen Kriegsgefangenen. Ich hatte es – in den meisten Fällen ohne irgendeinen nennbaren Erfolg – immer wieder versucht, sie darüber aufzuklären, daß ein minimales Mehr an Brot, Haferbrei, geringen Mengen Fleisch oder Fisch den effektiven Verlust an Lebenssubstanz und Energie nicht ausgleichen könne. Die visuelle Versuchung der höheren Ration war stärker, und mit logischen Einwänden war sie nicht zu widerlegen. Es gab unter den Landsleuten auch vereinzelte Büßernaturen, die den Propagandaparolen »Durch ehrliche Arbeit zur vorzeitigen Entlassung«, »Mehr Arbeit öffnet das Tor« Glauben schenkten und wie Sisyphus ihrem harten Tagewerk nachgingen, manche in der Überzeugung, daß sie für ihre eigene Person, aber auch für ihr Volk dem Sowjetstaat eine Wiedergutmachung schuldig seien. Derartige »Narren in Christo«, wie sie ein spöttischer Arzt nannte, hat eigentlich nur das russische und das deutsche Volk hervorgebracht. Das sehr viel rationalistischere und pragmatische Denken der Anglo-Amerikaner und der romanischen Völker bewahrt sie vor Selbstbezichtigung und bewußtem Leidtragen für abstrakte Begriffe. Von Angehörigen intellektueller Berufe erwartete man dagegen keinen übermäßigen Arbeitseifer; man belächelte oder bemitleidete sie sogar. »Sie haben ja nie gelernt, wie man mit beiden Händen zupackt«, hieß es von ihnen. Dieser falsche Stolz auf das erlernte Zupackenkönnen hat so manchem arbeitstüchtigen Kriegsgefangenen das Leben gekostet. Die Arbeitseifrigen duldeten unter sich keinen Versager, denn für die Lagerverwaltung war nicht die persönliche Leistung und Einsatzbereitschaft maßgebend. Erst wenn die Soll-Leistung der gesamten Arbeitsbrigade übertroffen wurde, profitierte davon auch der einzelne »Rabotjaga« (wie die Arbeitswilligen von den Kriminellen geringschätzig genannt wurden). Von den politischen Gefangenen wurden die Einsprengsel »krimineller Elemente« in der Regel nicht abgesondert. Daß man sie als zusätzliches Instrument eines physischen und psychologischen Terrors zu gebrauchen gedachte, mag zutreffen. Naheliegender jedoch war wohl die Überlegung, sie auf Kosten der »Arbeitswilligen« durchfüttern zu lassen. Vom ersten Tag meiner Einlieferung in das sogenannte »Arbeitserziehungslager« an war ich kompromißlos entschlossen, mich nicht ausbeuten zu lassen und die Zwangsarbeit auf jede erdenkliche und durchführbare Weise zu sabotieren.

Das traurige Schicksal meines stets arbeitseifrigen Vaters stand mahnend in meinem Gedächtnis. Er überlebte noch nicht einmal fünf Jahre der zehnjährigen Zwangsarbeit, zu der er als angeblicher »deutscher Spion« 1935 verurteilt worden war. Ich erinnerte mich der wenigen Briefe, die er meiner Mutter und mir, vermittelt durch eine Moskauer Verwandte, in Riga zukommen ließ. Zunächst arbeitete er als Fachingenieur in einer Werkstatt. Als sich die deutsch-sowjetischen Beziehungen 1937 zusehends verschlechterten, wurde er mit anderen Strafgefangenen in die Salzsteppe von Usbekistan (bei Taschkent) hinausgetrieben und gezwungen, das Dorngestrüpp (»kisjak«), das als Brennmaterial verwendet wurde, mit bloßen Händen aus dem Sand zu ziehen. Er sah sein nahes Ende voraus und schilderte in einem der Briefe, wie die nackten Leichen der im Lager Verstorbenen in der Salzwüste reihenweise verscharrt wurden. Der bewundertswert gesunde, muskulöse, sportlich-kraftvolle Mann, den ich niemals krank gesehen hatte, starb im August 1939 an tropischer Malaria und physischer Erschöpfung. Sein Lagerfreund und Landsmann, Baron Nolde, ein international bekannter Staatsrechtler der Petersburger Universität, berichtete seinen Schwestern, wie »sein Lebenslicht« in seinen Armen allmählich erloschen sei. Als die Moskauer Verwandte sich bei den Schwestern nach den näheren Umständen und dem genauen Tage seines Todes erkundigte, erfuhr sie, daß auch Nolde kurze Zeit nach ihm verstorben sei.

Jahrein, jahraus war daher mein erster Gedanke beim Wecken: »Was kannst du heute tun, um dich vor der Zwangsarbeit zu drücken?« Unter Arbeit (»rabota«) verstand ich natürlich nicht irgendeine Beschäftigung, mit der man eine Berechtigung auf die Tagesration erwarb, als vielmehr die substanzaushöhlende Schinderei im Kohlebergwerk oder beim Verladen von Kohle, Bau- oder Heizmaterial. Gewissenhaft erfüllte ich dagegen Verpflichtungen, die den Mitgefangenen unmittelbar zugute kamen. Sei es als Krankenpfleger oder auch Straßenkehrer. Je mehr Vergleiche ich anstellte, um so mehr wurde ich in der Überzeugung bestärkt, daß die gefangenen Ärzte, Ingenieure, Techniker, ja sogar Büroangestellte gegenüber Angehörigen geistiger Berufe anderer Nationen weit mehr Verständnis und Zusammengehörigkeitsgefühl zeigten als deren westliche Berufsgenossen. Hatten deutsche Ärzte oder Ingenieure irgendeine Vorzugsstellung erlangt, so konnte man in meisten Fällen gewiß sein, daß sie diese durch berechtigte oder unberechtigte Unterstützung oder Förderung eines Landsmannes nicht gefährden würden. Eine »Solidarität des Berufsstandes« hörte gewöhnlich auf, wenn man sich im Kampf ums Überleben bessere Chancen durch unnachsichtige Befolgung der Vorschriften und Einhaltung der Normerfüllung ausrechnen konnte. Ein höheres ethisches Prädikat würde ich daher jenen Russen, Ukrainern, Juden, Kaukasiern zuerkennen, die nicht der ungerechten Sache der Gewalthaber, wohl aber dem menschlichen Recht ihrer Mitgefangenen – ohne nationale Voreingenommenheit – den Vorzug gaben. Ihnen allein hatte ich es zu verdanken, daß ich nach siebenjährigem Gefängnis- und Lageraufenthalt immer noch am Leben war, und mich nunmehr als »Quasi«-Invalide auf dem Wege in ein »Erholungslager« befand.

Beim Einschlafen wurden meine Überlegungen in einem einzigen Satz zusammengerafft: »Du hast es geschafft. Von nun an kann es nur besser werden.« Halbwach vernahm ich noch das Stöhnen der Kranken, hin und wieder ein lispelndes Beten, das differenzierte Schnarchen der Gemütsstarken. Dann aber hörte ich nur noch das gleichmäßige Rattern der Waggonräder, gedämpft durch die Schneewehen, die den Schienenstrang bedeckten und die Zuggeschwindigkeit verminderten. Je heftiger die Schneeböen ihre Faustschläge gegen die Waggonwände austeilten, um so schleppender wurde das Fahrtempo. Mein sangeslustiger Nachbar, der tagsüber den ganzen Waggon zum Mitsingen ermutigte, stimmte ein tristes Solo an: »Kutscher, treibe nicht die Pferde an, ich habe keine Eile mehr ...« Niemand von uns hatte Eile, und so blieb auch sein Lied ohne Widerspruch.

Unsanft geweckt wurden wir, als die Schiebetür von Wachsoldaten aufgestoßen und wir allesamt zum Aussteigen aufgefordert wurden. Kalkweißes Morgenlicht drang in unsere behagliche Düsternis. »Wstawai Wychodi! (Aufstehen! Aussteigen!«)

klang es unerbittlich in unseren Ohren. Jeder von uns raffte seine geringen Habseligkeiten zusammen und sprang in eine kniehohe Schneewehe, die in der Morgensonne wie eine schäumende Meereswoge über den Köpfen hochschlug. Unseren schlafbenommenen Sinnen tat diese Erfrischung wohl. Man taucht unter und erhob sich hellwach. Die Kolonne stampfte durch den lockeren Neuschnee längs dem Bahndamm, und die Männer wurden von einer Knabenlust ergriffen, sich im Schnee zu balgen. Auch die Wachsoldaten, dem Knabenalter kaum entwachsen, hatten dafür Verständnis. Sie riefen zwar »Dawai! Dawai!« (Los! Los!), aber sie meinten es gar nicht ernst. An einem der vorderen Waggons gab es eine Stauung. Dort wurden die Frauen »ausgeladen«, mit viel Geschrei, Wehklagen und Schimpfen. Als ich mich einem der Waggons näherte, sah ich über mir eine in Wattehosen und Tücher gehüllte Gestalt, die krampfhaft zwei Koffer in den Händen hielt und nicht zu springen wagte. »Kann ich Ihnen helfen?« rief ich ihr zu. Und wie einem Kommando folgend, landeten die beiden Koffer und danach die vermummte Gestalt in meinen ausgestreckten Armen. »Ich danke Ihnen, ich danke Ihnen sehr herzlich«, klang es mir in einem leicht akzentuierten Russisch entgegen. Mein flachbäuchiger Rucksack ließ mir beide Hände frei, und ich erbot mich, die beiden Koffer zu tragen. »Die sind aber schwer«, meinte die Frauenstimme. »Das werde ich bestimmt noch schaffen«, versicherte ich chevaleresk. »Sie sind ein wahrer Cid«, war die spontane Antwort. »Und Sie sind bestimmt eine spanische Prinzessin«, ergänzte ich den Vergleich. »Eine Prinzessin bin ich zwar nicht, aber Spanierin bin ich«, erwiderte die Unbekannte. »Sie sprechen zwar akzentfrei Russisch, aber den Ausländer sieht man Ihnen an«, ergänzte sie, mich genau musternd. Als ich dies bestätigte, bedauerte sie, daß sie nur wenig Deutsch spräche. Wohl aber Französisch und Englisch. Wir einigten uns auf Englisch, das mir geläufiger war. »Die anderen brauchen unserem Gespräch nicht zu folgen«, beschloß sie resolut und fügte hinzu, »mein Name ist Lina Prokofjewa. Ich bin die geschiedene Frau des Komponisten, falls sie den Namen kennen sollten«. Ich starrte sie ungläubig an. »Aber wie ist es bloß möglich? Sie, wenn auch geschieden, die Frau eines Stalin-Preisträgers, im Gefangenentransport?« Die uns Folgenden drängten uns murrend durch die Schneemassen vorwärts. »Da haben sich zwei verwandte Seelen gefunden« knurrte mißgünstig ein schielendes Weib. »Wollt Ihr euch nicht ins Schneebett legen? Es ist für Euch frisch bezogen.« Die Lippen der Spanierin zuckten verächtlich, und sie beschleunigte wortlos ihre Schritte. »Mit einem solchen Gesindel bin ich seit Wochen zusammen. Im Gefängnis habe ich es besser gehabt«, preßte sie geringschätzig durch die Zähne.

Wir verließen das Bahngelände und trotteten durch die schneeverwehte Ebene. In Schlagworten gab ich Auskunft über meine Person und bat Lina Prokofjewa, über ihr eigenes Schicksal zu berichten. »Ich will mich kurz fassen«, erwiderte sie . »Sergej habe ich seinerzeit in New York kennengelernt, wo ich als Sängerin debütierte. 1923 haben wir in Ihrem bayerischen Ettal geheiratet. Später lebten wir in Paris, wo auch unsere beiden Söhne geboren worden sind. Sergej reiste wiederholt in die Sowjetunion mit seinem Nansen-Paß. 1936 hat er sich entschlossen, nach Rußland zurückzukehren. Ich widersprach ihm nicht. Denn als Spanierin verstand ich nur allzugut, daß seine kreative Kraft der Wiedervereinigung mit seinem Heimatboden bedurfte. In Frankreich oder den USA konnte er sich nurmehr wiederholen, in Rußland dagegen neue Anregungen finden. Man ist als Musiker alten Schlages nur bedingt ein Kosmopolit. Ihr Bach, Mozart oder Schubert wären in Rußland oder Spanien undenkbar, meinen Sie nicht auch? Warum sollte sich Sergej im Formalen, Konstruktiven wie sein Landsmann Strawinsky erschöpfen? Sergej war anders geartet. Das Politische lag ihm fern, aber das russische Element ist das einzige, das auf ihn befruchtend wirkt. Vor seiner Abreise besuchte er seine Freunde in Paris, wobei die meisten ihn vor einer Übersiedlung in die Sowjetunion warnten.

In Moskau tat man alles, um aus ihm einen Sowjetmenschen zu machen, der er nicht sein konnte und nicht wollte. Man schrieb dies dem schlechten westlichen Einfluß zu, den ich angeblich auf ihn ausübte. Er schrieb nach seiner Heimkehr beinahe pausenlos, Symphonien, Opern, Kammermusik, Musik für Filme und – was ihm am meisten Ruhm einbrachte – Ballettmusik. Nach Tschaikowskij und Strawinsky ist er wohl der erfolgreichste unter den Russen. »Romeo und Julia« und »Aschenbrödel« sind in der ganzen Welt beliebt. Im Krieg wurden wir evakuiert und erlitten mit den Kindern alle Entbehrungen. Man hat uns nicht verwöhnt. Die Wohnverhältnisse und die Versorgung entsprachen natürlich den Kriegsverhältnissen. Man verzieh mir nicht, daß ich Ausländerin war, die auch nach dem Krieg, im Gegensatz zu Sergej, mit Ausländern verkehrte und Einladungen von Diplomaten annahm. Sergej war kein Mann starken, unnachgiebigen Willens. So schwer es ihm auch fiel, er versuchte sich anzupassen. Eine Mitarbeiterin, eine Jungkommunistin, wurde ihm ins Haus geschickt. Sie schrieb Texte, Libretti, auf die die Partei und Regierung Wert legten. Man trennte uns peu à peu. Ich blieb schließlich mit meinen heranwachsenden Söhnen allein zurück. Jetzt suchte und fand sich anderswo Hilfe – ähnlich wie Sergej, der seinerzeit den Anthroposophen nahestand, während ich, in der strengen pietistischen Zucht meiner Mutter aufgewachsen, in religiöser Hinsicht ziemlich indifferent gewesen bin. Sie werden es vielleicht nicht verstehen, aber die ›Christliche Wissenschaft‹ der Mary Baker-Eddy, die Stefan Zweig so verständnisvoll beschrieb, löste eine Zeitlang meine Probleme. In Moskau fand sich eine kleine Gruppe Gleichgesinnter zusammen, und da es an Informationsmaterial fehlte, reiste ich wiederholt nach Riga, wo es ...« – »in der Albertstraße«, warf ich ein,vor dem Kriege »einen ›Christian Science‹-Ableger gegeben hat.« »Sie haben recht. Ich erhielt dort genügend Material und auch Aufklärung, aber durch meine häufigen Reisen und Kontakte wurde ich dem Sicherheitsdienst verdächtig, und im Februar 1948 holte man zum entscheidenden Schlag aus. Ich wurde unter dem Vorwand, von einem Bekannten aus Leningrad ein Paket in Empfang zu nehmen, aus dem Haus gelockt, auf offener Straße in ein Auto gezerrt und zur Lubjanka gebracht. Anschließend kam ich in das Lefortowo-Gefängnis, wo ich neuneinhalb Monate in Untersuchungshaft saß. Vergebens bemühte man sich, einen Spionagefall zu konstruieren. Man wollte aus mir eine Mata Hari machen, eine Agentin, die für den ganzen Westen arbeite. Meine ›Bosse‹ waren schließlich alle Ausländer, mit denen ich gesellschaftlich verkehrt habe. Im Endergebnis bin ich – wie Sie sehen – in der Schneewüste gelandet. Sergej liebte Rimskij-Korsakows ›Schneeflöckchen‹ ganz besonders. Er hat die Opernpartitur mit mir in Paris einstudiert. Im Polargebiet von Inta habe ich mich des öfteren an diese wunderbare Zusammenarbeit erinnern müssen. Und ich dachte dabei, wenn er damals geahnt hätte, was mir im Leben bevorsteht, hätte er nicht sein ›Aschenbrödel‹, sondern ein ›Schneeflöckchen‹ komponiert. Was die ›Christliche Wissenschaft‹ anbelangt, habe ich mein Engagement nie bereut. Selbst im Gefängnis habe ich sie als Trostpflästerchen verbreitet. In der Lefortowskaja teilte ich die Zelle mit einer Choreographin, die bis dahin religiös indifferent gewesen ist. Obwohl ich mir nicht einbilde, Proselyten machen zu können, war es mir unter den besonderen Umständen gelungen. Anja wurde damit geholfen. Sie meinte sogar, daß sie ihr ganzes Leben auf eine solche Botschaft wie die von Baker-Eddy gewartet habe.« Als Lina »Choreographin« und »Anja« erwähnte, horchte ich unwillkürlich auf, und meine wohlbegründete Zwischenfrage war: »Sprechen sie von Anna Wladimirowna Granskaja?« Lina blieb, wie auf der Stelle eingefroren, im zerstampften Schnee stehen. »Aber selbstverständlich. Kennen Sie Anja?« »Seit meiner Kindheit«, erwiderte ich, und erzählte im Zeitraffertempo die Geschichte meiner zweiten Einvernahme in Moskau 1948, durch die ich sozusagen die Ehre hatte, der russischen oppositionellen Literatur des Untergrundes zugesellt zu sein. Lina faßte mich beim Gehen am wattierten Ärmel und flüsterte mir belustigt verschwörerisch zu: »Dann sind Sie jener Sir Erik, von dem mir Anja oft genug erzählt hat. Ich freue mich, Sie kennenzulernen. Sie haben Anja nicht enttäuscht. Wie Sie mir soeben erzählt haben, wurde Ihnen Anja nicht gegenübergestellt, wohl aber ihr Mann Wladimir Chemnitz. Er war ein armseliger Schwächling, zu allen Zu- und Eingeständnissen bereit. Daher kam er auch mit nur fünf Jahren Lager davon, während man Anja fünfundzwanzig auflud. Russische und spanische Frauen haben eines gemeinsam: ein größeres Durchhaltevermögen und mehr Widerstandskraft zu besitzen als die Männer. Gott gebe, daß Anja das Lagerleben ebenso unbeschadet übersteht wie das Gefängnis. Ich habe das russische Volk nicht nur zu schätzen, sondern auch zu lieben gelernt. Es verdient eine bessere Zukunft in einer freien Welt. Und wenn Rußland dies einmal erkämpft haben wird, dann werden es nicht zuletzt die Frauen gewesen sein, die vom Leben eigentlich nie verwöhnt worden sind. Denken sie an die Frauen der Dekabristen, die ihren Männern nach Sibirien freiwillig gefolgt sind ...« Wir stapften unverdrossen durch den Schnee, und Lina erzählte nicht nur Deprimierendes, sondern auch Erheiterndes aus ihrem Leben.

An der Wache des Abesj-Lagers Nummer fünf wurden Männer und Frauen des Transports getrennt. Einige Male hatte ich noch Gelegenheit, Lina zu treffen. Und jedesmal erhielt ich von ihr unvorstellbare Leckerbissen: Zucker, Speck, Tee und sogar amerikanische Konserven, die sie von ihren Söhnen aus Moskau zugeschickt bekam. Unser Gespräch haben wir jedoch nicht vertiefen können. Ich mußte aber immer wieder an Prokowjews »Schneeflöckchen« denken, wenn in dem zentral gesteuerten Radioprogramm des Lagerclubs seine Musik übertragen wurde.

Die erste Nachricht über Lina Prokowjewa nach ihrer Entlassung aus dem Gulag erhielt ich von der deutschen Botschaft in Moskau. Es hieß darin, daß die Witwe des Komponisten erst 1956 auf freien Fuß gesetzt und zu ihren beiden Söhnen nach Moskau zurückgekehrt sei. Sie war nach wie vor eine bewundernswert unabhängige und tapfere Frau geblieben und besuchte auf Einladung ausländische Vertretungen, darunter auch die deutsche, an der sie von dem damaligen Botschafter Allardt als Ehrengast vorgestellt und behandelt wurde. Damit erwarb sie im gewissen Sinne einen »Schutzbrief«, der ihr weitere Belästigung durch den KGB fernhielt. Schließlich setzte sich der spanische Botschafter für sie als ehemalige Staatsangehörige ein und händigte ihr einen Paß aus. Daraufhin wurde ihr vom KGB nahegelegt, die Sowjetunion baldmöglichst zu verlassen. Sie reiste nach London, wo ihr Sohn Oleg in zweiter Ehe mit einer Engländerin verheiratet war und sich als Künstler durchzusetzen bemühte. Lina stand die Hälfte der Tantiemen ihres verstorbenen Ehemannes zu, dem in Moskau verbliebenen Sohn Swjatoslaw und Oleg je ein Viertel. Bei der hohen Einspielquote der Prokofjew-Werke war ihr ein gesichertes hohes Einkommen garantiert. In Paris mietete sie eine elegante Wohnung im Quartier Latin, in späteren Jahren erwarb sie eine noch viel aufwendigere Wohnung in der Nähe von Londons Marble Arch. Wir sahen uns aber zunächst in Rom wieder, wo ich 1974 bis 1977 bei der Vatikan-Botschaft meinen letzten diplomatischen Posten bezogen hatte und über eine Attico-Wohnung im Palazzo Buoncompagnie-Ludovisi in der Nähe der Engelsbrücke verfügte. Als ich Lina mitgeteilt hatte, daß ich einige Urlaubswochen in Sizilien verbringen würde, schlug sie vor, meine römische Wohnung zu hüten. Sie nutzte die Gelegenheit, bei dem früheren italienischen Botschafter in Moskau einige Wertsachen abzuholen, die sie ihm vor ihrer Abreise aus der Sowjetunion übergeben hatte. Nach meiner Rückkehr im Juli 1976 blieb sie noch mein Gast in Rom, und in dieser Zeit hatten wir Gelegenheit zu intensiveren

Gesprächen. Mit ihrer Genehmigung habe ich diese Gespräche in russischer Sprache niedergeschrieben und ihr vorgelegt. Sie war der Meinung, ich sollte meine Notizen für eine spätere Publikation benutzen, jedoch abwarten, bis Moskau einen neuen Kurs einschlage und ihre Aussagen den Moskauer Familienangehörigen nicht mehr schadeten. Um die Authentizität ihrer Aussagen zu wahren, habe ich die »Gesprächsfetzen« nurmehr thematisch geordnet und in loser Abfolge ins Deutsche übersetzt:

1932 besuchte Lina mit ihrem Ehemann zum zweitenmal die Sowjetunion. Ein Jahr danach, ausgerechnet in der Zeit, als dort die Massenverfolgungen und Schauprozesse begannen, entschloß sich Prokofjew zur endgültigen Rückkehr in seine Heimat. Vor der Abreise hat er seine Pariser Freunde reihum um Rat gebeten. Sein Verleger legte ihm nahe, sich den Entschluß reiflich zu überlegen, denn es sei ein Unterschied, ob er als gelegentlicher Gast oder als ein in Moskau ansässiger Staatsbürger auftrete und komponiere. In diesem Zusammenhang erinnerte sich Lina einer Aussage des bereits 1929 verstorbenen Sergej Djaghilew, den sie als Skeptiker, Zyniker und Zotenreiter bezeichnete, dessen böse Zunge in Emigrantenkreisen gefürchtet war. Er hätte aber Prokofjew auf eine ähnliche Frage höhnisch lächelnd erwidert: »Geh in den russischen Urwald. Dort findest du, was du brauchst; atme die Waldluft, den russischen Geist ein. Du brauchst dies wohl, ich nicht.«

Noch vor der Abreise aus Paris hatte Prokofjew die Arbeit an seinem bedeutendsten Ballett »Romeo und Julia« begonnen. In Moskau wurde das Werk vollendet. Für seine beiden Söhne, die sich in der Moskauer Schule als unwillkommene »Bourgeois« behandelt fühlten, die wegen ihrer westlichen Kleidung und ihres »affektierten Auftretens« geschlagen und bestohlen wurden, schrieb Prokofjew, gemeinsam mit der Leiterin des Moskauer Kindertheaters Natalija Satz, den Text zu »Peter und der Wolf« und komponierte die Musik dazu. Die in Paris geborenen und aufgewachsenen Söhne sollten auf diese Weise die Angst vor dem russischen Urwald überwinden. Beim Komponieren befragte er Lina immer wieder, was sie von seinen musikalischen Einfällen und Themen halte und was geändert werden sollte. Sie mußte ihm versprechen, ehrlich zu sein, und sie hielt sich, wenn es ihr erforderlich schien, mit Kritik und Änderungsvorschlägen nicht zurück. Sie warnte besonders vor unnötigen Wiederholungen. Darauf reagierte Prokofjew zunächst ärgerlich. »Alles Unsinn. Wo habe ich mich selber bestohlen?« Aber dann beruhigte er sich, tastete suchend die Klaviatur ab, variierte und änderte, bis er schließlich eine neue Klangverbindung fand.

Für den sowjetischen NKGB war Lina ein höchst »unerwünschtes Element«, wie sie bei Verhören immer wieder zu hören bekam. Um Prokofjew von ihrem üblen kosmopolitischen Einfluß zu befreien, hätte man auf ihn die Jungkommunistin Mira Mendelssohn angesetzt. Deren Vater war in einem weißrussischen jüdischen »Städtele« geboren, von Beruf Buchhalter, der sich aber einbildete, ein großer Gelehrter zu sein. Mira hatte Literaturwissenschaft studiert und machte sich bei Prokofjew durch ihre Mitarbeit an den Textbüchern zu den Opern seiner Spätzeit unentbehrlich. »Mich zu verdrängen«, meinte Lina, »meine Stelle bei Sergej einzunehmen, haben so manche Frauen versucht. Aber erst der Mendelssohn gelang dies. Sie erfüllte schließlich einen politischen Auftrag. Sie starb 1968 beim Überqueren einer Moskauer Straße unter den Rädern eines Autos, das ein Haltesignal nicht beachtet hatte.« Lina war überzeugt, daß es sich um einen vom KGB provozierten Unfall gehandelt habe, da Mira Mitwisserin vieler geheimen Aktionen gewesen sei. Und sie zitierte Schiller: »Der Mohr hat seine Pflicht getan, der Mohr kann gehen.«

Beim Herannahen deutscher Truppen war Prokofjew im Herbst 1941 nicht abgeneigt, in Moskau zu bleiben. Den Deutschen gegenüber besaß er keine Abneigung, denn lange genug hatte er unter ihnen in Berlin und Bayern gelebt und sich schöpferisch entfaltet. Mit vielen deutschen Komponisten und Musikern war er befreundet und fühlte sich als Komponist Joseph Haydn am nächsten. Aber dann fiel ihm plötzlich ein, daß er eine ganze Reihe »antifaschistischer« Kompositionen, wie die Filmmusik zu »Alexander Newskij« und »Iwan Grosnyj« geschrieben hatte, und so entschloß er sich zur Evakuierung nach Taschkent.

In seinem musikalischen Schaffen standen Prokofjew mehrere Komponisten im Wege. In Westeuropa war es stets sein Landsmann Igor Strawinsky, der zehn Jahre älter war und in mancher Hinsicht einige Entwicklungslinien in der modernen Musik vorgezeichnet hatte. In Rußland war es der zehn Jahre jüngere Schostakowitsch, der sich von der Dodekaphonie losgesagt und dem neuen »mächtigen Häuflein« der volksnahen sowjetischen Komponisten zugesellt hat. Schostakowitsch brauchte sich nicht erst dem beherrschenden Zeitgeist anzupassen, denn er war von dem Musikkritiker Sollertinskij erzogen worden und bereits auf den parteipolitisch rechten Weg gebracht. Sein Leben lang aber blieb er ein Feigling. Als Sollertinskij verhaftet wurde und später elendig im Lager verstarb, hat Schostakowitsch keinen Finger für ihn gerührt. Ein ähnlich zwielichtiger Opportunist war auch Mjaskowskij. Während des Krieges rief Sergejs Urfreund zu jedem Opfer auf, versicherte aber scheinheilig, daß jedes Opfer sich dank der Anerkennung von Stalin auszahlen würde.

Prokofjews unverwechselbare Handschrift läßt sich in jeder seiner Komposition ohne Schwierigkeiten erkennen. Jetzt wird aber überall in der Welt behauptet, sein Talent habe sich erst nach seiner Heimkehr voll entfalten können. Dies war aber nur in der Euphorie der ersten Jahre der Fall. Er war schließlich ein Meister seines Faches und brauchte niemanden nachzuahmen oder sich anzupassen. Und wenn er dies gezwungenermaßen tat, dann zitierte er meist seine eigenen früheren Werke. So in »Semjon Kotkor«, wo es viele Einschübe und lyrische Variationen aus seinen früheren Werken gibt. Allein, dieser Auftragsoper war kein Erfolg beschieden, nur die Suite hat sich durchsetzen können. Und noch schlimmer steht es um die »Geschichte vom wahren Menschen«. Seine Siebte Symphonie bezeichnete Lina als seinen Schwanengesang, denn seit deren Vollendung sei er völlig erschöpft und von Tagesereignissen irritiert gewesen.

»Es fehlte auch nicht an Versuchen, mich für den NKGB anzuwerben. Es hieß: ›Sie könnten für uns mit ihrem prominenten Namen im besonderen Maße nützlich sein. Sie beherrschen außerdem sieben Sprachen und könnten demzufolge fast jeden Ausländer ausforschen.‹

Nach meiner Verhaftung hat der NKGB das Gerücht verbreitet, ich hätte mich von Sergej scheiden lassen und einen reichen Amerikaner geheiratet. Mir wurde unterstellt, ich hätte für jeden ausländischen Auftraggeber spioniert, diese aber hätten mich jetzt in Stich gelassen und abgeschrieben.

Im Lefortowo-Gefängnis trainierte ich mit Anja Granskaja jeden Morgen, wie im Ballettstudio. Dies diente gewissermaßen der körperlichen Abhärtung, der Festigung des moralischen Widerstandes. Selbstverständlich wurde auch dem Untersuchungsoffizier von unserem Ballettraining berichtet. Ironisch bemerkte er mir gegenüber: ›Ihr Ehrgeiz ist grenzenlos. Es genügt Ihnen nicht Sängerin zu sein, Sie wollen auch noch eine Ballerina werden. Wenn dem so ist, können wir in Lefortowo eine Ballettschule einrichten.‹«

Schon anderthalb Monate nach ihrer Einlieferung wurde Lina zu zwanzig Jahren Arbeits-Erziehungslager verurteilt. Bereits Ende November 1948 wurde sie nach Inta transportiert und im Februar 1949 in das Invalidenlager Abesj überstellt. Erst nach acht Jahren (1956) wurde sie auf eigenen Antrag in ein Lager in Mordowien verlegt, um ihr den gelegentlichen Besuch ihres ältesten Sohnes Swjatoslaw zu ermöglichen.

Aus den Pariser Gesprächen im Dezember 1981: »Ich befand mich im Parterre im Bolschoj-Theater, als mir zugeflüstert wurde: ›Dreh dich nicht um. Schau nicht zur Zarenloge hinauf.‹ Als Westeuropäerin befolgte ich diesen Rat jedoch nicht, drehte mich um und schaute hinauf. Im Halbdunkel erkannte ich die Fratze von Stalin. Mir war schon bekannt, daß man seine niedrige Stirn am Haaransatz einige Zentimeter glattrasierte, damit ihn als Denker eine hohe Stirn auszeichnete. Er stierte mich sofort mit seinem bohrenden Blick an, aber ich ertrug ihn.

Als Stalin 1953 im Sterben lag, befand ich mich im KZ Abesj als Diensthabende auf der Klubbühne und hörte ununterbrochen die Radiomeldungen. Nichts anderes wünschte ich so sehr wie den Tod des Scheusals, aber unerklärlicherweise war ich gleichzeitig um Serjoscha besorgt. Als die Nachricht von Stalins Tod kam, schrien die anwesenden Frauen im Chor ›endlich, endlich‹ (nakonez-to). Am Tag darauf wurde um das Lager ein neuer Graben ausgehoben, und es fanden sich die Kinder der Aufseher ein. Den schaufelnden Frauen riefen sie spöttisch zu: ›Hebt nur euer eigenes Grab aus. Man wird auch bald allesamt erschießen.‹ Dazu ist es aber bekanntlich nicht gekommen.

›Oistrach‹ heißt auf Russisch soviel wie ›Oh Schreck!‹, denn in Rußland gab man den Juden oftmals die seltsamsten Namen. In Wirklichkeit war er ein außergewöhnlich liebenswürdiger und teilnahmsvoller Mensch. Verheiratet war er mit einer in der Jugend schönen, später dickwanstigen Bulgarin. Am Liebsten wäre er bei einer seiner vielen Reisen im Ausland geblieben, aber wie so viele andere Künstler, die man nur dann in den kapitalistischen Westen reisen ließ, wenn sie ein Faustpfand hinterließen, ist er wegen seines hochbegabten Sohnes immer wieder zurückgekehrt.«

Über Galina Ulanowa wußte Lina zu berichten: »Sie war eine Nymphomanin ohnegleichen und kollektionierte in Leningrad insbesondere verheiratete Männer. Ihre Eskapaden wurden vertuscht, und sie ging ans Bolschoj-Theater nach Moskau, wo sie ihre Angeln erneut auslegte. Eine leidenschaftliche Romanze verband sie allerdings mit dem bildschönen Schauspieler Zawadskij, einem Frauenidol, den sie aber verstieß, als er anderen Frauen den Vorzug gab. Galina hatte auch auf Serjoscha ein Auge geworfen, um ihre Kollektion zu ergänzen, aber er war alles andere als ein Don Juan-Typ. Im Westen war Serjoscha ein außergewöhnlich korrekter und disziplinierter Mann im Umgang. Rußlands Einfluß war dagegen für ihn verderblich, moralisch zersetzend. In den letzten Jahren unseren gemeinsamen Ehelebens erschien er mir wie ausgewechselt. In Paris waren wir oft knapp bei Kasse. Uns halfen aber finanziell sowohl meine Mutter in Spanien wie meine ›amerikanischen Tanten‹. Serjoscha blieb aber optimistisch und tröstete mich: ›Ptaschka, rege dich nicht unnötigerweise auf. Im Alter werden wir gut versorgt sein, und du wirst mit den Kindern keine Not leiden. Meine Musik wird letztlich verstanden und geschätzt werden, davon bin ich überzeugt.‹ Er war im Grunde genommen ein naiver und unpolitischer Mensch. Als nach Verabschiedung der Stalin-Konstitution die ersten Wahlen stattfanden, gab es in jedem Wahlbezirk nur einen einzigen Kandidaten für den Obersten Sowjet. Ich war nicht nur überrascht, sondern empört. Sergej versuchte mir dies auf seine Weise zu erklären. ›Linette, das verstehst du nicht. Beim erstenmal wird eben nur ein Kandidat gewählt, beim nächsten Mal hat man dann die Wahl zwischen zwei oder drei Kandidaten.‹«

»Als wir 1927 zum erstenmal gemeinsam die Sowjetunion besuchten, besaß Sergej einen Nansen-Paß. Als Ehefrau tauschte ich meinen spanischen ebenfalls aus. Damals wurde in den Moskauer Kommissionsläden Porzellan, Silberwaren u. a. m. aus Beständen der Zarenfamilie und der Hofgesellschaft gegen Devisen verkauft. Sergej widersetzte sich aber meinem frivolen Wunsch, Erinnerungsstücke zu erwerben, denn er hielt den Ankauf von Diebesgut für unanständig. Wie viele Männer war Sergej introvertiert und launisch. Oft konnte er wochenlang nicht spielen. Er war als verwöhntes Kind aufgewachsen. Sein Vater erhielt eine Ausbildung als Agronom an der landwirtschaftlichen Akademie in Moskau. Einem Freund, der ein Angebot, sich am Bau der chinesischen Eisenbahn zu beteiligen, angenommen hatte, überließ er seine sämtlichen Ersparnisse. Dieser kam jedoch durch einen Unfall ums Leben, und Sergejs Vater blieb mittellos zurück. Einer seiner Kommilitonen, ein Sohn des reichen Gutsbesitzers Sonzew, schlug ihm daher vor, die Verwaltung seines elterlichen Gutes zu übernehmen. In Zonzowka lebten aber Sergejs Eltern nicht anders als die Gutsbesitzer selbst, die nur ein-, zweimal im Jahr ihren Gutsbesitz inspizierten und dem Verwalter ihren Dank für die umsichtige Geschäftsführung jeweils durch Gehaltserhöhung aussprachen. Von sozialer Not hatte Sergej keine Ahnung. Er wuchs auf, umgeben von Gouvernanten, Hauslehrern und Bediensteten. Seiner späteren Karriere als Musiker und Komponist stand daher nichts im Wege.«

Das Ausleseverfahren der Lagerärzte

Meine Feldscherausbildung zu Beginn meiner Lagerhaft Anfang 1947 war sicherlich von großem Nutzen, aber nicht weniger wichtig war bei den Stationarärzten mein Dr. phil. berolinensis, meine Sprach- und Geschichtskenntnisse sowie die Fertigkeit in gedruckten, leicht lesbaren Buchstaben zu schreiben. Diese Schreibart kam mir bereits als Regieassistent in Perebory zugute; unter den russischen Ärzten gab es aber nicht wenige, die ihre Ausbildung in jenen Jahren abgeschlossen hatten, nachdem selbst für Ärzte und Juristen der Lateinunterricht abgeschafft worden war. Stalins Ukas wurde zwar wieder annuliert, aber eine ganze Ärztegeneration war ohne Kenntnis des lateinischen Alphabets und lateinischer Grundkenntnisse ausgebildet worden. Lateinische Rezepte wurden daher aus Büchern in ungelenken Lettern mühsam abgeschrieben. Bei jeder Verordnung waren daher Schreibfehler unvermeidlich.

In Inta und Abesj in der keineswegs »komischen« Komi-Republik im hohen Norden befand ich mich in Lagern strengen Regimes. Den mitgefangenen Ärzten war es daher nur dadurch möglich, mich von der Schwerstarbeit in den Kohlengruben fernzuhalten, indem sie mich durch Krankschreibung disqualifizierten. Im Nachhinein erscheint es mir wie ein wahres Wunder, daß ich während meiner sieben Lagerjahre nur drei- bis viermal in einen Schacht eingefahren bin. Bei meiner Verlegung in ein anderes Lager wurde ich von Arzt zu Arzt weiterempfohlen, und von Jahr zu Jahr wuchs meine Krankheitsgeschichte an. Außer TBC und venerischen Erkrankungen gab es wohl kaum eine, die in dieses umfangreiche curriculum morbis nicht ein getragen worden war. Oftmals wurde mir selbst die Wahl und Diagnose überlassen. Geschätzt war ich übrigens auch als Gesprächspartner, der sich sowohl in deutscher wie in der russischen, aber auch in der Weltgeschichte und in der Literatur auskannte. Ärzte, die nicht in deutsche Kriegsgefangenenschaft geraten waren, konnten nicht genug über das Leben im »Westen«

in Erfahrung bringen. Die sogenannten »Kollaborateure« aber, die in der Wlassow-Armee oder in den Legionen der Nicht-Russen medizinische Fürsorge übernommen hatten, erinnerten sich nicht ungerne an ihren Aufenthalt in Deutschland oder in den besetzten Gebieten.

Die Lagerärzte unterstanden zwar der Dienstaufsicht der Lagerverwaltung, da aber kein »freier« Arzt sich zum schlechtbezahlten Dienst im Gulag meldete, gehörten diese ausschließlich zu den sogenannten Kommissionen, die regelmäßig jede Lagereinheit besuchten und den Gesundheitszustand überprüften. Als deren ständige Vertreter in den einzelnen Lagereinheiten gehörten die Leiter der jeweiligen »Sanitätsabteilung« (santschasti). Die zumeist im Krieg oder danach ungenügend ausgebildeten Krankenschwestern nahmen den gefangenen Ärzten die »Zusammenarbeit mit dem Feinde« übel und beobachteten argwöhnisch deren Handlungen und die Behandlung der einzelnen Patienten. Um aber einen approbierten Arzt der Begünstigung einzelner Patienten überführen zu können, fehlten ihnen aber die erforderlichen Kenntnisse. In der mich von Lager zu Lager begleitenden Personalakte war in Moskau mein Doktortitel eingetragen, der im russischen Volksmund fast ausschließlich mit dem Arztberuf in Verbindung gebracht wurde. Bei den Transporten erwarb ich mir dadurch eine gewisse Achtung, wenn ich die Frage: »Ty Doktor?« (Du bist Doktor) wahrheitsgemäß bestätigte.

Die Neuankömmlinge wurden in jedem Lager zunächst in der sogenannten Quarantäne untergebracht und nach einer Untersuchung durch die mitgefangenen Ärzte den Arbeitsbrigaden zugeteilt. Die Gefangenen wurden je nach Arbeitsfähigkeit in vier Kategorien eingeteilt. Die erste Kategorie bedeutete Schwerstarbeit im Kohlenschacht; in der zweiten wurde man zur Arbeit zu ebener Erde bestimmt. Wer aber – wie in meinem Fall – zur dritten gehörte, hatte im Lager leichtere Arbeiten auszuführen wie etwa Schneeschaufeln, wer jedoch zur vierten gehörte, galt als Invalide, brauchte nicht zu arbeiten, bekam aber auch weniger zu essen. Im Speisehaus wurden die Invaliden als allerletzte mit den Resten abgefertigt.

Zu jedem Straflager gehörte ein Krankenrevier mit etwa einem Dutzend Betten. Eingeliefert wurden sowohl Unfallopfer der Kohlenschächte als auch die nach Fiebermessung als erkrankt anerkannten Arbeitskräfte. Alle komplizierteren Fälle wurden zur weiteren Behandlung in das Kranken-Sonderlager (sangorodok) des gesamten Lagerkomplexes überführt, denn dieses verfügte über sämtliche medizinische Abteilungen eines Krankenhauses. Das schwierigste und kaum zu lösende Problem war das notorische Fehlen der allernotwendigsten Medikamente. Wer von seinen Angehörigen durch Paketsendungen nicht versorgt wurde, dessen Überlebenschancen sanken. Die Zuteilung selbst der dringlichsten Versorgungsmittel und Medikamente war minimal, sie reichte zumeist kaum für zehn Prozent der Erkrankten. Von den meisten gefangen gehaltenen Ärzten wurde daher schonungslos das Prinzip der Eugenik befolgt. Dabei wurden nicht die körperlich Stärksten und Arbeitsfähigsten, die für die Lagerverwaltung von Nutzen sein konnten, bevorzugt behandelt, sondern die mit geistiger Potenz und entsprechender Leistungsfähigkeit ausgestatteten Intellektuellen, deren Bildung und Wissen man in einer postkommunistischen Gesellschaft noch brauchen konnte.

Dieses Ausleseverfahren wurde im Krankenlager durch eine stille Übereinkunft praktiziert, denn in dieses wurden Patienten mit zum Teil schweren chronischen oder schwer heilbaren Erkrankungen eingeliefert. In jeder Abteilung waren dem Chefarzt jeweils ein oder zwei Ärzte zugeteilt, manchmal auch nur Feldscher, zu denen auch ich bei den Arztvisiten gehörte. In Ermangelung von Papier wurden meine Aufzeichnungen und Notizen, die die jeweiligen ärztliche Anordnung betrafen, auf blankpolierte Holztäfelchen mit Bleistift oder selbstangefertigter Tinte aus Ruß und Spiritus eingetragen. Die Anamnese oder Diagnose war für die Betreuung der Patienten nicht ausschlaggebend, wohl aber der Bildungsgrad und die soziale Stellung; gelegentlich ließen sich auch nationale Begünstigungen erkennen.

Ein von Natur aus gesunder Bauern- oder Arbeitersohn, aber auch ein kleiner Angestellter erhielten in Umkehrung der offiziellen sowjetischen Werterordnung nurmehr Beruhigungsmittel und Scheininjektionen (aqua destillata), regelmäßig wurde der Blutdruck gemessen, der letale Ausgang war vorgezeichnet. Ein noch klassisch gebildeter älterer Arzt vertrat mir gegenüber die Meinung, der Hippokrateseid hätte sich niemals auf Sklaven bezogen, er hätte zu jeder Zeit der Gesundung der Elite gedient.

Penicillin galt damals im Lager als ein wahres Wundermittel, aber die Zuteilung beschränkte sich auf 20 bis 40 Ampullen im Monat. Es gab aber Patienten, vor allem unter den jüdischen Intellektuellen, die Paketsendungen von Verwandten erhielten. Vor der Ausgabestelle, in der die Pakete geöffnet, durchsucht und angeblich Unerlaubtes vom Lagerkontrolleur beschlagnahmt wurde, warteten bereits die organisierten Kriminellen (sakonniki) und beschlagnahmten ihrerseits mindestens ein Viertel des Paketinhalts. Wer dagegen protestierte, verlor in der Regel die Hälfte der Sendung. Begehrt waren verständlicherweise nicht allein hochwertige Lebensmittel, sondern im besonderen Maße Penicillin oder andere medizinische Präparate.

Einem ungeschriebenen Gesetz zufolge oblag den Lagerärzten die Versorgung der Kriminellen mit Spiritus, denn nur selten gelang es diesen die Wachmannschaften zu bestechen, um unauffällig Wodka hereinzuschmuggeln. Der Selbstbetäubungsbedarf konnte auf diese Weise nicht gedeckt werden, und den Ärzten wurde daher Methylalkohol abverlangt. Dieser wurde zwar verdünnt, aber bei häufiger Einnahme blieben die schädlichen Wirkungen nicht aus. In vielen Fällen führte der Konsum zur Erblindung, die wiederum einen Selbstmord verursachte, bei dem die eigenen »Freunde« gewöhnlich Hilfe leisteten. Einen schnellen Tod durch Erdrosselung oder einen gezielten Messerstich zogen die Erblindeten einem Hinsiechen oder allmählichen Verhungern in einer Sonderbaracke für unheilbar Kranke vor.

Chefarzt der chirurgischen Abteilung des »Sangorodok« war Dr. Chalilow, der aus Baku stammte, im Krieg in deutsche Gefangenschaft geriet und als Arzt die »Aserbaidschanische Legion« betreute. Nach Kriegsende wurde er von den Amerikanern den Sowjets ausgeliefert. Den angeborenen Russenhaß übertrug er daraufhin auch auf die Westalliierten und half, wo immer er konnte, deutschen Kriegsgefangenen. Russischen Kollegen und Intellektuellen gegenüber wahrte er zwar distanzierte Neutralität, insofern auch sie zu den Opfern des Sowjetsystems gehörten; sobald aber ein seiner Meinung nach unverbesserlicher Kommunist unter sein Messer geriet, der seine Verurteilung auf ein Mißverständnis oder böswillige Verleumdung zurückführte, übernahm er die strafende Rolle eines »Helfershelfers des Todes«, wie das medizinische Personal von den Kriminellen halb im Scherz, halb im Ernst genannt wurde. Chalilow gefiel sich in seiner Rolle und war als gläubiger Moslem überzeugt, daß Allah ihm einen Platz im Paradies zuweisen würde. Er kollaborierte daher bedenkenlos mit den »gesetzestreuen Dieben«, in denen er jene Kraft zu erkennen glaubte, die das Sowjetsystem zersetzen und zu Fall bringen würde. Vor allem aber bediente er sich deren Mitwirkung, um unter den Gefangenen Spitzel herauszufinden und unschädlich zu machen. Bei jedem neu ankommenden Transport wurde er von den »sakonniki« über die ihnen bekannt gewordenen »Hundesöhne« (die »Klopfer« an der Tür des Lagerkommissars) unterrichtet; seinerseits gab er Informationen den abgehenden Transporten an seine Vertrauensleute in anderen Lagern mit auf den Weg. Dies bedeutete für die Betroffenen ein Todesurteil. Befanden sie sich im Schachtgelände, dann stürzten sie unversehens in den offenen Schacht; versahen sie aber ihren Spitzeldienst im Lager, dann fanden sie den Tod durch einen provozierten Unfall oder durch einen Messerstich in den Rücken. Tag und Nacht wurden sie beobachtet, und nur wenigen gelang es, ihren Klopferdienst zu verbergen.

Unvergeßlich bleibt mir der Fall eines Polen, der als Taubstummer galt und im »Barbier«-Salon« eines benachbarten Lagers, wo die Gefangenen regelmäßig kahlgeschoren wurden, den Boden säuberte. Obwohl er sich durch nichts verraten hatte, war er in den Verdacht geraten, geradezu meisterhaft die Rolle eines Taubstummen zu spielen und dem Politkommissar wertvolle Hinweise über »antisowjetische Gespräche « beim Rasieren geliefert zu haben. Auffallend viele seiner vermutlichen Opfer wurden nämlich in die berüchtigten Vernichtungslager nach Workuta befördert, seitdem er die Barbiere bediente.

Das Schicksal erreichte ihn bei einer Magenerkrankung, die von dem unkundigen Lagerfeldscher auf die schlichte Formel gebracht wurde: »aufgeblasener Bauch«. Ein Codewort verriet aber, daß es sich um den verdächtigen Polen handelte. Bei seiner Einlieferung las Dr. Chalilow zufrieden lächelnd die für ihn aufschlußreiche »Diagnose« und gab den drei litauischen Feldschern, die Polen gegenüber ohnehin nicht freundschaftlich gesonnen waren, die Weisung, den Patienten zu entkleiden und auf den Operationstisch zu legen. Mit seinen schlanken, feinfühligen Händen tastete Chalilow ihn ab und ordnete an, daß der Patient gefesselt und narkotisiert werden sollte. Eine sofortige Resektion sei erforderlich. Als Narkotiseur griff ich nach dem Chloroform und beträufelte einen Baumwollbausch. Als der Patient dieser

Vorbereitungen gewahr wurde, begann er plötzlich gotteslästerlich auf Polnisch und Russisch zu fluchen und um Hilfe zu rufen. Dr. Chalilow konnte seine Genugtuung nicht unterdrücken. Wie ein vor Vergnügen schnurrender Kater neigte er sich über sein Opfer und ließ mich die Chloroform-Maske vor Mund und Nase halten. Sein Schnurren erreichte gerade noch die schwindenden Sinne seines Patienten: »Golubtschik moj (mein Täubchen), jetzt bist du ganz in meinen Händen, und ich kann machen mit dir, was ich will. Jetzt bin ich dein Gott und dein Richter. Aber du wirst noch auf Erden deine Verräterei büßen dürfen.«

Unter den erfahrenen und sicheren Händen des Chirurgen wurde die Bauchhöhle mit wenigen Schnitten geöffnet, eine Resektion erwies sich aber als überflüssig. Von überall quoll eine übelriechende Eitermasse hervor. »Peritonitis incurabilis« flüsterte mir Dr. Chalilow nicht ohne Befriedigung zu. Daraufhin ordnete er an, den Eiter zu entfernen, die Wunden zu desinfizieren, brachte Drainage-Kanülen an und nähte geschickt die Operationswunden zu. »Zur weiteren Behandlung kommt er in den Isolator (für Infektionskranke)«, ordnete er an und flüsterte mir im Vorbeigehen zu: »Den wird kein Wachsoldat bei der Zählung aus Furcht vor Ansteckung betreten. Dort wird er mir, wie seinem Beichtvater, alle seine Sünden bekennen.«

Danach begann Dr. Chalilows fast zweiwöchiges Katz- und Maus-Spiel. Der Pole sollte gezwungen werden, sämtliche ihm bekannten NKWD-Informanten zu nennen. Erst danach durfte er »in die Hölle fahren«, wie Chalilow sich ausdrückte. Um das Leben des Todgeweihten zu verlängern, wurden alle verfügbaren defizitären Aufbaumittel angewandt, täglich erhielt er Injektionen, der Eiter wurde durch die Kanülen abgezapft und die Wunden desinfiziert. Jeden Abend, nach dem Zählappell, erschien Dr. Chalilow zum Verhör. Dem halb Bewußtlosen, nurmehr schwach Atmenden stellte er die gleichbleibenden Fragen: »Wen hast du sonst noch verraten? Wer sonst ist unter den Häftlingen ein Zuträger und Verräter?«

Kasimir hatte bereits Dutzende von Namen genannt, die Chalilow seiner Liste anvertraute und dieselbe verborgen hielt. Die Lebenskräfte des Gepeinigten ließen trotz künstlicher Ernährung von Tag zu Tag nach, und seine qualvollen Schmerzen verrieten schließlich nur noch ein Röcheln und Wimmern. Sobald er nach einer Injektion ein wenig zu Kräften gekommen war, flehte er um die Gnade des Todes, im gleichen Atemzug betete er und fluchte. Erst als er keinen zusammenhängenden Satz mehr hervorbringen konnte, ließ ihn Dr. Chalilow sterben. Die von ihm durch die Tortur erpreßten Namen der NKWD-Spitzel wurden von Dr. Chalilow den kriminellen »Gesetzeshütern« mitgeteilt, und in dem weit ausgedehnten Inta-Lagerkomplex folgten ihm im Tode sicherlich Dutzende Mithäftlinge. »Zu viel Unrat hat sich angehäuft auf dieser Erde. Um zu überleben muß die Menschheit von den Parasiten befreit werden. Nur ein gesundes Wachstum darf geduldet werden. So verstehe und betreibe ich Eugenik. Skrupellos, wenn Sie wollen, aber letzten Endes im Sinne der Darwinschen Theorie, und diese ist doch schließlich das Glaubensbekenntnis der Marxisten.« Diese Schlußfolgerung zog Dr. Chalilow aus dem von ihm praktizierten Ausleseverfahren.

Nicht weniger überraschend war für mich unter anderem auch die Mitteilung Chalilows, daß die »Klopfer« von den Politoffizieren der Arbeitslager sowohl durch Versorgung mit Nahrungsmitteln und »Luxusartikeln« wie Tee, Zigaretten und Seife, im Bedarfsfalle auch durch Vermittlung homosexueller Beziehungen entlohnt wurden. Im Gegensatz zu den kriminellen Häftlingen, die zum großen Teil ihr ganzes Leben im Konzentrationslager verbrachten, waren derartige Beziehungen unter den politischen Gefangenen mit einem moralischen Tabu belegt. Nur Onanie galt bei ihnen nicht als ehrenrührig. Chalilow berichtete von einem reuigen Westukrainer, der angeworben worden war, unter seinen Landsleuten als »Abhörgerät« tätig zu sein. Nach dessen Darstellung wurden Bereitwillige mit der hämischen Aufforderung »einmal du ihn, einmal er dich«, die aneinander Gefallen fanden, aus der Gemeinschaftsbaracke in eine isolierte Schlafkabine überführt. Um nicht als Denunzianten aufzufallen, wurden die Freundespaare als angeblich von der gleichen Krankheit Befallene nach einem angeblichen ärztlichen Gutachten isoliert. »Im Lager gibt es nichts, was es nicht geben kann«, belehrte mich Chalilow.

Abgesehen von der Befolgung eugenischer Prinzipien zur »Erhaltung wertvollen Lebens« – wie es in der NS-Terminologie hieß – waren bei der Selektion auch nationale Präferenzen unverkennbar. Weniger von den russischen Ärzten, die ohnehin in der Minderzahl waren, wohl aber von den Westukrainern, Litauern und Kaukasiern. Als ehemalige »Kollaborateure« zeigten sie gegenüber den Deutschen keinen Groll. Dieser richtete sich aber vornehmlich gegen die Russen und, zumindestens verbal, gegen die »Amerikaner«, von denen sie beim Kriegsende an die Sowjets ausgeliefert worden waren. Aus dieser Perspektive erschienen selbst die deutschen Restriktionen und Diskriminierungen in den besetzten Gebieten der Sowjetunion als vorübergehende Maßnahmen zur Beseitigung noch vorhandener sowjetischer Machtstrukturen. Gestützt wurde diese Überzeugung durch die Schaffung der Wlassow-Armee sowie von nationalen Kampfverbänden in der letzten Phase des Krieges. Hitler hätte eingesehen, daß Deutschland im Osten keine Kolonien schaffen könne, sondern verbündete Staaten gründen müsse, war deren feste Überzeugung.

Der KGB-Louis und andere Lagerinsassen

In den Jahren des Kalten Krieges wurde sein Name weltbekannt. Vielen galt er als »außerordentlicher und bevollmächtigter Botschafter des KGB« bei Sonderaktionen, für andere war »Louis« das Synonym für Zuhälter, Zuträger oder Informant. Seine Funktionen bestanden sowohl in Desinformation, im Medien-Verwirrspiel wie auch in der Signalisierung gewisser neuer Entwicklungen oder Initiativen in der sowjetischen Außenpolitik. Als ständiger Mitarbeiter der konservativen Londoner »Evening News« und des »Sunday Express« verkaufte oder verbreitete er Nachrichten, die für die westlichen Massenmedien den Vorteil besaßen, daß diese alsbald von sowjetischer Seite offiziell bestätigt wurden. Dadurch gewannen seine Meldungen im Westen an Zuverlässigkeit. Zu den spektakulärsten Affären dieser Art gehörte nach dem Erscheinen der »nicht autorisierten« Memoiren der Stalin-Tochter Swetlana oder der von Nikita Chruschtschow eine verifizierte sowjetische Ausgabe. Desgleichen intervenierte er in »Sachen« Solschenizyn und Sacharow, jeweils mit dem Angebot der angeblichen Originaltexte. Man nannte ihn auch den KGB-Komet, denn so oft der westlichen Hemisphäre in den siebziger und achtziger Jahren vom Kreml ein Zeichen gegeben oder etwas Außergewöhnliches angekündigt werden sollte, erschien am politischen Horizont der östlichen Hemisphäre der Komet Viktor Louis. 1964 meldete er den bevorstehenden Sturz Chruschtschows. Ob in Taiwan, in Irland, in Spanien oder Israel, er tauchte überall dort auf, wo die Drahtzieher der sowjetischen Außenpolitik inoffizielle Kontakte oder Testversuche anstrebten. Auch ein Einlenken in Afghanistan wurde von ihm 1980 angekündigt. Nicht eingetreten war lediglich der von ihm 1979 in seinem Buch »The Coming Decline of the Chinese Empire« angekündigte Krieg zwischen der Sowjetunion und China. Eingetreten war genau das Gegenteil, und der Untergang der Sowjetunion hat den Kometen Louis am westlichen Horizont verblassen lassen. Der vorausgesagte Krieg mit China hat wohl dem damaligen Wunschdenken der Kreml-Führung entsprochen, die aber allem Anschein nach das chinesische Potential unterschätzt haben dürfte.

In seiner »Glanzzeit« war der legitimierte KGB-Zuträger und Informant ein gern gesehener Gast in Moskaus diplomatischen Kreisen, wo man seine Schlagfertigkeit, den skurrilen Witz und die doppelsinnige Ironie in seiner Beurteilung sowjetischer Erscheinungen und Ereignisse durchaus zu schätzen wußte. Es hatte sich inzwischen herumgesprochen, daß Solschenizyn ihn 1968 in seinem »Ersten Kreis der Hölle« als »Artur, den König der Zuträger« verewigt hatte. Beim Eintreffen von neu akkreditierten Diplomaten oder ausländischer Journalisten in Moskau bemühte sich Louis sofort um Aufnahme von Kontakten, lud in seine mit englischem Stilmobiliar ausgestattete Siebenzimmerwohnung ein, die in Museen und Galerien nicht gezeigte Gemälde moderner westeuropäischer Kunst anzubieten hatte, oder auf seine Vorort-»Datscha« mit Schwimmbad, Sauna, Tennisplätzen und einem thermostatischen Weinkeller. Nicht ohne Stolz fuhr er einen Mercedes 250 oder auf dem Lande einen Landrover. Jeder Neuankömmling wurde routinemäßig von seinen Vorgesetzten entsprechend unterrichtet und gewarnt, aber der Austausch unverfänglichen Informationsmaterials diente meistens beiden Seiten zur Rechtfertigung der Kontakte. Wo sonst in Moskau konnte man sich in einer ähnlich kultivierten Umgebung treffen? Die Umgangssprache war Englisch, und Viktor Louis' englische Ehefrau trug das ihrige zu der »social gossip«-Atmosphäre bei.

Im übrigen kam Louis seine langjährige Lagerhaft in der Stalin-Zeit zugute, die von ihm ganz bewußt in Gesprächen hervorgehoben wurde. Eine derartige Empfehlung öffnete ihm zu Beginn seiner Informationstätigkeit die Türen ausländischer Botschaften in Moskau. Die Lagerhaft begründete er mit dem ihm inkriminierten Umgang mit Ausländern, während ihm hinter seinem Rücken Devisenschmuggel nachgesagt wurde, den er betrieben habe, als er nach dem Krieg im Auftrage des KGB als Übersetzer in den Dienst der argentinischen Botschaft getreten war.

Als ich Viktor Louis im Juli 1952 im Invalidenlager Abesj begegnete, befand er sich bereits mehrere Jahre im Gewahrsam. Ich wurde vor ihm von der Lager-Fama gewarnt. Er sei ein Zuträger, hieß es auch dort von ihm, er streife wie ein hungriger Wolf im Gelände und suche seine Opfer unter den Intellektuellen. Als Homosexueller sei er darüber hinaus für alle jüngeren, gutaussehenden Häftlinge eine Gefahr. Aus dem Lagerkomplex Inta sei er nach Abesj gebracht worden, weil ihm dort mit einem unverhofften tödlichen Absturz im Kohlenschacht gedroht worden sei. Andere teilten diese abfällige Meinung über Louis in keiner Weise. Sie bezeichneten ihn als einen überdurchschnittlich begabten, von einer seltenen Verbindung aus Intuition und Intellekt profitierenden jungen Mann. In der Sowjetgesellschaft könne man nicht anders als durch fortwährende Anpassung an das System überleben. Ebensowenig verurteilten sie die ihm nachgesagte Homophilie, die ihm selbst im Lager sexuelle Befriedigung verschaffte. In der Natur gäbe es nichts Widernatürliches, sondern eine Vielfalt der Möglichkeiten. Allein entscheidend sei die Fähigkeit des Menschen zur Liebe und zur Opferbereitschaft. Der russische Philosoph Karsawin hätte über Louis durchaus positiv geurteilt; er sei ein wohlerzogener junger Mann, der für ihn Bücher beschaffte und an ihn »bunte« Fragen gestellt habe. Daraus habe er erkannt, daß Louis ernsthaft bestrebt sei, seine zahlreichen Bildungslücken zu schließen. Für religiöse Fragen habe er allerdings keine Interessen gezeigt. Sein in der Zarenzeit wohlsituierter Vater entstammte einer wohlhabenden jüdischen Familie aus Odessa, seine Mutter sei zwar russisch-orthodox erzogen, aber als emanzipierte Studentin kirchenfremd gewesen. So viel hatte ich über Louis bereits vor unserer Begegnung erfahren. Ich trat ihm ohne jedes Vorurteil gegenüber und fand seinerseits eine Gesprächsbereitschaft und Offenheit, die kein Tabu kannte.

Viktor war damals ein attraktiver, hochgewachsener junger Mann, Mitte zwanzig, von auffallend mattweißer, fast durchsichtiger Gesichtsfarbe, mit einem edel geschnittenen Profil und mit kurzsichtigen grauen Augen, die eine Brille mit feinem Goldrand undurchdringlich machte. Er fiel schon von weitem durch seinen beschwingten Gang auf, nicht weniger durch seinen unverbindlich freien Umgangston, den er sich im Umgang mit Diplomaten angeeignet haben dürfte. Bereitwillig erzählte er mir, man hätte ihn wegen angeblicher Spionage verurteilt, denn nach seinem Hochschulabschluß als Anglist habe er bei der argentinischen Botschaft in Moskau als Dolmetscher und Übersetzer gearbeitet. Seine Tätigkeit habe aber hauptsächlich im Sammeln und Übersetzen von Zeitungsausschnitten, insbesondere jener über Lateinamerika und die USA bestanden.

Über die argentinischen Berufsdiplomaten, die mit vielen anderen ausländischen Missionen provisorisch im Hotel »National« untergebracht waren, hat Louis nichts Kritisches zu bemerken gewußt. Seine Boshaftigkeit zeigte sich aber, als er suffisant von dem ersten Nachkriegsvertreter Österreichs in Moskau erzählte. Dieser war kein ausgebildeter Diplomat, sondern von Beruf Ingenieur und war von seiner Regierung völlig im Stich gelassen worden. Mit einem konsularischen Beamten und einer Sekretärin teilte er in dem Prominentenhotel eine Suite unter dem Dach und kämpfte von Monat zu Monat ums Überleben. Bei der Vorbereitung für einen Empfang hätte er mit seinen Mitarbeitern und Freiwilligen, darunter auch Louis, tagelang Semmeln mit Wurst und Käse belegt und in Folien verpackt. Die Attachées der im »National« untergebrachten Missionen hätten sich daraufhin den Spaß erlaubt, die halbvertrockneten Semmeln und den geringen Vorrat an Wein zu vertilgen, bevor die geladenen Gäste sich daran delektieren konnten. Schlimmer wurde es, als die fälligen Monatsmieten aus Wien nach mehr als zwei Monaten nicht eingetroffen waren, der Gesandte seine Anwesenheit konstant verleugnen ließ und nur den rückwärtigen Ausgang benutzte, um vom Geschäftsführer nicht angesprochen zu werden. Fluchtartig hätte er schließlich Moskau verlassen und seine beiden Mitarbeiter gewissermaßen als Geiseln zum Ausharren bestimmt. In Wien hätte er sein »Amt geschmissen« und schließlich erreicht, daß ein Berufsdiplomat entsandt und die Schulden aus einem US-Fonds beglichen worden seien. Louis' Kommentar war, das käme davon, wenn man sich aus einem größeren Staatsverband löse und sich separiere. Die Zeit der Kleinstaaterei sei vorbei, und die Welt müsse in Sprach- und Kulturregionen aufgeteilt werden.

Viktor Louis' Denken war, wie das seiner meisten Altersgenossen, von dem Bewußtsein geprägt, einer Weltmacht anzugehören. Oft genug bekam ich von Lagerinsassen zu hören, daß sie den Verlust einer solchen Rangordnung in der Weltpolitik den Deutschen geradezu schmerzhaft nachempfinden könnten. Würde die Sowjetunion von den Amerikanern zu einer kriegerischen Auseinandersetzung herausgefordert, würden sie sich selbst als Strafgefangene sofort freiwillig zur Front melden.

Als Umgangssprache hatten Louis und ich statt Russisch Englisch gewählt; mir kam dabei zugute, daß mein Gesprächspartner über eine ganze Reihe englischer Lehr- und Textbücher verfügte. Und da Englisch meine zweite Fremdsprache war, ergriff ich jede Gelegenheit, meine Kenntnisse zu festigen und zu verbessern.

Zu unseren Gesprächspartnern gehörte auch Fürst Swjatopolk-Mirskij, der Sproß einer uralten Adelsfamilie. Bis zum Einmarsch der Sowjettruppen besaß er einen ertragreichen Gutsbesitz in Wolhynien, er lebte danach in Berlin, dürfte aber ein Diener vieler Herren gewesen sein. Er galt als internationaler Agent, was Louis nicht wenig imponierte und dessen zwangloses Benehmen und aristokratische Manieren ihm in späteren Jahren offensichtlich als Vorbild dienten. Nach seinem Eintreffen in Abesj wurde er zum Leiter des Speisehauses (stolowaja) ernannt. Dies war der begehrteste, wenn auch nicht ungefährliche Drückebergerposten für Informanten, denn besetzt wurde er nur auf ausdrückliche Weisung des Politkommissars. Nicht wenig erstaunt war ich über seine hervorragenden Kenntnisse interner Vorgänge in Berliner Regierungskreisen der Kriegsjahre. Im Gespräch klärte er mich über Zusammenhänge auf, die mir völlig unbekannt waren. Allein daraus konnte ich schließen, daß Swjatopolk-Mirskij nach seiner Gefangennahme in Berlin dem KGB ungemein wertvolle Dienste geleistet hat. Unter anderem erwähnte er beiläufig die Fürstin Kropotkin, die auf dem Kurfürstendamm einen von Frauen vieler Minister, hohen Militärs und Parteifunktionären frequentierten Modesalon besaß und den West- und Ostspionageorganisationen als wichtige Informationszentrale diente. Selbst im Lager blieb ihm eine gewisse Arroganz erhalten. Der kahlköpfige, schlanke Mann Anfang Fünfzig empfing seine »Brotgeber« von der Lagerverwaltung wie ein vornehmer Gastgeber. Mit leichtem Kopfnicken lud er die »Lagergewaltigen« an einen Tisch, setzte sich ungezwungen, kreuzte die Beine und klatschte mit eleganter Geste nach der »Bedienung«. Als ich ihn einmal auf den zweifellosen Erfolg seiner souveränen Taktik ansprach, erwiderte er mir: »Diese sogenannte Obrigkeit von heute besteht, abgesehen von den Juden, fast ausschließlich aus den Nachkommen entlassener Leibeigener. Ihnen imponiert nach wie vor das Auftreten eines ›Barin‹ (Herrn), besonders wenn dieser einen Fürstennamen trägt.«

Gegenüber der jüdischen Intelligenzija im Lager war Louis bewußt auf Abstand bedacht. Obwohl er von seiner Mutter nicht christlich getauft war, nannten ihn orthodoxe Juden wie Boris Galkin einen »Geschmadderten«. Er hat in späteren Jahren eine Engländerin geheiratet, aber die Eheschließung demonstrativ in der Moskauer orthodoxen Kathedrale in der Jelochowskaja vollzogen. Andere jüdische Mitgefangene, wie der Herausgeber der mit seiner Verhaftung eingestellten jiddischen Zeitung »Der Emmes«, Gordon, bezeichneten ihn verächtliche als »Schpik« (Zuträger). Gordon selbst bezeichnete sich als ein Opfer der leichtgläubigen israelischen Botschafterin in Moskau, Golda Meir, die in der Vorhalle der Synagoge Listen ausgelegt und Ausreisewillige aufgefordert hätte, in dieselben ihre Namen und Anschriften einzutragen. Unter den vielen, die dies getan haben, befand sich auch Gordon, der, wie er behauptete, bereit gewesen wäre, »wenn nicht anders, dann zu Fuß nach Israel auszuwandern«. Golda Meir hätte auch in der Synagoge persönlich mehrmals zur Eintragung in die Listen ermutigt und zur Teilnahme am Befreiungskrieg gegen die Araber aufgerufen. Als aber die Aktion abgeschlossen gewesen sei, hätten KGB-Beauftragte die Listen beschlagnahmt und aufgrund der Eintragungen Massenverhaftungen durchgeführt. Von mehreren Tausend, die als Zionisten verurteilt und in sibirische Lager eingeliefert worden seien, sei fast die Hälfte ums Leben gekommen. Gordon bestätigte darüber hinaus, daß nach dem Kriegsende der Direktor und Regisseur des jiddischen Theaters in Moskau »Habima«, Michoels, und dessen Sekretär, bei einer Autofahrt im Auftrag der US-Hilfsorganisation »Joint« in Weißrußland von angeblichen Partisanen bestialisch umgebracht worden seien. In Wirklichkeit wurden die beiden als Zionisten von KGB-Agenten »liquidiert«.

Zu Gesprächen im »Teehaus« wurde ich immer wieder von Polonskij, einem engen Mitarbeiter des Leiters des Informationsbüros Losowskij, eingeladen. Wir tauschten Erinnerungen an das Leben unter den Diktaturen von Stalin und Hitler aus und stellten Vergleiche an. Menschenverächter und demagogische Verführer seien beide gewesen, meinte Polonskij – wohlweislich nach Stalins Tod –, aber Hitler hätte zumindest im Frieden für einen gewissen Wohlstand gesorgt. Nationalökonomisch sei eine gelenkte Privatwirtschaft in Verbindung mit Staatsdirigismus die vernünftigste Wirtschaftsform. Stalins Staatskapitalismus und die Kollektivierung der Landwirtschaft hätten aber den Völkern der Sowjetunion in den Betrieben und Kolchosen die eigene Initiative in so gründlicher Weise ausgetrieben, daß an eine Wiederkehr der Privatwirtschaft und eines Unternehmergeistes kaum noch zu denken sei. Arbeiter und Bauern seien nichts anderes als Roboter, die man beliebig einsetzen kann und die nur noch nach genügend Futter verlangten.

Von kleiner Statur und zierlichem Körperbau, mit feingeschnittenen Gesichtszügen und seinen melancholischen dunkelbraunen Augen, entsprach Polonskijs Aussehen eher dem eines in sich gekehrten Künstlers als dem eines Parteipropagandisten. Seine sanfte, einschmeichelnde Stimme verriet, daß er kein Redner in Massenversammlungen sein konnte, sondern nur im persönlichen Gespräch um Vertrauen warb. Er war der Überzeugung, daß ein gesunder Menschenverstand selbst dann Kompromisse ermögliche, wenn Anschauungen oder Überzeugungen unversöhnliche Gegnerschaften hervorgerufen haben. Fanatiker wie Stalin und Hitler hätten dagegen ihren menschenfeindlichen Ideologien bedenkenlos die von ihnen betrogenen Völker geopfert.

Bemerkenswert war Polonskijs Werdegang. Obwohl mosaischen Glaubens, durfte sein Vater als Kaufmann der ersten Gilde in Moskau ein angesehenes Handelsunternehmen betreiben. Für revolutionäre Ideen, die der Sohn auf dem Realgymnasium empfangen hatte, konnte er kein Verständnis aufbringen und versuchte ihm dieselben sogar mit einem »Riemen« auszutreiben. Einen wahrhaft blutigen Schock erlebte der Heranwachsende 1905, als der Generalgouverneur von Moskau, Großfürst Sergej Alexandrowitsch, einem Bombenattentat zum Opfer gefallen war. Sein Körper wurde zerfetzt, und die Schüler des Gymnasiums, die gerade den Kreml besichtigten, wurden von der Polizei aufgefordert, gegen Belohnung die blutenden Körperreste zusammenzutragen.

Die körperliche Züchtigung durch den Vater sei zu ertragen gewesen, nicht aber die Erfahrung, daß die Revolution ein blutiges Eingreifen voraussetzte. Die Pubertätsjahre hätten ihm ohnehin viel zu schaffen gemacht und sein Denken gefühlsmäßig belastet. Seine erste große Liebe sei ein blonder, sportlich trainierter deutscher Mitschüler gewesen, der ihn kaum beachtet hätte. Polonskij folgte ihm aber unauffällig, turnte mit ihm und anderen Buben in der Turnhalle, beobachtete ihn voller Erregung beim Duschen und selbst beim Onanieren. Und obwohl ihn mit Männern zu keiner Zeit irgendwelche körperlichen Beziehungen verbanden, spürte er bei jeder Begegnung mit blonden Männern eine Erregung ohnegleichen. Unvergeßlich sei ihm vor allem ein zweifelsohne sadomasochistisches Erlebnis aus der Kriegszeit. Im Juli 1943 wurden einige Zehntausend von Überlebenden der bei Stalingrad geschlagenen deutschen sechsten Armee nach Moskau gebracht, um den Willen zum russischen endgültigen Sieg zu stärken. Der noch klassisch gebildete Polonskij verglich diesen Vorbeimarsch mit dem der germanischen Gefangenen im alten Rom. Noch nie im Leben hätte er so viele und so unterschiedlich aussehende Deutsche zu sehen bekommen. Die meisten abgehärmten, nicht im Gleichschritt marschierenden, sondern eher schwankenden und oftmals einander stützenden Gestalten, entsprachen in keiner Weise den von ihm durch Nietzsche-Lektüre geprägten Typ der »blonden Bestie«. Die Moskauer drängten sich vom Kreml bis zum Bjelorussischen Bahnhof zu beiden Seiten der Gorkij-Straße, empfingen die Kriegsgefangenen mit Schmährufen, Schimpfkanonaden, johlten, bespien und bewarfen sie mit Unrat. Im ersten Block marschierte die Generalität, im zweiten die Offiziere, gefolgt von unendlichen Reihen der Soldaten. Entkräftet, gedemütigt, boten diese einfachen Muschkoten einen jammervollen Anblick, so daß es nicht einmal den Gassenbuben Spaß machte, sie zu beschimpfen und mit Unrat zu bewerfen, wie sie es bei den Offizieren getan hatten. Gelegentlich sei sogar die russische Redensart zu hören gewesen, »wer am Boden liegt, den schlägt man nicht«. Dann aber dröhnte aus der Ferne ein stechender Marschtritt. Wie ein leichter Wind über ein sommerliches Ährenfeld ging ein Geraune durch die Menschenmenge. »Es-Esowzy« (SS-Leute) hieß die Parole. Die Spannung wuchs mit dem Herannahen der Marschkolonne, die die Siegesparade zu ihren eigenen Gunsten zu usurpieren schien. Polonskij war die damalige Erregung noch anzusehen, als er seine Erinnerungen vergegenwärtigte. »Mir schwindelte leicht, das Herz pochte lauter denn je, und im Hals verspürte ich ein Würgen. Ein kalter Schauer kroch mir den Rücken herunter und zwang mich buchstäblich in die Knie. Die Schmährufe waren plötzlich verstummt, als seien sie von den Stiefeln der SS-Männer niedergetreten. Ich verkroch mich hinter dem Rücken eines breitschultrigen Vordermannes. Schon hörte ich den Marschtritt ganz nah; ich schnellte hinter meinem Versteck hervor und bahnte mir den Weg nach vorn, wo die Kinder standen. Jetzt erst sah ich die zumeist blonden Schöpfe der baumlangen Kerle, die aus den Uniformröcken und deren nacktem Halsausschnitt hervorragten. In gleichbleibendem Rhythmus bewegten sich ihre breiten Schultern; ich sah die hochfliegenden, bis über die Ellenbogen bloßen kräftigen Arme. Ihren Gesichtern sah man zwar die Entbehrungen und die Unterernährung an, aber deren Züge waren straff geblieben, die Arme energiegeladen, voll angespannter Energie, wie auch die Beine, die bei einigen in kurzen blauen Turnhosen staken. Mich ergriff unsagbares Lustgefühl und Faszination. Mir fiel plötzlich ein Gedicht von Ossip Mandelstam ein, der einen preußischen Offizier mit verliebten Augen bestaunte, als dieser mit seinem Pallasch eine Rosengirlande hochriß. Ein Zucken befiel meine Glieder. Meine Augen hasteten von einem Mann zum anderen, um zumindest einen Blick zu erspähen, aber deren Gesichter blieben verschlossen und die Augen stur nach vorne gerichtet. Einige preßten ihre Zähne in die Lippen, und nur unter den Backenknochen spielten die Muskeln. Der eine wie der andere schien eine geradezu unmenschliche Verachtung zu zeigen.

Und dann geschah es plötzlich, daß ein einziger Blick mich wie ein Bannstrahl traf. Wie zufällig blieb sein Blick bei einer Kopfwendung für Sekunden an mir haften. Und ich sehe diesen blonden Jüngling, der sicherlich längst gestorben und verwest ist, noch heute als Lebenden vor mir, wenn ich an jenen Vorbeimarsch erinnert werde. Er erschien mir wie ein Blendwerk satanischer Schönheit, wie ein Todesengel. Der höhnische Ausdruck seiner eisblauen Augen traf mich wie ein Dolchstoß. Mir war, als hätte ich dem Tod ins erbarmungslose und gleichzeitig faszinierende Antlitz geschaut und aus seiner Hand den tödlichen Stoß erhalten. Am ehesten war dieses Gefühl, das mich wie ein Schwindel erfaßte, als Wollust des Todes zu bezeichnen. Etwas Ähnliches müssen die Sklaven im alten Rom empfunden haben, die sich von ihren bewunderten Herrschaften töten ließen. Das vae victis galt nicht dem entwaffneten Gegner, ich selbst, ein russischer Jude, zählte zu den Besiegten. Wie in meiner frühen Jugend war ich noch einmal von einem blonden »Fritz« betört, ohne Deutschland und Hitlers Vernichtungslager kennengelernt zu haben. Und als ich später darüber nachdachte, erinnerte ich mich gelesen zu haben, daß in Indien Anhänger des Kultes der Göttin Kali sich unter die mit Säbeln versehenen Räder des Kultwagens geworfen haben.«

Dieses höchst intime und erstaunliche Bekenntnis Polonskijs hat mich weit mehr bewegt als sein sonstiger Lebensbericht. Seinen Eltern gelang es zwar, nach der Revolution nach Kiew zu fliehen, aber während des Bürgerkrieges wurden sie von ukrainischen Antisemiten umgebracht. Zorn und Empörung führten ihn danach in die Partei der Bolschewiken. Das Studium der Politökonomie eröffnete Polonskij eine wissenschaftliche Laufbahn, die ihn im Krieg zum Berater Losowskijs aufsteigen ließ. Dazu trugen auch seine deutschen und englischen Sprachkenntnisse bei. Wie sehr Stalin eine Privatisierung der Landwirtschaft und des Handels in den von den Deutschen besetzten Gebieten befürchtete, hätte Stalins besorgte Standardfrage bei Losowskijs täglichen Lageberichten bewiesen. »Haben die Deutschen die Kolchosen aufgelöst?« Als die Nationalsozialisten sich zu dieser Lösung schließlich durchgerungen hatten, wäre es selbst für Wlassow und seine Anhänger zu spät gewesen, das eingebüßte Vertrauen in die deutsche Ostpolitik wieder zu gewinnen. Rote Parteifunktionäre hätten gegenüber den Braunen zumindestens den Vorzug besessen, daß sie die Landessprachen beherrschten.

Welche Wichtigkeit gerade in Kriegs- und Notzeiten der Religion beizumessen sei, war dem relegierten Zögling eines georgischen Priesterseminars Joseph Dschugaschwilli-Stalin genauestens bewußt. Mitten im Kriege beschloß er daher, seine kirchenfeindliche Politik den Staatsinteressen anzupassen. Seit 1930 war allein in Moskau mehr als die Hälfte der über dreihundert Kirchen auf sein Geheiß beseitigt worden. Am Spektakulärsten war die Sprengung der Erlöser-Kathedrale am Moskwa-Fluß in Kremlnähe, bei der ich als Schüler zugegen war. Stalins oft zitierter Ausspruch, den Polonskij bestätigte, hieß »Weg mit diesem Samowar!« Ein geplanter Wolkenkratzer als »Palast der Revolution« konnte allerdings anstelle des Gotteshauses nicht gebaut werden, da das Ufergelände sich als nicht tragend erwiesen hatte. Der allrussische Patriarch starb einen

Märtyrertod und die orthodoxe Geistlichkeit wurde zu Tausenden »liquidiert« oder in Arbeitslager verbannt. Religiöse Erziehung wurde aber insgeheim von jenen »Babuschkas« praktiziert, denen die Eltern ihre Kinder an den Arbeitstagen anvertrauten. Deren heimliche Aussaat galt es nunmehr im Krieg nach dem bewährten russischen Muster »Rechtgläubigkeit und Vaterlandsliebe« zu reaktivieren. Um die Kirchenführung in den Griff zu bekommen, mußte ein regierungstreuer Patriarch gefunden und wieder eingesetzt werden. Als Propagandachef erhielt Losowskij von Stalin den Auftrag, eine neue Kirchenordnung auszuarbeiten. Aber weder ihm noch Polonskij wollte es gelingen, entsprechende Statuten auszuarbeiten, obwohl sie sich der Mitarbeit einiger aus dem geistlichen Stand hervorgegangener Parteimitglieder bedienten. Spöttisch grinsend verwarf Stalin das ihm vorgelegte Elaborat und erklärte, er würde sich der Sache selbst annehmen, denn er habe doch einige Semester Theologie studiert. Auf diese Weise sei neben der Stalinschen »Konstitution« auch eine kirchliche Verfassung entstanden.

Polonskij führte mich auch in die Praktiken der sowjetischen Kriegspropaganda ein. Die »faschistischen Eindringlinge« wurden sowohl als Zerstörer der physischen wie der geistig-seelischen Existenz des »Sowjetvolkes« dargestellt. »Sowjetisch« wurde dabei vornehmlich mit »russisch« gleichgesetzt, denn niemand anders als die Russen hätten den anderen Völkern der Sowjetunion Freiheit und Gleichberechtigung gebracht, Die »Kulturfeindlichkeit des Faschismus« müßte demzufolge mit allen Mitteln und, wenn nicht anders möglich, durch Fälschungen unter Beweis gestellt werden. So erzählte Polonskij unter anderem über die Entstehung eines dokumentarischen Films »Die Zerschlagung der deutsch-faschistischen Truppen vor Moskau« (1942): Nachdem Moschaisk und damit der letzte deutsche Stützpunkt in der Moskauer Region zurückerobert worden war und, abgesehen von den in Kriegshandlungen zerstörten Häusern, Aufnahmen von gefallenen Soldaten und gehenkten Partisanen, kein weiteres Anklagematerial über »deutsche Greueltaten« vorlag, hätte Stalin angeordnet, durch gestellte Aufnahmen nachzuhelfen. Die Instruktionen wurden vom Informbüro bis ins Einzelne vorgeschrieben. Aus einem von den Deutschen beim Rückzug angeblich gesprengten Gebäude wurden verschreckte Kinder gerettet, deren Kleidung vorher zerfetzt und deren Gesicht und Körper mit Ruß geschwärzt werden sollte. Um der russischen und der Weltöffentlichkeit die mutwillige Zerstörung von Kulturgütern vorzuführen, wurde z. B. das völlig unversehrte Tschaikowskij-Museum in Klin entsprechend präpariert. Von der Originalbüste des Komponisten wurde ein Gipsabguß angefertigt, dem man Nase und Ohren abschlug und mit zerstreutem Notenmaterial vor dem Hauseingang malerisch im Schnee arrangierte. Die gleiche Methode wurde in Leo Tolstojs Wohnhaus in Jasnaja Poljana angewandt. In diesem Zusammenhang erinnerte ich mich an ganz ähnliche Aufnahmen in der mehrsprachigen Propaganda-Zeitschrift »Signal« von Joseph Goebbels, darunter Aufnahmen von der armseligen Behausung von Dmitrij Schostakowitsch in Staraja Russa, die unter Beweis stellen sollte, wie menschenunwürdig selbst die prominentesten russischen Künstler von den Sowjets behandelt wurden. Polonskijs Kommentar war: »Sie sehen, in wie hohem Maße die beiden Systeme sich glichen. Welch ein Glück für die Menschheit, daß der Hitler-Stalin-Pakt nur von kurzer Dauer war und keine Verständigung über eine Aufteilung der Welt in Einflußzonen zustandekam.«

Viktor Louis habe ich nur noch einmal und ganz kurz im Lager Inta wieder gesehen. Erst 1956 erhielt ich von einem Mitgefangenen, der an der neu eingerichteten deutschen Botschaft in Moskau tätig war, die Nachricht, daß Louis sich bei ihm nach mir erkundigt hätte. Er sei in Moskau als Journalist tätig und suche ständig nach Kontakten zur westlichen Presse. Da ich nach Entlassung aus dem Gulag ab Juli 1956 der Kulturabteilung des Auswärtigen Amts in Bonn angehörte, vermutete Louis, daß ich derartige Kontakte herstellten könnte.

Am 30. November 1956 teilte er mir über die Moskauer Botschaft mit, daß er drei Monate zuvor aufgrund einer »Kommissowka« (Untersuchung seines Falles durch eine Kommission) aus dem Lager entlassen worden sei. Wörtlich hieß es weiter: »Bei uns wird, wie Sie wissen, alles durch sogenannte ›Kampagnen‹ geregelt. Einer solchen ›Kampagne‹ verdankt man seine Verhaftung, einer anderen die Entlassung. Mir war beides beschieden. Personen, die durch den Beschluß einer Kommission entlassen werden, genießen den Vorteil, daß deren Haftstrafe getilgt und ihnen die Bürgerrechte wieder zuerkannt werden. Zur Zeit gibt es aber auch sehr viele Post-mortem-Rehabilitierungen. Ich hoffte, vernünftige Arbeit zu finden, aber dies erwies sich als unmöglich bzw. möglich bei einem Monatseinkommen von 350–400 Rubel. Auf ein solches Ansinnen habe ich nur spucken können und wurde schließlich durch Vermittlung von Bekannten als Sekretär bei einem amerikanischen Korrespondenten eingestellt.

Von Felchner (Vermittler unserer Korrespondenz an der Botschaft in Moskau) hörte ich von Ihren Europareisen. Sie sind zu beneiden, denn mein einziges Vergnügen besteht zur Zeit darin, in Reiseprospekten zu blättern. An der Moskauer Universität bemühe ich mich um den Erwerb eines Diploms, wohne bei Bekannten und kämpfe um die Rückgabe meines seinerzeit konfiszierten Zimmers und sonstiger Habe.«

Am 7. Februar 1957 schrieb Louis auf einem Briefbogen des Moskauer Hotels »Metropol« u. a.: »Das Wintersemester an der Universität habe ich mit den erforderlichen Prüfungen beendet und beabsichtige, zusätzlich einen Fernkursus für Journalistik zu abonnieren. Nach wie vor arbeite ich bei dem US-Korrespondenten, vergesse dabei aber keineswegs die allerneueste russische Redensart: ›In Rußland wird nicht nur Mais gepflanzt (pflanzen, russisch: ›saschat‹: setzen, einsperren).‹ Zur Verbesserung meiner Finanzlage habe ich beschlossen, mich mit dem literarischen »business« zu befassen und Theaterstücke zu übersetzen. Ein hiesiges Theater beabsichtigt, das Schauspiel der amerikanischen Autoren Francis Gudric und Albert Haekert ›Das Tagebuch der Anne Frank‹ aufzuführen. Ich wäre Ihnen daher sehr dankbar, wenn Sie mir das im Random House-Verlag erschienene Theaterstück so schnell wie möglich zusenden könnten, wegen der starken Konkurrenz von Übersetzern ist Eile geboten.« (Über die Moskauer Botschaft habe ich Louis das gewünschte englische Original zukommen lassen, angeblich wurde das Stück auf russischen Bühnen erfolgreich aufgeführt.)

Fast ein Jahr danach am 6. März 1958, stand auf Louis' Briefkopf bereits »News correspondent Fairchild Publication New York« und die Mitteilung, daß Louis in Kürze das Universitätsstudium beenden werde, seinem Broterwerb aber als selbstständiger Korrespondent amerikanischer und schwedischer Zeitungen (Espressen) nachgehe. Und zwei Monate später, am 17. Mai 1958, bedankte er sich für die Zusendung des von ihm erwünschten Jazzmusik-Notenmaterials, das er zumindest »für den Hausgebrauch« benutzen könne. Auch sollte ich ihm jetzt direkt an das Hotel Metropol schreiben, die Briefe würden ankommen. Sollte ich aber über Kontakte zu deutschen Zeitungen verfügen, würde er gerne Artikel zur Ansicht – in englischer Sprache – zusenden. »Ich schreibe über alles, nur nicht über Politik«, hieß es weiter, »und wie mir von ausländischen Kollegen versichert wird, eignen sich meine Artikel für Zeitungen jedweder Richtung. Mein Universitätsstudium nähert sich seinem Ende, und sollte es mir nicht gelingen, als Journalist Boden unter die Füße zu bekommen, dann versuche ich es als Jurist. Es bleibt aber auch noch ein weiteres Lebensproblem ungelöst, eine Eheschließung. Hier habe ich bisher noch niemanden finden können und ich habe schon daran gedacht, meinen Heiratswunsch in der schwedischen Zeitung zu publizieren.«

Durch Felchners Vermittlung erhielt ich einige Artikel, die Louis in englischen und schwedischen Zeitungen abgedruckt hatte. Am 10. Juli 1958 wiederholte er seine Bitte, ihm deutsche Zeitungen zu empfehlen, die ihn als Mitarbeiter akzeptieren würden: »Ich bemühe mich, entsprechend meinen Fähigkeiten und Möglichkeiten, so objektiv wie nur möglich über alles zu berichten, was das Leben im heutigen Rußland betrifft. Mit Ausnahme politischer Fragen versteht sich's. Denn zu berücksichtigen ist sowohl meine derzeitige persönliche Lage wie auch die Tatsache, daß die Artikel zensiert und oftmals zusammengestrichen werden. Der Westen fürchtet sich allem Anschein nach vor dem Eindringen ›kommunistischer Propaganda‹. Aber glauben Sie mir, ich verfolge sehr viel prosaischere und rein merkantilistische Ziele. Mein ›Kulturträgertum‹ kann allerdings nur dann auf Interesse stoßen, wenn meine Artikel häufig genug in der westlichen Presse erscheinen. Zumindest die Amerikaner, Franzosen und Schweden finden in diesen allen Anschein nach das, was sie zu interessieren scheint.

Im Vergleich zu anderen Korrespondenten besitze ich gewisse Vorteile, sicherlich auch einige Minuspunkte, vor allem deswegen, weil ich politische Themen vermeiden muß. Andererseits kann ich reisen wohin ich will, ohne besondere Genehmigung, und es fällt mir darüber hinaus sehr viel leichter, jemanden zu interviewen. Großartig wäre es, wenn ich bei einer großen Zeitschrift, z. B. vom Typ ›Paris Match‹ eine feste Anstellung finden könnte, wie es einem jungen Russen gelungen ist. Es gibt aber außerdem gewiß auch noch eine Unmenge provinzieller Zeitungen, die sich sicherlich mit Vergnügen auf einen ›eigenen Korrespondenten in Moskau‹ berufen könnten. Für jeden Rat und Hinweis in dieser Hinsicht wäre ich Ihnen dankbar. Eine nicht weniger dringliche Bitte betrifft die Übersetzung von Theaterstücken. Könnten Sie solche Theaterstücke ausfindig machen, die auf unseren Bühnen aufgeführt werden könnten? Zur Zeit besteht nämlich eine gewisse Tendenz, Theaterstücke aus der Bundesrepublik und anderen Ländern hier aufzuführen, man muß sich nur beeilen, um den Anschluß an diese ›Kampagne‹ nicht zu versäumen.

Ich bin dabei, mir einen Peugeot 403 anzuschaffen, und beabsichtige noch in diesem Sommer das Baltikum und die alten russischen Städte zu besuchen.«

Alle meine Versuche, für die Louis-Artikel in der Bundesrepublik Abnehmer zu finden, waren gescheitert. Einen letzten ausführlicheren Brief schrieb er mir am 23. Dezember 1958. Der Tenor dieses Schreibens war freudig erregt, denn Louis berichtete darin über seine inzwischen vollzogene Eheschließung. »Das wichtigste Ereignis in meinem bisherigen Leben ist meine Ehe. Mein ›Honigmonat‹ dauert noch an, und ich habe keinen Grund, gegen diesen süßen Namen etwas einzuwenden. Sie ist Engländerin und füttert mich mit porridge, ungeachtet meiner Proteste, denn in meinem bisherigen Leben – vor allem im Gulag – habe ich mehr Hafer als irgendein britischer Gaul gegessen. Sonntags gibt es dafür Pudding. Dies sind aber sicherlich Lappalien. So far I am quite happy. Wir haben eine kleine Wohnung in einem neuen Moskauer Viertel, unweit der Universität, bezogen. Ich besitze nunmehr ein eigenes Auto und alle erschwinglichen kleinen Objekte der Zivilisation.

Ich beschäftige mich, wie Sie wissen, wie aber auch meine Frau, mit Journalistik, darüber hinaus aber auch mit Übersetzungen. So habe ich begonnen das Musical ›My Fair Lady‹ ins Russische zu übersetzen. Möglicherweise findet eine Aufführung in Kiew statt, denn in Moskau bin ich nur auf Absagen gestoßen. Das ›Tagebuch der Anne Frank‹ ist zwar im Druck erschienen, aber als Bühnenstück findet es keinen Gefallen, da darin zu viele Juden auftreten. Sollten Sie zufälligerweise auf ein deutsches Theaterstück, und zwar eines ›anständigen‹ Autors stoßen, der mehr oder weniger für Rußland geeignet erscheint, d. h. eines

Kritikers des ›verfaulenden Kapitalismus‹, schicken Sie es mir, bitte, sofort. Aufrichtig der Ihrige, Victor Louis.«

Beigegeben war diesem Schreiben ein Foto von der Eheschließung in der orthodoxen Prominentenkathedrale am Jelochowoplatz in Moskau. Als offizielle Kirche des Patriarchen diente dieses Gotteshaus Propagandazwecken und wurde vor allem von Ausländern besucht. Nicht wenig gestaunt habe ich allerdings darüber, daß ein orthodoxer Pope dem jüdischen Bräutigam im eleganten Frack und der protestantischen Engländerin im weißen Spitzenkleid und mit einem weißen Schleier verhüllt seinen Segen erteilte. Sollten beide sich zum russisch-orthodoxen Glauben bekehrt haben? Eine Erklärung dafür wollte sich nicht finden lassen.

Zum Jahreswechsel 1959/60 erhielt ich von Louis eine letzte Grußkarte, und zwar mit der Mitteilung, daß er sein Universitätsstudium mit dem Diplom eines Juristen abgeschlossen habe. Journalistik sei aber nach wie vor sein eigentlicher Beruf. Seit langem erwarte er von mir deutsche Theaterstücke, die auf sowjetischen Bühnen aufgeführt werden könnten.

Als ich diesen Abschiedsgruß erhielt, befand ich mich bereits auf dem Seeweg von einem konsularischen »Gastspiel« als zweiter Konsul in Linz an der Donau nach Südafrika, wo ich bei der Botschaft in Pretoria als Legationsrat das Kultur- und Pressereferat übernehmen sollte. Als unser »Verbindungsmann« bei der Botschaft in Moskau, Fred Felchner, in Ruhestand getreten war, schrieb er mir Ende 1971, er habe bis zu seiner Pensionierung Victor Louis wiederholt im Hotel Metropol getroffen, wo er ihm meist gute Ratschläge über Bücher, Filme, Reisen usw. gegeben habe. »Seine Mitwirkung bei der Veröffentlichung der Briefe von Swetlana (Allilujewa-Stalin) und der Chruschtschow-Memoiren dürfte Ihnen bekannt sein.« Diese Annahme entsprach durchaus meinen Informationsquellen in Südafrika, USA, Österreich, in der Schweiz und in Rom, denn die gesamte europäische und Überseepresse berichtete immer wieder über die Aktivitäten und Aktionen des inoffiziellen »Sprechers« der sowjetischen Außenpolitik.

Den Briefen, die ich von Victor Louis 1956–59 erhalten habe, messe ich den Beinamen von »documents humains« entschieden bei. Vor dem Hintergrund des »Kalten Krieges« stellt er ein Phänomen besonderer Art dar. Seine Erfolgs- und auch Überlebenschancen erkannte er im Konformismus, der aber im persönlichen Bereich durch eine mentale Resistenz blockiert wurde. Sein »Jain« erweckte zweifelsohne bei den grobschlächtigen KGB-Leuten ständiges Mißtrauen, das gegenüber Intellektuellen, insbesondere solcher jüdischer Herkunft, unüberwindbar war. Andererseits gab es beim KGB, wie ich es selbst erfahren hatte, nicht nur hochgebildete, geistig rege, feinfühlende und sogar musische Vertreter, die sich durchaus bewußt waren, daß im Westen nur mehr ein Mann wie Louis Eindruck machen, sich Gehör verschaffen und im gewissen Sinne auch überzeugend wirken konnte.

Nach der großen Wende um 1989/90 war es um Victor Louis still geworden. Er wurde wohl nicht mehr gebraucht, blieb aber nach wie vor ein Geheimnisträger ersten Ranges. Gerüchten zufolge soll er nicht mehr am Leben sein. Er starb wohl eines natürlichen Todes. Meine Erinnerungen an ihn dürften aber vielleicht dazu beitragen, seine umstrittene Persönlichkeit besser verstehen zu lernen, und zwar als Mitläufer und letzten Endes Opfer eines gnadenlosen unmenschlichen Systems, das in seinen letzten Konsequenzen und Auswirkungen noch längst nicht überwunden und durchaus lebensfähig ist.

Die Heimkehr der Totgesagten

Die Heimkehr der Allerletzten, der verurteilten und totgesagten Kriegsgefangenen und Zivilinternierten aus den sowjetischen Schweigelagern und Gefängnissen im Oktober 1955 schloß ein leidvolles Kapitel des Zweiten Weltkrieges ab. Nur in Ausnahmefällen dieser als »angebliche Kriegsverbrecher« Verurteilten stellte sich die Frage nach Schuld und Sühne. Die absolute Mehrheit, statistisch erfaßt nicht weniger als 95%, waren Kriegsgefangene, Zivilinternierte oder aus der sowjetischen Besatzungszone bis Anfang der fünfziger Jahre verschleppte Erwachsene und Jugendliche, die auf Grund von pauschalen Fernurteilen und ohne ordentliches Gerichtsverfahren willkürliche Opfer jenes Stalin-Regimes geworden waren, von dem sich die neue Kremlführung zu distanzieren begann. Wirtschaftliche Interessen und politisches Kalkül, keineswegs aber humanitäre Beweggründe ließen die Sowjetunion in den zähen Verhandlungen mit Adenauer im September 1955 ein nach außen kaschiertes Entgegenkommen zeigen.

Kein anderer als Adenauer – und dies sollte den Deutschen immer wieder in Erinnerung gebracht werden – nahm als erster deutscher Politiker die damals auch von der SPD nicht einstimmig akzeptierten Risiken einer »neuen Ostpolitik« auf sich, indem er der Aufnahme diplomatischer Beziehungen mit der Sowjetunion unter der unabdingbaren Voraussetzung der Freilassung jener deutschen Gefangenen zustimmte, deren Vorhandensein die Sowjetregierung zu Beginn der Verhandlungen in Abrede gestellt hatte. Unter diesen »Spätestheimkehrern«, deren Zahl sich von ursprünglich 9626 Personen durch »Nachgänge« in den Jahren 1955/56 auf etwa 20000 erhöhte, waren nach eigenen sowjetischen Angaben nur 749 als Kriegsverbrecher im strafrechtlichen Sinne verurteilt gewesen.

Als die Verhandlungen an der unnachgiebigen Haltung der Sowjetdelegation zu scheitern drohten, ließ Adenauer demonstrativ den Rückflug der deutschen Delegation anordnen. Die

Meinungen innerhalb der deutschen Delegation gingen weit auseinander. Wie Altbundeskanzler Kiesinger aus eigener Kenntnis berichtete, hätten die maßgeblichen Delegationsmitglieder von Brentano, Hallstein (CDU) und Carlo Schmid (SPD) den Standpunkt vertreten, wenn eine Schlacht verloren sei, dürfte man als Stratege nicht zögern, ein »abgesprengtes Häuflein« preiszugeben, falls dadurch dem Wohl des Staates gedient sei. Adenauer sei aber seiner dezidierten christlichen Gesinnung treu geblieben, und nachdem die Sowjetseite einen Kompromißvorschlag unterbreitet habe, führte er die Verhandlungen zu einem erfolgreichen Ende. Um das Gesicht zu wahren, gab die Sowjetführung zwar keine schriftliche Zusage hinsichtlich der Entlassung der angeblichen »Kriegsverbrecher«, aber Bulganin wie auch Chruschtschow verpflichteten sich ehrenwörtlich, dem deutschen Begehren zu entsprechen. Dies geschah beim Festbankett im Kreml am 12. September, als Bulganin in weinseliger Stimmung Adenauer gegenüber versicherte: »Wir geben sie Ihnen alle – alle!« Eine Woche später, d. h. nach Aufnahme der diplomatischen Beziehungen, hieß es: »Wir geben Ihnen unser Ehrenwort!«

Nach Abreise der westdeutschen Delegation wurde von der Sowjetregierung schleunigst eine Abordnung aus der DDR nach Moskau beordert, die angeblich bereits am 27. Juli 1955 ein Gesuch betreffend »die vorzeitige Entlassung und Heimschaffung jener deutschen Staatsangehörigen« gestellt hätte, »die eine Strafe für Verbrechen verbüßen, die sie während des Krieges gegenüber den Völkern der Sowjetunion begangen haben«.

In der offiziellen Verlautbarung des Präsidiums des Obersten Sowjets der Sowjetunion vom 29. September hieß es daher: »In Anbetracht dessen, daß seit der Beendigung des Krieges mehr als zehn Jahre vergangen sind und die verurteilten Kriegsverbrecher ihre Strafe bereits zum großen Teil verbüßt haben, werden den Gesuchen des Präsidenten und der Regierung der DDR vom 27. Juli d. J. und dem der Regierung der BRD entsprechend … erstens 8877 deutsche Staatsangehörige vorzeitig und gemäß ihrem Wohnsitz in die DDR oder in die BRD entlassen, zweitens 749 deutsche Staatsangehörige, denen die Strafe wegen besonders schwerer Verbrechen gegenüber dem Sowjetvolk nicht erlassen werden kann, werden gemäß ihrem Wohnsitz den beiden deutschen Regierungen übergeben.«

In Wirklichkeit hätten weder Pieck noch Ulbricht bei den Kreml-Herren auch nur ein einziges Wort der Fürsprache für verurteilte »Kriegsverbrecher« eingelegt, wäre Adenauer ihnen nicht zuvorgekommen. Die Entscheidung war allein durch Adenauers Hartnäckigkeit und Unnachgiebigkeit positiv ausgefallen. Die lang ersehnte Wende im Schicksal der allerletzten zurückgehaltenen und totgeschwiegenen Kriegs- und Zivilgefangenen war eingetreten.

Für viele dieser Eingekerkerten galt das bekannte Dante-Wort: »Laßt jede Hoffnung hinter Euch, Ihr, die Ihr eintretet« bis zum Tode Stalins in ähnlicher Weise wie für die KZ-Häftlinge des Hitler-Reiches. Dantes durch selbst erfahrenes Leid geprägte Worte bezeichneten einen Daseinszustand, dem man nur durch ein Hoffen wider alle Vernunft begegnen konnte. Was mich betrifft, so kam mir zugute, daß ich mich an Hitlers Krieg gegen die Sowjetunion in keiner Weise mitverantwortlich fühlte. Daß ich als jüngster Dolmetscher des Auswärtigen Amts bei den Verhandlungen mit den Sowjetrussen herangezogen wurde, erschien mir eher als die Erfüllung einer humanitären Mission, die der – zumindest sprachlichen – Verständigung, nicht aber der Verfeindung der beiden Nachbarnationen diente. Hitlers Ostfeldzug hätte ich ebensowenig verhindern können wie die vielen Millionen Deutschen und Russen auf beiden Seiten. Was mich aber zutiefst kränkte und verletzte, war der unverhüllte Versuch der Vernehmungsoffiziere, mich zum Kollaborateur zu machen, um dadurch eine vorzeitige Entlassung zu erreichen, verbunden mit einer Funktionärstätigkeit in der Sowjetzone. Meine Weigerung brachte mir daher als angeblich »unverbesserlichen Faschisten« eine Erhöhung des Strafmaßes von 10 auf 25 Jahre mit der Verbringung in ein Schweigelager jenseits des Polarkreises ein.

Als pessimistischer Optimist, der ich von Natur aus war, habe ich mich weder von überschwenglichen Hoffnungen noch von abgrundtiefer Verzweiflung irritieren lassen. Und als Baltendeutscher, der aus der wechselvollen Geschichte seines Heimatlandes sowohl die Konstanten wie die Unwägbarkeiten der russischen Psyche, aber auch die weltanschaulich flexible Dialektik des Sowjetsystems nur allzu gut kannte, war ich überzeugt, daß pragmatische Überlegungen den politischen Kurs in der Sowjetunion sozusagen über Nacht ändern könnten.

Der Tod Stalins am 5. März 1953 brachte zweifelsohne die erhoffte Wende im Schicksal von Millionen Strafgefangenen in der Sowjetunion. Der Machtkampf der Diadochen führte zunächst zu einer gewissen Auflockerung der Straf- und Arbeitsbedingungen im Konzentrationslager. Am Taiga-Horizont wurde zumindest ein »Silberstreifen« sichtbar, für die Ausländer wie auch für die Millionen Sowjetbürger. Das auch von der Sowjetregierung nicht mehr verleugnete zunehmende politische und wirtschaftliche Gewicht und Ansehen der Bundesrepublik Deutschland ließ die erfahrenen ehemaligen Partei- und Staatsfunktionäre unter den Strafgefangenen prophezeien, daß die Deutschen mit einer alsbaldigen Amnestie zu rechnen hätten. Dies schien sich zu bestätigen, als die Deutschen und Österreicher im Frühjahr 1954 aus den Schweigelagern am Weißen Meer (Workuta, Abesj, Inta) wie auch aus dem Uralgebiet und aus Sibirien in den südöstlich von Moskau gelegenen Jawas-Lagerkomplex in Mordowien verbracht wurden. Zum ersten Mal seit Kriegsende erhielten sie das Korrespondenzrecht, Lebensmittelpakete trafen ein, die Tagesarbeit – nicht mehr im Bergwerk und untertage, sondern in holzverarbeitenden Werkstätten – wurde bezahlt und ein beschränkter Konsumwareneinkauf ermöglicht. Sportliche (Fußball) und kulturelle »Selbstbestätigung« (Musikensembles, Theateraufführungen) wurden gefördert; nicht weniger wichtig waren aber ein ungehinderter Meinungsaustausch und Diskussionen zwischen den »Veteranen« und jenen meist jugendlichen Strafgefangenen, die in den sowjetischen Besatzungszonen verurteilt bzw. aus West-Deutschland oder Österreich entführt worden waren. Deren forsche und ungeschmückte Berichte über Schwarzmarkt, Korruption und Amoralität der ersten Nachkriegsjahre, wie auch deren persönliche, oft abenteuerliche Lebenserfahrungen lösten bei den meisten älteren Kriegsgefangenen einen unvermeidlichen Schock aus. Dieser milderte aber in den meisten Fällen die Härte der unmittelbaren Konfrontation mit den völlig veränderten Lebensverhältnissen in den Heimatländern. Was gab es da nicht alles zu kaufen! In Mitteldeutschland mit seinem Zwangsregime, der Parteidiktatur, der gelenkten Wirtschaft und permanenten Warenknappheit dürfte der Abstand zu den Kriegsjahren und dem Hitler-Regime nicht allzu groß sein. Aber worauf mußten sich die Spätestheimkehrer in Westdeutschland einstellen? Eine freie Marktwirtschaft mir ihrem schier unbegrenzten Konsumangebot, mit ihrem Wettbewerbsystem, einer freien Presse mit all ihrer Informationsfülle, aber auch den unvermeidlichen Auswüchsen gesteigerter Sensationslust. Völlig unbekannt war das Phänomen des Fernsehens, die bis 1945 unzugängliche Literatur Amerikas, die Filmproduktion, aber auch Kafka, Brecht, Freud und die neuerworbene Freude am enttabuisierten Theater. An den sogenannten »sozialistischen Errungenschaften« der Sowjetzone bestand allerdings nicht das allergeringste Interesse, weder bei den dort Beheimateten noch bei den aus dem Westen Stammenden.

Über den westlichen Lebensstandard wirkten nicht die ausschließlich über familiäre Angelegenheiten unterrichtenden Briefe der Angehörigen aufklärend, sondern die Lebensmittelsendungen, jene »Liebesgaben«, deren Inhalt und Verpackung der Lagerverwaltung die abfällige Bemerkung »Adenauer-Propaganda« abnötigte. Der Luxus einer Wegwerfindustrie erschien ihr unglaubwürdig; Dosen und Verpackung wurden zwar beim Eintreffen der Pakete konfisziert, aber – wie sich bald herumsprach – dem eigenen Bedarf der Lageradministration zugeführt.

Die Mitgefangenen aus Ungarn, Rumänien und der Tschechoslowakei, die sich als »Quasi«-Ausländer im Dubrowlag befanden, litten ganz augenscheinlich unter dieser Demonstration westlicher Prosperität. Sie wurden zwar reichlich beschenkt, aber dies änderte nichts an ihrer tiefen Resignation; im Gegenteil, der Genuß der ihren Landleuten vorenthaltenen westlichen Konsumgüter, noch mehr aber das Bewußtsein ohnmächtige »Satelliten« eines verabscheuten »Sowjetsystems« geworden zu sein, erhöhte nur den Grad ihrer Verzweiflung. Sie stellten oft genug die Frage: »Hitler hat uns ins Lager gebracht, kann Adenauer uns nicht befreien?« Wer hätte den Mut aufgebracht, ihnen zu antworten, daß weder Adenauer noch die weit überschätzte andere Großmacht Amerika dazu imstande waren.

Die Erwartungshaltung erreichte einen Höhepunkt, als am 15. Mai 1955 der Staatsvertrag mit Österreich abgeschlossen wurde und noch am gleichen Tage alle aus Österreich stammenden Kriegsgefangenen und Zivilisten »mit Sack und Pack« vor dem Lagertor antraten, wo ihnen ein Amnestie-Ukas aus Anlaß der Unterzeichnung des Abkommens verlesen wurde. Jeder Österreicher memorierte unzählige Namen und Anschriften, um den Angehörigen in Deutschland eine persönliche Nachricht über die Mitgefangenen zukommen zu lassen. »Ihr seid die Nächsten. Haltet die Ohren steif, Servus!« hieß es aufmunternd beim Abschied.

Um die jetzt allgemeine Euphorie weiter aufrechtzuerhalten, veranstaltete ich mit meinen nächsten Freunden, dem ehemaligen Kulturattaché an der deutschen Botschaft in Moskau, Dr. Walter Schmid, der hervorragend Klavier spielte, dem Cellisten Helmut Poker, dem Sänger Hans Bernhard, dem jungen Dichter Horst Schüppel und dem Emigranten mit ungeklärter Staatsangehörigkeit Boris Zavadovsky, am 29. Mai eine Schiller-Gedenkfeier aus Anlaß seines 150. Todestages. Die Instrumente wurden zum Teil selbst gebastelt, zum anderen Teil von der Lagerverwaltung, die durch die Presse über den »progressiven« deutschen Dichter unterrichtet war, aus dem »freien Klub« herangeschafft. In der Lagerklub-Baracke fand sich die gesamte mehrhundertköpfige Belegschaft ein. Schillers freiheitspreisende Texte erreichten uns in Paketsendungen aus der Sowjetzone, und meine Gedenkrede, die ich ins Russische übersetzte, wurde demzufolge von dem politischen Kommissar genehmigt. Er beanstandete nicht einmal den Passus »In Schiller und Goethe fand das unter dem Feudaljoch darbende, seiner Einheit und Freiheit beraubte deutsche Volk seinen wahren Fürsprecher und Lehrmeister«. Am Schluß meiner Rede zitierte ich aus dem Demetrius-Fragment: »Dein bester Schirm ist deines Volkes Herz« und knüpfte daran den Kommentar: »Diese Worte muten uns wie ein Vermächtnis des sterbenden Dichters an. Auch Schiller wußte sich im Herzen seines Volkes geborgen, denn sein ganzes Leben galt dem kämpferischen Einsatz für die Freiheit, Einheit und Demokratie eines Vaterlandes und darüber hinaus der brüderlichen Verständigung der Völker unserer Erde.« Die Freiheit, die ich meinte und die meine Lager-Leidensgenossen als solche auch richtig verstanden, war allerdings eine andere, als die von den sowjetischen Machthabern vorprogrammierte. Die musikalische Umrahmung (Corelli, Bach, Händel, Beethoven) ging auf Notenbestände des »freien Klubs« zurück, die das Signum ihrer vormaligen Besitzer, des russischen Landadels trugen. Schillers Texte wechselten mit Kommentaren seiner russischen Interpreten Schukowskij und Belinskij. Den Abschluß der Feier bildete Schillers »Ode an die Freunde«, die von den Teilnehmern Hand in

Hand, begleitet von Beethovens Musik, in deutscher und russischer Sprache abwechselnd skandiert wurde. Die äußere Form entsprach zwar der üblichen sowjetischen Demonstration der Völkerverständigung, deren Botschaft wurde jedoch von den Lagerinsassen und der Lagerverwaltung durchaus verschieden interpretiert.

Die nächsten Monate waren von den deutschen Inhaftierten am allerschwersten zu ertragen. Die Ungewißheit, durch das Fehlen jeglicher positiver Zeitungs- oder Radiomeldungen verursacht, zehrte an deren Nerven. Aufgestaute Aggressionen führten oft zu handgreiflichen Auseinandersetzungen aus nichtigem Anlaß. Wie sollten da noch Musik und Dichtung (Kammermusik von Haydn und eine Hölderlin-Lesung) die aufgewühlten Gemüter besänftigen? Als aktiver oder passiver Teilnehmer am Fußballspiel wurde man sehr viel eher seine Aggressionen los. Seit der Euphorie des vielversprechenden Frühlings, als die Österreicher durch das geöffnete Lagertor die ersten Schritte in die Freiheit taten, waren inzwischen drei Monate vergangen, und es gab noch immer kein Anzeichen dafür, daß sich auch am Schicksal der Zurückgebliebenen bald etwas ändern könnte.

Als die Spannung und Reizbarkeit unerträgliche Ausmaße anzunehmen drohten, holte ich Rat bei den deutschen Ärzten, die der Meinung waren, es müßte unter allen Umständen »Dampf abgelassen« werden, denn schon waren Gerüchte über eine aktive und passive Resistenz im Umlauf. Wir stellten uns daher die Frage, ob die Emotionen vielleicht durch eine Theateraufführung geläutert, einer Katharsis unterzogen werden könnten? Da ich unter den Mitgefangenen schon seit langem darum warb, sich nach unserer Heimkehr dafür einzusetzen, daß Goethes Geburtstag zum deutschen Nationalfeiertag – als Klammer zwischen den beiden Teilen Deutschlands – erklärt werde, erschien mir die Schlußszene aus »Egmont« für eine Katharsis besonders geeignet zu sein.

An Mitwirkenden gab es keinen Mangel. Innerhalb von wenigen Stunden entstand das »Künstlerkollektiv Egmont«, welches mit Feuereifer ans Werk ging. Der szenischen Aufführung sollte ein »harmloses« Konzertprogramm vorausgehen, mit Rezitation Goethescher Gedichte und Opernarien aus »Faust« (den viele Russen nur aus der ungemein beliebten Vertonung des Sujets durch Gounod kannten) und aus »Mignon«. Bei dem Schlußbild aus »Egmont« kam es jedoch vor allem auf Bühneneffekte an. Im Klubgebäude fand sich eine schäbige graue Leinwand, auf der von Horst Schüppel mit der einzigen vorhandenen schwarzen Farbe ein düsteres Verlies gemalt wurde, mit riesigen Quadersteinen, winzigen vergitterten Mauerschlitzen, Halsringen und einigen an Ketten befestigten Kugeln. Eine auf Kisten schräggestellte, ebenfalls schwarz angestrichene Planke führte hinter die Kulissen, von wo zum Schluß grelles Licht einfiel – den Weg Egmonts zum Schafott und in die Freiheit seines Volkes andeutend. Bis dahin sickerte nurmehr spärliches Rampenlicht auf die Bühne, das durch ein Kartongitter riesige Gitterschatten auf die Schauspieler warf. Aus Lumpen und Papier wurden Kostüme in Schwarz-Weiß hergestellt, die dem ohnehin düsteren Bühnenbild zu einer beängstigenden Wirkung verhalfen. Den Egmont spielte Heinz-Erich Kroll, ein Berufsschauspieler aus Freiburg im Breisgau, mit einem Pathos und einer Sprechtechnik, die eines Joseph Kainz würdig gewesen wären. Ferdinand und Silva, zwei junge Leipziger Studenten, brauchten dem wortgewaltigen Protagonisten nur die Repliken zu geben. Dem zündenden Wort wurde aber durch die musikalische Untermalung eine zusätzliche emotionale Steigerung verliehen. Beethovens Bühnenmusik ließ sich leider nicht beschaffen, aber Egmonts Traumbild von Klärchen ersetzte ein Bachsches Violinsolo und die Siegessymphonie der Triumphmarsch aus »Aida«, den der findige ehemalige Honvéd-Kapellmeister, Ferenc Nagy, mit seinem Streichorchester auf selbstgebastelten Instrumenten einstudiert hatte. Es fand sich auch ein Trompeter ein und auch zwei begeisterte Trommler, die hinter der Bühne die Hinrichtungsszene durch ein Wirbelstakkato und das dumpfe Aufschlagen eines Balkens akustisch glaubhaft vertonten.

Bei der Aufführung am 28. August, die durch Mundpropaganda als ein Ereignis besonderer Art empfohlen wurde, war kaum ein Lagerinsasse abwesend. Selbst die Kranken verließen das »Stationar«. Der Lagerkommandant, der Politkommissar und die meisten Wachoffiziere waren mit ihren Frauen erschienen und nahmen ihre Ehrenplätze ein. Gegen die vorgelegten Goethetexte, die ich in russische Prosa übersetzt hatte, wurden keine Einwände erhoben. Bei der »Abnahme« durch den Politkommissar fehlte wohlweislich die »grausige« Kerkerdekoration, und das Orchester spielte den »Aida«-Marsch schleppend und gedämpft, wie bei einer Trauerfeier.

Anders bei der Vorstellung. Angespanntes Interesse machte sich schon bei dem Abschiedsgespräch zwischen Egmont und Ferdinand bemerkbar, das nicht einmal durch die Klärchen-Vision mit dem sanften Bach-Thema und einem spukhaft die Kerkermauer abtastenden Lichtkegel eine Abschwächung fand. Aber schon bei Egmonts Worten: »... ich sterbe für die Freiheit, für die ich lebte und focht, und der ich mich jetzt leidend opfre«, kam es zu den ersten Zwischenrufen. Zweisprachig. »Freiheit«, »Swoboda«. Der Verdi-Marsch wurde wie bei Beethoven »Allegro con brio« gespielt. Herausfordernd, jubilierend von den Streichern, verstärkt durch den Trompetenschall und die Trommeln. Diese Musik verfehlte ihre Wirkung nicht, sie riß alle Gefangenen von den Bänken. Sie klatschten im gleichen Rhythmus und schrien mit heiser werdenden Stimmen »Freiheit«, »Swoboda« und »Wir wollen heim«, »domoi« »domoi«. Erst als sich der Tumult einigermaßen gelegt hatte, merkten wir, daß von der Lagerverwaltung niemand mehr anwesend war. Jemand will aber gehört haben, daß der Politkommissar im Hinauseilen »Provokazija« ausgerufen hätte. Auffallend war, daß die Wachposten am Tor und auf den Wachtürmen verstärkt worden waren. Ich mußte mir immer wieder Danksagungen und Versicherungen anhören, der alte Goethe sei doch ein »Teufelskerl«, er gäbe Mut und Zuversicht, wie kein Pfarrer, geschweige denn ein Politiker es heutzutage könne. Die Weitsichtigeren fragten sich aber ein wenig besorgt, welche Konsequenzen diese »Freiheitskundgebung« oder »Provokation« für mich persönlich haben könnte. Auch ich selbst zweifelte keinen Augenblick, daß mir irgendeine disziplinarische Maßregelung bevorstand.

Erst in der dritten Nacht, als die Stimmung im Lager sich ein wenig abgekühlt hatte, wurde ich mit sechs anderen deutschen »Unruhestiftern« zur »Wachta«, dem Lagertor, befohlen. Dort wurde mir »kulturpolitische Zersetzungsarbeit«, »Aufforderung zum Ungehorsam« und ähnliches mehr vorgehalten und die Überführung in ein isoliertes Straflager bekanntgegeben.

Dieses befand sich auf einer baumlosen weiten und unübersehbaren Fläche und bestand aus drei Baracken, in denen etwa hundertfünfzig aufsässige Westukrainer und Litauer untergebracht waren. Sie alle gehörten jenen Partisanentrupps an, die bis Anfang der fünfziger Jahre in ihrer Heimat gegen die sowjetische Besatzungsmacht gekämpft hatten. Im Lager weigerten sie sich standhaft, auch nur einen Finger zu krümmen und leisteten passiven Widerstand durch Hungerstreiks und »subversive Propaganda«. Da ihre Anwesenheit in Arbeitslagern die Leistung und Disziplin gefährdeten, wurden sie in einem Sonderlager »verschärften Regimes« isoliert.

Wie sich für die deutsche »Semjorka« (die Sieben) schon am Einlieferungstag herausstellte, konnte man sich in diesem Straflager eigentlich nur über Langeweile beklagen, denn es gab dort weder Bücher, noch Zeitungen und auch kein Radio. Die Verpflegung war dagegen besser und reichlicher als im Arbeitslager, denn ein ungeschriebenes Gesetz verpflichtete dessen Köche, die »Rebellen« im Straflager bevorzugt zu versorgen. Das tägliche Antreten zum Appell fiel fort, man schlief, so lange man wollte, und die Wachtürme mit ihren Maschinengewehren störten nicht im geringsten. Die Septembersonne war warm genug, um sich auf der Wiese zwischen den Baracken zu sonnen, unter einem an einem Pfosten angebrachten durchlöcherten Eimer zu duschen und sich mit sportlichen »Ertüchtigungsspielen« zu vergnügen. Den meist jugendlichen Partisanen erschienen die deutschen Mitgefangenen als natürliche Verbündete in ihrer Auflehnung gegen das Sowjetregime. Sie schimpften zwar auf den »Idioten Hitler«, der die Ostvölker nicht zu einem gemeinsamen Kampf gegen Stalin zu gewinnen verstand, gaben sich aber äußerst übertriebenen Hoffnungen hinsichtlich der Amerikaner hin. Die Paketsendungen aus Deutschland, die uns nicht vorenthalten wurden, und die wir mit den Partisanen brüderlich teilten, fanden uneingeschränktes Lob. Deren Qualität entsprach durchaus der Vorstellung vom deutschen »know how«, und man verwechselte nur allzu leicht den westdeutschen Lebensstandard und die Produktionsfähigkeit mit dem politischen Stellenwert des geteilten Deutschland. Die Partisanen äußerten sich zwar enttäuscht darüber, daß die USA deren Versorgung mit Waffen und Proviant in der Westukraine und Litauen abgebrochen und sie ans Messer der Sowjetarmee geliefert hätten, glaubten aber allen Ernstes, daß der »schlaue« Adenauer die Amerikaner nicht nur für eine Wiedervereinigung Deutschlands, sondern auch für eine Befreiung der osteuropäischen Völker gewinnen könnte.

Am 7. Oktober belauschte ich ein Gespräch des Politkommissars mit einer Gruppe von Partisanen, in welcher sich dieser bemühte, die Widerspenstigen zur Arbeitsaufnahme zu überreden. »Wenn ihr eure Missetaten durch ehrliche Arbeit wiedergutmacht, wird euch die Sowjetregierung vorzeitig entlassen«, argumentierte er. »Überlegt es euch genau. Selbst die deutschen Kriegsverbrecher sollen morgen in ihre Heimat entlassen werden«, fügte er hinzu. Und auf meine Frage, woher er es denn wisse, versicherte er mir, ein entsprechender Ukas sei soeben in der Kommandantura eingetroffen.

Auf diese Freudenbotschaft wurde von unserer deutschen »Semjorka« die gesamte Strafkolonie zu einem üppigen Abschiedsmahl eingeladen. Tische wurden zusammengerückt und mit sämtlichen uns verbliebenen deutschen »Leckereien« bedeckt. Um das Verteilen und »Servieren« brauchten wir uns nicht zu kümmern. Ein Kellner aus Kaunas verstand es, für jeden Lagerinsassen ein »Assortiment« zusammenzustellen. Auf dem Tauschwege besorgten die Ukrainer von der Wachmannschaft einige Flaschen Wodka, und in angeregter Stimmung wurde auf Adenauers Wohl getrunken.

Unsere hochgespannte Erwartung wurde am nächsten Morgen nicht getäuscht. Der Lagerkommandant verlas uns den Ukas des Obersten Sowjets und forderte uns auf, unser »Sack und Pack« reisefertig zu machen. Die Säcke waren rasch geschnürt, aber zu unserer Überraschung stand uns noch eine »Neueinkleidung« bevor. Der Lagerfurier schleppte zähneknirschend und fluchend seine besten Garnituren heran: fabrikneue wattierte Hosen und Jacken, Unterwäsche, Schirmmützen und sogar Schuhe aus ungegerbtem Leder. Wir wurden eingekleidet und vom Lagerkommandanten begutachtet. Er hatte nämlich aus Moskau die Weisung erhalten, »nicht mit dem Gesicht in den Dreck zu fallen«, wie eine russische Redensart lautete. Die Haftentlassenen sollten vor den kritischen Augen im Westen bestehen können. Seine Mühe sollte sich aber als vergeblich erweisen. Was die »Pridurki« (die Lagerprominenz) herausfordernd stolz trugen, hätte kein deutscher Arbeiter als Werkanzug tragen mögen.

Als die deutsche »Semjorka« sich zum Lagertor begab, bildeten die Ukrainer und Litauer ein Ehrenspalier. Sie verabschiedeten uns mit hochgestreckten Armen und den Rufen »Slawa Adenuera« (Heil Adenauer), »Slawa Ukraini« und »Tegyvuoja laisva Lietuva« (es lebe ein freies Litauen). Man sah es der Lagerverwaltung an, daß sie heilfroh war, als wir in einem Lastwagen das Straflager verließen.

In dem Durchgangslager an der Eisenbahnhauptstrecke Moskau-Rjasan trafen wir viele aus anderen Lagereinheiten herangeschaffte Landsleute und stellten dabei zu unserer Überraschung fast, daß wir zu einer der ersten Transportgruppen gehörten. Am gleichen Abend wurden wir – zum ersten Mal ohne Wachhunde und bewaffnete Soldaten – von einem Offizier in den Ortsklub geführt. Wie in einer bayerischen Dorfkirche saßen dort die haftentlassenen Frauen links, die Männer rechts. Nur zaghaft und stockend kam ein Gespräch mit den Frauen zustande, denn zu lange hatte die Geschlechtertrennung gedauert. Auf der Klubbühne wurde uns das in der Sowjetunion übliche Programm lokaler »künstlerischer Selbstbetätigung« geboten. Gemischte Chöre und Solisten trugen meist melancholische Volkslieder vor, Tanzgruppen täuschten eine ausgelassene und unbekümmerte Fröhlichkeit vor. Die Darbietungen wurden zwar beklatscht, aber in Gedanken war jedermann bei der jahrelang erhofften, aber nunmehr beängstigenden Wiederbegegnung mit der Heimat und den Angehörigen. Am meisten schienen die Ehemänner darunter zu leiden, von denen viele bereits wußten, daß ihre Frauen wieder verheiratet waren.

Die Verladung in die bereitgestellten Frachtwaggons erfolgte am 9. Oktober. Im Gegensatz zu den vorausgegangenen unzähligen »Etappe«-Transporten waren die Waggons mit zweistöckigen Holzpritschen ausgestattet, und jede Bettstatt wies einen unvorstellbaren Komfort auf: Matratzen, Bettbezüge, Kopfkissen und wollene Decken. Als der Zug sich in Richtung Moskau in Bewegung setzte, kam erstmalig eine gewisse Entspannung zustande, nicht nur eine körperliche, sondern auch eine seelische Beruhigung. Bei den in den sowjetischen Machtbereich Entlassenen überwogen allerdings erhebliche Bedenken. Man war sich dessen bewußt, daß die »begnadigten Kriegsverbrecher« von den sowjethörigen Behörden nicht mit offenen Armen empfangen wurden.

In Moskau hielt der Sonderzug am frühen Abend auf einem Nebengleis des Westlichen (Bjelorussischen) Bahnhofs. Der Transportleiter, ein älterer MGB-Oberst, lud uns zu einer Stadtbesichtigung ein. Die sprachkundigen Waggonältesten sollten die einzelnen Gruppenführungen übernehmen. Da ich Moskau aus der Vorkriegszeit kannte, er selbst aber die Weltstadt, die sich anmaßte ein »drittes Rom« zu sein, nur mit Militärtransporten passiert hatte, schloß er sich meiner Führung an. Die »Metro« mit ihren unterirdischen Palästen, die mit ihrem Prunk und Protz den Palästen der Zarenzeit nachempfunden waren, brachte uns in die Nähe des Kreml. Nach einem Besuch des Roten Platzes, der umliegenden Straßen und Plätze und der Moskwa-Brücke erreichte ich mit meiner Gruppe den Vorplatz des Bolschoj-Theaters. Ich schlug vor, einen Blick in das Foyer zu werfen. Die Vorstellung (Tschaikowskijs Schwanensee) war in vollem Gange, und in unsere Ohren drangen die hinreißenden Tanzrhythmen des zweiten Aktes. Ein »Kapelldiener« (Logenschließer) sah uns prüfend, aber durchaus wohlwollend an und erkannte in uns entlassene »Lagerniki« (KZ-Häftlinge). Als ich ihm zuflüsterte, daß wir Deutsche seien, nickte er uns freundlich zu »Ich habe ihren Adenauer gesehen, ein großer Mann. Er wird wieder gut machen, was Hitler uns Böses angetan hat. Ihr Deutschen seid uns immer die Allernächsten gewesen. Wir wollen wieder gute Nachbarn sein. Und ihr solltet zumindestens einen bleibenden Eindruck von unserem Moskauer Ballett mit nach Hause nehmen.« Wir wurden unzählige Treppen hinaufgeführt und schließlich unter dem Plafond in eine unbenutzte Beleuchterloge hineingepreßt. Die Perfektion der Bolschoj-Ballettdressur verfehlte nicht ihren Eindruck, und unsere ungebetene Besuchergruppe klatschte spontan und begeistert Beifall.

Am 10. Oktober erreichte unser Sonderzug bei Brest die sowjetisch-polnische Grenze. Ich besaß noch einige Sowjetrubel und fand für dieselben keine bessere Verwendung, als im Bahnhofskiosk Dostojewskijs »Idiot« zu kaufen. Der Sowjetleser wurde in dem Vorwort zwar durch Lenin vor »dem erzüblen Dostojewskij« gewarnt; es heißt darin des weiteren, daß »der Kampf mit den reaktionären Tendenzen dieses (immerhin als bedeutend anerkannten) russischen Schriftstellers von der sowjetischen Gegenwartsliteratur wie von den progressiven Schriftstellern in West und Ost fortgesetzt wird«. Mir erschien es dagegen geradezu symbolisch, daß mich bei meiner Rückkehr in den Westen jener Fürst Myschkin begleitete, der im Roman einmal äußert: »Geht an uns vorbei und verzeiht uns unser Glück.« Nichts anderes wünschten sich die Spätestheimkehrer beim

Überschreiten der Sowjetgrenze! Einige von ihnen schrieben in das Buch unter das von mir übersetzte Zitat: »Ich will heim, mir reicht's«, »Zur Erinnerung an die allerglücklichste Reise in unserem Leben« oder kurz und bündig »Jacta est.«

Als unser Zug Polen durchquerte, beschlossen mein Kollege aus dem Äuswärtigen Amt Walter Schmid und ich, unsere Dankesgefühle auch nach außen hin zu bekunden. Wir gaben an die Waggonältesten den Vorschlag durch, jeweils ein Bettuch dem Zweck zu entfremden und darauf mit der eingekauften Schuhcreme (inzwischen war bei den meisten das Bedürfnis nach geputzten Schuhen erwacht!) Parolen zu schreiben. Die meisten lauteten schlicht und einfach: »Wir danken Dr. Adenauer«, »Wir grüßen die Heimat« oder auch »Einigkeit und Recht und Freiheit«. Als der Zug in der Nähe von Posen in einem Fichtenwald hielt, holten wir uns Zweige und dekorierten mit diesen zusätzlich die Spruchbänder an den Waggons. Unser Begleitoffizier hatte dagegen nichts einzuwenden. Parolen gehören zum Alltagsleben der Sowjetbürger, und die Bettlaken waren ohnehin »abgeschrieben«. Als bewährter Frontkämpfer hatte er sich eine hohe Wertschätzung der deutschen Soldaten erworben. Und daß er politisch kein Konformist war, entnahmen wir seiner beiläufigen, unkontrollierten Äußerung, als sich herausstellte, daß fast alle Insassen unseres Waggons nach dem Westen entlassen wurden: »Dann kehrt ihr in das eigentliche Deutschland (w nastojatschuju Germaniju) zurück.«

Als wir beim östlichen Frankfurt über die Oderbrücke fuhren, warfen ohne jede Verabredung sämtliche Waggoninsassen ihre Lagermützen in die Oder und stimmten dabei das Deutschlandlied an. Die Begriffe »Vaterland« und »Heimat« waren für uns keine Worthülsen, sondern durch Leiden bestätigte Wirklichkeit, die in dem geteilten Deutschland – wie wir es bald erfahren sollten – ihren verbindenden und verbindlichen Wert schon längst eingebüßt hatten. In Frankfurt an der Oder, an der sogenannten Friedensgrenze mit Polen, war der Bahnhof von der »Volkspolizei« hermetisch abgesperrt, um wie es hieß, Demonstrationen gegen die heimkehrenden »Kriegsverbrecher« zu unterbinden. Hinter der Absperrung sah man aber ausschließlich weinende und verstohlene winkende Menschen. Diejenigen Kameraden, die aus Mitteldeutschland oder den abgetrennten deutschen Ostgebieten stammten und im Westen keine näheren

Verwandten nachweisen konnten, mußten schweren Herzens den Zug verlassen.

An die Waggons wurde niemand herangelassen. Nur ein sechzehnjähriger uniformierter Eisenbahner verstand es mehrfach, sich Zugang zu dem Nebengleis zu verschaffen. Und jedes Mal schmuggelte er unter seinem Mantel Bierflaschen, die er als »ersten Gruß der Heimat« unter den Heimkehrern verteilte. Sein Vater war im Osten vermißt, und in jedem von uns erblickte er einen Vaterersatz; er wurde umarmt und geküßt und aus den verbliebenen Restbeständen der westdeutschen Pakete reichlich beschenkt. Nur allzu gerne hätte man ihn mitgenommen und im Westen adoptiert. Er mußte aber für seine kranke Mutter sorgen. Er sammelte unzählige Anschriften und ermutigte uns mit dem Abschiedsgruß: »Eines Tages werden wir wieder vereinigt sein, dann besuche ich euch ganz bestimmt«.

Als die Westdeutschen in Leipzig eintrafen, ereignete sich auf einem der Gleise des ausgedehnten Kopfbahnhofs eine »zweite Völkerschlacht«, wie die Heimkehrer sie später nannten. Die Volkspolizei hatte nämlich an unseren Spruchbändern Anstoß genommen und versuchte diese zu entfernen. Dabei kam es zu einem echten Handgemenge, welches den russischen Oberst zum Eingreifen und zum Rückzug der übereifrigen Vopos führte. »So weit ist es also gekommen«, bemerkte er dabei kopfschüttelnd, »daß wir Russen unter euch Deutschen den Frieden herstellen müssen.«

Am 11. Oktober ließ die Lok unseres Sonderzuges am westdeutschen blumengeschmückten Bahnhof Herleshausen Dampf ab. Wir stürzten auf den Bahnsteig und umarmten die Rotkreuz-Schwestern und freiwilligen Helfer. Das Auswärtige Amt hatte zwei Vertreter entsandt, die den drei Amtsangehörigen versicherten, daß ihnen eine Reaktivierung bevorstünde. Die Busfahrt nach dem Auffanglager Friedland glich einem Triumphzug, wie ihn keiner von uns sich erträumt hätte. In allen Städten und Dörfern läuteten die Glocken, und immer wieder hielten die Fahrzeuge. Blumen und Geschenke wurden hineingereicht, hunderte von Händen gedrückt. Von den Wiesen und Ackerfeldern liefen Bauern und Kinder herbei und steckten uns Feldblumen und Obst zu. In Friedland empfingen uns der katholische Lagerpfarrer Dr. Krahe und sein protestantischer Amtsbruder; es fanden sich die ersten Familienangehörigen ein, aber auch Telegramme wurden ausgehändigt und Telefonanrufe vermittelt. Am tiefsten war beinahe jeder von uns von jenen wohl vergebens hoffenden Müttern beeindruckt, die oft seit Jahren keinen Heimkehrertransport ausließen und jedem Neuankömmling mit stummer Verzweiflung selbstgefertigte Plakate mit den Fotos und der Personalbeschreibung ihrer vermißten Söhne entgegenhielten. Es berührte dabei seltsam, daß kaum eine Ehefrau sich nach ihrem vermißten Mann erkundigte. So mancher Heimkehrer hielt ebenso vergeblich nach seiner Ehefrau Ausschau, von der er annehmen mußte, daß sie am Leben war. Nur allzu viele Familientragödien nahmen damit ihren Anfang.

Friedland bedeutete für die »Allerletzten« die endgültige Heimkehr in das Land des wiedergewonnenen Friedens. Sachlich und nüchtern vollzog sich die Registrierung, die Erledigung der Formalitäten, die Befragung durch den Suchdienst des Roten Kreuzes, die Einkleidung und die Entgegennahme von anderen Sachspenden. Seine Danksagung trug man in das Lagerbuch ein. Mein Beitrag war ein in den schwersten Lagerjahren entstandenes Poem »St. Sebastian«, dem Gedächtnis aller Kriegsopfer gewidmet, das später in vier Sprachen übersetzt und von Hermann Reutter vertont worden ist. Es schließt mit dem Vierzeiler:

Beklage nicht des sieges preis,
So tief er auch dir wunden reißt.
O jugend, voller tatendrang!
O schönheit, die den tod bezwang!

Unter das dreiteilige Triptychon schrieb ich als Kommentar: »Entstanden sind diese Strophen religiöser Lyrik in den Jahren härtesten Kampfes nicht nur um die Erhaltung der rein körperlichen Existenz, sondern auch in einer Zeit größter seelischer Bedrängnis angesichts der alles geistige – und vor allem christliche – Leben auslöschenden Gewaltmittel des Sowjetstaates im Straflagerbezirk Inta-Abesj/Komi-Gebiet, jenseits des Polarkreises. Sie mögen in Friedland, wo ich als einer der überlebenden Spätheimkehrer einen neuen Anschluß an die große christlich-abendländische Glaubens- und Schicksalsgemeinschaft wieder fand, Zeugnis ablegen von der Unzerstörbarkeit der geistigen Realitäten in einer Welt materialistischen Wahnes und blindwütiger Verneinung.«

Ziemlich verständnislos stand ich allerdings mit anderen als aussagefähig oder »prominent« erachteten Lagerkameraden der unverhüllten Sensationslust der Presse und des Fernsehens gegenüber. Der Vertreter einer Illustrierten heftete sich mit einem Fotografen an meine Fersen und filmte jeden meiner Schritte von der Einkleidung bis zu meiner Abreise nach München. Unvorsichtigerweise hatte ich ihm verraten, daß ich dort von meinen Berchtesgadener Verwandten erwartet würde. 10 000 Mark wurden mir daraufhin in Aussicht gestellt; nicht nur meine Ankunft in München und in Berchtesgaden sollte gefilmt, sondern ein Jahr danach eine Reportage aus Bonn, meinem künftigen Arbeitsplatz gemacht werden. Ich lehnte dies kategorisch ab, denn zum leicht verdienten Geld hatte ich kein Verhältnis, und meine ganz persönlichen Gefühle und Erlebnisse bei meiner Wiederbegegnung mit Angehörigen und Freunden wollte ich keinesfalls der Neugierde der Massenmedien preisgeben. Der Schlußstrich unter eine zehneinhalbjährige Kriegsgefangenschaft war gezogen, und ein neues Kapitel in meinem Leben sollte ohne jede Einmischung und Beeinflussung von irgendeiner Seite beginnen. Stefan George behielt recht:

Sieger bleibt wer das Schutzbild birgt in seinen Marken
und Herr der Zukunft wer sich wandeln kann.

St. Sebastian

Triptychon

(geschrieben in einem Straflager jenseits des Polarkreises)

Ich sah dich aufrecht stehn.
Die knabenbrust umspannt
Vom blanken wehrgehäus.
Um sold und waffenlehn
Ward vorzeitig verbrannt
Der kindheit blütenreis.

Vom lohen unversehrt
Blieb deines kinnes flaum,
Der augen kühler bronn,
vom ehrgeiz ungestört
Blieb deiner seele traum,
Der andächtig und fromm.

Ich weiß: dein wachen gilt
Dem HERRN, der dich erschuf,
Und kürt er dich zum streit,
Dein engel ist gewillt,
Auf deinen ersten ruf
Zu sichern dein geleit.

Wachen … wachen …
Fackelleuchten.
– Halt! Das kennwort?
– Roma agit.
Weiter wachen.
Weiter stehen.
Zwanzig Schritte
hin und her.
Festgetreten
ist die erde,
wie sonst nirgends
in der welt.

Altersfurchen
im gemäuer.
Schatten schnellen
drüber hin.
Hornsignale!

Durch die mitte
riß die stille
nachtgewand.
Waffenklirren.
Rauhes schelten.
Roßgewieher.
Hufgetrampel.
– Auf der hut sein.
Rom hat feinde.
– Keine sorge.
Roma agit.
Fern am Tiber
kräht der hahn.

Ich folge deinem Schritt
Der stufen abwärts maß.
Im katakombenschlund
Der HERR am kreuze litt.
Der brüder einer las
Das Heil im Neuen Bund.

Die herzen jäh entflammt
Im düstern lohen auf,
Verzehrend alles fleisch.
Dem Streite abgewandt
Dem feilschen und dem kauf
Nach licht die seele heischt.

Zum heil'gen mahl vereint
Fand sich der jünger schar.
Der seele höchste lust
Ihr freudigkeit verleiht.
Und jeder bringt sich dar
Dem scheuen Bruderkuß.

Keine wachen.
Fackelleuchten.
Weiter ... weiter ...
stufenabwärts
feuchte spuren.
Am gemäuer
späherschatten.
Wie sie gleiten.
Wie sie schleichen!
– Auf der Hut sein.
Horchen! ... pochen! ...
Fernes rauschen.

Quellen quillen.
Wie sie lauschen,
Blicke tauschen!
– Weiter ... weiter ...
Leisetreter!
Mag fortuna
euch beflügeln! ...
Zages schleichen.
Vorwärtstasten.
Fernes schwingen
heller stimmen.
Im gewölbe eingefangen,
gleich der taube,
stößt das lied sich
seine schwingen
matt und wund.
Doch vernehmlich
laut und lauter
dringt entgegen:
– Dies irae, dies illae
Solvet saeclum in favilla ...

Barsches rufen:
– Vorgetreten!
Waffenklirren.
Lasterflüche.
Und noch immer
kein verstummen:
– Rex salvator ...
Benedictus ...
Hohngelächter.
Häschergriffe.
Aug in aug
verharrn die brüder
und die rauhen
henkersknechte.
Ihrer mancher
las betroffen
in den augen
der umringten:
– Sind die leiber
euch verfallen,
Nichts berührt
den hauch der seele.
Arm in arm
die brüder trutzen.
An der brust
die jüngsten lehnen,
und am kreuz
die priester knien.
– Keine sorge.
Christus agit.
Fern am Tiber
kräht der hahn.

Ich sah am marterpfahl
Den nackten Leib gestreckt.
An seiner schulter brach
Der keuschen frühe strahl.
Die bogen pfeilbesteckt.
Ins ziel ein jeder traf.

Der peiniger – ein heer,
Und nirgendwo ein freund.
Sie standen mann an mann
Und schossen köcher leer.
Doch jeder pfeilgesang
Ihm ewigkeit gewann.

Am richtplatz dröhnend schallt
Der bogenschützen reih.
Der glieder kraft versagt.
Und himmelan verhallt
des jünglings todesschrei
Von niemandem beklagt.

KOMMENTAR

Beklage nicht des sieges preis,
So tief er auch dir wunden reißt.
O jugend – voller tatendrang!
O schönheit – die den tod
bezwang!

SENTENZ

Ich habe dich erkannt
In alter meister werk
Dort war dein ranker leib
Viel tausendfach geknickt.
Aus deinen wunden rann
Des lebens herber wein
Durch todespein geheilt
Warst du der erd entrückt.

Erich-Franz Sommer

Personenregister